Wilhelm von Sternburg
DEUTSCHE REPUBLIKEN

Wilhelm von Sternburg

DEUTSCHE REPUBLIKEN

Scheitern und Triumph der Demokratie

C. BERTELSMANN

Umwelthinweis:
Dieses Buch und der Schutzumschlag wurden
auf chlorfrei gebleichtem Papier gedruckt.
Die Einschrumpffolie (zum Schutz vor Verschmutzung)
ist aus umweltschonender und recyclingfähiger PE-Folie.

1. Auflage
© 1999 by C. Bertelsmann Verlag, München
in der Verlagsgruppe Bertelsmann GmbH
Umschlaggestaltung: Design Team München
Satz und Repro: Uhl + Massopust, Aalen
Druck und Bindung: Graphischer Großbetrieb Pößneck
Printed in Germany
ISBN 3-570-12266-2

Für Inga

INHALT

ERSTES KAPITEL

Wilhelminisches Vorspiel

Am Schnittpunkt der deutschen Geschichte zwischen 1870 und 1990 regierte Adolf Hitler. Nach zwölf Jahren Terror, Völkermord und Krieg standen die Deutschen vor einem materiellen und moralischen Trümmerhaufen. Das Reich, das sie fünfundsiebzig Jahre vorher gegründet hatten, war untergegangen. Die Bilder der Zerstörung, die erst allmählich deutlich werdende Dimension der Ermordung des europäischen Judentums ließen unsere Nachbarn und uns selbst erschauern. Viele Kommentatoren im In- und Ausland glaubten angesichts des Schocks über diese Verbrechen einen historischen »Sonderweg« der einst ökonomisch und militärisch so übermächtigen Nation in der Mitte Europas zu erkennen. Er habe, so schrieben sie, mit Luthers Zwei-Reiche-Lehre begonnen, in den völkerrechtswidrigen schlesischen Kriegszügen Friedrichs des Großen, in Bismarcks mit drei militärischen Siegen herbeigeführter Reichsgründung und in der in den Ersten Weltkrieg einmündenden »Weltpolitik« der wilhelminischen Epoche seine Fortsetzung gefunden, um schließlich in der alle Maße übersteigenden Vernichtungspolitik Hitlers seinen folgerichtigen Höhepunkt zu finden.

Im Rückblick ließen sich in der Tat deutsche Entwicklungen beschreiben, die sich vom politischen Werden in Frankreich, Großbritannien oder den USA unterschieden. Dort hatte das Bürgertum in langen parlamentarischen Kämpfen und revolutionären Aufbrüchen demokratische Strukturen geschaffen. Dem Obrigkeitsstaat wurden Stück für Stück Grenzen gesetzt, die englischen, amerikanischen und französischen Revolutionen gaben die Stichworte: Gewaltenteilung, Volksherrschaft, Rechtsgleichheit. Die politischen Ideale waren allerdings auch in diesen Staaten vielfach nur schöne Theorie oder mußten immer wieder gegen die reaktionär-konservativen Versuche einer Rückwendung verteidigt werden. Im Zeitalter des Imperialismus galt der demokratische Kodex zudem allenfalls für die eigene Nation. Im französischen oder britischen Kolonialreich herrschte die Staatsgewalt autoritär, Unterdrückung und vielfach auch Terror prägten den politischen Alltag der von den Europäern beherrschten afrikanischen oder asiatischen Völker. In Südamerika setzte der immer mächtiger werdende nördliche Nachbar ihm hörige, korrupte und gewalttätige Diktatoren ein. Die Enkel und Urenkel der demokratischen Revolutionen des späten siebzehnten und achtzehnten Jahrhunderts waren in den folgenden Dekaden nicht weniger kalte Machtpolitiker als ihre absolutistischen Väter und Großväter.

Auch in der Innenpolitik kennzeichnete die westlichen Demokratien bis weit in unsere Zeit hinein ein Wohlstandsgefälle, das die Demokratie als Scheinsystem entlarvte. In den Romanen von Autoren wie Charles Dickens und Émile Zola, später bei Sinclair Lewis, spiegelt sich das Drama der Menschen im Industriezeitalter wider, wird von einer Epoche der Massenarmut und Ausbeutung erzählt. Der Kapitalismus läßt sich in jedem politischen System errichten, Demokratie dagegen erfüllt sich erst im Sozialstaat. Auch bei den westlichen Nachbarn Deutschlands dauerte es lange, bis sich diese Einsicht durchzusetzen begann. So waren die letzten beiden Jahrhunderte bei ihnen ebenfalls eine Zeit der Sozial- und Klassenkämpfe.

Deutschland war ein territorialer Flickenteppich. Lange brauchten die Königreiche, Fürsten- und Herzogtümer, bis sie die Verwüstungen des Dreißigjährigen Krieges überwunden hatten. Preußen und Österreich begannen Mitte des achtzehnten Jahrhunderts ihren Aufstieg zu konkurrierenden deutschen Vormächten. Erfolgreiche Revolutionen kannten die Deutschen nicht. Aber unter Preußens Friedrich II. (1712–1786) und Habsburgs Joseph II. (1741–1790) erhielten die Ideen der Aufklärung in der praktischen Staats- und Reformpolitik einen erheblich höheren Stellenwert als bei ihren ebenfalls absolutistischen Nachbarn. Deutschlands Philosophen und Politiker entwickelten jedoch Denkmodelle, die nicht das Individuum, sondern den Staat im Mittelpunkt sahen. Immanuel Kants aufklärerische These von der selbstverschuldeten Unmündigkeit des Menschen, die es zu überwinden gelte, mußte bald Hegels »Weltgeist«, der bejaht, was politisch ist, weichen. Zweimal im neunzehnten Jahrhundert forderten die Deutschen in Massenbewegungen die Demokratie: in und kurz nach den Befreiungskriegen (1813–1815) gegen den korsischen Usurpator und 1848, als in der Frankfurter Paulskirche parlamentarische Träume in eine Verfassung gegossen wurden.

Gescheiterter Aufbruch 1848: Straßenkämpfe vor der Frankfurter Paulskirche 1848, Sitz des ersten demokratisch legitimierten deutschen Parlaments.

Beide Versuche scheiterten erbärmlich. Die deutschen Herrscher dankten ihren patriotischen Untertanen, die begeistert Leib und Leben für den Sieg gegen Napoleon eingesetzt hatten und in schwärmerischen Gedichten die deutsche Republik besangen, mit dem System Metternich. Polizei- und Spitzelstaaten, in denen die freie Meinungsäußerung mit drakonischen Gefängnisstrafen geahndet, die Liberalen in Demagogenprozessen verfolgt, die Zivilcourage gegenüber Königsthronen – wie etwa im Fall der sieben Göttinger Professoren, zu denen die Brüder Wilhelm und Jacob Grimm gehörten – mit Landesverweis bestraft wurde: Das war Deutschland nach den Karlsbader Beschlüssen von 1819. »Denk ich an Deutschland bei Nacht, bin ich um den Schlaf gebracht«, reimte 1844 der Exilant Heinrich Heine, der das Land seiner Sprache und Geburt auch in der Ferne mehr liebte als alle Territorialfürsten zusammen. Und schon knapp fünfzig Jahre zuvor hatte Hölderlin den Heimkehrer Hyperion eine bittere Abrechnung mit seinen Landsleuten formulieren lassen: »Es ist ein hartes Wort und dennoch sag ich's, weil es Wahrheit ist: ich kann kein Volk mir denken, das zerrißner wäre, wie die Deutschen. Handwerker siehst du, aber keine Menschen, Denker, aber keine Menschen, Priester, aber keine Menschen, Herrn und Knechte, Jungen und gesetzte Leute, aber keine Menschen.«

In der Paulskirche schwärmten die Abgeordneten vom deutschen Großreich, das von vier Meeren umspült werde. Sie schufen eine beachtliche demokratische Verfassung – und sie verloren sich in langatmigen Redeschlachten um Schleswig-Holstein, den polnischen Freiheitskampf oder die österreichische Frage, während ihre Gegner handelten. Denn so, wie die deutschen Eliten ihr Volk, das ihnen Thron und Macht gerettet hatte, nach der Schlacht von Waterloo verrieten, so taten sie es auch 1848/49. Zunächst hatten sie angesichts der Barrikaden in Berlin, Dresden, München, Stuttgart, Frankfurt oder Wien Verfassungen und Mitsprache zugesagt. Doch schließlich schickten sie ihre Soldaten, verjagten die Demokraten und vergaßen rasch, was geschehen war.

Dann kam Otto von Bismarck. Er war der eigentliche deutsche Revolutionär des neunzehnten Jahrhunderts. Kühn, gewalttätig und mit hohem diplomatischen Geschick schuf er das Reich. Die Habsburger Konkurrenz wurde isoliert, die deutschen Duodezfürsten wurden umarmt, gekauft oder vor vollendete Tatsachen gestellt. Drei blutige Kriege provozierte der konservative Preuße, dann hatte er sein Ziel erreicht. Preußen war die alleinige Vormacht, und die Deutschen hatten sich ihren (»kleindeutschen«) nationalen Traum erfüllt. Bismarck selbst ging es eigentlich allein um Preußen. Aber weil er wußte, daß die herkömmlichen konservativen Herrschaftsstrukturen nur über die Nationenbildung unter Führung des Hohenzollernstaates zu erhalten waren, instrumentalisierte er die deutschen Einheitssehnsüchte für die eigenen Ziele. Bald hatte der Kanzler alle geschlagen: die preußischen Konservativen, die in der Tradition von 1848 stehenden Liberalen und die bayerischen Eigenbrötler. Die Katholiken und die sich immer stärker herausbildende politische Arbeiterbewegung wurden mit staatlichen Maßnahmen unterdrückt. Was jedoch den Aufstieg der Sozialdemokraten nicht verhindern konnte und zur Politisierung des Katholizismus führte: Im März 1871 schlug im Reichstag die Geburtsstunde der deutschen Zentrumspartei.

Bismarcks Revolution von oben war antidemokratisch, das Volk blieb in der Zuschauerrolle. In Preußen, dessen Territorium nun fast zwei Drittel des Reiches umfaßte, herrschte das Dreiklassenwahlrecht. Als unheilvoll sollte sich erweisen, daß es die preußische Armee war, die durch ihre Siege auf den Düppeler Schanzen gegen die Dänen, in Königgrätz gegen die Österreicher und vor den Toren Sedans gegen die Franzosen die Reichsgründung möglich machte. Bald ging es in deutschen Behörden und Ämtern, in den Schulen, Industrieunternehmen und Familien fast so zu wie in den Kasernen. Der preußische Offizier wurde zum gesellschaftlichen Leitbild, militärische Disziplin und Gehorsam zum Bürgerideal. Martialisch traten der deutsche Beamte, Unternehmer und Familienvater auf, und am Sedantag schlug der hohe Patriotismus Wellen. Kein absolutistischer, aber ein autoritärer Staat war es, den Bismarck regierte.

In Frankreich hatte sich nach dem Sturz Napoleons III. 1870 die Dritte Republik etabliert, im britischen Unterhaus lieferten sich Tories (Konservative) und Whigs (Liberale) wilde Redeschlachten, und der amerikanische Kongreß scheute sich nicht, den allmächtigen Präsidenten in die Schranken zu weisen, wenn er den Mehrheitswillen allzu arg strapazierte. Dies alles verhinderte nicht gewalttätige Staatsaktionen nach innen und außen, aber die Meinungspluralität, die Gewaltenteilung und die Verfassungen dämpften den Machtanspruch der Regierungen in diesen Ländern.

Später, als die Nachgeborenen wußten, wie alles weitergegangen war, sprachen die Historiker vom unausweichlichen Scheitern, das Bismarcks Werk von Anbeginn an in sich getragen habe. Was so einfach vielleicht doch nicht war. Sicher, die Nachbarn blickten irritiert auf die mächtige Nation, die sich da in ihrer Mitte gebildet hatte. Sie drohte das mühsam gehaltene Mächtegleichgewicht auf dem Kontinent zu zerstören. Ohnehin war es nur glücklichen außenpolitischen Umständen zu verdanken, daß Rußland und Großbritannien Bismarck bei seinen militäri-

Preußens Triumph über Österreich: Wilhelm I., Helmuth von Moltke und Bismarck 1866 auf dem Schlachtfeld von Königgrätz.

schen Abenteuern gegen Österreich und Frankreich gewähren ließen. Das Zarenreich war seit dem Krimkrieg gelähmt und mit innenpolitischen Reformbemühungen beschäftigt. Londons Regierungen ordneten in diesen Jahren ihr Empire neu und standen dabei in Konkurrenz zu den Franzosen.

Der fundamentale Fehler Bismarcks war allerdings der Raub von Elsaß-Lothringen. Es war klar, daß der westliche Nachbar diese Schmach nie vergessen würde. Damit blieb der Kanzler im europäischen Koalitionspuzzle der Großmächte ein Gefangener der eigenen Tat. Wann immer das unversöhnliche Frankreich einen Verbündeten gegen Berlin finden sollte, drohte dem Reich eine Schwächung. Sollten Petersburg und Paris je einmal ihre traditionelle Gegnerschaft überwinden, dann standen Bismarck oder seine Nachfolger vor einem Zweifrontenkrieg. Des Kanzlers Alpträume waren also durchaus berechtigt.

Innenpolitisch spaltete Bismarck die deutsche Gesellschaft, und er wußte es zu verhindern, daß sich unter dem Dach der konstitutionellen Reichsverfassung eine parlamentarische Tradition entwickeln konnte. Vor allem die politische Selbstaufgabe der Liberalen, die 1848 eine so

14

wichtige Rolle gespielt hatten, ließ Deutschland in autoritären Strukturen verharren. Das liberale Bürgertum begann Bismarck zu vergöttern und verlor sich in der Staatsanbetung. Ein Rückzug, der ungemein folgenreich für die Weimarer Republik werden sollte. Ihr fehlte es nach der Revolution von 1918 an einer starken Sammelpartei der Mitte, die ein Garant für die parlamentarische Stabilität gewesen wäre.

Bismarcks außenpolitischen Ängste wären vielleicht ein Vierteljahrhundert nach seinem Sturz nicht Realität geworden, wenn die deutsche Politik klug und zurückhaltend agiert hätte. Unter dem Gründungskanzler war dies noch einigermaßen gelungen. Dann wurde das Reich zum Unruhefaktor im europäischen Mächtespiel. Industriell und militärisch zur europäischen Hegemonialmacht aufgestiegen, spielten die wilhelminischen Eliten seit der Jahrhundertwende mit dem Feuer. Die fehlende demokratische Kontrolle ermöglichte es dem eitlen Kaiser und seinem Hofstaat, vollmundig einen »Platz an der Sonne« zu fordern. Sie übersahen, welche Konsequenzen diese Haltung nahezu automatisch haben mußte. Ohne klare außenpolitische Strategie führten sie Deutschland in die politische Isolation. Rußland, das von der Balkanpolitik Berlins tief enttäuscht war (die deutsche Außenpolitik mußte in dieser Frage auf die Interessen des verbündeten Habsburgreiches Rücksicht nehmen, das in Südosteuropa mit Petersburg konkurrierte), näherte sich Frankreich, Großbritannien wurde durch den massiven deutschen Flottenbau als möglicher Partner verprellt, und in Paris dachten die Diplomaten an Elsaß-Lothringen. Was blieb, waren Österreich, ein geschwächter Vielvölkerstaat, in dem die nationalen Kräfte – die Serben, die Tschechen, die Ungarn – immer ungeduldiger auf Eigenstaatlichkeit pochten, und Italien, ein recht unsicherer Partner für den Fall des Falles.

Am 1. August 1914 stand Deutschland vor dem Zweifrontenkrieg. So mächtig Reich und Rüstung auch waren, mit dem Wagnis, die militärische Auseinandersetzung mit den Nachbarn zu suchen, überschätzten der Kaiser und seine Ratgeber die Kraft ihres Landes. Sicher, es war ein moderner Staat geworden, den Wilhelm II. forsch und redselig regierte. Die größte Industrienation der Welt, nach Großbritannien das Land mit den höchsten Exportraten. Auf der Liste der naturwissenschaftlichen Nobelpreisträger standen viele deutsche Namen. Das deutsche Bildungswesen fand weltweite Beachtung. Zur Jahrhundertwende trat im Reich das Bürgerliche Gesetzbuch in Kraft, ein Meilenstein des Rechtswesens. Die von den Sozialdemokraten politisch organisierte Arbeiterbewegung hatte in der Sozialistischen Internationale eine Führungsrolle übernommen, Bismarcks Sozialgesetzgebung wurde von den Nachbarn bewundert. Deutschland besaß die stärkste Landarmee des Kontinents, und mit dem militärstrategisch fragwürdigen, politisch gefährlichen Flottenaufbau wollte es auch eine Seemacht werden.

Eine zwitterhafte Nation war Deutschland in der Wilhelminischen Epoche geworden: modern und zugleich rückwärtsgewandt. Ein effektiver Verwaltungsstaat mit einem in vielen wirtschafts-, rechts- und kulturpolitischen Fragen liberalen Bürgertum und einer verbal revolutionären, im politischen Alltag aber revisionistisch orientierten Arbeiterpartei. Für die Zusammensetzung des Reichstags galt das allgemeine und gleiche Wahlrecht für die männliche Bevölkerung. Die demokratischen Strukturen blieben zwar blaß, aber es gab sie. Der Antisemitismus war zeitweise in Frankreich, wie sich bei der Dreyfusaffäre zeigte, heftiger als in Deutschland. Das moderne Drama, der Weg der Malerei in die Abstraktion, die zeitgenössische Musik – das alles fiel in Deutschland auf besonders fruchtbaren Boden. Gerhart Hauptmann

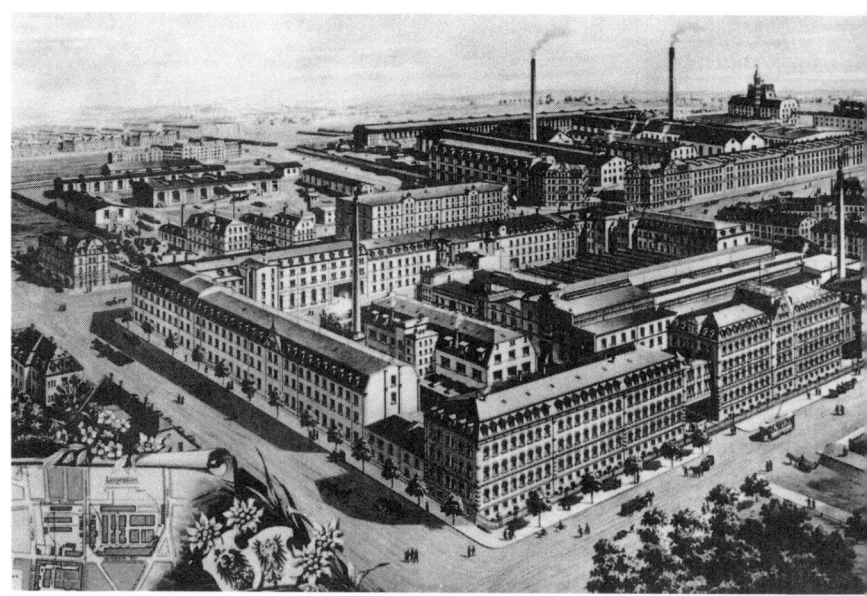

Das Kaiserreich als europäische Industriemacht: Siemens-Schuchardt-Werke in Nürnberg 1908.

16

feierte mit seinen naturalistischen Dramen auf deutschen Bühnen Triumphe, Ibsens Gesellschaftsstücke fanden hier eine stärkere Resonanz als bei den Nachbarn. Kandinsky und Klee studierten auf deutschen Akademien, Richard Strauss komponierte im ersten Jahrzehnt nach der Jahrhundertwende seine sensationellen Opern »Elektra« und »Salome«.

Auf der anderen Seite war Deutschland ein Militärstaat, mit einem Mann an der Spitze, der sich mit aggressiver Wortwahl in die Weltpolitik einmischte und sich über die »Rinnsteinkunst« der Avantgardisten empörte. Vaterländische Massenverbände forderten lautstark und wirkungsvoll deutsche Großmachtpolitik. Die Staatsführung verweigerte sich nachdrücklich demokratischen Reformen. Die Hohenzollern herrschten über einen Untertanenstaat.

Das Reich war wie sein Kaiser aufgeschlossen für die technologische und industrielle Moderne, für eine fortschrittliche Sozialpolitik, für ein effizientes Bildungs- und Rechtssystem, aber gleichzeitig beschworen die Deutschen mittelalterliche Traditionen, raunten schicksalsträchtig über Germanentum und das deutsche Wesen, an dem die Welt zu genesen habe. Die bombastischen, kostümreichen Auftritte Wilhelm II. zeugten von Überheblichkeit und Minderwertigkeitskomplexen. Unruhig war dieses Deutschland, immer in Sorge, irgendwo zu kurz zu kommen, von den anderen Nationen nicht mit dem als notwendig empfundenen Respekt behandelt zu werden.

Aber das alles war noch kein »Sonderweg«. Auch die Regierungen in Paris oder London handelten in vielen politischen Konflikten irrational und egoistisch. Im rückständigen Rußland herrschte Despotismus, die Balkan- und Ostasien-Politik des Zarenreiches war militant.

Nationalistisch agierten alle europäischen Staaten in diesen Jahrzehnten. Da waren die Deutschtümeleien keine Ausnahmeerscheinung. Und der Schock der Moderne, der von einer bislang unbekannten Mobilität der Bevölkerung, einem ungemein raschen Wachstum der Großstädte mit allen seinen sozialen Folgeerscheinungen und der Säkularisierung der Gesellschaft ausgelöst wurde, ereilte ebenfalls nicht allein die deutsche Nation.

Bei unseren westlichen Nachbarn wirkten allerdings die demokratischen Strukturen innenpolitisch dämpfend auf die Politik ein. Auch hier gab es mächtige konservative Eliten, aber Wahlsystem und Verfassung schufen eine Machtbalance, die es verhinderte, daß der Staat ausschließlich und weitgehend unkontrolliert von einer Minderheit gelenkt wurde. Nicht so in Deutschland: Kaiserhof und preußische Junker, Schwerindustrie und Generalstab bestimmten die politischen Geschicke des Landes. Die SPD stellte zwar 1912 die stärkste Fraktion im Reichstag, und gemeinsam mit dem katholischen Zentrum und der liberalen Fortschrittlichen Volkspartei besaßen die »demokratischen« Parteien im nationalen Parlament eine klare Mehrheit. Aber die Macht lag woanders. Der Kaiser war Oberster Feldherr, und er allein bestimmte, wer das Reich als Kanzler zu führen hatte.

Deutschland war nicht der Alleinschuldige am Ausbruch des Ersten Weltkrieges. Aber in den entscheidenden Wochen des Spätsommers 1914 bagatellisierte die deutsche Regierung die Gefahr, stattete den österreichischen Verbündeten nach den Schüssen in Sarajewo, die den habsburgischen Thronfolger töteten, mit einem »Blankoscheck« aus und provozierte am Ende bewußt den Beginn der Schlacht. Jetzt sollte sich bitter rächen, daß die deutsche Außenpolitik das Land in die Isolierung geführt und in den vergangenen Jahren seine Nachbarn immer wieder so leichtfertig herausgefordert hatte.

Der Kaiser war trotz seiner verbalen Entgleisungen im Grunde kein Mann des Krieges. Seine Berater – darunter Kanzler Bethmann Hollweg – glaubten, das hohe Risiko ihrer Außenpolitik jederzeit steuern zu können. Englands Neutralität hielten sie noch für möglich, als die Russen schon mobil machten. Im Gepäck der Militärstrategen lag der Operationsplan des einstigen Generalstabschefs Alfred Graf von Schlieffen, der 1905 vor dem Hintergrund der Ersten Marokkokrise entworfen worden war. Im Falle eines Zweifrontenkrieges sollte demnach Frankreich in einer raschen Zangenbewegung geschlagen werden, um dann das Gros der deutschen Armee zur Niederschlagung Rußlands an die Ostfront zu werfen. Abgesehen von der Überschätzung der eigenen und der Unterschätzung der französischen Kräfte beinhaltete der Schlieffenplan einen eklatanten Völkerrechtsbruch. Um Frankreichs Truppen einzukesseln, mußte die deutsche Armee durch das Territorium des neutralen Belgien marschieren. Dies konnte (vertraglich) und wollte (machtpolitisch) England nicht zulassen. Die Realisierung des Schlieffenplans einerseits und das Heraushalten Londons aus dem Krieg andererseits waren ein unüberbrückbarer Widerspruch der deutschen Außenpolitik. Zudem wäre für Großbritannien eine Niederlage Frankreichs, die das europäische Gleichgewicht grundlegend gestört und damit den eigenen Interessen geschadet hätte, niemals hinnehmbar gewesen. Der Monarch und sein Kanzler wollten all dies bis zum Augenblick der Londoner Kriegserklärung nicht wahrhaben.

Österreich suchte nach dem Attentat von Sarajewo am 28. Juni 1914 eindeutig eine militärische Entscheidung gegen die Serben. Vordergründig ging es um eine Prestigefrage, das Ansehen des durch die Schüsse der serbischen Terroristen und Nationalisten gedemütigten Habsburger Kaiserhauses. Dahinter aber stand ein über Jahrzehnte unentschiedener Machtpoker auf dem Balkan: Wien wollte mit dem Krieg gegen Serbien die russischen Ansprüche im Streit um die Vorherrschaft in Südosteuropa endgültig zurückdrängen und den nationalen Unabhängigkeitsbestrebungen im Vielvölkerstaat eine deutliche Warnung entgegensetzen. Alle Versuche, den Konflikt diplomatisch zu lösen, wurden von der Hofburg unterlaufen. Wilhelm II. wiederum schwadronierte von Nibelungentreue, und als Berlin seinem österreichischen Verbündeten bedingungslose Gefolgschaft zusagte, fiel in Wien die Kriegsentscheidung gegen Serbien, das ein fast unerfüllbares Ultimatum zu erfüllen bereit gewesen war.

Alle europäischen Großmächte hatten sich in ein unauflösbares Bündnisnetz gefesselt. Ein nahezu unaufhaltsamer Automatismus war in Gang gesetzt: am 28. Juli Kriegserklärung Österreichs an Serbien; am 29. Juli Teilmobilmachung in Rußland, die Petersburg für einige Stunden wieder zurücknahm, um dann am 31. Juli die Totalmobilmachung auszurufen; am 1. August allgemeine Mobilmachung in Deutschland und Kriegserklärung Berlins an Rußland; am 3. August Kriegserklärung Deutschlands an Frankreich; am 4. August – nachdem Berlin ein britisches Ultimatum in der Belgienfrage verstreichen ließ – Kriegserklärung Englands an Deutschland. Europas »Urkatastrophe« nahm ihren Lauf.

Später, in der Weimarer Republik, sollte die Kriegsschuldfrage noch eine verhängnisvolle Rolle spielen. Die Sieger beantworteten sie eindeutig und hielten im Artikel 231 des Versailler Friedensvertrages fest, daß die besiegten Deutschen die Alleinverantwortlichen für das Völkermorden gewesen seien. Ganz so einfach war es zweifellos nicht.

Es herrschte seit der Jahrhundertwende in ganz Europa Kriegsstimmung. Österreich und Rußland ließen in allen Krisensituationen keine Zweifel aufkommen, daß sie die Balkanfrage auch militärisch zu lösen gewillt waren. Nach dem Zusammenbruch des Osmanischen Reiches war in dieser Region ein Machtvakuum entstanden, das die jungen

Nationalstaaten auszufüllen versuchten. Aggressiv propagierten sie die Erweiterung ihrer Grenzen. In Wien und Petersburg fanden sie verbündete Großmächte, die wiederum die Politik der Bulgaren, Serben oder Griechen für ihre eigenen Machtinteressen instrumentalisierten. Zwei Balkankriege hatten in den Jahren 1912 und 1913 Europa bereits an den Rand eines Flächenbrandes gebracht. Frankreich wiederum sah im deutschen Nachbarn den »Erbfeind« und es rüstete heftig, um in einem günstigen Augenblick die Rückeroberung von Elsaß-Lothringen zu verwirklichen.

Allein die Briten, die auf dem Kontinent keine territorialen Interessen verfolgten und die »Balance of Power« durch ein Gleichgewicht zwischen Frankreich und Deutschland gesichert sahen, bevorzugten in den zahllosen europäischen Konflikten vor 1914 diplomatische Lösungen. Mit Paris und Petersburg gab es nur in Asien und Afrika koloniale Machtgegensätze, und Berlin provozierte die Engländer vorrangig mit seiner Flottenbaupolitik. Auch in den Krisenwochen des Jahres 1914 waren es in erster Linie die Briten, die zumindest ansatzweise versuchten, den Ausbruch des großen Krieges zu verhindern.

Die deutsche Außenpolitik war in den Vorkriegsjahren überheblich, aggressiv und konzeptionslos. Doch die Debatten in Paris, Petersburg und letztlich auch in London waren ebenfalls keineswegs von Friedensliebe getragen. In den Parlamenten und großen Massenzeitungen dieser Staaten feierte der Nationalismus nicht weniger seine verbalen Triumphe als in Deutschland. Krieg als Fortsetzung der Politik mit anderen Mitteln lag im Kalkül aller europäischen Großmächte.

Im Sommer 1914 allerdings waren es die deutschen Entscheidungen, die den Ersten Weltkrieg auslösten. Dem fatalen Entschluß, Österreich gegen Serbien freie Hand zu lassen, folgte die militärische Mobilmachung in den Nachbarstaaten. Kein überraschender und allein aus der Hektik dieser Krisenwochen zu erklärender Schritt der Berliner Politik war es. Schon 1912 beim Ausbruch des Ersten Balkankrieges hatte Kanzler Bethmann Hollweg vor dem Reichstag öffentlich erklärt, daß Deutschland bei einem Krieg Österreich-Ungarns gegen Serbien an der Seite des Verbündeten kämpfen werde, falls eine dritte Großmacht in diesen Konflikt interveniere. Im Grunde wiederholte sich zwei Jahre später diese Situation, und Deutschland handelte so, wie es der Kanzler damals angekündigt hatte. Insofern suchte das Reich im August 1914 sehr bewußt eine Entscheidung, die es schon seit geraumer Weile im politischen Visier gehabt hatte. Die Reichsspitze ging seit 1912 von der Unvermeidbarkeit eines europäischen Krieges aus, und die Generalität glaubte, mit jedem Hinausschieben dieser Auseinandersetzung um die Vorherrschaft auf dem Kontinent werde das Land im Rüstungswettlauf mit den Nachbarn zurückbleiben. Also wagten Kaiser und Militär jetzt alles – und sie verspielten damit Herrschaft und Thron.

Der Reichstag war machtlos, es sei denn, er hätte sich zu einem revolutionären Schritt entschlossen. Dafür aber gab es nicht einmal ansatzweise irgendwelche Zeichen. Die Entscheidungen in der Julikrise von 1914 wurden von einer kleinen Minderheit getroffen. Die Mobilmachung begann mit der großen Lüge vom Verteidigungskrieg, den es nun zu führen gelte. Das betrogene Volk glaubte seinem Herrscher nur zu gerne, daß Deutschland eingekreist sei von aggressiven Feinden und es daher Opfer zu bringen habe zur »Verteidigung« des bedrohten Vaterlandes. Kaum jemand hinterfragte, wieso es zu einer solch mächtigen Koalition gegen das Reich hatte kommen können. Von den Briefen, Aktennotizen und Verhandlungen mit Österreich, dem »Blankoscheck« für den Verbündeten wußten in diesen heißen Sommertagen nur einige Eingeweihte. Die Deutschen fühlten sich im Recht, und als der Kaiser

Der mißbrauchte Patriotismus: Deutsche Reservisten im August 1914.

auch noch erklärte, ab jetzt kenne er keine Parteien mehr, sondern nur noch Deutsche, war der Taumel grenzenlos.

Blumengeschmückt und von pathetischer Militärmusik begleitet, marschierten die ersten eingezogenen Jahrgänge durch die Straßen und in den Tod. »Wieder zu dritt in die Stadt... und bis gegen zwölf unterwegs«, notierte Victor Klemperer in seinem Tagebuch über die Ereignisse am 1. August 1914. »Der Bahnhof überflutet. Einen Augenblick wildes Drängen und Hochschreien; es soll dem österreichischen Gesandten gegolten haben. Nachher ein ähnliches Hoch bei bloßem Vorbeirollen eines Autos mit etlichen Offizieren. Nirgends unvergnügte oder auch nur ernste Gesichter, Soldaten strahlend, nicht ohne G'spusis. Ein Trupp junger Burschen zog vorüber, Arm in Arm, ein hübsches Marschlied singend: ›Gott schütze unser Vaterland!‹ In der ersten Reihe ein blonder Junge von vielleicht achtzehn Jahren mit einer Glut in den starren blauen Augen – ich habe so etwas noch nicht gesehen.«

Auch in dieser Hinsicht gab es im übrigen keinen deutschen »Sonderweg«. In Frankreich, Großbritannien oder in Rußland war die Kriegsbegeisterung der Menschen keineswegs geringer. Jubel und aufgeputschter Nationalismus, der im Nachbarn nur noch den Feind erkannte, kennzeichnete die Stimmung in diesen Staaten.

Folgenreich war die Haltung der deutschen Sozialdemokratie. Die SPD-Reichstagsfraktion sprach sich am 4. August einstimmig für die von der Regierung beantragten Kriegskredite aus. In der vorausgegangenen internen Fraktionsdebatte kritisierten nur Karl Liebknecht und einige andere linke Abgeordnete das Vorgehen der Mehrheit, die Partei-Dissidenten unterwarfen sich dann aber dem Fraktionszwang. Nur wenige Monate vorher hatten die Mitglieder der Zweiten Sozialistischen Internationale auf einem Treffen noch geschworen, niemals würden Arbeiter auf Arbeiter schießen. Vergessen war dies, als die Vaterländer ihre Bürger an die Front riefen. Die deutsche Sozialdemokratie bekannte sich mit ihrer Entscheidung für die Kriegskredite zum vom Kaiser ausgerufenen »Burgfrieden« und zur »Einheit der Nation«.

Ausschlaggebend für die SPD war, daß einer der Gegner Rußland hieß. Das östliche Riesenreich war für die europäische Linke der Inbegriff despotischer Regierungsherrschaft. Schon August Bebel – er starb 1913 – hatte erklärt, wenn es gegen den Zaren gehe, dann werde er auch als alter Mann noch das Gewehr schultern.

Aber die wirklichen Gründe für die sozialdemokratische Zustimmung lagen tiefer. Die wilhelminische SPD war in das Kaiserreich mental stärker integriert, als das radikale Partei- und Programmvokabular es vermuten ließ. Sicher, die Bismarcksche Sozialistenverfolgung, die im Verbot der SPD gipfelte, hatte bei den politisch bewußten Arbeitern im Reich tiefe Spuren hinterlassen. Doch in den Jahrzehnten nach der Wiederzulassung der Partei entwickelte sich eine ausgeprägte Arbeiterkultur. Bildungs-, Theater-, Sport- oder Kleintierzüchtervereine wurden gegründet, die Mitgliederzahlen der Gewerkschaften stiegen. Die Löhne lagen im Durchschnitt über denen der Genossen in den Nachbarstaaten, und so bescheiden die Sozialgesetzgebung Bismarcks und seiner Nachfolger auch war, im internationalen Vergleich nahm Deutschland auf diesem Feld einen Spitzenplatz ein. SPD und Arbeiterschaft hatten sich in den Jahren nach 1890 also alles in allem arrangiert mit dem Kaiserstaat, waren nicht unempfindlich gegenüber nationalen Schwärmereien des wilhelminischen Bürgertums. Zudem gab es für die marxistisch geschulten SPD-Parteistrategen ohnehin keine Zweifel, daß die Zukunft dem Proletariat gehöre, daß es also nur eine Frage der Zeit sei, bis der »Kapitalismus« zusammenbrechen würde. Die Wahlerfolge vor 1914 und der selbstmörderische Krieg zwischen den alten Eliten Europas schienen dies zu bestätigen.

Als der Kaiser erklärte, nun gebe es nur noch Deutsche, fühlten sich darüber hinaus die führenden Sozialdemokraten endlich anerkannt und einbezogen in die nationale Gemeinschaft, von der sie die herrschenden Schichten so lange ausgeschlossen hatten. Wie ihre Kollegen in Frankreich oder England blieb die überwältigende Mehrheit der deutschen Arbeiter von der nationalistischen Begeisterung nicht unberührt, die die Menschen zu allen Zeiten so leicht erfaßt, wenn die staatliche Propaganda mit Lügen und Halbwahrheiten zur Gewalt aufruft.

Mit Blick auf das, was dann in Sachen Vergangenheitsbewältigung nach 1918 diskutiert wurde, muß allerdings darauf hingewiesen werden, daß die Verantwortlichen für den Krieg nicht in der SPD zu suchen sind. Die Partei ließ sich von der Massenhysterie wohl mitreißen, an den Entscheidungen, die zum Krieg führten, war sie bis zum 4. August jedoch nicht beteiligt. Als tragisch für die Geschichte der Weimarer Republik sollte sich aber erweisen, daß die Sozialdemokraten in der Kriegsschuldfrage die Thesen der deutschen Konservativen mittrugen. Durch ihr Ja zu den Kriegskrediten war die Parteimehrheit in der Diskussion um die Kriegsschuld blockiert. Nach der Niederlage verweigerte sie sich der notwendigen Aufarbeitung der jüngsten deutschen und der eigenen Geschichte. Damit trug sie zur Spaltung der politischen Arbeiterbewegung in den zwanziger Jahren bei und versäumte es, die immer populärer werdende Propaganda der Rechtsradikalen und des konservativen Bürgertums zu entlarven, die sich gegen die »Novemberverbrecher« und »Erfüllungspolitiker« im eigenen Land und die Siegermächte jenseits der deutschen Grenzen richtete.

Es waren im übrigen nicht nur die Massen, die den Kriegsbeginn begrüßten. Auch die geistige Elite Deutschlands stimmte in den chauvinistischen Chorgesang ein. Gerhart Hauptmann, Thomas Mann, Hermann Hesse, Arnold Zweig, Robert Musil, Rainer Maria Rilke, Stefan Zweig, Alfred Döblin, Richard Dehmel, Stefan George, die große Mehrheit der prominenten Hochschullehrer, Wissenschaftler und Künstler – alle erhoben ihre Stimme und feierten in schlichtester Sprache den Krieg als »Reinigung« und »Bewährung«. So hieß es beispielsweise in einem vielbeachteten Aufruf deutscher Professoren vom Oktober 1914: »... es erfüllt uns mit Entrüstung, daß die Feinde Deutschlands, England an der Spitze, angeblich zu unseren Gunsten einen Gegensatz machen wollen zwischen dem Geiste der deutschen Wissenschaft und dem, was sie den preußischen Militarismus nennen. In dem deutschen Heere ist kein anderer Geist als in dem deutschen Volke, denn beide sind eins, und wir gehören auch dazu... Unser Glaube ist, daß für die ganze Kultur Europas das Heil an dem Siege hängt, den der deutsche ›Militarismus‹ erkämpfen wird.«

Die bedeutenden Kunstwerke ausländischer Schriftsteller, Musiker oder Maler wurden in den Zeitungen, Propagandaschriften, Theatern, Konzertsälen oder Museen diffamiert und boykottiert. Für einige der Kriegsapologeten kam dann angesichts der furchtbaren Verluste auf den Schlachtfeldern das große Erwachen, und sie wandten sich fortan gegen das Gemetzel an den Fronten. Viele blieben blind bis zum schrecklichen Ende. Thomas Mann veröffentlichte seine »Betrachtungen eines Unpolitischen« 1918, zu einem Zeitpunkt also, als all das, was er in seinem Riesenessay an antidemokratischen und kulturnationalistischen Ressentiments notiert hatte, von der Wirklichkeit gerade widerlegt wurde.

Der europäische Zeitgeist war in den letzten Jahrzehnten der »guten alten Zeit« besonders militant. Der deutsche allemal. Die zu erwartenden Grausamkeiten eines Krieges, die durch die moderne Waffentechnologie vervielfacht wurden, waren den meisten Menschen offenbar nicht gegenwärtig. Der deutsch-französische Krieg von 1870/71, die letzte große militärische Auseinandersetzung im Zentrum Europas vor 1914, lag fast ein halbes Jahrhundert zurück, und die Nachgeborenen hatten vergessen, welche Verluste diese erste moderne Materialschlacht der Geschichte gefordert hatte. Die Briten hatten ähnliche Erfahrungen im Kampf gegen die aufständischen Buren (1899–1902) gemacht, die Russen in den Schlachten gegen Japan (1904/05). Gelernt hatten sie alle nichts aus dem, was sie ihren Völkern schon vor 1914 angetan hatten.

Vor allem in Deutschland war es der offiziellen Propaganda in den wilhelminischen Jahren gelungen, den Krieg zu heroisieren und das militärische Ideal in breitesten Bevölkerungskreisen zum akzeptierten Allgemeingut werden zu lassen. Der Krieg, so verkündete der Kaiser, sei eine lustige Treibjagd, und zum Weihnachtsfest sei der deutsche Soldat wieder am heimischen Herd, der perfide Feind geschlagen. Die meisten Untertanen wollten ihrem Herrscher das nur allzu gerne glauben. Von ähnlichen zeitlichen Vorstellungen gingen auch die Regierungen im gegnerischen Lager aus.

Im Grunde war der Krieg für Deutschland bereits nach sechs Wochen nicht mehr zu gewinnen. Der Schlieffenplan erwies sich Anfang September 1914 als Illusion. Der rasche deutsche Vormarsch durch Belgien überrumpelte die französische Militärführung zwar, doch dann entschied sich Generalstabschef Joseph Joffre für eine drastische Umgruppierung seiner Armee (er hatte das Hauptkontingent seiner Truppen für eine Offensive gegen Elsaß-Lothringen aufmarschieren lassen). In der mehrtägigen Schlacht an der Marne verhinderten Franzosen und ein britisches Expeditionskorps einen Durchbruch des Feindes. Damit war der »Blitzkrieg« gegen Frankreich gescheitert, die geplante vernichtende Zangenbewegung, die mit der Eroberung von Paris ihren triumphalen Gipfel erreichen sollte, rückte in weite Ferne.

In Ostpreußen waren unmittelbar nach Kriegsausbruch die russischen Armeen unter den Generälen Samsonow und Rennenkampf eingedrungen. Mit einer hastigen Truppenbewegung von der West- an die Ostfront (der die deutschen Kräfte in Frankreich schwächte) gelang es dem Oberbefehlshaber der 8. Armee, Paul von Hindenburg, und seinem Generalstabschef Erich Ludendorff zwar, in den Schlachten von Tannenberg und an den Masurischen Seen die Russen vernichtend zu schlagen, aber diese Siege waren nicht kriegsentscheidend.

Die Erfolge an der Ostfront waren jedoch Fundament des Aufstiegs der beiden Generäle, die Deutschland ab 1916 in eine Militärdiktatur verwandelten. Im Juli 1917 wirkten sie maßgeblich am Sturz von Kanzler Bethmann Hollweg mit. Bereits im Januar 1917 hatten Hindenburg und Ludendorff die Wiederaufnahme des unbeschränkten U-Boot-Krieges durchgesetzt und damit unausweichlich den Kriegseintritt der Vereinigten Staaten von Amerika provoziert. Damit stand das Reich endgültig einer militärischen Koalition gegenüber, die im Gegensatz zu Deutschland nahezu unbeschränkt über Rohstoff- und Waffenressourcen verfügte. Spätestens mit dem Auftritt der amerikanischen Truppen auf den westeuropäischen Schlachtfeldern war dieser Krieg für Deutschland verloren. Daß Militär und Reichsleitung ihn sinnlos verlängerten, war ein Verbrechen gegenüber den eigenen Soldaten und der zunehmend hungernden Zivilbevölkerung. Auch dies sollte die bürgerliche Rechte (ganz zu schweigen von den rechtsradikalen Gruppierungen) in den Jahrzehnten nach dem Ersten Weltkrieg verdrängen und verleugnen. Bis weit in die Zeit der Bundesrepublik hinein haben viele Historiker und Politiker die Sichtweise des deutschen Konservatismus übernommen und weitergetragen.

Die Kriegszielpolitik der wilhelminischen Führung war maßlos und

Die Verantwortlichen: Paul von Hindenburg, Kaiser Wilhelm II. und Erich Ludendorff im Hauptquartier von Spa.

stand in diametralem Gegensatz zu den Erfolgsaussichten. Bereits im September 1914 konzipierte der persönliche Referent des Kanzlers, Kurt Riezler, ein Programm, das die Hegemonie des Reiches über Mitteleuropa festschreiben sollte: Annexionen in Frankreich (vor allem das Erzbecken Longwy-Briey und Teile der Kanalküste), Belgien, Holland und Luxemburg; Zurückdrängen Rußlands auf die Grenzen der Zeit Peters des Großen; hohe Kriegsentschädigungen und Handelsverträge, die Deutschlands Vormachtstellung auch ökonomisch sichern sollten. Reichsleitung, die konservativen Reichstagsparteien, Schwerindustrie und vaterländische Massenverbände verfolgten diese Ziele noch im Sommer 1918. Auch dies ein deutliches Zeichen für die Realitätsferne der deutschen Politik. Die Alliierten wußten, was sie erwartete, sollten sie Deutschland nicht besiegen. Der Friede von Brest-Litowsk, den das inzwischen von der Revolution erschütterte Rußland im März 1918 schließen mußte, war ein Diktatfrieden, und er bewies den Gegnern im Westen einmal mehr, daß nur eine militärische Niederlage den deutschen Machtwillen brechen konnte.

Das hier skizzierte Szenario wurde zum Vorspiel der Weimarer Republik. Die Kriegsniederlage führte zum Sturz des Kaiserreiches. Zum ersten Mal in ihrer Geschichte bot sich den Deutschen eine Alternative zum autoritär geführten Staat. Als der Kaiser ins Exil ging, forderte eine überwältigende Mehrheit im Lande die parlamentarische Demokratie. Die konservativen Eliten reagierten auf diese Entwicklungen allerdings mit Befremden und Ablehnung.

Die Geschichte kennt keine Stunde Null. Gesellschaftliche Neuanfänge entpuppen sich stets als das Resultat einer Auseinandersetzung zwischen Vergangenheit und Zukunft. Alle Entscheidungsträger der Weimarer Republik in Politik und Wirtschaft waren in einem autoritären Staat aufgewachsen, waren vom Denken der wilhelminischen Jahre geprägt. Das sollte für ihr Handeln in den Jahren zwischen 1918 und 1933 von ausschlaggebender Bedeutung sein. Auch die politischen, gesellschaftlichen und ökonomischen Strukturen des Kaiserreiches verschwanden im November 1918 nicht spurlos. Die Revolution brachte keinen totalen Bruch mit der wilhelminischen Vergangenheit, weder in der Realpolitik noch in den Köpfen der Menschen. Weimar scheiterte – jenseits der tiefgreifenden ökonomischen und sozialen Verwerfungen – nicht zuletzt daran, daß es in Deutschland auch nach der Kriegsniederlage und der Einführung eines parlamentarischen Regierungssystems am demokratischen Grundkonsens mangelte, ohne den auch die beste Verfassung keinen Schutz vor antidemokratischen Kräften bieten kann. Was die westlichen Nachbarstaaten (England, Frankreich, USA) im Anschluß an ihre Revolutionen mühsam erlernt hatten, blieb zu vielen Menschen der ersten deutschen Republik verschlossen.

Auf Weimar folgte der totalitäre Hitlerstaat. Vieles, was zu seiner Errichtung führte und seine unter mehr oder weniger starkem Zuspruch der Bevölkerung erfolgten Taten erklärt, läßt sich auf die mentale Befindlichkeit und die strukturellen Fehlentwicklungen zurückführen, die der kaiserliche Obrigkeitsstaat vorgegeben hatte. Untertanengeist und antidemokratische Affekte, politische Irrationalität und eine auch in der Diktatur reibungslos funktionierende Bürokratie ließen Hitler triumphieren und ermöglichten ihm schließlich das Lostreten eines Vernichtungskrieges, wie ihn die Welt noch nicht erlebt hatte. Die Generäle, Richter, Ministerialbeamten, Wissenschaftler, Hochschullehrer, Konzernmanager oder Künstler, die dem Diktator und seinem verbrecherischen System mit Wort und Tat willig dienten, verbrachten ihre Jugend und Ausbildung im Kaiserreich oder in den von radikalen ideologischen Auseinandersetzungen und wirtschaftlichen Zusammenbrüchen gezeichneten frühen Weimarer Jahren. Seit den Tagen, als Napoleon die Französische Revolution beerbte und seine Armeen Westeuropa überfluteten, hatten sich in weiten Teilen der deutschen Bildungsschicht tiefsitzende antiwestliche und damit antidemokratische Ressentiments festgesetzt. Sie bestimmten das Denken auch noch in den Weimarer Jahren.

Die deutsche Niederlage im Zweiten Weltkrieg war total. Die Siegermächte in West und Ost forderten von den Besiegten eine politische Umkehr. Zwei neue deutsche Demokratien entstanden, wobei die östliche diese Bezeichnung allenfalls formal trug. Auch die deutschen Führungseliten der ersten beiden Jahrzehnte der Geschichte der Bundesrepublik und der DDR waren geprägt vom Geist und vom Weltbild der jüngeren Vergangenheit ihres Volkes. Der erste Bonner Kanzler, Konrad Adenauer, war beim Untergang des Kaiserreiches bereits über vierzig Jahre alt, Theodor Heuss, der erste Bundespräsident der BRD, über dreißig, und der SPD-Vorsitzende Kurt Schumacher immerhin bereits Student. Auch die DDR-Politiker Wilhelm Pieck (1876–1960), Walter Ulbricht (1893–1973) und Otto Grotewohl (1894–1964) hatten die Auseinandersetzungen im Kaiserreich und vor allem während der Weimarer Jahre ganz bewußt erlebt, teilweise im Lager der linken

Sozialisten und Kommunisten bereits aktiv daran teilgenommen. Das galt für alle gesellschaftlichen Gruppierungen und ihre Vertreter, die in den beiden deutschen Demokratien nach 1945 wichtige Funktionen einnahmen. Erst in den letzten Jahren des zwanzigsten Jahrhunderts ist in Deutschland eine Generation an die Macht gekommen, die das Drama der ersten deutschen Republik, die Terrorjahre der Diktatur und das Grauen des Zweiten Weltkrieges nicht mehr bewußt miterlebt hat oder sogar nach 1945 geboren wurde.

Blicken wir zurück auf die demokratischen Versuche der Deutschen, den dreimaligen, mit Blick auf die westlichen Nachbarn so verspäteten Anlauf, ihren Staat parlamentarisch zu organisieren, so sind also gesellschaftliche und politische Kontinuitäten unübersehbar. Weimar und die DDR scheiterten, die Bundesrepublik wurde zur Erfolgsstory. Daß es so kam, hatte viel mit dem Denken und Handeln der Protagonisten auf der Bühne der Politik und der Wirtschaft zu tun, mit den geistig-ideologischen Debatten, die das Land über Jahrzehnte hinweg bewegten, zerstörten und teilten. Aber auch der Zufall machtpolitischer Konstellationen in der Weltpolitik spielte eine bedeutende Rolle. Vielleicht wäre Weimar ohne die Weltwirtschaftskrise zu retten gewesen oder doch zumindest nicht in das System eingemündet, das dann kam. Die DDR stand vom ersten Tag ihrer Existenz an unter der Kuratel einer Weltmacht, die den Ostdeutschen letztlich eine Entscheidungsbefugnis über ihr eigenes Schicksal versagte. Der Bonner Staat wiederum konnte die Folgen des Krieges rasch und wirtschaftlich so glänzend überwinden, weil Amerika angesichts des sich schon Ende der vierziger Jahre deutlich abzeichnenden Kalten Krieges davon überzeugt war, daß nur ein wiederaufgebautes, demokratisch gefestigtes Westdeutschland ein wichtiger Faktor im europäischen und weltpolitischen Mächtespiel an seiner Seite sein würde.

Am Ende des zwanzigsten Jahrhunderts hat die Geschichte der Berliner Republik begonnen. Auch sie ist eingebettet in Kontinuitäten. Es war ein historischer Glücksfall – der weltpolitisch so bedeutsame Zusammenbruch des sowjetischen Imperiums –, der es ermöglichte, daß die Folgen des Zweiten Weltkrieges nun für ganz Deutschland überwunden werden können.

Eine »normale« Republik, eingebettet in das europäische Einigungskonzept, haben die Deutschen nach einem Jahrhundert der Suche, des Versagens und Scheiterns für sich gewonnen. Der Weg dorthin war dornig, und er forderte – auch jenseits unserer Grenzen – ungeheure Opfer. Abgetragen ist die Last der Vergangenheit nicht. Sie wird den kommenden Generationen – und das unterscheidet Deutschland mit Blick auf das Dritte Reich auch nach der Wiedervereinigung von allen seinen Nachbarn – bewußt bleiben. Die »Normalität« der nun wieder mächtigsten Nation in Europa steht unter diesem Schatten. Von seinem »schwierigen Vaterland« sprach in den siebziger Jahren der ehemalige Bundespräsident Gustav Heinemann. Es wird nicht einfacher werden, denn Macht ist verführerisch.

ZWEITES KAPITEL

Weimar – eine Republik auf Abruf

1. Vom Kaiserreich zur Republik

Es war – wie bei der Reichsgründung Bismarcks – eine »Revolution von oben«, die zur Geburtsstunde der Weimarer Republik führte. Am 29. September 1918 rief die Oberste Heeresleitung den »Kronrat« zu einer dringlichen Krisensitzung in das Hauptquartier nach Spa. Zu den Teilnehmern des kleinen Kreises gehörten neben Hindenburg und Ludendorff auch der Kaiser und Reichskanzler Georg von Hertling. Die beiden verfassungsmäßigen politischen Repräsentanten des Reiches waren allerdings in den zurückliegenden Monaten nur noch politische Marionetten der Militärs gewesen. Zum Erstaunen des Kanzlers forderte die Heeresspitze an diesem grauen Septembertag die unverzügliche Aufnahme von Waffenstillstandsverhandlungen. Die Männer, die bis weit in das Jahr 1918 hinein immer wieder behauptet hatten, der Sieg über die Feinde sei nur noch eine Frage der Zeit, agierten in sichtlicher Panik. Sie begründeten ihre überraschende Kehrtwendung mit dem Hinweis, die deutsche Front könne innerhalb von vierundzwanzig Stunden zusammenbrechen. Was so falsch war wie die optimistischen Durchhalteparolen der vorangegangenen Jahre.

Die Westfront war seit 1915 zu einem verlustreichen Stellungskrieg erstarrt, in den Schützengräben von Verdun und auf den Schlachtfeldern Flanderns starben Hunderttausende im Granatfeuer oder bei den Sturmangriffen der gegnerischen Armeen. Als die russischen Bolschewiken am 3. März 1918 den Diktatfriedensvertrag von Brest-Litowsk unterschrieben, in dem das Land vom deutschen Verhandlungspartner zum Verzicht auf die baltischen Staaten, Finnland, Polen und die Ukraine gezwungen wurde, glaubte die Oberste Heeresleitung durch eine Kräftebündelung im Westen die drohende Niederlage doch noch abwenden zu können. Zumal sie für die hungernden Menschen in Deutschland große Getreidelieferungen aus der Ukraine erwartete. Am

21. März 1918 begann mit dem Einsatz von 70 Divisionen eine – wie die beiden Generale behaupteten – kriegsentscheidende Großoffensive zwischen Arras und La Fère. Es gab Anfangserfolge, dann erwiesen sich die Kräfte der Entente durch den Einsatz frischer amerikanischer Truppen als überlegen. Am 18. Juli traten die alliierten Armeen zur Gegenoffensive an und durchbrachen am 8. August bei Amiens die Front. Österreich-Ungarn und Bulgarien hatten inzwischen eigenmächtig Friedensverhandlungen eingeleitet. Das Reich stand damit Ende September ohne jeden Verbündeten einer unbezwingbaren militärischen Allianz gegenüber.

In der Heimat und im deutschen Heer herrschte schon seit langem Kriegsmüdigkeit. Die hohen Verluste an der Front und die sich im »Steckrübenwinter« 1916/17 drastisch zuspitzende Versorgungslage wirkten ernüchternd. Im Sommer 1917 hatten Teile der Marine gemeutert, im Herbst und dann vor allem im Januar 1918 kam es im Reich zu großen Streikbewegungen, die von der explosiven Stimmung in Teilen der Arbeiterschaft zeugten. Auch im Heer wuchs im Laufe des letzten Kriegsjahres der Widerstand. Die russische Revolution warf ihre Schatten auf Deutschland. Es war jedoch der Siegfriedenpropaganda der Militärführung, den nationalistischen, seit 1891 für ein imperiales Weltreich agitierenden Alldeutschen, der politischen Reichsspitze, den konservativen Parteiführungen und der Schwerindustrie gelungen, der großen Bevölkerungsmehrheit die Dramatik an den Fronten bis weit in den Sommer 1918 hinein zu verschleiern.

Die Forderung der Obersten Heeresleitung nach Friedensverhandlungen war ein klarer militärischer Offenbarungseid. Daß Hindenburg und Ludendorff in der Sitzung vom 29. September als Konsequenz die bis zu diesem Zeitpunkt strikt abgelehnte Einsetzung einer parlamentarischen Regierungsform in Deutschland verlangten, war allerdings alles andere als ein Bekenntnis zur Demokratie. Am 1. Oktober machte Ludendorff vor seinen Offizieren deutlich, welch infame Strategie die Reichsleitung mit diesem Schritt verfolgte: »Ich habe aber seine Majestät gebeten, jetzt auch diejenigen Kreise an die Regierung zu bringen, denen wir es in der Hauptsache zu verdanken haben, daß wir soweit gekommen sind… Die sollen nun den Frieden schließen, der jetzt geschlossen werden muß. Sie sollen die Suppe jetzt essen, die sie uns eingebrockt haben.« Damit war die folgenschwere »Dolchstoßlegende« geboren, und das konservative Deutschland ließ schon an der Wiege der

Republik seine künftige Strategie im Kampf gegen die Demokratie erkennen.

Es sollte sich für die Entwicklung der Weimarer Republik als ein verhängnisvoller Fehler der demokratischen Mehrheitsparteien erweisen, daß sie der Lügenpropaganda der konservativen Eliten über den Krieg und seinen Ausgang schon von der ersten Stunde an nur halbherzig oder gar nicht entgegengetreten waren. Sozialdemokraten, Fortschrittsliberale und das Zentrum – von Kaiser, Militärs und der wilhelminischen Ministerialbürokratie stets als »Reichsfeinde« diffamiert – ließen es zu, daß die Kräfte, die seit den Tagen Bismarcks antidemokratisch agiert und das Land schließlich in die Katastrophe geführt hatten, auch in den Jahren der Republik an den Schaltstellen der Macht blieben. Der Untergang Weimars und die Machtübernahme durch Hitler sind nicht ausschließlich, aber doch in beachtlichem Umfang auf dieses Versäumnis der Demokraten zurückzuführen. Die Folge war eine Kompromißrevolution, denn die im Hinblick auf die wichtigsten Machtpositionen der neuen Republik nur halbherzige Demokratisierung nutzten die alten reaktionären Eliten zur Rückeroberung des Staates.

Zunächst, im Herbst 1918, stellten sich die Demokraten im Gegensatz zum konservativen Lager der Verantwortung der Stunde. Vor allem die Mehrheitssozialdemokraten (MSPD) ergriffen nach der Kronratssitzung vom 29. September zunehmend die Initiative. Schon im Juli 1917 hatten die Parteien im Reichstag, die jetzt in den Vordergrund rückten, mit einer interfraktionellen Aktion von Zentrum, Fortschrittlicher Volkspartei und Mehrheitssozialdemokraten für einen Verständigungsfrieden ohne »erzwungene Gebietserweiterungen und politische, wirtschaftliche oder finanzielle Vergewaltigungen« plädiert. Diese Friedensresolution war bei der Reichsspitze auf erbitterten Widerstand gestoßen. Die imperialistische Haltung der deutschen Seite bei den Friedensverhandlungen von Brest-Litowsk, deren Ergebnis auch im Reichstag die Zustimmung von Zentrum und fortschrittlichen Liberalen fand, hatte die Chance auf einen Verständigungsfrieden endgültig zerstört. Die Aktivitäten der linken und linksliberalen Reichstagsfraktionen wiesen aber bereits auf die Weimarer Koalition (SPD, Zentrum, DDP) hin, die sich in diesem Herbst zusammenfinden sollte.

Am 3. Oktober wurde der als liberal geltende Prinz Max von Baden, ein Vetter Wilhelms II., auf Drängen des Kaisers Kanzler der ersten parlamentarischen Regierung des Reiches. Zwei Mehrheitssozialdemokraten, zwei Vertreter der Fortschrittsliberalen und drei Zentrumspolitiker traten als Staatssekretäre in das Kabinett ein. Als vorrangige Aufgabe stellte sich der neuen Regierung die Notwendigkeit, ein Waffenstillstandsgesuch abzusenden. Wobei ihr erst jetzt in vollem Umfang bewußt wurde, vor welchem militärischen Desaster das Reich stand. Vergeblich versuchte Max von Baden Zeit zu gewinnen, um ein überhastetes Angebot an die Alliierten, das einer Kapitulation gleichkam, zu vermeiden. Die Oberste Heeresleitung aber lehnte – wie am 29. September – jede Verantwortung für eine Fortsetzung der militärischen Auseinandersetzung ab. Sie verweigerte damit einen strategischen Rückzug der Front, der möglicherweise einen Zeitgewinn für den Beginn der Friedensgespräche gebracht hätte.

So sandte der Kanzler die Bitte an den amerikanischen Präsidenten Wilson, zu einer Friedenskonferenz aller kriegführenden Parteien einzuladen. Er berief sich auf das Vierzehn-Punkte-Friedensprogramm, das Wilson wiederholt seit Anfang 1918 zur Debatte gestellt hatte.

Die Mehrheitssozialdemokraten unterstützten die neue Regierung nur zögernd. Der Fraktionsvorsitzende Philipp Scheidemann warnte davor, »in ein bankrottes Unternehmen hineinzugehen«, Friedrich Ebert dagegen beschwor seine Partei, sich nicht der Verantwortung zu entziehen. Der ehemalige Sattlergeselle und führende Sozialdemokrat Ebert (er war nach August Bebels Tod im Jahre 1913 gemeinsam mit Hugo Haase Parteivorsitzender) wurde in den kommenden Monaten zur entscheidenden politischen Figur in Deutschland. Über seine Fehler und Irrtümer ist in der Geschichtsschreibung viel gestritten worden, aber seinen Patriotismus haben ihm nur die radikalen Ideologen im eigenen und im gegnerischen Lager absprechen wollen.

Im Oktober 1918 folgte ein wochenlanger diplomatischer Notenwechsel zwischen Wilson und der deutschen Regierung. Der Amerikaner, vor allem von seinen französischen Verbündeten zu einer harten Haltung gedrängt, stellte Vorbedingungen für einen Waffenstillstand: eine demokratisch legitimierte deutsche Regierung, Rückzug aus allen besetzten Gebieten und Einstellung des U-Boot-Krieges. Wilson machte deutlich, daß bei einer Zustimmung zu Verhandlungen jede Wiederaufnahme militärischer Aktionen seitens der Deutschen ausgeschlossen sein müßte, was einer Entwaffnung des deutschen Heeres gleichkam. Indirekt ließ der Präsident durchblicken, daß er eine deutsche Monarchie für nicht mehr tragbar hielt.

Kaiser und Oberste Heeresleitung wurden durch diesen Notenwechsel der Illusion beraubt, es könne für Deutschland einen – wie sie es verstanden – »ehrenvollen« oder gleichberechtigten Frieden geben. Sie drohten, in totaler Umkehrung ihrer Haltung vom 29. September, mit der Wiederaufnahme der Kampfhandlungen.

Als die Oberste Heeresleitung am 24. Oktober die Bedingungen des amerikanischen Präsidenten als unannehmbar bezeichnete, erwog Max von Baden seinen Rücktritt. Der Kaiser sah sich gezwungen, Ludendorff zu entlassen und an seine Stelle General Wilhelm Groener zu setzen. Eine nur halbherzige Entscheidung, denn Hindenburg blieb im Amt. Am 28. Oktober trat eine eilends ausgearbeitete Verfassungsreform in Kraft, die Deutschland für wenige Tage in eine parlamentarische Monarchie umwandelte.

In den ersten Novembertagen überschlugen sich dann die Ereignisse. Es begann im Norden Deutschlands. Dem Befehl der Marineleitung, die Flotte zum letzten Gefecht gegen den britischen Seefeind in den Ärmelkanal auslaufen zu lassen – eine der vielen irrationalen und verantwortungslosen Entscheidungen der Militärs –, widersetzten sich die Schiffsmannschaften. Innerhalb weniger Tage wuchs sich dieser Aufstand zu einem Flächenbrand aus, der bald ganz Deutschland erfassen sollte.

Die Seekriegsleitung hatte nach den Protesten über tausend Meuterer verhaften und in die Kieler und Wilhelmshavener Militärgefängnisse überführen lassen. Die Mannschaften antworteten mit der Bildung von Soldatenräten, die Unterstützung bei den Industrie- und Werftarbeitern der Region fanden. Die Streikbewegung breitete sich rasch aus. Die Soldatenräte erzwangen die Freilassung der inhaftierten Kameraden, die vorgesetzten Offiziere wurden entwaffnet, und es kam zu Verbrüderungsszenen mit den zur Niederschlagung der Meuterei entsandten Truppenverbänden.

Das überraschende Waffenstillstandsgesuch löste bei der Mehrheit der völlig unvorbereiteten Bevölkerung einen psychologischen Schock aus. Wut und Zorn über die vergeblichen Opfer der vier Kriegsjahre richteten sich gegen das alte System. Die Ereignisse im Norden waren nur der Funke, der in den darauffolgenden Tagen im ganzen Land zur Explosion führte. Von Kiel, Wilhelmshaven, Bremen und Hamburg breitete sich der Aufstand über das Rheinland bis in den Osten und Süden aus. Allerorts ergriffen die rasch gebildeten Arbeiter- und Soldatenräte die Macht, die ihnen die regionalen Autoritäten kampflos überließen. Nahezu über Nacht verschwanden all die Könige, Herzöge und Fürsten, deren Geschlechter jahrhundertelang geherrscht hatten. Den Anfang machten die bayerischen Wittelsbacher, nachdem Kurt Eisner, Mitglied der USPD, am 7. November in München die Republik ausgerufen hatte.

Der einst so populäre Kaiser hatte Berlin ohne Unterrichtung der neuen Regierung schon am 29. Oktober verlassen und suchte bei seinen Generälen im Hauptquartier von Spa Schutz. Die Hohenzollernmonarchie stürzte am 9. November. Bis zum letzten Augenblick wehrte sich Wilhelm II. gegen seine Abdankung. Am 10. November floh er schließlich bei Nacht und Nebel ins holländische Exil. Der ehedem starke Mann des Regimes, Erich Ludendorff, entzog sich dem Geschehen nicht weniger jämmerlich – mit falschem Paß und verkleidet – ins sichere Schweden.

Es war nun tatsächlich eine »Revolution von unten« in jenen chaotischen Novembertagen. Der gesellschaftliche Druck, der sich durch die fehlende Weiterentwicklung demokratischer Strukturen im Kaiserreich und in Ludendorffs Militärdiktatur bis zur Niederlage aufgestaut hatte, ließ keinen besonnenen und völlig gewaltlosen Übergang zum parlamentarischen System zu. Die Reichstagsparteien sprachen sich bei den Diskussionen über die Verfassungsreform zunächst noch mit überwältigender Mehrheit für die Erhaltung der (parlamentarischen) Monarchie aus. Nicht nur die rechten und rechtskonservativen Gruppierungen taten dies, sondern auch die Mehrheitssozialdemokraten, das Zentrum und die liberale Fortschrittliche Volkspartei. Allein die linke Sozialdemokratie, die USPD, trat sofort für die Abschaffung des Kaisertums ein. Es waren die sich landesweit und mit immer radikaleren Bekundungen formierenden Massenversammlungen auf den Straßen und Plätzen der Städte, die schließlich die zögernden demokratischen Parteien in dieser Frage zu einem Umschwenken zwangen.

Es zeigte sich also schon in den ersten Revolutionstagen, daß die Politiker und Parteien, die bald die Geschicke der Republik lenken sollten, tief verwurzelt waren im wilhelminischen Denken. Selbst die Mehrheitssozialdemokraten unterschätzten die Stimmung im Land. Friedrich Ebert empfand die kommenden Wochen als Chaos, das es energisch zu bekämpfen galt. Er haßte die Revolution, war im Herzen Monarchist. Jahrzehntelang in strenger Parteidisziplin erzogen, setzte die Führung

Der Beginn: Matrosen meutern im November 1918 in Kiel.

Die Ausrufung der Republik am 9. November 1918: Philipp Scheidemann (SPD) am Fenster des Reichstags.

der MSPD auch in den wirren Tagen nach dem Zusammenbruch der alten Staatsgewalten auf das Legalitätsprinzip, scheute »ungesetzliche« Handlungen wie der Teufel das Weihwasser.

Am 8. November hatte der Aufstand Berlin erreicht. Die revolutionären Obleute, die USPD – in der Hauptstadt vom linksradikalen »Spartakusbund« stark beeinflußt – und schließlich auch die um den Verlust ihrer führenden Rolle fürchtende MSPD riefen den Generalstreik aus. Ziel war die Abdankung des Kaisers und die Errichtung einer sozialistischen Demokratie. Die Spartakusführung ging dabei am weitesten und forderte in Anlehnung an die russische Revolution die »Diktatur des Proletariats«.

In den entscheidenden Stunden des 8. und 9. November war die MSPD die politische Kraft, die das Handeln an sich riß. Philipp Scheidemann erwies sich dabei gegenüber Ebert als der bessere Analytiker der Situation: »Jetzt heißt's sich an die Spitze der Bewegung stellen, sonst gibt's doch anarchische Zustände im Reich.«

Angesichts der wachsenden Unruhen und der Parolen der Arbeiter- und Soldatenräte verließen die Mitglieder der MSPD am 9. November die Regierung Max von Badens, um die Führung der revolutionären Bewegung zu übernehmen. Am Mittag desselben Tages forderte Ebert vom Kanzler die Übergabe der Regierungsgeschäfte. Man wolle sich an die Verfassung halten, betonte er, aber die Entwicklung drohe aus den Fugen zu geraten, wenn der Kaiser nicht in den nächsten Stunden auf den Thron verzichte und an die Spitze der Regierung ein Sozialdemokrat trete. Der Kanzler verkündete, ohne die Zustimmung Wilhelms II. abzuwarten, die Abdankung des Monarchen und »ernannte« Ebert zu seinem Nachfolger. Das war zwar verfassungsmäßig gar nicht möglich, aber dieser Schritt entsprach der politischen Realität.

Zwei Stunden später trat Philipp Scheidemann an ein Fenster des Reichstages, vor dem erregte Menschenmassen demonstrierten, und rief die Republik aus. Eine spontane Geste, die ohne Zustimmung Eberts erfolgt war. Was den neuen Regierungschef bezeichnenderweise empörte. Zornig schleuderte er dem Parteigenossen den Satz entgegen: »Du hast kein Recht, die Republik auszurufen! Was aus Deutschland wird, ob Republik oder was sonst, entscheidet eine Konstituante!« Das war zweifellos nicht die Sprache eines leidenschaftlichen Revolutionärs.

Ganz anders klang es zwei Stunden später, als Karl Liebknecht, führendes Mitglied des »Spartakusbundes«, vom Balkon des Berliner

Schlosses »seine« Republik ausrief. Da war von der freien sozialistischen Republik die Rede, von der Weltrevolution und dem Ende der Herrschaft des Kapitalismus. Die Tragödie der Weimarer Linken zeichnete sich damit bereits in der Geburtsstunde der deutschen Demokratie ab. Den politisch organisierten Arbeitern sollte es in den nächsten Jahrzehnten nicht gelingen, die Spaltung ihrer Kräfte zu überwinden. Ein Konflikt, der auch im innerdeutschen ideologischen Krieg nach 1945 seine Fortsetzung finden würde.

In Spa hatte sich währenddessen die Groteske um das Schicksal des letzten Hohenzollernherrschers vollendet. Erst als ihm General Groener erklärte, die Truppe stehe nicht mehr hinter ihm, bestieg der zeitweise von einem gegenrevolutionären Marsch auf Berlin fabulierende Kaiser den Zug nach Holland. Es spielte aber schon keine Rolle mehr, was er tat. Die Geschichte war über ihn hinweggerollt. Verbittert und unbelehrbar wird der Mann, der einem Zeitalter seinen Namen gab, noch vierundzwanzig Jahre leben.

2. Das Weimarer Kräfteparallelogramm

Die Parteien

In den ersten Monaten der Republik formten sich jene Kräfte, die in den darauffolgenden Jahren das Schicksal Weimars bestimmen sollten. Die Arbeiterbewegung ging gespalten in diesen politischen Kampf. Den Hintergrund bildeten die innerparteilichen Auseinandersetzungen innerhalb der Sozialdemokratie seit August 1914. Die Bewilligung der Kriegskredite und damit die Zustimmung der Partei zur militärischen Entscheidung der kaiserlichen Reichsleitung am 4. August 1914 stieß beim linken Flügel auf scharfe Gegnerschaft. Die Radikallinken Rosa Luxemburg und Karl Liebknecht, aber auch die gemäßigten Marxisten Karl Kautsky und Hugo Haase (seit 1913 gemeinsam mit Ebert Parteivorsitzender) sowie der zum rechten SPD-Lager zählende Revisionist Eduard Bernstein stellten sich bereits in den ersten Kriegsmonaten gegen die Parteimehrheit. Anfang Dezember 1914 verweigerte Karl Liebknecht seine Zustimmung zu neuerlichen Kriegskrediten, ein Jahr später folgten ihm immerhin neunzehn weitere SPD-Fraktionsmitglieder. Die Parteimehrheit reagierte mit einem Ausschlußverfahren. Im April

1917 kam es schließlich mit der Gründung der Unabhängigen Sozialdemokratischen Partei (USPD) zum Bruch.

Die USPD wiederum spaltete sich in den Revolutionstagen 1918/19 erneut. Der radikalste Flügel hatte sich im »Spartakusbund« gefunden, geführt von Karl Liebknecht, Rosa Luxemburg und Leo Jogiches. Ende Dezember unternahm er einen gewaltsamen Aufstandsversuch, der scheiterte. Aus dem »Spartakusbund« ging am 1. Januar 1919 die Kommunistische Partei Deutschlands (KPD) hervor. Der SPD erwuchs damit eine Konkurrenz, die sie in ihren Entscheidungen erheblich beeinflussen sollte. Aus keineswegs unberechtigter Sorge, Wähler an die Kommunisten zu verlieren, sahen sich die Sozialdemokraten in den Weimarer Jahren vielfach außerstande, notwendige Kompromisse mit ihren bürgerlichen Regierungspartnern einzugehen. Umgekehrt war die SPD für die Kommunisten bald der politische und ideologische Hauptfeind. In ihren Zeitungen, Versammlungen und im Reichstag polemisierten sie noch gegen die »Sozialfaschisten«, als die Nationalsozialisten bereits die Straße und den Reichstag zu beherrschen begannen.

Karl Liebknecht und die revolutionären Linksradikalen verkannten

Die gespaltene Republik: Parlamentarismus und Kapital werden in den Weimarer Jahren von den deutschen Kommunisten zu Feindbildern stilisiert.

die deutsche Wirklichkeit völlig. Alle großen Revolutionen der Vergangenheit und (russischen) Gegenwart fanden in Agrarstaaten statt. Was im Oktober 1917 in Petersburg geschah, war weniger eine Revolution als der Staatsstreich einer militanten Minderheit, die das seit dem Sturz des Zarenregimes im Februar entstandene Machtvakuum für die eigenen radikalen Ziele nutzte. Lenin sprach in bezug auf das zaristische Rußland vom »schwächsten Glied in der kapitalistischen Kette«. Hier sollte die »Weltrevolution« beginnen. Er hatte insofern recht, als das liberale Bürgertum sich kampflos geschlagen gab und die Landnahme der Adelsgüter durch die Bauern in kürzester Zeit und ohne Widerstand erfolgte.

Deutschland aber war 1918 ein kompliziert strukturiertes Industrieland. Ein totaler Umsturz der Eigentumsverhältnisse hätte zu einem Zusammenbruch der Volkswirtschaft und damit zu einer sozialen Explosion geführt. Ein Schicksal, dem im übrigen auch Rußland nicht entging. Die bolschewistische Revolution, die die deutschen Kommunisten nachahmen wollten, löste selbst in diesem überwiegend agrarwirtschaftlich organisierten Land schwere Versorgungskrisen aus. Lenin nahm 1921 mit der »Neuen Ökonomischen Politik« (NEP) unter Rückgriff auf privatwirtschaftliche Organisationsformen einen drastischen Kurswechsel vor, um die Sowjetunion vor dem totalen wirtschaftlichen Kollaps zu bewahren. Unter Stalin gelangen die überstürzte planwirtschaftlich organisierte Industrialisierung des Landes und die Aufrechterhaltung der Nahrungsmittelversorgung durch die Kolchosenwirtschaft nur mittels staatlicher Terrormaßnahmen.

Trotz der obrigkeitsstaatlichen Vergangenheit besaßen die Deutschen zudem im Gegensatz zur riesigen Bevölkerung Rußlands 1918 bereits ein beachtliches politisches Bewußtsein. Die Arbeiter und die in der Weimarer Gesellschaft wachsende Zahl der Angestellten hatten darüber hinaus einiges zu verlieren. Sozialismus war zwar ein besonders mit Blick auf die Kohle- und Stahlindustrie populäres (und auch berechtigtes) Schlagwort, aber für die Abschaffung des Eigentums gab es im Deutschland der Weimarer Jahre von Anbeginn an auch nicht ansatzweise eine Mehrheit. Die Masse der deutschen Arbeitnehmer wollte keine sowjetischen Verhältnisse, sondern soziale Verbesserungen, höhere Löhne, kürzere Arbeitszeiten und Mitbestimmungsrechte für die Arbeitnehmer. Es ging ihnen um ihren Arbeits- und Lebensalltag und nicht um revolutionäre Experimente. Und sie fanden in den Gewerkschaften überaus pragmatische Vertreter dieser Wünsche.

So besaßen die Spartakusrevolutionäre in den ersten Monaten nach dem Krieg denn auch eine ihrer Zahl nach bedeutungslose Anhängerschaft. Wahrscheinlich waren es nicht mehr als zweitausend bis dreitausend Aktivisten. Bei der Wahl vom Juni 1920 (den Urnengang im Januar 1919 hatte sie boykottiert) errang die Kommunistische Partei ganze 2 Prozent der Stimmen. Bis zur Weltwirtschaftkrise 1929 kam sie mit Ausnahme vom Mai 1924 (12,6 Prozent) nicht über 11 Prozent, erst im November 1932 erreichte sie mit 16,8 Prozent ihr höchstes Ergebnis.

Die Sozialdemokraten und die Kommunisten Weimars besaßen gemeinsame Wurzeln, die in der politischen Arbeiterkultur des neunzehnten Jahrhunderts und in den gleichen beruflichen und materiellen Lebensverhältnissen ihrer Wähler begründet lagen. Während sich die Parteispitzen im Reich und in den Ländern nach 1918 bis aufs Messer bekämpften, herrschte an der Basis nicht zuletzt deshalb die Hoffnung auf eine Rückgewinnung der Einheit in der Arbeiterbewegung oder doch zumindest der Wunsch nach einem gemeinsamen Bündnis gegen die bürgerlichen und vor allem rechtsradikalen Kräfte im Land. Vielfach kam es bei Streiks oder Protestversammlungen zwischen den Mitgliedern zu solchen »Einheitsfronten«. Sie wurden von den Parteiführungen – abgesehen von wenigen Ausnahmen – jedoch vehement abgelehnt, mit diffamierender Propaganda oder gar Parteiausschlüssen geahndet.

Hätte es in den Weimarer Jahren eine geschlossene politische Arbeiterbewegung gegeben, wäre die Geschichte der Republik vielleicht anders verlaufen. Im Schnitt gelang es SPD und KPD bei den Wahlen zusammen, etwa 38 Prozent der Stimmen für sich zu gewinnen. Damit hätte bei der Zersplitterung der bürgerlichen und rechtsradikalen Parteien praktisch keine Regierung gegen den gemeinsamen Willen der Arbeiterparteien installiert werden können.

Die KPD wurde in den Weimarer Jahren immer dann stärker, wenn soziale oder politische Krisen das Land lähmten und bedrohten. Ihre Wählerschaft fand sie vor allem unter den Arbeitslosen und der jüngeren Bevölkerung. Sie war eine Protestpartei und wurde von vielen Intellektuellen Weimars unterstützt. Auffallend war, daß die KPD eigentlich nur einen kleinen Wählerstamm besaß, bei jedem Urnengang aber von einer hohen Wählerfluktuation profitierte.

Vom ersten Revolutionstag an spielten die russischen Bolschewisten bei den parteiinternen Richtungskämpfen und ideologischen Positionsbestimmungen der deutschen Genossen eine wichtige Rolle. Im Laufe der Jahre geriet die KPD-Führung immer stärker unter die Kontrolle Moskaus. Lenin und später Stalin instrumentalisierten die KPD für die eigenen nationalen Ziele. Jeder Kurswechsel der bolschewistischen »Mutterpartei« wurde schließlich von der Führung der deutschen Kommunisten eilfertig und allzuoft gegen die eigenen Interessen mitvollzogen. In Moskau fielen letztlich auch die Entscheidungen über das Spitzenpersonal der deutschen Partei.

Die SPD blieb die stärkste Arbeiterpartei der Republik. Erst in den Krisenwahlen ab Juni 1930 gelang es der KPD, den Abstand zu verringern. Bei der letzten freien Reichstagswahl vom 9. November 1932 trennten die beiden Parteien nur noch ganze 4,6 Prozent.

Es änderte wenig an der Gesamtsituation, daß sich die beiden sozialdemokratischen Parteien im Juni 1922 wieder vereinigten. Etwa zwei Drittel der USPD-Fraktion wechselten zur KPD, ein Drittel vollzog den Weg zurück zur Sozialdemokratie. Innerhalb der SPD führte dies zu einem Linksruck. Er war ein Grund dafür, daß die Partei bei vielen Entscheidungen gelähmt blieb.

Der SPD gelang es auch in den Weimarer Jahren nicht, ein größeres Wählerpotential bei der Landbevölkerung zu erringen. Schon in wilhelminischer Zeit war sie dort auf Distanz und Ablehnung gestoßen. Was zum einen mit einem mangelnden sozialdemokratischen Interesse an Agrarpolitik zu tun hatte, zum anderen ein Zeichen für die tiefe Verwurzelung im Arbeitermilieu und den »Klassencharakter« der Partei war, den sie auch in der Republik nicht ablegen konnte. Die immer wieder hervortretende radikale marxistische Wortwahl (die zur Realpolitik der SPD im krassen Gegensatz stand) schreckte zudem auch potentielle Wähler im Angestellten- oder Beamtenmilieu ab. Wobei die SPD in allen ihren Programmen nie einen Zweifel an ihrem uneingeschränkten Bekenntnis zu Republik ließ. Sie empfand sich als die »Staatspartei« der deutschen Demokratie.

Typische SPD-Wähler waren der ältere Facharbeiter und der aufgeklärte demokratische Angestellte oder Handwerker. Die Partei besaß außerdem Sympathien bei bürgerlichen Republikanern in Beamtenschaft, Wissenschaft und Kultur. Der Mittelstand und das Kleinbürgertum (schon im Kaiserreich nicht die Klientel der SPD) brachen im Zuge der ersten Inflation 1923, deren Hauptopfer sie (neben den Großvermögensbesitzern) waren, vollends weg. Ihre besten Wahlergebnisse er-

Das Frauenwahlrecht: Die SPD setzt nach der Revolution die politische Gleichberechtigung durch, aber die Wählerinnen votieren mehrheitlich konservativ.

reichten die Sozialdemokraten in jenen Jahren, in denen die Republik wirtschaftlich und politisch relativ stabil war.

Das konservative Deutschland ging in den ersten Revolutionswochen zunächst einmal in Deckung. Die alten wilhelminischen Parteien sahen sich zu Neugründungen gezwungen, denn ihr politisches Ansehen war durch ihre Verwicklungen in die Politik des Kaiserreiches schwer beschädigt. Zudem standen außer den Sozialdemokraten alle Parteien vor einer neuen Situation: Mit der Republik begann das Zeitalter der Massenparteien. So bemühten sich die Konservativen um eine Konzentration der Kräfte, was allerdings nur bedingt gelang. Uneingeschränkt auf den Boden der Republik stellten sich neben der MSPD zunächst nur die Linksliberalen. Die Mitte und das rechte Lager sprachen sich zwar nicht ausdrücklich für die Erhaltung oder Neuerrichtung der Monarchie aus, aber eben auch nicht ohne Wenn und Aber für die Demokratie.

In der Deutschnationalen Volkspartei (DNVP) versammelten sich viele Mitglieder der ehemaligen Deutschkonservativen, der Freikonservativen Partei und der nationalistisch und antisemitisch agierenden Vaterlandspartei. Großgrundbesitzer, Handwerker, orientierungslos gewordene Monarchisten, Beamte des höheren Verwaltungs- und Justizdienstes und Industrielle fanden sich hier wieder. Die DNVP wurde zur bürgerlich-antirepublikanischen Sammelpartei Weimars. Wobei sie im Gegensatz zu ihren nationalkonservativen Vorgängern im Kaiserreich ihre Wähler nun nicht mehr überwiegend im ländlichen Osten, sondern im hochindustrialisierten Westen gewann. In dem am 24. November 1918 veröffentlichten Parteiprogramm wurde der autoritäre Staat ebenso gefordert wie ein »starkes deutsches Volkstum«. Vielsagend hieß es: »Wir sind bereit und entschlossen, auf dem Boden jeder Staatsform mitzuarbeiten.«

Die DNVP blieb in den Weimarer Jahren *der* Gegenspieler der SPD. Immer wieder forderte sie bei Koalitionsverhandlungen (im Reichstag und in den Länderparlamenten) die Isolierung der Sozialdemokraten und trug dazu bei, eine stabile Mehrheitsbildung zu verhindern. In der

Die Unbelehrbaren: Wahlplakat der Deutschnationalen Volkspartei. Sie bildet im Reichstag den rechten, republikfeindlichen Flügel.

zweiten Hälfte der zwanziger Jahre fand die DNVP zunehmend Gehör bei Reichspräsident Hindenburg, was ihren Einfluß unabhängig von den Wahlergebnissen stärkte. Ein weiterer Ruck nach rechts erfolgte 1928 mit der Eroberung des Parteivorsitzes durch den Pressezar Alfred Hugenberg. Seine radikalen Positionen, die auch vor der Kritik an Hindenburg nicht haltmachten, führten schließlich zur Spaltung. Hugenberg und die von ihm geführten Deutschnationalen wurden dann folgerichtig im Januar 1933 zu Steigbügelhaltern Hitlers.

Der Stimmenanteil der DNVP bei den Reichstagswahlen pendelte zwischen 10,3 Prozent (1919) und 20,4 Prozent (Dezember 1924). In den Jahren 1924 bis 1930 stellte sie die zweitstärkste Fraktion im Reichstag. Im September 1930 – nach der Spaltung – wurden ihre Wahlergebnisse praktisch halbiert. Innerhalb ihrer Mitgliedschaft blieb die Beteiligung an Regierungen mit parlamentarischer Grundlage ein permanentes Ärgernis. Halbwegs identifizierten sich die Deutschnationalen mit der Republik eigentlich nur in der kurzen Stabilitätsphase Weimars zwischen 1924 und 1928.

Auf der linksliberalen Seite des bürgerlichen Lagers gründete sich die Deutsche Demokratische Partei (DDP). In ihr sammelten sich Mitglieder der ehemaligen Fortschrittlichen Volkspartei und einige gemäßigte Gruppierungen der alten Nationalliberalen Partei. Die DDP fand ihre Anhänger im bürgerlich-demokratischen Mittelstand, bei republikbejahenden Beamten, Angestellten, selbständigen Unternehmern, Handwerkern und vor allem auch beim liberalen jüdischen Bürgertum, das einen bedeutenden Teil der Weimarer Intelligenz stellte. Zu ihren Gründern zählten der Chefredakteur des »Berliner Tageblattes«, Theodor Wolff, der Soziologe Max Weber, der ehemalige Fortschrittsliberale Friedrich Naumann (er wurde der erste Parteivorsitzende, starb aber bereits 1919) und zahlreiche Journalisten und Hochschullehrer. Die DDP erklärte in ihrem Wahlaufruf vom Dezember 1918, »daß wir uns auf den Boden der republikanischen Staatsform stellen... und den neuen Staat gegen jede Reaktion verteidigen wollen«.

Im Gegensatz zu den Arbeiterparteien lehnte sie die Vergesellschaftung von Produktionsmitteln ab. Schwierig blieb für die DDP die Überbrückung der ideologischen Spannweite ihrer Anhängerschaft, die einerseits bürgerlich-kapitalistisch und andererseits national und sozialpolitisch ausgerichtet war. Zunächst aber blieb diese bürgerlich-liberale Partei neben der MSPD eine entscheidende Stütze der Republik. Bei der

Wahl zur verfassunggebenden Nationalversammlung im Januar 1919 errang sie 18,5 Prozent der Stimmen. Nur fünfzehn Monate später, im Juni 1920, verlor sie über die Hälfte ihrer Wähler. Die anarchistischen Verhältnisse im Lande und der Streit um die Pariser Friedensverträge bescherten nicht nur der regierenden MSPD Einbußen, sondern auch ihrem liberalen Koalitionspartner. Von diesem Desaster konnte sich die DDP nie mehr erholen. Sie spielte mit ständig sinkenden Wahlresultaten fortan im politischen Machtkampf nicht mehr die überragende Rolle ihrer Frühzeit und entwickelte sich ab Mitte der zwanziger Jahre zu einer rechten Interessenpartei. Im Juli 1930 versuchte die DDP sich durch eine Zusammenschluß mit der »Volksnationalen Reichsvereinigung« von Artur Mahraun, dem Führer des »Jungdeutschen Ordens«, den Fall in die völlige politische Bedeutungslosigkeit aufzuhalten. Aber auch als Deutsche Staatspartei konnte der einstige Linksliberalismus die Wähler nicht mehr überzeugen.

Zwischen DNVP und DDP stand die Deutsche Volkspartei (DVP).

Sie war in erster Linie die Schöpfung des ehemaligen führenden Nationalliberalen Gustav Stresemann. Dieser neigte zunächst zur DDP, stieß aber bei deren Gründern als bekennender Monarchist und als leidenschaftlicher Befürworter (bis zum Sommer 1918) eines Annexionsfriedens auf eisige Ablehnung. So schritt er zur Gründung einer eigenen Partei.

Die DVP – in ihrem sozialen Profil vielfach deckungsgleich mit der DDP – stand vor allem in der Wirtschafts- und Sozialpolitik an der Seite der Schwerindustrie, von der einige führende Repräsentanten – etwa Hugo Stinnes – in der Fraktion sehr aktiv waren. »Wir verlangen die Beseitigung der unverantwortlichen Eingriffe in das Wirtschaftsleben«, heißt es im DVP-Programm vom 18. Dezember 1918, »die uns mit Hungersnot, Anarchie und Staatsbankrott bedrohen.« In der Nationalversammlung lehnte sie die neue Verfassung ab und unterstrich damit ihre machtstaatlichen Tendenzen.

Stresemann gelang es in den zwanziger Jahren nur unter schwierigsten und zermürbenden innerparteilichen Auseinandersetzungen, seine Partei vom Rechtsschwenk abzuhalten. Verbittert schrieb er in einem Brief vom 19. Juli 1925: »Als Reichskanzler habe ich unter niemandem mehr gelitten als unter meiner eigenen Fraktion, und daß sie im Sommer 1924 mich zu opfern bereit war, ... war wohl der Tiefpunkt unseres gegenseitigen Verhältnisses.« Nach dem Tod ihres langjährigen Vorsitzenden setzte sich der rechte Flügel durch, die DVP wurde zur Interessenpartei des Großbürgertums, mit deutlich antimarxistischer Stoßrichtung.

Ihr Stimmenanteil bei den Reichstagswahlen sank von 13,9 Prozent (Juni 1920) auf 9,2 Prozent (Mai 1924), hielt sich dann bei 10,6 (Dezember 1924) und 8,7 Prozent (August 1928), um bei der Septemberwahl 1930 mit 4,5 Prozent ins Bodenlose abzurutschen. Trotzdem spielte die DVP bis 1930 im Weimarer Koalitionspuzzle eine wichtige, meist krisenfördernde Rolle. Ihre Haltung zur Republik war ambivalent, am Ende entschieden demokratiefeindlich.

So wie die Spaltung der Arbeiterbewegung zur Instabilität der Republik beitrug, wirkte sich auch die Unfähigkeit der deutschen Liberalen, gemeinsam eine starke Partei der Mitte zu formen, negativ aus. DVP, DDP und ein (kleiner) Teil der DNVP, der für die Republik noch nicht ganz verloren war, hätten diesen für eine demokratische Gesellschaft so wichtigen Part übernehmen können, wenn sie nicht – wie ihre Konkurrenten in der Parteienlandschaft – letztlich Weltanschauungsparteien geblieben wären.

Das Zentrum blieb in den Weimarer Jahren die Partei, die nahezu ununterbrochen in Regierungsmitverantwortung stand. Zwischen 1919 und Juni 1932 besetzte die katholische Partei in jedem Kabinett einen oder mehrere Ministerposten. Mit Konstantin Fehrenbach, Joseph Wirth, Wilhelm Marx und Heinrich Brüning stellte sie vier der dreizehn Kanzler Weimars.

Das Zentrum forderte in den ersten Revolutionstagen den »freien sozialen Volksstaat« und betonte anfänglich stärker als die anderen bürgerlichen Parteien den Gegensatz zur Sozialdemokratie. Was nicht zuletzt auf den Schulkampf zurückzuführen war, den der preußische USPD-Kultusminister Adolf Hoffmann um die Jahreswende 1918/19 leichtfertig provoziert hatte.

Es gelang dem Zentrum in all den Jahren nicht, eine überkonfessionelle Partei zu werden. Wie in den wilhelminischen Jahren fand sie ihre

Appell an die ehemaligen Frontsoldaten: Die Deutsche Volkspartei, geführt von Gustav Stresemann, wirbt um die Konservativen und lehnt 1919 die Weimarer Verfassung ab.

49

Wähler nahezu ausschließlich im katholischen Milieu. Aber sie war keineswegs die Partei aller Katholiken und keine klerikale, sondern eine politische Partei. Katholische Arbeiter stimmten genauso für das Zentrum wie Angehörige des gehobenen katholischen Bürgertums oder der Aristokratie – was naturgemäß häufig zu heftigen parteiinternen Auseinandersetzungen führte.

Was Zentrum und Sozialdemokratie in den Weimarer Jahren trotz vieler politischer Gegensätze zusammenschweißte, war nicht zuletzt die Regierungskoalition in Preußen. Die Verteidigung dieses republikanischen Bollwerks gegen den Ansturm der rechten Republikgegner zwang beide Parteien auch auf Reichsebene immer wieder zu Kompromissen. In den Jahren der Präsidialregierungen, also ab 1930, wuchsen allerdings auch im Zentrum die Stimmen, die einen autoritären Staat forderten. Auf dem Reichsparteitag im Dezember 1928 wurde mit dem Trierer Prälaten Ludwig Kaas erstmals ein Klerikaler zum Parteivorsitzenden gewählt. Zweifellos ein Signal. Kaas sprach dann in den frühen dreißiger Jahren vom »Führer«, den das Land brauche und der unabhängig von parlamentarischen Debatten und Entscheidungen zu regieren habe. Heinrich Brüning, dessen Notverordnungskabinette den Untergang der Republik einläuteten, hatte schon vor seiner Kanzlerschaft als Vorsitzender der Reichstagsfraktion großen Einfluß im Zentrum. Im März 1933 stimmte die Fraktion dem Ermächtigungsgesetz Hitlers zu.

Gemindert in seinem Einfluß wurde der politische Katholizismus durch die Entwicklungen in Bayern. Hier gründete sich die Bayerische Volkspartei (BVP). Sie stand rechts vom Zentrum, fühlte sich dem Hause Wittelsbach eng verbunden und trat in den Koalitionsverhandlungen und Reichstagsdebatten sehr eigenwillig auf.

Bei den Wahlen erwiesen sich Zentrum und BVP in den Republikjahren als relativ stabil. Erhielten sie bei der Abstimmung über die Zusammensetzung der Nationalversammlung 1919 noch zusammen 19,7 Prozent, so landeten sie bei der letzten freien Wahl im November 1932 bei immerhin noch 14,8 Prozent.

Die Nationalsozialistische Deutsche Arbeiterpartei (zunächst als Deutsche Arbeiterpartei gegründet) war lange Jahre eine politische Randerscheinung. Ihre Vorläufer waren in den ersten Monaten Weimars mehrere obskure antisemitische und völkische Gruppierungen, die sich in den Kriegsjahren teilweise in der 1917 gegründeten Vaterlandspartei gefunden hatten. 1920 schließlich hob Adolf Hitler die NSDAP aus der

Im Zeichen des Kreuzes: Das katholische Zentrum lehnt den Klassenkampf ab, bildet aber häufig mit den Sozialdemokraten Regierungskoalitionen.

Taufe. Die Rechtsradikalen blieben jedoch trotz des Münchner Putschversuches am 9. November 1923 und auch trotz des hysterischen Trommelfeuers ihrer nationalistischen und rassistischen Propaganda bis Ende der zwanziger Jahre im Reichstag oder in den Länderparlamenten machtlos. Die Hitlerpartei trug zwar mit ihren lautstarken Aktivitäten zum wachsenden antidemokratischen Klima im Land bei, mehr aber bewirkte sie nicht. Erst mit der politischen Kampagne der deutschen Rechten gegen den Youngplan im Sommer 1929 begann Hitlers Aufstieg, wurde er als Massenredner von einer breiten Mehrheit wahr und ernst genommen. Brachten es die Nationalsozialisten bei der Wahl vom 20. Mai 1928 noch auf ganze 2,6 Prozent, so erreichten sie schon bei der Landtagswahl des Jahres 1929 beachtliche Erfolge. Bei der Reichstagswahl im September 1930 erhielten sie 18,3 und im Juli 1932 sogar 37,2 Prozent. Damit saßen 230 Nationalsozialisten im Reichstag und bildeten ein halbes Jahr vor der Machtergreifung Hitlers die stärkste Fraktion.

Es gab in diesen Jahren noch mehrere kleinere Parteien, die eine enge Standes- und Interessenbindung besaßen und sich mehr oder weniger radikal für ihre Ziele einsetzten. Wirtschaftspartei, Deutsch-Hannoversche Partei, Christlich-Nationale Landvolkpartei, Deutsche Bauernpartei oder Volksrechtspartei nannten sie sich. Politisch bewirkten sie im Grunde nur eine weitere Destabilisierung der Mehrheitsverhältnisse.

Weimar kannte im Gegensatz zur Bundesrepublik keine Volksparteien. Alle Gruppierungen blieben – wie in den wilhelminischen Jahren – im Prinzip in ihrem traditionellen Wählermilieu stecken. Verschiebungen gab es bis Anfang der dreißiger Jahre in der Regel nur innerhalb der politischen Kräfte, die ideologisch eng verwandt waren. Arbeiter schwankten zwischen SPD und KPD, das konservative Bürgertum zwischen DNVP und DVP.

Die viel beklagte Kompromißunfähigkeit der Parteien hat hier ebenso eine ihrer Ursachen wie die zahllosen Kabinettskrisen in den Koalitionsregierungen. Bei nahezu jeder Entscheidung sahen sich die Parteispitzen gezwungen, die Reaktionen der eigenen, eng begrenzten Basis zu berücksichtigen. Realpolitik wurde durch Weltanschauung ersetzt.

Es gelang in der Weimarer Republik nur der NSDAP, eine Volkspartei zu werden. Für die Hitlerpartei stimmten ab 1930 Wähler aus allen gesellschaftlichen Schichten. Sie fand ihre Anhänger im Groß- und Kleinbürgertum, bei Unternehmern, Handwerkern, Angestellten und einem Teil der Arbeiterschaft. Ohne einen größeren festen Wählerstamm zu besitzen, gelangen ihr zunächst Erfolge in den ländlichen Regionen, dann begann sie sich auch in den Großstädten durchzusetzen.

Die NSDAP wurde schließlich zu einer Volkspartei, weil sie kein wirkliches Programm besaß. Sie verbreitete nationalistische Allgemeinplätze und versprach in Zeiten sozialer Verelendung und wachsender Republikmüdigkeit allen alles: den Arbeitslosen Arbeit, den Unternehmern eine straffe Führung, den Bauern Preisstabilität für ihre Produkte und einen abstrusen Blut-und-Boden-Mythos, den Nationalisten einen starken Staat, den Konservativen die »Vernichtung« des Bolschewismus und des Parlamentarismus, den Militärs die Aufrüstung und den Antisemiten das energische Eindämmen des angeblich so übermächtigen jüdischen Einflusses in der Gesellschaft. Bald faselten auch die demokratischen und konservativen Gruppierungen von der »Volksgemeinschaft«, die Hitler mit so überaus großem Erfolg zu einem zentralen Schlagwort seiner Propaganda hatte machen können.

Das wenig attraktive Bild, das die Parteien generell boten, ließ die Agitation der Republikgegner gegen den »Parteienstaat« auf wachsende Resonanz in der Bevölkerung stoßen. Die Weimarer Verfassung hatte den Status der Parteien zudem nicht durch juristisch klar umschriebene Funktionskriterien gestärkt. Es fehlte ihnen vielleicht auch deshalb das Bewußtsein dafür, welche Bedeutung sie im Staat und für das Gelingen des Parlamentarismus hatten. Konservative in Politik, Wirtschaft, Militär und Bürokratie beriefen sich bei ihrer Agitation gegen die Weimarer Demokratie immer wieder auf die »Überparteilichkeit« ihres Handelns. Natürlich war ihr Vorgehen überaus parteilich und von weltanschaulichen Prinzipien oder egoistischen materiellen Interessen bestimmt. Anknüpfend an die wilhelminische Tradition vom angeblich

Sammlung der Rechtsradikalen und Antisemiten: Der Völkische Block im Zeichen des Hakenkreuzes.

über den Einzelinteressen der Bürger stehenden Staat gelang es ihnen aber, die wachsende Abneigung, die die Wähler gegen die politischen Akteure empfanden, für die eigenen antidemokratischen Ziele zu instrumentalisieren. Hitler war mit seinen Haßtiraden auf das »System« keineswegs der einzige, der diese Karte ausspielte.

Die Tragödie Weimars war es zweifellos, daß durch die unvollständige Herausbildung demokratischer Strukturen in den Jahren Bismarcks und Wilhelms II. viele Mitglieder in den Reichstagsfraktionen oder Parteispitzen von den neuen Machtkonstellationen überfordert wurden. Sie waren es im Kaiserreich gewohnt, im Parlament zu debattieren und Entscheidungen zu fordern, ohne dann für die Folgen ihrer Reden und Forderungen geradestehen zu müssen. Im November 1918 fiel den Parlamentsparteien die Verantwortung sozusagen über Nacht in den Schoß. Sie waren darauf nicht vorbereitet.

Weimarer Koalitionen scheiterten häufig an belanglosen Fragen. So ruinierte die SPD ihren Ruf, weil ihre Minister im November 1928 den Bau des Panzerkreuzers A billigten, diese Entscheidung in der Reichstagsabstimmung als Fraktionsmitglieder jedoch ablehnten. Die vom Sozialdemokraten Hermann Müller geführte Regierung scheiterte im Frühjahr 1930, als die SPD sich mit ihren bürgerlichen Partnern nicht über die Höhe der Beiträge zur Arbeitslosenversicherung (es ging um 0,5 Prozent) einigen konnte. Die Deutschnationalen riefen 1926 die Staatskrise aus, weil sie statt Schwarz-Rot-Gold die alten Kaiserfarben Schwarz-Weiß-Rot auf der deutschen Fahne wollten.

Die Parteien taten im Grunde immer noch so, als ließe sich Politik als ein Schauspiel mit gut verteilten Helden- und Schurkenrollen inszenieren. Hauptsache, die eigenen Wähler wußten, daß man ideologisch standhaft geblieben war. Diese wiederum entschieden ab 1920 so, daß es auch unter besseren Voraussetzungen schwer gewesen wäre, stabile Regierungen zu bilden. So kam es bei jeder neuen Regierungsbildung stets zu quälend langen Koalitionsverhandlungen, bis schließlich immer mehr Menschen diese Republik nicht mehr ernst nahmen. Der Parlamentarismus in seiner Weimarer Spielart mit all den populistischen und politischen Anpassungszwängen blieb vielen Deutschen fremd.

Halbpolitische Organisationen

Das Machtvakuum, das die Parteien durch ihre Unfähigkeit, stabile Reichstags- und Regierungsmehrheiten herbeizuführen, entstehen ließen, wurde teilweise von außerparlamentarischen, halbpolitischen Organisationen ausgefüllt, die nicht selten extremistisch ausgerichtet waren. Schon im Kaiserreich war es den Alldeutschen und den diversen Flotten-, Kolonial- oder sonstigen Massenvereinen gelungen, einen erheblichen Einfluß auf die öffentliche Meinung zu nehmen. Diese Tradition fand in Weimar unter sehr unterschiedlichen politischen Vorzeichen ihre Fortsetzung.

Auf der rechten, nationalistischen Seite agierte zunehmend radikaler der unmittelbar nach Kriegsende gegründete »Stahlhelm«. Die demokratischen Kräfte riefen 1924 zur Verteidigung der Republik das vorrangig von der SPD und den Gewerkschaften beherrschte »Reichsbanner Schwarz-Rot-Gold« ins Leben, die Kommunisten ließen ihren »Roten Frontkämpferbund« aufmarschieren, und seit Ende der zwanziger Jahre lieferte sich Hitlers »Sturmabteilung« (SA) mit den Gegnern blutige Straßenschlachten.

Es waren eng an die verschiedenen Parteiorganisationen angeschlossene Kampfverbände oder ins Sektiererische abgleitende Bünde, die das Bild der Republik zu prägen begannen. Die zahllosen politischen Morde und Anschläge, die das Land erschütterten, wiesen auf das Gewaltpotential hin, das sich in diesen extremistischen Organisationen schon früh angesammelt hatte.

Der »Stahlhelm«, der Bund der Frontsoldaten, war der politisch aktivste und größte Wehrverband der Republik. Seine Haltung war antirepublikanisch, nationalistisch und antisemitisch. Er stand der DNVP nahe, und seine Mitgliederzahl erreichte die Millionengrenze. 1922/23 wurde die Organisation zeitweise verboten, was ihre Schlagkraft aber nicht minderte. Der »Stahlhelm« kämpfte gegen Stresemanns Außenpolitik, lehnte den Dawes- und den Youngplan ab, hatte einen direkten Draht zur Reichswehrspitze und verweigerte Juden die Mitgliedschaft. Hindenburg war Ehrenvorsitzender des »Stahlhelm«, und er empfand dessen Weigerung, ihn bei der Reichspräsidentenwahl 1932 zu unterstützen, als bittere Kränkung.

1931 sammelten sich in der »Harzburger Front« alle Republikfeinde von Rang und Namen: Hitler, Hugenberg, Hjalmar Schacht, General von Seeckt, Kronprinz Wilhelm und natürlich auch der »Stahlhelm«-Vorsitzende Franz Seldte. Harzburg war der Beginn des letzten und schließlich erfolgreichen Sturms auf die deutsche Demokratie. Seldte wurde unter Hitler Reichsarbeitsminister, und er blieb es bis zum Zusammenbruch des Dritten Reiches.

Das »Reichsbanner Schwarz-Rot-Gold« wurde als Reaktion auf die bürgerkriegsähnlichen Ereignisse des Jahres 1923 gegründet. Von der SPD gelenkt, war es straff organisiert und fand vor allem bei den jüngeren Parteimitgliedern eine beachtliche Resonanz. In der Endphase der Republik lieferte sich der Verband Straßen- und Saalschlachten mit den Kampfbünden der NSDAP und der KPD. Nach dem Aufmarsch der rechtsradikalen Organisationen in Bad Harzburg sammelten sich die Kampfbünde der demokratischen Parteien – neben dem Reichsbanner waren dies Vertretungen der Gewerkschaften, Arbeitersportvereine sowie linke Gruppierungen des Zentrums – in der »Eisernen Front«. Das äußere Auftreten der Nazi- und KPD-Kampfbünde färbte auf die demokratischen Verbände ab. Dies offenbarte sich nicht nur in ihrer geradezu militärischen Marsch- und Befehlsdisziplin, sondern auch im Symbol der drei Pfeile, das die »Eiserne Front« dem Hakenkreuz oder der geballten Arbeiterfaust entgegensetzte. Im Entscheidungskampf um die Republik blieben das Reichsbanner und seine Verbündeten jedoch weitgehend passiv. So nahmen die republikanischen Selbstschutzorganisationen den Schlag Papens gegen die preußische Regierung – die staatsstreichähnliche Entmachtung der SPD-Zentrums-Koalition 1932 – ebenso kampflos hin wie die Machtergreifung Hitlers.

Der 1924 – als Antwort auf die Bildung des Reichsbanners gegründete – kommunistische »Rote Frontkämpferbund« erreichte nicht annähernd die Mitgliederzahl des sozialdemokratisch geführten Reichsbanners. Aber auch bei den Kommunisten fanden vor allem junge Mitglieder zum militanten Stoßtrupp der Partei. Mehr noch als beim sozialdemokratischen Gegenstück herrschte bei der Roten Front eiserne Parteidisziplin. Wie die SA für die NSDAP war sie für die KPD vor allem auch ein Forum zur Mitgliederwerbung. In den frühen dreißiger Jahren in ihrem öffentlichen Auftreten wesentlich aggressiver als das Reichsbanner, blieb in den Monaten, als der Terror der SA von Hitlers Machtantritt gekrönt wurde, jedoch auch der Widerstand des kommunistischen Kampfbundes aus.

Verschiedene andere Gruppierungen wie der »Jungdeutsche Orden«, der »Bund Oberland« oder der »Werwolf« besaßen lediglich in bestimmten Regionen oder nur für kurze Zeit politische Bedeutung. Ihr Hintergrund war in der Regel antidemokratisch und nationalistisch. Für alle diese Organisationen bestand eine ideologische Nähe zur Jugendbewegung, die mit dem »Wandervogel« schon seit der Jahrhundertwende starken Einfluß auf einen Teil der jungen Deutschen ausgeübt hatte. Natursehnsucht, Lagerfeuerromantik, Morgenappelle mit Gruppengesang, Verachtung für die Politik der Väter, Abwehr der industriellen Moderne und Rückwendung zu dem, was man unter »germanischer« Kultur verstand, mischten sich hier zu einer deutschtümelnden Ideologie zusammen.

Hinzu kam eine desillusionierte Frontkämpfergeneration, die aus dem Krieg heimgekehrt war und nun erleben mußte, daß ihr Einsatz und der Tod ihrer Kameraden sinnlos gewesen waren. Viele aus dieser »verratenen Generation« fanden den Weg zu den Freikorps und später zu den Kampfbünden, die zu handeln versprachen, wo andere nur redeten. Aus diesem Teil der Bevölkerung rekrutierten auch die radikalen und totalitären Rechts- und Linksparteien schon sehr früh ihre Anhänger.

Die Gewerkschaften

Im November 1918 schlug natürlich auch die Stunde der Gewerkschaften. Doch es gelang ihnen nicht – wie später ihren bundesrepublikanischen Nachfolgern – ihre Zersplitterung zu überwinden. Es gab die sozialistischen freien Gewerkschaften (ihr Dachverband war der »Allgemeine Deutsche Gewerkschaftsbund«), die erheblich mitgliederschwächeren christlich-nationalen Gewerkschaftsverbände (unter dem Dach des »Deutschen Gewerkschaftsbundes«), den »Allgemeinen Freien Angestelltenbund« und den »Allgemeinen Deutschen Beamtenbund«. Diese Arbeitnehmervertretungen konkurrierten miteinander, und sie fühlten sich ideologisch an unterschiedliche Parteien gebunden. Die freien Gewerkschaften hatten engste Kontakte zur SPD, die christlichen Gewerkschaften zum Zentrum, und der Beamtenbund sah sich politisch in der Nähe der bürgerlich-konservativen Parteien.

Die Gewerkschaften meldeten sich in nahezu allen Politikfeldern zu Wort, überschätzten aber ihre tatsächliche Macht. In den Revolutionswochen 1918/19 bewiesen sie eine hohe Integrationsbereitschaft. Revolutionär waren sie nicht und am Ende der Republik gingen sie kampflos unter. Den freien Gewerkschaften erwuchs in der kommunistischen »Roten Gewerkschaftsopposition« bald eine lästige Konkurrenz. Diese war zwar nie besonders mitgliederstark, aber es gelang ihr, in einigen industriellen Großbetrieben eine beachtliche Zahl der Betriebsobleute zu stellen.

Politisch setzte die Weimarer Gewerkschaftsbewegung vor allem beim Kapp-Putsch 1920 ein deutliches Zeichen. Sie übernahm damals mit der Ausrufung des Generalstreiks eine führende Rolle und ließ damit die Putschisten innerhalb weniger Tage ins Leere laufen. Ihre Schwächung zeigte sich aber bereits 1922/23, als die Arbeitslosigkeit stieg, parallel dazu die Zahl ihrer Mitglieder sank und die Streikkassen durch die Inflation zusätzlich geleert wurden. Als Ende 1923 bei Tarifverhandlungen das staatliche Zwangsschlichtungsverfahren zur Regel wurde, bedeutete dies eine weitere Entmachtung der Gewerkschaften. Da sie die Eingriffe des Staates in die Tarifhoheit weitgehend unwidersprochen hinnahmen, sogar zeitweise ausdrücklich akzeptierten, obwohl die bürgerlichen Regierungsschlichter in der Regel industriefreundlich entschieden, mußten sie einen starken Imageverlust bei ihren Mitgliedern hinnehmen. Auch die Weltwirtschaftskrise im Herbst 1929 schwächte die Arbeitnehmerorganisationen beträchtlich.

Weimar war kein »Gewerkschaftsstaat«, wie die Republikgegner damals und manche Historiker später behaupteten. Die Sozialdemokraten wurden von den freien Gewerkschaften zwar zu vielen Entscheidungen provoziert, die der Partei schadeten und die politischen Machtverhältnisse zugunsten der Konservativen verschoben, aber im Reichstag und in den öffentlichen Debatten waren es andere Kräfte, die die Geschicke der Republik bestimmten.

Die sozialen Bedingungen für die Arbeitnehmer Weimars wurden bereits in den ersten Monaten der Republik festgeschrieben. Gewerkschaften und Arbeitgeber unterzeichneten am 15. November 1918 das »Legien-Stinnes-Abkommen«. Seinen Namen erhielt es von den führenden Unterhändlern beider Seiten, dem Vorsitzenden der Generalkommission der freien Gewerkschaften, Carl Legien, und dem mächtigen Schwerindustriellen Hugo Stinnes. Der Vertrag löste den in den wilhelminischen Jahren festgeschriebenen »Herr-im-Haus«-Standpunkt der Unternehmer durch ein – zumindest formal – gleichgewichtigeres Ver-

Antirepublikanischer Drahtzieher: Der Ruhrindustrielle Hugo Stinnes fordert die Diktatur und gründet ein riesiges Industrie-Imperium.

hältnis von Arbeitgebern und Arbeitnehmern ab. Die Unternehmer erkannten an, daß die Gewerkschaften als Vertreter der Arbeiterschaft fungierten und die bis dahin vom Wohlwollen der Arbeitgeber getragenen pragmatischen »gelben« Werksvereine aufgelöst wurden. Sie akzeptierten die verbindliche Regelung der Arbeitsbedingungen durch Tarifverträge und stimmten Arbeitnehmerausschüssen in Betrieben mit mindestens fünfzig Beschäftigten zu. Der Acht-Stunden-Arbeitstag ohne Verdienstverlust wurde ebenso festgelegt wie die Arbeitsplatzgarantie für die Millionen Rückkehrer von der Front. Das alles sollte im Rahmen der von beiden Seiten paritätisch besetzten »Zentralarbeitsgemeinschaft der industriellen und gewerblichen Arbeitgeber- und Arbeitnehmerverbände Deutschlands« (ZAG) organisiert, kontrolliert und weiterentwickelt werden.

Die Gewerkschaften erreichten mit diesem Abkommen die Ziele, um die sie im Kaiserreich vergeblich gerungen hatten. Dieser Erfolg in den ersten Tagen der Revolution ließ sie auf alle weitergehenden und radikaleren Forderungen seitens der Kommunisten oder der Rätebewegung mit harscher Ablehnung reagieren. Was sich zumindest in der Frage der Sozialisierung der Stahl- und Kohleindustrie als folgenreich für die kommenden Jahre erweisen sollte. Wie die MSPD steuerten in der revolutionären Phase der Republik auch die Gewerkschaften einen pragmatischen Kurs.

Industrie- und Wirtschaftsverbände

Aus der Sicht der Arbeitgeberverbände war das Abkommen mit den Gewerkschaften ein Versuch, die revolutionäre Novemberbewegung zu unterlaufen. Es ging den Vertretern der Industrie darum, die drohenden Enteignungen mit einem solchen »Nachgeben« zu verhindern und so die Unantastbarkeit des Privateigentums zu sichern. Eine Strategie, die erfolgreich war. Die heftige Sozialisierungsdebatte der ersten Monate versiegte rasch. Am Ende standen zwei harmlose Gesetze, deren Inhalt nicht einmal umgesetzt wurde. Weder die Gewerkschaften noch die MSPD waren bereit, die Konzernherren in ihren Betrieben zu entmachten. In der Weimarer Verfassung wurden denn auch in den Artikeln 151 bis 154 das Privateigentum und das Erbrecht ebenso ausdrücklich garantiert wie die wirtschaftliche Freiheit des einzelnen Staatsbürgers.

Nach diesem entscheidenden Etappensieg war die Politik der Weimarer Wirtschaftseliten in den kommenden Jahren auf ein Ziel ausgerichtet: die Rücknahme der sozialen Errungenschaften, die die Gewerkschaften in den Revolutionstagen durchgesetzt hatten. So kämpften sie gegen den Acht-Stunden-Tag, für eine drastische Lohnsenkung und gegen das durch eine Teilmitbestimmung der Arbeitnehmer gefährdete Alleinentscheidungsrecht der Unternehmensbesitzer.

Die Schwerindustrie (Kohle- und Stahlkonzerne) ging in der Auseinandersetzung mit den Gewerkschaften und dem Gesetzgeber am entschiedensten vor. Bis in die zweite Hälfte der zwanziger Jahre hatte sie eine starke Position, da Kohle der wichtigste Energieträger in Deutschland war. An Rhein und Ruhr bildeten sich mächtige Kartelle und Monopole, die die Preispolitik bestimmten. Alle politischen Versuche, die von der Wirtschaft permanent geforderten Lohnsenkungen durch gleichzeitige Preissenkungen sozial abzufedern, scheiterten in den kommenden Jahren immer wieder an der unnachgiebigen Position der Schwerindustrie.

Die modernen Wachstumsindustrien – Elektrounternehmen und Chemie – zeigten sich gegenüber der Politik pragmatischer. Allerdings kam es mit der Gründung der I.G. Farben in der Chemieindustrie 1925 durch den Zusammenschluß der drei großen Konzerne Hoechst, Bayer, BASF und drei weiterer Unternehmen auch in dieser Branche de facto zu einem Kartellsystem. Rationalisierung und Konzentration blieben in der gesamten Weimarer Großindustrie die entscheidenden Stichworte. Und die Kleinunternehmer und der Mittelstand waren sich mit den Konzernbossen zumindest darin einig, daß auch sie sich weder von den Arbeitnehmervertretern in ihren Betrieben noch vom Staat in ihre Entscheidungen hineinreden lassen wollten.

Die Interessen der Wirtschaft vertraten mächtige Verbände, die sich bemühten, die unterschiedlichen politischen Gewichtungen innerhalb der Industriebranchen auszugleichen. Am 12. April 1919 wurde der »Reichsverband der Deutschen Industrie« (RDI) gegründet, der eng mit der schon bestehenden »Vereinigung der Deutschen Arbeitgeberverbände« (VDA) zusammenarbeitete. Das Sprachrohr der auch in den Dachverbänden tonangebenden Ruhrindustrie war der »Verein deutscher Eisen- und Stahlindustrieller« (VES) und der noch in den wilhelminischen Jahren gebildete »Verein zur Wahrung der gemeinsamen wirtschaftlichen Interessen in Rheinland und Westfalen«, der sogenannte Langnamverein.

Die Verbandsvertreter saßen in den konservativen oder bürgerlichen Parteien (DNVP, DVP, DDP und Zentrum), und es gelang ihnen häufig, in wichtigen wirtschafts- und sozialpolitischen Reichstagsdebatten ihre Interessen in den jeweiligen Fraktionen durchzusetzen. Die Parteien wurden von ihnen finanziell gefördert und unterstützt. Der Hauptgegner aus Sicht der Wirtschaft blieb die SPD. Nicht zuletzt war es der Druck des Wirtschaftsflügels, der beispielsweise Stresemanns Deutsche Volkspartei veranlaßte, die Sozialdemokraten bei Regierungsbildungen auszugrenzen.

In der Summe standen die Weimarer Wirtschaftsführer der Republik ablehnend oder allenfalls neutral gegenüber. Der Parlamentarismus war ihnen mental zutiefst fremd, und in der Sozialpolitik des demokratischen Gesetzgebers sahen sie einen gefährlichen Hang zu leichtfertiger

Geldverschwendung. Als im Herbst 1923 die Ruhrbesetzung und die Hyperinflation die Reichsregierung in eine kaum lösbare Krise stürzte, erörterte Hugo Stinnes mit dem Wirtschaftsflügel der DVP, Vertretern der DNVP und Reichswehrchef General Hans von Seeckt Pläne zum Sturz des parlamentarischen Systems.

In den wirtschaftlichen Stabilitätsjahren zwischen 1924 und 1928 arrangierten sich die Industrievertreter mit den republikanischen Kräften. In diesem Zeitraum lag die Regierungsverantwortung in den Händen der bürgerlichen Parteien, was alles in allem eine Garantie für industriefreundliche Entscheidungen war. Als dann die SPD wieder in die Regierung eintrat, sich bald im Zuge der Weltwirtschaftskrise der gesellschaftliche Verteilungskampf deutlich verschärfte und die Gewerkschaften durch die hohe Arbeitslosigkeit geschwächt waren, wandten sich die Industrievertreter endgültig gegen das demokratische System. Mussolinis Faschismus erschien ihnen als nachahmenswertes Beispiel für Deutschland. Schließlich waren die mächtigen Konzernbosse – wenn auch bis in den Januar 1933 hinein sehr zögerlich – bereit, Hitler als Teilhaber an der Macht zu akzeptieren.

In der marxistischen Geschichtsschreibung wurde immer wieder hervorgehoben, Hitler sei das Produkt der industriellen Eliten gewesen. Die großen kapitalistischen Industriekonzerne hätten dem »Führer« mit hohen finanziellen Zuwendungen seine Propagandafeldzüge erst ermöglicht, die ihm schließlich die Macht bescherten. Doch eine solche Beurteilung entspricht nicht der historischen Wahrheit. Die Industrie hat – von Ausnahmen abgesehen – erst ab Mitte 1932 Hitler ernsthaft in ihr Kalkül einbezogen, ihn aber auch dann keineswegs stärker gefördert als beispielsweise Hugenbergs Deutschnationale. Den sozialen Ideen des Strasserflügels in der NSDAP stand die Wirtschaft mit Mißtrauen gegenüber, den »Führer« hielt sie für einen schrillen Agitator, der von Wirtschaft nichts verstand und lediglich wegen des Massenzulaufs, den er verzeichnen konnte, für die eigenen Zwecke instrumentalisiert werden sollte. Hitler wurde nicht durch die Weimarer Konzerne mächtig, sondern weil in immer mehr Schichten der Bevölkerung das Ansehen der Republik verfiel. Die restaurativen Tendenzen in der Politik der Wirtschaftsführer trugen dazu bei, aber sie standen mit ihrer Haltung nicht allein, als die ökonomischen und sozialen Entwicklungen der Jahre zwischen 1929 und 1933 zu einer außergewöhnlichen Herausforderung für alle gesellschaftlichen Gruppierungen wurden.

Ähnlich wie auf der Seite der Industrie gab es in den Jahren der Weimarer Republik auch in der Landwirtschaft sehr unterschiedliche Interessen. Nord- und ostdeutsche Großgrundbesitzer organisierten sich politisch um die Jahreswende 1920/21 im »Reichslandbund«, während sich die christlich orientierten Bauern mit mittelgroßen Betrieben in der »Vereinigung der deutschen Bauernvereine« und die Kleinbauern in der »Deutschen Bauernschaft« sammelten. Mit Beginn der Weltwirtschaftskrise kam es dann in der politisch einflußreichen »Grünen Front« zu einer Konzentration der landwirtschaftlichen Interessenverbände.

Im »Reichslandbund« gaben vor allem die ostelbischen Großgrundbesitzer den Ton an. Sie waren überwiegend monarchistisch orientiert, sahen durch die Revolution und den Sturz der Hohenzollern ihre seit den Tagen des Großen Kurfürsten herausragende Stellung in der preußischen Machthierarchie gefährdet. Die meisten Angehörigen des preußisch-pommerschen Land- und Hochadels waren also überaus konservativ eingestellt, selbst in Bismarck hatten sie einen teuflischen Modernisierer und Verräter aus den eigenen Reihen gesehen. Die durch die Revolution erfolgte Aufhebung des preußischen Dreiklassenwahlrechts empfanden sie als nicht hinzunehmenden Eingriff in ihre Rechte.

In den Weimarer Jahren fanden viele von ihnen in der DNVP ihre politische Heimat. Enge Verbindung hatte dieser Kreis nicht nur zur Reichswehr, in deren Offiziersstäben der Adel immer noch breit vertreten war, sondern auch zu ihrem »Gutsnachbarn« Hindenburg, seit 1925 Reichspräsident. Als in der Frühzeit der Republik Freikorpsverbände an der Ostgrenze polnische Gebietsansprüche abwehren sollten, fanden sie bei den dortigen Großgrundbesitzern begeisterte Unterstützung. In manchen Mordanschlag, dem Kommunisten oder Sozialdemokraten zum Opfer fielen, waren die adligen Herren verwickelt.

Die Betriebe der ostelbischen Großagrarier waren nahezu ausnahmslos exorbitant hoch verschuldet, viele Güter waren de facto bankrott. Seit den achtziger Jahren waren die Preise für landwirtschaftliche Erzeugnisse in Deutschland kontinuierlich gesunken. Ein Trend, der nur durch hohe Zollgrenzen gegenüber den amerikanischen und russischen Importen und landwirtschaftsfreundliche staatliche Interventionen zeitweise aufgehalten werden konnte. So war es denn auch das vorrangige Ziel der Landwirtschaftslobbyisten Weimars, hohe Subventionen und eine exzessive Zollpolitik zur Abwehr ausländischer Importe durchzusetzen sowie gegen eine weitere Industrialisierung Deutschlands zu opponieren.

Die Nationalsozialisten hatten ihre ersten großen Wahlerfolge auf dem Land zu verzeichnen. Die Zwangsversteigerungen kleinerer und mittlerer Höfe führte bei den Bauern (»Landvolkbewegung«) in Norddeutschland Ende der zwanziger Jahre zu extremistischen Gewaltaktionen. Im Süden und Osten der Republik sah es für die Bauern kaum anders aus. Viele von der landwirtschaftlichen Preis-Kosten-Krise betroffene Menschen fühlten sich von der Republik verraten, sahen in der mangelnden Hilfe des Staates den Grund ihrer Not.

1927 schenkte die deutsche Wirtschaft auf Betreiben des ostpreußischen Gutsbesitzers Ehard von Oldenburg-Januschau, eines engen Vertrauten Hindenburgs, dem Reichspräsidenten zu seinem achtzigsten Geburtstag das Gut Neudeck in Pommern. Damit dessen Sohn Oskar die später fällige Erbschaftssteuer sparen konnte, ließen die freigiebigen Gönner den Besitz im Grundbuch gleich auf dessen Namen eintragen. Der einstige Feldmarschall bedankte sich auf seine Weise bei seinen Standesgenossen: Auf Druck der DNVP, die die Interessen der Großagrarier massiv unterstützte, wurden in den Reichshaushalten immer wieder beträchtliche Geldsummen für die ostelbischen Gutsbesitzer bereitgestellt. Hindenburg förderte diese Subventionspolitik nachdrücklich. Vor allem die Präsidialkanzler Brüning, von Papen und Schleicher mußten erleben, daß der Reichspräsident viele der von ihnen geforderten Entscheidungen von der Genehmigung der Osthilfengelder abhängig machte.

Im Januar 1932 enthüllte ein Zentrumsabgeordneter, in welchem Ausmaß die Empfänger dieser öffentlichen Mittel, die zur Sanierung ihrer verschuldeten Güter dienen sollten, zweckentfremdet hatten. Die Gutsherren, so berichtete das Mitglied des Haushaltsausschusses, hätten sich für die Steuergelder Rennpferde und Luxusautos oder Reisen an die Riviera spendiert.

Die Reichswehr

Tiefe Schatten auf die Republik warf das Militär. Die Reichswehr stand beim ersten deutschen Demokratieversuch abseits. Das Offizierskorps war durch und durch wilhelminisch geprägt und sah sich von den strengen Abrüstungsforderungen des Versailler Friedensvertrages in seiner beruflichen Existenz gefährdet. Bereits in den ersten Stunden der Revolution war die Oberste Heeresleitung bemüht, die bedrohte eigene Position zu verteidigen. Der zu diesem Zeitpunkt maßgebliche politische Militär, Wilhelm Groener, stellte sich zwar dem »Rat der Volksbeauftragten« zur Verfügung, aber seine Politik sollte der Revolutionsregierung rasch deutlich machen, daß sich die Reichswehr nicht bedingungslos für die neue Ordnung einzusetzen bereit war.

Es war ein schwerer und folgenreicher Fehler Eberts, daß er sich weigerte, eine Volksarmee aufzubauen. Da dies aber zweifellos überaus schwierig zu realisieren gewesen wäre, hätte er zumindest die führenden Generäle der alten wilhelminischen Armee sofort ablösen müssen. Statt dessen rief der Sozialdemokrat den von der Front kommenden Divisionen, die durch Berlin marschierten, munter und geschichtsverfälschend zu, sie kehrten unbesiegt vom Feind in die Heimat zurück. Nichts anderes behaupteten die Erfinder der berüchtigten »Dolchstoßlegende«.

Die Reichswehr war republikfeindlich und blieb Staat im Staate. In entscheidenden Augenblicken weigerte sich ihre Führung, die Demokratie gegen ihre Feinde von rechts zu verteidigen. Sollte es gegen Sozialdemokraten oder Kommunisten gehen, waren die Truppenbefehlshaber dagegen keineswegs zimperlich. Und die Kabinettsmitglieder, die mit der politischen Kontrolle des Militärs beauftragt waren, ließen sich vom zackigen und forschen Auftreten der Generäle blenden oder einschüchtern. Die Reichswehrminister – der Sozialdemokrat Gustav Noske (Februar 1919 bis März 1920), der DDP-Politiker Otto Geßler (März 1920 bis Januar 1928) und dann mit Wilhelm Groener ein politisierender General – deckten nicht nur zahllose Untaten, sondern auch die heimlichen Aufrüstungspläne. Die Spuren vieler Fememorde führten zu den verschiedensten Truppeneinheiten, und auch dies war ihren politischen Vorgesetzten keineswegs unbekannt.

Die Militärspitze hatte in den Jahren der Weimarer Republik nur ein Ziel: Wiederaufrüstung und damit den Rückgewinn ihrer einst überragenden nationalen und europäischen Stellung. Sie wußte, daß ihre durch die Kriegsniederlage und den Versailler Vertrag geschwächte militärische Kraft in einem demokratischen System nur äußerst beschwerlich wiederzugewinnen war. So versuchte sie durch Geheimverträge mit der Sowjetunion, die der Reichswehr verbotene Waffenentwicklungen

Die Militaristen: Reichswehrchef Hans von Seeckt (Mitte) und Präsident Paul von Hindenburg.

und Testversuche ermöglichten, und mit dem Aufbau einer »Schwarzen Reichswehr«, das heißt geheimer Truppenverbände, die Versailler Bestimmungen zu unterlaufen.

Die Pläne der Reichswehr wurden nicht nur von den rechtskonservativen Reichstagsparteien unterstützt, sie fanden selbst eine kaum noch nachvollziehbare Duldung durch die Sozialdemokraten. Auch die Weimarer Justiz spielte für sie den willigen Helfer. Wann immer Journalisten oder Mitglieder der Friedensbewegung über die verbotenen Aktivitäten der Militärs berichteten, erhob der jeweils amtierende Reichswehrminister Anklage wegen Landes- oder Geheimnisverrats. Einer der spektakulärsten Prozesse dieser Art war das Verfahren gegen den Herausgeber der »Weltbühne«, Carl von Ossietzky, vor dem Leipziger Reichsgericht 1931. Obwohl die Hintergründe der Veröffentlichung eines »Weltbühne«-Mitarbeiters über die geheime und verbotene Luftfahrtaufrüstung längst ein öffentlich diskutiertes Thema im Reichstag gewesen war, verurteilte das Gericht Ossietzky zu einer hohen Haftstrafe.

Mit der Wahl Hindenburgs zum Reichspräsidenten im Jahre 1925 wurde die Position der Reichswehr zusätzlich entschieden gestärkt. Als der erste Mann im Staate war der einstige Generalfeldmarschall nun wieder ihr durch die Verfassung bestimmter Oberbefehlshaber. Und der liebte »seine« Armee als Reichspräsident nicht weniger als in den Jahren, da er sie in die Schlachten des Weltkrieges geführt hatte.

Die deutsch-preußische Offizierskaste war in ihrer übergroßen Mehrheit keineswegs von Hitler fasziniert. Der Mann war ihnen zu primitiv, und sie hielten ihn in militärischen Fragen für einen hoffnungslosen Autodidakten. Gemeinsam mit ihm war ihnen nur der Haß auf die Republik. Diese Grundhaltung und die gigantischen Aufrüstungspläne, die Hitler ihnen bald versprach, ließen sie zu Kumpanen des Terrors werden. Die Wehrmacht, in der die Reichswehr aufging, wäre in den ersten Monaten des Dritten Reiches wohl die einzige Kraft gewesen, die den Diktator hätte aufhalten können. Sie tat es nicht, sondern ließ sich – soldatische Ehre hin, preußische Tradition her – von ihm kaufen. Am Ende wurde sie zum Handlanger des Regimes. In ihren Tagesbefehlen an der Ostfront riefen die Generäle, die in der kaiserlichen Armee und in der Reichswehr ihr Handwerk und ihr militärisches Ethos gelernt hatten, ihre Soldaten zum Rassen- und Vernichtungskrieg auf.

Die Verwaltungsbürokratie

Auch in Demokratien wird der Alltag der Menschen in beträchtlichem Ausmaß von der Staatsbürokratie mitbestimmt. Im Deutschland vor 1914 hatte sich über einen langen Zeitraum ein hochqualifiziertes Berufsbeamtentum entwickelt. Das war zwar auch bei unseren westlichen Nachbarn der Fall, aber besonders der preußische Staatsdiener besaß in Europa einen legendären Ruf. In der Tradition des vordemokratischen Deutschland galt es als unumstößlich, daß ein Beamter sein Amt überparteilich, »unbestechlich« und neutral ausübte.

Das Beamtentum diente treu dem jeweiligen politischen System, in dessen Sold es stand. Seine angebliche Überparteilichkeit erwies sich also schon allein dadurch als Schimäre, daß Polizisten, Lehrer, Amtsdiener oder sonstige Verwaltungsangehörige die Anweisungen der jeweiligen Staatsautorität zu befolgen hatten, die in einem nicht-demokratischen System weitgehend unkontrolliert bleibt und die Interessen einer Herrschaftsschicht wahrnimmt. Es gab in der deutschen Geschichte des neunzehnten Jahrhunderts jedenfalls nur wenige bekannt gewordene Fälle, in denen sich ein Beamter unter Berufung auf die Verfassung oder sein Gewissen geweigert hatte, eine administrativ verfügte Anordnung seiner Vorgesetzten zu befolgen.

Für das wilhelminische Beamtentum war der Kaiser der oberste Dienstherr. Die höheren und hohen Verwaltungspositionen waren überwiegend mit Adligen oder zweifelsfrei monarchistisch gesinnten Vertretern des Bürgertums besetzt. Landräte, Amtspräsidenten oder Behördenleiter hatten in der Regel die autoritäre Haltung des Wilhelminismus verinnerlicht. Sie standen nicht nur formal, sondern auch aus persönlicher Überzeugung zu dem Staatssystem, dem sie dienten. Für Wilhelm II. war es bereits ein gefährlicher revolutionärer Akt, wenn in den Kommunalparlamenten Abgeordnete der SPD saßen und über die Geschicke ihrer Stadt oder Gemeinde mitentschieden.

Da das wilhelminische Beamtentum die Revolution von 1918/19 praktisch unbeschadet überlebte, blieb sein politisches Gewicht auch in der Republik erhalten. Die Männer, die im politischen Alltag Weimars Parlamentsentscheidungen und Verfassungsbestimmungen verwirklichen sollten, waren überwiegend eingefleischte Monarchisten. Ebert und die MSPD unterließen es, in den ersten Wochen nach dem Umsturz die wichtigsten Positionen im Verwaltungsapparat mit überzeugten Demokraten neu zu besetzen.

Ihre Entscheidung ist insofern verständlich, als sich die Sozialdemokraten nicht in der Lage sahen, eine ausreichende Anzahl erfahrener Verwaltungsbeamter aus den eigenen Reihen zu rekrutieren. Die Regierung stand vor einer außergewöhnlichen Herausforderung. Sie mußte für das geschlagene, unruhige und von Versorgungsengpässen bedrohte Land eine neue Ordnung schaffen. Darüber hinaus sollte ein millionenstarkes Heer in die Heimat zurückgeführt werden. Die leitenden Vertreter des neuen Systems glaubten, diese kaum zu bewältigenden Aufgaben seien nicht ohne die Hilfe der alten, verwaltungserfahrenen Amtsinhaber zu leisten.

Wie im Falle der Reichswehrführung erwies sich diese Entscheidung als halbherzig und falsch. Es konnte die neue Regierung kaum überraschen, daß das Beamtentum – darunter die Ministerialbürokratie, die Richterschaft, die Lehrer und das Hochschulpersonal – zurückhaltend auf die veränderten politischen Verhältnisse reagierte. Die wichtigste Interessenvertretung der Staatsdiener war der »Deutsche Beamtenbund«, der wie viele seiner Mitglieder der DNVP nahestand. Vorrangig zwar mit Besoldungs- und Statusfragen beschäftigt, gewann die Beamtenorganisation aber auch einen erheblichen politischen Einfluß.

Die Überparteilichkeit, auf die sich die Beamten auch in Weimar beriefen, war durch den Artikel 130 der Verfassung doppelsinnig interpretiert. Einerseits sollten sie danach »Diener der Gesamtheit und nicht einer Partei« sein, andererseits war ihnen allen »die Freiheit ihrer politischen Gesinnung gewährleistet«. Bei ihren Entscheidungen beriefen sich die Amtsträger auf ihre formale Überparteilichkeit, ihre Auslegung von Gesetzen oder Verordnungen war aber im Einzelfall deutlich von ihrer persönlichen politischen Einstellung geprägt.

Vor allem wurde dies in der Justiz sichtbar. Wo immer politische Prozesse stattfanden, gab es drastische Urteile für linke Angeklagte, während rechte Attentäter und Aufrührer mit Milde rechnen durften. Ihnen unterstellten die Richter wohlwollend, daß sie aus Patriotismus und ehrenwerten vaterländischen Motiven handelten. Die bayerischen Räterepublikaner Ernst Toller oder Felix Fechenbach wurden zu hohen Haftstrafen verurteilt, der Mörder von Eisner, Graf Arco-Valley, oder der Putschist vom November 1923, Adolf Hitler, fanden dagegen in ihren Verfahren überaus wohlwollende Gerichtsvorsitzende. Es ließen sich Dutzende solcher Beispiele anführen.

Vor allem in politischen Verfahren hat die Weimarer Justiz den Rechtsstaat unterlaufen. So konnte sich Hitler nach 1933 auch auf den deutschen Justizapparat verlassen. Die NS-Richterschaft setzte sich aus Mitgliedern zusammen, die schon in Republikzeiten das Recht gebeugt hatten. Zu den dunklen Kapiteln der zweiten deutschen Demokratie gehört es zweifellos, daß jene, die in der NS-Zeit ihre Blut-, Rassen- oder Unterdrückungsurteile sprachen, auch in der Bundesrepublik wieder in Amt und Würden waren oder zumindest ihre hohen Pensionen unbescholten verspeisen durften.

Die Justiz kann als mehr oder weniger exemplarisch für das Verhalten des gesamten gehobenen Weimarer Beamtentums gelten. Die Mehrheit der Landräte und Oberpräsidenten in Preußen beispielsweise hatte ihre Ämter schon zu Kaisers Zeiten bekleidet. Wann immer die demokratischen Reichs- oder Landesregierungen unter politischen Druck gerieten, agierten sie und die meisten ihrer Kollegen in anderen Reichsländern »neutral« oder verbündeten sich mehr oder weniger offen mit den Republikfeinden.

Auch an den Hochschulen stand der Geist mehrheitlich rechts. In der Professorenschaft waren die bürgerlich-wilhelminischen Ressentiments gegen den Parlamentarismus weit verbreitet. Der Erlanger Zivilrechtler Friedrich Lent erklärte 1928 offen, was viele in der akademischen Hochschulelite seit November 1918 dachten: »Den jetzigen Staat lehnen wir ab und bauen uns einen neuen.« Emil Gumbel, ein hochangesehener Statistiker und Mathematiker, wurde 1924 auf Druck seiner Heidelberger Professorenkollegen für sein öffentliches und demokratisches Engagement vor einen akademischen Untersuchungsausschuß zitiert. Emil Gumbel hatte in einer auch im Reichstag vielbeachteten Broschüre eine Statistik über die Fememorde der ersten Republikjahre veröffentlicht, aus der eindeutig hervorging, daß diese überwiegend auf das Konto der rechten Terrorszene gingen. 1932 kam es zu wochenlangen Demonstrationen nationalsozialistischer Studenten gegen Emil Gumbel, bis die Hochschule den unerschrockenen Hochschullehrer schließlich entließ.

Als die Berliner Universität im November 1922 einen Festakt zum sechzigsten Geburtstag des Dichters Gerhart Hauptmann veranstaltete, waren auch Reichspräsident Ebert und der sozialdemokratische Reichstagspräsident Paul Löbe als Gäste anwesend. Der Schriftsteller und Diplomat Harry Graf Kessler notierte über dieses Ereignis in seinem Tagebuch: »Das Denkwürdigste an der Feier ist das grotesk bornierte Verhalten der Studenten und Professoren gewesen. Die Berliner Studentenschaft hat mit einer Mehrheit von, ich glaube, vier zu zwei feierlich beschlossen, an der Hauptmann-Feier nicht teilzunehmen, weil Gerhart Hauptmann, nachdem er sich als Republikaner bekannt hat, nicht mehr als charakterfester Deutscher zu betrachten sei! Und von Sam Fischer höre ich, daß ... Petersen, der die Festrede hielt, vor zwei Tagen bei ihm war, um ihn zu bitten, Ebert wieder auszuladen, da es der Universität nicht angenehm sein werde, wenn das republikanische Reichsoberhaupt bei ihr erscheine. Und als Fischer das ablehnte, hat ihn Petersen gebeten, dann doch wenigstens Löbe auszuladen, denn zwei Sozialdemokraten auf einmal sei doch etwas viel!«

Baldur von Schirach gründete 1926 den »NS-Deutschen Studentenbund«, der in Verbindung mit anderen rechten Studentengruppierungen bald ein beachtliches Gewicht in den Universitätsgremien gewann. Ende der zwanziger Jahre wurden die Hochschulen zunehmend von Unruhen und Störungen heimgesucht, die vor allem auf die Agitation der nationalistischen und antisemitischen Kräfte in der Studentenschaft zurückzuführen waren. Schon vor den großen Wahlerfolgen der Nationalsozialisten gelang ihren akademischen Anhängern bei den Wahlen zum Allgemeinen Studentenausschuß (AStA) von 1929 der Durchbruch in den Universitäten. Weimar war nicht der Staat des bürgerlich-akademischen Nachwuchses. Damit hatte die Republik einen bedeutenden Teil der geistig aktiven Jugend für die eigene Sache verloren. Neben dem vordergründigen nationalistischen Getöse zeigt diese Entwicklung, wie sehr sich offenbar die Söhne und Töchter des gehobenen Bürgertums durch die demokratischen Entwicklungen und die wirtschaftlichen Krisen in ihrem sozialen Status gefährdet glaubten.

Versuche der demokratischen Koalitionsregierungen, eigene Leute in die Verwaltungsspitzen von Ministerien, Behörden, Gerichten und Hochschulen zu lancieren, mißlangen zwar nicht vollständig, aber sie führten keineswegs zu einem befriedigenden Ergebnis.

Die Kirchen

Der Säkularisierungsprozeß, der bereits im neunzehnten Jahrhundert deutliche Fortschritte gemacht hatte, berührte auch in den Weimarer Jahren die Machtstellung der Kirchen. Der deutsche Protestantismus blieb überwiegend in seiner wilhelminischen Tradition gefangen. Im Kaiserreich nahm er die Position der Staatskirche ein. Schon in vorwilhelminischen Zeiten zeichnete sich die protestantische Kirche durch besondere Staats- und Machttreue aus. Wie Luther die aufständischen Bauern mit Tod und Verdammnis bedrohte, so standen seine Nachfolger allem Aufbegehren der Untertanen gegen ihre Adelsherren ablehnend gegenüber.

Den Ersten Weltkrieg hatten führende Protestanten mit Worten gefeiert, die denen der imperialistischen Nationalisten in nichts nachstanden. In Predigten wurde vom Kampf der lutherisch-deutschen Kultur gegen die »gottlose« westliche Zivilisation und von seiner »sittlichen Kraft« für das Volk geschwärmt.

Die neuen demokratischen Verhältnisse nach dem Sturz der Hohenzollern riefen also Skepsis und Ablehnung hervor, nicht nur weil der Protestantismus damit viele Privilegien verlor, sondern auch weil die Republik ihm schlichtweg fremd blieb. »Die Zeugnisse antidemokratischer

Gesinnung im Protestantismus der Weimarer Republik sind Legion«, bilanziert der Kirchenhistoriker Kurt Nowak, »und auf allen Stufen des kirchlichen Aufbaus zu finden – vom Gemeindemitglied bis zum Bischof.«

Zahlreiche protestantische Kirchenvertreter fanden – wenn auch nicht vorbehaltlos – relativ früh den Weg zur Hitlerpartei. Zumindest sympathisierten sie mit dem von den Nationalsozialisten propagierten Führerstaat. National, wenn nicht gar nationalistisch (und in Teilbereichen unüberhörbar antisemitisch) war der deutsche Protestantismus seit jeher gewesen. Die demokratische, mit Blick auf die Arbeiterparteien als religionsfeindlich und unpatriotisch empfundene »Unordnung« verstärkte seine Ablehnung.

Der deutsche Katholizismus stellte in den Weimarer Jahren keine Einheit dar. Politisch fanden etwas mehr als 40 Prozent der praktizierenden Katholiken in der Zentrumspartei ihre politische Heimat. Viele nationalbewußte und rechte Mitglieder der römischen Kirche neigten dagegen zur DNVP, Teile der katholischen Arbeiterschaft wählten SPD oder KPD. Im Kaiserreich empfand der Katholizismus sich als verfolgte Minorität. Nicht ohne Grund, denn bis 1918 mußten die katholischen Mitbürger in einigen deutschen Ländern – zum Beispiel bei den Stellenbesetzungen im Staatsdienst – Diskriminierungen hinnehmen. Der Bismarcksche Kulturkampf hatte tiefe Spuren hinterlassen, und der 1870 geschaffene Staat war eindeutig protestantisch geprägt. Im Gegensatz zu den protestantischen Kirchenleitungen sah sich der katholische Klerus nicht vorrangig in eine nationale Kirche eingebunden, sondern als Vertreter der Papstkirche.

Das Zentrum war eine pragmatische Partei der Mitte. Das gilt mit Blick auf die Akzeptanz der Republik wohl auch für die Haltung einer starken Mehrheit der deutschen Katholiken. Als die Wähler ab 1930 in Massen der NSDAP zuströmten, verhielt sich der katholische Bevölkerungsteil erheblich resistenter als seine protestantischen Landsleute. In den mehrheitlich katholischen Wahlkreisen blieben die Nationalsozialisten bei den Wahlen ein beachtliches Stück unter dem Reichsdurchschnitt.

Teile des hohen katholischen Klerus hingegen erwiesen sich als verächtliche Kritiker der Demokratie. Der Münchner Kardinal Faulhaber nannte 1922 auf dem Katholikentag in der Bayernmetropole die Weimarer Verfassung gottlos und sprach angesichts der Ereignisse vom November 1918 von »Meineid und Hochverrat«. Was den Katholikentags-besucher, Zentrumspolitiker und damaligen Kölner Oberbürgermeister Konrad Adenauer zu einer scharfen Replik veranlaßte. Als der Vatikan am 20. Juli 1933 Reichskanzler Hitler mit dem Reichskonkordat »adelte«, dürfte dies für viele kirchengläubige Katholiken hinsichtlich ihrer künftigen Haltung gegenüber dem Dritten Reich mitbestimmend gewesen sein.

Die Verfassung

Die Weimarer Verfassung, das Fundament der ersten deutschen Demo-kratie, war besser als ihr späterer Ruf. Weimar ist nicht in erster Linie an seiner staatsrechtlichen Ordnung gescheitert, sondern an den Men-schen, die sie mit ihrem Handeln zunehmend konterkarierten. Verfas-sungen können immer nur den Rechtsrahmen für das Zusammenleben in Gesellschaften setzen. Wie er ausgefüllt wird, hängt von denen ab, die politische Verantwortung tragen. Auch Diktaturen haben in der Regel wohlklingende Verfassungen, in deren Paragraphen alles angeboten wird, was das demokratische Herz begehrt. Das galt für Stalins Sowjet-union ebenso wie später für das China Mao Tse-tungs oder viele süd-amerikanische Staaten.

Die Revolution von 1918/19 mündete in die erste demokratische Verfassung der Deutschen. Sie stand teilweise in der Tradition der Ideen von 1848, nahm aber auch Erfahrungen des Teilparlamentarismus der Kaiserjahre mit auf. Die in den ersten Wochen tonangebenden Sozial-demokraten um Friedrich Ebert trieben die Verfassungsdebatte mit großer Energie voran. Ihr Ziel war es, die chaotischen, staatsrechtlich ungeklärten Verhältnisse im Land so schnell wie möglich zu beenden. Parlamentarische Demokratie oder Räterepublik – das war in diesen Wochen die Alternative.

Ebert ließ keine Zweifel daran, daß für die MSPD allein der demo-kratische Weg, also das Mehrheitsprinzip und ein aus allgemeinen freien Wahlen hervorgehendes Parlament, akzeptabel war. Die USPD neigte einer Mischform zu, bei der die Rätebewegung die entscheidende Macht-rolle spielen sollte. Die Linksradikalen im Umkreis des »Spartakusbun-des« übernahmen Lenins Forderung »Alle Macht den Räten«.

Die Führung der MSPD setzte im Februar 1919 mit der Ernennung

Das demokratische Fundament: Der linksliberale Staatsrechtler Hugo Preuß schreibt den ersten Entwurf der Weimarer Verfassung.

des linksliberalen Staatsrechtlers Hugo Preuß zum Leiter des Reichsamtes des Innern frühzeitig ein Zeichen. Preuß war Mitglied der DDP, und mit der ihm übertragenen Aufgabe, einen ersten Entwurf zu erarbeiten, signalisierten die Mehrheitssozialdemokraten, daß die Verfassung gemeinsam mit den bürgerlichen Kräften entwickelt werden sollte.

Bereits am 25. November 1918 sprachen sich Reichsregierung und die Vertreter der Länder für die Einberufung einer verfassunggebenden Nationalversammlung aus. Der von Hugo Preuß vorgelegte Entwurf wurde Grundlage weiterer Beratungen. Der korrigierte, von der Nationalversammlung schließlich gebilligte Text wurde am 11. August 1919 vom Reichspräsidenten unterzeichnet und trat am 14. August in Kraft. Für die Verfassung hatten in der Nationalversammlung (423 Mandatsträger) 262 von 350 Abgeordneten der Sozialdemokratie, der DDP und des Zentrums gestimmt. Die Vertreter von DNVP, DVP und USPD lehnten sie ab. Alles in allem war es eine bürgerliche Verfassung, in die

die (gemäßigten) sozialen und wirtschaftspolitischen Vorstellungen der MSPD Eingang gefunden hatten.

Damit war der neue Staat eine parlamentarische Republik geworden. Allgemeine freie Wahlen für alle Deutschen ab dem zwanzigsten Lebensjahr waren verfassungsrechtlich gesichert. Erstmals – ein Verdienst der Sozialdemokraten – waren in Deutschland auch die Frauen wahlberechtigt. Das Volk konnte über die Wahlen hinaus durch Volksentscheid (Artikel 73) in das politische Geschehen eingreifen. Bis 1932 gab es jedoch lediglich sieben Volksbefragungen, und alle blieben ohne die erforderliche Mehrheit.

Die Nationalversammlung entschied sich für das strikte Verhältniswahlsystem. Weil bei diesem Verfahren keine Wählerstimme bei der Zusammensetzung des Parlaments verlorengeht, ist es zweifellos demokratischer als das beispielsweise in Großbritannien praktizierte Mehrheitswahlsystem. Aber da Verhältniswahlen zu labileren Parlamentsmehrheiten führen können, fordern sie von den Fraktionen und den hinter ihnen stehenden Parteien ein hohes Maß an Kompromißfähigkeit und Geschlossenheit. Beides war in den Weimarer Parteien äußerst unterentwickelt. Es gab zudem nicht – wie später in der Bundesrepublik – eine Mindestklausel für den Einzug einer Partei in den Reichstag. Auch wenn dies nicht zu einer wesentlich stärkeren Parteienzersplitterung als in der Bonner Republik führte, stabilisierend wirkte das Fehlen einer solchen Barriere nicht.

Während Hugo Preuß in seinem Entwurf für einen zentralisierten Staat plädiert hatte, setzten die nach den ersten Revolutionswochen rasch wiedererstarkten Länder durch, daß die Republik sich als föderativer Bundesstaat konstituierte. Im Gegensatz zum Kaiserreich (das ein Bund souveräner Einzelstaaten war) wurde in der Weimarer Verfassung die zentrale Reichsgewalt zwar gestärkt (Reichsrecht bricht Landesrecht), aber über den Reichsrat nahmen die Länder am Gesetzgebungsverfahren teil, was aufgrund der separatistischen und eigenwilligen regionalen Bestrebungen in einigen Ländern die Reichspolitik teilweise destabilisierte. Da aber Preußen im neuen Staat allein wegen seiner territorialen Größe unter den Ländern erneut eine herausragende Rolle einnahm und hier bis 1932 die Weimarer Koalition aus SPD, Zentrum und DDP regierte, wirkte die Mitbestimmungsregelung der Länder bis in die frühen dreißiger Jahre hinein auch positiv auf das Ringen um die Demokratie ein.

Die höchste demokratische Gewalt auf Reichsebene war zweigeteilt. Reichstag und Reichspräsident wurden vom Volk gewählt. Beide Staatsinstitutionen konnten sich also auf den direkt formulierten Volkswillen berufen und waren gleichberechtigt demokratisch legitimiert. Die Weimarer Verfassung aber räumte dem Reichspräsidenten nicht nur eine repräsentative Rolle ein: Er war oberster Befehlshaber, ernannte den Reichskanzler, die Reichsbeamten und Offiziere, konnte den Reichstag durch Verordnung auflösen und Neuwahlen ansetzen, hatte das Recht, den Ausnahmezustand zu verhängen, und konnte während dessen Geltungszeit einzelne Grundrechte außer Kraft setzen und Notverordnungen mit Gesetzescharakter erlassen.

Vor allem der vieldiskutierte Artikel 48 – auf Wunsch der eine »wehrhafte« Demokratie anstrebenden Sozialdemokraten und Linksliberalen in die Verfassung aufgenommen – gab dem Reichspräsidenten ein Machtinstrument an die Hand, das ihm bei einem uneinigen Reichstag diktatorische Vollmachten einräumte. Denn Artikel 48 ermächtigte ihn, »die zur Wiederherstellung der öffentlichen Sicherheit und Ordnung nötigen Maßnahmen zu treffen, wenn im Deutschen Reich die öffentliche Sicherheit und Ordnung erheblich gestört oder gefährdet« wurde. Ein Gummiparagraph, der zum Mißbrauch einlud, wenn das demokratische Selbstverständnis des Amtsinhabers gestört war. Schon Reichspräsident Friedrich Ebert – der noch nicht vom Volk, sondern von der Nationalversammlung gewählt worden war – griff während seiner Amtszeit (von Februar 1919 bis Februar 1925) auffallend häufig auf den Artikel 48 zurück. So nutzte er ihn etwa, wenn es bei Finanz- oder Wirtschaftsproblemen im Reichstag zu keiner Mehrheitsbildung kam, oder bei Unruhen in einzelnen Regionen der Republik. Der von den Verfassungsvätern für den Artikel 48 gedachte »Notstand« wurde vom sozialdemokratischen Reichspräsidenten oft vorschnell als gegeben angesehen, und er bewirkte damit, daß die Skrupel, ihn anzuwenden, deutlich sanken. In Verkennung der Verfassung erschien den Parteien der Rückgriff auf das Notverordnungsverfahren zunehmend als eines von mehreren alltäglichen Instrumenten der Politik.

Ebert mag man noch zugute halten, daß sich das Land bis Ende 1923 tatsächlich in Turbulenzen befand, der latente Bürgerkrieg die Stabilität ernsthaft bedrohte. Zudem war der Sozialdemokrat im Reichspräsidentenamt fraglos ein überzeugter Demokrat.

Welche Gefahren der Artikel 48 in sich barg, wurde erst unter Reichspräsident Paul von Hindenburg deutlich. Er hatte zweifellos eine andere Vorstellung von der demokratischen Machtbalance als die Schöpfer der Verfassung. Hindenburg griff im Laufe seiner Amtsjahre immer stärker in die Reichspolitik ein. Da er die Kanzler ernannte und er ihnen gegenüber das Druckmittel der Reichstagsauflösung (oder der Verweigerung eines solchen Schrittes) besaß, konnte er sie auch erpressen. So schrieb der greise Reichspräsident »seinen« Regierungschefs vor, wer im Kabinett das Reichswehrministerium zu übernehmen hatte. Ab 1930, als Heinrich Brüning sein erstes Präsidialkabinett gebildet hatte, war der Artikel 48 das permanent benutzte Machtmittel Hindenburgs und der von ihm bestimmten, im Reichstag ohne Mehrheit arbeitenden Regierungen, mit dem sie die politische Szene Weimars nach Gutdünken beherrschten. Ein Kanzlerkandidat, der die Regierungsbeteiligung von Sozialdemokraten anstrebte, hatte bei Hindenburg von vornherein keine Chance. Am Ende brauchten die Kanzler nicht das Vertrauen des Reichstags, sondern das Vertrauen Hindenburgs – was die Verfassung auf den Kopf stellte. Die Konservativen hatten nun endlich ihren »Ersatzkaiser«.

Daß allerdings die Geschicke der Republik schließlich davon abhingen, was Hindenburgs Berater – Staatssekretär Otto Meißner, sein Sohn Oskar, der Mann der Reichswehr, Kurt von Schleicher, die Freunde aus dem Kreis des ostelbischen Gutsadels oder der vom Reichspräsidenten so hoch geschätzte Franz von Papen – dem alten Mann einflüsterten, das war auch möglich geworden, weil die Reichstagsparteien sich unfähig zum gemeinsamen Handeln zeigten. Da es die Möglichkeit präsidialer Notverordnungen gab, glaubten viele Parlamentarier, den Zwang zur Einigung umgehen zu können. Hätten die Reichstagsparteien die Fähigkeit besessen, stabile Regierungsmehrheiten zu schaffen, wäre der Artikel 48 für Hindenburg zu einer stumpfen Waffe geworden.

Da der Reichspräsident für eine Amtszeit von sieben Jahren (mit Wiederwahlrecht) gewählt wurde, der Reichstag beim normalen Verlauf einer Legislaturperiode dagegen lediglich für vier Jahre, gab ihm die Verfassung einen besonderen Vertrauensvorschuß. In der Realität standen in den vierzehn Jahren der Republik zwei Reichspräsidenten allerdings zwölf Reichskanzler (und zwanzig verschiedene Kabinette) gegenüber. Schon diese Zahlen zeigen, wie sehr die Macht des Staatsoberhauptes durch die personelle Kontinuität des Amtes gegenüber den rasch wechselnden Regierungen an Gewicht zunahm.

Im Idealfall sind demokratische Verfassungen so gestaltet, daß sie unabhängig von den Personen, die die Staatsgewalt innehaben, ihre gesellschaftliche Aufgabe erfüllen. Wir wissen jedoch, daß die politische Realität anders aussieht. So führte das in der Weimarer Verfassung bewußt aufgebaute System der Gegengewichte zwischen Reichspräsident und Reichstag in eine Sackgasse, weil beide Seiten versagten. Der Gedanke, daß ein Reichspräsident in außergewöhnlichen Krisenzeiten die politische Initiative durch den Erlaß von Notverordnungen für eine kurze Zeitspanne übernehmen kann, bis im Reichstag wieder stabile Mehrheiten geschaffen worden sind, ist keineswegs abwegig. Der Amtsträger, dem in Ausnahmesituationen eine solche Überfülle an Macht übertragen wird, muß allerdings hinsichtlich seiner demokratischen Glaubwürdigkeit und seines Handelns jenseits aller Zweifel stehen.

3. Der latente Bürgerkrieg (1919–1923)

Am Anfang der politischen Geschichte Weimars stand der »Rat der Volksbeauftragten«. MSPD und USPD trafen am 9./10. November 1918 ein Arrangement, das die Macht im Land zunächst in die Hände der linken Arbeiterparteien legte. Mit Friedrich Ebert, Pilipp Scheidemann und Otto Landsberg von der MSPD und Emil Barth, Hugo Haase und Wilhelm Dittmann von der USPD war die Revolutionsregierung paritätisch besetzt. Wobei Ebert mit der Verantwortung für die Ressorts Inneres und Militär eine Schlüsselstellung einnahm.

Ein labiles Bündnis war es von Beginn an. Die politischen Gegensätze beider Seiten blieben unübersehbar. Die USPD hatte bei den Verhandlungen gefordert, »die gesamte exekutive, legislative und jurisdiktionelle Macht ausschließlich in den Händen von gewählten Vertrauensmännern der gesamten werktätigen Bevölkerung und der Soldaten« zu belassen. Es dürften der neuen Regierung, so teilte die USPD dem die Geschäfte des Reichskanzlers führenden Ebert weiterhin mit, keine bürgerlichen Mitglieder angehören. Beides lehnte die MSPD ab.

Die Spartakusgruppe veröffentlichte gleichzeitig einen Aufruf, in dem sie die Beseitigung des Parlaments, die Entwaffnung der gesamten Polizei und sämtlicher Offiziere und Soldaten, »die nicht auf dem Boden der neuen Ordnung stehen«, die »Bewaffnung des Volkes« und den Ausschluß »der Eberts und Scheidemanns« verlangte.

Die erste »Regierung«: Der Rat der Volksbeauftragten, 1919. Von links: Philipp Scheidemann, Otto Landsberg, Friedrich Ebert, Gustav Noske und Rudolf Wissel.

Entscheidend dafür, daß sich die Mehrheitssozialdemokraten mit ihrem gemäßigten, auf eine parlamentarische Demokratie ausgerichteten Konzept in den kommenden Wochen durchsetzten, waren die Machtverhältnisse in den Arbeiter- und Soldatenräten. Schon am Nachmittag des 10. November versammelten sich ihre Berliner Vertreter im Zirkus Busch, wo sie die Forderung der Spartakusgruppe nach Entmachtung der Sozialdemokratie mit großer Mehrheit zurückwiesen. Am 16. Dezember auf dem »Allgemeinen Kongreß der Arbeiter- und Soldatenräte Deutschlands« zeigte sich noch deutlicher, daß die MSPD ein klares Übergewicht für ihr Programm hatte. Der Kongreß beschloß mit 400 gegen 50 Stimmen die Abhaltung von Wahlen zur verfassunggebenden Nationalversammlung (Eberts wichtigstes Ziel). Mit 344 zu 98 Stimmen sprachen sich die Delegierten außerdem gegen die Errichtung eines reinen Rätesystems aus. Die Schwäche der Radikalen war eklatant: Karl Liebknecht und Rosa Luxemburg hatten für diese Versammlung nicht einmal ein Mandat erhalten. Am 14. November schrieb der »Vorwärts«, was zweifellos eine überwältigende Mehrheit der Deutschen befürwortete: »Alle Macht dem Volk!« (und nicht den Räten).

Schon in den ersten Tagen der Revolution war damit die Richtung festgelegt, die von den Sozialdemokraten und der Mehrzahl der Räte angesteuert wurde. Nicht ganz zu Unrecht sprach Ernst Däumig, USPD-Mitglied und Führer der »Berliner Revolutionären Obleute«, nach den Dezemberentscheidungen vom »Todesurteil«, das über die Revolution gefällt worden sei.

Ebert nahm in diesen Tagen wirklich eine historische Rolle ein. In seinem Denken und Handeln spiegelte sich das wider, was viele seiner Landsleute empfanden: Eine neue, demokratische Ordnung mußte zwar an die Stelle des alten Systems treten, aber der Abschied von der Monarchie, vom Ordnungsdenken eines in Jahrhunderten gewachsenen Obrigkeitsstaates fiel schwer. Deswegen empfand es der erste Mann der Sozialdemokratie als durchaus legitim, unmittelbar nach der Übernahme der Regierungsmacht Verbindungen zu den alten Kräften aus Verwaltung und Militär aufzunehmen. Eine Republik ohne eine Beteiligung der bürgerlichen Mitte blieb jenseits seiner Vorstellungskraft (und wäre auch in der Tat wirklichkeitsfremd gewesen). »Durch das Aufeinandertreffen der beiden Bewegungen – quasi-legale Machtüberleitung ›von oben‹, revolutionäre Machtbildung ›von unten‹ – kam Friedrich Ebert... in eine Doppelstellung und -funktion hinein«, schreibt der Verfassungsrechtler Ernst-Wolfgang Böckenförde. »Er war noch ernannter Reichskanzler und damit von der alten Ordnung beglaubigter Macht- und Entscheidungsträger, gewissermaßen eine Brücke der Legalität; zugleich stützte er sich als Vorsitzender des Rats der Volksbeauftragten auf die revolutionäre Legitimität und stand ihr gegenüber in Verantwortung.«

Die Abhängigkeit der neuen Regierung von den alten Kräften wurde bereits in den Weihnachtstagen deutlich. Die in Berlin stationierte »Volksmarinedivision« meuterte gegen die Volksbeauftragten, brachte den sozialdemokratischen Stadtkommandanten Otto Wels in ihre Gewalt und besetzte die Reichskanzlei. Ebert forderte über eine nicht überwachte Telefonleitung in einem Gespräch mit dem faktischen Kopf der Obersten Heeresleitung, Wilhelm Groener, militärische Hilfe an. Groener erklärte seine Bereitschaft, und so kam es bereits in den ersten Tagen der Revolution zu einem folgenreichen Bündnis zwischen Ebert und der Reichswehr. Die Soldaten rückten an, mußten sich aber nach blutigen Kämpfen um das Stadtschloß und den Marstall, wo sich die Meuterer verschanzt hatten, sieglos zurückziehen.

Es ging den Angehörigen der Marinedivision nicht um politische Fragen, sondern um die Zahlung des ausbleibenden Solds und die geplante Auflösung ihrer Einheit. Dem Kampf um das Schloß folgte eine Staatskrise. Die USPD-Volksbeauftragten verließen die Regierung und beschuldigten Ebert – nicht zu Unrecht –, mit dem Befehl zum militärischen Einsatz unverhältnismäßig hart reagiert zu haben. Zumal er dem Kommandierenden der Truppe völlig freie Hand bei der Wahl seiner Mittel gelassen habe. Ein Vorgang, der sich in den kommenden Monaten und Jahren permanent wiederholen sollte. Ebert und Reichswehrminister Gustav Noske (er wurde Ende Dezember nach dem Rücktritt der USPD-Politiker Mitglied des »Rates der Volksbeauftragten«) ließen die »Ordnungsmacht« bei Protesten und Unruhen allzu rasch aufmarschieren. Wo vielfach Verhandlungen unblutige Lösungen ermöglicht hätten, entschied sich die sozialdemokratische Führung für den Einsatz des Militärs. Die von der politischen Macht unkontrolliert agierenden Offiziere nutzten die Gunst der Stunde zu einem besonders brutalen Vorgehen, was vor allem bei den linken Wählern Wut und Abscheu hervorrief.

Die Weihnachtskämpfe führten direkt zum Aufstand der Kommunisten im Januar 1919. Berlins Polizeipräsident Emil Eichhorn (USPD) hatte der »Volksmarinedivision« seine Sicherheitskräfte zu Hilfe geschickt und sich damit zweifelsfrei gegen die Regierung gestellt. Preußens Ministerpräsident Hirsch (MSPD) übersandte dem Polizeichef konsequenterweise die Entlassungsurkunde, was USPD und Kommunisten wiederum veranlaßte, die Bevölkerung zu Protestdemonstrationen aufzurufen. Am 5. Januar strömte in der Berliner Innenstadt eine große Menschenmenge zusammen, die sich über den rücksichtslosen Einsatz der Militärs und Eichhorns Entlassung empörte. Durch die Agitation einer radikalen Minderheit wurde aus der Demonstration ein Aufstand. Obwohl sich die meisten Versammlungsteilnehmer nach Ausbruch der Gewalt zurückzogen, glaubten Liebknecht und die KPD-Führung, daß die Besetzungen der »Vorwärts«-Redaktion und der Ullstein- und Mosse-Zeitungshäuser die entscheidenden Signale für den Beginn einer »bolschewistischen« Revolution in Deutschland seien und daß damit die für Mitte Januar beschlossene Wahl zur Nationalversammlung blockiert wäre.

Sie zahlten für diese falsche Lageeinschätzung einen hohen Preis. Noske ließ Freiwilligenverbände zusammenstellen, am 11. und 12. Januar wurden die Zeitungshäuser von den unter Befehl des Generals von Lüttwitz stehenden Truppenverbänden beschossen und gestürmt. Am 13. Januar herrschte wieder Ruhe in Berlin. Karl Liebknecht und Rosa Luxemburg wurden am 15. Januar von Freikorpsmitgliedern aufgespürt und ins Hotel Eden gebracht. Dort gab der Erste Generalstabsoffizier der Garde-Kavallerie-Schützen-Division, Hauptmann Waldemar Pabst, den Befehl, die Gefangenen abzuführen und zu ermorden. Die beiden kommunistischen Spitzenpolitiker wurden getrennt aus dem Hotel gebracht und beim Verlassen der Eingangshalle mit Gewehrkolben niedergeschlagen. Ihre Henker schleppten die halb Bewußtlosen zum Abtransport in die bereitstehenden Autos. Karl Liebknecht wurde noch am selben Abend als »unbekannter Toter« bei der Rettungswache am Zoo eingeliefert. Rosa Luxemburg wurde wenige Augenblicke nach der Abfahrt vom Hotel mit einer Pistolenkugel hingerichtet, ihr Leichnam in den Landwehrkanal geworfen.

Diese brutalen Morde gingen auch auf das Konto der Sozialdemokraten. In den ersten Januartagen hatte der »Vorwärts« in Schlagzeilen und Leitartikeln eine Sprache geführt, die unschwer als Aufruf zur Gewalt gegen die Kommunisten verstanden werden konnte. Klaus Gietinger ver-

Putschversuch der Linken: Der kommunistische Spartakusbund scheitert beim Kampf im Berliner Zeitungsviertel im Januar 1919.

öffentlichte in seiner 1995 erschienenen Untersuchung »Eine Leiche im Landwehrkanal« einen an ihn im Januar 1993 geschriebenen Brief des Rechtsanwalts Otto Kranzbühler, der Ende der sechziger Jahre den pensionierten Hauptmann Pabst aufgesucht hatte. Dort heißt es: »Pabst hat mir... versichert, daß er vor seiner Entscheidung Noske angerufen habe. Dieser habe ihn zunächst aufgefordert, die Genehmigung des Generals von Lüttwitz zur Erschießung der beiden Gefangenen einzuholen und nach der Einwendung Pabsts, ›die werde er nie bekommen‹, mit den Worten reagiert, ›dann müsse er selbst verantworten, was zu tun sei‹.«

Ob Ebert, der entsetzt auf die Nachricht von der Ermordung der beiden Kommunisten reagierte, von den Mordplänen wußte, sei dahingestellt. Zumindest hat er Noske freie Hand gelassen, und wie dieser neigte er in starker Überschätzung der Gefahr einer bolschewistischen Revolution zu Gewaltmaßnahmen. Es blieb jedenfalls für viele linke Wähler der Eindruck, daß die Sozialdemokraten zu Komplizen des Terrors von rechts geworden waren. Die Kommunisten vergaßen in ihrem Verhalten gegenüber der SPD-Führung nie, was am 15. Januar in Berlin geschehen war. Für die KPD bedeutete der Tod von Rosa Luxemburg einen großen Verlust. Sie war die begabteste Theoretikerin der radikalen deutschen Linken. Die von ihr vertretene basisdemokratische Haltung, die sie dazu veranlaßt hatte, Lenins Weg zur Einparteiendiktatur scharf zu kritisieren, spielte in den kommenden Jahren in den internen Debatten der KPD keine entscheidende Rolle mehr.

Vier Tage später, am 19. Januar, wurde die verfassunggebende Nationalversammlung gewählt. Das Ergebnis war ein klares Bekenntnis der Wähler zur Demokratie. Rund 75 Prozent der Stimmen (die Wahlbeteiligung lag bei 83 Prozent) entfielen auf die Parteien, die sich für die neue politische Ordnung ausgesprochen hatten. Die konservative DNVP erhielt lediglich 10,3 Prozent, Gustav Stresemanns DVP sogar nur 4,4 Prozent der Stimmen. Die linken Parteien MSPD (37,9) und USPD (7,6) blieben allerdings unter der Fünfzigprozentmarke, weshalb eine mehrheitsfähige Regierung nur unter Beteiligung des bürgerlichen Lagers (Zentrum 13,6 Prozent, DDP 18,5 Prozent) gebildet werden konnte.

Die Nationalversammlung trat am 6. Februar in Weimar zu ihrer ersten Sitzung zusammen, nicht in Berlin. Die Abgeordneten entflohen damit der nach wie vor unruhigen Hauptstadt. Mit der Ortswahl wollten sie möglicherweise auch ein Zeichen setzen. Weimar war die Stätte der deutschen Klassik und hatte sich im Gefolge der Aufklärung und der Französischen Revolution zu einem geistigen Zentrum Deutschlands entwickelt.

Am 11. Februar wurde Friedrich Ebert vom Parlament zum Reichspräsidenten gewählt. Seinen Parteifreund Philipp Scheidemann ernannte er zum Regierungschef. Im Kabinett waren neben der MSPD das Zentrum und die DDP vertreten (die sogenannte »Weimarer Koalition«). Auf den ersten Blick gründete sich die neue Regierung also auf eine stabile Mehrheit. Angesichts der parlamentarischen Konflikte über die außen- und innenpolitischen Entwicklungen zeigte sich allerdings bald, daß sie permanent vom Bruch bedroht war.

Auch nach dem formalen Abschluß der Revolution durch die Parlamentswahl blieb es im Land unruhig. Innenpolitisch schlug sich die Enttäuschung der radikalen Linken über das Wahlergebnis in zahlreichen regionalen Gewaltaktionen nieder. In Bremen, Mannheim und Braunschweig bildeten sich kurzlebige Räterepubliken. Im Ruhrgebiet kam es zu einem Generalstreik. Die Arbeiter forderten die Anerkennung der Arbeiter- und Soldatenräte und die Einführung der Sechsstundenschicht. Plünderungen und Gewalt waren die Folge, in Witten kam es zu blutigen Zusammenstößen.

In Bayern radikalisierte sich nach dem Mord an Kurt Eisner am 21. Februar 1919 die politische Atmosphäre. Als die tödlichen Schüsse abgegeben wurden, war der bayerische Ministerpräsident und USPD-Politiker nach einer katastrophalen Wahlniederlage auf dem Weg in den Landtag, um seinen Rücktritt zu erklären. Er war bereit, den Willen der Wähler zu respektieren, wollte allerdings an der Spitze der »Räte« bleiben, um eine »zweite Revolution« anzuführen. Der Mord löste Panik und Schrecken aus, wenig später schoß ein Metzgergeselle, der in den Landtag gestürmt war, den Führer der MSPD und Eisnergegner Erhard Auer nieder und verletzte ihn schwer. Die Münchner Rätebewegung versuchte unter der Führung von Ernst Niekisch in wochenlangen Verhandlungen einen Kompromiß mit den sozialistischen Parteien über die neue Regierung zu finden. Am 17. März kam ein rein sozialistisches Kabinett unter der Leitung des Mehrheitssozialdemokraten Johannes Hofmann zustande. Eine Mehrheit im Landtag fehlte ihr. In der Rätebewegung hatte inzwischen der Kommunist Eugen Leviné eine Führungsfunktion übernommen. Als die radikale Linke am 5. April die Räterepublik ausrief, lehnte Leviné diesen Schritt ab, da er realistischerweise ihre Bewaffnung und Organisation für unzureichend hielt. Am 13. April versuchte der Militärminister im Kabinett Hofmann durch einen Militärputsch der Münchner Garnison die alten Machtverhältnisse wiederherzustellen, was wiederum Leviné veranlaßte, nun doch die kommunistische Räterepublik auszurufen. Die Regierung Hofmann floh nach Bamberg. Für drei Wochen herrschte in München die »Rote Armee«.

Die Berliner Vorgänge vom Januar wiederholten sich. Reichswehrminister Gustav Noske schickte Freikorpsverbände in den Süden, und die »Weißen Garden« räumten dort blutig auf. Gustav Landauer wurde bestialisch umgebracht, unter mehr als 600 weiteren Toten befanden sich 335 Zivilisten. Gefangene richtete die Soldateska hin, darunter den kommunistischen Räteführer Eugen Leviné. Erich Mühsam und Ernst Toller erhielten später langjährige Haftstrafen.

Auf die Bestrebungen der radikalen Linken, das Ergebnis der Wahlen durch revolutionäre Schritte rückgängig zu machen, reagierte das deutsche Bürgertum nervös und ängstlich. In haßvoller Überzeichnung der Gefahren von links, fühlte es sich vom »Bolschewismus« bedroht und übersah die Verbrechen der von der Regierung eingesetzten Truppen. Die konservativ-rechte Propaganda verstärkte diese Haltung, indem sie über Massaker und Gewalttaten der Räterepublikaner berichtete, die sich im nachhinein jedoch überwiegend als falsch erwiesen. Der Schriftsteller Thomas Mann, der an der Isar lebte, notierte am 1. Mai in seinem Tagebuch einige sehr emotionale Anmerkungen, die beispielhaft für die Stimmung deutscher Bürger in diesen Monaten sein dürften: »Die Münchener kommunistische Episode ist vorüber; es wird wenig Lust vorhanden sein, sie zu erneuern. Eines Gefühls der Befreiung und der Erheiterung entschlage auch ich mich nicht. Der Druck war abscheulich. Hoffentlich wird man der gewissenlosen ›Massen‹-Helden … habhaft und hält exemplarisches Gericht.« Kurt Tucholsky sah die Entwicklung sehr viel nüchterner, als er am 8. Mai in der »Weltbühne« schrieb: »Wir haben in Deutschland keine Revolution gehabt – aber wir haben eine Gegenrevolution.«

Die Zeit zwischen November 1918 und 1923, als die Republik auseinanderzubrechen drohte, blieb neben den innenpolitischen Machtkämpfen der Links- und Rechtsradikalen von den schwierigen außen- und wirtschaftspolitischen Entwicklungen geprägt. Die als Demütigung empfundenen Friedensverhandlungen und die allgemeine Wirtschaftskrise wühlten die Deutschen auf, verunsicherten sie und trugen zur Demontage des demokratischen Systems bei. Darüber vergaßen die Menschen, was die republikanischen Regierungen beim Übergang von der Kriegs- zur Friedensgesellschaft unter äußerst bedrohlichen Bedingungen tatsächlich geleistet hatten. Ein Millionenheer wurde demobilisiert, das beim Waffenstillstand noch in Feindesland stand. Die zurückflutenden Soldaten mußten rasch in die Betriebe eingegliedert werden. Die verheerende Versorgungslage der Bevölkerung wurde gesichert. Eine neue Staatsordnung entstand. Industrie und Gewerkschaften hatten einen Befriedungspakt geschlossen.

Im Land aber diskutierten die Parteien und Verbände den »Schandfrieden von Versailles«, die Gebietsverluste im Osten ließen die Nationalgefühle aufbrausen, und die Wirtschaftslage deprimierte die Menschen. Dies alles wurde nicht denen angelastet, die bis zum November 1918 Deutschland regiert und damit die Verantwortung für die Kriegsfolgen zu tragen hatten, sondern der Republik und ihren Vertretern. Unter den irrationalen Attacken der Nationalisten ging zunehmend das Gefühl für die politische Wirklichkeit verloren.

Im Rückblick auf Weimar haben viele in Deutschland den Versailler Vertrag und die Wirtschaftskrisen der zwanziger und frühen dreißiger Jahre für den Untergang der Republik verantwortlich gemacht. Dies ist nur ein Teil der Wahrheit. Kaum weniger entscheidend war, daß eine wachsende Mehrheit in Deutschland sich dagegen wehrte, die Hintergründe, die zum Krieg geführt hatten, aufzuarbeiten.

Bereits in den ersten Revolutionstagen beharrten die konservativen Parteien auf dem Standpunkt, Deutschland habe einen Verteidigungskrieg geführt. Das Verhalten der Siegerstaaten empfanden sie als ebenso unannehmbar wie die Folgen der Friedensverträge.

Die Sozialdemokraten hatten sich zunächst für eine lückenlose Darstellung der Ereignisse im Jahre 1914 eingesetzt. Karl Kautsky (USPD) wurde beauftragt, die deutschen Akten zusammenzustellen und zu publizieren. Die Warnung einiger Kabinettsmitglieder (der DDP), ihre Veröffentlichung würde der Position Deutschlands bei den Verhandlungen mit den Siegermächten schaden, ließ die Sozialdemokraten zögern. Als schließlich Ende 1919 die »Deutschen Dokumente zum Kriegsausbruch« erschienen, war es bereits zu spät. Das Urteil der Deutschen über die Friedensverträge hatte sich längst verfestigt.

Wer sich von der nationalistischen Propaganda bisher nicht hatte vereinnahmen lassen, konnte schon zu diesem Zeitpunkt umfassende Informationen über die Hintergründe der wilhelminischen Politik im
Jahre 1914 in Erfahrung bringen. Zu wenige jedoch wollten die Wahrheit wirklich wissen. Auch die Sozialdemokraten fanden nicht die Kraft,
die eigene Rolle (die Bewilligung der Kriegskredite) offen zu diskutieren. In dieser Atmosphäre von Verleugnung und Vergangenheitsver-
drängung konnten die rechten Agitatoren deshalb erfolgreich auf Stim-
menfang gehen.

Hinzu kam, daß die große Mehrheit in den Monaten, als über die
Friedensverträge verhandelt und leidenschaftlich debattiert wurde,
nicht wahrhaben wollte, in welcher Position sich die eigenen Diplomaten befanden: Deutschland hatte den Krieg verloren. Die Haltung der
Westalliierten wiederum wurde von den ungeheuren Opfern bestimmt,
die sie zwischen 1914 und 1918 erlitten hatten. Frankreich und England standen am Rande des Staatsbankrotts. Beide Staaten waren bei
den USA hoch verschuldet. Die Franzosen hatten – im Gegensatz zu
Deutschland, wo lediglich Teile Ostpreußens für kurze Zeit zum
Schlachtfeld geworden waren – den Krieg im eigenen Land erlebt. Ost-
frankreich war verwüstet, in Flandern und Lothringen befanden sich
riesige Soldatenfriedhöfe. Frankreich, das bei den Waffenstillstands-
und den Friedensverhandlungen härter auftrat als seine Partner, hatte
nach 1870 ein weiteres Mal erleben müssen, daß der östliche Nachbar
in das Land einfiel. Nie mehr, so lautete nach dem Sieg das politische
Credo in Paris, durfte Deutschland zur europäischen Hegemonialmacht
werden. Wie recht die Franzosen mit ihren Ängsten hatten, zeigte sich
nur zwei Jahrzehnte später, als Hitlers Truppen 1940 erneut das Land
überfielen und unterjochten.

Wie in den Jahrzehnten zuvor verloren sich die Deutschen in politischen Illusionen. Zu Recht hat der Historiker Hagen Schulze von einem
»Wunder« gesprochen, daß das Reich und damit die deutsche Einheit
nach 1918 bestehen blieben. Zu Beginn der Weimarer Republik wollte
dies in Deutschland kaum jemand so sehen. Sicher, die Gebietsverluste
im Osten (Oberschlesien, Posen, Teile Westpreußens, Memelgebiete,
Danzig) waren schmerzlich. Den Verlust der Kolonien hingegen nahmen die Deutschen im Grunde genommen hin, und auch die territorialen Verzichte an der Grenze zu Belgien (Eupen-Malmedy) und Dänemark (Nordschlesien) riefen keine allzu großen Emotionen hervor.

Die Zukunft des Saarlandes war offen. Allein die Rückkehr Elsaß-Lothringens in das Deutsche Reich hielt kaum jemand ernsthaft für möglich. Doch wirklich entscheidend war, daß der Versuch Frankreichs mißlang, Deutschland zu zerschlagen und die linksrheinischen Provinzen vom Reich abzutrennen. Und diese Pläne scheiterten am Widerstand der Briten und der Amerikaner.

Statt zu erkennen, welchem Schicksal die Nation entronnen war, verloren sich die Deutschen lieber in larmoyantem Selbstmitleid. Die Reparationszahlungen, die in den Friedensverträgen gefordert wurden, bedeuteten für die deutsche Volkswirtschaft zweifellos eine erhebliche Belastung. Es war verhängnisvoll, daß die Summe nicht bereits in den Pariser Abkommen vom Frühjahr 1919 festgelegt wurde, sondern erst in späteren Verhandlungen ein konkreter Betrag genannt werden sollte. Dies führte auf deutscher Seite zu einer erheblichen Verunsicherung und bot der nationalistischen Propaganda die Chance, Schreckensszenarien über die materielle »Versklavung« Deutschlands an die Wand zu malen. Auf der anderen Seite glaubten die Ententemächte, mit dem Kriegsschuldartikel des Versailler Vertrages ein Faustpfand für die künftige Konkretisierung der deutschen Zahlungen in der Hand zu haben.

Auf der Pariser Konferenz im Januar 1921 wurden die Gesamtreparationen zunächst auf 269 Millionen Goldmark festgesetzt. Schon im Frühjahr traf man sich in London wieder und beschloß diesmal eine Reparationssumme von 132 Millionen Goldmark. Das klang zwar immer noch phantastisch, zeigte aber, daß erhebliche Verhandlungsspielräume bestanden. Entscheidend sind bei solchen Finanztransaktionen zudem nicht allein die Gesamtsummen, sondern auch die Zahlungsmodalitäten. So wurden auf der Londoner Konferenz Jahreszahlungen für Zinsen und Tilgung von zwei Milliarden Goldmark sowie eine Ausfuhrabgabe in Höhe von 26 Prozent gefordert. Das war viel, hörte sich aber schon weit weniger dramatisch an.

Wie hysterisch oder doch zumindest unklug die deutsche Politik jahrelang in der Reparationsfrage reagierte, sollte sich Ende 1923 zeigen. Angesichts der chaotischen Entwicklungen der deutschen Finanz- und Geldpolitik erkannten die Siegermächte (vor allem auf Druck der USA), welche weltwirtschaftlichen und auch sicherheitspolitischen Schäden ihre Forderungen an Deutschland heraufzubeschwören drohten. Das Ergebnis dieser Neuorientierung war der Dawesplan und damit eine weitere Annäherung an die ökonomischen Realitäten. 1929 wurde der

Youngplan unterschrieben, der erneut Verbesserungen für den deutschen Schuldner vorsah. Insgesamt war der Reparationsspuk nach zehn Jahren vorbei.

Deutschland hatte seit Preußens Friedrich II. mit besonderem Stolz auf seine Armeen geblickt. Die drastischen Abrüstungsparagraphen des Versailler Vertrages mußten die deutsche Gemütslage also besonders empfindlich treffen. Ein 100 000-Mann-Heer, keine schweren Waffen, keine wehrhafte Marine, eine zeitlich begrenzte Entmilitarisierung der linksrheinischen Gebiete – damit waren alle Pläne der Revisionisten in der Reichswehr und in den Rechtsparteien in unerreichbare Ferne gerückt. Wie in der Kriegsschuld- oder der Reparationsfrage waren die Reaktionen weniger realpolitisch als emotional. Die vielbeschworene nationale Ehre war tief getroffen. Das galt nicht nur für das konservative Bürgertum oder die Rechtsradikalen, sondern auch für die Linksliberalen und Sozialdemokraten. Sie alle hatten offenbar vergessen, welchen Friedensvertrag sie 1917 Rußland abgefordert hatten. Und kaum jemand erkannte, daß allein eine geduldige europäische Entspannungs- und Friedenspolitik die Rückkehr des Landes in die Völkergemeinschaft – und zwar als gleichberechtigtes und aufgrund seiner ökonomischen Ressourcen starkes Mitglied – würde ermöglichen können, wie Gustav Stresemanns Außenpolitik in den Jahren zwischen 1924 und 1929 dann tatsächlich unter Beweis stellte. Als Deutschland die europäische Nachkriegsordnung akzeptierte, sich unter Stresemanns – von den Sozialdemokraten unterstützten – Kurs ernsthaft und ohne unüberbrückbare Vorbedingungen auf Verhandlungen mit den Westmächten einließ, gelang es, die Isolierung zu durchbrechen und eine vorsichtige Revision der Friedensverträge einzuleiten.

Natürlich war es ein Diktatfrieden, der Deutschland aufgezwungen worden war. Die Siegermächte ließen die Deutschen ungeschickt und unklug spüren, daß sie die Verlierer waren. Eisige, eine für die deutschen Delegationen demütigende Atmosphäre herrschte am 11. November 1918 in Compiègne, als der Zentrumspolitiker Matthias Erzberger die Waffenstillstandsbedingungen unterzeichnete, oder im Mai 1919, als Außenminister Graf Ulrich Brockdorff-Rantzau in Paris verhandelte. Sieger waren in der Geschichte selten großmütig, und Weisheit ist der Politik ebenso selten gegeben. So verweigerten Deutschlands Gegner dem Kriegsverlierer zunächst jeglichen Verhandlungsspielraum, stellten den entsetzten Unterhändlern ein kurzfristiges Ultimatum und brach-

ten damit die Regierung Scheidemann in eine innenpolitisch verzwei-
felte Lage. In der Frage der Ostgebiete, die dem neugegründeten Polen
zugeschlagen wurden, widersprachen sie mit ihren Entscheidungen dem
eigenen Grundsatz von der Selbstbestimmung der Bevölkerung über
ihre nationale Zugehörigkeit. Wobei das darüber entrüstete Deutschland allerdings verdrängte, daß es selbst seit der letzten Teilung Polens
(1795) nicht anders gehandelt hatte.

In Deutschland wurde in all diesen Fragen übersehen, daß die Ententemächte nicht nur europäische Interessen hatten. Die Verhandlungen mit dem Kriegsverlierer standen zumindest bei den Amerikanern
und bei den Briten nicht allein im Zentrum ihrer Außenpolitik. Washington zog sich schließlich enttäuscht über die Querelen, die die
Suche nach einer Stabilisierung Europas begleiteten, zurück.

Wilsons Vierzehn-Punkte-Programm sollte aus der Sicht Washingtons der Kern der Pariser Friedenskonferenz sein. Die Amerikaner unterschätzten allerdings die Zähigkeit, mit der Briten und Franzosen ihre
eigenen politischen Vorstellungen durchzusetzen gewillt waren. Die
USA forderten einen Völkerbund mit Schiedsrichterfunktion, eine allgemeine Reduzierung der Steitkräfte und das Selbstbestimmungsrecht
der Völker. Clemenceau dagegen ging es allein um die Sicherheit Frankreichs und damit um eine einseitige Entwaffnung Deutschlands, das
Verbot eines deutsch-österreichischen Zusammenschlusses und die Loslösung des Rheinlandes vom Reich. Lloyd George wiederum, der britische Delegationsleiter, lehnte die von Wilson geforderte »Freiheit der
Meere« vehement ab.

Wilson beging den taktischen Fehler, sich persönlich an die Spitze der
amerikanischen Delegation zu stellen, die in Paris verhandelte. Die harten Konfrontationen mit den Verbündeten verbitterten den Präsidenten
und schadeten seiner Autorität. Er konnte manches verhindern – die territorialen Forderungen der Polen, die Rheinlandpläne der Franzosen
oder die Annexion des Saarlandes –, aber insgesamt blieben die Konfe-
renzergebnisse für Amerika unbefriedigend. Umsomehr war der Präsident bemüht, die Aufnahme des Völkerbundstatutes in den Versailler
Vertrag durchzusetzen.

Im Senat gab es eine starke Gruppierung, die alle weltweiten Verpflichtungen der USA scharf ablehnte. Andere Senatoren verlangten vor
der Ratifizierung des Vertrages zahllose Zusätze. Am 19. März 1920 verweigerte eine Senatsmehrheit – es fehlten den Befürwortern sieben

Stimmen – ihre Zustimmung. Die Vereinigten Staaten traten dem Völkerbund nicht bei. Wilson konnte in der Schlußphase der Auseinandersetzung nicht mehr eingreifen. Ein Schlaganfall hatte ihn gelähmt. Die von den Amerikanern gewünschte Nachkriegsordnung sollte der heimischen Wirtschaft neue Märkte eröffnen. Ökonomische und nicht territoriale Interessen verfolgte Washington in Europa. Erst Mitte der zwanziger Jahre erkannte die amerikanische Diplomatie, daß die Rückzahlungen der britischen und französischen Kriegsschulden an die USA die Volkswirtschaften dieser Länder stark belasteten und den für die US-Wirtschaft wichtigen europäischen Markt destabilisierten. Washington forderte daher eine Minderung der deutschen Verpflichtungen und setzte als Lockmittel für das Einlenken Frankreichs und Großbritanniens ein Entgegenkommen in der Kriegsschuldenfrage ein. Eine Politik, die schließlich ab 1924 dazu führte, daß sich die Lage in Europa bis zur Weltwirtschaftskrise von 1929 beruhigte.

Großbritannien wiederum war vor allem an einem Mächtegleichgewicht interessiert. Weder Deutschland noch Frankreich sollten aus der Sicht Londons ein Übergewicht im europäischen Kräftespiel erhalten. Deshalb bremste Großbritannien einerseits die französischen Forderungen, zerstörte andererseits aber auch die außenpolitischen Hoffnungen Berlins, daß es zu einem Bruch zwischen den Westverbündeten kommen werde.

Völlig frei in ihren Entscheidungen waren die demokratischen Führungen in Paris und London ohnehin nicht. Man erwartete von der eigenen Regierung ein harte Haltung gegenüber Deutschland, das vor allem für die Kriegskosten aufkommen sollte. Georges Clemenceau, der französische Ministerpräsident und unnachgiebige Vorsitzende des Versailler Friedenskongresses, wurde im Januar 1920 gestürzt, weil die Mehrheit der Franzosen ihn als zu milde empfand: Es war ihm nicht gelungen, die linksrheinischen Gebiete für Frankreich zu gewinnen. 1922 übernahm Raymond Poincaré, der Führer des »Nationalen Blocks«, die französischen Regierungsgeschäfte, und nicht zuletzt auf Druck der Öffentlichkeit entschied man sich unter seiner politischen Führung für die militärische Besetzung des Ruhrgebietes.

England hatte den Krieg nur unter Anspannung aller Kräfte und mit der als revolutionär empfundenen Einführung der allgemeinen Wehrpflicht überstanden. In den ersten Nachkriegsjahren lenkten Konservative und Liberale die politischen Geschicke der Insel. Die hohe Staatsverschuldung und wachsende soziale Unruhen ließen die Reformpläne des liberalen Premierministers David Lloyd George nur teilweise reifen. Auch in Großbritannien herrschte ein weitverbreiteter Haß auf Deutschland, der bis zur Wahl einer Labourregierung im Jahre 1924 eine Verständigungspolitik gegenüber dem Kriegsverlierer nahezu unmöglich machte. Mit Sorge blickte London außerdem auf die bürgerkriegsähnlichen Unruhen in Deutschland, die aus Sicht der britischen Regierung eine Ausweitung des Bolschewismus auf dem Kontinent heraufbeschworen. Bei den territorialen Zugeständnissen an Polen dachten die »Großen Drei« – Woodrow Wilson, David Lloyd George und Georges Clemenceau – weniger an Deutschland, als an die Errichtung eines Bollwerks gegen das revolutionäre Rußland.

Vor diesem Hintergrund, den die deutsche Politik nur schemenhaft wahrnahm, entwickelten sich die Friedensverhandlungen. Außenminister Brockdorff-Rantzau verweigerte in Paris am 7. Mai 1919 seine Zustimmung zum Kriegsschuldartikel und sprach von der »Macht des Hasses«, die ihm dort entgegengetreten sei. Reichskanzler Philipp Scheidemann verhärtete die Position der deutschen Regierung, als er bei einer Kundgebung der Nationalversammlung in der Berliner Universitätsaula vorschnell und unüberlegt erklärte: »Welche Hand müßte nicht verdorren, die sich und uns diese Fessel legt?« Nahezu einmütig lehnten die Parteien in ihren ersten Reaktionen das »Friedensdiktat« ab.

Die deutschen Gegenvorschläge fanden nur in der Oberschlesienfrage (Volksabstimmung der Bevölkerung) ein Echo bei den Ententemächten. In bezug auf den von Deutschland so leidenschaftlich verdammten Kriegsschuldparagraphen lehnten sie jedes Entgegenkommen ab. Der Berliner Regierung wurde eine Fünftagefrist zur Unterzeichnung gesetzt, ansonsten drohte der Einmarsch der alliierten Heere. Eine nahezu ausweglose Situation, da es letztlich um die Erhaltung der Einheit des Reiches ging. Im Rheinland und in der Pfalz waren separatistische Bewegungen aktiv, und Frankreich sah sich bereits dem Ziel seiner Wünsche gefährlich nahe gekommen. Im Osten drohte im Falle einer Ablehnung eine militärische Aktion der Polen.

Als sich die Mehrheit der sozialdemokratischen Fraktionen nach langen Debatten für eine Unterzeichnung ausgesprochen hatte, trat die Regierung Scheidemann aufgrund ihres früh postulierten »unannehmbar« am 20. Juni zurück. Am 21. Juni wurde der Sozialdemokrat, Gewerkschafter und im Kabinett Scheidemann als Reichsarbeitsminister fungierende Gustav Bauer zum Reichskanzler berufen. Der neuen Regierung gehörten ausschließlich Sozialdemokraten und Vertreter des Zentrums an. Ebert traf sich am 23. Juni mit der Obersten Heeresleitung in Kassel, um zu klären, ob militärischer Widerstand eine Alternative zur Unterzeichnung sein könnte. Die Antwort von General Groener war eindeutig: Die Wiederaufnahme des Kampfes sei aussichtslos. Die Regierung versäumte es, diese Erklärung mit allem Nachdruck der Öffentlichkeit zur Kenntnis zu bringen.

Am Nachmittag des 23. Juni fand sich in der Nationalversammlung eine Mehrheit für die Annahme des Versailler Vertrages (237 gegen 138 Stimmen bei sechs Enthaltungen). MSPD, USPD und – bis auf wenige Ausnahmen – das Zentrum stimmten dafür, DNVP, DVP und die Mehrheit der liberalen DDP dagegen. Die schizophrene Position der Ablehnungsfront im Reichstag offenbarte sich besonders darin, daß sie in diesen hektischen Tagen alle Anstrengungen unternahm, das Zentrum für eine Zustimmung zu gewinnen. Denn damit war einerseits die Bedrohung einer militärischen Besetzung abgewendet, andererseits konnten die Nationalisten sich jedoch als Bewahrer der deutschen Ehre präsentieren.

Am 28. Juni 1919 wurde der Friedensvertrag in Versailles unterzeichnet, am 10. Januar 1920 trat er in Kraft. Der Vertrag enthielt auch die Satzung des Völkerbundes vom 28. April 1919.

Der »Schmachfrieden« vergiftete das politische Klima in Deutschland und gab den radikalen Feinden der Republik ein Instrument in die Hand, das sie weidlich zu nutzen wußten. Die Gegenwehr der Demokraten war halbherzig, hatten sie in ihrer Mehrheit doch selbst Mühe, die Kriegsniederlage und ihre Folgen realistisch zu beurteilen. Darüber hinaus verhalf Hindenburg Ende 1919 mit seinen Aussagen vor einem Untersuchungsausschuß der Nationalversammlung der »Dolchstoßlegende« zu großer Popularität und ließ damit viele Deutsche die Lage als doppelt demütigend empfinden.

Welch aufgeheizte Stimmung herrschte, zeigte Anfang 1920 der Fall Erzberger. Der Zentrumspolitiker und Finanzminister hatte den Haß der Rechten auf sich geladen, wie bis dahin kein Mitglied der Weimarer Koalition. Sein politisches Wirken ließ ihn zum idealen Feindbild der Antidemokraten werden: 1917 gehörte er dem sogenannten Interfraktionellen Ausschuß an, der für einen Verständigungsfrieden plädierte; im November 1918 unterzeichnete er als deutscher Vertreter das Waf-

Die deutsche Friedensdelegation

Prof. Schücking Giesberts Landsberg Brockdorff-Rantzau Leinert Dr. M

Die Demütigung: Deutsche Friedensdelegation unter der Leitung von Außenminister Graf Brockdorff-Rantzau 1920 in Paris.

fenstillstandsabkommen; die von ihm im Sommer 1919 durchgeführte Reichsfinanzreform belastete vor allem die hohen Einkommensbezieher und Vermögensbesitzer, also in erster Linie die großbürgerliche und aristokratische Klientel der Deutschnationalen oder der DVP.

Die Affäre begann mit einer Hetzschrift des früheren Staatssekretärs im Reichsamt des Inneren und DNVP-Reichstagsabgeordneten Karl Helfferich. In der Broschüre »Fort mit Erzberger!« griff Helfferich nicht nur die Politik des Finanzministers an, sondern unterstellte ihm in verschiedenen Punkten persönliche Unehrenhaftigkeit. Beim folgenden Rechtsstreit wurde Helfferich zwar wegen übler Nachrede zu einer Geldstrafe verurteilt, aber der Verlierer dieser vielbeachteten Justizgroteske hieß Matthias Erzberger. Das Gericht erklärte in seiner Urteilsbegründung, der Beklagte (Helfferich) sei der Wahrheit sehr nahe gekommen und der Kläger (Erzberger) in zwei Fällen des Meineides schuldig. Erzberger trat nach dem Urteil von seinem Amt als Finanzminister sofort zurück.

Noch während des Prozesses veröffentlichte eine Zeitung die Einkommensteuererklärung Erzbergers, die ihr von einem Finanzbeamten zugespielt worden war. Sie rief zunächst den Eindruck hervor, der Minister habe Steuern hinterzogen. Der Ruf eines der fähigsten Politiker der Weimarer Republik war ruiniert. Erzberger, auf den während des Verfahrens am 26. Januar ein zwanzigjähriger Offiziersanwärter ein Pistolenattentat verübte, konnte sich später juristisch weitgehend rehabilitieren. Es half ihm jedoch nur noch wenig: Am 21. August 1921 wurde er im Schwarzwald ermordet. Einen Tag vor seinem Tod erhielt Erzberger die Nachricht, daß eine Untersuchungskommission ihn vom Vorwurf der Steuerhinterziehung freigesprochen hatte.

Eine unmittelbare Folge der Vertragsunterzeichnung und der durch die empörten Nationalisten aufgeheizten Atmosphäre war der Kapp-Putsch im März 1920. Gemäß der Versailler Bestimmungen mußten rund drei Viertel der Offiziere ihren Abschied nehmen. Dagegen wehrten sich Teile der Reichswehrführung. An der Spitze der protestierenden Militärs stand der Befehlshaber der in Mittel- und Ostdeutschland stationierten Einheiten, General Walter von Lüttwitz. Nachdem Ebert ein Ultimatum, das den Erhalt der Freikorps und Neuwahlen forderte, abgelehnt und nach einigem Zögern die Entlassung des Generals veranlaßt hatte, ließ Lüttwitz die Brigade Ehrhardt am 13. März in Berlin einmarschieren. Kampflos besetzte sie die Regierungsgebäude der Hauptstadt. Ebert und ein Teil der Minister flohen zunächst nach Dresden, dann nach Stuttgart.

Generallandschaftsdirektor a. D. und DNVP-Mitglied Wolfgang Kapp wurde zur politischen Galionsfigur der dilettantischen Putschisten. Er rief sich selbst zum Reichskanzler aus und ernannte Lüttwitz zum Oberbefehlshaber der Reichswehr. Hinter Kapp stand die in Ostpreußen agierende und von Erich von Ludendorff geführte »Nationale Vereinigung«, in deren Reihen der Staatsstreich geplant worden war. Vor allem in den ostelbischen Regionen fand Kapp eine größere Zahl von Anhängern unter den Beamten.

Die militärische Führung, von Reichswehrminister Noske zusammengetrommelt, weigerte sich fast geschlossen, aktiv an die Seite der durch Wahl legitimierten Regierung zu treten und gegen die Putschisten vorzugehen (General von Seeckt: »Reichswehr schießt nicht auf Reichswehr.«). Die Großindustrie verurteilte den Staatsstreichversuch als abenteuerlich und befürchtete bolschewistische Gegenaktionen. Bei der DNVP und der DVP gab es Befürworter, aber auch Gegner des Putsches. Eindeutig ablehnend verhielten sich die DDP und das Zentrum.

Schließlich ergriffen MSPD, USPD und (nach längerem Zögern) auch die KPD die Initiative und riefen gemeinsam mit dem Allgemeinen Deutschen Gewerkschaftsbund den Generalstreik aus. Da auch die hohen Beamten in den Reichsministerien sich weigerten, mit Kapp zusammenzuarbeiten, waren die Putschisten nach nur wenigen Tagen gescheitert. Kapp trat am 17. März zurück und floh ebenso wie Lüttwitz ins Ausland. Der General wurde zwar entlassen, aber nicht zur Verantwortung gezogen. Hans von Seeckt, der sich gerade noch geweigert hatte, eindeutig an die Seite der Regierung zu treten, wurde zum Reichswehrchef ernannt. Ein weiteres Mal zeigten die Demokraten gegenüber ausgewiesenen Feinden der Republik eine hilflose Langmütigkeit, die ihre Wählerschaft empörte.

Die SPD-nahen Gewerkschaften aber wehrten sich gegen die von Ebert erklärte Beendigung des Generalstreiks. Sie forderten ultimativ politische Mitsprache und eine Reform der Reichswehr, um künftige Putschversuche unmöglich zu machen. Ferner verlangten sie den Rücktritt von Reichswehrminister Gustav Noske, verbesserte Sozialgesetze und die Auflösung der Freikorps. Ebert war bereit, den Gewerkschaften

Putschversuch der Rechten: Die Kapp-Truppen marschieren im März 1920 in Berlin ein.

durch eine Kabinettsbeteiligung entgegenzukommen. Ein Angebot, das die Gewerkschaftsführung akzeptierte. Die USPD wiederum lehnte eine Regierung mit bürgerlicher Beteiligung kategorisch ab. Da der Vorsitzende des ADGB, Carl Legien, das Kanzleramt nicht übernehmen wollte und die Gewerkschaften es zudem nicht verstanden, ihren Protest politisch zu organisieren, verlief ihr Vorstoß bald im Sande. Noske allerdings mußte zurücktreten.

Die Aktionen der radikalen Linken im Ruhrgebiet und in Sachsen waren weitaus folgenschwerer. Durch das Verhalten der Reichswehr, die schwache Reaktion der Regierung auf den Putschversuch und die milde Beurteilung der führenden Köpfe fand die von KPD und USPD wiedererweckte Forderung nach einer Rätediktatur in der Arbeiterschaft ein beträchtliches Echo. Im Ruhrgebiet entstanden regionale »Räterepubliken«, und die gebildete »Rote Ruhrarmee« hatte zeitweise bis zu 50 000 Mann in ihren Reihen. Unterstützt wurden die Proteste durch einen Massenstreik im Ruhrkohlebergbau, dem sich 330 000 Arbeiter anschlossen. Dies war keineswegs nur die Folge kommunistischer Propaganda, an den Aktionen beteiligten sich mehrheitlich sozialdemokratisch orientierte Belegschaften.

Es kam zu blutigen und zunächst für die linken Aufständischen erfolgreichen Kämpfen mit den von der Regierung entsandten Reichswehrtruppen. Über Wochen herrschte die »Rote Ruhrarmee« in Deutschlands größtem Industrierevier. Plünderungen, Requirierungen und gewalttätige Übergriffe häuften sich. Erst im April gelang es den massiv verstärkten Regierungstruppen, das Ruhrgebiet zurückzuerobern. Sie gingen dabei – wie bereits in den Kämpfen des Jahres 1919 – brutal und rücksichtslos vor. Ebert hatte dem Truppenbefehlshaber General von Watter »volle Freiheit des Handelns« gelassen, zunächst sogar der Einrichtung von Standgerichten ausdrücklich zugestimmt. Die Aufständischen hatten mehr als 1000, die Freikorpskämpfer etwa 250 Tote zu verzeichnen. Die Ruhrkämpfe hinterließen im Gedächtnis der Weimarer Arbeiterschaft tiefe Spuren.

Im Vogtland rief der Kommunist Max Hölz die Räterepublik aus. Im westlichen Sachsen drohten die Arbeiterausschüsse mit einem Aufstand, falls Truppen gegen Hölz entsandt würden. In Mitteldeutschland wiederholte sich die Ruhrtragödie. Mit brutaler Gewalt schlugen Reichswehreinheiten die Linksputschisten nieder. Im Gegensatz zu den Kapp-Verschwörern wurden sie von der Justiz unnachgiebig verurteilt.

Die Regierung Bauer überstand diese Wochen nicht. Sie hatte zwar die wichtige Reichsfinanzreform auf die Beine gestellt und ein umstrittenes Betriebsrätegesetz verabschiedet, aber in den Märztagen erwies sie sich als zögerlich und hilflos. Entgegen den Zusagen Bauers wurden schließlich doch Truppen in Marsch gesetzt, die dann an der Ruhr und in Sachsen wüteten. Bauers Vizekanzler Eugen Schiffer (DDP) hatte sogar Verhandlungen mit den Kapp-Putschisten aufgenommen. Es waren schließlich die Gewerkschaften, die den Rücktritt des Kabinetts erzwangen, an dessen Spitze mit Bauer immerhin einer der Ihren gestanden hatte.

Am 27. März bildete der sozialdemokratische Parteivorsitzende (gemeinsam mit Otto Wels) und bisherige Außenminister Hermann Müller eine neue Regierung, die ebenfalls von der MSPD, der DDP und dem Zentrum getragen wurde. Zwei Personalentscheidungen sollten für die Zukunft von Bedeutung sein: Otto Geßler, ein rechter DDP-Politiker, der der Republik äußerst reserviert gegenüberstand, wurde neuer Reichswehrminister, Hans von Seeckt trat an die Spitze der Militärs. Es war ein deutliches Zeichen der Resignation, daß die SPD nach dem Rücktritt Noskes die so wichtige Kontrolle der unsicheren Reichswehr aus der Hand gab.

Der Kapp-Putsch hatte eigentlich nur in Preußen eine aufrüttelnde Wirkung. Hier übernahm der bisherige Landwirtschaftsminister Otto Braun (SPD) das Amt des Regierungschefs, und mit Carl Severing wurde ein nicht weniger energischer Sozialdemokrat Innenminister. Im größten Land des Reiches wurden nun endlich Auswechslungen in der Bürokratie vorgenommen und ausgewiesen demokratische Beamte in wichtige Positionen gesetzt. Preußen blieb folgerichtig bis 1932 eine Stütze der deutschen Demokratie.

In Bayern zog man aus den Märzereignissen gerade den umgekehrten Schluß. Am 16. März wurde der parteipolitisch ungebundene Gustav Ritter von Kahr zum Ministerpräsidenten gewählt. Die SPD ging in die Opposition, während die rechtsnationale und monarchistische Bayerische Volkspartei (BVP) fortan die tonangebende Kraft in der neuen Koalition darstellte. Bayern wurde durch die Ereignisse zum Eldorado der Rechten.

Die Ereignisse im Frühjahr 1920 machten deutlich, wie gespalten die deutsche Gesellschaft war. Das halbherzige Vorgehen der Regierung gegen die Kapp-Putschisten und die harte Reaktion auf die Unternehmungen der Linken stärkten beide antidemokratischen Flügelpositionen. Die Rechte sah sich trotz der vordergründigen Niederlage in ihrer Auffassung bestätigt, daß die Verhältnisse labil und keineswegs unumkehrbar waren, was sie zu neuen Versuchen ansporte, die verhaßte Republik zu beseitigen. In der Arbeiterschaft radikalisierte sich angesichts der blutigen Opfer die Stimmung. Viele fühlten sich von der sozialdemokratisch geführten Regierung verraten.

Bei der vorgezogenen Reichstagswahl vom Juni 1920 verlor die Weimarer Koalition ihre Mehrheit, und es sollte ihr bis zum Untergang der Republik nicht mehr gelingen, sie zurückzuerobern. Der Stimmenanteil der MSPD sank von 37,9 auf 21,6 Prozent. Die DDP verlor mehr als die Hälfte ihrer Wähler und landete bei 8,3 Prozent. Selbst das Zentrum mußte einen Stimmenrückgang von 6,1 Prozent hinnehmen, wobei sein reaktionärer bayerischer Ableger BVP, der sich auf Reichsebene erstmals zur Wahl stellte, immerhin 4,1 Prozent erhielt. Damit hatten die demokratischen Parteien rund ein Drittel ihrer Wähler eingebüßt.

Gewinner waren die Republikgegner und -skeptiker. Die USPD gewann 10,4 Prozent der Stimmen hinzu, gemeinsam mit den noch schwachen Kommunisten kam die radikale Linke damit auf 20 Prozent der Stimmen. Die Deutschnationalen legten um 4,8 Prozent zu und Stresemanns DVP um 9,5 Prozent. Rechnet man noch die kleineren rechten Splitterparteien hinzu, hatten sich am 6. Juni 1920 rund 60 Prozent der Wähler für Parteien entschieden, die den Parlamentarismus ablehnten oder sich zumindest nicht vorbehaltlos zur Demokratie bekannten. »Die Quintessenz dessen, was die erste Reichstagswahl sichtbar machte, war ein Linksruck bei den Arbeitern und ein Rechtsruck im Bürgertum«, deutete Heinrich August Winkler in seiner 1993 erschienenen Darstellung der Geschichte Weimars das Wahlergebnis. Ein wahrhaft düsteres Vorspiel für die kommenden schwierigen Monate hatten die verunsicherten Wähler inszeniert.

Das nach der Wahl gebildete Kabinett spiegelte die neuen Machtverhältnisse im Reichstag wider. Die Sozialdemokraten schieden aus der Regierung aus. Damit war die Hürde für eine Koalitionsbeteiligung der Deutschen Volkspartei genommen, deren Vorsitzender Gustav Stresemann während des Kapp-Putsches opportunistisch zu Verhandlungen mit den Putschisten geraten hatte.

Der bisherige Reichstagspräsident und angesehene Zentrumspolitiker Konstantin Fehrenbach übernahm das Kanzleramt, neben der DVP stellten die DDP und das Zentrum die Minister. Das Land stand nur zwanzig Monate nach der Novemberrevolution vor einer völlig neuen, in den nächsten Jahren sich aber beständig wiederholenden Situation. Die stärkste Reichstagsfraktion schwankte bis zum bitteren Ende zwischen Opposition, Tolerierung bürgerlicher Kabinette oder Regierungsbeteiligung. Ein politischer Spagat, der die Sozialdemokraten in immer schwierigere innerparteiliche Auseinandersetzungen trieb und ihre Anhänger zunehmend irritierte. Mit dem Mehrheitsverlust der Weimarer Koalition begann außerdem ein permanentes Ringen um die Neubildung von Regierungen, die in mehr oder weniger kurzen Abständen wechselten, was das Ansehen der Republik bei den Wählern zunehmend beschädigte.

Das Kabinett Fehrenbach regierte von Juni 1920 bis Mai 1921. In diese Zeit fiel die Annahme des Amnestiegesetzes im Zusammenhang mit den rechten und linken Putschversuchen, es wurden mit großer Mehrheit Ermächtigungsgesetze zur Wirtschaftsordnung verabschiedet, und der Reichstag – angeblich auf Druck des auf die deutschen Kohlelieferungen pochenden Auslandes – vertagte die Sozialisierung des Kohlebergbaus. Die Regierung Fehrenbach scheiterte schließlich an der Oberschlesien- und an der Reparationsfrage.

In Oberschlesien schlugen die nationalen Leidenschaften bei Polen und Deutschen hohe Wellen. In der Volksabstimmung im März 1921 sprachen sich 60 Prozent der Bevölkerung für die Zugehörigkeit zu Deutschland aus. Die Folge war ein polnischer Aufstand, der noch zu Kämpfen führte, als schon Joseph Wirth eine neue Reichsregierung führte. Das Einschreiten der Alliierten, die sich nicht auf einen Grenzverlauf einigen konnten und die Frage dem Völkerbund übertrugen, brachte eine Atempause.

Als die Oberschlesier über ihre Zukunft abstimmten, unternahmen die Kommunisten in Mitteldeutschland einen weiteren Putschversuch, der jedoch rasch scheiterte. Wieder stand Max Hölz im Mittelpunkt der linken Kampfgruppen, aber im Gegensatz zu den Ereignissen an der Ruhr handelte es sich diesmal nicht um eine Massenbewegung. In Hamburg gab es ebenfalls bewaffnete Zusammenstöße, aber auch hier wurde der Aufstand am 23. März durch Polizeikräfte niedergeschlagen.

Im Vordergrund der Regierungsgeschäfte stand jenseits dieser Ereignisse die Reparationsfrage. In Fortsetzung der Pariser Gespräche vom Januar 1921 präsentierten die Siegermächte auf der Londoner Konferenz im März den Deutschen ihre korrigierten Zahlungsforderungen. Sie stießen in allen Reichstagsparteien auf überwältigende Ablehnung und lösten im ganzen Land einen Sturm der Entrüstung aus. Deutschland bot fünfzig Milliarden Goldmark, die von den Ententestaaten zurückgewiesen wurden. Am 5. Mai forderten sie ultimativ die Annahme ihres Zahlungsplanes. Da die deutschen Hoffnungen auf eine amerikanische Vermittlung sich wieder einmal als Illusion erwiesen, trat das Kabinett Fehrenbach zurück.

An der Spitze der neuen Regierung stand der badische Zentrumspolitiker und bisherige Außenminister Joseph Wirth. Drei SPD-Minister gehörten dem Kabinett an. Wirth nahm einen außenpolitischen Kurswechsel vor und versuchte durch striktes Entgegenkommen die Ententemächte von der Unmöglichkeit ihrer Forderungen zu überzeugen. Das Londoner Ultimatum wurde schließlich akzeptiert, doch bereits im Herbst 1921 sandte Berlin angesichts der Finanzlage des Reiches ein Moratoriumsersuchen an die Reparationsempfänger. Für die Rechte war Wirths Vorgehen natürlich ein Verrat an den deutschen Interessen. Die DNVP sprach gehässig von den »Erfüllungspolitikern«, was bald zu einem geflügelten Wort im Land wurde.

Aber auch die erste Regierung Wirth scheiterte an einer außenpolitischen Frage. Als der Völkerbund Oberschlesien trotz einer klaren Abstimmungsmehrheit des deutschen Bevölkerungsanteils zwischen Polen und Deutschland aufteilte, reagierte der Kanzler am 22. Oktober mit seiner Demission.

Da eine große Koalition wegen des Widerstandes der DVP nicht zustande kam, übernahm Wirth erneut die Führung eines durch den formalen Austritt der DDP geschwächten Kabinetts. Am 1. Februar 1922 wurde eine der profiliertesten Figuren Weimars Außenminister: Walther Rathenau, Mitglied der DDP, Sohn des AEG-Gründers, glänzender Organisator der Kriegsrohstoffabteilung während des Ersten Weltkrieges und ein hochbegabter Schöngeist.

Am Rande der Wirtschaftskonferenz von Genua (10. April bis 19. Mai 1922), bei der Deutschland erstmals nach dem Krieg zu einer Erörterung der Weltwirtschaftslage hinzugebeten worden war, erfolgte der spektakulärste außenpolitische Schachzug der Regierung Wirth. Im italienischen Seebad Rapallo unterzeichnete sie den deutsch-sowjetischen Vertrag. Für die in Genua mit einer deutschen Delegation verhandelnden Ententemächte eine Sensation. Erstmals wurde die Sowjetunion von einer europäischen Großmacht anerkannt. Franzosen und Engländer wußten zu diesem Zeitpunkt noch nicht, daß die beiden europäischen Parias neben der offiziell vereinbarten Verbesserung der Wirtschaftsbeziehungen eine geheime Absprache über die künftige Zusammenarbeit zwischen Roter Armee und Reichswehr getroffen hatten. Dieser Schritt hätte auf der Konferenz einen politischen Eklat ausgelöst. Die deutsch-russischen Vereinbarungen stellten einen eindeutigen Bruch des Versailler Vertrages dar, da die Reichswehr fortan Flugzeuge bauen und ihre Piloten in Rußland trainieren ließ.

Ökonomisch gesehen war das Abkommen ohne bedeutende Folgen. Mit Blick auf die notwendige Verständigung mit den Weststaaten war das deutsche Vorgehen jedoch mit einem ungemein hohen Risiko verbunden. Angesichts der Forderung Deutschlands nach Revision der Ostgrenzen mußten London und Paris mit äußerster Skepsis auf die in Rapallo eingegangene Partnerschaft reagieren. Frankreich sah darin nur eine weitere Bestätigung seiner Ängste, daß Deutschland starke Bündnispartner für eine geplante militärische Hegemonie suchte – Befürchtungen, die sich in nicht allzu ferner Zeit bestätigen sollten: Hitler sicherte 1939/40 seinen Angriff auf Polen und Frankreich durch einen kurzzeitigen Pakt mit Stalin.

Die Sorge der Franzosen war schon 1922 berechtigt. Reichswehrchef von Seeckt wies in einer geheimen Denkschrift vom 11. September auf die Wiederherstellung Deutschlands und Rußlands »in den Grenzen von 1914« hin. Die erneute Zerschlagung Polens, dessen Existenz er als »unerträglich« bezeichnete, gehörte natürlich dazu. Mit diesen Revisionsplänen stand der General keineswegs allein. Reichskanzler Joseph Wirth, ein glühender Nationalist, war ebenfalls der Meinung, Polen müsse »zertrümmert« werden, und er ließ in Genua gegenüber dem sowjetischen Außenminister keine Zweifel daran, daß die »Wiederherstellung der Grenze von 1914« ein langfristiges Ziel der deutschen Politik sei.

Wie immer man das Vorgehen Frankreichs in den Jahren bis 1924 auch beurteilen mag, die deutsche Politik rechtfertigte das Mißtrauen, von dem sich Paris leiten ließ. Das »Bündnis« mit Rußland stärkte in Frankreich jedenfalls die deutschfeindlichen Kräfte auf Kosten der Entspannungspolitiker. Die Ruhrbesetzung, die bald folgte, stand in einem direkten Zusammenhang mit dem Vertrag von Rapallo. Ebert und Rathenau ahnten, welche Auswirkungen dieses Abkommen auf die Reparationsverhandlungen haben würde, und im Gegensatz zum Reichs-kanzler zögerten sie, diese Entscheidung mitzutragen. Der Reichspräsi-dent wurde im übrigen vor vollendete Tatsachen gestellt und erst nach der Unterzeichnung informiert. Rathenau überwand seine Skepsis erst, als Spekulationen über Verhandlungen zwischen der Sowjetunion und den Westmächten laut wurden, die die Gefahr einer weiteren Isolation Deutschlands heraufbeschworen.

Die Reichstagsparteien jubelten von rechts bis links, nur die Sozial-demokraten reagierten auf die Nachricht aus Rapallo zurückhaltend. Die Rechte sah in dem Vertrag die von ihr immer wieder geforderte Aus-weitung der Handlungsfähigkeit der deutschen Außenpolitik. Die KPD stimmte zu, weil der große Bruder in Moskau mit diesem Vertrag einen internationalen Prestigegewinn verzeichnen konnte. Die SPD dagegen sah sehr realistisch, welche Schwierigkeiten dem Reich durch dieses Bündnis bei den Verhandlungen mit den Westmächten erwachsen konnten.

Am 24. Juni 1922 wurde Walther Rathenau auf offener Straße von rechten Attentätern ermordet. Ein weiterer Höhepunkt des Rechtster-rors. Rathenau war Jude – was zu unterstreichen die Rechtspresse in ihren Hetzartikeln nie vergaß –, und hinter dem Anschlag standen ein-deutig antisemitische Motive. Rathenaus Beerdigung wurde zur größten Massendemonstration für die Republik seit den Novembertagen 1918. Reichskanzler Wirth erklärte, »der Feind steht rechts«, und setzte das Republikschutzgesetz durch, das die Verfolgung und juristische Ahn-dung von republikfeindlichen Taten verschärfen sollte.

Aber die Solidarisierung mit der demokratischen Ordnung hielt nicht lange an. Die bayerische Regierung protestierte gegen das neue Gesetz und forderte ein gleiches Vorgehen gegen die Linke. Auch die durch das Entsetzen über den Rathenaumord wieder möglich scheinende große Koalition kam nicht zustande, da Wirth bei seiner Philippika gegen die Rechte die DVP mit einbezogen hatte. Diese verweigerte sich daraufhin jeder Zusammenarbeit. Andererseits war die Sozialdemokratie durch den Eintritt von USPD-Mitgliedern in die MSPD wieder nach links gerückt und sah sich außerstande, mit DVP-Ministern in einem Kabi-nett zu sitzen.

Die Regierung Wirth scheiterte an diesen Parteiquerelen, die vor dem Hintergrund der Reparationsdiskussion und des drohenden Zusam-menbruchs der Staatsfinanzen das zweite Halbjahr 1922 ausfüllten. Als die SPD schließlich im November ihren Rückzug aus der Regierung ankündigte, trat Wirth zurück. Der Versuch eines einschneidenden innen- und außenpolitischen Kurswechsels war erfolglos geblieben. Reichspräsident Ebert ernannte ohne Rücksprache mit den Parteien den Direktor der Hapag-Reederei, Wilhelm Cuno, zum neuen Reichskanzler. Damit trat ein parteiloser »Fachmann« und in seinem Amt politisch völlig überforderter Wirtschaftsführer an die Spitze der Regierung. Nichts konnte deutlicher zeigen, wie weit die Selbstentmachtung des Reichstags bereits fortgeschritten war. »Mit einer Portion Zuspitzung könnte man die bürgerliche Minderheitsregierung Cuno also das erste, wenn auch noch verdeckte Präsidialkabinett der Weimarer Republik nennen«, kommentiert Heinrich August Winkler in seiner »Geschichte der ersten deutschen Demokratie« die Ernennung des Hapag-Generaldirektors zum Reichskanzler.

Mit dem Amtsantritt der Regierung Cuno im November 1922 begannen die schwersten Krisenmonate der Republik seit den Revolutionstagen. Die Ruhrbesetzung durch französische und belgische Truppen, die Hyperinflation, das Anwachsen der Separatistenbewegungen im Rheinland und in Bayern sowie die Reaktion auf den Eintritt der Kommunisten in die sächsischen und thüringischen Landesregierungen führten Deutschland an den Rand des staatlichen und wirtschaftlichen Zusammenbruchs. Es drohte in diesen Monaten nicht nur das Chaos, es war da.

Was 1923 geschah, sollte die erste deutsche Demokratie bis zu ihrem Ende verfolgen. Die exorbitante Geldentwertung vernichtete die materielle Existenz von Millionen Menschen. Die Inflation von 1923 blieb ein Schreckensfanal, das sogar die Geld- und Finanzpolitik der Bonner Republik erheblich mitbestimmte. Die Besetzung des Ruhrgebietes wiederum gab der deutsch-französischen »Erbfeindschaft« aus deutscher Sicht eine neue Dimension, erwies sich auch in den sogenannten Stabilitätsjahren Weimars als mentaler Stachel nationalen Hasses, den vor allem Hitler zu instrumentalisieren wußte. Die Ereignisse in Sachsen und Bayern radikalisierten die Parteien, ließen den Bruch zwischen SPD und KPD unheilbar werden und boten den Rechtsradikalen eine Plattform wirksamer Agitation, die in den bürgerlichen Schichten nicht ohne Wirkung blieb.

Die Inflation hatte eine lange Vorgeschichte. Sie begann mit dem Krieg im August 1914. Die wilhelminische Reichsführung konnte ihre abenteuerliche Politik nur auf dem Kreditwege und durch das Ingangsetzen der Gelddruckmaschinen finanzieren. Zwischen 1914 und 1918 vervierfachte sich die umlaufende Bargeld- und Giralgeldmenge, während das Warenangebot zurückging. Am Kriegsende war die Mark nur halb soviel wert wie in den Vorkriegsjahren.

1919 begann dann die sogenannte Demobilisierungsinflation. Der hochverschuldete Staat (1913: 5 Milliarden Mark; 1921: 153 Milliarden) stand angesichts der Friedensvertragsverpflichtungen, der durch die Revolution entstandenen sozialen Kosten und der Wiedereingliederung von Millionen zurückgekehrter Soldaten vor einem hohen Finanzierungsbedarf. Obwohl die wirtschaftliche Entwicklung trotz einer weltweiten Konjunkturkrise in den Frühjahren der Republik im Vergleich günstig verlief (von 1920 auf 1921 wuchs die Industrieproduktion um 45 Prozent, im folgenden Jahr um 21 Prozent) und mit der Aufhebung der Seeblockade im Juli 1919 der Außenhandel wieder in Gang kam, blieb nur die Erhöhung des Geldumlaufs, um die öffentlichen Haushalte wenigstens formal ausgleichen zu können. Die Tarifpartner einigten sich auf Lohnabschlüsse, die die Produktivitätsraten weit überschritten, um damit zu einer politischen Entspannung beizutragen. Den Arbeitgebern fiel das angesichts der Inflationsspirale relativ leicht, denn sie konnten die steigenden Arbeitskosten bequem auf die Preise abwälzen. Die Inflation wurde also von öffentlicher und privater Seite angeheizt. Die Finanzpolitiker konnten über diese gefährliche Entwicklung hinwegsehen, da sich zunächst trotz der Geldentwertung der allgemeine Lebensstandard verbesserte. Die Arbeitslosigkeit erreichte im Frühjahr 1922 ein Rekordtief.

Schon im selben Jahr aber beschleunigte sich der Geldverfall dramatisch, was teilweise auch auf die Reparationszahlungen zurückzuführen war. Der Großhandelspreisindex erreichte das Zwanzigfache des Vorjahres. Mehr als die Hälfte der Staatsausgaben wurde bereits über die Notenpresse aufgebracht. Mit der Ruhrbesetzung brachen dann alle Dämme. Die Reichsregierung entschied sich in diesen Monaten für eine Katastrophenpolitik. Der passive Widerstand, den sie ausrief, ruinierte die Staatsfinanzen, die deutsche Währung fiel ins Bodenlose. Nach wenigen Monaten wurde nur noch in Billionen gerechnet: Lag die Verschuldung des Staates im November 1922 noch bei 840 Milliarden Mark, hatte sie im Juni 1923 die schwindelerregende Höhe von 22 Billionen Mark erreicht. Löhne, die am Morgen ausgezahlt wurden, waren am Nachmittag bereits nahezu wertlos, und wer sein Haus veräußert hatte, konnte einige Monate später für das Geld gerade noch einen Laib Brot kaufen. Sparbücher und Lebensversicherungen waren nichts mehr wert. Das Geld verlor seine Funktion als Tauschmittel.

Wie immer in solchen Situationen gab es zwar auch Gewinner, aber vor allem sehr viele Verlierer. Die Schuldner – darunter der Staat, die Bauern und Hypothekennehmer – wurden entschuldet. Die Gläubiger, die Bezieher von festen Geldeinkommen oder die Sparer dagegen verloren praktisch alles. Zum Millionär konnte über Nacht werden, wer ausländische Devisen besaß oder sich mit Sachwerten eingedeckt hatte.

Auch die politischen Folgen waren gravierend. Für das Kleinbürgertum und den Mittelstand (natürlich auch für viele Großvermögensbesitzer) brach die traditionelle Werteordnung zusammen. Konjunktur- und Wirtschaftskrisen waren zwar nicht unbekannt, Konkurse und individuelle Vermögensverluste begleiteten die Gesellschaften ebenfalls seit jeher, aber was im Jahre 1923 über die Deutschen hereinbrach, war ein Massenereignis und in dieser Form beispiellos. Die Früchte ganzer Familiengenerationen, die Lebensarbeit unzähliger älterer Menschen lösten sich in wertlosen Geldscheinen auf. Erst jetzt zeigte sich, was der Krieg und die Politik der wilhelminischen Eliten bewirkt hatten. Für die meisten Menschen jedoch war allein die Republik für das Unfaßbare verantwortlich. Mit der Einführung der Rentenmark überwand das Land zwar die Inflation, und die Währungsreform führte zu einer politischen Stabilisierung, was eigentlich ein Wunder war, aber das verlorene Vertrauen in die Demokratie konnte nicht mehr zurückgewonnen werden.

Der aktuelle Anlaß für die rasende Beschleunigung der Inflation war die Ruhrbesetzung. Sie hatte mit dem Einmarsch französischer und belgischer Einheiten am 11. Januar 1923 begonnen. Hintergrund war die von Paris bei der Reparationskommission vorgebrachte Klage, daß Deutschland mit seinen Verpflichtungen für das Jahr 1922 (es ging um Holz- und Kohlelieferungen) im Rückstand sei. Frankreich behauptete, das Reich habe vorsätzlich gehandelt, und als ein amerikanischer Vermittlungsversuch erfolglos blieb, ließ Poincaré seine Truppen marschieren. Die Regierung Cuno hatte in den Monaten zuvor vergeblich versucht, die alliierten Mächte in der Reparationsfrage zum Einlenken zu bewegen. Memoranden wurden hin und her geschickt, (halbherzige) Angebote gemacht, und auf deutscher Seite hatte man nach wie vor die

Hoffnung, Briten und Amerikaner würden die unnachgiebigen Franzosen zu einem Kompromiß bewegen. Dies alles scheiterte, und das Kabinett Cuno mußte eine für seine Existenz folgenschwere Schlappe hinnehmen, da London und Washington sich nicht gegen Paris ausspielen ließen. Was immer Deutschland angeboten hätte, Poincaré war nach den Unterschriften von Rapallo entschlossen, das Rheinland von Deutschland loszureißen. So besetzten seine Truppen zunächst Essen und Gelsenkirchen, dann Bochum, Dortmund und den Osten des Ruhrgebietes.

Die Bevölkerung an der Ruhr beantwortete das Vorgehen Frankreichs mit Streiks, Arbeitsverweigerungen und schließlich mit Gewaltaktionen und Sabotageakten. Das ganze Land solidarisierte sich, die Reichsregierung rief zum passiven Widerstand auf. Paris blieb unbeeindruckt und reagierte mit äußerster Härte: Zechen wurden stillgelegt und deren Besitzer festgenommen, wenn die Belegschaften die Arbeit für die Franzosen verweigerten. Verhaftete Widerstandskämpfer kamen vor Schnellgerichte und wurden hingerichtet. Insgesamt wurden 180 000 Personen

Die politische Niederlage: Französische Truppen besetzen im Januar 1923 das Ruhrgebiet.

107

ausgewiesen. Bis August 1924 fielen 137 Menschen dem Eingreifen der Besatzungsmacht zum Opfer, mehr als 600 wurden verletzt.

Da die Reichsregierung den passiven Widerstand unterstützte, mußte sie einen erheblichen Anteil an der Finanzierung der Streiks tragen. Die meisten Arbeiter- und Beamtenfamilien waren auf Zahlungen aus dem Reich angewiesen. Die Verluste durch den Produktionsausfall in der Kohle- und Eisenindustrie erreichten rasch astronomische Höhen – die Notenpressen stellten das notwendige Geld bereit.

Will man die französische Ruhrpolitik nicht als völlig irrational interpretieren, so kann sie nur als letzter verzweifelter Schritt gedeutet werden, die territorialen Entscheidungen der Versailler Verhandlungen doch noch zu revidieren. Frankreich mußte andererseits erkennen, daß England und die USA wohl nicht mehr allzu lange tatenlos zusehen würden, wie der Pariser Konfrontationskurs den wirtschaftlichen Wiederaufbau Europas blockierte. In beiden Staaten mehrten sich die Stimmen, die mit Blick auf die eigenen Interessen eine Rückkehr des einstigen Kriegsgegners in den Kreis der europäischen Mächte befürworteten. So war die Ruhrbesetzung im Grunde der Epilog einer gescheiterten Politik Frankreichs, die befürchtete deutsche Hegemonie zu verhindern.

In diesem Zusammenhang ist auch die französische Unterstützung der rheinischen (und pfälzischen) Separatistenbewegung, die 1923 ihren Höhepunkt erreichte, zu sehen. Der Abschied vom Reich erschien vielen rheinischen Politikern – auch dem Kölner Oberbürgermeister und kurzzeitigen Kanzlerkandidaten des Zentrums Konrad Adenauer – als einzige Möglichkeit, sich dem Druck Frankreichs entziehen zu können. Wobei die traditionelle Preußenfeindschaft einiger Bevölkerungskreise im Westen zusätzlich eine gewisse Rolle spielte. Noch nach dem Ende des passiven Widerstandes inszenierten die Separatisten im Oktober 1923 in Bonn, Aachen, Trier, Koblenz, Wiesbaden und verschiedenen anderen Orten Aktionen, die schließlich zur Ausrufung der »Rheinischen Republik« führten. Ähnlich ging es in der Pfalz zu. Selbst in der Regierung Stresemann wuchsen angesichts der Finanzlage im Herbst die Zweifel, ob die Einheit des Reiches noch aufrechtzuerhalten sei. Der Kanzler machte den regionalen Gewalten auf einer Konferenz am 25. Oktober in Hagen deutlich, daß Berlin weder materiell noch politisch viel für sie tun könne. Mit der Überwindung der Hyperinflation und der Stabilisierung in Bayern und Sachsen war der Spuk einer eigenständigen Rheinprovinz vorbei. In der Bevölkerung fanden die Pläne der Separatisten ohnehin nur geringe Unterstützung.

Bereits am 12. August 1923 hatte die Regierung Cuno resigniert. Die Hyperinflation ging für die Bevölkerung mit einem enormen Kaufkraftverlust einher. Die Bauern verweigerten in Erwartung einer Währungsreform die Auslieferung ihrer Produkte, was erhebliche Versorgungsengpässe hervorrief. Und auf die Anfrage der Regierung an die Industrie, ob sie sich finanziell an den Reparationskosten beteiligen würde, antwortete diese mit einem politischen Forderungskatalog, den die Linksparteien und die Gewerkschaften als Affront empfinden mußten.

Die wachsende Unzufriedenheit mündete im August 1923 schließlich in die sogenannten »Cuno-Streiks«, die jedoch nicht allein von der KPD initiiert, sondern auch von der sozialdemokratisch orientierten Arbeiterschaft getragen wurden. Deren Radikalisierung war nicht zu übersehen. Bei den Betriebsratswahlen im Sommer 1923 konnte die KPD erhebliche Stimmengewinne verbuchen, auf Kosten der SPD.

Die Politik der Kommunisten in diesen Monaten war jedoch überaus zwiespältig und wurde ein weiteres Mal durch die von Moskau beherrschte Kommunistische Internationale gesteuert. Einerseits sah die KPD keinen Unterschied zwischen den »Cuno-Kapitalisten« und den französischen »Imperialisten«, was sie zunächst zögern ließ, sich an der Ruhr zu engagieren. Andererseits lag es im nationalen Interesse der Sowjetunion, daß durch eine Eskalation an der Ruhr der Graben zwischen den Westmächten und Deutschland vertieft wurde. Die KPD stellte sich daher in den Dienst der sowjetischen Außenpolitik und befürwortete die ansonsten so vehement bekämpfte »Einheitsfront« der deutschen Arbeiterbewegung. Wobei sie sich in diesen Monaten nicht scheute, Parolen eines »Nationalbolschewismus« zu propagieren, der antisemitisch akzentuiert war. »Wer gegen das Judenkapital aufruft«, erklärte beispielsweise Ruth Fischer, Vorsitzende der KPD-Ortsgruppe Berlin, »ist schon Klassenkämpfer, auch wenn er es noch nicht weiß.«

Die Regierung Cuno, unpopulär und ohne Reichstagsmehrheit, war am Ende. Die SPD gab ihre Tolerierungspolitik auf, und auch die bürgerlichen Parteien erkannten, daß Cuno politisch zwischen alle Stühle geraten war und nichts mehr bewegen konnte. Vor allem die Industrie drängte jetzt, den passiven Widerstand im Ruhrgebiet zu beenden.

Nun schlug die Stunde des wohl bedeutendsten Politikers der Wei-

Patriot und Reichspräsident: Der Sozialdemokrat Friedrich Ebert (links vorne) bei einem Besuch im »Revier«.

marer Jahre: Der damals fünfundvierzigjährige Gustav Stresemann wurde Kanzler einer großen Koalition. Stresemann hatte zweifellos staatsmännische Qualitäten. Er gehörte zu den wenigen konservativen Politikern Weimars, die sich als »Vernunftsrepublikaner« zur demokratischen Realität bekannten, und in den Geschichtsbüchern wird er mit Recht wegen seiner Außenpolitik in den Jahren 1924 bis 1929 gepriesen. Vielleicht aber hat er seine größte politische Leistung in den nur knapp 100 Tagen seiner Kanzlerschaft vollbracht. Als er gestürzt wurde, war die Inflation gemeistert, die Einheit des Reiches bewahrt, und es begann eine im Vergleich zu den zurückliegenden Jahren stabilere Phase der Republik.

Stresemann war im August 1923 für beide Seiten der ideale Kanzler. Die SPD war nicht bereit, den Kabinettschef zu stellen, da die Partei wußte, wie unpopulär die Beendigung des passiven Widerstandes war. Sie wollte nicht erneut für eine Dolchstoßlegende herhalten müssen. Im bürgerlichen Lager kannte man Stresemanns monarchistische Wurzeln und seine industriefreundliche Haltung.

Der DVP-Vorsitzende machte gleich zu Beginn seiner Amtsgeschäfte

Der »Vernunftsrepublikaner«: Gustav Stresemann (rechts) bestimmte ab 1924 die Außenpolitik der Weimarer Jahre (links: Aristide Briand).

deutlich, mit welcher Dynamik und Zielstrebigkeit er seine Aufgabe anzugehen gedachte. Innerhalb von sechsunddreißig Stunden – kürzer als jeder andere Kanzler bis 1930 – stellte er sein Kabinett zusammen. Es war ein Bündnis aus SPD, DVP, DDP und Zentrum. Streit gab es mit Reichswehrminister Geßler (DDP), der die Sozialdemokraten ausgrenzen wollte, aber Stresemann setzte sich durch. Die neue Regierung fand eine breite Mehrheit im diesmal den Ernst der Situation erkennenden Reichstag (240 zu 76 Stimmen).

Allerdings war das Mißtrauen gegenüber einer bürgerlich geführten Regierung beim linken SPD-Flügel ebenso groß wie im rechten Lager der Partei des Kanzlers der Unmut über die Kabinettsbeteiligung der Sozialdemokraten. In der Abstimmung innerhalb der SPD-Fraktion gab es eine starke Minderheit, die die große Koalition ablehnte. Das erste Kabinett Stresemann brach denn auch schon am 3. Oktober 1923 auseinander. Die SPD weigerte sich im Zusammenhang mit dem Ermächtigungsgesetz zur Sanierung der Wirtschaft, einer veränderten Arbeitszeit zuzustimmen. Angesichts der politischen Gesamtsituation war das zweifellos ein zweitrangiges Problem. Aber der linke Parteiflügel sah einen

Punkt erreicht, den er mit Blick auf die sozialpolitischen Pläne der bürgerlichen Regierungspartner den eigenen Wählern nicht mehr zuzumuten bereit war. Obwohl die Intrigen gegen Stresemann in der DVP (die die SPD durch die DNVP im Kabinett ersetzen wollte) heftig zunahmen, gelang es ihm, ein Einvernehmen mit der SPD zu erreichen. Am 6. Oktober nahm das in seiner Parteizusammensetzung unveränderte zweite Kabinett Stresemann die Arbeit auf. Eine wichtige Änderung allerdings gab es: Hans Luther, der parteilose, aber DVP-nahe ehemalige Essener Oberbürgermeister und bisherige Ernährungsminister übernahm das Finanzressort. Er sollte bald eine entscheidende Rolle bei der erfolgreich durchgeführten Währungsreform spielen.

Stresemann war bereits im September klar, daß der passive Widerstand gegen die Ruhrbesetzung zum Staatsbankrott führen mußte. Er bemühte sich, Frankreich zum Einlenken zu bewegen und die Einstellung des deutschen Widerstandes mit dem Abzug der Besatzungstruppen zu koppeln. Poincaré wich keinen Millimeter von seinen Positionen zurück. Auch Gespräche mit London zeigten, daß Deutschland zu diesem Zeitpunkt isoliert war. Entgegen der illusionären Vorstellung der Regierung Cuno hatte das Foreign Office die Ruhrbesetzung ausdrücklich befürwortet, ja sogar zunächst auf eine Beteiligung an der Aktion gedrungen. Am 19. September 1923 trafen sich Poincaré und Premierminister Baldwin in Paris. Stresemann konnte im veröffentlichten Kommuniqué über das Gespräch nachlesen, »daß in keiner einzigen Frage eine verschiedene Auffassung über die Ziele noch eine grundsätzliche Divergenz besteht, welche die Zusammenarbeit der beiden Länder... gefährden kann«.

Am 26. September informierte der Kanzler den Reichstag über den Beschluß der Regierung, den passiven Widerstand zu beenden. Er bewies mit seinem innen- und außenpolitischen Kurswechsel ungewöhnlichen Mut. Keine Frage, die Reichsregierung hatte mit diesem Schritt die Niederlage gegenüber der französischen Politik eingestanden. Kurzfristig führte dies zu einem weiteren Verfall der Währung (auch weil amerikanisches Spekulationskapital aus Deutschland flüchtete). Und die Rechte sprach von einer neuerlichen Kapitulation.

Längerfristig jedoch sollte sich zeigen, daß der Kanzler (in dieser Frage unterstützt von der Mehrheit der SPD, von Ebert und der Industrie) erheblich klüger und weitsichtiger gehandelt hatte, als von der konzeptionslosen Rechten zu erwarten gewesen wäre. Mit der Einführung der Rentenmark und dem Ende der separatistischen Bewegungen gelang es, einen Zusammenbruch des Reiches zu verhindern. Als Außenminister setzte Stresemann in den folgenden Jahren auf einen Entspannungskurs, der bald in internationale Verträge einmündete, die die europäische Politik bis zum Auftritt Hitlers beruhigten. Als DVP-Vorsitzender besaß Stresemann auch erheblichen innenpolitischen Einfluß, den er weitgehend zur Stabilisierung der Republik zu nutzen wußte. Seine Politik war keineswegs widerspruchsfrei, und nie konnte dieser überragende Politiker sein »wilhelminisches« Denken ganz ablegen. Aber er hatte den »Mut zur Verantwortung«, den die Radikalen und die bürgerliche Rechte in den vierzehn Republikjahren nie und die Sozialdemokratie nicht in ausreichendem Maße aufgebracht hatten.

Bedrohlich für die Reichseinheit waren nach der außenpolitischen Niederlage an der Ruhr im Herbst 1923 die Entwicklungen in Bayern. Die rechtskonservative bayerische Regierung glaubte, angesichts der Empörung über das Ende des passiven Widerstandes im Westen sei der Zeitpunkt gekommen, einen entscheidenden politischen Schlag gegen die Republik zu führen. Sie verhängte über Bayern den Ausnahmezustand und ernannte den Regierungspräsidenten von Oberbayern und ehemaligen Ministerpräsidenten Gustav Ritter von Kahr zum Generalstaatskommissar. Kahr pflegte besonders enge Kontakte zu völkischen Gruppierungen und plante die Errichtung einer Rechtsdiktatur – zunächst in Bayern, dann im Reich. Das Vorgehen in Bayern sollte also der erste Schritt zu einem Staatsstreich sein, und genau so sah es auch die Reichsregierung, weshalb Reichspräsident Ebert den militärischen Ausnahmezustand über ganz Deutschland verhängte.

Kahr hob für Bayern das Republikschutzgesetz auf, verbot linke Zeitungen und SPD-Selbstschutzorganisationen und ließ zahlreiche (ost-)jüdische Familien aus dem Land weisen. Die Lage verschärfte sich, als der bayerische Ministerpräsident die Absetzung seines Verbündeten, des Kommandeurs der bayerischen Reichswehrtruppen, General von Lossow, durch den Reichswehrminister ablehnte. Kahr unterstellte dem General eigenmächtig die im Land stationierten Reichswehreinheiten. Lossow wiederum weigerte sich, die Anordnung der Reichsregierung zu vollziehen und das Erscheinen der NSDAP-Zeitung »Völkischer Beobachter« zu verbieten.

In Berlin drängte die SPD auf ein hartes Vorgehen. Stresemann zögerte, hoffte auf ein Einlenken Münchens. Der Chef der Heeresleitung, von Seeckt, nahm ein weiteres Mal eine undurchsichtige Haltung ein, verhinderte durch seinen Einspruch die Verhängung der Reichsexekution und ließ zumindest durchblicken, daß er dem bayerischen Vorgehen nicht ohne Sympathien gegenüberstand. Seeckt, der hinter den Kulissen den Sturz Stresemanns betrieb, erklärte dem Regierungschef am 4. November kalt: »Herr Reichskanzler, ... Sie haben das Vertrauen der Truppen nicht.« Den von Ebert verlangten Aufmarsch der Reichswehr gegen Bayern lehnte er rundweg ab.

Die politisch höchst brisante Affäre endete mit einer Groteske. In der Nacht vom 8. auf den 9. November erschien der Führer der NSDAP, Adolf Hitler, auf einer Versammlung Kahrs und Lossows im Münchner Bürgerbräukeller, feuerte eine Pistolenkugel in die Luft und forderte den Marsch auf Berlin. Die NSDAP hatte zu diesem Zeitpunkt vor allem in Süddeutschland Beachtung gefunden. 1923 gehörten ihr bereits 50 000 Mitglieder an, und sie wurde von einigen großbürgerlichen Familien – zum Beispiel von dem Verleger Bruckmann, dem Klavierfabrikanten Bechstein, dem Industriellen Fritz Thyssen und von der Bayreuther Wagner-Schwiegertochter Winifred – materiell unterstützt. Der Historiker Hans Mommsen schreibt über den NSDAP-Führer des Jahres 1923: »Hitler bergriff sich gleichsam als Sprachrohr der kommenden ›nationalen Bewegung‹, als Trommler und Missionar der ›deutschen Erneuerung‹.«

Anfang November wurde der Führer der NSDAP angesichts der Entwicklungen in Bayern offenbar von Panik erfaßt. Mit Kahrs Rechtsdiktatur, in der kein Platz für ihn vorgesehen war, drohte er ins politische Abseits zu geraten. So steigerte er sich in Anbetracht der bedrohlichen Lage des Reiches nicht ohne Hysterie in die Rolle des nationalen Retters hinein. Der Schuß im Bürgerbräukeller war der Versuch, sich an die Spitze der bayerischen Revolte zu setzen.

Dem verblüfften Kahr erklärte Hitler bei seinem theatralischen Auftritt, er werde zusammen mit Ludendorff eine nationale Regierung bilden und erwarte die Unterstützung des bayerischen Diktators. Kahr stimmte dieser Forderung – wie Hitler pathetisch verlangte – mit seinem Ehrenwort zu und ließ in der Nacht die Sicherheitskräfte mobilisieren. Am Morgen des 9. November war Hitler jedoch klar, daß die Sache nicht in Bewegung kam. Um das Debakel zu verschleiern, stellte er sich gemeinsam mit Ludendorff an die Spitze eines bewaffneten Demonstrationszuges zur Feldherrnhalle. Am Odeonsplatz eröffnete die

Polizei das Feuer, in den Reihen der Marschkolonne gab es Tote und Verletzte – Hitlers erster Versuch die Republik zu erobern, brach jämmerlich zusammen. Was dann im Dritten Reich vor der Feldherrnhalle mit dumpfem Trommelwirbel alljährlich am 9. November zum Gedenken der »Blutopfer« zelebriert wurde, ließ kaum noch etwas ahnen vom Dilettantismus, mit dem Hitler 1923 glaubte, Geschichte machen zu können. Der zunächst geflüchtete, aber bald aufgegriffene Putschist fand milde Richter und in der Landsberger Haft Gelegenheit, in schlechtem Deutsch und ressentimentbeladen sein fatales Buch »Mein Kampf« zu schreiben.

Ironie der Geschichte: Hitlers Putsch hatte die Republik gerettet. Sein Vorgehen diskreditierte die gesamte Rechte, deren Ansehen nach dem amateurhaften Auftritt des »nationalen Retters« selbst in Bayern deutlich litt. Kahr mußte einlenken und suchte das Einvernehmen mit der Reichsgewalt. General von Lossow wurde entlassen, Kahr verbot noch am 9. November die NSDAP (das reichsweite Verbot folgte am 23. November), und um seine Gesinnungsgenossen nicht vollkommen zu verunsichern, wurde am 11. November die KPD ebenfalls zur Auflösung gezwungen. Am 18. Februar 1924 trat Kahr zurück, Bayern aber blieb bis zum Ende der Republik eine rechte Trutzburg.

Pikanterweise ernannte Ebert noch am 9. November Reichswehrchef von Seeckt für die Dauer des Ausnahmezustandes zur höchsten Exekutivinstanz im Reich. Damit hatte für einen kurzen Zeitraum ein Mann alle Macht im Staate in seinen Händen, der sich selbst mit Diktaturplänen beschäftigte. Mit Wissen Eberts hatte Seeckt am 4. November an den deutschen Botschafter in Washington, Otto von Wiedfeldt, geschrieben und ihm die Führung eines Direktoriums angeboten, das an die Stelle parlamentarisch gewählter Regierungen treten sollte. Hinter diesen Plänen – die einen massiven Verfassungsbruch einkalkulierten – standen mehrere mächtige Ruhrindustrielle. Hugo Stinnes hatte schon am 15. September in einem Gespräch mit dem amerikanischen Botschafter in Berlin kein Hehl aus seiner Meinung gemacht, daß der wirtschaftliche Wiederaufstieg Deutschlands nur mit einem Diktator möglich sein werde, der die Macht habe, »alles zu tun, was irgendwie nötig ist«. Auch in der SPD spielten einige führende Mitglieder mit staatsautoritären Gedanken, um angesichts der bayerischen Ereignisse das Auseinanderbrechen der großen Koalition zu verhindern. Und in Mitteldeutschland holte die radikale Linke zum Schlag aus mit dem Ziel, die

Diktatur des Proletariats zu installieren. Diese Konjunktur für Staatsstreichpläne unterschiedlichster Couleur zeugte mehr als alles andere vom sinkenden Vertrauen in den Parlamentarismus und die Demokratie.

Die Situation in Mitteldeutschland, also in Sachsen und Thüringen, hatte sich parallel zur Eskalation in Bayern verschärft. Was dort geschah, war zunächst verfassungskonform. Mitteldeutschland war eine der Hochburgen der radikalen Linken, was sich auch in den Sitzverteilungen der Landtage in Dresden und Weimar niederschlug. In Sachsen nahm der sozialdemokratische Ministerpräsident Erich Zeigner gegen den Willen der Berliner Parteiführung kommunistische Minister in sein Kabinett auf. Gleiches geschah wenig später in Thüringen. Beide Entscheidungen stellten für die Reichsregierung, die hinter den Geschehnissen die Gefahr linksrevolutionärer Aktionen vermutete, eine Provokation dar.

Tatsächlich glaubte die Kommunistische Internationale, Deutschland sei angesichts der anarchistischen Zustände (die sie offenbar mit dem russischen Herbst von 1917 verglich) reif für die Machtübernahme durch die »proletarischen Massen«. Die Sowjetunion steckte in einer wirtschaftlichen Krise, der schwer erkrankte Lenin war politisch handlungsunfähig geworden und die Nachfolgefrage ungeklärt. Die Bolschewiken wollten mit einem »deutschen Oktober« nicht zuletzt die Revolution im eigenen Land stabilisieren. In der KPD sahen viele Funktionäre dies völlig anders, aber wiederum fügte sich die Parteiführung den Anordnungen Moskaus und schickte ihre Minister in die Dresdener Koalition. Wie ernst es den Kommunisten mit ihren Umsturzplänen war, zeigte die Aufstellung der »Proletarischen Hundertschaften«.

Im Gegensatz zu den Ereignissen in Bayern handelten Reichregierung und Reichswehr in der mitteldeutschen Frage ohne Zögern und entschieden sich für ein militärisches Eingreifen. Der sächsische Wehrkreisbefehlshaber General Müller erhielt am 27. September Weisung, die Lage zu »bereinigen«, was die SPD als Regierungspartei in eine prekäre Situation brachte. Doch auf der Chemnitzer Arbeiterkonferenz am 21. Oktober wurde die KPD mit der Tatsache konfrontiert, daß sie mit ihrem Umsturzversuch bei einer großen Mehrheit der sächsischen Arbeiter auf Ablehnung stieß. Sie gab ihre Pläne auf.

Der sächsischen Regierung stellte das Kabinett Stresemann am 27. Oktober ein Ultimatum, die kommunistischen Minister zurückzuziehen. Obwohl Zeigner nach einigem Zögern dazu bereit war, marschierten Reichswehrtruppen vor dem Dresdener Regierungsgebäude auf und zwangen die vom Landtag gewählten Hausherren, ihre Amtsräume zu verlassen. In Thüringen ging es nicht anders zu. In beiden Ländern übernahmen Reichskommissare die staatliche Gewalt. Am 31. Oktober wählte der sächsische Landtag eine neue sozialdemokratische Minderheitsregierung.

Die Krisen in Mitteldeutschland und in Bayern waren im November weitgehend beendet, aber damit auch die große Koalition. Die SPD glaubte, die Zerreißprobe, in die sie die Reichsregierung durch ihre unterschiedliche Vorgehensweise gegen die beiden Staatsstreichversuche gebracht hatte, nicht mehr ohne schwere Ansehensverluste bei ihren Wählern aushalten zu können. Obwohl die Alternative zu Stresemann nur ein weiter rechts stehendes Kabinett sein konnte, ging sie in die Opposition. Dort blieb sie für fünf Jahre. Friedrich Ebert soll seinen Parteifreunden in diesen Novembertagen verbittert erklärt haben: »Was euch veranlaßt, den Kanzler zu stürzen, ist in sechs Wochen vergessen, aber die Folgen eurer Dummheit werdet ihr noch zehn Jahre lang spüren.« Stresemann stellte am 23. November die Vertrauensfrage und verlor die Abstimmung mit 156 gegen 231 Stimmen.

4. Die labile Stabilität (1924–1929)

Die Republik hatte Ende 1923 ihre schwerste Belastungsprobe überstanden. Mit der Einführung der Rentenmark begann eine Phase, die zumindest im Vergleich mit den zurückliegenden Jahren als stabil zu bezeichnen ist. Währung und Wirtschaft erholten sich, das konservativ-bürgerliche Lager, die Reichswehrführung und die Schwerindustrie arrangierten sich leidlich mit der Republik. Die Rechts- und Linksradikalen stießen mit ihrer Propaganda auf erheblich weniger Resonanz als in den Jahren zuvor. Was später euphemistisch als die gesellschaftlichen und kulturellen »Golden Twenties« bezeichnet wurde, setzte nun ein.

Begünstigt wurde diese Entwicklung durch eine politische Kursänderung in den Ententestaaten. In Großbritannien bildete James Ramsay MacDonald die erste Labourregierung (eine Minderheitsregierung, toleriert von den Liberalen) des Landes. Der neue Premierminister kam aus dem pazifistischen Lager und hatte sich 1914 gegen die Kriegspolitik seiner Partei gestellt. Er setzte sich für eine europäische Entspannungspolitik ein, forderte den Rückzug der französischen Besatzungstruppen aus dem Ruhrgebiet und war ein entschiedener Befürworter des Dawesplanes, der die Reparationsfrage neu regeln sollte.

In Frankreich verlor der »Nationale Block« Poincarés 1924 die Wahl, woraufhin der Radikalsozialist Édouard Herriot eine Regierung des bis dahin oppositionellen Linkskartells bilden konnte. 1925 übernahm Aristide Briand das Außenministerium. Herriot und Briand zogen die Konsequenzen aus dem Scheitern der französischen Rheinlandpolitik und dem Kurswechsel der Regierungen in London und Washington, um die außenpolitische Isolierung Frankreichs zu durchbrechen. Paris war zu vertraglichen Vereinbarungen mit Deutschland bereit, die zu einer Verbesserung der europäischen Sicherheitslage beitragen sollten.

Die Vereinigten Staaten sahen durch die politischen Verwerfungen in Europa ihre wirtschaftlichen Interessen zunehmend bedroht. Ein weiterer Niedergang der europäischen Volkswirtschaften hätte die Rückzahlung der Paris und London gewährten Kriegskredite ernsthaft gefährdet und negative Folgen für die amerikanische Exportwirtschaft nach sich gezogen. Ein ökonomisch gefestigtes Deutschland stellte für die USA den wichtigsten europäischen Zukunftsmarkt dar. Washington beendete daher 1924 seine Isolationspolitik und griff nun erneut aktiv in die europäische Politik ein, drängte vor allem Frankreich zum Einlenken. Nun floß amerikanisches Geld nach Deutschland und trug zur kurzfristigen wirtschaftlichen Erholung der Republik bei.

Gustav Stresemann, in den nächsten knapp sechs Jahren Außenminister, erkannte die grundlegenden Chancen, die die neuen internationalen Konstellationen Deutschland boten. Ziel seiner Politik war eine Teilrevision der Friedensverträge und die Rückkehr Deutschlands in den Kreis der Großmächte. Stresemann blieb auch in diesen Jahren ein Politiker der nationalen Stärke. Er besaß keine europäischen Visionen, auch wenn ihn die Geschichtsschreibung nach 1945 gelegentlich an die Seite der Europapolitiker Robert Schuman, Alcide De Gasperi oder Konrad Adenauer stellte. Zwar erklärte er in Locarno für Deutschland die Garantie und Unverletzlichkeit der Westgrenzen, weigerte sich aber strikt, auf eine Revision der Ostgrenzen (vor allem zu Polen) vertraglich zu verzichten. Was ihn von seinen rechten Gegnern unterschied, war sein realistischer Blick für das Mögliche. Stresemann hatte 1923 erkannt, daß die außenpolitischen Ziele Deutschlands nur über Verhandlungen und nicht mit nationalistischem Trommelwirbel erreicht werden konnten. Die Welt würdigte sein Engagement 1926 mit dem Friedensnobelpreis, der ihm gemeinsam mit Aristide Briand verliehen wurde.

Der Dawesplan (1924), der Vertrag von Locarno (1925), der Briand-Kellogg-Pakt (1928), der Youngplan (1929) – das waren neben dem Freundschafts- und Neutralitätsvertrag vom 24. April 1926 mit der Sowjetunion und verschiedenen bilateralen Handels- und Wirtschaftsabkommen die Stationen der Stresemannschen Außenpolitik, die Deutschland einen Platz im Völkerbund bescherten und seine internationale Position stärkten. Diese Entwicklung führte schließlich – nach Stresemanns Tod – zur Räumung des Rheinlandes (1930) und zum Ende der Reparationszahlungen (1932). Damit hatte die Republik jene beiden Probleme bewältigt, die sie in den zwanziger Jahren emotional und faktisch in Beschlag genommen hatten, wie kaum etwas anderes. Das Erreichte hätte auch für die weitere Zukunft und für die Befriedung Zentraleuropas eine Basis bieten können. Es war Hitler, der den Boden dieser Politik nach 1933 verließ.

Nicht weniger als die Außenpolitik trug die wirtschaftliche Entwicklung zur zeitweisen Konsolidierung der Republik bei. Am Anfang stand hier die Währungsreform, die mit der Einführung der Rentenmark am 15. November 1923 realisiert wurde. Ihre »Wertdeckung« sollte durch landwirtschaftliche Grundschulden und Obligationen der Industrie, des Handels und der Banken »garantiert« werden. Mit diesem Währungsschnitt endete die Hyperinflation. Entscheidend für die Zukunft war allerdings, ob es den Regierungen gelang, die Staatshaushalte im Gleichgewicht zu halten. Eine der Ursachen der Geldentwertung in Deutschland waren die permanenten Haushaltsdefizite gewesen, die nur mit Hilfe der Notenpresse kaschiert worden waren. Die Sanierung der Staatsfinanzen blieb in der Weimarer Republik ein erbitterter Streitpunkt zwischen den Parteien.

Die Konjunkturentwicklung der Jahre 1924 bis 1929 war labil. Am Ende dieser Periode hatte Deutschland den ökonomischen Rückstand der Nachkriegszeit teilweise ausgleichen können, aber in wichtigen industriellen Branchen wurden die Vorkriegszahlen nicht wieder erreicht. Der deutsche Anteil an der Weltindustrieproduktion lag zwischen 1926 und 1929 bei 11,6 Prozent (1913: 14,3 Prozent) und damit vor Großbritannien und Frankreich. Mit 42,2 Prozent waren die Vereinigten Staaten die Wirtschaftsweltmacht Nummer eins geworden. Der deutsche Export blieb mit 9,1 Prozent des Weltanteils ebenfalls weit unter Vorkriegsniveau. Belastet wurde die Volkswirtschaft durch wachsende Importüberschüsse sowie durch eine hohe Auslandsverschuldung. Die nach der Verabschiedung des Dawesplanes in das Land fließenden Kredite – in erster Linie stellten amerikanische Banken das Geld zur Verfügung – kurbelten zwar zunächst Investitionen und Produktion an, aber ihre Rückzahlung hing wie ein Damoklesschwert über den waghalsigen Haushaltsbilanzen der Finanzminister.

1927 setzte eine Weltagrarkrise mit hohen Produktionsüberschüssen ein. Die Folge war ein überdurchschnittlicher Preisverfall für landwirtschaftliche Erzeugnisse. Dies führte Ende der zwanziger Jahre zu neuen Forderungen der ostelbischen Großagrarier nach Subventionen und zur Radikalisierung der Bauernschaft, vor allem in Norddeutschland.

Wenn die wirtschaftliche Entwicklung trotzdem zunächst beruhigend auf die Republik einwirkte, dann vor allem, weil Löhne und Gehälter nach 1924 deutlich stiegen. Auch wenn die deutschen Einkommensempfänger damit keineswegs über dem internationalen Durchschnitt lagen, sahen die Weimarer Wirtschaftsverbände und später viele Historiker darin eine der wichtigsten Ursachen für die 1929 folgende Wirtschaftskrise. Allerdings vergaßen sie dabei in der Regel, daß die Subventionen für die Landwirtschaft und die Kartellpreispolitik der Industrie die allgemeinen Lebenshaltungskosten erhöhten und damit die »Lohngewinne« ein gut Teil relativierten.

Zwischen 1924 und 1929 setzte in der Industrie zudem eine Rationalisierungswelle ein, die den Arbeitsmarkt erheblich belastete. Die Weimarer Republik hatte ohnehin eine permanente strukturelle Arbeitslosigkeit zu verzeichnen, die auch in Zeiten der Hochkonjunktur (1925 und 1927) nicht restlos abgebaut werden konnte. In Krisenjahren – 1926 und vor allem von 1930 bis 1933 – stieg die Zahl der Erwerbslosen stets auf schwindelerregende Höhen an. In Zahlen: Ende 1925 waren es 2,4 Millionen Arbeitslose, September 1927 867 000, im Jahresdurchschnitt 1928 1,36 Millionen, 1930 ebenfalls im Jahresdurchschnitt 3,08 Millionen und im Dezember bereits mehr als 4 Millionen. Der unabtragbare Arbeitslosensockel und die Wachstumsschwächen der deutschen Industrie überschatteten die Republik, beides sollte in den Jahren der Weltwirtschaftskrise die Politik zu unheilvollen Entscheidungen treiben.

Auch politisch erzeugten die Jahre nach 1923 im Grunde eine Scheinstabilität. Die konservativ-bürgerlichen Republikgegner – die DNVP, der rechte Flügel der DVP, die Reichswehrspitze und die Schwerindustrie – ließen sich nach der Krise von 1923 nur halbherzig auf das demokratische System ein. Da bis Mitte 1928 die SPD nicht an den Regierungen beteiligt war, blieb der Hauptgegner aus dem Spiel. In den bürgerlichen Minderheitskabinetten fanden sie ihre Interessen zumindest insoweit vertreten, daß sie ihren Widerstand gegen den Parlamentarismus für einige Jahre zügelten. Sie nahmen mit einiger Befriedigung zur Kenntnis: Weimar war eine konservative Republik geworden. An den wichtigsten Schalthebeln der Macht saßen die alten Kräfte.

Dies wurde auch bei der Reichspräsidentenwahl von 1925 eindrucksvoll unterstrichen. Nachfolger des gestorbenen Sozialdemokraten Friedrich Ebert wurde Paul von Hindenburg, der Mann der deutschen Konservativen. Mit seiner Amtsübernahme gewannen die Deutschnationalen, die Reichswehr, die ostelbischen Großgrundbesitzer und der »Stahlhelm« derart an politischem Gewicht, daß der Parlamentarismus fast zwangsläufig ins Leere laufen mußte. Hindenburg war zeitlebens Anhänger eines autoritären Staates und Gegner der Demokratie. Daran änderte sich auch im Alter nichts. Bevor er sich entschied, für das Reichspräsidentenamt zu kandidieren, holte er brieflich die Genehmigung des Ex-Kaisers ein. Der neue Reichspräsident mischte sich bald unter Mißbrauch der ihm zustehenden verfassungsmäßigen Möglichkeiten in außen- und innenpolitische Fragen ein. Ein Greis war der Ex-Feldmarschall zwar, als er das höchste politische Amt Weimars antrat, aber er blieb ein gefährlicher Widerpart für alle demokratischen Kräfte.

Für viele war diese Entwicklung zunächst noch nicht in ihrem ganzen Ausmaß sichtbar. Nicht wenige gaben sich sogar der Illusion hin, mit diesem Repräsentanten des Wilhelminismus an der Spitze würde es vielen Republikgegnern leichter fallen, sich mit dem neuen Staat zu versöhnen. Diese Hoffnung war noch nicht einmal ganz abwegig. Aber spätestens in der Schlußphase der letzten Regierung, an der die SPD beteiligt war, zeigte sich Hindenburg entschlossen, eine autoritäre Staatsführung zu installieren. Er verweigerte energisch und in Überschreitung seiner Kompetenzen ab Frühjahr 1930 der stärksten Reichstagsfraktion den Zugang zur Macht. Was immer die SPD selbst zu ihrer Isolierung beigetragen hatte, der Reichspräsident schaltete sie konsequent aus. Hindenburg war einer der Totengräber der Republik.

Die radikalen Parteien waren vordergründig die Verlierer der neuen

Stabilität im Land. Die Nationalsozialisten blieben bei den Reichstagswahlen bis zum September 1930 bedeutungslos, und die KPD konnte im Schnitt nur 10 Prozent der Wählerstimmen für sich verbuchen. Aber die Wahlergebnisse täuschen darüber hinweg, daß sich die linken und rechten Extremisten in dieser fünfjährigen Phase überaus erfolgreich positionierten.

Hitler gelang es ab 1925, den Neuaufbau der NSDAP kontinuierlich voranzutreiben. Die SA wurde zu einer schlagkräftigen, militanten Organisation, und mit dem innerparteilichen Sieg über die Brüder Gregor und Otto Strasser (1926 auf der Bamberger »Führertagung«) blieb Hitlers absoluter Führungsanspruch unangetastet. Mit der Agrarkrise begann 1927 der Aufstieg der Nationalsozialisten in den ländlichen Regionen. Anfällig für das antidemokratische und antisemitische Gedankengut der NSDAP blieben auch das deutsche Bildungsbürgertum und die unteren Mittelschichten. Die Vermögens- und Ersparnisvernichtung der Hyperinflation hatte in diesen Kreisen Spuren hinterlassen. Sozialer Neid auf die »Kapitalisten« und die angeblichen Gewinner des »Novembersystems«, die jüdischen Mitbürger, trat hinzu. Auch wenn diese Stimmungslage erst bei der Reichstagswahl im September 1930 ihren Niederschlag fand, die Symptome waren unübersehbar. Schon bei den Landtagswahlen des Jahres 1929 zeichnete sich der Aufstieg der NSDAP deutlich ab.

Die KPD geriet in diesen Jahren vollends unter den Einfluß der Moskauer Führung. Mit dem Hamburger Ernst Thälmann besaß sie seit 1925 eine Führungsfigur, die opportunistisch den jeweiligen politischen Kursvorgaben der Kommunistischen Internationale folgte. Nach Lenins Tod (1924) hatte die Troika Stalin, Sinowjew und Kamenew die Leitung der sowjetischen Politik übernommen und begann, Leo Trotzki, den Verkünder der »permanenten Revolution«, kaltzustellen. Stalin gab die Parole »Sozialismus in einem Land« aus. Dieser Strategiewechsel – bislang galt die Weltrevolution als oberstes Ziel Moskaus – wirkte sich auch auf die Politik der KPD aus. Sie nahm Abschied von weiteren Putschplänen und legte ihr Schwergewicht auf die Auseinandersetzung mit der Sozialdemokratie. Der Weltkongreß der Kommunistischen Internationale verkündete im Sommer 1928 den Kampf gegen die »Sozialfaschisten«. Aus der Sicht Moskaus waren die deutschen Sozialdemokraten, die zu diesem Zeitpunkt nach längerer Abstinenz wieder Regierungspartei geworden waren, vor allem außenpolitisch eine Gefahr. Mit ihrer

Unterstützung der Vertragspolitik Stresemanns gegenüber den West-staaten verstärkten sie Stalins Ängste vor einer sich vertiefenden inter-nationalen Isolation der Sowjetunion. Die KPD wurde militanter.

Bis zur großen Koalition vom Juni 1928 gelang es den Parteien nicht, eine solide Reichsregierung zu bilden. Wann immer sich eine Mehr-heitskoalition abzeichnete, torpedierten die radikalen Flügelkräfte der Parteien die Verhandlungen. Zweimal – im Mai und im Dezember 1924 – wurden die Bürger zu Reichstagswahlen aufgerufen, dann war es bis Juni 1928 den Parteien überlassen, die Kabinettskrisen ohne ein Wählervotum zu meistern. Zwischen Stresemanns Sturz als Kanzler 1923 und der Amtsübernahme durch den Sozialdemokraten Hermann Müller 1928 gab es sechs Regierungsumbildungen. Viermal leiteten der Zentrumspolitiker Wilhelm Marx und zweimal der parteilose Hans Luther die Regierungsgeschäfte. Es waren stets bürgerliche Kabinette, die jeweils mit sehr unterschiedlicher innerparteilicher Überzeugung vom Zentrum, von der DVP und der DDP getragen wurden. Die DNVP war zweimal dabei. Die SPD stand in diesen Jahren formal in der Opposition, aber vor allem die Außenpolitik Stresemanns, die in den Regierungsparteien heftigste Auseinandersetzungen provozierte, konnte nur durch ihre Zustimmung im Reichstag durchgesetzt werden.

Seit dem 30. November 1923 regierte das Kabinett Marx. Ohne Mehrheit im Reichstag begann es seine Arbeit mit einem Ermächti-gungsgesetz, das es ihm ermöglichte, mehrere sozial- und finanzpoliti-sche Fragen rigoros zu entscheiden. Steuernotstandsverordnungen brachten dem Reich neue Einnahmen, die Beamtengehälter wurden drastisch erhöht, die Arbeitszeit heraufgesetzt. Letzteres führte zu schar-fem Protest bei den freien Gewerkschaften.

Doch der wirkliche Beginn der neuen Ära – die von der Konfronta-tion zur Kooperation der europäischen Mächte überleiten sollte – zeich-nete sich in Paris ab. Dort begannen die Verhandlungen über ein Sach-verständigengutachten, das unter der Leitung des amerikanischen Bankiers Charles Dawes erstellt worden war. Ziel war die Sanierung der deutschen Wirtschaft, um dadurch die Reparationszahlungen zu si-chern. Im August 1924 wurde die deutsche Regierung nach London ein-geladen, wo man sich in einem Abkommen auf den Dawesplan einigte. Das Dawesabkommen war ein bedeutender Erfolg der deutschen Außenpolitik. Die jährlichen Reparationszahlungen wurden auf 2,5 Millarden Goldmark festgelegt (in voller Höhe zahlbar erst nach fünf

Jahren, Reichsbahn und Reichsbank sollten als Sicherheit dienen, Zoll- und Verbrauchssteuereinnahmen wurden gepfändet). Als »Gegenleistung« wurden Deutschland eine Auslandsanleihe in Höhe von 800 Millionen Mark und die Räumung des Ruhrgebietes zugesagt. Die Alliierten ernannten den amerikanischen Finanzexperten Parker Gilbert zum Reparationsagenten. Er sollte in Berlin die Einhaltung des Abkommens überwachen.

Die Rechtsradikalen liefen Sturm gegen den Dawesplan, Teile der DNVP stimmten am 29. August im Reichstag erst auf Druck der Industrie zu, die auf Auslandskredite angewiesen war. Der Dawesplan trat am 1. September 1924 in Kraft. Bis Ende August 1925 hatten Frankreich und Belgien ihre Besatzungstruppen aus dem Ruhrgebiet abgezogen.

Bereits am 13. März hatte Ebert den Reichstag wieder einmal nach Hause geschickt. Nach dem Auslaufen des Ermächtigungsgesetzes war die Minderheitsregierung Marx nicht mehr in der Lage, die Gegensätze in der Steuer-, Sozial- und Finanzpolitik zu überbrücken. Am 4. Mai wurde gewählt. Im April war jedoch bereits das Dawesgutachten veröffentlicht worden, das nun zu einem zentralen Streitpunkt beim Ringen um die Wähler wurde. Die SPD zog durch die innerparteilichen Konflikte in Sachsen geschwächt in die Auseinandersetzung und mußte eine Niederlage hinnehmen, während die republikfeindliche Rechte als klarer Sieger aus der Wahl hervorging. Ein Viertel der Wähler stimmte für die DNVP und die »Deutschvölkische Freiheitspartei«, die in diesen Monaten mit den führungslosen Nationalsozialisten – Hitler saß im Gefängnis – verbündet war. Die Vertreter der rechtsradikalen Parteien hatten im Wahlkampf lautstark gegen die Annahme des Dawesplanes polemisiert. Auch die KPD lehnte das Reparationsgutachten ab. Ihr Motiv war die drohende Einigung zwischen den Westmächten und Deutschland. Schwere Verluste mußten die bürgerlichen Parteien der Mitte (DVP und DDP) hinnehmen – die Wahl hatte noch ganz unter dem Schock der gerade erst überwundenen Währungs- und Ruhrkrise gestanden.

Die DNVP war zweitstärkste Partei im Reichstag geworden und forderte naturgemäß nun auch die Führung der neuen Regierung. Als Kanzler schlug sie den ehemaligen Promotor der wilhelminischen Flottenpolitik, Großadmiral von Tirpitz, vor. Eine Personalie, die sowohl bei den bürgerlichen Parteien der Mitte als auch bei der SPD auf Ablehnung stieß. Ebert beauftragte Wilhelm Marx ein weiteres Mal mit der Regie-

*Der »Zentrums«-Kanzler: Wilhelm
Marx führt zwischen November 1924
und Juni 1928 zwei Regierungen.*

*Der »Parteilose«: Hans Luther ist
1923 Finanzminister und wird im
Januar 1925 Reichskanzler.*

rungsbildung. Alle Minister blieben in ihren Ämtern. Die wenigen Monate, die das Kabinett sich halten konnte, galten der Suche nach einer Reichstagsmehrheit für die Abstimmung über den Dawesplan. Nach dessen Annahme drängte die DVP auf den Eintritt der DNVP in das Kabinett. Marx lehnte dies entschieden ab, und so löste sich der Reichstag Ende 1924 erneut auf.

Herausragendes Ergebnis der Wahl im Dezember 1924 war der Rückgang der radikalen Flügelparteien in der Wählergunst. Das schlechtere Abschneiden der Deutschvölkischen und der Kommunisten war ein deutliches Zeichen für eine innenpolitische Entspannung. Die SPD nahm stark, die DNVP etwas zu. Wenngleich eine große Koalition in den Bereich des Möglichen zu rücken schien, wurde unter Hans Luther eine Regierung des »Rechtsblocks« gebildet.

Das Jahr 1925 zeichnete sich vor allem durch zwei Ereignisse aus: Am 28. Februar starb Reichspräsident Ebert, was zur Wahl seines Nachfolgers Hindenburg führte, im Oktober wurde der Locarnovertrag paraphiert. Über die innere Befindlichkeit der Republik lassen sich aus diesen Vorgängen zwei völlig entgegengesetzte Signale herauslesen.

Ebert starb an einer verschleppten Blinddarm- und Bauchfellentzündung. Die letzten Monate seines Lebens sah sich der Reichspräsident noch mit einer Rufmordkampagne der Rechten konfrontiert, die ihn zu juristischen Schritten zwang. Es ging unter anderem um seine Aktivitäten beim Munitionsarbeiterstreik im Januar 1918. Das Gericht verurteilte zwar die Verleumder, erklärte aber den Vorwurf des »Landesverrats«, den sie gegen Ebert in diesem Zusammenhang erhoben hatten, als strafrechtlich relevant und zutreffend. Parallel wurde Ebert völlig zu Unrecht in die Bestechungsaffäre und den betrügerischen Konkurs des jüdisch-russischen Kaufmanns Julius Barmat hineingezogen. Der Name des Reichspräsidenten war in den Untersuchungsakten aufgetaucht, weil Ebert 1918 bei der Diskussion über Versorgungsengpässe wie mit vielen Unternehmern auch mit Barmat gesprochen hatte. Die konservativen Blätter des Hugenbergkonzerns nahmen dies zum Anlaß für eine Hetzjagd, an der der Sozialdemokrat letztlich zerbrach. Sein Begräbnis wurde zu einer großen Demonstration der Republikaner. Die Infamien mit denen der Tote in seinen letzten Lebensmonaten überschüttet worden war, zeigten jedoch, welche Kräfte auch nach 1923 die öffentliche Meinung mit beherrschten.

Dies wurde auch am 26. April noch einmal offenkundig, als Hindenburg im zweiten Reichspräsidentenwahlgang mit 48,3 Prozent als Sieger hervorging. Möglich wurde diese folgenreiche Niederlage der deutschen Demokratie, weil die KPD ohne jede Chance ihren Kandidaten Ernst Thälmann ins Rennen schickte, und der bayerische Zentrumsableger BVP sich gegen den katholischen Kandidaten Wilhelm Marx und für den Protestanten Hindenburg einsetzte. Der »Volksblock« – SPD, Zentrum und DDP – hatte sich im entscheidenden Wahlgang auf Wilhelm Marx geeinigt, der mit nur 900 000 Stimmen dem Favoriten des »Reichsblocks« unterlegen war. Knapp drei Jahre später, im Januar 1928, mußte der konservative DDP-Reichswehrminister Geßler zurücktreten. Sein Nachfolger war Wilhelm Groener, der Ende des Ersten Weltkriegs Chef der Obersten Heeresleitung gewesen war. Ex-Kaiser Wilhelm II. durfte also zu seiner Befriedigung im Doorner Exil registrieren, daß in der ihm so verhaßten Demokratie zwei Vertreter seiner einstigen Spitzenmilitärs erneut die machtpolitisch zentralen Positionen besetzt hatten.

Locarno dagegen wies in jene Richtung, die ein Überleben der Republik hätte ermöglichen können. Gustav Stresemann war mit seinen

Ausgleichsbemühungen deshalb erfolgreich, weil sie im Gegensatz zum innenpolitischen Parteien- und Interessenpoker perspektivisch angelegt und dem Außenminister zudem die Grenzen des Möglichen bewußt waren. Mit der Vertragsunterzeichnung in Locarno kehrte Deutschland gleichberechtigt in den Kreis der europäischen Großmächte zurück, was im September 1926 durch die Aufnahme in den Völkerbund zusätzlich unterstrichen wurde. Im August 1928 einigten sich die Unterzeichner des Locarnovertrages in Den Haag auf den Briand-Kellogg-Pakt. Er verpflichtete sie dazu, »Krieg als Mittel für die Lösung internationaler Streitfälle« zu ächten. Ein großer Erfolg für das militärisch nach wie vor geschwächte Deutschland. 1929 führte schließlich der Youngplan (benannt nach Owen D. Young, einem amerikanischen Bankier, der eine in Paris tagende Sachverständigenkommission leitete) zu weiteren Verbesserungen in der Reparationsfrage. Frankreich akzeptierte zudem die vorzeitige Räumung des Rheinlandes bis zum 30. Juni 1930. Vor allem aber gewann Deutschland mit der Unterschrift unter dieses Abkommen seine wirtschaftspolitische Souveränität zurück.

Locarno und die Folgeverträge überwanden die politischen und öko-

Rückkehr in die Völkergemeinschaft: Gustav Stresemann auf der Konferenz in Locarno im Oktober 1925.

127

nomischen Lasten des Versailler Vertrages. Was die Rechtsradikalen keineswegs veranlaßte, ihre Angriffe auf die Republik zu dämpfen. Beim Volksbegehren über den Youngplan, das auf Initiative des Rechtskartells aus Hitler, Hugenbergs DNVP und »Stahlhelm« durchgeführt wurde, erreichte die Agitation ihren Höhepunkt. In einer großangelegten Diffamierungskampagne (»Gesetz gegen die Versklavung Deutschlands«) verlangten die radikalen Republikgegner die Streichung des Kriegsschuldartikels 231 und forderten in ihrem Gesetzentwurf, daß jeder (»Reichskanzler, Reichsminister und Bevollmächtigte«), der das Abkommen unterzeichne, mit Zuchthaushaft zu bestrafen sei. Das Volksbegehren fand keine Mehrheit, der Reichstag stimmte der Youngvereinbarung zu.

Aber dieser Erfolg konnte nicht darüber hinwegtäuschen, daß in der zentralen Auseinandersetzung des Jahres 1929 Hitler der politische Durchbruch gelungen war. Mit der Anti-Young-Kampagne stieg sein Bekanntheitsgrad weit über die bayerischen Grenzen hinaus, und da er sich dabei erstmals mit der DNVP verbündet hatte, wurde er auch in nationalkonservativen Kreisen »salonfähig«. Bei den Deutschnationalen hatte es 1928 ohnehin einen weiteren Rechtsruck gegeben. Der Weimarer Pressezar Alfred Hugenberg war Parteivorsitzender geworden und radikalisierte die Politik der DNVP, womit er den etwas maßvolleren Flügel provozierte, was wiederum zur Spaltung der Partei führte. Unterstützt von den Kampagnen seines mächtigen Medienimperiums, spielte der ehemalige Krupp-Direktor in den letzten Weimarer Jahren eine zerstörerische Rolle.

Wie labil die innenpolitische Situation tatsächlich auch in der sogenannten Stabilitätsphase der Republik war, bewiesen bereits viele »nationale« Debatten, die vor der Eskalation des Jahres 1929 das Land erschütterten. Das zweite Kabinett Luther beispielsweise stürzte über den sogenannten Flaggenstreit. Der Kanzler erklärte sich im April 1926 fahrlässigerweise einverstanden, daß neben der schwarz-rot-goldenen Flagge der Republik auch die Kaiserfarben – in Form der schwarz-weiß-roten Handelsflagge – offiziell verwendet werden durften. Nach heftigen Protesten seitens der Sozialdemokraten, des Zentrums und der DDP mußte Luther am 12. Mai zurücktreten.

Wenige Wochen zuvor hatte die Diskussion über die »Fürstenenteignung« die Gemüter erhitzt. Als die DDP beantragte, die seit 1918 diskutierte Frage der Vermögen ehemaliger deutscher Herrscherhäuser endlich gesetzlich zu regeln, initiierte die KPD einen Volksentscheid (dem sich die SPD anschloß) mit dem Ziel, den Besitz der Hocharistokratie entschädigungslos zu enteignen. Diese Forderung fand zwar keine Mehrheit in der Bevölkerung, aber sie spaltete ein weiteres Mal die Weimarer Gesellschaft.

So wurde den großen außenpolitischen Erfolgen und der wirtschaftlichen Konsolidierung zum Trotz die permanente Agitation der Radikalen – von der KPD bis zur DNVP und der NSDAP – zunehmend zu einer innenpolitischen Bürde, die sich am Ende als zu schwer erweisen sollte. Bei der Bildung der ersten Regierung Brüning im März 1930 wurden die Reichstagsparteien gar nicht mehr ernsthaft in die Verhandlungen mit einbezogen. Der Favorit des Reichspräsidenten und dieser selbst hatten den festen Willen, parlamentarische Entscheidungen auszuschließen. Bis zur Machtübernahme Hitlers war Deutschland von diesem Zeitpunkt an eine zunächst gedämpfte, dann offene Präsidialdiktatur.

Einen Hoffnungsschimmer stellte noch einmal die Reichstagswahl vom Mai 1928 dar. Sieger waren die Linksparteien, die DNVP und die bürgerlichen Parteien der Mitte mußten herbe Verluste hinnehmen. Die SPD war diesmal entschlossen, die Regierung zu führen. Kanzler wurde allerdings nicht der politisch starke, aber bereits gesundheitlich angeschlagene preußische Ministerpräsident Otto Braun (der kurz vorher einen glänzenden Landtagswahlsieg verbuchen konnte), sondern der integre, jedoch entscheidungsschwache Parteivorsitzende Hermann Müller. Langwierige Verhandlungen führten schließlich zur Bildung einer großen Koalition (SPD, DVP und DDP). Das Zentrum erhielt ein Ministerium.

Die Zeit dieser letzten parlamentarischen Weimarer Regierung stand vorrangig im Zeichen sozialpolitischer Auseinandersetzungen. Die Industrie versuchte massiv, Lohnpolitik und Arbeitszeitregelungen in ihrem Sinne zu verändern. Höhepunkt ihrer Aktivitäten war der »Ruhreisenstreit« im November 1928. Um in der Lohnfrage nach dem Ablauf eines Schiedsspruchs für die Eisenindustrie an der Ruhr eine deutliche Umkehr zu erreichen, provozierte die Industrie Regierung und Gewerkschaften mit der Kündigung von 230 000 Arbeitnehmern. Innenminister Severing vermittelte einen halbherzigen Kompromiß. Aber das Vorgehen des Unternehmerlagers zeigte, daß die Industrie nicht länger gewillt war, demokratische Verhältnisse, die ihre Ziele behinderten, zu tolerieren.

Die Gewerkschaften wiederum hatten auf dem ADGB-Kongreß von 1928 den Versuch unternommen, die sozialpolitischen Rückschläge durch die Konzeption einer »Wirtschaftsdemokratie« aufzufangen. Im Mittelpunkt ihrer Forderungen stand die Neugestaltung des Arbeitsrechts, insbesondere forderten sie paritätische Vertretungen der Arbeiterschaft in den Selbstverwaltungskörperschaften der Wirtschaft. Ein chancenloses Vorgehen, da die Gewerkschaften zu diesem Zeitpunkt durch einen starken Mitgliederschwund und die ständig steigenden Arbeitslosenzahlen machtpolitisch bereits außerordentlich geschwächt waren.

Das Kabinett Müller scheiterte vor allem an der Entwicklung der öffentlichen Finanzen, einem Weimarer Dauerthema. Durch die Gehaltserhöhungen für die Beamten wurden die Haushalte des Reiches, der Länder und der Kommunen stark belastet. Die langfristigen, öffentlichen Investitionen – es gab hier einen erheblichen Nachholbedarf – beruhten in beachtlichem Ausmaß auf kurzfristigen Auslandskrediten. Dies erforderte hohe Zinsrückstellungen. Sollten die Geldgeber ihre Kredite kündigen, drohte der öffentlichen Hand zudem ein Liquiditätsproblem. Anfang 1929 war bereits ein deutlicher konjunktureller Einbruch zu beobachten. Die Arbeitslosigkeit stieg, und die Steuereinnahmen sanken.

Die Industrie und ihre politischen Weggefährten verlangten von den Regierungen einschneidende Sparmaßnahmen. In Reichsbankpräsident Hjalmar Schacht, einem Finanzpolitiker mit politischen Ambitionen, der seine Amtsbefugnisse deutlich überschritt, fanden sie einen mächtigen (rechten) Verbündeten. Unmittelbarer Anlaß für das Ende der Regierung Müller war der Streit um die Erhöhung der Arbeitslosenversicherung (eine der bedeutendsten sozialpolitischen Errungenschaften Weimars). In Wahrheit aber war das sozialdemokratisch geführte Kabinett nicht mutig genug, die notwendigen und unpopulären finanzpolitischen Entscheidungen zu fällen. Nach den monatelangen regierungsinternen Querelen resignierte die SPD.

Sie war allerdings keineswegs die Alleinschuldige am Scheitern der großen Koalition. Hindenburg war nur so lange bereit, die SPD in Regierungsfunktion zu dulden, bis die anstehenden außenpolitischen Fragen parlamentarisch abgehakt waren. Mit der Ratifizierung des Youngvertrages durch den Reichstag am 18. März 1930 hatten die Sozialdemokraten aus Sicht des Reichspräsidenten und der bürgerlichen Rechten ihre Schuldigkeit getan. Hindenburg verweigerte der Regierung Müller bei der Überwindung der Haushaltsprobleme die Hilfe gemäß Artikel 48. In den Jahren der rechten Präsidialkabinette sollte er solche Skrupel nicht kennen und diesen Verfassungsartikel zum Regierungsinstrument machen. Der 27. März 1930 wurde zur Todesstunde der Republik: Mit der Regierung Hermann Müller trat das letzte parlamentarisch legitimierte Kabinett zurück.

Am Wendepunkt der politischen Geschichte Weimars hatte die später so vielbeschworene Moderne in der deutschen Kultur, die auch erhebliche gesellschaftspolitische Auswirkungen besaß, ihren Höhepunkt erreicht. Die ersten Nachkriegsjahre wurden noch vom Spätexpressionismus mit seinen utopischen und idealistischen Konzepten beherrscht. Wirklichkeitsfern verbündeten sich viele radikale Vertreter dieser Richtung mit den politischen Visionären einer Heilsrevolution, deren Ziel nicht nur eine gerechte, von Ausbeutung befreite Gesellschaft war, sondern auch die Schaffung des »neuen Menschen«, der an die Stelle des alten Adams treten sollte. In diesem Sinne schrieb zum Beispiel der Dramatiker Ernst Toller damals seine kurzzeitig sehr erfolgreichen Stücke. Gleichzeitig war er auch eine Führungsfigur im Kampf um die bayerische Räterepublik. »Oh-Mensch-Pathos« und kommunistische »Liebesbeschwörungen« füllten zahlreiche Artikel, Erzählungen oder Schauspiele, die den Sozialismus mit einer Religion verwechselten. Gustav Landauer, Leonhard Frank und sogar Ernst Bloch (»Mischung aus Marx und Gebet«) träumten vom Wiedereintritt in das verlorene Paradies, von der Rückkehr zur Natur, von der absoluten Freiheit des Individuums. »Der Proletarier befreit die Welt von der wirtschaftlichen Vergangenheit des Kapitalismus«, erklärte der Schriftsteller Ludwig Rubiner, »der Dichter befreit sie von der Gefühlsvergangenheit des Kapitalismus.«

Neue Sachlichkeit und eine zunehmende Orientierung an Amerika lösten diese Bewegung bald ab und führten zu einer klassenübergreifenden Kulturrevolution in der Gesellschaft. Musik, Theater, Romanliteratur und Baukunst nahmen die politischen und sozialen Strömungen auf, die die Nachkriegswelt zu bestimmen begannen. Die Kunst stellte sich auf den »Boden der Tatsachen«, und Amerika wurde zum Vorbild. Die neuen Zauberworte hießen »Taylorismus« und »Fordismus«. Der Ingenieur und Betriebsberater Frederick Winslow Taylor und der Autobauer Henry Ford hatten die Massenproduktion mit akribisch festgelegten, jede Handbewegung am Fließband vorgebenden Arbeitsvorgängen verändert. Rationalisierung und Verwissenschaftlichung der Betriebsführung waren die Folge. Fords Autobiographie wurde auch in Deutschland ein Bestseller. Seine Botschaft war so einfach wie verführerisch: Kapital und Arbeit finden zu einer Sozialpartnerschaft, strikte Rationalisierung führt zu einem Warenmassenangebot, die Zukunft bringt einen unaufhaltsamen Anstieg des Lebensstandards. Den Fortschritt und das Ende des Klassenkampfes verkündete der amerikanische Erzkapitalist – die verunsicherten, von politischen und ökonomischen Kämpfen heimgesuchten Deutschen hörten es gerne.

Die Faszination der vermeintlich fern aller Ideologie stehenden Versachlichung betriebswirtschaftlicher und technologischer Prozesse übertrug sich auch teilweise überaus fruchtbar auf die Kunst. Walter Gropius und Mies van der Rohe (Bauhaus), Bruno Taut und andere entwickelten die von Stahl- und Betonskeletten charakterisierten lichtdurchfluteten

Die deutsche Moderne: Licht und Fläche – das Bauhaus in Dessau, an dem Walther Gropius und Mies van der Rohe lehren.

Verwaltungsgebäude, bauten von Grünflächen durchbrochene Wohnsiedlungen. Am Bauhaus wurde ein Möbeldesign entworfen, das noch heute Bestand hat. Die Malerei – Otto Dix, Lyonel Feininger, George Grosz – entdeckte die Großstadtabgründe einer zwischen Verelendung und Rausch dahintaumelnden Nachkriegsgesellschaft. Die Musik fand in den neuen Opern, Symphonien und kammermusikalischen Kompositionen mit den Werken von Arnold Schönberg, Alban Berg, Franz Schreker oder Paul Hindemith zu neuen, unbekannten Klangstrukturen. Die Literatur entdeckte die Großstadt, das Kleinbürgertum, den Arbeiter. Alfred Döblins »Berlin Alexanderplatz«, Erich Kästners »Fabian«, Lion Feuchtwangers »Erfolg«, Anna Seghers' Erzählung »Der Aufstand der Fischer von St. Barbara« stehen für diese Richtung. Der Sport, die Unterhaltung, das Kino wurden zur klassenübergreifenden Freizeitbeschäftigung der Massen. In den Berliner Revuetheatern trafen sich der Generaldirektor und seine Sekretärin, der neueste Schlager begeisterte beide gleichermaßen. Jazz und Friedrich Hollaender, der Bubikopf und die schlankbeinigen Tiller-Girls, Fritzi Massary und Josephine Baker, der aktuellste Horrorfilm und das jüngste Radiohörspiel – die Kultur wurde »demokratisiert«. Die »Dreigroschenoper« von Brecht und Weill ist nicht mehr hehre Kunst, sondern geniale Trivialisierung.

Das alles war Berlin, vielleicht noch München, Hamburg oder Hannover. Anderswo sah es erheblich konservativer aus. Die Republik war auch kulturell häufig mehr Chaos als Kontinuität. Was den bis heute anhaltenden legendären Ruf der »Golden Twenties« begründete, meint die Avantgarde. Den Alltag an den Theatern, auf dem Buchmarkt oder in der Architektur bestimmte weit mehr das Mittelmaß.

Es gab auch nicht »die« Kunst. Neben Expressionismus, Dadaismus, Konstruktivismus oder der Neuen Sachlichkeit – die sich vielfach vermischten – standen die eindeutig politisch akzentuierten Kunstwerke. Teile der linken intellektuellen Elite stellten sich in den Dienst der KPD. Erwin Piscators Proletarisches Theater, Brechts erste Lehrstückversuche, die zahlreichen Agitprop-Schauspieltruppen weisen in diese Richtung. Zu den wirkungsvollsten Büchern der Zeit gehörte jedoch Oswald Spenglers »Der Untergang des Abendlandes« (1918–1922), eine rückwärts gewandte Verdammung der Moderne. Ernst Jüngers »Stahlgewitter« (1920) ästhetisierte den Krieg, Heideggers Philosophie oder Carl Schmitts Verfassungslehre blieben demokratieverächtlich.

Die Rechte und vor allem die Nationalsozialisten instrumentalisierten den Modernisierungsschock, den die Weimarer Kultur auslöste, für die eigene Machtpolitik. Früh begann, was später in eine Kulturhetze gegen die »entartete Kunst« mündete. Als Erich Maria Remarque seinen Antikriegsroman »Im Westen nichts Neues« 1929 veröffentlichte, waren bald über eine Million Exemplare in Deutschland verkauft. Gegen die Vorführung der Hollywoodverfilmung 1930 in deutschen Kinos inszenierte der Berliner Nazigauleiter Joseph Goebbels Massenkundgebungen in der Hauptstadt. Vorstellungen wurden gewaltsam gestört, der Film zeitweise verboten – die Republik ging in die Knie. Resigniert schrieb Carl von Ossietzky in der »Weltbühne«: »Der Faschismus hat seinen ersten großen Sieg nach dem 14. September (der Wahl, die die NSDAP zur stärksten Reichstagsfraktion aufsteigen ließ) errungen.«

Entscheidender für die Befindlichkeit der Weimarer Gesellschaft als die künstlerische Moderne war die Entwicklung der Medien. Das Radio begann seinen Triumphzug 1923, doch im Gegensatz zum öffentlich-rechtlichen Rundfunk in der Bundesrepublik, stand es in den Weimarer Jahren unter der Aufsicht des Staates. Vor allem nach 1930 gewannen die Republikgegner großen Einfluß auf das neue, bald überaus populäre Informations- und Unterhaltungsmedium. Hitler wußte es wie kein anderer für seine Wahlpropaganda zu nutzen.

»Deutschland ein Wintermärchen« (1918): Der Maler George Grosz geißelt in seinen Bildern die Kräfte des Untergangs: Kirche, Militär und Kapital.

Die Presse erlebte mit dem offiziellen Wegfall der Zensur in den zwanziger Jahren eine neue Vielfalt und damit eine bislang unbekannte politische Dimension. Zentrum der deutschen Zeitungswelt war Berlin. Hier erschienen die Blätter der Verlagshäuser Ullstein und Mosse. Ihre Flaggschiffe waren die großen liberalen Tageszeitungen »Berliner Tageblatt« und »Vossische Zeitung«, wenngleich sie ihr Geld mit den Boulevardblättern und Publikumszeitschriften verdienten, die in Massenauflagen den Markt überschwemmten. In der Main-Metropole wurde die vielbeachtete liberale »Frankfurter Zeitung« gedruckt. Wesentlich wirksamer für die breite politische Meinungsbildung als diese Morgenlektüre des gehobenen Bürgertums waren jedoch die vielen Regionalzeitungen. Einer der mächtigsten Medienmänner war Alfred Hugenberg, Leiter des Scherl-Verlages und Mehrheitsaktionär der Ufa-Filmgesellschaft. Der deutschnationale Politiker nutzte diese Position massiv für seinen Kampf gegen die Republik. Da unter seiner Regie auch ein Materndienst – der seinen Abonnenten aufbereitete Informationen aus Politik, Wirtschaft, Kultur und Sport lieferte – aufgebaut wurde, auf den die meist auflagenschwachen Zeitungen in den deutschen Provinzen angewiesen waren, reichte Hugenbergs Einfluß weit über die eigenen Medien hinaus.

Berühmte Wochenzeitschriften wie die »Weltbühne«, in der die linksintellektuelle Elite unter der Leitung von Kurt Tucholsky und dann Carl von Ossietzky schrieb, oder das von Leopold Schwarzschild geleitete linksbürgerliche »Tagebuch« riefen zwar häufig die Staatsanwaltschaft auf den Plan, die Abonnentenzahlen blieben hingegen äußerst gering. Dem KPD-Politiker und Publizisten Willi Münzenberg gelang es, ein beachtliches kommunistisches Zeitungsimperium aufzubauen. Und die Nationalsozialisten besaßen schon in den frühen zwanziger Jahren dank der Hilfe finanzstarker Förderer eigene Zeitungen. Der »Völkische Beobachter« nahm hier schon bald eine Führungsrolle ein. Die Parteipresse hatte damals ohnehin Konjunktur. Für die SPD waren der »Vorwärts«, für die Deutschnationalen die »Deutsche Allgemeine Zeitung« und für die KPD »Die rote Fahne« wichtige ideologische Informationsvermittler.

Die Entwicklung und der Einfluß der Medien lassen sich als weiteres Indiz dafür heranziehen, daß in Deutschland nach 1918 eine Massengesellschaft entstanden war. Die Auflagen gingen in die Millionen, und die Parteien erlebten erstmals in diesem Ausmaß ein öffentliches Echo auf ihr Handeln. Ab 1930 erwies es sich als folgenreich, daß nicht nur die Intellektuellen, sondern auch die Medienmacher zunehmend resignierten oder immer anfälliger für die antidemokratische Propaganda der Republikfeinde wurden. Selbst die liberalen jüdischen Verlagsleiter bei Ullstein oder Mosse wichen vor der Agitation der Radikalen zurück, machten Druck auf ihre Redaktionen, sich vorsichtig über die autoritären politischen Entwicklungen im Land zu äußern. Angesichts der Bankenzusammenbrüche, der Arbeitslosenschlangen, der zunehmenden Straßenkämpfe und der Hilflosigkeit der demokratischen Parteien wuchs auch bei den Intellektuellen das Krisengefühl. Nicht nur im Kreis um die rechtsnationale Zeitschrift »Die Tat« wurden politische Gesellschaftsmodelle entwickelt, die in dunkelste vordemokratische Vergangenheit wiesen. Die linke Geisteselite hingegen verlor sich in utopischen Visionen einer Einheitsfront der Arbeiterparteien, und nicht wenige Mitarbeiter in Rundfunk- und Zeitungsredaktionen oder im Kunstbetrieb der Republik setzten auf eine neue Zeit und ihre Verkünder.

Weimar ist nicht an seinen Intellektuellen zerbrochen, wie einige Historiker mit Blick auf die »Weltbühne« oder die Debatten in den Schriftstellerakademien konstatieren. Selbst rechte Propheten wie Ernst Jünger oder Carl Schmitt besaßen nur einen begrenzten Einfluß auf das Denken der Massen und das Handeln der Politiker. Für Journalisten wie Carl von Ossietzky, Kurt Tucholsky, Theodor Wolff und Georg Bernhard oder linksliberale (zumindest die Republik bejahende) Schriftsteller wie Heinrich und Thomas Mann, Lion Feuchtwanger, Alfred Döblin und Arnold Zweig gilt, daß sie vieles hellsichtig analysierten und voraussahen. Ihr Irrtum war Hitler, den sie fast alle unterschätzten. Die hier nur stellvertretend für viele Genannten trafen sich bald im Exil wieder, ihre Bücher wurden verbrannt. Andere, wie beispielsweise Carl von Ossietzky oder Erich Mühsam, wurden im Dritten Reich ermordet. Selbst der fünfundsiebzigjährige Theodor Wolff wurde 1943 aus seinem französischen Exil in ein deutsches Konzentrationslager verschleppt.

5. Die Katastrophe (1930-1933)

Die politische Geschichte des Untergangs der Republik läßt sich in zwei Abschnitte aufteilen. Mit der Kanzlerschaft von Heinrich Brüning begann im Frühjahr 1930 die offene Phase der Präsidialkabinette. Waren bis dahin die Eingriffe des Reichspräsidenten auf die Regierungsbildung noch verdeckt erfolgt, blieb jetzt der Reichstag offiziell ausgeschaltet, wenngleich Brüning noch bemüht war, den demokratischen Schein aufrechtzuerhalten, und versuchte, die Parteien zu stillschweigender Tolerierung oder bei einzelnen Entscheidungen sogar zur Zustimmung zu gewinnen. Im Mai 1932 folgten Franz von Papen und das »Kabinett der Barone« und damit die Präsidialdiktatur. Papen stieß im Reichstag und in der Bevölkerung auf eine überwältigende Ablehnung. Der »Herrenreiter« war zum Erfüllungsgehilfen des Kreises um den Reichspräsidenten geworden, und er scheute auch nicht vor in der Öffentlichkeit klar erkennbaren Verfassungsbrüchen – etwa bei der Absetzung der preußischen Regierung – zurück.

Die entscheidende Figur im Schlußakt der Weimarer Republik war ein fünfundachtzigjähriger Greis. Hindenburg hatte die Rolle des Diktators übernommen. Er ernannte nicht nur – wie bisher – die Kanzler, sondern griff nun auch ohne Skrupel bei der Auswahl von Ministern oder bei Gesetzesvorhaben der Regierung energisch ein, was ebenfalls einen Verfassungsbruch darstellte. Diese Vorgehensweise war zwar nicht ganz neu, nahm aber nunmehr Ausmaße an, die alle demokratischen Dimensionen sprengte. Wie bereits erwähnt, konnte Hindenburg unter Berufung auf Artikel 48 mit der Auflösung des Reichstags drohen und damit Neuwahlen heraufbeschwören (was die Position der demokratischen Parteien angesichts der Stimmung im Land mit Sicherheit geschwächt und die Nationalsozialisten gestärkt hätte) oder bei einem ihm unliebsamen Vorhaben des Kanzlers seine dafür unerläßliche Unterschrift unter eine Notverordnung verweigern. Ab 1930 nutzte er diese Möglichkeiten rücksichtslos aus. Die Reichswehr, Teile der Industrie und vor allem der »Reichsbund«, die Vertretung der ostelbischen Großgrundbesitzer, gewannen zunehmend über ihre guten Beziehungen zum Reichspräsidenten einen von der Verfassung nicht mehr gedeckten Einfluß auf die politischen Entscheidungen.

Die Parteien waren aus dem Spiel. Den Sozialdemokraten wurde jede Mitbestimmungschance bewußt versagt, und die bürgerlich-liberalen Gruppierungen führten angesichts ihrer Wahlverluste ein Schattendasein. Die Deutschnationalen, ebenfalls von einer Wählerflucht betroffen, forderten unter Hugenbergs Führung nur noch das Ende der Demokratie.

Gewinner in diesen Jahren waren die Rechts- und Linksradikalen.

Vor allem der Aufstieg der Nationalsozialisten führte zu einer tiefgreifenden Veränderung der politischen Landschaft. Bereits bei der Wahl am 14. September 1930 kam es zu einem politischen Erdrutsch. NSDAP und KPD – also die beiden Parteien, die den Parlamentarismus ohne Wenn und Aber ablehnten – erreichten zusammen 31,4 Prozent. Im Juli 1932 errangen sie sogar mit insgesamt 51,7 Prozent eine Mehrheit im Reichstag. Die NSDAP stellte von diesem Zeitpunkt an die stärkste Fraktion und mit Hermann Göring den Reichstagspräsidenten. Sechs Monate später übergab Hindenburg das Kanzleramt an Adolf Hitler.

In der Geschichtsschreibung ist vielfach von der »legalen« Machtübernahme Hitlers die Rede gewesen. Formal ist das insofern richtig, als schon seine drei Vorgänger nicht aufgrund der Mehrheitsverhältnisse im Reichstag, sondern allein durch die Entscheidung des Reichspräsidenten ins Amt gekommen waren. In den zwanziger Jahren hingegen mußten die Kanzler sich noch Mehrheiten suchen, und auch Minderheitsregierungen waren vom Wohlwollen einer ausreichenden Zahl der Oppositionsabgeordneten bei ihren Gesetzesvorhaben abhängig. Hindenburg und seine Kanzler Brüning, von Papen und Schleicher brachen die Weimarer Verfassung, um die parlamentarischen Kräfte auszuschalten. Der autoritäre Staat stand lange vor dem 30. Januar 1933 auf dem Programm des Reichspräsidenten und der mächtigen gesellschaftlichen Organisationen, die ihn beeinflußten. Die Verbände, die Reichstagsparteien (selbst Teile der SPD kamen am Ende ins Schwanken) und auch die Mehrheit der Wähler hatten die Demokratie aufgegeben. Sie alle handelten mit Blick auf die Verfassung nicht mehr »legal«. Denn sie duldeten die einseitige Interpretation einiger ihrer Bestimmungen und öffneten damit dem politischen Machtmißbrauch Tür und Tor. Die Deutschen haben damals – um eine Formulierung Hans Mommsens aufzunehmen – ihre Freiheit verspielt. Sie akzeptierten Hitler und bald auch seinen diktatorischen Führungsstil, weil ihnen von den radikalen und konservativen Kräften schon in den Jahren zuvor der Weg dorthin als einzige Lösung der Probleme eingeredet worden war. Hitler wurde der Vollstrecker all dieser abstrusen, demokratiefeindlichen und von ungebremsten Gruppeninteressen gesteuerten Ideen, die schließlich auch im Volk eine Mehrheit fanden.

Der Anfang vom Ende begann nur drei Tage nach dem Rücktritt der Regierung Hermann Müller. Hindenburg berief am 30. März 1930 den

Zentrumspolitiker Heinrich Brüning zum Kanzler. In seiner Person fand der Reichspräsident einen Politiker, der seinen Vorstellungen perfekt entsprach: Monarchist, ehemaliger Frontoffizier, ein asketischer Junggeselle und wilhelminischer Patriot. Das Verhältnis zwischen dem einstigen Oberbefehlshaber im Präsidentenamt und seinem Kanzler empfanden beide wie einst im Feld: Brüning war der Truppenführer und Hindenburg der General.

Über Brünings Amtszeit lagen die tiefen Schatten der Weltwirtschaftskrise. Am »schwarzen Freitag«, dem 29. Oktober 1929, fielen an der New Yorker Börse die Aktienkurse ins Bodenlose. Es war der Schlußpunkt einer überhitzten Spekulationswelle und der Beginn eines weltweiten Konjunkturdebakels. Kaum ein Land wurde von einschneidenden Produktionsrückgängen, hoher Arbeitslosigkeit und Firmenzusammenbrüchen verschont. Panik hatte die Finanzwelt ergriffen. Dem wirtschaftlichen Desaster folgten politische Krisen, die vielerorts zu faschistischen Regimes oder Militärdiktaturen führten. Sogar in den übrigen westlichen Demokratien wuchsen die Selbstzweifel, und die Anhänger autoritärer Staatsstrukturen erhielten beachtlichen Zulauf, wenngleich der Parlamentarismus hier nie ernsthaft gefährdet war.

Deutschland wurde besonders hart getroffen, da die öffentlichen Haushalte ohnehin auf schwankendem Grund standen. Weimar erlebte nach 1924 nur eine Scheinprosperität, was nun allzu deutlich sichtbar wurde. Im Mai 1931 mußte die »Österreichische Credit-Anstalt« ihre Tore schließen, im Juli brach die »Darmstädter und Nationalbank« zusammen. Es folgte eine allgemeine Bankenkrise. Ausländische Kreditgeber zogen ihr Geld zurück, und die Devisenabflüsse drohten die deutsche Währung erneut zu ruinieren. 1932 erreichte die Arbeitslosigkeit mit über sechs Millionen Betroffenen ihren Höhepunkt.

Brüning begegnete den ökonomischen und finanziellen Einbrüchen mit einer konsequenten Deflationspolitik. Die Beamtengehälter und die Arbeitslosenunterstützung wurden mehrfach gekürzt, die öffentlichen Haushalte einer drastischen Sparpolitik unterworfen. Am 5. Juni 1931 unterzeichnete der Reichspräsident eine Notverordnung, deren soziale Härte auf heftigsten politischen Widerstand stieß.

Brünings Deflationsmaßnahmen sind mit Recht in der Geschichtsschreibung überwiegend kritisch beurteilt worden. Heute wissen wir, daß Konjunkturkrisen mit einer antizyklischen Wirtschafts-, Finanz- und Geldpolitik zu bekämpfen sind. Sinkendes Wachstum und steigende Arbeitslosigkeit erfordern eine Erhöhung der Staatsausgaben, um die Nachfrage und damit die Wirschaft anzukurbeln, sinkende Zinsen bieten in einer solchen volkswirtschaftlichen Situation die notwendigen Investitionsanreize. Um die nach dem Kollaps der Geldinstitute stark ansteigenden Devisenabflüsse zu stoppen, erhöhte die Reichsbank jedoch den Diskontsatz von 5 auf 7 Prozent, was sich als Gift für die Konjunktur erweisen sollte.

Damals folgte Brüning mit seiner strengen Sparpolitik der herrschenden Meinung in der Wirtschaftstheorie. Nur eine Minderheit unter den Volkswirten und Wirtschaftspraktikern sah in staatlichen Arbeitsbeschaffungsprogrammen, Zinssenkungen und defizitären Staatshaushalten den rettenden Ausweg. Hinzu kam, daß die Deutschen noch unter dem Eindruck der Inflation von 1923 standen. Höhere Staatsausgaben riefen den Protest nahezu aller Parteien auf den Plan, abgesehen von den radikalen Kräften. Auch die Sozialdemokraten blieben in dieser Frage aufgrund der Eindrücke von der erst wenige Jahre zuvor überwundenen Hyperinflation blockiert. Sie kritisierten die Notverordnung vom Juni 1931 zwar scharf, standen aber lange in der Haushaltspolitik an der Seite Brünings.

Der Kanzler ging jedoch noch weiter. Er wollte die Konjunkturpolitik für die angestrebten außenpolitischen Ziele instrumentalisieren. Um das vorzeitige Ende der Reparationszahlungen durchzusetzen, riskierte Brüning den Zusammenbruch der deutschen Wirtschaft. Selbst als die Arbeitslosenzahlen Anfang 1932 die Sechsmillionengrenze überschritten und die Firmenkonkurse neue Rekordziffern erreichten, hielt er mit kaum noch nachvollziehbarer Sturheit an seiner Deflationspolitik fest. Dringend notwendige Auslandsanleihen, die möglich gewesen wären, blieben aus, weil der Kanzler die Alliierten mit Hinweis auf die Verelendung in Deutschland in der Reparationsfrage zu erpressen versuchte. Frankreich konnte außerdem nicht übersehen, daß mit Brünings Kanzlerschaft die deutsche Politik auch in der Rüstungsfrage und bei der Diskussion um die Ostgrenzen die geduldige außenpolitische Linie Stresemanns verlassen und einen verschärften Revisionskurs eingeschlagen hatte.

Die Vermischung von nationaler Wirtschaftspolitik und internationalem Konfrontationskurs stieß auf den wachsenden Widerstand der SPD. Was im Grunde Brüning entgegenkam. Er plante eine innenpolitische Wende nach rechts und suchte seine Verbündeten im Lager der

DNVP und der DVP. Nach dem großen Wahlsieg der Nationalsozialisten im Juni 1930 hatte der Zentrumskanzler selbst ihnen gegenüber keine Berührungsängste und knüpfte Kontakte zu Hitler und anderen führenden NSDAP-Politikern.

Hindenburg unterstützte diese Politik. Seine Hoffnungen setzte er auf eine vollständige Ausschaltung der SPD und ein rechtes Präsidialkabinett. In diesen Jahren begannen auch im rechten Parteienspektrum die parteiinternen Debatten um ein Neuformulierung der Verfassung. Die Richtung war klar: Der autoritäre Obrigkeitsstaat war das Ziel, in dem der Parlamentarismus nur noch eine dekorative Rolle zu spielen hatte.

Mitte 1931 stand das Land kurz vor dem finanziellen Ruin. Die Reichsbank plante einschneidende Kreditrestriktionen und hoffte auf Geld der Bank von England. Als dies ausblieb, befand sich Deutschland am Rande des Staatbankrotts. Den rettenden Ausweg bot eine Nachricht aus den USA: Präsident Hoover schlug ein einjähriges Moratorium für alle staatlichen Auslandsschulden vor. Es schien so, als habe Brünings Katastrophenpolitik den erwünschten Erfolg gebracht. Mit Hoovers Initiative wurde ein neues Kapitel in der Reparationsfrage aufgeschlagen.

Brüning verspielte jedoch die befreiende Wirkung dieses amerikanischen Vorschlages, weil er ihn in der Öffentlichkeit bewußt abkanzelte und sein Alles-oder-Nichts-Poker – die rasche und vollständige Beseitigung der Reparationen – weiterzutreiben versuchte. Das Hoover-Moratorium fand in Deutschland ein breites positives Echo, und es hätte sich auch psychologisch hilfreich auf die Konjunkturentwicklung auswirken können. Aber Brüning mangelte es an Geduld und an langem Atem, die staatsmännische Kunst nun einmal auszeichnen. Er wollte zu schnell zu viel. Und er setzte auf die nationale Karte, die Deutschland schon so oft ins Unglück gestürzt hatte.

Als Brüning die Macht bereits verloren hatte, einigte man sich auf der Konferenz von Lausanne im Juli 1932 tatsächlich auf die Einstellung der deutschen Reparationszahlungen. Aber der Preis war zu hoch. Brünings Politik hatte das Land radikalisiert und den Weg für die Eroberung des Staates durch die Republikgegner geebnet. Gewinner waren die Nationalsozialisten, die zum bestimmenden innenpolitischen Faktor wurden, und die Kommunisten, die infolge des wachsenden Massenelends einen beträchtlichen Zulauf verzeichnen konnten. Bei der Wahl im Juli 1932

Auf dem Weg in den autoritären Staat: Reichskanzler Heinrich Brüning regiert ohne den Reichstag und bleibt von Hindenburgs Zustimmung abhängig.

wurde die NSDAP stärkste Partei im Reichstag (37,4 Prozent), und die KPD rückte mit 14,3 Prozent beängstigend nahe an die SPD heran. Verlierer der Brüningschen Politik waren die deutsche Demokratie und die unzähligen Menschen, die um Arbeit und Brot bangten.

Die Lähmung der SPD in diesen Jahren war nicht zuletzt auf die Situation in Preußen zurückzuführen. Hier regierte Otto Braun in einer Koalition mit dem Zentrum. Das größte Land im Reich war nach wie vor eine demokratische Insel in der wankenden Republik. Ein Ausscheiden aus der preußischen Regierung hätte der SPD ihre letzte Machtposition genommen. Dem Zentrumsmann Brüning gelang es immer wieder, die Sozialdemokraten im Reichstag mit der Drohung eines Koalitionsbruchs in Preußen von einer radikalen Oppositionsrolle abzuhalten. Das wiederum stieß angesichts der sozialen Verelendung bei den eigenen Wählern auf Unverständnis. Die Kommunisten nutzten die Gunst der Stunde und fanden mit ihren Angriffen auf die »Sozialfaschisten«, die Brüning nicht in breiter Front entgegentraten, in der Arbeiterschaft beträchtlichen Widerhall. Die SPD stand ab 1930 vor einem strategischen Dilemma.

Die Rechte wußte, daß Preußen geschleift werden mußte, sollte die Sozialdemokratie endgültig aus dem Weimarer Machtspiel ausgegrenzt werden. DNVP und DVP, aber auch zunehmend das Zentrum versuchten daher über die Reichspolitik, Otto Braun und sein Kabinett auszuhebeln. Sie fanden dabei sowohl in der Person Hindenburgs als auch bei den Kommunisten und den ostelbischen Junkern bereitwillige Verbündete. Nichts könnte das Untergangsszenario der Republik besser charakterisieren als diese unausgesprochenen Bündnisse ideologisch tief verfeindeter Lager. Das nahende Ende der Republik spiegelte sich auch auf den Plätzen und Straßen wider. Blutige Unruhen begannen wieder den deutschen Alltag zu beherrschen. Kommunisten und Nazis lieferten sich Saalschlachten oder machten mit Märschen durch die Hochburgen ihrer Gegner ganze Stadtviertel zum Kampfplatz. Ihren Höhepunkt erreichten diese gewalttätigen und viele Todesopfer fordernden Auseinandersetzungen im Reichstagswahlkampf von 1932.

Brüning stürzte, als er das Vertrauen Hindenburgs verlor. Schon im Oktober 1931 hatte der Kanzler eine neue Regierung bilden müssen, was ihm aber nur einen kurzen Zeitgewinn brachte. Der Kreis um den Reichspräsidenten begann nun intensiv einen intriganten Feldzug gegen den Kanzler. Brüning war ihnen mit seinen Versuchen, die SPD nicht völlig auszugrenzen, immer noch zu sehr systemfixiert. In Bad Harzburg ließ die nationalistische Rechte am 11. Oktober 1931 ihre Truppen aufmarschieren und verband sich zu einer Front gegen Brüning. Neben Hitler fand sich in Harzburg alles zusammen, was Einfluß auf Hindenburg hatte.

Es rettete Brüning auch nicht mehr, daß er sich mit großem Engagement bei der Reichspräsidentenwahl im April 1932 für Hindenburg einsetzte. Der bisherige Amtsinhaber siegte zwar, aber er verdankte seine Wiederwahl vor allem der ungeliebten SPD, die ihre Anhänger zur Stimmabgabe für den erzkonservativen Kandidaten aufrief. Die Alternative wäre Adolf Hitler gewesen, der sich nach einigem Zögern ebenfalls zur Wahl stellte. Die KPD schickte erneut den chancenlosen Ernst Thälmann ins Rennen. Es kränkte Hindenburg tief, daß ihm die geistig-politisch so nahen Freunde in der DNVP und im »Stahlhelm« beim ersten Wahlgang ihre Zustimmung verweigerten und sich für einen eigenen Kandidaten (den stellvertretenden »Stahlhelm«-Vorsitzenden Carl Duisberg) entschieden.

Am 30. Mai 1932 entließ der Reichspräsident seinen treuen Vasallen. Der Abschied war kurz und brüsk. Brüning scheiterte, weil seine Deflationspolitik seit Herbst 1931 auf keinen gesellschaftlichen Konsens mehr stieß und weil er für Hindenburg und die Nationalisten den Durchmarsch nach rechts nicht in der von ihnen erwarteten Konsequenz vollzogen hatte. Die Fäden, die zum Kanzlerwechsel führten, hatten die ostelbischen Gutsnachbarn und die Reichswehr gezogen. Die Armee war ab 1930 zu einer wichtigen Stütze des Präsidialsystems geworden. Eine entscheidende Rolle spielte dabei Reichswehrminister Kurt von Schleicher, ein Berufsoffizier mit hohen politischen Ambitionen. Schleicher besaß bei Hindenburg eine Vertrauensstellung, und wie dieser forderte er eine Wendung der Regierung nach rechts. Nur so, glaubte er, sei die Hitlerpartei zu stoppen.

Schleicher brachte als Nachfolger Brünings den Sproß aus katholisch-westfälischem Uradel, Franz von Papen, ins Spiel. Der für dieses Amt völlig ungeeignete einstige Kavallerieoffizier war Mitglied des ultrakonservativen Herrenclubs und gehörte dem rechten Zentrumflügel an. Papen war ein äußerst beschränkter, intriganter Mann, vermochte jedoch mit seinem Charme den Reichspräsidenten zu bestechen und bildete Ende Mai 1932 ein »Kabinett der nationalen Konzentration«.

Hinter Papens Regierungsprogramm stand im Reichstag und in der Bevölkerung nur noch eine verschwindende Minderheit aus dem konservativen Spektrum. Als seine Hauptaufgabe sah der neue Kanzler die Überführung der Republik in einen ständischen Obrigkeitsstaat. Er hob das noch unter Brüning ausgesprochene Verbot der SA auf, was zu einem enormen Anstieg der Gewalt auf der Straße führte. Im Juli 1932 setzte er einen Reichskommissar für Preußen ein und entließ das Kabinett Otto Braun. Die Begründung – die preußische Regierung sei nicht in der Lage, die Ordnung im Land aufrechtzuerhalten – war an den Haaren herbeigezogen. Der »Preußen-Schlag« war ein von Hindenburg und der konservativen Rechten gebilligter Staatsstreich. Die Berliner SPD-Führung nahm die Entmachtung ihrer Genossen hin, auch der gesundheitlich angeschlagene Ministerpräsident Otto Braun und Innenminister Severing räumten kampflos ihre Ministerien. Die SPD befürchtete einen Bürgerkrieg, vor dem die »legalistische« Sozialdemokratie zurückschreckte.

Nicht nur die Kommunisten kritisierten das Verhalten der SPD scharf. Aber die Macht im Staate lag nicht mehr – wie in der Zeit des Kapp-Putsches – bei den Sozialdemokraten oder den Gewerkschaften. Die Reichswehr stand im Sommer 1932 Gewehr bei Fuß, um jeden Versuch eines Generalstreiks (der angesichts des Millionenheeres der Arbeitslosen ohnehin illusionär war) oder des gewalttätigen Widerstandes gegen die Regierung Papen zu unterdrücken. Die SA, neben der Armee die inzwischen stärkste militärisch organisierte Vereinigung im Land, wartete nur darauf, gegen die Linke loszuschlagen. Die Republik hatte nicht mehr genug Republikaner, um sich verteidigen zu können.

Der Endkampf fand unter der Rechten statt. Hindenburg brauchte für eine stabile Rechtsregierung die Deutschnationalen, um die Ansprüche der Nationalsozialisten auf die Kabinettsführung abwehren zu können. Hugenberg forderte für sich selbst das Kanzleramt, das ihm Hindenburg nicht geben wollte. Bei den Landtagswahlen im April 1932 (Preußen, Bayern, Württemberg, Anhalt und Hamburg) errang Hitler überall große Stimmengewinne. Die Reichstagswahl im Juli bestätigte diesen Trend. Papen wiederum hatte nur noch Hindenburg und Teile der Großindustrie hinter sich, die Wähler hatten ihm mit ihrem Votum eine schallende Ohrfeige versetzt, und im Reichstag mangelte es seinem Kabinett an jeglichem Rückhalt – das Problem des Reichspräsidenten, der an Papen festhalten wollte, war, daß keine Weimarer Regierung je so unpopulär gewesen war wie das »Kabinett der Barone«.

Hitler begann sein Vabanquespiel. Bei mehreren Treffen mit Hindenburg – das erste fand im Spätsommer 1932 statt – forderte er stets die ganze Macht. Er warb und drohte, aber der Reichspräsident verweigerte ihm seine Zustimmung. Der Greis war wohl weniger gegen die politischen Ansichten seines Gesprächspartners eingestellt als gegen die Person. Mit dem Hochmut des hohen Militärs verachtete er den »böhmischen Gefreiten«, der so gerne Kanzler werden wollte. In einigen amtlichen Mitteilungen über diese Gespräche desavouierte Hindenburg den »Führer« auf beispiellose Weise. Hindenburg empfing Hitler überhaupt nur, weil Reichswehrminister von Schleicher eine überraschende Kehrtwendung vollzogen hatte. Bei einem Treffen am 6. August hatte Hitler ihn davon überzeugt, daß nur eine Regierungsübernahme seitens der Nationalsozialisten die verfahrene politische Situation klären könnte.

Papen versuchte sich seinerseits durch eine radikale Wende in der

Wirtschaftspolitik vor dem Sturz zu retten. Mit Steuergutscheinen für Unternehmen sollte die Wirtschaft angekurbelt werden. Ein richtiger Schritt. Erste Meldungen berichteten zudem über eine erkennbare Erholung der Weltwirtschaft. Aber es war zu spät. Schleicher hatte Hindenburg überzeugen können, daß der unpopuläre Papen ohne Verbündete dastand. Am 12. September endete ein Mißtrauensvotum im Reichstag mit einem Desaster für die Regierung. Papen, der zur Verhinderung der Abstimmung noch eine Auflösungsorder Hindenburgs präsentierte, wurde von Reichstagspräsident Göring ausgetrickst, indem dieser den wild gestikulierenden und sich zu Wort meldenden Kanzler schlichtweg übersah. Die Niederlage war eklatant, und die Wahl im November bestätigte einmal mehr, daß Papen vollständig isoliert war.

Die Nationalsozialisten mußten zwar erhebliche Einbußen hinnehmen, blieben jedoch stärkste Reichstagsfraktion. Hitler war gezwungen zu handeln, sollten ihm angesichts einer sich abzeichnenden ersten wirtschaftlichen Erholung die Felle nicht davonschwimmen, und Schleicher sah in dem Wahlergebnis eine Chance für neue gesellschaftliche Bündnisse, um die Dominanz der NSDAP bei einer Regierungsbeteiligung zu verhindern. Papen mußte gehen, sein Kabinettskollege Schleicher übernahm am 1. Dezember das Kanzleramt.

Schleichers Plan war es, einen Pakt zwischen Reichswehr, den Gewerkschaften und dem Strasserflügel in der NSDAP zu schmieden. Gregor Strasser, der Reichsorganisationsleiter der Nationalsozialisten, nahm den Begriff »sozialistisch« im Parteinamen ernst. Er drängte Hitler schon seit geraumer Zeit zu Kompromissen in der Frage der Regierungsbildung. Wegen der Verluste bei der Novemberwahl war er darüber hinaus der festen Überzeugung, daß die Nationalsozialisten zuviel aufs Spiel setzten, wenn sie weiterhin alles oder nichts forderten.

Die Gewerkschaften wiederum hatten sich schon seit einer Weile von der SPD entfernt. Sie standen einer Änderung der Verfassung und einem autoritären System nicht mehr völlig ablehnend gegenüber. Gespräche mit der Gewerkschaftsführung verstärkten Schleichers Hoffnung, sein neues Bündnis realisieren zu können. Ein fataler Irrtum. Strasser scheiterte an der Entschlossenheit Hitlers und mußte hilflos seine innerparteiliche Entmachtung hinnehmen. Die Wahl im zweitkleinsten Land der Republik, in Lippe-Detmold, hatte der NSDAP am 15. Januar Stimmengewinne gebracht, die sie propagandistisch zu einem gewaltigen Sieg hochstilisierte. Hitlers Position in der Partei, die

*Die politischen
Spieler: Franz von
Papen und Kurt von
Schleicher öffnen
Hitler den Weg zur
Kanzlerschaft.*

nach den vorangegangenen Wahleinbrüchen zur Diskussion stand, war erneut unantastbar geworden. Einen Tag nach dieser Landtagswahl rechnete Hitler auf der Gauleitertagung in Weimar gnadenlos mit Strasser ab. Da auch die Gewerkschaften Schleichers Vorschlägen nicht folgen wollten, war der Kanzler nur wenige Wochen nach seiner Amtsübernahme bereits am Ende.

Papen hatte inzwischen die Zeit genutzt und bei Hindenburg für Hitler geworben. Es blieb im Grunde nur die Machtübergabe an den »Führer« oder der Staatsnotstand, also die Auflösung des Reichstages und eine verfassungswidrige Verschiebung der Wahl. Hindenburg weigerte sich, Schleicher diesen Ausweg zu ermöglichen. Vielleicht war seine Entscheidung davon beeinflußt, daß in diesen dramatischen Tagen der bereits erwähnte Osthilfeskandal die Öffentlichkeit erregte. Hindenburg war wegen der Überschreibung des Gutes Neudeck an den Sohn Oskar in diesen Skandal persönlich verwickelt. Es drohten Zeitungsartikel, die den Ruf des Reichspräsidenten erheblich schädigen konnten. Die ost-elbischen Großagrarier waren ebenfalls nicht daran interessiert, daß ihre durch Steuergelder finanzierten Rivierareisen die Schlagzeilen füllten. Ausgerechnet jene Herren, die in der Vergangenheit soviel von preußi-scher Ehre und der Unmoral der Republik schwadroniert hatten, ent-puppten sich als überaus korrupte Kostgänger des Staates. Auch der Reichspräsident war erpreßbar geworden.

Hugenberg hatte die DNVP auf Gegenkurs zur Regierung Schleicher gesteuert. Zum Anlaß nahmen die Deutschnationalen die Wirtschafts-politik, die sie als »sozialistisch« zu diskreditierten versuchten. Auf dem Land entdeckten sie gar »bolschewistische Entwicklungen«. Beides wa-ren unsinnige Vorwürfe, die den Sturz Schleichers beschleunigen soll-ten. Hugenberg wollte die Macht, alles andere interessierte ihn nicht.

Hindenburg ließ den Kanzler fallen, weil er zu den Veröffentlichun-gen über den Osthilfeskandal schwieg und sich nicht schützend vor ihn stellte. Hitler wiederum profitierte indirekt vom Staatsnotplan, den Schleicher anvisierte und der auf die Verschiebung der nach einer Reichstagsauflösung erforderlichen Wahl setzte. In diesem von der Ver-fassung nicht gedeckten Schritt sahen Sozialdemokraten und Zentrum eine größere Gefahr als in einer Regierung Hitler. Eine verhängnisvolle Fehleinschätzung. Die NSDAP wollte unter allen Umständen eine rasche Neuwahl, weil sie an ihren Sieg glaubte.

In dieser Situation folgte Hindenburg schließlich seinem eigentlichen Favoriten Franz von Papen, der für Hitler als Kanzler plädierte. Der Reichspräsident traf damit tatsächlich die allgemeine Stimmung im Land. Das Schreckgespenst im Januar 1933 war auch für die Arbeiter-bewegung und das liberale Bürgertum ein Kabinett Papen-Hugenberg und nicht die Kanzlerschaft Hitlers. Gerüchte über angebliche Putsch-pläne der Reichswehr, die sich als unwahr erwiesen, taten ihr übriges, um die Entscheidung gegen Schleicher zu beschleunigen. Am Ende gin-gen auch die großen Industrieverbände, die sich bis in den Herbst 1932 hinein gegen eine Kabinettsführung durch die NSDAP gewehrt hatten, auf Hitler zu. So kam, was sich seit der Juliwahl von 1930 abgezeichnet hatte: Am 30. Januar 1933 um elf Uhr vereidigte Hindenburg das neue Kabinett. An seiner Spitze stand der Mann, der öffentlich geschworen hatte, daß Köpfe rollen würden, wenn er erst einmal die Macht erobert habe.

Hitler brach alle Zusagen, die er seinen politisch verblendeten bürgerlichen Koalitionspartnern Hugenberg und Papen gemacht hatte. Innerhalb von wenigen Monaten war Deutschland eine nationalsozialistische Diktatur geworden. Der Terror gegen Kommunisten, Sozialdemokraten, linke Publizisten und Juden begann unmittelbar nach der Machtübernahme. Nur die Sozialdemokraten stimmten am 23. März gegen Hitlers Ermächtigungsgesetz (die KPD war zu diesem Zeitpunkt bereits verboten). Die Abgeordneten hatten sich in der Krolloper versammelt, weil der Reichstag am 28. Februar einem Brandanschlag zum Opfer gefallen war. Während der Sitzung saßen bewaffnete SS- und SA-Männer im Saal. Das »Gesetz zur Behebung der Not von Volk und Reich« gab der Regierung das Recht, in den nächsten vier Jahren ohne Zustimmung des Reichstags, des Reichsrats und des Reichspräsidenten Gesetze zu erlassen und internationale Verträge abzuschließen. Damit hatte sich die Demokratie selbst entmachtet.

Es kam viel zusammen, was zum Untergang der ersten deutschen Demokratie führte. Die Kriegsniederlage mit den schwer zu tragenden Friedensverträgen; die wirtschaftlichen Entwicklungen, die zu Inflation und gesellschaftlicher Verelendung führten; die fehlende demokratische Tradition, die den Rufern nach dem Obrigkeitsstaat so ein ungemein großes Echo bescherte; die Radikalität der Kommunisten und der Nationalsozialisten. Entscheidend aber war, daß die deutschen Eliten diesen Staat von seiner Geburtsstunde an mit Verachtung straften, daß sie nicht bereit waren, aus der Katastrophe, in die die wilhelminische Politik geführt hatte, die richtigen Schlußfolgerungen zu ziehen.

Darüber hinaus mangelte es der Republik an bedeutenden Staatsmännern und Parteiführern. Die Sozialdemokraten Ebert, Scheidemann oder Hermann Müller, die Zentrumspolitiker Wilhelm Marx, Joseph Wirth oder Heinrich Brüning waren es nicht. Sie blieben zu stark verhaftet im Denken der Kaiserjahre, in denen sie das politische Handwerk erlernt hatten. Zweifellos wollten sie das aus ihrer Sicht Beste für die Republik, und es geht in diesem Zusammenhang nicht um Charakterurteile. Aber es fehlte ihnen an Führungskraft und Charisma, und beides müssen auch demokratische Staatslenker haben, wenn sie die Wähler für ihre Politik gewinnen wollen. Sicher, sie alle haben teilweise bis zur Selbstaufgabe unter den erbitterten Machtkämpfen in ihren Parteien gelitten. Aber keiner von ihnen hatte die Kraft, die engen Grenzen zu sprengen, die ihnen ihre politische Herkunft und das Machtmilieu, das sie zu dem machte, was sie wurden, gesetzt hatten. Es mangelte ihnen an demokratischen Visionen und an Strategien, die notwendig waren, um die Republik ausreichend verteidigen zu können.

Auch der bedeutendste unter den Kanzlern und Parteiführern, Gustav Stresemann, blieb zu sehr in seinen wilhelminischen Vorstellungen verstrickt. Zudem war er Vorsitzender einer Partei, deren Wahlergebnisse überaus bescheiden blieben. Wilhelminisch-nationalistisch denkende Politiker wie Hugenberg und Hindenburg waren politisch zu kaum mehr fähig, als um der Macht willen zu intrigieren. Ihnen fehlte es an jeglichem Gestaltungswillen und an demokratischer Moral. Daß Männer vom Format eines Gustav Bauer, Konstantin Fehrenbach, Wilhelm Cuno, eines Franz von Papen oder Kurt von Schleicher überhaupt an die Spitze von Regierungen treten konnten, ist ein weiterer unumstrittener Beleg für die These von der Schwäche des Weimarer Personals.

Auch Hitler war kein Staatsmann, denn das Ergebnis seiner zwölfjährigen Diktatur war die totale Zerstörung. Dennoch gelang es dem einstigen Wiener Stadtstreicher, ab 1929 zur herausragenden Figur der Weimarer Politszene aufzusteigen. Was seinen Kontrahenten fehlte, besaß er im negativen Übermaß: politisches Charisma. Brutal und egozentrisch interessierten ihn nur die eigene Person und die eigenen omnipotenten Machtziele. Keiner unter den führenden Weimarer Politikern erkannte so wie er, nach was sich die immer orientierungsloser werdenden Deutschen sehnten. Mit wirkungsvoller (heute kaum noch nachvollziehbarer) Demagogie entwarf er seine Vision von einem neuen, wirtschaftsmächtigen, wehrhaften und im Innern geeinigten Dritten Reich. Obwohl voller Verachtung für das Volk, wußte Hitler die primitivsten Emotionen zu schüren. Seine hemmungslos artikulierte Ablehnung des »Systems« stieß angesichts der düsteren Weimarer Wirklichkeit in den frühen dreißiger Jahren auf immer größere Resonanz.

Politik hat auch viel mit Symbolen zu tun. Den Republikanern war es nicht gelungen, die Demokratie über den häufig abstoßend wirkenden Alltagsstreit der Demokraten hinauszuführen. Weimar blieb ein graues Gebilde, das mehr schlecht als recht Notwendigkeiten zu erfüllen versuchte, aber keinen Weg in die Herzen seiner Bürger fand. Die junge Generation fühlte sich in diesem Staat, der ihr nicht ausreichend Arbeit und damit Zukunft bieten konnte, überflüssig. Die Älteren erinnerten sich an glänzende Paraden, bunte Fahnenaufmärsche, den Jubel bei den Sedanfeiern und an ihren Operettenkaiser. Die demokratischen

Die stumpfe Waffe der Satire: Hitler-Collage von John Heartfield, die das Zusammenspiel von Nationalsozialismus und Kapitalismus anprangert.

Politiker in ihren schwarzen Gehröcken und dem unverzichtbaren Zylinder wirkten dagegen bieder. Die Republik war nüchtern, ihre Festtage erinnerten an lästige Pflichtübungen. Die Weimarer Koalitionsparteien proklamierten den Verfassungstag am 11. August zum nationalen Feiertag, aber Gesetz wurde das nicht, denn schon bald saßen die bürgerlichen Vertreter im Kabinett. Das konservative Deutschland sah im Reichsgründungstag, dem 18. Januar, das Ereignis, dessen es zu gedenken gelte, und die Kommunisten riefen zu Aufzügen am 7. November auf, dem Tag, an dem 1917 Lenins Griff zur Macht Rußland erschütterte. An den 9. November, den deutschen Revolutionsbeginn, wollte nur die USPD erinnern.

Nicht einmal auf eine Fahne konnten sich die Deutschen einigen. Schwarz-Rot-Gold waren die Farben der Sozialdemokraten, des Zentrums und eines Teils der DDP. Diese Parteien wollten sich damit bewußt in die Tradition von 1848 stellen. Das Bürgertum hielt mehrheitlich am Schwarz-Weiß-Rot des Kaiserreiches fest, die Kommunisten ließen das rote Banner flattern und die NSDAP später das Hakenkreuz.

Hitler heroisierte die Politik. Seine Auftritte boten mehr als die Gedenktage, Festreden oder Amtseinführungen der Republik. Die Nationalsozialisten drangen mit den militant zelebrierten SA-Aufmärschen und perfekt inszenierten Parteitagen, mit Hakenkreuzfahnen, Fackelschein und den düster-rauschenden Klängen der Musik Richard Wagners in Gefühlsebenen der Menschen vor, die die Veranstaltungen der Demokraten nie erreichten. Das Vokabular des radikalen Rhetorikers war überaus dürftig, schuf haßerfüllte Feindbilder (Juden, Bolschewisten, »Novemberverbrecher«, »Verzichtspolitiker«, »Parteienwirtschaft«) und weckte damit die dumpfen, abgründigen Emotionen seiner Zuhörer. Nach der Neugründung der NSDAP 1925 baute Hitler den Führermythos systematisch auf, konzentrierte alles, was in der Partei geschah, auf seine Person. Immer weniger Wähler wollten wahrhaben, daß hinter der großen Hitleroper, hinter den Phrasen dieses Selbstdarstellers der totale Staat lauerte.

Triumphieren konnte der »Führer«, weil er als Machtpolitiker seinen Gegenspielern im konservativen Lager weit überlegen war. Die Deutschnationalen, die Reichswehr oder die Schwerindustrie glaubten, den Mann für ihre Interessen einspannen zu können. Sie gaben sich der Illusion hin, Hitler ließe sich zur Marionette an den Schnüren seiner Partner degradieren. Wie Intellektuelle, Zeitungsschreiber oder linke Parteipolitiker unterschätzten auch die konservativen Eliten den Machtwillen des neuen Kanzlers. Er war im wahrsten Sinne des Wortes zu allem fähig, auch zu Mord und Massenterror. Und so spielte er seine Förderer (und seine Gegner) innerhalb weniger Wochen an die Wand.

Mit der Wahl Hindenburgs zum Reichspräsidenten wurde das in der

Das Bündnis: Hitler und Reichspräsident von Hindenburg am 21. März 1933 vor der Potsdamer Garnisonskirche.

Verfassung angelegte System der Gegengewichte zwischen Reichspräsident und Reichstag ausgehebelt. Es hätte nur funktionieren können, wenn zwischen den staatlichen Gewalten der demokratische Konsens unumstritten gewesen wäre. Auf die Konsensfähigkeit hatte die optimistische und offene Weimarer Verfassung gesetzt. Es zeigte sich aber rasch, daß es sie nicht gab.

Natürlich waren die Handlungen der Akteure in diesem Drama von den wirtschaftlichen und außenpolitischen Ereignissen bestimmt, die das Leben der Weimarer Republik begleiteten. Es kann darüber spekuliert werden, was aus der ersten deutschen Demokratie ohne die Wirtschaftskrisen und die von ihnen bewirkte Arbeitslosigkeit, ohne den Friedensvertrag von Versailles und die Reparationszahlungen geworden wäre. Die handelnden Eliten aber entschuldigt dies nicht. Der Untergang der deutschen Demokratie war so abwendbar wie der Aufstieg Hitlers. Beides war die Folge von Fehlentscheidungen jener Männer und (wenigen) Frauen, die Verantwortung in Weimar trugen – und der Wähler.

Historische Entwicklungen müssen aus ihrer Zeit heraus verstanden und interpretiert werden. Aber diese Erkenntnis darf nicht zum Alibi verkommen. Die Deutschen mußten in den Jahren zwischen 1918 und 1933 zweifellos mit äußerst schwierigen Zeitumständen fertig werden. Aber sie haben sich mehrheitlich schon frühzeitig von den inhumanen, rassistischen, klassenkämpferischen und nationalistischen Gedanken und Ideen verführen lassen, die ihnen die Feinde der Demokratie präsentierten. So trugen sie – jenseits der Einflüsse ihrer Epoche – durch ihre »selbstverschuldete Unmündigkeit« und ihren Hang, sich allzu rasch für gewalttätige Lösungen vereinnahmen zu lassen, einen erheblichen Anteil am Untergang Weimars.

DRITTES KAPITEL

Das entmachtete Deutschland

1. Der Untergang des Bismarckreiches

Am 8. Mai 1945 kapitulierte Deutschland. Acht Tage vorher hatte Hitler im unterirdischen Bunker der Reichskanzlei Selbstmord begangen. Rund fünfundfünfzig Millionen Tote hinterließ sein Auftritt in der Geschichte. Osteuropa war zerstört, Deutschland lag in Trümmern, und das Bismarckreich ging fünfundsiebzig Jahre nach der Gründung des deutschen Nationalstaates unter. Die russischen, britischen und amerikanischen Truppen kamen nach Auschwitz, nach Bergen-Belsen, nach Dachau – Bilder des Grauens gingen um die Welt. Die nationalsozialistische Rassen- und Vernichtungspolitik zeigte einen Zivilisationsbruch an, wie ihn die Geschichte noch nicht erlebt hatte. Zwischen fünf und sechs Millionen europäische Juden waren durch das deutsche Regime systematisch ermordet worden.

Hitler hatte nach seiner Machtübernahme am 30. Januar 1933 zunächst das eigene Volk unterworfen. Seine Maßnahmen ließen keine Zweifel daran, daß er alle seine in den Jahren der Weimarer Republik öffentlich geäußerten Ankündigungen wahr machen würde. Er errichtete in Deutschland einen totalitären Staat. Mit dem Ermächtigungsgesetz vom 23. März 1933 hebelten die neuen Machthaber die Weimarer Verfassung faktisch aus. Die republikanischen Landesregierungen, die alten Interessenverbände und -organisationen, die Presse und der Rundfunk wurden in den nächsten Wochen gleichgeschaltet, KPD, SPD und Gewerkschaften verboten, die bürgerlichen Parteien lösten sich im Juni und Juli 1933 selbst auf. Am 10. Mai brannten auf den Scheiterhaufen vor den Universitäten die bedeutendsten Werke der deutschen Literatur. Willkürliche Verhaftungen unterdrückten jeden potentiellen Widerstand in den Reihen der ehemaligen Linksparteien und im bürgerlichen oder christlichen Lager. Publizisten, Schriftsteller oder sonstige Intellektuelle, die in den Weimarer Jahren Hitler und die nationalsozialistische

Das Ende des »Tausendjährigen Reichs«: Die sowjetische Flagge weht am Brandenburger Tor über dem zerstörten Berlin.

Ideologie kritisiert hatten, wurden zum Freiwild der neuen Staatspolizei. Wer nicht rechtzeitig fliehen konnte, landete in den Folterkellern und Gefängnissen der Geheimen Staatspolizei (Gestapo). Unmittelbar nach dem Reichstagsbrand am 27. Februar 1933 errichteten SA (Sturmabteilung) und SS (Schutzstaffel) die ersten »wilden Lager« in verlassenen Fabrikgebäuden, entlegenen Magazinen oder Kasernen für »Schutzhäftlinge« und politische Gegner.

Im Juni 1934 ließ Hitler den SA-Führer Ernst Röhm und zahlreiche seiner Mitkämpfer in einer Nacht-und-Nebel-Aktion umbringen und erstickte damit einen schon länger schwelenden Parteikonflikt. Die SA sah sich durch das vom »Führer« verkündete Ende der »nationalsozialistischen Revolution« um die Früchte ihres jahrelangen Einsatzes betrogen und forderte eine zweite revolutionäre Phase, die sie gleichwertig an die Seite der Wehrmacht stellen sollte. Hitler entledigte sich mit den von ihm befohlenen Meuchelmorden nicht nur eines schwer zu zügelnden Söldnerhaufens, sondern gewann mit dieser von keinem Gesetz gedeckten Aktion auch die Wehrmachtsführung für sich. Sie hatte in der SA einen gefährlichen Konkurrenten gesehen. Einen »Putsch«, wie Hitler behauptete, hatte Röhm nie geplant. Während der blutigen Stunden ließ der »Führer« auch einige Menschen umbringen, die in keinem Zusammenhang mit der SA standen, sich in den vergangenen Jahren aber seinen Haß zugezogen hatten. Eines dieser Opfer war der Ex-Kanzler Kurt von Schleicher, den seine Mörder kaltblütig erschossen. Mit der Entmachtung der SA begann der Aufstieg der SS, die den systematischen Aufbau der Konzentrationslager im Reich in die Wege leitete.

Am 1. April 1933 gab es die ersten, amtlich organisierten und unterstützten Boykottaktionen gegen jüdische Geschäfte. Am 7. April erließ die Regierung ein Berufsbeamtengesetz, das vorrangig jüdische Staatsdiener ausschaltete, Anfang Juni wurden Arbeitsbeschaffungsprogramme verkündet. Am 6. Juli erklärte Hitler die nationalsozialistische Revolution für beendet – er hatte sich Deutschland zur Beute gemacht.

Was folgte, war eine Diktatur, deren rassistische Komponente immer brutalere Züge annahm. Die Nürnberger Rassengesetze vom September 1935 raubten den deutschen Juden die Staatsbürgerschaft. Das »Gesetz zum Schutze des deutschen Blutes und der deutschen Ehre« verbot Ehen und außereheliche Beziehungen mit Juden. Auf der »rechtlichen« Grundlage dieser Entscheidungen beruhten die Diskriminierungen, mit denen in den folgenden Jahren die jüdischen Mitbürger verfolgt, gedemütigt und schließlich – nach der Wannseekonferenz vom Januar 1942 – massenhaft deportiert und umgebracht wurden.

Eine starke Minderheit bejubelte die Maßnahmen der Diktatur. Die Mehrheit der Deutschen schwieg und blickte weg. Hitlers Aufrüstungspolitik und die positiven Signale der Weltwirtschaft beendeten überraschend schnell die hohe Arbeitslosigkeit, die die letzten Weimarer Jahre geprägt hatte. Den Wirren republikanischer Parteienkämpfe folgte eine vermeintliche Ordnung, die die demokratiemüden Deutschen aufatmen ließ. Mit der Wiedereinführung der Wehrpflicht, dem deutsch-britischen Flottenabkommen (1935), der Abstimmung im Saarland (im Januar 1935 votierten 91 Prozent für den Anschluß an Deutschland) und der Remilitarisierung des Rheinlandes (1936) hatte Hitler die letzten »Fesseln« des Versailler Vertrages abgeworfen. Was ihm seine Landsleute hoch anrechneten. Die Olympischen Spiele 1936 – perfekt inszeniert – wurden für das Dritte Reich zu einem nationalen und internationalen Prestigegewinn.

Hitler hatte nur zwei Ziele: den Eroberungskrieg und die Vernich-

Verboten und verbrannt: Am 10. Mai 1933 werden die Bücher vieler bedeutender Schriftsteller auf die Scheiterhaufen geworfen.

tung des deutschen beziehungsweise europäischen Judentums. Schon 1934 ließ er die Wehrmachtsspitze und die Führer der Wirtschaft wissen, daß alle Anstrengungen der Wiederaufrüstung und der Planung künftiger Feldzüge zu gelten hatten. Das eigene Volk und die Nachbarn beruhigte er durch Friedensappelle und scheinheilige Beschwörungen, Deutschland verfolge nur begrenzte außenpolitische Interessen. Den Holocaust bereiteten die Nationalsozialisten hinter den Kulissen vor, unermüdlicher Antreiber war der »Führer«, und er fand in den Spitzen der Verwaltung, der Justiz und des Militärs willige Helfer.

Das Ausland verdrängte die Gefahr. Frankreich und Großbritannien kämpften mit Wirtschaftskrisen, ihre Bürger hatten zudem die Schrecken des Ersten Weltkriegs noch nicht vergessen. Die USA lebten erneut in einer politischen Isolationsphase und registrierten erfreut den regen Handel mit dem aufstrebenden Dritten Reich. »Appeasementpolitik« (Beschwichtigungspolitik) charakterisierte das Denken der westlichen Welt in den dreißiger Jahren. Die neue deutsche (und italienische) Ordnung imponierte den Konservativen in allen Ländern, und der spanische Bürgerkrieg (1936–1939) ließ sie vor einer ganz anderen Gefahr erschauern: der kommunistischen Weltrevolution. London, Paris und Washington arrangierten sich mit der deutschen Diktatur.

Hitler wußte die Stunde zu nutzen. Systematisch begann er sein Hasardspiel. Weder von Selbstzweifeln noch von moralischen Skrupeln geplagt, ließen ihn die innenpolitischen Erfolge seiner ersten Regierungsjahre vollends alle Maßstäbe verlieren. Am 12. März 1938 besetzte die deutsche Wehrmacht Österreich. Der alte Traum der Paulskirchenparlamentarier von 1848 erfüllte sich, Hitler hatte das Großdeutsche Reich geschaffen. Auf dem Wiener Heldenplatz jubelten die neuen Untertanen, und im Altreich war die Mehrzahl der Menschen kaum weniger begeistert. Nur zwei Monate später, am 30. Mai 1938, erließ der »Führer« einen Geheimbefehl (Aufmarsch »Grün«), dessen Ziel die militärische Zerschlagung der Tschechoslowakei war. Am 12. September drohte er erstmals öffentlich mit einem Krieg.

London war alarmiert und Paris tief verschreckt. Premierminister Neville Chamberlain sah den europäischen Frieden gefährdet und versuchte bei seinen Besuchen in Berchtesgaden und Bad Godesberg Hitler zu besänftigen. Sein Gesprächspartner blieb bei seiner Täuschungspolitik. Am 26. September 1938 verkündete er in einer Sportpalastrede, das Sudetenland sei seine letzte territoriale Forderung. Auf der Münchner Konferenz drei Tage später verrieten Chamberlain und sein französischer Kollege Édouard Daladier – mit Unterstützung Mussolinis – die Tschechen und Slowaken. Hitler war über das Nachgeben der Westmächte tief verärgert, da es seine Kriegspläne verzögerte. Am 1. Oktober besetzte die Wehrmacht das Sudetenland, Prag verlor ein Fünftel seines Staatsgebietes. Chamberlain, der Betrogene, erklärte seinen begeisterten Landsleuten, nun sei der »Friede in unserer Zeit« gesichert.

Hitler war auf dem ersten Höhepunkt seiner Macht. Wäre damals gewählt worden, die Deutschen hätten dem Mann und seiner Politik – Terror und Judenverfolgung zum Trotz – wohl mit überwältigender Mehrheit zugestimmt. Die Konservativen hatte bereits der »Tag von Potsdam« (21. März 1933), als sich Hindenburg und Hitler gemeinsam über dem Grab Friedrich des Großen verbeugten, mit dem »böhmischen Gefreiten« ausgesöhnt. Das Konkordat zwischen dem Reich und dem Vatikan (20. Juli 1933) brach bei vielen Katholiken die Vorbehalte gegen das atheistische Regime. Die Wirtschaft sah sich von den lästigen Forderungen und Einsprüchen der Gewerkschaften befreit und profitierte von der Aufrüstungskonjunktur und der Arisierung der jüdischen

Der Anfang: Hitler verkündet im März 1938 auf dem Balkon der Wiener Hofburg den »Anschluß« Österreichs an das Reich.

162

Der Betrogene: Premierminister Neville Chamberlain (Mitte) bei seinem Treffen mit Hitler im September 1938 in Berchtesgaden.

Geschäfte und Unternehmen. Die Wehrmachtsführung sonnte sich nach ihrem Sieg im Machtkampf mit der SA (Röhm-Putsch 1934) im Glanz der Militarisierung des Landes. Die Arbeiter hatten Arbeit, und die Kleinbürger ergötzten sich am Schauspiel, das ihnen die neuen Herren mit ihren Aufmärschen, Lichtdomen und dem »Volksgemeinschafts«-Geraune bescherten. Autobahnen, der »Volkswagen«, die Massenveranstaltungen der »Kraft-durch-Freude«-Organisation, die Zeltlager der Hitler-Jugend, Goebbels' geschickte Lenkung der Unterhaltungsindustrie – Deutschland glaubte nach dem grauen Alltag der untergegangenen Republik wieder an eine hellere Zukunft. Vergessen waren die nationalen Demütigungen, Inflation und Arbeitslosigkeit. Es ließ sich leben in diesem Land, wenn man nicht Jude war, sich anpaßte und die Kunst der Wegsehens beherrschte.

Wenige nur erkannten, daß Hitlers Vabanquespiel zwangsläufig in den von ihm anvisierten Krieg oder in den völligen Staatsbankrott münden mußte. Das Dritte Reich konnte sich nicht konsolidieren, der Grund, auf dem es ruhte, war zu sumpfig: moralisch, ökonomisch und politisch. Das permanente Weitertreiben der aggressiven innen- und außenpolitischen Pläne des »Führers« verzögerte und verdeckte lediglich den unausweichlichen Zusammenbruch einer zutiefst unsoliden (und verbrecherischen) Wirtschafts- und Gesellschaftspolitik.

Widerstand gab es kaum. Im Exil glaubten die geflohenen Intellektuellen, Politiker und Gewerkschafter zunächst, Hitler sei nur eine kurze Übergangserscheinung. Als der »Führer« dann rasch seine ersten Triumphe feierte, saßen die Flüchtlinge isoliert und machtlos in der Fremde, von ihren Gastländern allenfalls geduldet, aber nicht geschätzt. Sie druckten ihre Zeitschriften, bekämpften sich untereinander heftig und setzten teilweise ihre Debatten aus den Weimarer Jahren fort, zerstritten sich über die Volksfrontfrage und die politische Zukunftgestaltung eines von Hitler befreiten Deutschland. Vor allem aber versuchten sie zu überleben.

Sozialdemokraten, Kommunisten und bürgerliche Demokraten, die im Land geblieben waren, schwiegen, arrangierten sich, saßen im Gefängnis oder gingen mutig, aber chancenlos in den Untergrund. Die später von der bürgerlichen Bundesrepublik so viel gefeierten Attentäter des 20. Juli 1944 waren mehr oder weniger lange und überwiegend Anhänger des Dritten Reiches gewesen. Ludwig Beck, von 1935 bis zu seinem Rücktritt 1938 Generalstabschef des Heeres, war nicht nur eine zentrale Figur des 20. Juli, sondern auch einer der entscheidenden Akteure bei der Aufrüstung von Hitlers Armee. Oberst Claus von Stauffenberg bezeichnete den »Führer« nach dem Sieg über Frankreich als einen »genialen Feldherrn«. Admiral Wilhelm Canaris, Leiter des Amtes für Auslandsabwehr, fand ebenfalls erst während des Krieges den Weg in die Opposition. Erwin Rommel, der im letzten Augenblick zu den Attentätern stieß, diente seinem »Führer« bis in das Jahr 1944 hinein als treuer und erfolgreicher General.

Der frühe kommunistische Widerstand gegen Hitler wurde, im Gegensatz zum späten und vergeblichen Aufstand des kleinen Offizierskreises, in der Forschung und Publizistik der Bundesrepublik in den ersten beiden Nachkriegsjahrzehnten nicht zur Kenntnis genommen. In der DDR wiederum wurde ihm eine Bedeutung beigemessen, die ideologisch überhöht war und der Wirklichkeit ebenfalls nicht gerecht wurde.

Manche lehnten innerlich das Regime ab, insbesondere die Rassengesetze. Es gab in den Reihen der NSDAP einzelne, die die Opfer vor der Verhaftung und Verschleppung warnten oder bemüht waren, die menschenverachtenden Vorschriften zu umgehen. Wenige Mutige versteckten unter Lebensgefahr jüdische Nachbarn oder Freunde. Einige katholische Bischöfe und die protestantische »Bekennende Kirche« erhoben öffentlich Widerspruch. Aber in der Summe wurden die Deutschen unter Hitler zu einem Volk der Täter und Mitläufer. Denunziation und Bereicherung auf Kosten der entrechteten Opfer waren im Dritten Reich an der Tagesordnung. Industriekonzerne setzten in den Kriegsjahren Häftlinge in ihren Betrieben ein, wohl wissend, daß diese Sklavenarbeit ein Todesurteil war. Die Wehrmachtsgeneräle verlasen an der Ostfront Tagesbefehle, in denen die Soldaten zum Rassen- und Vernichtungskrieg gegen Slawen und Juden aufgerufen wurden. Nicht nur SS- oder Polizeieinheiten wüteten in den besetzten Gebieten, auch Wehrmachtsangehörige wurden von ihren Offizieren zu Erschießungsaktionen gegen Zivilisten, Partisanen und kommunistische Kommissare abkommandiert. Eine Nation verfiel in die Barbarei.

Außenpolitisch überspannte Hitler den Bogen im März 1939. Nach dem Einmarsch der Wehrmacht in die Rest-Tschechoslowakei und der Errichtung des Reichsprotektorats Böhmen und Mähren konnten die Westmächte die Wirklichkeit nicht mehr verdrängen. Sie mußten zur Kenntnis nehmen, daß Berlin sie getäuscht hatte. Erstmals raubte und zerschlug Hitler einen Teil Europas, für den die These von der Rückkehr deutscher Bevölkerungsgruppen ins Reich (wie im Falle Österreichs und des Sudetenlandes) nicht mehr verfangen konnte. In England begann eine intensive Aufrüstungskampagne, London und Paris gaben Polen, dem voraussichtlich nächsten Opfer deutscher Weltmachtträume, Garantieversprechungen.

Der Zweite Weltkrieg begann am 1. September 1939 mit dem Überfall der Wehrmacht auf Polen. Diesmal jubelten die Deutschen den ausziehenden Truppen nicht zu wie im August 1914. Sie ahnten, was das Land erwartete, zu stark war noch die Erinnerung. England und Frankreich schickten ihre Kriegserklärungen nach Berlin, doch innerhalb von zwei Wochen war Polen bereits überrollt und geschlagen. Gegen einen Zweifrontenkrieg hatte sich Hitler mit dem am 23. August unterzeichneten deutsch-sowjetischen Hitler-Stalin-Pakt abgesichert. Die beiden ideologischen Erzfeinde hatten darin ihre Interessensphären abgesteckt. Sowjetische Truppen marschierten in Ostpolen ein, Finnland, Estland, Lettland und Südosteuropa überließ Deutschland dem Wohlwollen Rußlands. Dafür versprach Stalin im Kriegsfall militärische Neutralität

Auf dem Höhepunkt der Macht: Hitler beim Verlassen des Invalidendoms in Paris nach der Niederlage Frankreichs.

sowie Lebensmittel- und Rohstofflieferungen. Zwei Betrüger teilten sich gierig die zu erwartende Beute.

Bis zum Angriff Hitlers im Mai 1940 fiel an der Westfront kein Schuß. Die Franzosen verharrten in ihren Verteidigungsstellungen. Dann wurde aus dem »Sitzkrieg« wieder ein Blitzkrieg, die Niederlande,

Belgien, Frankreich, bald auch Dänemark und Norwegen wurden innerhalb weniger Wochen Opfer der deutschen Kriegswalze. Mit der Eroberung von Paris befand sich Hitler auf dem Gipfel seiner politischen Laufbahn. England stand allein, Chamberlain stürzte, und es schlug die historische Stunde von Winston Spencer Churchill. In der Luftschlacht über England 1940, Vorbereitung für eine Invasion der Insel, traf das nationalsozialistische Deutschland zum ersten Mal auf einen Gegner, der sich mit allen Mitteln erfolgreich zur Wehr setzte.

Hitler zog daraus eine für ihn typische Konsequenz. Am 22. Juni 1941 wurde das »Unternehmen Barbarossa« in die Tat umgesetzt: Die deutsche Wehrmacht marschierte in die Sowjetunion ein. Was erneut als schneller Feldzug geplant war, endete diesmal jedoch mit einer militärischen Katastrophe.

Hitlers Weltmachtvisionen mußten in Rußland Millionen Menschen mit ihrem Leben bezahlen. Nach dem Überfall der mit Deutschland verbündeten Japaner auf den amerikanischen Marinestützpunkt Pearl Harbor am 7. Dezember 1941 erklärte Berlin auch Amerika den Krieg. Einen Weltbrand hatten die Deutschen ausgelöst. Doch was nach Stalingrad kam, war nur noch ein skrupelloses, ungemein opferreiches Aufbäumen gegen die unabwendbare Niederlage.

Mit seinem totalen Krieg hatte Hitler das verwirklicht, was er seinen Landsleuten bereits in den zwanziger Jahren angekündigt hatte: den Kampf gegen das »Weltjudentum« und den Bolschewismus, den Versuch, die slawischen Völker zu unterwerfen und zu versklaven, »Lebensraum« für die Deutschen im Osten zu schaffen und die Welt unter zwei oder drei Mächten aufzuteilen. Es mag sein, daß viele Anhänger oder Mitläufer des Regimes die kaum vorstellbare Konsequenz, mit der ihr »Führer« seine Wahnideen in die Tat umsetzte, nicht für möglich gehalten hatten. Aber sie machten mit, auch dann noch, als die Verbrechen des Dritten Reiches ihnen nicht mehr verborgen geblieben sein konnten und sie wußten, daß die Niederlage auch für das eigene Land unaufhaltsam war. Die Generäle verweigerten sich ebensowenig wie die blutigen Richter, die Organisatoren des Holocaust, die Wissenschaftler oder die Manager der Waffenindustrie. Die Menschen in der Heimat nahmen die mörderischen Bombenangriffe der Alliierten auf die deutschen Städte ebenso hin wie die Anfang 1945 einsetzende Massenflucht aus dem Osten. Die Soldaten an der Front kämpften, bis der »Führer« sich erschoß.

Die Dämonisierung Hitlers und seines Nazipersonals, die nach der Kapitulation einsetzte, trifft die Wahrheit nicht. Es war ein ganzes Volk, das seinem »Führer« folgte – mit begeisterter Blindheit die einen, ängstlich und schweigsam die anderen. Nur wer die Opfer vergißt, die Millionen, die in den Konzentrationslagern ermordet wurden und die jämmerlich in den Schützengräben der Fronten verblutenden Soldaten, nur wer die Geschichte stets aus der Tätersicht zu sehen gewillt ist, kann verharmlosen, relativieren oder gar entschuldigen, was damals geschah.

Die Alliierten befanden sich vor einer existenzbedrohenden Herausforderung. Im November 1941 standen die deutschen Truppen vor Moskau. Nord-, Süd- und Westeuropa sowie der Balkan gehörten zum Herrschaftsbereich Hitlers. Die faschistischen Staaten Spanien und Portugal blieben Deutschland gegenüber wohlwollend neutral. Die Schweiz und Schweden versuchten sich durch stille Anpassung zu schützen und verachteten keineswegs die lukrativen Geschäfte mit dem Dritten Reich. Italien war Bündnispartner. In Europa ließ sich allein England nicht bezwingen, und in Jugoslawien bekämpften Titos Partisanenverbände die deutschen Besatzer. In Asien begann die japanische Militärmaschinerie im Januar 1942 Manila, Kuala Lumpur, Singapur, Sumatra und Burma zu erobern, Korea und Teile Chinas waren bereits in der Hand des fernöstlichen Kaiserreiches.

Mit dem deutschen Rußlandfeldzug und dem Kriegseintritt der Vereinigten Staaten wurde die Wende eingeleitet. Hitler hatte sich maßlos übernommen. Churchill jubelte, England stand nun an der Seite zweier lebensrettender Verbündeter. Die Ziele der Alliierten waren zunächst gleich: Alle Pläne und Debatten standen unter dem Zeichen, Deutschland militärisch zu schlagen. Die amerikanische Waffenindustrie begann auf Hochtouren zu laufen und lieferte – in Fortsetzung des Leih- und Pachtvertrages mit England, mit dem die USA Großbritannien bereits vor ihrem Kriegseintritt massiv finanziell unterstützten – Kriegsmaterial an die Verbündeten. Washington gab zunächst dem Krieg im Pazifik den Vorrang. Moskau – in einem verzweifelten und verlustreichen Abwehrkampf stehend – forderte von den Verbündeten vorrangig die Errichtung einer zweiten Front in Europa. London sah sich seit Anfang 1942 in Nordafrika durch den Vormarsch Rommels bedroht.

Churchill mußte bald erkennen, daß er im Kreise der »Großen Drei« der schwächste Partner war. Der Krieg begann sein Land auszubluten, während die amerikanischen und immer mehr auch die russischen Ressourcen nahezu unerschöpflich zu sein schienen. Über die Zukunft Deutschlands machten sich Roosevelt, Churchill und Stalin zunächst keine allzu weitreichenden Gedanken. Bei ihrem Treffen am 14. August 1941 auf dem US-Schlachtschiff »Augusta« verkündeten der amerikanische Präsident und der britische Premier die »Atlantikcharta« (die später in die UN-Charta beziehungsweise UNO einmündete): Recht aller Völker auf Wahl ihrer Regierungen, territoriale Veränderung nur mit Zustimmung der betroffenen Bevölkerung, allgemeiner Gewaltverzicht etc. Es war eine Ordnungsvision für die Nachkriegszeit, die vor allem für Roosevelt immer stärker in den Mittelpunkt seines Denkens rücken sollte. Auf der Konferenz in Casablanca im Januar 1943, bei der die beiden Führer der Westalliierten eine Invasion in Europa (die Stalin immer dringlicher verlangte) erneut verschoben, verkündete Roosevelt erstmals die Forderung nach »bedingungsloser Kapitulation« der Achsenmächte Deutschland und Italien. Damit war klar, daß es keinen Frieden für die Aggressoren ohne vollständige Unterwerfung mehr geben würde.

Die Zukunftsvorstellungen der Alliierten konkretisierten sich erst im Verlauf des Krieges, und sie standen im engen Zusammenhang mit den jeweiligen Erfolgen an den Fronten. Die deutsche Niederlage in Stalingrad (Ende Januar 1943) wurde zum Wendepunkt des Rußlandfeldzuges. Im Juli begannen die sowjetischen Großoffensiven, die Westalliierten landeten in Sizilien. Mitte Mai hatte die deutsche Afrikaarmee kapituliert. Die Einkreisung Deutschlands – dessen Städte nun pausenlos von den amerikanisch-englischen Luftgeschwadern bombardiert wurden – hatte begonnen.

Auf den Konferenzen von Teheran (28. November bis 1. Dezember 1943), Jalta (4. bis 11. Februar 1945) und Potsdam (17. Juli bis 2. August 1945) entschied sich das Schicksal Europas. Hier wurden die geopolitischen Strukturen festgelegt, die die zweite Hälfte unseres Jahrhunderts bestimmen und nicht nur für Deutschland und Europa, sondern für die gesamte Weltpolitik im Zeitalter des Kalten Krieges gelten sollten. Die Entscheidungen, die auf diesen Treffen der »Großen Drei« fielen, führten auch zur Entkolonialisierung in Asien und Afrika, die in den fünfziger und sechziger Jahren auf diesen Kontinenten einschneidende Veränderungen zur Folge hatte.

Wohl keine der drei Mächte, die Hitler bekämpften, hatte von Beginn an ein klares, unumstößliches Konzept, was denn mit dem besiegten Deutschland und den befreiten osteuropäischen Staaten geschehen sollte. Und doch zeigte sich sehr rasch, daß die jeweiligen nationalen Machtinteressen zumindest in groben Rastern festlagen. Je näher der Sieg rückte, desto konkreter wurden Wünsche und Begehrlichkeiten.

Auf der ersten gemeinsamen Kriegskonferenz in Teheran ging es neben militärstrategischen Fragen (zweite Front in der Normandie und Südfrankreich, sowjetische Großoffensive an der Ostfront) bereits um die Verteilung der noch zu erobernden Gebiete. Stalin ließ deutlich erkennen, daß er Ost- und Teile Südosteuropas künftig als Einflußsphäre der Sowjetunion betrachtete. Zunächst ging es ihm um die Sicherung des Besitzes der durch den Hitler-Stalin-Pakt gewonnenen Territorien. Die ersten Landkarten für das künftige Polen wurden skizziert. Moskau sollte demnach den 1939 besetzten Ostteil behalten (der im Westen ungefähr an der im Vorfeld des Friedens von Riga im März 1921 vorgeschlagenen, aber nicht verwirklichten Curzon-Linie endete), das neue Polen als Kompensation dafür in den Besitz der deutschen Gebiete bis zur Oder-Neiße-Linie kommen. Churchill stimmte zu. Der imperialistisch denkende Premierminister war ohnehin zunächst sehr großzügig, wenn es um die Aufteilung der Interessensphären der Alliierten ging. So beispielsweise auch bei seinem Moskauer Treffen mit Stalin im Oktober 1944. Dort skizzierten die beiden Staatenlenker recht skrupellos, wie sie sich die Zukunft der Balkanstaaten vorstellten. Roosevelt hingegen schien an diesen Fragen uninteressiert.

Der amerikanische Präsident hatte in Teheran andere Prioritäten gesetzt. Ihm waren der sowjetische Kriegseintritt gegen Japan und die zukünftige Organisation der Weltpolitik, für die er Stalin gewinnen wollte, wichtiger als Grenzziehungen in Osteuropa. Mit Blick auf Deutschland einigten sich die Teilnehmer im Grundsatz auf eine Zerstückelung des Reiches und eine drastische Schwächung seines industriellen Potentials.

Als Roosevelt, Stalin und Churchill sich vierzehn Monate nach Teheran in Jalta erneut trafen, war der Sieg über Deutschland in unmittelbare Nähe gerückt. Die sowjetischen Armeen standen an der Weichsel, für Polen hatte Stalin das kommunistische »Lubliner Komitee« als provisorische Regierung installiert, die letzte deutsche Offensive in den Ardennen war erfolgreich zurückgeschlagen worden. Churchill versuchte jetzt vergeblich, Stalins Polenpolitik zu konterkarieren. Sein heftiger Widerspruch brachte die Konferenz an den Rand des Scheiterns. Es ging aus der sich als sehr realistisch erweisenden Sicht des Briten nicht mehr um territoriale Grenzziehungen, sondern um die Freiheit der Polen und die Eindämmung sowjetischer Ansprüche. Churchill sah nach dem raschen Vormarsch der sowjetischen Armee erheblich schärfer als Roosevelt, daß vom Einfluß Moskaus abhängige (kommunistische) Marionettenregierungen in Ost- und Südosteuropa das Mächtegleichgewicht auf dem Kontinent verändern mußten.

Aber der britische Premier war im Kreis der drei Alliierten zunehmend isoliert. Roosevelt, vom eigenen taktischen Geschick überzeugt, glaubte an ein Einvernehmen mit Stalin, sah die Intervention Amerikas in Europa spätestens zwei Jahre nach Kriegsende als abgeschlossen an und setzte auf die weltpolitische Stabilitäts- und Friedensrolle der »Atlantikcharta«. In Jalta gewann er die schon lange erhoffte Zustimmung Stalins für die russische Teilnahme an der geplanten UNO und am Krieg gegen Japan. So schwieg er vielsagend, als der Russe seine Polenpläne präsentierte. Churchill träumte im übrigen immer noch vom britischen Empire, was die beiden Antikolonialisten Roosevelt und Stalin näher zusammenrücken ließ.

Deutschland war in Jalta nicht das beherrschende Thema. Roosevelt und Churchill wichen dem Drängen Stalins, entsprechende Beschlüsse zu treffen, aus, worüber der sowjetische Diktator nicht ganz unglücklich gewesen sein wird. Wie seine Partner war er sich über die zeitliche Dimension des Krieges und die Entwicklungen bei der Besetzung des geschlagenen Landes noch nicht sicher. Alle drei Verhandlungsführer wollten sich in Jalta Optionen offenhalten. In der Reparationsfrage, die Moskau mit Blick auf den Wiederaufbau Rußlands besonders wichtig erschien, gab es vor allem zwischen Churchill – er wies auf die für die Weltwirtschaft negativen Folgen der deutschen Reparationszahlungen nach dem Ersten Weltkrieg hin – und Stalin scharfe Auseinandersetzungen. Stalin hatte deutsche Zahlungen in Höhe von zwanzig Milliarden Dollar vorgeschlagen und davon die Hälfte für Moskau gefordert. Der Streit wurde vertagt. Immerhin beschlossen die Konferenzteilnehmer, Frankreich – auf Kosten der den Westmächten zugesprochenen Gebiete – an der Besetzung Deutschlands zu beteiligen.

Ohne daß dies den alliierten Unterhändlern in aller Konsequenz bewußt war, zeichneten sie mit ihren Entscheidungen auf der Krim die ersten Konturen der bipolaren Welt, wie sie fünfzig Jahre bestehen sollte. Stalin hielt auch in den kommenden Jahren an seinen osteuropäischen

Die Großen Drei: Winston Churchill, Franklin D. Roosevelt und Josef Stalin auf der Konferenz von Jalta im Februar 1945.

Pfründen fest. Seine imperialistische Machtgier und sein nationales Sicherheitsdenken führten zum »Eisernen Vorhang«, der Europa bald trennen sollte. Hinzu kam, daß der Kremlführer nach den gewaltigen Kriegszerstörungen dem Wiederaufbau der Sowjetunion absolute Priorität einräumte. Der »Vaterländische Krieg« hatte den bolschewistischen Staat zwar zur Weltmacht aufsteigen lassen, aber im Innern war das Land um ein Jahrzehnt zurückgeworfen. Die Agrarproduktion war gegenüber der Vorkriegszeit um die Hälfte zurückgegangen, ebenso die Stahlerzeugung.

Die Amerikaner verloren nur allmählich ihre Illusionen über den sowjetischen Führer. Dann aber besannen sie sich energisch auf ihre eigenen politischen und vor allem wirtschaftlichen Interessen. Insofern trugen sie ebenfalls zur Teilung der Welt bei.

Als die Sieger sich im Sommer 1945 in Potsdam trafen, war Deutschland bereits besetzt. Das Personal hatte sich zudem verändert. Für den am 12. April 1945 verstorbenen Roosevelt saß sein Nachfolger Harry S. Truman am Verhandlungstisch im Schloß Cecilienhof. Churchill wurde nach einer verlorenen Unterhauswahl während der Konferenz von dem neuen Labourpremier Clement Attlee abgelöst. Truman, der Mann aus der amerikanischen Provinz, war außenpolitisch ebenso ein Neuling wie sein britischer Partner. Der amerikanische Präsident blieb in Potsdam daher auf Roosevelts Kurs und suchte ein Arrangement mit den Sowjets.

Truman glaubte zudem, mit der wenige Tage vor dem Potsdamer Treffen erstmals erfolgreich getesteten amerikanischen Atombombe ein Faustpfand gegenüber der Sowjetunion zu besitzen. Als Stalin auf eine entsprechende Bemerkung Trumans in Potsdam gelassen und völlig unbeeindruckt reagierte, war der Präsident verblüfft. Er ahnte nicht, daß der sowjetische Geheimdienst den Diktator längst von diesem Projekt informiert hatte und russische Physiker bereits intensiv an der Entwicklung eigener Atomwaffen bastelten. 1949 besaß die Sowjetunion ihre erste Atombombe, 1953 ihre erste Wasserstoffbombe.

In Potsdam geschah das, was die Teilnehmer ursprünglich gar nicht geplant hatten: Es wurden die Weichen für die Machtaufteilung Europas gestellt. Da alle von einem späteren Friedensvertrag ausgingen, der vom Rat der Außenminister der fünf Hauptmächte USA, Großbritannien, Sowjetunion, Frankreich und China (nach der Niederwerfung

Brüchige Eintracht: Churchill, Amerikas neu gewählter Präsident Harry S. Truman und Stalin auf der Potsdamer Konferenz.

Japans wurde Peking als asiatische Macht hinzugezogen) vorbereitet werden sollte, gab es kein offizielles, völkerrechtlich verbindliches Abkommen, und so glaubten die Alliierten, daß Deutschland betreffend noch vieles offen sei. Doch in bezug auf die Ostgrenzen stellte Stalin seine beiden Kontrahenten bereits in Potsdam vor vollendete Tatsachen. Königsberg und das nördliche Ostpreußen kamen zur Sowjetunion, die Gebiete östlich der Oder-Neiße-Linie wurden unter polnische Verwaltung gestellt. Umsiedlungen der deutschstämmigen Bevölkerung in Polen, der Tschechoslowakei, Ungarn und Jugoslawien sollten »in ordnungsgemäßer und humaner Weise« durchgeführt werden. Für das restliche Deutschland einigte man sich auf eine dezentralisierte, demokratische Selbstverwaltung. Frankreich war nicht geladen worden, was den Chef der »Provisorischen Regierung« in Paris, Charles de Gaulle, tief kränkte und seinen Widerspruch gegen die sich in den nächsten Monaten und Jahren herauskristallisierenden Deutschlandpläne der beiden anderen Westmächte provozierte.

In der Reparationsfrage gestanden die Westmächte der Sowjetunion zu, ihre Ansprüche durch entsprechende Maßnahmen in der eigenen Besatzungszone zu befriedigen. Vage blieben die Hinweise auf Industrieausrüstungen und andere Leistungen, die Moskau aus den Westzonen erhalten sollte (Stalin dachte dabei vor allem an das Ruhrgebiet). Einig waren sich die Staatschefs über die völlige Abrüstung und Entmilitarisierung Deutschlands, die Auflösung der NSDAP und ihrer Massenorganisationen, die Entnazifizierung und die Verurteilung der Kriegsverbrecher. Trotz der Teilung in Besatzungszonen gingen die Alliierten von der wirtschaftlichen Einheit Deutschlands aus.

Potsdam blieb in vielen Fragen unkonkret. Entscheidend war, daß zwei diametral entgegengesetzte politische und gesellschaftliche Systeme so taten, als hätten sie einen Konsens gefunden, der jedoch ernsthaft gar nicht möglich war. Was unter Demokratie, Meinungspluralismus oder Selbstverwaltung zu verstehen war, davon besaßen die kommunistische Einparteiendiktatur und die dem Parlamentarismus verpflichteten Westmächte höchst unterschiedliche Auffassungen. Gleiches galt für das Wirtschaftssystem: Westliche Marktwirtschaft und sowjetische Planwirtschaft schlossen einander aus. Diese fundamentalen Unterschiede in Fragen der politischen und ökonomischen Staatsorganisation zeigten sich bei der Verwaltung der Besatzungszonen in den kommenden Jahren mit aller Deutlichkeit. Aber da in Potsdam alle Teilnehmer von einem künftigen Friedensvertrag ausgingen, der Details regeln sollte, verzichteten Truman, Attlee und Stalin auf vertiefende Begriffsdefinitionen. So wurde das im Sommer 1945 beschlossene Provisorium zur realpolitischen Grundlage der deutschen und der osteuropäischen Entwicklungen.

In welchem Umfang sich die einzelnen Siegerstaaten schon zu diesem Zeitpunkt tatsächlich mit ihren Deutschlandplänen intern festgelegt hatten, ist schwer zu beurteilen. Stalin soll bereits im April 1945 gegenüber dem jugoslawischen Kommunisten Milovan Djilas erklärt haben: »Dieser Krieg ist nicht wie frühere. Wer immer ein Gebiet besetzt, erlegt ihm auch sein eigenes gesellschaftliches System auf.« Der deutsche Kommunist und spätere DDR-Präsident Wilhelm Pieck notierte im Juni 1945 nach einem Treffen mit dem Diktator in seinem Tagebuch: »Es wird zwei Deutschland geben.« In der Öffentlichkeit ließen die Sowjets solche Gedanken nicht laut werden. Auf der Moskauer Siegesparade am 9. Mai verkündete Stalin: »Die Sowjetunion feiert den Sieg, wenn sie sich auch nicht anschickt, Deutschland zu zerstückeln oder zu vernichten.« Dabei blieb es in der offiziellen Propaganda, bis Moskau erkennen mußte, daß sein Wunsch, Einfluß auf die Entwicklung in allen vier Besatzungsgebieten nehmen zu können, unerfüllbar blieb. Erst von diesem Zeitpunkt ab wurde die Teilung Deutschlands offen vorgetragener Bestandteil der Politik Stalins, der nach dem großen Sieg über den Nationalsozialismus ohnehin von der künftigen Weltmachtrolle seines Landes überzeugt war. Wobei er allerdings mit allen seinen politischen Schritten in bezug auf Deutschland auf das Vorgehen der Westmächte reagierte, die ebenfalls Ende 1947 Kurs auf eine Staatsgründung westlich der Elbe nahmen.

Die Amerikaner rechneten zunächst lediglich mit einer zweijährigen Besatzung Deutschlands. Sie wollten eine entschiedene wirtschaftliche und machtpolitische Schwächung des Staates, der Europa und die Welt zweimal in einen Krieg gestürzt hatte. Die meisten Politiker in Washington machten sich zwar keine Illusionen über den skrupellosen Charakter Stalins, aber zumindest bis Ende 1945 glaubten sie daran, mit Moskau eine einvernehmliche Lösung für Europa finden zu können. Den Umdenkungsprozeß in Washington leiteten in erster Linie die Mitarbeiter des Außenministeriums ein. George F. Kennan, außenpolitischer Berater des amerikanischen Botschafters in Moskau, schickte Ende Dezember 1945 nach der erfolglosen alliierten Außenministerkonferenz in der sowjetischen Hauptstadt sein berühmtes »langes Telegramm« nach Washington, das die Außenpolitik Trumans bald entscheidend beeinflussen sollte. Die zentrale Botschaft seiner Analyse war, daß der imperiale Ehrgeiz Stalins langfristig kein Übereinkommen zwischen den beiden Großmächten zulassen würde und Amerika sich auf eine Auseinandersetzung mit der Sowjetunion diplomatisch, wirtschaftlich und militärisch vorbereiten müsse. Kennan zitierte in seinen Memoiren aus seinen damaligen Papieren: »Die Idee, Deutschland gemeinsam mit den Russen regieren zu wollen, ist ein Wahn. Ein ebensolcher Wahn ist es zu glauben, die Russen und wir könnten uns eines schönen Tages höflich zurückziehen, und aus dem Vakuum werde ein gesundes und friedliches, stabiles und freundliches Deutschland steigen.«

Die britische Regierung sah das europäische Gleichgewicht gefährdet und stand vor erheblichen wirtschaftlichen Problemen. Churchill wurde nach der im sowjetischen Sinn gefällten Entscheidung über die Zukunft Polens von der wachsenden Sorge umgetrieben, Moskau plane eine Expansion bis zum Atlantik. Angesichts der eigenen schlechten Wirtschaftslage wollte die britische Politik außerdem mit aller Macht verhindern, daß dem Land Geld- und Sachmittel entzogen wurden, um die Versorgung ihrer Besatzungszone aufrechtzuerhalten. »Die deutschen Massen dürfen uns nicht zur Last fallen«, erklärte Churchill am 16. April 1945 kategorisch vor dem britischen Unterhaus. Da London ökonomisch und machtpolitisch von den Vereinigten Staaten abhängig geworden war, näherte es sich rasch der amerikanischen Deutschlandpolitik, was 1947 schließlich zu Bildung der Bizone führte.

Frankreich wiederholte seine Fehler aus der Zeit nach dem Ersten Weltkrieg. Neben den Russen stellten die Franzosen das härteste Besatzungsregime. Ihr Ziel war die Zerstückelung Deutschlands, um den gefährlichen östlichen Nachbarn langfristig zu schwächen. Das Saarland und Teile des linken Rheinufers sollten an Paris fallen, das Ruhrgebiet internationalisiert und Restdeutschland so dezentralisiert werden, daß es als europäische Großmacht abdanken mußte. Vor der Presse erklärte de Gaulle 1945, Frankreich wolle »nie mehr ein deutsches Reich« erleben. Der eigenwillige General konterkarierte immer wieder die Pläne der beiden anderen westlichen Besatzungsmächte und war zeitweise sogar bereit, mit den Sowjets politische Geschäfte zu machen, um eine starke Gegenposition gegen die Amerikaner und Briten aufbauen zu können. Erst 1948 begann in Paris ein Umdenken.

Subjektiv ist das harte, den Besiegten jegliche politische Eigenständigkeit verwehrende Vorgehen der Alliierten in den ersten Jahren der Besatzungszeit durchaus nachvollziehbar. Sie wollten Sicherheit vor einer Nation, die sich als überaus aggressiv erwiesen hatte, und sie verfolgten nach den ungeheuren Lasten, die der Krieg auch ihnen aufgebürdet hatte, verständlicherweise sehr handfeste wirtschaftliche Eigeninteressen. In der amerikanischen »Direktive JCS 1067 an den Oberbefehlshaber der US-Besatzungstruppen« hieß es: »Deutschland wird nicht besetzt zum Zwecke seiner Befreiung, sondern als ein besiegter Feindstaat.«

Diese Haltung spiegelte die Empfindungen der Sieger sehr genau wider. Rußland war durch den Krieg und die deutsche Besatzungspolitik verwüstet worden, über zweiundzwanzig Millionen Russen (darunter 8,6 Millionen Zivilisten) waren Opfer des von Hitler provozierten Krieges geworden. Frankreich hatte zum dritten Mal innerhalb von fünfundsechzig Jahren den Einmarsch deutscher Heere erlebt. England hatte die Bombennächte des Luftkampfes nicht vergessen. 362 000 amerikanische Soldaten waren in Europa und im pazifischen Raum gefallen. Da machten sich die Völker nicht allzu viele Gedanken über die Befindlichkeit und die Zukunft der Besiegten.

Für die Deutschen war das Kriegsende von 1945 nicht zu vergleichen mit dem von 1918. In der Stunde der Kapitulation hatten die feindlichen Armeen das Land vollständig besetzt. Die zerstörten Städte glichen riesigen Skelettlandschaften, die Nahrungsmittel- und Energieversorgung sowie der Verkehr waren zusammengebrochen. Im eisigen Winter 1946/47 sank der durchschnittliche tägliche Lebensmittelverbrauch auf 1451 Kalorien, die Lebensmittelkarten wiesen Tagesrationen von maximal 1500 Kalorien in der amerikanischen und 900 in der französischen Zone aus. Entscheidend war der Mangel an Fett und tierischem Eiweiß. Die Stadtbevölkerung hungerte und vegetierte in provisorischen Kellerquartieren zwischen den riesigen Schutthalden, die die Bomben übriggelassen hatten. Die Kohlenkrise, durch Transport- und Abbauprobleme (im Mai 1945 lag die tägliche Förderung bei 25 000 Tonnen pro Tag gegenüber 400 000 Tonnen vor dem Krieg) hervorgerufen, führte dazu, daß die Menschen in ihren Elendsquartieren jämmerlich froren. Von der Straße weg wurden Deutsche zu Aufräumarbeiten befohlen, die Trümmerfrauen wurden zum Sinnbild dieser Zeit.

Der Preis des Wahns: Blick auf die Ruine der Frauenkirche und das im Februar 1945 von den alliierten Bomberflotten zerstörte Dresden.

Rund zehn Millionen Deutsche befanden sich auf der Flucht (insgesamt gab es sechzehn Millionen Flüchtlinge), und sie mußten in den Besatzungszonen Wohnraum und Nahrung finden. Dieser gewaltige Flüchtlingsstrom rief bei den selbst um das Überleben kämpfenden Einheimischen Ärger und Ablehnung hervor. Die im kommenden Jahrzehnt erfolgte Integration der Entwurzelten und all ihres Habes Beraubten war eine der bedeutendsten Nachkriegsleistungen. Hinzu kamen in den ersten Monaten (und Jahren) neun Millionen »Evakuierte«, das heißt Menschen, die ausgebombt waren, acht bis zehn Millionen »Displaced Persons« (ins Reich verschleppte Zwangsarbeiter und Überlebende aus den befreiten Konzentrationslagern), die durch das zerstörte Deutschland zogen. Eine gigantische Völkerwanderung fand in der Mitte Europas statt.

Das deutsche Geld war entwertet, die Zigarette wurde zur eigentlichen Währung, primitivster Naturalhandel bestimmte den Alltag, und allerorts versuchte man auf dem Schwarzmarkt, auch nur das Dringlichste zu erstehen. Für Deutschland war der Außenhandel traditionell ein entscheidender Konjunktur- und Wachstumsimpuls gewesen. Die Alliierten verboten jegliche eigenständige Wirtschaftsbeziehung der Unternehmen mit dem Ausland. Selbst der Handel zwischen den Besatzungszonen unterlag der Genehmigung der Militärverwaltungen – Eingriffe, die die Selbstversorgung der Besiegten unmöglich machte. In überfüllten Zügen reisten die Stadtbewohner zu Hamsterfahrten aufs Land, tauschten Schmuck und Pelzmäntel gegen Butter und Kartoffeln. Die Prostitution blühte überall, Geschlechtskrankheiten breiteten sich aus.

Als Staat existierte Deutschland nicht mehr. Die nach Hitlers Tod von Großadmiral Dönitz geführte Regierung hatte zur Kapitulationsunterschrift anzutreten, verhandeln wollte niemand mehr mit den Vertretern des geschlagenen Landes. Die Besatzungsmächte entschieden, deutsche Mitsprache hing allein von ihrem guten Willen ab.

Für »Dolchstoßlegenden« gab es diesmal keinen Spielraum. Die Niederlage war total und für jeden buchstäblich spür- und sichtbar. Auch die Kriegsschuldfrage stellte sich ernsthaft kaum einem Deutschen, geschweige denn den Siegern. Hitler hatte seine Vernichtungsfeldzüge ohne Provokation der Überfallenen befohlen, und die Verbrechen seines Regimes wurden mit der Veröffentlichung der Bilder aus den befreiten Konzentrationslagern und den Informationen über die Geschehnisse in den von Deutschland besetzten Ländern nun vor aller Welt sichtbar. Die Erwecker des »Tausendjährigen Reiches« und ihre führenden Helfer waren über Nacht aus der deutschen Politik verschwunden. Himmler und Goebbels hatten Selbstmord begangen. Göring, Rosenberg, Speer, Keitel, Jodl, Dönitz und weitere führende Nationalsozialisten saßen in alliierten Gefängnissen.

Deutschlands Ruf war ruiniert. Fassungslos registrierte die Welt, zu welchen Verbrechen das Regime fähig gewesen war. Die Sieger blieben keineswegs frei von Rachegedanken. In Washington wurde vor dem Kriegsende lange ernsthaft der Plan von Finanzminister Henry Morgenthau favorisiert, nach dem Deutschland in einen Agrarstaat umgewandelt werden sollte, um jede künftige industrielle (und militärische) Machtposition dieses Landes auszuschließen. Ein Vorschlag der erst nach Protesten des amerikanischen Außenministeriums von Roosevelt zu den Akten gelegt wurde. Die einströmenden russischen Truppenverbände verbreiteten in den ersten Wochen mit Plünderungen, Vergewaltigungen und willkürlichen Festnahmen, die für die Betroffenen häufig in sowjetischen Lagern endeten, Angst und Schrecken. Die Briten und Franzosen hielten kühl Distanz, wenn sie den von ihnen bestimmten deutschen Helfern ihre Befehle erteilten. Paris betrieb eine harte Reparationspolitik. Mitleid mit den Geschlagenen hatten die Besatzer in diesen Monaten des staatlichen und materiellen Zusammenbruchs nicht.

Noch etwas hatte sich gegenüber der Situation von 1918 fundamental geändert: die konservativ-nationalistischen Eliten, die in den wilhelminischen und in den Weimarer Jahren einen so unheilvollen Einfluß auf die deutsche Politik besessen hatten, waren entmachtet. Das Militär war geschlagen und hatte sich durch seine uneingeschränkte Loyalität zu Hitler diskreditiert. Die ostelbischen Großagrarier hatten ihren Besitz als Grundlage ihrer jahrhundertealten Stärke verloren. Preußen spielte zudem als politischer Faktor keine Rolle mehr. Zahlreiche führende Vertreter der Schwerindustrie – tief mit dem Hitlerregime verstrickt – waren verhaftet oder angeklagt worden. Die Zukunft der Kohle- und Stahlindustrie stand in den ersten Nachkriegsjahren außerdem ganz unter dem Zeichen der Sozialisierung.

1945 war jedoch keine Stunde Null. Viele politische und gesellschaftliche Kontinuitäten der deutschen Geschichte waren in den kommenden Jahren zu beobachten. Das Denken der Menschen, die in Politik, Verwaltung, Wirtschaft, im Schul- oder Kulturbereich bald Verantwortung übernehmen sollten, war noch von den Ereignissen und geistigen Strömungen der Weimarer Republik und der Hitlerzeit geprägt. Restaurationstendenzen waren in den fünfziger Jahren unübersehbar. Entnazifizierung blieb für die meisten Westdeutschen negativ besetzt, während die kommunistische Führungsschicht in Ostdeutschland den »Antifaschismus« instrumentalisierte, um ihre eigene Diktatur zu legitimieren. In der neugegründeten Bundesrepublik wurden rasch Verwaltung, Justiz und Polizei mit den alten Amtsinhabern besetzt. Umfragen machten deutlich, daß noch lange Zeit nach dem Krieg die Mehrheit der Bevölkerung den Nationalsozialismus als politische Idee keineswegs in Bausch und Bogen ablehnte. Sie verurteilte lediglich die »Auswüchse«, zu denen er geführt hatte. Von »Befreiung« sprachen nur wenige, um so mehr von einer »Niederlage«.

Gelähmt vom Fronterlebnis, den Bombennächten in der Heimat und der moralischen Entwurzelung, die die zwölf Hitlerjahre geprägt hatten, heimgesucht vom täglichen Überlebenskampf, reagierte die Mehrheit der Deutschen mit einer starren Abwendung von der Politik. »Nie mehr Krieg« war zweifellos eine der allgemein akzeptierten Parolen der ersten Jahre. Im Gegensatz zu den wilhelminischen und Weimarer Zeiten träumten wohl auch nur noch wenige von einem deutschen Sonderweg oder gar germanisch-arischer Auserwähltheit. Unzählige Familien hatten im Krieg den Ehemann und Vater verloren. Nach der Kapitulation waren über acht Millionen deutsche Soldaten in Kriegsgefangenschaft, die letzten kehrten erst 1956 aus der Sowjetunion zurück. Etwa 1,5 Millionen ehemalige Wehrmachtsangehörige galten als vermißt.

Aber die Deutschen wurden nicht über Nacht zu Demokraten. Geistige »Umerziehung«, politischer Pluralismus, die Auseinandersetzung mit der eigenen jüngeren Geschichte – das löste bei vielen Skepsis, Ablehnung, inneren Widerstand aus. Und doch – und insofern ist die Restaurationsthese nur ein Teil der gesellschaftlichen Wirklichkeit der kommenden Jahre – ist selten in der Geschichte der Untergang einer Nation so rasch von ihrem Wiederaufstieg abgelöst worden wie in diesem Fall. Der entscheidende Beitrag kam von den westlichen Besatzungsmächten. Sie legten bis 1949 die Grundlagen für die künftige wirtschaftliche und demokratische Stabilität der Bundesrepublik.

Wiederum im Gegensatz zur Situation nach 1918 entschied sich eine überwältigende Mehrheit der Wähler und der Gewählten bereits in den noch unter der Besatzung durchgeführten Kommunal- und Landtagswahlen eindeutig für demokratisch gesinnte Abgeordnete. In den Landesparlamenten und dann im Bundestag saßen – anders als im Reichstag der Weimarer Republik – allenfalls noch eine Handvoll Abgeordnete, die Demokratie, Parlamentarismus und Verfassung ablehnten. Links- oder Rechtsradikale blieben bei allen kommenden Abstimmungen ohne ein Echo, das die westdeutsche Demokratie hätte gefährden können.

Die Fundamente, auf der diese demokratische Stabilität ruhte, waren die eindeutige Hinwendung zum westlichen Parlamentarismus, die Akzeptanz der westeuropäischen Einbindung Deutschlands, die Aussöhnung mit Frankreich, der Beitritt zum NATO-Militärbündnis und das Bekenntnis zu Marktwirtschaft und freiem Welthandel. Möglich war dies alles durch die weltpolitischen Entwicklungen, die sich schon kurz nach dem Ende des Zweiten Weltkrieges abzeichneten und die für die Westdeutschen zum Glücksfall wurden. Weil das Bündnis der Kriegsalliierten auseinanderbrach, sich die Ost-West-Konfrontation zu einem waffenstarrenden Schaukampf entwickelte, brauchten die Vereinigten Staaten ein wirtschaftlich starkes und gesellschaftlich stabiles Deutschland als verläßlichen Puffer an der Grenzlinie, die die beiden Supermächte in Europa voneinander trennte. Aus diesen Gründen war die westliche Welt – voran Amerika – bereit, die deutsche Vergangenheit zu den Akten zu legen. Und der neue Partner zeigte sich – wenn auch nicht immer sehr begeistert – lernbereit.

In einer historisch ungemein kurzen Zeitspanne fand die Bundesrepublik ihren Weg an die Seite des demokratischen Westens, erhielt dieser Teil des untergegangenen Reiches die politische Souveränität zurück und genossen seine Bürger einen Wohlstand, wie ihn die Generationen vorher nicht gekannt hatten. Der Weg dorthin blieb jedoch zwischen den wiedererstandenen politischen Parteien und den sich neu formierenden Interessenverbänden über Jahre hinweg höchst umstritten. Westintegration, Marktwirtschaft und Wiederbewaffnung lösten im Land leidenschaftliche Kontroversen aus. An den demokratischen Fundamenten jedoch – und dies war nun tatsächlich eine »Stunde Null« in der deutschen Geschichte seit 1848 – rüttelten Bürger und Politiker nicht mehr.

Den bitteren Preis für den verlorenen Krieg und den Wiederaufstieg Westdeutschlands zahlten die rund achtzehn Millionen Bürger östlich der Elbe. Die sowjetische Besatzungszone – etwa ein Fünftel des den Deutschen verbliebenen Gebietes – stand unter der politischen und ideologischen Kuratel Moskaus. Das war in den Westzonen zunächst nicht anders. Auch dort regierten die Besatzungsmächte autoritär. Aber die Menschen im Osten Deutschlands konnten bis zum Fall der Mauer im Jahre 1989 die Vormundschaft des »großen Bruders« nicht abschütteln.

Viele Menschen jedoch, die wie die Mehrzahl ihrer westlichen Mitbürger die Hitlerjahre nicht so rasch vergessen und verdrängen konnten, setzten zunächst ihre Hoffnung auf ein »anderes Deutschland«. Sie glaubten, was die Propaganda der neuen Herren in Pankow, dem Sitz der Regierung der sowjetischen Besatzungszone, und der Chefideologe in Moskau verkündeten. Entmachtung des Besitzes, materielle Gerechtigkeit, Antifaschismus, »neuer Humanismus«, »Volksdemokratie« – das waren mit Blick auf die letzten achtzig Jahre der deutschen Geschichte wirkungsvolle Schlagworte. In Ostdeutschland erweckten die Machthaber den Eindruck, hier werde die Nazivergangenheit ernsthaft aufgearbeitet. Die Verlage druckten die Werke der exilierten deutschen Schriftsteller in hohen Auflagen, und der Oststaat bot – im Gegensatz zu Westdeutschland – Heinrich Mann, Arnold Zweig, Bertolt Brecht oder

Anna Seghers Wohnungen und Arbeitsmöglichkeiten. Angesichts des immer bedrohlicher werdenden Wettrüstens organisierten die DDR-Kommunisten unzählige Friedenskongresse. Die kommunistische Idee war damals noch nicht tot, ihre Anhänger in der ganzen Welt verdrängten den stalinistischen Terror, der in den dreißiger Jahren Millionen Opfer gekostet hatte. In Frankreich oder Italien (und zunächst auch in Griechenland) erzielten die kommunistischen Parteien nach 1945 bei freien Wahlen beachtliche Erfolge. Die Sowjetunion hatte aus der Sicht der europäischen Linken den Hauptteil im Kampf gegen den europäischen Faschismus getragen. Den Hitler-Stalin-Pakt übersah sie dabei geflissentlich. Die amerikanischen Atombombenabwürfe auf japanische Städte hatten weltweit Entsetzen ausgelöst und ließen sich als höchste Steigerung kapitalistisch-imperialistischer Machtansprüche deuten.

Es glaubten also auch viele Menschen, die nicht Angehörige der kommunistischen Nomenklatura geworden waren, an den Marxismus-Leninismus, an eine sozialistische Zukunftsgesellschaft, in der sich der Traum von Freiheit und Gleichheit erfüllen sollte. Der Dresdner Romanist Victor Klemperer – als Jude verfolgt, überlebte er das Dritte Reich in Deutschland – notierte am 20. November 1945 in seinem Tagebuch: »Die Antragsformulare zur Aufnahme in die KPD liegen auf dem Schreibtisch. Bin ich feige, wenn ich *nicht* eintrete – …bin ich feige, wenn ich eintrete? Habe ich zum Eintritt ausschließlich egoistische Gründe? Nein! Wenn ich schon in eine Partei muß, dann ist diese das kleinste Übel. Gegenwärtig zum mindesten. Sie allein drängt wirklich auf radikale Ausschaltung der Nazis. Aber sie setzt neue Unfreiheit an die Stelle der alten! Aber das ist im Augenblick nicht zu vermeiden.« Ein Zwiespalt wird in diesen Zeilen deutlich, der wohl zahlreiche politisch denkende Menschen in der Ostzone angesichts der NS-Zeit und der willkürlichen Besatzungspolitik der sowjetischen Militärverwaltung umtrieb.

Mehrheiten fanden die kommunistischen Parteien in den osteuropäischen Staaten nie. Bei freien Wahlen wären sie schon bald nach dem Sieg über Deutschland allerorts von der Regierungsmacht ferngehalten worden. Das gilt auch für die sowjetische Besatzungszone und die spätere DDR. Die Planwirtschaft funktionierte schon in der Sowjetunion nicht, für die teilweise hochindustrialisierten Staaten (Ost-)Deutschland, Tschechoslowakei und Ungarn mußte sie vollends zum Desaster geraten. Terror, Unterdrückung und Täuschung hielten die deutschen Kommunisten in Ostberlin (und in Prag, Budapest, Warschau, Bukarest oder Sofia) an der Macht, nicht der Wille des Volkes.

Jeder Schritt des sich emanzipierenden Westdeutschlands vertiefte die Teilung. Mit den ersten demokratischen Gemeinde- und Landtagswahlen, mit der Bildung der Bizone, dem Marshallplan und der Währungsreform, der Gründung der Bundesrepublik und deren Beitritt zur NATO wurde der Abgrund zwischen den beiden deutschen Staaten immer breiter. Die Sowjetunion reagierte auf alle diese Schritte mit entsprechenden Aktionen. So zerbrach zunächst die wirtschaftliche Einheit, dann die staatliche. Die Westdeutschen taten so, als besäße die Überwindung der Teilung für ihre Politik höchste Priorität. Was angesichts ihres Handelns schlicht nicht zutraf. »Es besteht für uns kein Zweifel, daß wir nach unserer Herkunft und nach unserer Gesinnung zur westeuropäischen Welt gehören«, verkündete Konrad Adenauer 1949 in seiner ersten Regierungserklärung. Dies war eine klare Absage an alle Kompromisse, die möglicherweise zur Einheit der Nation hätten führen können. Vielleicht gab es diese Chance nie. Es mußte den Bonner Parteien jedoch klar sein, daß jede Vertiefung der westlichen Integration die deutsche Teilung zementierte. Zugeben wollten sie das nicht. Pathetisch verdammten sie, was ihre politischen Entscheidungen mit heraufbeschworen hatten. Von der »Lebenslüge« der westdeutschen Politik wird später der Sozialdemokrat Willy Brandt in diesem Zusammenhang sprechen.

2. Zonenpolitik und Staatsgründungen (1945–1949)

In allen Besatzungszonen übernahmen gemäß der »Berliner Erklärung« vom 5. Juni 1945 die jeweiligen Oberbefehlshaber – General Dwight D. Eisenhower, Marschall Georgij K. Schukow, Feldmarschall Bernhard L. Montgomery und General Jean de Lattre de Tassigny – die Regierungsgewalt. Sie allein entschieden über die Maßnahmen, die zur Aufrechterhaltung der Versorgung der Bevölkerung und zur Verwaltung der von ihnen besetzten Territorien notwendig waren. Die praktische Organisation oblag ihren Stellvertretern, von denen vor allem der Amerikaner General Lucius D. Clay für die Entwicklung der Westzonen eine herausragende Rolle spielen sollte. Die deutschen Männer und Frauen, die in den Städten und Gemeinden amtliche Funktionen übernahmen, wurden von den Militärverwaltungen bestimmt. Die Bildung von Par-

Die Herren über Deutschland (v. l.): Feldmarschall Montgomery, General Eisenhower und Marschall Schukow 1945 (helle Uniform).

teien und Verbänden war (in den Westzonen) zunächst verboten. Da die Siegermächte vorerst von einer gemeinsamen (zumindest wirtschaftlichen) Verwaltung Deutschlands in Fragen, die das »Ganze« betrafen, ausgingen, wurde auf der Potsdamer Konferenz die Bildung eines »Alliierten Kontrollrats« mit Sitz in Berlin beschlossen. Er trat zum ersten Mal am 30. August 1945 zusammen. Seine Entscheidungen mußten einstimmig gefällt werden. Kam es zu keiner Einigung, hatte jeder das Recht, nach eigenem Gutdünken in seiner Besatzungszone zu handeln. Da sehr rasch deutlich wurde, daß zwischen Amerikanern und Briten einerseits und Russen und Franzosen andererseits sehr unterschiedliche Vorstellungen über die künftige Gestaltung der deutschen Verhältnisse bestanden, wurde der Kontrollrat zu einer Institution permanenter Auseinandersetzungen.

Hauptproblem für die Besatzer war die Versorgung der Bevölkerung. Vor dem Krieg hatte die Landwirtschaft 80 Prozent der Ernährung durch eigene Produktion decken können. 1946/47 war dieser Anteil auf 35 Prozent gesunken. Für die Westzonen waren die landwirtschaftlichen Anbaugebiete im Osten (ein Viertel der gesamten Nutzfläche) verlorengegangen. Die Verkehrswege – Straßen und Eisenbahnlinien –, die Energieversorgung und ein erheblicher (wenn auch angesichts der alliierten Bombenteppiche geringer als erwarteter) Teil der industriellen Anlagen war zerstört. Die Sowjetunion und Frankreich zeichneten sich durch eine rücksichtslose Demontagepolitik aus. Industrieanlagen, Eisenbahnschienen, Beförderungsmittel wurden abgebaut oder beschlagnahmt und in die eigenen Länder transportiert.

In der sowjetischen Besatzungszone (SBZ) waren bis Ende 1946 1225 Industriebetriebe demontiert, in der eisenschaffenden Industrie bedeutete dies 80 Prozent und bei der Elektro-, feinmechanischen und optischen Industrie 60 Prozent. Hinzu kamen hohe Reparationen aus der laufenden Produktion. Weiterhin wurden 213 Großbetriebe beschlagnahmt und als »Sowjetische Aktiengesellschaften« in das Eigentum der Besatzungsmacht überführt. Diese Unternehmen umfaßten rund 25 Prozent der Industriekapazität, die allein für Lieferungen in die Sowjetunion bereitgestellt wurde.

In den Westzonen sah dies erheblich besser aus. Zwischen 3 und 5 Prozent der westdeutschen Industriekapazität wurden demontiert, insgesamt transportierten Amerikaner, Briten und Franzosen 300 Industrieanlagen in ihre Länder. In der französischen Zone kam es zu umfangreichen Abholzungen der Wälder.

Die Grenzen der Besatzungszonen waren recht willkürlich gezogen worden. Die Russen übernahmen Thüringen, Sachsen, Sachsen-Anhalt, Brandenburg und Mecklenburg. Die Amerikaner gründeten in ihrer Zone den neuen Staat (Groß-)Hessen, verwalteten Bayern, Württemberg-Baden und übernahmen später von den Engländern den Stadtstaat Bremen. Die Briten schufen die Länder Niedersachsen und Nordrhein-Westfalen (einst die größte preußische Provinz), regierten in Schleswig-Holstein und Hamburg. Die Franzosen waren die Herren in Baden, Württemberg-Hohenzollern und in Rheinland-Pfalz, ebenfalls eine Länderneuschöpfung. Die ehemalige Hauptstadt Berlin (die allein von den Russen erobert worden war) wurde in vier Sektoren aufgeteilt, woraufhin die Amerikaner wiederum ihre Truppen aus den Regionen Thüringens, Sachsens und Mecklenburgs zurückzogen, die sie bei ihrem militärischen Vormarsch besetzt hatten. Die Franzosen übergaben Nordwürttemberg und Nordbaden erst auf erheblichen Druck Washingtons an den westlichen Partner. Die (teilweise) neuen Ländergrenzen sollten sich als erstaunlich stabil erweisen. Nur im Südwesten gab es in den fünfziger Jahren eine Revision, ansonsten blieb es trotz des Verfassungsauftrags von 1949 zu einer Länderneugliederung bei dem, was die Alliierten 1945 festgelegt hatten.

Ein Veto Frankreichs verhinderte die Einsetzung einer zentralen deutschen Verwaltung, die in Potsdam beschlossen worden war. Dies führte zur Bildung eigener Verwaltungsstrukturen in den einzelnen Zonen und damit zu einem ersten entscheidenden Schritt der Dezentralisierung Deutschlands. Jede Besatzungsmacht war bemüht, das im eigenen Land praktizierte politische System auf die ihr überlassene Zone zu übertragen. Auf mittlere Sicht stellte dies für die Bürger in den Westzonen kein unüberwindbares Problem dar. Die Westmächte waren Demokratien, und ihr Wirtschaftssystem war trotz einiger Unterschiede im Grundsatz marktwirtschaftlich organisiert. Ganz anders sah es für die Ostzone aus. Von Demokratie hatten die Sowjets eine völlig andere Vorstellung als die Westalliierten, und die in ihrer Zone sehr bald durchgeführte Bodenreform sowie die Industrieenteignungen zeigten die Richtung an, auf die die Volkswirtschaft der SBZ zusteuerte.

Den westlichen Besatzern ging es zunächst um die Entmilitarisierung, Entnazifizierung und Demokratisierung in den Regionen, über die sie herrschten. Das erste Problem war relativ einfach zu lösen: Die Wehrmacht hatte sich nach der Kapitulation aufgelöst, und vom Wiederaufbau einer deutschen Armee sprach in den Besatzungsjahren kaum jemand.

Die Entnazifizierung erwies sich da schon als schwieriger. Die Nürnberger Kriegsverbrecherprozesse (Hauptverfahren vom 20. November

Der Weg in den Sozialismus: In der sowjetischen Besatzungszone wird bereits 1945 die Bodenreform durchgesetzt und auf einer Briefmarke gepriesen.

1945 bis 1. Oktober 1946) entlarvten die Untaten des Regimes ein weiteres Mal. Vierundzwanzig »Hauptkriegsverbrecher« und sechs »verbrecherische Organisationen« (NSDAP, Gestapo, SS, SA, die Reichsregierung und das Oberkommando der Wehrmacht) waren angeklagt. Nur einundzwanzig führende Nationalsozialisten standen schließlich in Nürnberg vor Gericht, da der Chef der »Deutschen Arbeitsfront«, Robert Ley, vorher Selbstmord begangen hatte, der Leiter der Partei-Kanzlei, Martin Bormann, tot (oder untergetaucht) und der Industrielle Gustav Krupp von Bohlen und Halbach verhandlungsunfähig waren. Zwölf Angeklagte wurden von dem alliierten Militärgericht zum Tode verurteilt (darunter Göring, Ribbentrop, Streicher, Kaltenbrunner, Keitel und Jodl), andere zu langjährigen Haftstrafen (so Heß, Speer, Dönitz, Schirach). Einige bedeutende Mitläufer und Unterstützer des Dritten Reiches wie Ex-Reichsbankpräsident Hjalmar Schacht oder Hitlers einstiger Vizekanzler Franz von Papen wurden unter Protest des sowjetischen Richters freigesprochen.

Die Nürnberger Prozesse waren bei den Deutschen höchst umstritten – hier sprach man vielfach sehr pauschal von »Siegerjustiz« –, aber sie blieben in der Summe eine notwendige Antwort der Völkergemeinschaft auf die Menschen- und Völkerrechtsverbrechen der nationalsozialistischen Führung. Mit der Anklage wegen »Verbrechen gegen den Frieden« und »Verbrechen gegen die Menschlichkeit« wurde erstmals die politische Leitung eines Landes für ihre Taten vor ein internationales Gericht gestellt. Richter und Ankläger waren herausragende Juristen, und die 218 Verhandlungstage fanden ein weltweites Echo. Es folgten weitere Prozesse gegen Ärzte, Generäle, Diplomaten, Juristen, Industrielle und Gestapoangehörige, die im Zuge des bereits ausgebrochenen Kalten Krieges jedoch von den einzelnen Besatzungsmächten getrennt angeordnet und durchgeführt wurden. In den drei Westzonen wurden etwas mehr als 5000 Angeklagte verurteilt, von 806 Todesurteilen wurden 486 vollstreckt. In den Nachbarländern, die im Krieg von der deutschen Wehrmacht besetzt worden waren, gab es ebenfalls zahlreiche Prozesse.

Was aber sollte mit den Hunderttausenden von Parteigenossen geschehen, die als Verwaltungsbeamte, Richter, Lehrer, Polizisten, Journalisten oder Offiziere zu Vollstreckern der Politik des Dritten Reiches geworden waren? Rund 8,5 Millionen Deutsche waren Mitglieder der NSDAP gewesen. Sie stellten die überwältigende Mehrheit der im

Vor ihren Richtern: In Nürnberg sitzt die überlebende nationalsozialistische Führungsspitze auf der Anklagebank.

Staatsapparat Beschäftigten. Drohte nach ihrer Entlassung nicht der Zusammenbruch der Verwaltung?

Die Alliierten organisierten in ihren Zonen ein gigantisches Entnazifizierungsprogramm. Allein in der amerikanischen Zone wurden bis Mitte 1946 300 000 Männer und Frauen des öffentlichen Dienstes suspendiert, rund 117 000 von ihnen inhaftiert. In der britischen Zone saßen Ende 1945 68 000 Deutsche in Internierungslagern, in der französischen 19 000. Eineinhalb Millionen Deutsche mußten in der amerikanischen Zone auf umfangreichen Fragebögen (131 Fragen) Auskunft über ihre berufliche und politische Biographie geben. Entnazifizierungskammern fällten dann das Urteil: Hauptschuldige, Belastete, Minderbelastete, Mitläufer, Entlastete. Die Briten gingen nicht ganz so rigoros vor, die Franzosen, stets die eigenen Interessen im Auge, regelten die Angelegenheit sehr pragmatisch und uneinheitlich.

Die Betroffenen versuchten die Wahrheit zurechtzubiegen, viele Unbescholtene oder einst Verfolgte stellten ihren Nachbarn oder Freunden »Persilscheine« aus, und so idealistisch die Aktion auch gemeint war, sie brachte nicht viel. Am Ende war es, wie so oft im Leben: Die Großen wußten sich durch Geld, Beziehungen, cleveres Herausreden oder bürokratische Zeitverzögerung den unliebsamen Folgen ihrer Vergangenheit zu entziehen. Viele Kleine aber »hängte« man, da ihre weniger schweren Fälle vorgezogen wurden, die Verfahren also in eine Zeit fielen, in der die alliierten Spruchkammern noch forsch zur Sache gingen.

Die Deutschen spotteten über die Entnazifizierung oder reagierten empört. Der Schriftsteller Ernst von Salomon – 1922 am Attentat auf Rathenau beteiligt – schrieb den autobiographischen Roman »Der Fragebogen«, der unter anderem diese Aktion ironisch und ablehnend thematisierte. Er fand bei seinen Landsleuten viel Beachtung und Zustimmung. Von Schuldbewußtsein war in diesem Zusammenhang kaum etwas zu spüren. Als dann spätere Prozesse in der Verantwortung deutscher Gerichte lagen, lief die personelle Vergangenheitsbewältigung ohnehin bald ins Leere. So wurde kein Richter des berüchtigten Volksgerichtshofes für die zahlreichen Todesurteile gegen Denunzierte, wegen »Rassenschande« Angeklagte oder Widerstandskämpfer von der bundesrepublikanischen Justiz zur Rechenschaft gezogen. Auch in den Ministerien, in den Hochschulen oder den großen Industrieunternehmen saßen in den fünfziger Jahren wieder diejenigen an den Schalthebeln der Macht, die dort schon unter Hitler gesessen hatten. Von den 53 000 Beamten, die nach 1945 von den Alliierten entlassen worden waren, blieb 1950 lediglich für 1071 der öffentliche Dienst verschlossen.

Der Historiker Norbert Frei weist in seinem Buch »Vergangenheitspolitik« auf den (indirekten) Zusammenhang zwischen der versuchten Entnazifizierung und den Plänen der amerikanischen und britischen Besatzungsmächte hin, das Berufsbeamtentum in Deutschland abzuschaffen: »Spätestens seit 1948 ... war in Politik und Verwaltung der Entschluß herangereift, ein weiteres höchst unliebsames Element alliierter Besatzungspolitik rückgängig zu machen, in dem Säuberungswillen und Reformeifer eine aus deutscher (Beamten-)Sicht fatale Verbindung eingegangen waren: die politisch begründete Entlassung großer Teile des bei Kriegsende vorgefundenen öffentlichen Dienstes, die nach den Vorstellungen von Briten und Amerikanern zugleich den Auftakt bilden sollte für eine tiefgreifende Umgestaltung des überkommenen Berufsbeamtentums.« Kaum etwas löste einen so zähen und schließlich erfolgreichen Widerstand der Deutschen gegen ein Vorhaben der Alliierten aus wie diese Forderung. Die souveräne Bundesrepublik hat dann in der Frühphase ihrer Geschichte durch mehrere Gesetze die Rehabilitierung und Versorgung der Beamten ohne jede Rücksicht auf ihr Wirken in den Hitlerjahren überaus generös geregelt. Die FDP hatte sich zeitweise sogar für die Pensionsansprüche ehemaliger Gestapobeamter eingesetzt.

Die Vergangenheitsbewältigung verlief in den Westzonen ab Mitte 1948 im Sande. Das neue Stichwort hieß »Rehabilitation« und eröffnete vor allem den einfachen NSDAP-Mitgliedern wieder eine Rückkehr in ihre alten beruflichen Stellungen. Diese Entwicklung trug ein gut Teil dazu bei, daß in der jungen bundesrepublikanischen Demokratie die autoritären Strukturen in Politik und Verwaltung unübersehbar blieben. Eine offene, tolerante Gesellschaft ließ sich in den ersten beiden Bonner Jahrzehnten allenfalls im Kulturbereich entdecken. Ansonsten herrschten in Parteien, Unternehmen und Familien spätpatriarchalische Verhältnisse. Im Gegensatz zu Weimar allerdings führte dies nicht zu einer grundsätzlichen Auseinandersetzung über das demokratische System, zu dem man sich mit dem Grundgesetz eindeutig bekannt hatte.

Die Sowjets gingen in ihrer Zone erheblich konsequenter und härter gegen ehemalige Nationalsozialisten vor als die Westmächte. Knapp 400 000 ehemalige NSDAP-Mitglieder wurden aus dem öffentlichen Dienst entlassen und nicht mehr eingestellt. Die Hälfte aller Lehrer verlor ihren Arbeitsplatz, ebenso wie vier Fünftel aller Richter und Staatsanwälte. Der Kampf gegen den Faschismus war ein herausragendes politisch ambitioniertes Unternehmen in Ostdeutschland, das von vielen Bürgern ernst genommen wurde. Sehr bald allerdings verkam der »Antifaschismus« seitens der kommunistischen Machthaber zur Propagandafloskel und traf auch diejenigen, die gegen die Besatzungsmacht und ihre deutschen Helfer opponierten. Wer als Nazi überführt oder verdächtigt war, kam in eines der zehn Speziallager, die unter der Leitung der russischen Geheimpolizei standen. Vielfach wurden in Schnellverfahren drakonische Strafen ausgesprochen. »Faschisten« waren nunmehr auch Personen, die Maßnahmen der Besatzungsmacht oder das Vorgehen der KPD beziehungsweise der SED kritisierten. Vor allem Gegner der Bodenreform, der Enteignungen in der Industrie oder der Zusammenlegung von KPD und SPD sahen sich schnell denunziert und verurteilt. Die SED setzte damit eine unheilvolle Tradition der Weimarer Kommunisten fort. Schon damals sprach die KPD von »Sozial-, Zentrums- oder bürgerlichen Faschisten« und subsumierte damit unter diesen Begriff nahezu alle politischen und gesellschaftlichen Gruppie-

Stätte des Leidens: Nach der Befreiung der KZ-Häftlinge errichten die Sowjets in Buchenwald eines ihrer Speziallager.

rungen, die die kommunistische Ideologie ablehnten und den marxistisch-leninistischen Führungsanspruch nicht akzeptierten oder bekämpften.

Insgesamt haben etwa 150 000 Männer und Frauen in diesen Lagern gesessen. Die Lebensbedingungen waren schrecklich, ein Drittel der Häftlinge starb an Hunger und Krankheit, Tausende wurden in die Sowjetunion verschleppt. 1950 kam der Befehl zur Auflösung der Lager, die Insassen wurden den deutschen Behörden übergeben. Viele wechselten nur den Ort ihrer Gefangenschaft und litten noch jahrelang in DDR-Gefängnissen.

Wie doppelbödig die sowjetische Antifaschismusparole in Wirklichkeit war, zeigte sich auch 1948. Immer noch war Stalin bemüht, in seiner Zone ein breites Bündnis der SED mit den bürgerlich-liberalen und sogar konservativen Kräften herzustellen, um den demokratischen Schein aufrechtzuerhalten. Eine offene Machtübernahme seitens der Kommunisten, so glaubte er, würde die Westmächte nicht nur irritieren, sondern sie auch zu weiteren politischen Schritten in ihren Zonen veranlassen, die seine Optionen auf einen gesamtdeutschen Zugriff zerstört hätten. So sollte die Nationaldemokratische Partei Deutschlands

192

(NDPD), die 1948 von der sowjetischen Militärverwaltung eine Lizenz erhielt, ehemalige Nationalsozialisten und Wehrmachtsoffiziere politisch einbinden und warb aus diesem Grund ausdrücklich um diesen Personenkreis. Es zeigte sich später jedoch, daß auch in der SED, in den Massenorganisationen oder bei der Stasi ehemalige Nationalsozialisten recht ordentliche Karrieren machen konnten.

Die Erwartung einer breiten Demokratisierung der deutschen Gesellschaft – ein weiterer zentraler Punkt der westlichen Besatzungspolitik – erfüllte sich nur langsam, was teilweise jedoch an den Alliierten selbst lag. Schon in den ersten Wochen nach der Kapitulation hatten sich in vielen der von ihnen eroberten Regionen »Antifaschistische Komitees« gebildet, die bemüht waren, das Leben der deutschen Gesellschaft nach der Niederlage demokratisch zu organisieren und gegen ehemalige Nationalsozialisten vorzugehen. Sie setzten sich aus Mitgliedern einstiger Untergrundorganisationen oder aus Menschen, die einfach im stillen auf den Untergang der Nazis gewartet hatten, zusammen. Mit der Übernahme der Regierungsgewalt durch die Besatzer wurde ihre Tätigkeit jedoch verboten, denn die Siegermächte begegneten allen deutschen Aktivitäten zunächst mit großem Mißtrauen.

Die ersten von den Westalliierten genehmigten demokratischen Versuche fanden auf der untersten Ebene statt: in den Gemeinden und Städten. Die Militärbefehlshaber setzten Männer und Frauen, die mit dem Hitlerregime nicht verstrickt gewesen waren, an die Spitze der Verwaltungen, die jedoch lediglich die Anordnungen der Besatzer auszuführen hatten. Einer der Deutschen, die ein solches Amt übernahmen, war Konrad Adenauer. Die Amerikaner ernannten ihn am 4. Mai 1945 zum Kölner Oberbürgermeister, was er bereits in der Weimarer Republik gewesen war. Wie sehr die deutschen Amtsträger vom Willen der Alliierten abhingen, läßt sich besonders nachdrücklich an seinem Fall darstellen, denn als die Briten Köln von den Amerikanern übernahmen, entließen sie den gerade gekürten Verwaltungschef der Domstadt umgehend aus seinem Amt, weil er ihnen gegenüber zu störrisch und eigenwillig auftrat.

Die Amerikaner wollten in ihrer Zone einen föderalen Verwaltungs- und Regierungsaufbau. Die Briten bevorzugten zentralere Strukturen. Die Franzosen sahen zunächst überhaupt keine Veranlassung, eine deutsche Mitsprache zu organisieren oder zuzulassen. In der SBZ wurden die Anordnungen der russischen Besatzer strikt von oben nach unten dele-

Der Unbequeme: Kölns Oberbürgermeister Konrad Adenauer (links) mit dem britischen General Barraclough (Mitte), der ihn im Herbst 1945 entläßt.

giert. Die überaus beschränkte politische Macht der Deutschen lag in den Händen der nicht gewählten, sondern von den Alliierten eingesetzten Ministerpräsidenten der Länder. Sie hatten zum Befehlsempfang bei ihren jeweiligen Militärgouverneuren anzutreten.

In den Westzonen traten in dieser Funktion bald Personen in den Vordergrund, die auch in den darauffolgenden Jahren zu führenden politischen Figuren in den Bundesländern werden sollten: in Nordrhein-Westfalen der Christdemokrat Karl Arnold, in Niedersachsen der Sozialdemokrat Heinrich Kopf, in Hessen (zunächst noch nicht als Ministerpräsident) Georg August Zinn (SPD), in Württemberg-Baden Reinhold Maier (FDP), in Württemberg-Hohenzollern Carlo Schmid (SPD), in Bayern Fritz Schäffer (CSU), dann Wilhelm Hoegner (SPD), in Hamburg Max Brauer (SPD), in Bremen Wilhelm Kaisen (SPD) und in (West-)Berlin Ernst Reuter. Auch wenn keiner dieser »Landesfürsten« aus dem Widerstand und nur Hoegner und Reuter aus dem Exil kam, sie hatten sich alle resistent gegenüber dem Naziregime verhalten. Ihre Tatkraft, ihre teilweise bereits in der Weimarer Republik gewonnene Verwaltungserfahrung ließ sie zu einem Glücksfall für die schweren

Jahre des Wiederaufbaus werden. Unkonventionell, wenn es sein mußte, auch autoritär und durchsetzungsfähig, nahmen sie ihre Verantwortung wahr. Außer Carlo Schmid und Fritz Schäffer, die nach 1949 auf Bundesebene aktiv waren, wurden sie allesamt für lange Jahre überaus populäre Landeschefs und lieferten einen wichtigen Beitrag zur demokratischen Stabilität der Bundesrepublik.

In der Ostzone lagen die Dinge anders. Die deutschen Kommuni-

Eine Legende: Westberlins Regierender Bürgermeister Ernst Reuter bei einer seiner die bedrohten Berliner begeisternden Reden.

sten, die im Auftrag der Sowjetunion die Machtfäden in der Hand hielten, kamen überwiegend aus dem Moskauer Exil. Dort waren sie auf die Nachkriegszeit systematisch vorbereitet worden, und sie erwiesen sich nun als willige Erfüllungsgehilfen der Moskauer Direktiven. Schon in den letzten Kriegstagen ließ Stalin drei Gruppen deutscher Kommunisten nach Deutschland einfliegen, die in Dresden (Gruppe Ackermann), in Schwerin (Gruppe Sobotka) und Berlin (Gruppe Ulbricht) eingesetzt wurden. Ihre Aufgabe war es, organisatorisch und politisch die Militärverwaltung zu unterstützen. Walter Ulbricht und Wilhelm Pieck nahmen dabei eine Schlüsselstellung ein. Einer der Angehörigen der »Gruppe Ulbricht«, Rudolf Leonhard, zitierte nach seiner Flucht in den Westen Ulbricht mit einem bezeichnenden Satz aus den Maitagen von 1945: »Es muß demokratisch aussehen, aber wir müssen alles in der Hand halten.«

Parteigründungen standen die Westmächte zunächst sehr zurückhaltend gegenüber. Aber die Sowjets setzten sie in Zugzwang. Bereits fünf Wochen nach der Kaptitulation gab die »Sowjetische Militäradministration in Deutschland« (SMAD) grünes Licht für die Bildung »aller antifaschistischer Parteien« in der Ostzone. Die darauf gut vorbereitete KPD machte den Anfang. In ihrem Gründungsaufruf versuchte sie sich

AUFRUF
DER KOMMUNISTISCHEN PARTEI DEUTSCHLANDS
Schaffendes Volk in Stadt und Land!
Männer und Frauen! Deutsche Jugend!

Wohin wir blicken, Ruinen, Schutt und Asche. Unsere Städte sind zerstört, weite ehemals fruchtbare Gebiete verwüstet und verlassen. Die Wirtschaft ist desorganisiert und völlig gelähmt. Millionen und aber Millionen Menschenopfer hat der Krieg verschlungen, den das Hitlerregime verschuldete. Millionen leben in tiefster Not und größtes Elend gestoßen.

Eine Katastrophe unvorstellbaren Ausmaßes ist über Deutschland hereingebrochen, und aus den Ruinen schaut das Gespenst der Obdachlosigkeit, der Seuchen, der Arbeitslosigkeit, des Hungers.

Und wer trägt daran die Schuld?

Um so mehr muß in jedem deutschen Menschen das Bewußtsein und die Scham brennen, daß das deutsche Volk einen bedeutenden Teil Mitschuld und Mitverantwortung für den Krieg und seine Folgen trägt.

Nicht nur Hitler ist schuld an den Verbrechen, die an der Menschheit begangen wurden! Ihr Teil Schuld tragen auch die zehn Millionen Deutsche, die 1932 bei freien Wahlen für Hitler stimmten, obwohl wir Kommunisten warnten: „Wer Hitler wählt, wählt den Krieg!"

Ihr Teil Schuld tragen alle jene deutschen Männer und Frauen, die willenlos und widerstandslos zusahen, wie Hitler

• • •

der Arbeiter, Angestellten und Beamten sowie der antifaschistischen demokratischen Parteien. Umbau des Gerichtswesens gemäß den neuen demokratischen Lebensformen des Volkes. Gleichheit aller Bürger ohne Unterschied der Rasse vor dem Gesetz

Fester den Tritt gefaßt! Höher das Haupt erhoben! Mit aller Kraft ans Werk! Dann wird aus Not und Tod, Ruinen und Schmach die Freiheit des Volkes und ein neues, würdiges Leben erstehen.

Zentralkomitee der Kommunistischen Partei Deutschlands

Im Auftrage:

Wilhelm Pieck	Anton Ackermann	Johannes R. Becher	Hermann Matern	Martha Arendsee
Walter Ulbricht	Gustav Sobotka	Edwin Hörnle	Irene Gärtner	Otto Winzer
Franz Dahlem	Ottomar Geschke	Hans Jendretzky	Bernhard Koenen	Hans Mahle
		Michel Niederkirchner		

Berlin, den 11. Juni 1945

Der Griff zur Macht: Gründungsaufruf der von den sowjetischen Besatzern unterstützten Kommunistischen Partei.

als überaus gemäßigte Gruppierung darzustellen.Noch nicht einmal der Begriff »Sozialismus« kam darin vor. Ausdrücklich wiesen die Kommunisten den Gedanken zurück, Deutschland »das Sowjetsystem aufzuzwingen«. Sie sprachen statt dessen von der Vollendung der bürgerlichen Revolution von 1848 und suchten ein breites Bündnis mit den Kräften rechts von der KPD. Die Strategie der Kommunisten zielte darauf ab, auch bei den bürgerlichen Schichten – bei Beamten, Angestellten, Bauern, Kirchenmitgliedern – Sympathien zu gewinnen.

Das Programm der Ost-SPD, an deren Spitze Otto Grotewohl stand, war zumindest verbal sehr viel radikaler. Gefordert wurde »Demokratie in Staat und Gemeinden, Sozialismus in Wirtschaft und Gesellschaft«. Auch die in der sowjetischen Zone lizenzierte CDU war für eine Enteignung der Schlüsselindustrien und der Bodenschätze. Aber in ihrem Gründungsaufruf vom 26. Juni 1945 bekannte sie sich ausdrücklich zu einer christlichen und demokratischen Politik. Ihr erster Vorsitzender war der einstige Zentrumspolitiker Andreas Hermes, in den frühen Weimarer Jahren Reichsernährungs- bzw. Reichsfinanzminister. Ende 1946 hatte die Ost-CDU rund 190 000 Mitglieder, und sie war für die KPD bzw. SED eine beachtliche Konkurrenz.

Die vierte Neugründung, die Liberaldemokratische Partei Deutschlands (LDPD), trat als einzige politische Gruppierung für die Erhaltung des Privateigentums und eine freie Wirtschaft ein. Ihre Führung setzte sich aus ehemaligen Mitgliedern der liberalen Weimarer DDP (unter anderen die Ex-Reichsminister Wilhelm Külz und Eugen Schiffer) zusammmen.

Entscheidend für die Zukunft der Ostparteien war die Mitte Juli 1945 erfolgte Bildung einer »Einheitsfront der antifaschistisch-demokratischen Parteien«, der sich auf Befehl der SMAD alle vier Organisationen anzuschließen hatten. Die Zulassung der CDU war ausdrücklich nur unter dieser Bedingung erfolgt. Damit verhinderten die Sowjets eine freie und unabhängige Entwicklung der Parteien, die sich den Beschlüssen der »Einheitsfront« zu unterwerfen hatten. Die Militärregierung favorisierte zudem eindeutig die Kommunisten und benachteiligte ihre Konkurrenten in Fragen der materiellen Ausstattung und Unterstützung, griff sogar bei der personellen Besetzung der Führungsfunktionen ein. Die freie demokratische Parteienbildung erwies sich in der SBZ als Schimäre.

Stalin wollte mit den Parteigründungen in seinem Herrschaftsbereich

Fakten für ganz Deutschland setzen. Er hoffte, daß ihr Einfluß bald in die entstehenden politischen Organisationen der Westzonen hineinwirken und daß die »Blockbildung« der Antifaschisten Modellcharakter für den Westen erhalten würde. Deswegen lehnten die Kommunisten um Ulbricht auch den Wunsch der Ost-SPD, die beiden Arbeiterparteien zu verschmelzen, zunächst strikt ab. Erst als Moskau erkannte, daß seine Strategie zu scheitern drohte, sich die Westparteien vehement gegen jede Mitsprache ihrer östlichen »Partner« wehrten, änderte die KPD ihren Kurs und drängte auf eine Vereinigung mit der SPD, die schließlich zur Bildung der Sozialistischen Einheitspartei Deutschlands (SED) führte.

Hinzu kam, daß sich der Kreml und seine ostdeutschen Helfer gründlich über die Befindlichkeit der Deutschen täuschten. Sehr bald mußten sie erkennen, daß ihr Rückhalt in der Bevölkerung keineswegs so groß war, wie sie sich erhofft hatten. In der Ostzone verzeichneten die Sozialdemokraten einen erheblich stärkeren Zulauf als die KPD. Auch in der Ost-CDU, die nach dem erzwungenen Rücktritt des ersten Vorsitzenden Andreas Hermes und seines Stellvertreters Walter Schreiber (Dezember 1945) von Jakob Kaiser und Ernst Lemmer geführt wurde, wuchs der Widerstand gegen die kommunistische Vormundschaft. Hintergrund war in diesem Fall die im September angeordnete Bodenreform. Sie stieß zwar bei der SPD und den bürgerlichen Ostparteien grundsätzlich auf Zustimmung, aber die CDU forderte eine Entschädigung für die Betroffenen. Was die SMAD dazu veranlaßte, die Parteiführung auszutauschen. Eine Methode, die die Militärverwaltung auch in den kommenden Jahren immer wieder erfolgreich anwandte, wenn in den bürgerlichen Blockparteien abweichende Meinungen artikuliert wurden.

Nicht nur die Bodenreform, sondern vor allem die rabiate Ausplünderung der Industrieanlagen durch die Besatzungsmacht, ihr arrogantes, teilweise gewalttätiges Auftreten, die strenge, einseitige und häufig willkürliche Zensur lösten in weiten Teilen der Bevölkerung negative Reaktionen aus. Im Juni 1947 stellte ein SED-Gruppenleiter resignierend gegenüber dem Romanisten Victor Klemperer fest, »wie furchtbar verhaßt die Russen sind, selbst bei unseren eigenen SED-Genossen; da hilft kein Aufklären und Predigen!«

Sehr früh wurde auch deutlich, daß bei der Besetzung von Verwaltungs-, Hochschul- und Parteipositionen oder bei der Genehmigung von Geschäftslizenzen und der Zulassung zu bestimmten Berufssparten die Militärverwaltung die Kommunisten bevorzugte. Politische Intrigen und Denunziationen waren ebenso an der Tagesordnung wie sich widersprechende Befehle der Besatzungsmacht. Die entsetzliche Versorgungslage, die nahezu alle Bevölkerungsschichten traf, trat hinzu. Die Vorstellung der Kommunisten, Mehrheiten auf demokratischem Wege zu erreichen, erwies sich immer mehr als Illusion.

Der Ansehensverlust der KPD führte schon im Herbst 1945 gegenüber der SPD zu einem radikalen Umschwenken in der Vereinigungsfrage. Jetzt waren es die Kommunisten, die zur Stärkung der eigenen Position auf eine Vereinigung der beiden Arbeiterparteien drangen. Die KPD mußte zur Kenntnis nehmen, daß die Sozialdemokraten einen alarmierend hohen Zulauf zu verzeichnen hatten. Im Herbst 1945 lag die Mitgliederzahl der Ost-SPD bei 300 000 und überstieg damit die Anzahl der KPD-Mitglieder um 50 000.

Später wurde vor allem in der Sozialdemokratie stets von einem

Die Maske fällt: Die Kommunisten in der Sowjetzone setzen die Verschmelzung von KPD und Ost-SPD zur neuen SED durch.

199

»Zwangszusammenschluß« gesprochen. Was nur die halbe Wahrheit ist. Die Mehrheit der Ost-SPD war zunächst tatsächlich für ein solches Zusammengehen. Die Erinnerung an die Entwicklung der Weimarer Republik, die durch den Bruch innerhalb der politischen Arbeiterbewegung mitgeprägt worden war, und an die gemeinsame Leidenszeit zahlreicher Kommunisten und Sozialdemokraten in Hitlers Konzentrationslagern ließ eine solche Vereinigung plausibel erscheinen. Zudem glaubten viele SPD-Mitglieder angesichts der Mehrheitsverhältnisse, daß sie in einer künftigen gemeinsamen Partei die bestimmende Kraft sein würden. Die KPD sprach außerdem von einem eigenen deutschen Weg zum Sozialismus, was vielen Sozialdemokraten die Angst vor einem bolschewistischen Einparteiensystem nahm.

Frei entscheiden allerdings konnten die sozialdemokratischen Parteimitglieder nicht. Ihr Vorsitzender Otto Grotewohl wurde von den Sowjets ebenso unter Druck gesetzt wie andere Einheitsgegner in der Partei. Manche brachte ihr Widerstand ins Gefängnis. Eine Abstimmung über diese Frage gab es nur in Westberlin, hier lehnten 82 Prozent der Sozialdemokraten eine sofortige Fusion mit der KPD ab. Das brutale Vorgehen der KPD und der Besatzungsmacht hatte bereits zum Zeitpunkt der Verschmelzung auch innerhalb der Ost-SPD deutliche Skepsis gegenüber den Kommunisten ausgelöst. Es half nichts: Auf dem »Vereinigungsparteitag« im Berliner Admiralspalast beschlossen die 1055 Delegierten aus beiden Parteien den Zusammenschluß und die Gründung der SED. Noch war es keine stalinistische Partei, die da zum Leben erweckt wurde, aber es dauerte nicht lange, bis sich die ehemals sozialdemokratischen Führungsmitglieder in der SED voll an den von Moskau bestimmten Kurs anpassen mußten. Die Entscheidung im Admiralspalast war im Grunde schon das Ende aller – ansatzweisen – Parteienvielfalt in der Ostzone. Die bürgerlichen Parteien CDU und LDPD sahen sich einem neuerlich wachsenden Druck ausgesetzt, ihre Führungen mußten sich dem Kurs der SED anpassen oder resigniert aufgeben. Der Vorsitzende der Ost-CDU, Jakob Kaiser, setzte noch bis 1947 auf eine »kämpferische Opposition gegen den SED-Führungsanspruch« und sah die CDU als »Brücke zwischen Ost und West«. Aber auch er wurde ein Opfer der sowjetischen Militärverwaltung. Ebenso wie dem zweiten CDU-Vorsitzenden Ernst Lemmer blieb ihm nur der Weg in den Westen.

Hinter all diesen Entwicklungen stand die Deutschlandpolitik Sta-

Die Machthaber: Wilhelm Pieck, Otto Grotewohl und Walter Ulbricht auf dem Berliner Vereinigungsparteitag im April 1946.

lins. Sie steckte von der ersten Stunde an in einem unauflösbaren Dilemma. Der Spagat zwischen rigoroser Besatzungspolitik sowie der Abwehr aller demokratischen Bestrebungen und dem gleichzeitigen Versuch, Einfluß auf die Westzonen zu gewinnen, war nicht möglich. Moskau täuschte sich nicht nur in den Deutschen, sondern unterschätzte auch den Widerstandswillen der Westmächte. Bei den Gemeinderatswahlen im September 1946 blieb die SED, die im Wahlkampf unübersehbar von der Militärverwaltung unterstützt wurde, in den Großstädten in der Minderheit. Einen Monat später, bei den ersten Landtagswahlen, erreichte die SED nur mit Unterstützung der »Vereinigung gegenseitiger Bauernhilfe« in den Landtagen von Sachsen, Thüringen und Mecklenburg eine Mehrheit, in Brandenburg und Sachsen-Anhalt blieb ihr diese versagt. Die vernichtenden Wahlniederlagen der Kommunisten in Österreich (5,4 Prozent) und Ungarn (16,9 Prozent) im November 1945 waren bereits ein frühes Signal, daß die kommunistischen Parteien in Europa bei freien Abstimmungen ohne Chancen für eine Machtübernahme bleiben würden.

Zwischen 1946 und 1948 begann zudem in Washington das Umdenken. Die Blockade Berlins durch die Sowjets war der Auftakt zum Kalten Krieg. Stalins Verbot an seine Vasallenstaaten, den Marshallplan anzunehmen, stieß selbst in den kommunistischen Parteien dieser Länder (auch in der SED) auf Unverständnis. Es wurde nun offenbar, daß ihre Völker ohne Selbstbestimmungsrecht an einen imperialen Block geschmiedet waren, über dessen Schicksal die östliche Supermacht entschied.

Die Westmächte, zunächst wenig interessiert, reagierten auf die Parteigründungen im Osten. SPD, CDU, CSU, KPD und die spätere FDP, dazu die in Niedersachsen beheimatete Deutsche Partei (DP) begannen sich mit Genehmigung der Militärverwaltungen zu formieren. Schwerpunkte der christdemokratischen Anfänge waren das Rheinland, Frankfurt und Berlin. Erste Machtzentrale der Sozialdemokraten war Kurt Schumachers Parteibüro in Hannover. In Bayern sammelten sich die Kräfte der ehemaligen katholischen und monarchistischen Bayerischen Volkspartei (BVP), die bald als CSU firmierte und gegenüber der CDU selbständig blieb. Der deutsche Südwesten war traditionell eine Hochburg der Liberalen, und so gingen von hier aus auch die stärksten Signale des sich neu formierenden politischen Liberalismus aus. Zunächst war es allen Westparteien verboten, sich über die Zonengrenzen hinweg organisatorisch zu verbinden. Die chaotischen Verkehrsverhältnisse machten jede überregionale Zusammenkunft zu einem Abenteuer, die Kommunikation zwischen den Ortsverbänden erwies sich als kaum weniger schwierig.

Das erste »Reichstreffen« der CDU fand im Dezember 1945 in Bad Godesberg statt. Hier fiel auch die letzte Entscheidung über den Namen: »Christlich Demokratische Union«. Ziel der Gründer war es, eine Volkspartei zu schaffen, die die bürgerliche und konfessionelle Kräftezersplitterung der Weimarer Jahre überwinden sollte. Die Initiativen für eine auf »christlicher Grundlage« stehende Partei gingen von ehemaligen Zentrumspolitikern, christlichen Gewerkschaftern und einstigen konservativen oder liberalen Köpfen Weimars aus. Die gesellschaftlichen und wirtschaftspolitischen Programmschwerpunkte waren unter dem starken Einfluß der christlichen Gewerkschaften zunächst deutlich »links« angesiedelt. Noch das berühmte Ahlener Programm von 1947 forderte eine »gemeinwirtschaftliche Ordnung«. Allerdings war hier – im Gegensatz zu den früheren Grundsatzprogrammen – schon nicht mehr von einem christlichen Sozialismus die Rede oder gar von einer staatskapitalistischen Wirtschaftsordnung. Die CDU, deren erster Vorsitzender Konrad Adenauer hieß, wurde bei den Landtagswahlen in Nordrhein-Westfalen, Rheinland-Pfalz, Baden, Württemberg-Baden und Württemberg-Hohenzollern stärkste Partei.

Die CSU erhielt im Januar 1946 von den Amerikanern die Zulassung als Landespartei in Bayern. Die ersten Jahre waren durch harte und intrigante innerparteiliche Machtkämpfe zwischen der auf bayerische Eigenständigkeit pochenden katholisch-konservativen Gruppe um Fritz Schäffer und Alois Hundhammer und dem »reichstreuen«, etwas liberaleren Flügel des Münchner Anwalts Josef Müller (»Ochsensepp«) gekennzeichnet. Eine Auseinandersetzung, die zunächst zu schweren Wahlverlusten führte (Landtagswahlen 1946: CSU 52,3 Prozent, 1950: CSU 27,4) und der bayerischen SPD das Ministerpräsidentenamt bescherte (Wilhelm Hoegner).

Die Sozialdemokraten der Westzonen wurden von Hannover aus koordiniert. Hier hatte Kurt Schumacher sein Büro eröffnet, und sein unbedingter Machtwille ließ ihn rasch zur SPD-Führungsfigur aufsteigen. Da er sofort scharfe antikommunistische Akzente setzte (»rotlackierte Nazis«) und bei einem Parteitreffen im Oktober 1945 den Vorschlag des

Der leidenschaftliche Patriot: Kurt Schumacher, erster Parteivorsitzender der West-SPD, bei einer Wahlrede.

Ost-SPD-Vorsitzenden Otto Grotewohl ablehnte, die Ostberliner Parteizentrale mit Westgenossen zu ergänzen und dort die gesamtdeutsche Parteiführung zu etablieren, gab es faktisch zwei SPD-Leitungsgremien in Deutschland. Schumacher verurteilte die östliche Vereinigung zwischen SPD und KPD leidenschaftlich. Im Mai 1946 wurde er auf dem ersten sozialdemokratischen Nachkriegsparteitag zum Vorsitzenden gewählt. Bereits zu diesem Zeitpunkt verzeichnete die Partei in den Westzonen 700 000 Mitglieder. In Hessen, Niedersachsen, Schleswig-Holstein, Bremen, Hamburg und Westberlin gewann die SPD die ersten Landtagswahlen.

Die Liberalen fanden sich zunächst unter verschiedenen Parteinamen zusammen, und sie waren bemüht, die Weimarer Trennung von Links- und National- bzw. Wirtschaftsliberalismus (DDP und DVP) zu überwinden. Das Zentrum ihrer Aktivitäten lag im Südwesten (Linksliberale), in Hessen und Nordrhein-Westfalen (Nationalliberale). Mit Reinhold Maier, Theodor Heuss und dem bayerischen Landesvorsitzenden Thomas Dehler waren drei überaus aktive Politiker für liberale Ideen tätig. Erst im Dezember 1948 gründeten die Westliberalen im hessischen Heppenheim ihre Bundesorganisation und nannten sich Freie Demokratische Partei (FDP).

Die West-KPD erreichte nach 1945 nie mehr den Stellenwert, den sie in den Weimarer Jahren gehabt hatte. Ihre besten Wahlergebnisse konnte sie in Hessen, Baden-Württemberg, Bremen und Hamburg sowie in Nordrhein-Westfalen vermelden. Hier erhielt sie bei den ersten Wahlen zwischen 10 und 14 Prozent. Die Entwicklungen in der Ostzone, der beginnende Kalte Krieg und schließlich die Überwindung der Arbeitslosigkeit in den Jahren des »Wirtschaftswunders« ließ die KPD bis zu ihrem Verbot im Jahre 1956 zu einer politischen Randerscheinung werden. Was die bürgerlichen Parteien keineswegs davon abhielt, sie propagandistisch zu einer Staatsgefahr hochzustilisieren.

Bis in die fünfziger Jahre hinein spielten einige kleinere Parteien mit regionalen oder wählerspezifischen Schwerpunkten in Westdeutschland noch eine gewisse Rolle. Dann wurden sie von den beiden Volksparteien aufgesogen. Da es sich vorwiegend um konservative Gruppierungen handelte, war es vor allem dem Geschick der Union zu verdanken, daß der Wähler ihre politische Überflüssigkeit schließlich erkannte. Die Bayern-Partei, die (niedersächsische) Deutsche Partei, die Wirtschaftliche Wiederaufbauvereinigung, die rechtsradikale Deutsche Reichspartei, die (wiederbelebte) katholische Deutsche Zentrumspartei und der Bund der Heimatvertriebenen und Entrechteten zählten zu diesen mehr oder weniger kurzlebigen, teilweise beachtlich erfolgreichen Gruppierungen.

In allen vier Besatzungszonen fällten die Militärverwaltungen vor der Gründung der beiden deutschen Staaten auch im Kulturbereich Vorentscheidungen, die bestimmend für die gesellschaftlichen Entwicklungen der nächsten Jahrzehnte sein sollten. Das galt für die Reformen im Schul- und Hochschulwesen und vor allem für die Massenmedien. Zeitungen und Rundfunk unter deutscher Regie waren zunächst verboten, dann unterlagen sie für einige Jahre unterschiedlich strengen Zensurbestimmungen. Aus der Sicht der Besatzungsmächte sollten die Schulen, Universitäten und Medien einen entscheidenden Beitrag zur demokratischen »Umerziehung« leisten.

Die ersten Zeitungen und Radiosender wirkten als Sprachrohr der Alliierten. Amerikaner, Briten und Franzosen vergaben dann einige Monate nach der Kapitulation Zeitungslizenzen an ausgewählte Personen, die in keiner Weise mit dem Dritten Reich verstrickt waren. In der Regel wurden diese Genehmigungen jeweils einem kleinen Herausgeberkreis übertragen, dem auch ein Kommunist angehörte. Mitte 1946 gab es in der amerikanischen Zone bereits 35 neue Zeitungen, die Franzosen hatten bis 1949 insgesamt 33 Lizenzen vergeben, die Briten 61.

Dünne, vierseitige Blätter waren es in der ersten Zeit, gefüllt vor allem mit Informationen über die Neuorganisation des deutschen Alltags. Es herrschte enormer Papiermangel, viele dieser Zeitungen konnten vorerst nur zweimal in der Woche erscheinen. Sie erreichten jedoch schon bald sehr hohe Auflagen, nach zwölf Jahren der Desinformation waren die Deutschen äußerst nachrichtenhungrig. Aus diesen Anfängen entwickelten sich Tages- und Wochenzeitungen – »Frankfurter Rundschau«, »Süddeutsche Zeitung«, »Die Welt« (bis in die fünfziger Jahre in britischer Hand), »Die Zeit« (erste Ausgabe 21. Februar 1946) oder »Der Spiegel« (Anfang 1947) sowie zahlreiche Regionalblätter –, die bis heute die bundesrepublikanische Zeitungslandschaft maßgeblich mitbestimmen. In den Besatzungsjahren gab es für die Herausgeber und Redaktionen vor allem Ärger mit den Militärverwaltungen, wenn deren Maßnahmen kritisiert wurden oder die Zensoren in Artikeln und Kommentaren antidemokratische Tendenzen zu erkennen glaubten. Die Amerikaner und Briten – in deren Staaten die Pressefreiheit traditionell einen hohen Stellenwert besitzt – waren diesbezüglich jedoch erheblich großzügiger als die Franzosen. Die Medien in der sowjetischen Zone unterlagen sehr rasch einer starken Gleichschaltung.

Die Alliierten gaben daneben auch selbst Blätter heraus. Ab Mitte Oktober 1945 druckten die Amerikaner die auflagenstärkste (im Sommer 1948 1,2 Millionen Exemplare) Publikation »Neue Zeitung«. Bei dieser weit über die amerikanische Zone hinaus beachteten Tageszeitung schrieben und redigierten viele Journalisten, die später zu den bedeutendsten Vertretern der bundesrepublikanischen Publizistik gehören sollten. Hans Habe (als amerikanischer Offizier nach Deutschland zurückgekehrt) war ihr erster Chefredakteur, ihm folgte in dieser Position Hans Wallenberg. Erich Kästner wurde Feuilletonchef und gab dem Blatt sein besonderes kulturelles Schwergewicht.

Anfang 1946 gründeten die Briten »Die Welt« (in den fünfziger Jahren kaufte Axel Springer das Blatt), die kulturbewußten Franzosen druckten die zweisprachige »Nouvelle de France«. Das wichtigste Organ der Sowjetischen Militäradministration war die in Berlin erscheinende »Tägliche Rundschau«. Schon im Juni 1945 entstanden die ersten Nachrichtenagenturen (unter anderem »Allied Press Service« – APS), aus denen sich dann die »Deutsche Allgemeine Nachrichtenagentur« entwickelte.

Der geistige Neuanfang manifestierte sich auch in der Gründung einiger bedeutender Wochen- oder Monatszeitschriften, die bis zur Währungsreform ebenfalls hohe Auflagen verzeichnen konnten. Die berühmteste unter ihnen war vielleicht »Der Ruf«, die von den Schriftstellern Hans Werner Richter und Alfred Andersch herausgegeben wurde. Für die »Frankfurter Hefte« – die in ihren Beiträgen einen christlichen Sozialismus propagierten – zeichneten Eugen Kogon (der als langjähriger Buchenwaldhäftling mit seinem vielbeachteten Buch »Der SS-Staat« die erste Dokumentation über die Organisation der Konzentrationslager schrieb) und Walter Dirks verantwortlich. Der bürgerliche »Merkur« wurde in Stuttgart gedruckt. Der aus dem Exil zurückgekehrte Schriftsteller Alfred Döblin produzierte mit Unterstützung der französischen Militärverwaltung die Literatur- und Kunstzeitschrift »Das Goldene Tor«.

In der Sowjetzone veröffentlichte der Kulturbund – eine von der SMAD gegründete, formal überparteiliche Organisation, die Lesungen, Ausstellungen und Vorträge durchführte – die kulturpolitische Monatszeitschrift »Aufbau«. Als Autoren traten zunächst auch CDU-Politiker wie Ernst Lemmer und Ferdinand Friedensburg in Erscheinung. 1946 wurde der spätere DDR-Kultusminister Klaus Gysi Chefredakteur. Im »Geleitwort« hieß es unter anderem: »Wir sind überzeugt, daß ohne eine geistige Neugeburt ein dauerhaftes Aufbauwerk nicht gelingen kann.«

Am 1. Juni 1946 wurde die ebenfalls vom Kulturbund herausgegebene erste Ausgabe der Wochenzeitung »Sonntag« gedruckt. Schwerpunkt war die aktuelle Berichterstattung. Der aus dem Exil zurückgekehrte Alfred Kantorowicz wurde Herausgeber der Zeitschrift »Ost und West«. Er hatte eine Lizenz für alle vier Zonen beantragt, aber die Westmächte zogen nicht mit. »Die Zeitschrift, die ich im Sinn habe, ... soll auf dem Grundsatz [bestehen], daß Deutschland, statt Zankapfel zwischen den Mächten zu werden, die friedliche Brücke zwischen ihnen zu werden versuchen soll.« Der idealistische Vorsatz scheiterte auch an zunehmenden Querelen mit der SED-Kulturbürokratie. Der Herausgeber setzte sich schließlich in den Westen ab.

Eine besondere Rolle spielte in der SBZ und später in der DDR die Literaturzeitschrift »Sinn und Form«. Johannes R. Becher, der in diesen Jahren wichtigste Kulturpolitiker der SED, hatte diese alle zwei Monate erscheinende Zeitschrift Anfang 1949 gegründet. Für vierzehn Jahre übernahm der Lyriker Peter Huchel die Chefredaktion. Außergewöhnlich war die Unabhängigkeit dieses qualitativ hochwertigen Journals, die Huchel gegen alle ideologischen Vorgaben seitens der Parteiführung verteidigte. Huchel druckte keine Rezensionen und keine aktuellen Kommentare, und er ließ sich durch die rasch wechselnden Richtungskampagnen der DDR-Kulturpolitik nicht beeindrucken. Als die SED-Führung nach dem Mauerbau im August 1961 auch auf kulturellem Gebiet einen harten Kurs ansteuerte, wurde Huchel eines ihrer prominentesten Opfer. Seine »Beschützer« Johannes R. Becher und Bertolt Brecht waren tot. Chefideologe Kurt Hager nannte die Zeitschrift einen »Wanderer zwischen zwei Welten« und meinte feststellen zu müssen: »Diese Zeitschrift bezog keine eindeutige Stellung zur DDR. Sie bezog keine Stellung für den sozialistisch-realistischen Weg unserer Literatur und Kunst.« Huchel habe »Sinn und Form« wie ein »englischer Lord« geführt, ließ der Oberzensor weiterhin verkünden. Huchel wurde 1962 kaltgestellt und ging zehn Jahre später in den Westen.

Bei Schriftstellern, Publizisten und Journalisten herrschte während der Besatzungszeit in allen vier Zonen Aufbruchstimmung. Utopische

Gesellschaftsmodelle wurden diskutiert, die künstlerische und politische Aufarbeitung der Vergangenheit sollte einen besonderen Stellenwert in der öffentlichen Diskussion erhalten. Aber die Menschen waren mit ihren Alltagssorgen beschäftigt. Konzerte, Theateraufführungen, Ausstellungen oder Lesungen fanden zwar regen Zulauf, doch das bürgerliche Bildungsideal hatte sich mit Kriegsende nicht in Luft aufgelöst. Sich mit der Hitlerzeit auseinanderzusetzen war etwas anderes, als ein Schillerstück oder ein Beethovenkonzert zu bejubeln. Vor allem im Westen führte der Wiederaufstieg des Bürgertums, das verstärkte Auftreten eines Teils jener Eliten, die schon Hitler gedient hatten, zu einer herben Desillusionierung vieler Intellektueller und zu ihrer kritischen Abwendung von jenem Staat, der sich in Westdeutschland zu etablieren begann.

Im September 1947 wurde die »Gruppe 47« gegründet, deren entscheidender, langjähriger Mentor Hans Werner Richter war. Literarische Neuanfänge, die auch von den Erfahrungen mit dem Dritten Reich und des Krieges getragen waren, wurden bei den jährlichen Herbsttreffen vorgestellt, diskutiert und kritisiert. Viele der deutschsprachigen Autoren, die in den kommenden Jahrzehnten die neue deutsche Literatur repräsentierten – Ilse Aichinger, Alfred Andersch, Heinrich Böll, Günter Grass, Ingeborg Bachmann, Martin Walser, Hans Magnus Enzensberger, Peter Handke –, lasen hier in den kommenden beiden Jahrzehnten aus ihren gerade entstandenen Texten.

In der sowjetischen Zone und später in der DDR unterlagen die Schriftsteller, Musiker, Maler und Wissenschaftler – nach der offenen Periode der ersten Besatzungsjahre – den häufig wechselnden Kulturkampagnen, die viele von ihnen in den stalinistischen fünfziger Jahren zum Schweigen, zur Anpassung oder zur Flucht in den Westen zwangen. Kulturbund und Schriftstellerverband gerieten ab Anfang 1949 ebenso unter die Kuratel der SED wie die anderen Künstlervereinigungen, die Hochschul- und Institutsleitungen. Und doch sollten es vielfach Intellektuelle sein, die in den kommenden Jahren in der DDR (wie in der Sowjetunion, in Ungarn oder in der Tschechoslowakei) immer wieder oppositionelle Anstöße gaben. Viele standen dabei auf dem Boden der marxistischen Lehre, aber sie forderten einen »real existierenden Sozialismus« mit menschlichem Antlitz. Die Antwort der Machthaber war vielfach Verfolgung und Berufsverbot.

Eine für die Kultur- und Geistesgeschichte des westdeutschen Staates

Literarische Neuanfänge: Heinrich Böll, Ilse Aichinger und Günter Eich auf einer Tagung der »Gruppe 47« im Jahre 1952.

herausragende Entscheidung der Alliierten war die Organisation des Rundfunksystems, wobei die Briten eine Vorreiterrolle übernahmen. Ziel der angelsächsischen Militärverwaltung war es, einen staats- und kapitalunabhängigen Rundfunk zu schaffen. Kaum etwas aber war den deutschen Nachkriegspolitikern fremder als ein solches Vorgehen. In der Weimarer Republik hatte der Rundfunk unter Staatsaufsicht gestanden, in der Hitlerzeit war er ein reines Propagandainstrument der Diktatur gewesen. Der bei den Verhandlungen wichtige englische Radiofachmann Hugh Greene hatte die von einem parteiunabhängigen Gremium beaufsichtigte BBC als Vorbild für die Deutschen gewählt. Auf seine (von den Amerikanern weitgehend unterstützte) Initiative wurden die Grundlagen des öffentlich-rechtlichen Rundfunksystems gelegt, das in den kommenden dreißig Jahren die Radio- und Fernsehwelt in der Bundesrepublik prägen sollte. Landesrundfunkgesetze garantierten formal die Partei- und Staatsferne der Sendeanstalten, die über Gebühren finanziert wurden. Die schönen Gesetzestexte wurden jedoch von den Parteien und Parlamenten systematisch unterlaufen. In den Aufsichtsgremien tummelten sich schon bald die politischen Vertreter, und bei der Besetzung der Anstaltsleitungen und des journalistischen Personals kungelten sie, als ob es um die Verteilung von politischen Posten und Pöstchen ging.

Die sich in den deutschen Rundfunkhäusern rasch entwickelnden Zustände stießen in den Besatzungsjahren in erster Linie bei den enttäuschten Briten auf scharfe Kritik. Aber sie mußten erkennen, daß – wie bei den Schulreformen und beim Berufsbeamtentum – die neudemokratischen Eliten in den Westzonen an ihren Machtprivilegien zäh festhielten. Die fehlende Demokratietradition rief bei ihnen ein tief sitzendes Unverständnis für eine offene, selbstkritische und meinungsfreudige Mediengesellschaft hervor. Staat und Volk, da gab es in den ersten bundesrepublikanischen Jahrzehnten noch einen deutlichen Trennungsstrich. Wenn sich der öffentlich-rechtliche Rundfunk (Anfang der sechziger Jahre trat das Fernsehen als Massenmedium neben das Radio) alles in allem dann doch so überaus bewährte, dann verdankt es dies sicher zu allerletzt der Politik.

In der Sowjetzone unterlag der Rundfunk wie im Westen den strengen Vorgaben der Militärverwaltung. In Berlin, Leipzig, Dresden und Schwerin entstanden Landessender. Sie wurden dem Generalintendanten Hans Mahle unterstellt, einem Kommunisten aus dem Moskauer Exil. Verwaltungstechnisch und ideologisch waren die Sender straff zentralisiert, was nach ihrer Übergabe an die neugebildete DDR-Regierung im Oktober 1949 natürlich so blieb.

Die Verlage begannen Literatur zu veröffentlichen, die zwölf Jahre in Deutschland nicht gelesen werden durfte. Die amerikanischen Autoren Hemingway, Faulkner und Thornton Wilder wurden zu aufregenden Neuentdeckungen. Die Exilliteratur – Lion Feuchtwanger, Arnold Zweig, Erich Maria Remarque, Anna Seghers, Alfred Döblin, Franz Werfel, Thomas und Heinrich Mann – wurde den deutschen Lesern wieder zugänglich gemacht. Doch schon bald fielen die Werke einiger dieser Autoren dem west-östlichen Ideologiestreit zum Opfer, verschwanden viele Titel vom bundesrepublikanischen Buchmarkt. Während die Kulturpolitiker der SED die »bürgerlichen Sympathisanten« unter den Exil-Künstlern umwarben, ihnen die Rückkehr mit hohen Buchauflagen und gesellschaftlichen Privilegien schmackhaft machten, boykottierten die westdeutschen Verlage und Buchhandlungen zunehmend diesen so wichtigen Teil der deutschen Literatur.

Führender Staatsverlag in der Ostzone wurde der Aufbau-Verlag, Ber-

*Der »bürgerliche
Sympathisant«:
Arnold Zweig, 1948
aus Palästina in die
DDR gekommen,
bei einer Lesung in
Ostberlin.*

lin. Zunächst veröffentlichte er Wiederauflagen zeitgenössischer Autoren, die im Dritten Reich verboten waren. Anna Seghers' »Das siebte Kreuz«, Theodor Pliviers »Stalingrad«, Bechers »Abschied« wurden mit hohen Auflagenzahlen gedruckt. Es folgten Romane von Lion Feuchtwanger, Heinrich Mann, Leonhard Frank oder Arnold Zweig. Auch einige Werke von Hans Fallada und Bernhard Kellermann, Autoren, die während des Dritten Reiches in Deutschland geblieben waren, erlebten Neuauflagen. Erich Weinert, Ludwig Renn, Friedrich Wolf oder Willi Bredel waren wie Johannes R. Becher Schriftsteller, die aus dem Moskauer Exil zurückgekommen waren. Sie übernahmen – fest auf dem Boden der SED stehend – bald wichtige kulturpolitische Funktionen, und selbstverständlich wurden ihre Werke zur DDR-Pflichtlektüre.

Im Westen wiederum löste Frank Thiess einen peinlichen Streit aus, als er Thomas Mann (wie Feuchtwanger weigerte sich der Literaturnobelpreisträger, wieder seinen Wohnsitz in Deutschland zu wählen) und seinen Mitemigranten vorwarf, sie hätten die Hitlerzeit bequem »vom Balkon« aus betrachten können, während die in Deutschland verbliebene »innere Emigration« unter den Bomben der alliierten Luftflotten gelitten habe. Zu einfach machten es sich viele im besiegten (West-) Deutschland mit der Vergangenheit. Die Westdeutschen druckten und boten der jungen Generation als Schullektüre lieber die Romane und Gedichte der auch unter Hitler im Lande verbliebenen Autoren Rudolf Alexander Schröder, Hans Carossa, Manfred Hausmann, Werner Bergengruen, Reinhold Schneider oder eben Frank Thiess als etwa die Werke der »kommunistischen« Schriftsteller, die einst aus dem Land gejagt worden waren.

In Kellern und in oft nur provisorisch wiederaufgebauten Spielstätten begannen die Theater und Kabaretts nur wenige Wochen nach dem Kriegsende mit ihren Produktionen. Die Besatzungsmächte in allen vier Zonen förderten diese Entwicklung, denn auch die Bühne war für sie eine Stätte der »Umerziehung«. Sartres »Die Fliegen«, Anouilhs »Antigone«, Giraudoux' »Der trojanische Krieg findet nicht statt«, Thornton Wilders »Wir sind noch einmal davongekommen« oder Priestleys »Ein Inspektor kommt« riefen eine starke Publikumsresonanz in den Westzonen hervor. Religiöse Dramen (Eliot, Claudel) erfuhren eine Renaissance. Wolfgang Borcherts »Draußen vor der Tür« erlebte im November 1947 in den Hamburger Kammerspielen seine Uraufführung, Zuckmayers »Des Teufels General« ein Jahr zuvor in Zürich. Große Theatererfolge, denn mit dem Kriegsheimkehrer Beckmann und dem zwischen Gewissen und (angeblicher) Pflicht stehenden Fliegergeneral Harras konnte sich das deutsche Publikum identifizieren, das war gerade vergangene und erlebte Gegenwart.

In den Ostzonentheatern wurde die deutsche Klassik gesellschaftskritisch interpretiert (Lessings »Nathan« war den russischen Kulturbeauftragten besonders wichtig), Gustav Gründgens (im Dritten Reich als »Staatsintendant« tätig) inszenierte im April 1947 am Deutschen Theater das sowjetische Stück »Der Schatten« von Jewgenij Schwarz. Die Aufführung wurde zu einem Höhepunkt des Berliner Nachkriegstheaters. Maksim Gorkijs Stücke fanden viele Besucher, und mit der deutschen Erstaufführung von »Mutter Courage und ihre Kinder« am 11. Januar 1949 in Ostberlin begann dort die soviel beachtete und in der DDR-Kulturpolitik keineswegs unumstrittene Regiearbeit Bertolt Brechts, der sich – nicht ohne Skrupel – für die DDR entschieden hatte. Erich Ponto übernahm das Dresdener Theater, Lucie Höflich das Schweriner.

In der Ostzone praktizierte die Militärverwaltung in den ersten Jahren eine erstaunlich liberale Kulturpolitik. Die russischen Kulturoffiziere erwiesen sich teilweise als hochgebildete, der deutschen Literatur,

Musik und Kunst mit großem Verständnis gegenüberstehende Vertreter ihres Landes. Der »Kulturbund zur demokratischen Erneuerung Deutschlands«, von der Militärverwaltung im Juli 1945 gegründet, sollte aus der Sicht der Besatzungsmacht zum Katalysator für die künstlerische Intelligenz werden, in dem auch ihre bürgerlichen Vertreter ein Forum finden sollten. In zahlreichen Städten (auch im Westen) entstanden Kulturbundhäuser, in denen Vorträge und Lesungen ein großes Publikum anlockten. Wie in der Parteipolitik, so warben die Sowjets auch in der Kulturpolitik um die rechts von den Kommunisten stehenden Intellektuellen, vermieden zunächst jeden Anschein der »Parteilichkeit«, predigten Toleranz und künstlerische Freiheit. In den Leitsätzen des Kulturbundes wurde von der »Wiederentdeckung und Förderung der freiheitlichen und humanistischen, wahrhaft nationalen Traditionen unseres Volkes« geredet. Die führenden Funktionäre in der SBZ beriefen sich auf das deutsche Kulturerbe, und so fanden sie zunächst tatsächlich auch Zustimmung bei vielen bürgerlichen Vertretern der Bildungsschichten. Der einst expressionistische Dichter Johannes R. Becher, Kommunist, Moskauer Exilant und später DDR-Kulturminister, übernahm im Kulturbund eine Schlüsselrolle. Eloquent und die Agitation

Vergangenheit als Gegenwart: Uraufführung von Wolfgang Borcherts Heimkehrdrama »Draußen vor der Tür« in den Hamburger Kammerspielen.

bei seinen öffentlichen Auftritten klug meidend, wurde er zu einem geschickten Vollstrecker der Umarmungstaktik der Sowjets. Das Ende der Toleranz kam im Laufe des Jahres 1948, als die stalinistische Periode in der Ostzone einsetzte. Amerikaner und Briten verboten den Kulturbund in ihren Zonen, da sie – nicht völlig zu Unrecht – in ihm eine Dependance der SED vermuteten.

In den Westzonen erhielten die kulturellen Institutionen – Medien, Theater, Schulen, Volkshochchulen, lange auch die »Amerikahäuser« – durch die Demokratisierungsforderungen der Alliierten eine inhaltliche und konstitutionelle Form, die sich als überaus lebensfähig und glückbringend für die mentale Umkehr der Deutschen erwiesen. Sie waren für die Anbindung des Bonner Staates an die Westgemeinschaft kaum weniger wichtig als die politischen Entwicklungen, die dies bewirkten.

Es ist schwer zu sagen, wie lange die Alliierten ernsthaft glaubten, eine gemeinsame politische Lösung in der Deutschlandfrage finden zu können. Der »Rat der Außenminister«, der auf Beschluß der Potsdamer Konferenz über einen endgültigen Friedensvertrag beraten sollte, trat zwischen 1945 und 1947 zu sechs Konferenzen zusammen. Während im Oktober 1946 Vertragsentwürfe für Italien, Rumänien, Ungarn, Bulgarien und Finnland vorlagen, blieb die Zukunft Deutschlands ein unlösbarer Streitpunkt zwischen den Besatzungsmächten.

Zwei Punkte dürften für die Entscheidungen, die dann schließlich zum Bruch der Alliierten und zur Teilung Deutschlands führten, maßgeblich gewesen sein. Da war zunächst die sich verschärfende weltpolitische Lage, der wachsende Dualismus zwischen den westlichen Demokratien und der kommunistischen »Weltrevolution«. Zum andern blieb in Deutschland selbst die Lage der Bevölkerung von Versorgungsengpässen, Wohnungsnot und Arbeitslosigkeit gekennzeichnet. Die Demontagepolitik und die getrennte Verwaltung in den Zonen ließen einen industriellen Wiederaufbau und damit eine ausreichende Selbstversorgung der Deutschen in weite Ferne rücken. Die Westmächte – vorrangig Washington – glaubten immer deutlicher zu sehen, daß das Elend im Land die Menschen möglicherweise anfällig für die Lockrufe aus Moskau machen könnte und nur ein wirtschaftlicher Wiederaufbau Deutschlands ein weiteres Vordringen der Sowjetunion in Zentraleuropa aufzuhalten vermochte.

In China begannen 1946 die Einheiten Mao Tse-tungs ihren »langen

Marsch« auf Peking. Anfang 1949 waren die Truppen Chiang Kai-sheks geschlagen und setzten sich nach Taiwan ab. Das bevölkerungsreichste Land der Erde stand unter kommunistischer Herrschaft. Albanien, Bulgarien, Rumänien, Ungarn und Polen wurden 1946 beziehungsweise 1947 »Volksrepubliken«. Manipulierte Wahlen, Terror und militärischer Druck ließen diese Länder unter den Einfluß der Sowjetunion geraten. Im Februar 1948 übernahmen die Kommunisten in der Tschechoslowakei die Macht, in Griechenland lösten sie einen Bürgerkrieg aus. Und Stalins Expansionspolitik hatte auch noch die Türkei im Visier.

In Jugoslawien begann Marschall Tito, einst ein glühender Stalinanhänger, sich ab 1948 gegen den Hegemonieanspruch der Sowjetunion zu wehren. Der Vielvölkerstaat auf dem Balkan setzte auf einen eigenen Weg innerhalb der kommunistischen Welt (Arbeiterselbstverwaltung, marktwirtschaftliche Elemente, Blockfreiheit). In der stalinistischen Epoche des Ostblocks wurde der »Titoismus« rasch zum Vorwand für unzählige »Säuberungswellen«, denen tatsächliche oder vermeintliche Abweichler von der reinen Lehre zum Opfer fielen.

Drei berühmt gewordene Reden aus diesen Jahren markierten angesichts dieser Entwicklungen den Kurswechsel der Westalliierten, der von den Amerikanern angestoßen und dann dank ihrer wirtschaftlichen Kraft energisch durchgesetzt wurde. Am 5. März 1946 hielt Winston Churchill in Fulton (Missouri) eine Ansprache, in der er vom »Eisernen Vorhang« sprach, der Europa durchschnitt. Der britische Kriegspremier (zum Zeitpunkt seiner Rede Oppositionsführer im Unterhaus) warf der Sowjetunion vor, durch ihre Gewaltpolitik habe sie den Kontinent auf der Grenzlinie von Triest bis Stettin gespalten. Ihr Ziel sei es, auch in ganz Deutschland ein kommunistisches Regime zu errichten. Unter den Zuhörern Churchills war der amerikanische Präsident Harry S. Truman.

Nachdem US-Außenminister James Francis Byrnes auf der Pariser Außenministerkonferenz im Frühjahr 1946 mit Nachdruck den Beginn von Friedensverhandlungen mit Deutschland gefordert hatte, sein russischer und französischer Kollege dies jedoch ablehnten, lud er im September Besatzungsoffiziere und Diplomaten, aber auch die Ministerpräsidenten der amerikanischen Zone ins Stuttgarter Staatstheater ein. »Das amerikanische Volk wünscht, dem deutschen Volk die Regierung zurückzugeben«, erklärte Byrnes am 6. September zum Erstaunen vor allem seiner deutschen Zuhörer. »Das amerikanische Volk will dem deutschen Volk helfen, seinen Weg zurückzufinden zu einem ehrenvol-

Der Widersacher: Jugoslawiens Staatschef Tito löste sich von Stalins Vorherrschaft, und das rote Imperium erfuhr in Europa seine erste Spaltung.

len Platz unter den freien und friedlichen Nationen der Welt.« Eine sensationelle Rede war es, denn sie signalisierte den Deutschen, aber auch den drei anderen Besatzungsmächten einen dramatischen Kurswechsel der amerikanischen Deutschlandpolitik. Washington war ganz offensichtlich zu dem Schluß gekommen, daß mit Stalin kein tragbarer Kompromiß über die Zukunft des besetzten Landes auszuhandeln war. Um einen weiteren Verfall der deutschen Gesellschaft zu stoppen und den sowjetischen Expansionsbestrebungen einen Riegel vorzuschieben, schloß Washington auch eine Teilung Deutschlands nicht mehr aus.

Sechs Monate später, am 12. März 1947, kündigte Präsident Truman in einer Rede vor den beiden Häusern des Kongresses wirtschaftliche (und militärische) Hilfen für die Staaten an, deren Freiheit bedroht sei. Ausdrücklich nannte er dabei Griechenland – wo Monarchisten und Kommunisten um die Macht kämpften – und die Türkei. Die Truman-Doktrin war aus der Taufe gehoben – und sie sollte bis zum Auseinanderfallen des Sowjetimperiums Ende der achtziger Jahre die amerikanische Außenpolitik bestimmen. Das Ziel war die »Eindämmung« des kommunistischen Machtanspruchs an den »ideologischen« Grenzlinien, die sich in Europa und Asien nach der Kapitulation von Deutschland und Japan herausgebildet hatten. Mit Trumans Rede begann der Kalte Krieg die internationale Politik zu überschatten.

Stalin nahm die Kampfansage an, und bald folgten krasse sowjetische Fehlentscheidungen. Bis zur Gründung der beiden deutschen Staaten glaubte Moskau immer noch, es könne mit Gewaltandrohungen und politischen Täuschungsmanövern seinen Einfluß auf ganz Deutschland ausdehnen. Der absehbare Sieg Mao Tse-tungs, kommunistische Aufstände in Malaysia und Indonesien, die Etablierung Ho Tschi-minhs in Nordvietnam, das zeitweise Anwachsen der japanischen Linken, die erbitterten Streiks, die 1947 Frankreich erschütterten, die Verelendung der westdeutschen Bevölkerung, das sich abzeichnende Ende des britischen Empire und die Fortschritte der sowjetischen Atomwaffenentwicklung verführten den roten Diktator in der Deutschland- wie auch in der Ostasienpolitik zu falschen Schlußfolgerungen. Stalin unterschätzte die wirtschaftliche Kraft und die Entschlossenheit der USA, und er wurde möglicherweise Opfer der eigenen Propaganda, die Rußland auch zur ökonomischen Weltmacht hochstilisierte.

Die Sensation: US-Außenminister Byrnes kündigt am 6. September 1946 im Stuttgarter Staatstheater einen politischen Kurswechsel an.

In bezug auf Deutschland übersah er die zunehmende Ablehnung, auf die die kommunistische Ideologie und Politik in allen vier Zonen stieß. Hier wirkte nicht nur der Antibolschewismus des Dritten Reiches nach. Das Vorgehen der russischen Militärverwaltung in der Ostzone und die Repressionen in den anderen Staaten Osteuropas reichten aus, um selbst die Menschen abzuschrecken, die den Kapitalismus als zentrale Ursache für den Aufstieg Hitlers und den Ausbruch des Zweiten Weltkrieges ansahen.

Mit Moskaus Ablehnung des Marshallplanes für Ostdeutschland (und die anderen osteuropäischen Satellitenstaaten) und dem Versuch, mit der Blockade Berlins den Willen der Westalliierten zu brechen, beging Stalin auch aus der Sicht der sowjetischen Interessen entscheidende Fehler. Er verspielte damit jede Möglichkeit, politischen Einfluß auf die Gebiete westlich der Elbe zu gewinnen.

Als er die Berliner Blockade am 12. Mai abbrechen mußte, hatte Amerika die Sympathien der Westdeutschen gewonnen. Die Luftbrücke, mit der die Westmächte die Versorgung ihrer Berliner Sektoren aufrechterhielten, löste bei ihnen gleichermaßen Begeisterung und Bewunderung aus. In jenen Monaten, als die »Rosinenbomber« dank eines logistischen Meisterstücks Lebensmittel, Heizmaterial, Medikamente und Teile von Industrieanlagen in die abgesperrte Stadt flogen, wurden die Westdeutschen »amerikanisiert«. Mehr als alle theoretischen Umerziehungsmaßnahmen überzeugte sie diese entschlossene Aktion von den moralischen Grundwerten und von der Leistungsfähigkeit der westlichen Demokratien. Schon in den ersten Hungerjahren erwiesen sich die sogenannten Carepakete aus den USA und die von den Westalliierten organisierten Schulspeisungen als Sympathiegewinne für die Westmächte, insbesondere für die Amerikaner. Freiheit statt Kommunismus wurde im Zuge der Berliner Blockade nun zu einem wirkungsvollen Schlagwort, das bald auch die westdeutschen Politiker von Ernst Reuter, dem legendären Regierenden Bürgermeister von Berlin, bis Konrad Adenauer und Kurt Schumacher nicht ohne Pathos verwendeten. Umgekehrt bewunderten die Menschen in den Vereinigten Staaten den Durchhaltewillen der Berliner, die trotz der Luftbrücke unter schwierigsten Versorgungsverhältnissen leben mußten. Das negative Deutschlandbild begann sich bei den Westmächten spürbar zu wandeln. Aus dem Feind wurde – auch wenn dies ein langsamer Prozeß war – ein bedrängter Verbündeter. Als sich den Völkern dann in den nächsten Jahren die Überlegenheit des marktwirtschaftlichen Systems gegenüber der sowjetischen Planwirtschaft auf demonstrative Weise zeigte, hatte Stalin verloren. Es blieb ihm und seinen Nachfolgern die Herrschaft über ein Imperium, dessen ökonomischer Niedergang nur durch Terror und Gewalt verdeckt werden konnte. Nach fünfundvierzig Jahren brach das System zusammen. Rußland hatte es zwischen 1945 und 1950 versäumt, die Weichen neu zu stellen.

In den sechziger Jahren haben einige amerikanische Historiker auch kritisch über die Politik Washingtons während der Besatzungszeit geurteilt. Was die Westalliierten ab Anfang 1947 unternahmen, so der Tenor, habe die Teilung Deutschlands provoziert. Dies ist sicher richtig. Allerdings bleibt die Frage, ob es mit Stalin überhaupt einen Kompromiß hätte geben können, um diese Entwicklung zu vermeiden. Die Interessen des Diktators im Kreml waren auf einen Machtzuwachs seines Imperiums gerichtet. Ihm ging es vor allem um die Sicherung ausreichender Reparationen, wobei er in erster Linie einen Zugriff auf das Ruhrgebiet im Auge hatte. Sein Vorgehen in Osteuropa, vor allem in Polen, Ungarn und in der Tschechoslowakei, ließ die Westdeutschen und ihre alliierten Förderer zweifeln, daß Moskau mit seinen Deutschlandplänen ein ehrliches Spiel betreibe.

Die Kritiker der amerikanischen Politik in diesen Jahren weisen gleichwohl mit Recht auf die wirtschaftlichen Interessen der USA hin, die in ihre damalige Deutschland- und Europapolitik einflossen. Washington erkannte natürlich, welche Chancen sich der heimischen Industrie und Landwirtschaft in einem Europa eröffneten, das die Kriegsfolgen ökonomisch überwunden hatte. Der führenden Handelsmacht der Welt bot sich ein unerschöpflicher Zukunftsmarkt an. Abgesehen davon, daß solche Interessen legitim sind, hatten die Amerikaner zudem die zwanziger Jahre nicht vergessen. Weil die europäischen Großmächte nach dem Ersten Weltkrieg einen wirtschaftlichen Wiederaufbau Deutschlands durch ihre Reparationsforderungen und Handelsbeschränkungen zu verhindern versuchten, weil ihr generell sehr ausgeprägter nationaler Wirtschaftsegoismus den freien Handel behindert hatte, war die Weltwirtschaft in eine verheerende Krise gestürzt. Diese wiederum gefährdete schließlich auch die politische Stabilität in Mittel- und Osteuropa. Amerikaner und Briten wollten die Fehler der Vergangenheit dieses Mal nicht wiederholen, und auch die Franzosen lenkten ab 1948 ein.

*Die Kontrahenten: General Lucius Clay (USA) und Marschall Sokolowski (UdSSR)
vertreten die Zonenpolitik ihrer Regierungen.*

Alles was zwischen 1947 und der Gründung der Bundesrepublik in
den Westzonen beschlossen und durchgeführt wurde, trug zur Teilung
des Gesamtstaates bei. Aber die damaligen Entscheidungen bescherten
den westeuropäischen Völkern einen Massenwohlstand, wie sie ihn bis
dahin nie erlebt hatten. In ganz Europa begann eine fünfzigjährige Frie-
densperiode, die erst Mitte der neunziger Jahre auf dem Balkan endete.
Die Verlierer dieser historischen Prozesse lebten östlich der Elbe. Zu
ihnen zählten auch die Menschen in der Sowjetunion.

Was in den drei bereits erwähnten Reden von Churchill, Byrnes und
Truman angedeutet worden war, wurde in kürzester Zeit in die Tat umgesetzt. Noch vor seiner Stuttgarter Ansprache hatte der amerikanische
Außenminister seinen drei Kollegen am 11. Juli 1946 ein weiteres Mal
vorgeschlagen, die vier Besatzungszonen wirtschaftlich zu verschmelzen.
Angesichts der sich verschlechternden Versorgungs- und Wirtschaftslage
in Deutschland sah Byrnes nur in der Wirtschaftseinheit einen Ausweg
aus dem Dilemma, vor dem die Besatzungsmächte standen. Bei Russen
und Franzosen stieß diese Idee auf Ablehnung, was Washington zweifellos nicht mehr überraschte. Moskau pochte auf weitere Reparationen,

und Paris forderte unverdrossen die Abtrennung des Ruhr- und Saargebietes. Die Briten hingegen stimmten zu, und so unterzeichneten die beiden Außenminister Bevin und Byrnes Anfang Dezember in New York ein Fusionsabkommen. Die Geburtsstunde der Bizone hatte geschlagen. Das Ziel war, bis Ende 1949 die wirtschaftliche Unabhängigkeit der Doppelzone herzustellen. Der amerikanische Militärgouverneur General Lucius D. Clay, keineswegs ein bequemer Verhandlungspartner für die Deutschen, sollte sich als wichtigster Antreiber für die Bildung der Bizone und ihr Funktionieren erweisen.

Mit der Zusammenlegung der beiden Zonen konnte endlich die dringend notwendige Zentralisierung der Verwaltung erfolgen. In Frankfurt am Main konstituierte sich am 25. Juni 1947 der Wirtschaftsrat (zweiundfünfzig Mitglieder, davon jeweils zwanzig von CDU/CSU und SPD, drei Kommunisten, zwei Zentrumspolitiker, vier Abgeordnete der noch nicht vereinten Liberalen, zwei Mitglieder der Deutschen Partei und ein Angehöriger der Wirtschaftlichen Wiederaufbauvereinigung). Damit hatte sich das erste deutsche Nachkriegsparlament zusammengefunden, dessen Entscheidungen über die Landesgrenzen hinweg Geltung besaß. Durch die Stimmen der beiden Vertreter der Deutschen Partei hatte die Union ein Übergewicht.

Im Juli wurden im Wirtschaftsrat die verschiedenen Direktoren (Minister) für die fünf festgelegten Ressorts gewählt. Entscheidend aus der Sicht der großen Parteien war die Besetzung des Wirtschaftsdirektoriums. In einer lautstarken nächtlichen Debatte erklärte die SPD am 23./24. Juli, sie werde angesichts der mangelnden Voraussetzung für eine Zusammenarbeit mit den bürgerlichen Parteien in die Opposition gehen. Eine folgenreiche Fehlentscheidung, denn damit gaben die Sozialdemokraten die besten Plätze auf der politischen Bühne mehr oder weniger freiwillig zugunsten der CDU auf. Die Direktorenposten fielen an die Union, und es half wenig, daß Schumacher bald wütend erklärte, die Christdemokraten hätten versucht, »die totale Macht für die gesamte Wirtschaft in Westdeutschland an sich zu reißen«. Adenauer und seine Parteifreunde agierten erheblich geschmeidiger, und es gelang ihnen, in der Öffentlichkeit den Eindruck zu erzeugen, mit ihrer Verweigerungshaltung schade die SPD als rückwärts gewandte »Klassenpartei« den deutschen Interessen. Das blieb hängen und wirkte zweifellos auch noch bei der ersten Bundestagswahl nach. Schumachers harte Sprache, seine harsche Entweder-oder-Politik war nicht mehrheitsfähig. Die Westalliierten ärgerten sich über die deutschen Parteiquerelen: Sie fürchteten eine Wiederholung der Weimarer Verhältnisse.

Die Westdeutschen hatten jetzt zwar ein Parlament (dessen Entscheidungen allerdings nach wie vor der Zustimmung der Besatzungsmächte bedurften) und mit Frankfurt am Main eine vorläufige »Hauptstadt«, aber zunächst zeigten sich kaum irgendwelche Verbesserungen der allgemeinen Notlage im Land. Das Jahr 1947 war von Hunger und ökonomischer Krise gekennzeichnet, die deutsche Bevölkerung erlebte die schlimmsten Nachkriegsmonate. Anfang 1948 versuchten die Militärgouverneure durch organisatorische Veränderungen Abhilfe zu schaffen. Der »Wirtschaftsrat« wurde um zweiundfünfzig Mitglieder erweitert, und ein Verwaltungsrat (Kabinett) sollte die Geschäfte führen. Die SPD entschied, weiterhin in der Opposition zu bleiben, und Konrad Adenauer überredete den Kölner Oberbürgermeister Hermann Pünder (von 1926 bis 1932 Staatssekretär und Chef der Reichskanzlei), sich zur Wahl für den Vorsitz zu stellen. Ein schwacher Politiker, aber genau dies bezweckte Adenauer, der inzwischen in der CDU unübersehbar die Führungsrolle übernommen hatte, mit seinem Vorschlag.

Für viele in dieser schwierigen Zeit zunächst fast unbemerkt, präsentierte im Juni 1947 – in einer Rede an der Harvard-Universität – der neue US-Außenminister George C. Marshall den Plan für ein europäisches Hilfsprogramm (European Recovery Program – ERP). Amerikanische Kredite sollten die europäische Produktion unterstützen beziehungsweise überhaupt erst ermöglichen. An diese Darlehen war die Forderung gebunden, daß sich die nationalen Volkswirtschaften zur Überwindung der Kriegsfolgen eng miteinander abstimmten. Das Angebot umfaßte auch die Sowjetunion und osteuropäische Staaten. Bis Ende 1952 flossen auf diesem Weg drei Milliarden Dollar nach Westdeutschland. Frankreich und Großbritannien erhielten noch höhere Summen aus dem ERP-Topf. Moskau lehnte eine Annahme der Marshallhilfe für sich und seine Satellitenstaaten ab (die Prager Führung mußte ihre bereits gegebene Zusage zurücknehmen). Für Westeuropa aber bedeutete Marshalls Ankündigung den Beginn einer tiefreichenden wirtschaftlichen und politischen Wende.

Die Bizone wurde zum unmittelbaren Vorläufer der Bundesrepublik. Da Frankreich auf amerikanische Kredite und Hilfen angewiesen war, schwenkte es Anfang 1948 auf die Deutschlandpolitik der beiden anderen Westalliierten ein. So wurden die ersten Konturen eines neuen Staates bereits sichtbar. Der Marshallplan wiederum bot die Grundlage für den wirtschaftlichen Wiederaufstieg Westdeutschlands, womit eine Vorentscheidung über das künftige Wirtschaftssystem gefallen war. Erfolg konnten diese Kredite nur haben, wenn die zerrüttete deutsche Währung stabilisiert wurde. Auch die Verwirklichung der Geldreform war nahezu ausschließlich das Werk der Amerikaner. Bis Anfang 1948 wurde die Frage der neuen Währung auf der Ebene der Außenminister-treffen diskutiert. Moskau machte seine Zustimmung für eine Wäh-rungsreform von der Errichtung einer zentralen Finanzverwaltung und einer gesamtdeutschen Zentralbank abhängig, um Einfluß auf die Ent-wicklungen in allen vier Zonen zu behalten. Die Amerikaner lehnten dies angesichts des planwirtschaftlichen Systems der Ostzone ab. Es war allerdings ein vorgeschobener Grund. Schon im Herbst 1947 waren die neuen Geldscheine in den USA gedruckt worden, ein Hinweis dafür, daß Washington die Russen nicht mehr länger am Währungsspiel be-teiligen wollte. Amerika setzte bereits zu diesem Zeitpunkt auf einen Weststaat, der in das von den USA geführte Wirtschafts- und Sicher-heitssystem eingebunden werden sollte.

Die Westdeutschen wurden im April 1948 in den Beratungsprozeß der Alliierten über die Währungsreform mit einbezogen. Viel zu sagen hatten sie nicht. Ihre Vertreter wurden mit großer Geheimniskrämerei per Bus in eine bei Kassel gelegene Kaserne transportiert, aber ihre Ein-wände gegen das Vorhaben verhallten ungehört. Es blieben ihnen die Übersetzungen der Gesetzestexte und einige Formulierungsvorschläge. Auch Briten und Franzosen kritisierten einzelne Punkte, was die Ame-rikaner aber wenig beeindruckte. Die Währungsreform erwies sich als entscheidende Grundlage für den kommenden deutschen Wirtschafts-aufstieg, und so erscheint es im Rückblick besonders kurios, daß am 8. Juni 1948, nach Abschluß der Währungsklausur, eine Art Protestnote publiziert wurde, in der die Deutschen alle Verantwortung für die mög-licherweise negativen Folgen der beschlossenen Reform den Alliierten anlasteten. Ausdrücklich drängten die Deutschen auf eine Veröffentli-chung, in der es seitens der Alliierten hieß: »Die drei Besatzungsmächte tragen für die Grundsätze und Methoden der Geldreform in ihren Zo-nen die alleinige Verantwortung... Alle wesentlichen Gegenvorschläge der deutschen Sachverständigen mußten... abgelehnt werden.«

Später, als die Geschichte der Deutschen Mark zur Erfolgsstory ge-worden war, waren die bundesdeutschen Parteien eifrig bemüht, sich den weltweiten Triumphzug der D-Mark auf dem eigenen Konto gutzuschreiben. Meist vergaßen sie dabei allerdings den Hinweis, wie ängstlich und ablehnend sie im Spätfrühjahr 1948 das Unternehmen begleitet hatten. Auch Ludwig Erhard war nicht der Schöpfer des neuen Geldes. Sein Verdienst beruhte auf den wettbewerbs- und preispolitischen Entscheidungen, die nach der Währungsreform gefällt werden mußten. Die Freigabe der Preiskontrollen und das gegen heftigsten Widerstand der Sozialdemokraten und großer Teile der Union durchgesetzte marktwirtschaftliche Prinzip erschien vielen als gefährliches Experiment. Erhard, seit März 1948 Direktor der Verwaltung für Wirtschaft (also Wirtschaftsminister der Bizone), wurde in dieser Zeit zum entschiedenen Vorkämpfer des Abbaus der Zwangswirtschaft. Mutig und vorausschauend blieb er auch auf diesem Kurs, als nach der Währungsreform enorme Preissteigerungen Proteste auslösten (die Gewerkschaften in der amerikanischen und britischen Zone riefen im November 1948 zu einem vierundzwanzigstündigen Warnstreik auf) und viele politisch Verantwortliche angesichts des ausbleibenden Konjunkturaufschwungs eine Rückkehr zu Preiskontrollen forderten. Vor dem Scheitern seiner riskanten Wirtschaftspolitik bewahrten ihn die Folgen des Koreakrieges, der zur Geburtsstunde des Bonner »Wirtschaftswunders« werden sollte.

Der Tag X war der 21. Juni 1948. Mit der Abschaffung der Reichsmark waren alle Staatsschulden gestrichen, die Bankguthaben wurden im Verhältnis zehn zu eins abgewertet. Jeder Einwohner der Westzonen erhielt sechzig Deutsche Mark in bar, davon vierzig sofort, die restlichen zwanzig wurden im August ausgezahlt. Gewinner waren die Immobilien-, Grund- und Fabrikbesitzer, Verlierer die Sparer. Teilweise wurde diese Ungerechtigkeit in den nächsten Jahren durch den sogenannten Lastenausgleich abgemildert.

In den letzten Wochen vor der Währungsreform verschwanden die Waren aus dem Angebot. Man hortete, um am Tag X gegen das neue Geld verkaufen zu können. Dann füllten sich über Nacht die Schaufenster. Nur fehlte es angesichts des prallen Angebotes den meisten an Geld, um etwas zu erwerben. Der Schwarzmarkt aber, seit Sommer 1945 die wichtigste Bezugsquelle für die Deutschen, war fast von einem auf den anderen Tag verschwunden.

Die sowjetische Militärverwaltung zog nach. Am 23. Juni gab es zwar noch die alten Geldscheine, aber sie waren mit Coupons (»Tapeten-

Die Währungsreform: Lange Menschenschlangen warten am 20. Juni 1948 vor den Sparkassen und Banken der Westzonen und Westberlins auf das neue Geld.

mark«) überklebt. Die russischen und die ostdeutschen Stellen waren auf eine Währungsreform kaum vorbereitet. Allerdings besaß die Geldreform in der Ostzone auch nicht die Bedeutung wie im Westen. Die russische Enteignungspolitik und die auf Befehl Moskaus umgesetzte Verstaatlichung des Bankenwesens gaben der Geldpolitik ohnehin einen anderen Stellenwert, als sie ihn im Wettbewerbssystem der Westzonen besaß. Der Schwachpunkt der westdeutschen Währungsreform aus der Sicht der Sowjets war die Vier-Sektoren-Stadt. Die Amerikaner weigerten sich, Westberlin aus dem D-Mark-Verbund mit den Westzonen auszuschließen. Wenn Moskau nicht reagierte, drohte eine Überflutung Ostberlins mit der wertlos gewordenen Reichsmark.

Die Währungsreform mußte Stalin in seinen gesamtdeutschen Plänen desillusionieren. Er reagierte mit Gewalt. Am 23. Juni kam es in der Berliner Stadtverordnetenversammlung zu wilden Tumulten. Die SED versuchte, ein Verbot der D-Mark für ganz Berlin durchzusetzen. Als dies mehrheitlich abgelehnt wurde, begann die Blockade Berlins. Um Mitternacht gingen in der Stadt die Lichter aus, die im Osten liegenden

Elektrizitätswerke hatten die Stromversorgung eingestellt. Am nächsten Tag wurde der Eisenbahnverkehr lahm gelegt, dann die Binnenschifffahrt. Die Westberliner blieben nur noch über drei Luftkorridore mit der westlichen Außenwelt verbunden.

Den freien Zugang nach Berlin hatte Stalin schon seit Anfang 1948 als politisches Druckmittel ins Spiel gebracht. Alliierte Zugtransporte wurden für Stunden aufgehalten, formale Schikanen waren an der Tagesordnung, um eine geregelte Versorgung der drei Westsektoren zu stören. Bereits Anfang April hatte General Clay die Anweisung gegeben, amerikanische Transporte nach Berlin aus der Luft zu organisieren. Mit der totalen Absperrung der Stadt im Juni wurde die Versorgung durch Flugzeuge zur Überlebensfrage.

In den nächsten Monaten bauten die Westalliierten in einem beispiellosen Kraftakt die Berliner Luftbrücke auf. Von neun westdeutschen Flugplätzen starteten die Transportmaschinen im Minutentakt. Auf dem Höhepunkt im Frühjahr 1949 wurden in vierundzwanzig Stunden 1398 Flüge durchgeführt, die 12 940 Tonnen Lebensmittel und sonstige Güter nach Berlin brachten. Clay wurde in Deutschland zum Helden. Die Finanzierung des gesamten Unternehmens übernahmen in erster Linie die USA, die Deutschen bat man mit einer Sondersteuer (Notopfer Berlin – erhoben bis 1958) zur Kasse.

Am 12. Mai 1949 füllten sich die Westberliner Straßen mit einer jubelnden Menge. Stalin hatte die Blockade beendet und mit den übrigen Alliierten ein Viermächteabkommen ausgehandelt, das die einstige Hauptstadt langfristig teilte. Bereits im Herbst 1948 hatte sich die Stadtverordnetenversammlung gespalten, die West-Abgeordneten tagten nur noch in Westberlin. Im Dezember war im Schöneberger Rathaus der Sozialdemokrat Ernst Reuter zum Regierenden Bürgermeister von Westberlin gewählt worden.

Für Stalins Pläne bedeutete das Aufgeben der Blockade einen weiteren schweren Rückschlag. Schon der Marshallplan und die Währungsreform hatten die Sowjets isoliert. Die Überwindung der Blockade nutzten die Westmächte und ihre westdeutschen Helfer nun zu einer breiten und überaus erfolgreichen Propagandakampagne gegen den Osten. Der Westen hatte sich unter hohen Opfern für die Deutschen eingesetzt, Moskau hingegen, so konnte man triumphierend erklären, hatte mit der menschenverachtenden Blockadeaktion sein wahres Gesicht gezeigt. Da bedurfte es kaum noch der emotionalisierten Massenversammlungen

*Die Berlin-Blockade: Mit einem beispiellosen Lufteinsatz der »Rosinenbomber«
halten die Westalliierten die Versorgung Westberlins aufrecht.*

vor dem Schöneberger Rathaus oder der pathetischen Freiheitsreden der
Politiker, um die Deutschen vom »richtigen« System zu überzeugen.

Stalin war gescheitert. Ein Grund liegt sicher in der Starrheit, mit der
er seine Deutschlandpolitik betrieb. Amerikaner, Briten und schließlich
auch die Franzosen reagierten flexibler und weitsichtiger, als sie erkannten, daß es zu keiner ihren Interessen dienenden gemeinsamen Friedens-
ordnung für das besetzte Land kommen würde. Stalins Politik ebenso
wie das System, das er vertrat, waren von Anbeginn an auf den Einsatz
von Gewalt zugeschnitten. Moskau griff immer wieder auf dieses Mittel zur Durchsetzung der gesteckten politischen Ziele zurück. Widerspruch zu den Entscheidungen des Kremlchefs gab es nicht, und so fehlten in der innerrussischen Diskussion die diplomatischen Alternativen,
als die bisherige Deutschlandpolitik in eine Sackgasse zu geraten drohte
und einen Kurswechsel verlangt hätte. Die westlichen Staatenlenker
mußten bei allen ihren Beschlüssen den gesellschaftlichen Konsens im
Auge behalten. Dies erzwang eine Politik, die bald auch auf das Schicksal der besiegten Deutschen Rücksicht nehmen mußte. Moskau konnte
in dieser Hinsicht erheblich skrupelloser vorgehen, was die Ostdeut-

schen (und ihre osteuropäischen Nachbarnationen) schmerzhaft zu spüren bekamen.

Was Stalin nach dem Scheitern der Berlin-Blockade blieb, war der Kalte Krieg, der sein Imperium angesichts der gigantischen Aufrüstung, die er in den kommenden Jahrzehnten nach sich zog, wirtschaftlich ruinierte. Deutschland lag territorial am Schnittpunkt dieser im Laufe der Jahre an den Rand eines atomaren Weltbrandes geratenen Rivalität der beiden militärischen Supermächte. Was sich für die Entwicklung der beiden deutschen Staaten auf sehr unterschiedliche Weise auswirken sollte.

Die Antwort des Diktators auf die Niederlagen in Zentraleuropa war ein rücksichtsloses Vorgehen gegen alle oppositionellen Bewegungen, die sich in Rußland selbst oder in den osteuropäischen Staaten regten. Der totalitäre Machtanspruch der kommunistischen Parteien unterdrückte jegliche ideologische Abweichung durch sogenannte »Säuberungen«, die mangels echter politischer Konkurrenz vorrangig in den eigenen Reihen blutig durchgeführt wurden. 1949 begannen sich die Schauprozesse der dreißiger Jahre zu wiederholen. Der stalinistische Terror hielt bis zum Tode seines Urhebers im Jahre 1953 an.

Die Deutschen hielten dennoch am Traum von der deutschen Einheit fest. Die Schritte der Westalliierten, die nahezu automatisch die Teilung heraufbeschwören mußten, wurden von ihnen in vielen Punkten heftig bekämpft. Vor allem Schumachers Sozialdemokraten, aber auch der Flügel in der Union, der die Hoffnungen des CDU-Gewerkschafters Jakob Kaiser auf eine Brückenfunktion Deutschlands zwischen West und Ost teilte, widersetzten sich in ihren öffentlichen Reden dem Vorgehen der westlichen Besatzungsmächte. Adenauer allerdings blieb pragmatisch. Er war nie ein ausgeprägter Nationalist gewesen. Dem politischen Berlin hatte der westlich orientierte Rheinländer schon in den Weimarer Jahren mit einer gehörigen Portion Skepsis gegenübergestanden. Im Zuge der Staatsgründungspolitik war es denn auch Adenauer und nicht der scharfzüngige und sehr national argumentierende Schumacher, auf den die Westalliierten setzten.

Die westdeutschen Ministerpräsidenten hatten im Mai 1947 zum letzten Mal versucht, der sich damals bereits abzeichnenden Teilung entgegenzuwirken. Bayerns Regierungschef Hans Ehard lud seine Kollegen nach München ein. Sie sollten Vorschläge für die Militärverwaltungen in allen vier Zonen ausarbeiten, »um ein weiteres Abgleiten des deutschen Volkes in ein rettungsloses wirtschaftliches und politisches Chaos zu verhindern«. Franzosen und Russen standen diesem Unternehmen ablehnend gegenüber. Die Vertreter der französischen Zone durften schließlich nur unter der Bedingung nach München reisen, daß dort keine politischen Fragen thematisiert wurden. Die Ostzonenpolitiker hingegen erhoben als Voraussetzung für ihre Teilnahme aber genau diese Forderung. Im Zentrum des Gespräches sollte aus ihrer Sicht die Frage der wirtschaftlichen und politischen Einheit stehen. Am Abend des 5. Juni kamen die fünf Ministerpräsidenten (Sachsens Regierungschef schickte nur seinen Vertreter) aus der sowjetischen Zone dann doch in die bayerische Hauptstadt. Man stritt sich um die Tagesordnung und als es erwartungsgemäß zu keiner Einigung kam, reisten die Ostvertreter wieder ab. Der starke Mann der SED, Walter Ulbricht, hatte sie – ganz im Sinne der SMAD – damit beauftragt, die Konferenz scheitern zu lassen. Die Westler sprachen anschließend von einem »Theatercoup«. Damit endete das erste und das letzte gemeinsame Treffen aller sechzehn Länderchefs mit dem erwarteten Desaster.

Einige Historiker (vor allem in der DDR) nannten das später eine verpaßte Chance. Sie übersahen dabei wohl doch die realen Machtverhältnisse in diesen Jahren. Die Ministerpräsidenten waren weder zu grundsätzlichen politischen Entscheidungen legitimiert, noch hatten die Sowjets eine ernsthafte Zusammenarbeit ohne die Schaffung einer zentralistischen Verwaltung Gesamtdeutschlands im Sinn gehabt. Zum Zeitpunkt der Münchner Konferenz waren die Vorentscheidungen über die Spaltung des Landes längst woanders gefallen.

Deutlich wurde dies auf der Außenministerkonferenz im Dezember 1947 (es war das fünfte Treffen dieser Art). Keine Seite war bereit, die eigene Position zu überdenken, ein heftiger verbaler Schlagabtausch trat an die Stelle konstruktiver Einigungsbemühungen. Der Osten reagierte wenige Monate später mit der Berliner Blockade, der Westen auf der Londoner Sechsmächtekonferenz (20. April bis 7. Juni 1948) mit »Empfehlungen« für die Einberufung einer verfassunggebenden Versammlung und eine Neuordnung der Westzonenländergrenzen. Am 1. Juli überreichten die Militärgouverneure den neun West-Ministerpräsidenten und den beiden Bürgermeistern von Hamburg und Bremen die drei »Frankfurter Dokumente«, in denen ihre Vorstellungen über die staatliche Zukunft Deutschlands ausformuliert waren. Bei diesem Treffen im Frankfurter I.G.-Farben-Haus wurde nicht diskutiert. Die Deutschen erhielten einen Weisungskatalog. Bis zum 1. September hatten sie eine Versammlung einzuberufen, die für das neu zu formende Staatsgebilde eine demokratische Verfassung ausarbeiten sollte.

Die Westalliierten verlangten eine föderale Republik mit zentralen Instanzen und Grundrechten, die die demokratischen und individuellen Rechte der Bürger ausreichend zu schützen hatten. In einem weiteren Schriftsatz empfahlen sie die Neugliederung der Länder, im dritten Dokument war das Besatzungsstatut skizziert, das die Kontrolle der Westalliierten über den neuen Staat sicherstellen sollte. Den Deutschen wurde eine eigenständige Außenpolitik vorenthalten, der Außenhandel unterlag Beschränkungen.

Im Hotel Rittersturz bei Koblenz diskutierten die Ministerpräsidenten der Westzonen vom 8. bis 10. Juli über den Inhalt der »Frankfurter Dokumente«. Ihre Vorbehalte gegen viele Einzelpunkte waren unüberhörbar, auch wenn das Ziel – Rückgewinnung der staatlichen Existenz – unumstritten war. Die Regierungschefs wußten genau, daß dieser Schritt die Teilung zementierte. Ihr Hauptbestreben blieb es daher, alle künftigen Entscheidungen als provisorisch zu vermitteln. Ihre Sorge galt der eigenen Bevölkerung, die sich möglicherweise mit der staatlichen Grenzlinie zwischen West und Ost nicht abzufinden bereit war. So beharrten sie darauf, daß alle Verantwortung für die künftigen Entwicklungen bei den Westmächten lag.

Die Unionsparteien reagierten gegenüber den Forderungen der Alliierten mit pragmatischer Anpassung, die Antwort der Sozialdemokraten fiel angesichts der sich abzeichnenden nationalen Tragödie starrer und grundsätzlicher aus. Gegenvorschläge stießen bei den Militärgouverneuren zwar auf Unverständnis und Verärgerung, einiges konnten die Deutschen jedoch korrigieren.

Am 10. August 1948 trat der Verfassungskonvent auf Herrenchiemsee zusammen. Diese Runde von Rechtsexperten und Politikern entwarf die »Richtlinien für ein Grundgesetz«. Ihr Bericht wurde zur Grundlage des Parlamentarischen Rates, der am 1. September zu seiner konstituierenden Sitzung in Bonn zusammenkam. Die fünfundsechzig Abgeordneten wählten Konrad Adenauer zum Präsidenten. Im Februar 1949 waren die Grundgesetzberatungen beendet. Einige Punkte – zu starker Zentralismus, Gesetzgebungskompetenz von Bund und Ländern, die Finanzverwaltung – stießen bei den alliierten Gouverneuren zwar auf Widerspruch, doch der Zug war auf die Schienen gehoben, und die

Richtung war deutlich vorgegeben. Auf den Tag vier Jahre nach der Kapitulation – am 8. Mai 1949 – verabschiedete der Parlamentarische Rat das Grundgesetz, am 12. Mai stimmten die Westmächte zu. Abgesehen von Bayern fand die Verfassung in allen westdeutschen Landtagen breite Zustimmung. Für die Mehrheit der eigenwilligen Politiker im Süden war der föderale Charakter des neuen Staates zu wenig ausgeprägt, was aber nichts mehr daran änderte, daß dies die Geburtsstunde der Bundesrepublik Deutschland wurde.

Das Grundgesetz beruhte in vielen seiner Artikel und Bestimmungen auf der Weimarer Verfassung. Allerdings sollten die Schwachpunkte von damals korrigiert werden. Dies bezog sich vor allem auf die Stellung des Bundespräsidenten und den sogenannten »Kanzlersturz«. Dem Bundespräsidenten wurden im Grundgesetz weitgehend nur noch repräsentative Funktionen zugestanden. Das Notverordnungsrecht, das den Weimarer Präsidenten Ebert und Hindenburg eine so außergewöhnliche Gegenposition zum Reichstag eingeräumt hatte, tauchte im Grundgesetz nicht mehr auf. Der Bundeskanzler wiederum konnte fortan nur noch durch ein »konstruktives Mißtrauensvotum« abgewählt werden (Artikel 67). In der Weimarer Republik hatte das Parlament die Reichskanzler gestürzt, ohne sich vorher auf einen neuen Kabinettschef einigen zu müssen. Im Bundestag muß bis heute für den neuen Bundeskanzler eine Mehrheit vorhanden sein, bevor der alte in die politische Wüste geschickt werden kann.

Die Institution der Volksentscheide ging in das Grundgesetz nicht ein. Nach mancher Auseinandersetzung einigten sich die Parteien in einem Bundeswahlgesetz auf ein modifiziertes Verhältniswahlrecht (60 Prozent Listen-, 40 Prozent Direktmandate) und eine Fünfprozentsperrklausel. Später gab es noch Wahlrechtsveränderungen, aber im Prinzip blieb es dabei. Festgeschrieben wurde auch das Zweikammersystem (Bundestag und Bundesrat) und damit der föderale Charakter des neuen Staates. Er erwies sich als besonderer Stabilitätsfaktor, weil diejenigen Parteien, die in Bonn auf den Oppositionsbänken saßen, zum gleichen Zeitpunkt in verschiedenen Landesregierungen Kabinettsverantwortung trugen. Ein Tatbestand, der Union, SPD oder FDP auch dann in die gesamtstaatliche Pflicht nahm, wenn sie auf Bundesebene nicht das Sagen hatten.

In Artikel 1 bis 19 wurden die Grundrechte aufgeführt, die im Rechtsstaat normative Höchstrangigkeit besitzen. Sie beruhten auf den

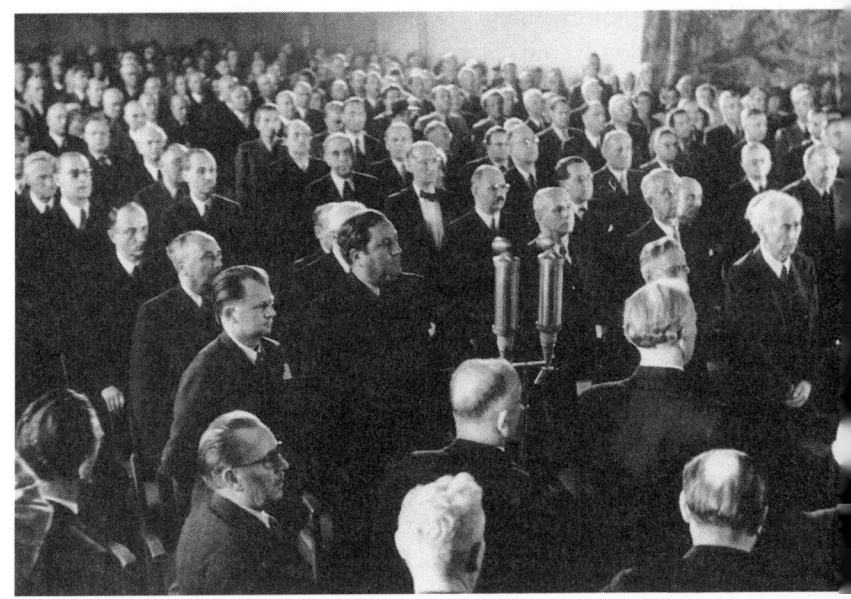

Der Weg zum Weststaat: Am 7.Mai 1949 erfolgt in Bonn die Schlußlesung des Grundgesetzes. In der Mitte Carlo Schmid und rechts Theodor Heuss.

Prinzipien der Freiheit, der Gleichheit und der Menschenwürde. Glaubens-, Meinungs-, Berufs- und Versammlungsfreiheit, der Schutz von Familie, Wohnung und Eigentum. Dies sind bis heute die Fundamente der demokratischen Bundesrepublik. Die Verfassungsväter und -mütter gaben ihnen mit Blick auf die Verbrechen des Dritten Reiches einen höheren Stellenwert, als die Schöpfer der Weimarer Verfassung dies taten. Unter die Grundrechte fiel auch der Artikel 16: »Politisch Verfolgte genießen Asylrecht.« In Erinnerung an die eigenen Landsleute, die in den Hitlerjahren auf die Duldung und Hilfe ihrer Exilländer angewiesen waren, erkannte die neue deutsche Demokratie in diesem Artikel eine besondere moralische Verpflichtung. Als der Bundestag in den neunziger Jahren die Asylgesetzgebung drastisch einschränkte, war dies eine der einschneidendsten und verwerflichsten Grundgesetzänderungen, die seit 1949 vorgenommen worden sind. Andere politische Entwicklungen – zum Beispiel die Notwendigkeit einer Wehrverfassung – führte in der fünfzigjährigen Geschichte der Bundesrepublik bislang zu sechsundvierzig Verfassungsänderungen und -ergänzungen.

Das Grundgesetz legt das Verhältnis zwischen Bund und Ländern fest, auf dem die Bundesrepublik beruht. Es regelt Wahl und Kompetenzen von Bundestag, Bundesrat und Bundesregierung, die Gesetzgebung des Bundes, die Rechtsprechung und das Finanzwesen. Die Westdeutschen haben seit 1949 eine Verfassung, die sich mit einhundertfünfzigjähriger Verspätung an den Grundsätzen des westlichen Parlamentarismus orientierte und von einem Menschenbild getragen ist, daß die europäische Aufklärung im achtzehnten Jahrhundert geschaffen hatte.

Als besonders positiv für die Geschichte der Bundesrepublik sollte sich die Stellung des Bundesverfassungsgerichtes erweisen (Artikel 92, 93). Den vielfachen Versuchen der Parteien, das Grundgesetz zu unterlaufen, wurden hier eindeutige Schranken gesetzt. Immer wieder griffen die Karlsruher Richter als höchste Rechtsinstanz des Staates in den kommenden Jahrzehnten ein, und ihre (nicht mehr anfechtbaren) Entscheidungen festigten den demokratischen Rechtsstaat.

Das Grundgesetz – den Begriff Verfassung lehnten die Gründungspolitiker ab, um im Zuge der Teilung das Provisorische dieses Staatsrechtskataloges zu unterstreichen – hat alle Erwartungen weit übertroffen. Es trug ganz entscheidend zur Demokratisierung und zum rechtsstaatlichen Bewußtsein der Westdeutschen bei. Es blieb zwar in vielen Einzelfragen umkämpft, engere und weitere Auslegungen der einzelnen Artikel führten zu Streit und Grundsatzdebatten. Aber das Grundgesetz zeigte nach Jahrhunderten autoritärer und undemokratischer Staatsordnungen doch unmißverständlich, wo die (West-)Deutschen endlich angekommen waren. Die Würde des Menschen stand und steht im Zentrum des Grundgesetzes und nicht das nationalstaatliche Prinzip. Der Soziologe und Philosoph Jürgen Habermas sprach Jahrzehnte später vom »Verfassungspatriotismus«, der in der Bundesrepublik an die Stelle einer von vielen immer noch geforderten nationalen Identifikationsdefinition getreten sei. Kaum etwas könnte die veränderte mentale Lage Deutschlands in der zweiten Hälfte des zwanzigsten Jahrhunderts besser umschreiben.

Ein historischer Vorgriff: Zum Zeitpunkt der Wiedervereinigung im Jahre 1990 versäumten es die Parteien, einige Schwachstellen des Grundgesetzes zu korrigieren. Das gilt beispielsweise für die Rolle des Bundesrates, der zunehmend als Hilfsinstrument der jeweiligen Bonner Opposition im Kampf gegen die Bundesregierung genutzt wurde und weniger als Verfassungsorgan, das die eigentlichen Interessen der Länder wahrnimmt. Gleiches gilt für die Regelung der Aufteilung der öffentlichen Finanzen zwischen Bund, Ländern und Gemeinden. Im Laufe der Jahrzehnte haben sich hier chaotische Verhältnisse entwickelt.

Klug dagegen reagierte die erste frei gewählte Volkskammer der DDR, als sie am 23. August 1990 beschloß, daß die ehemaligen DDR-Länder der Bundesrepublik nach Artikel 23 des Grundgesetzes beitreten werden. Dieser Artikel eröffnete die Möglichkeit, die Verfassung außer in der Bundesrepublik auch in »anderen Teilen Deutschlands… nach deren Beitritt in Kraft zu setzen«. Auf diesem Weg war die automatische Aufnahme der ab dem 3. Oktober zur Bundesrepublik zählenden Alt-DDR in die Europäische Union ohne Verzug und ohne Beitrittsverhandlungen möglich geworden. Die diskutierte Alternative war gemäß Artikel 146 die Erarbeitung einer neuen Verfassung. Viele DDR-Bürgerrechtler und auch Teile der westdeutschen Sozialdemokratie sowie die Grünen wollten diesen Weg gehen, um den Anschein der »Annexion« der Ostländer durch die Bonner Republik zu vermeiden und ein Stück DDR-Identität im »neuen« Staat zu bewahren. Aber die Beratungen über eine neue Verfassung wären langwierig und schwierig geworden, sie hätten möglicherweise die Schwungkraft des von den Nachbarstaaten nicht gerade euphorisch beobachteten Vereinigungsprozesses gebremst. Zudem gab es keine Garantie, daß eine Neufassung des Grundgesetzes zu wirklichen Verbesserungen geführt hätte. Schon in den letzten Jahren der Alt-Bundesrepublik war zu beobachten, daß der Grundrechtekatalog von den Parteien nicht mehr mit dem Nachdruck vertreten wurde, wie dies die Väter und Mütter der Verfassung noch getan hatten.

Den 1949 verabschiedeten Grundgesetzartikeln ging eine Präambel voran. In ihrer Schlußformulierung hieß es: »Es [das westdeutsche Volk] hat auch für jene Deutschen gehandelt, denen mitzuwirken versagt war. Das gesamte Deutsche Volk bleibt aufgefordert, in freier Selbstbestimmung die Einheit und Freiheit Deutschlands zu vollenden.« Das war ein hübsches Bekenntnis und damals vielleicht auch ehrlich gemeint. Aber es verführte die Westdeutschen zu der Illusion, daß es in Sachen Einheit noch irgend etwas zu verändern gab. Die Präambel drückte einmal aus, daß das Grundgesetz für das gesamte deutsche Volk Geltung besaß (was realpolitisch Nonsens war), und zum andern, daß es sich lediglich als Übergangsregelung (bis zur Wiedervereinigung) verstand. Als Ende der achtziger Jahre der Zusammenbruch des Sowjetimperiums den Deutschen das Geschenk der Wiedervereinigung ihrer beiden Staaten bescherte, erwies sich, wie hohl die 1949 formulierten Sätze in Wirklichkeit waren. Die Bundesrepublik weigerte sich nachdrücklich und erfolgreich, eine neue Verfassung für Gesamtdeutschland auch nur zu diskutieren.

Die Präambel wurde zur Grundlage des in den nächsten Jahrzehnten bis zur Sturheit durchgefochtenen Alleinvertretungsanspruchs der Bundesrepublik für Gesamtdeutschland. Alle demokratischen Parteien im Bonner Staat – das Städtchen am Rhein und nicht Frankfurt wurde nach vielfältigen Intrigen, an denen sich Adenauer führend beteiligt hatte, zur (provisorischen) Hauptstadt – hielten daran bis in die sechziger Jahre hinein fest. Das vertiefte den Graben zwischen den beiden deutschen Staaten und erschwerte das Los der DDR-Bürger beträchtlich. Erst die neue Ostpolitik, die eng mit dem Namen Willy Brandt verbunden ist, relativierte den Alleinvertretungsanspruch und brachte für die Menschen einige Erleichterungen im Reise-, Besuchs- und privaten Geldverkehr. Gleichzeitig beendete sie die drohende außenpolitische Isolierung Bonns, denn selbst die Westverbündeten hatten in den sechziger und siebziger Jahren nur noch wenig Verständnis für die deutschen Querelen.

Die sowjetische Deutschlandpolitik reagierte auf all diese Gründungsaktivitäten im Westen mit entsprechenden Schritten für die Ostzone. Ende 1947, als die Londoner Außenministerkonferenz ergebnislos zu enden drohte, organisierte die SED die sogenannte »Volkskongreßbewegung für Einheit und gerechten Frieden«. Sie war einerseits eine Reaktion auf die Truman-Doktrin, andererseits auf die von Stalins Sprachrohr im Moskauer Politbüro, Andrej A. Schdanow, formulierte »Zwei-Lager-Theorie«. Am 6. und 7. Dezember versammelte sich der Deutsche Volkskongreß (DV) in Berlin. Unter den – durch keine Wahl legitimierten – 3766 Delegierten saßen auch 664 aus Westdeutschland. Ziel der Veranstaltung war es, der sich abzeichnenden Staatsgründung im Westen eine propagandistische Antwort entgegenzusetzen. Die folgenden Volkskongresse dienten als Foren, die immer wieder den Abschluß eines Friedensvertrages und die Errichtung einer gesamtdeutschen Regierung beschworen. Gleichzeitig aber bildeten sie erste Vorformen für ein eigenständiges Parlament eines Oststaates.

Im März 1948 wählte der 2. Volkskongreß den Deutschen Volksrat, dem 400 Mitglieder (darunter 100 aus Westdeutschland) angehörten. In allen Gremien dominierte die SED, die vor allem durch die Delegierten der Massenorganisationen eine sichere Mehrheit hinter sich wußte. Der Volksrat erklärte sich zur »berufenen Repräsentation für ganz Deutschland«. Ferner forderte er eine Volksabstimmung zur Einheitsfrage. Der 3. Volkskongreß trat Mitte Mai zusammen, und er sollte zum Vorläufer der Volkskammer, des späteren »Parlaments« der DDR, werden. Die Delegierten wurden zwar erstmals per Wahl bestimmt, aber die Wähler konnten nur für oder gegen eine Einheitsliste stimmen, die schließlich trotz aller undemokratischen Beschränkungen nur auf 66,1 Prozent kam. Sieben Tage nach der Verkündung des Bonner Grundgesetzes, am 30. Mai 1949, wurde vom Volkskongreß die DDR-Verfassung verabschiedet. Westdeutsche – diese Gruppe war ohnehin nur aus kommunistischen Delegierten zusammengesetzt – waren nicht mehr dabei.

Der Weg zur Volkskammer und zur DDR blieb durch strikte Anweisungen der sowjetischen Militärverwaltung gekennzeichnet. Auch die Westalliierten hatten erheblichen Druck auf die westdeutschen Politiker in der Staatsgründungsphase ausgeübt. Aber da sie demokratische Systeme vertraten, blieben zumindest die Wahlen frei und unabhängig. Die SED dagegen setzte ihren Alleinanspruch im Prozeß der DDR-Gründung konsequent durch. Versuche der Ost-CDU und auch von Teilen der LDPD, die Spaltung Deutschlands aufzuhalten und entsprechende Schritte der SED abzuwehren, scheiterten kläglich. Die Sowjets entfernten schon Ende 1947 die störrische CDU-Führung (Jakob Kaiser und Ernst Lemmer) und setzten den nachgiebigen Otto Nuschke an die Spitze der Christdemokraten im Osten.

Schon seit Mitte 1947 hatte die SED einen neuen Kurs eingeschlagen, der ihr schließlich die alleinige Macht im Land bringen sollte. Mit der Gründung der Bizone im Westen sah sie die Taktik der Rücksichtnahme auf die bürgerlichen Schichten als überholt an. Es begann die Sowjetisierung der Ostzone in Wirtschaft und Gesellschaft. Als Moskau im September 1947 das »Kommunistische Informationsbüro« (Kominform) als internationales Koordinations- und Beratungsgremium der kommunistischen Parteien gründete, erklärte die SED ihre Zugehörigkeit zum sozialistischen Lager. Im Mai 1948 machte Wilhelm Pieck deutlich, die SED werde sich zu einer »Partei neuen Typs« entwickeln. Was im Klartext nichts anderes hieß als die Umwandlung in eine mar-

Der Weg zum Oststaat: Wilhelm Pieck (links) und Otto Nuschke (Ost-CDU) auf dem ersten Volkskongreß in Ostberlin.

xistisch-leninistische Kaderpartei, deren Vorbild die KPdSU war. Damit bekräftigten die ostdeutschen Kommunisten die alleinige Führungsrolle der SED. Voraussetzung dafür sollte sein, daß »alle Parteileitungen die Fähigkeit erwerben, den Staat, die Länder, Kreise und Gemeinden, die Betriebe, die Industrie, die Landwirtschaft, die Schule, das kulturelle Leben usw., das alles zu verwalten und zu führen«. Staat und Partei waren in der Ostzone auf dem Weg, zu einer Einheit zu verschmelzen.

Folgerichtig lehnte die SED im September 1948 nun auch einen »besonderen deutschen Weg zum Sozialismus« ab. Otto Grotewohl – der ehemalige SPD-Vorsitzende identifizierte sich inzwischen voll mit der SED – bezeichnete die in der Vergangenheit betonte Eigenständigkeit des deutschen Sozialismus als »taktischen Fehler«. Stalins »Kurzer Lehrgang« wurde zur Pflichtlektüre für alle SED-Funktionäre, eine Säuberungswelle entfernte unzuverlässige Zweifler in den eigenen Reihen (vorwiegend waren es ehemalige Sozialdemokraten), und Walter Ulbricht übernahm den Vorsitz des »Kleinen Sekretariats des Politbüros«, der Machtzentrale in Partei und Staat.

Die Massenorganisationen – Freier Deutscher Gewerkschaftsbund (FDGB), Freie Deutsche Jugend (FDJ), Demokratischer Frauenbund

Deutschlands (DFD) – erhielten die Aufgabe zugewiesen, sich zum Transmissionsriemen der SED-Ideologie zu entwickeln. Gleiches galt für die Künstlerverbände und den Kulturbund. Um den ohnehin dramatisch sinkenden Einfluß der beiden bürgerlichen Parteien noch weiter einzugrenzen, lizensierten die Sowjets 1948 zwei weitere Parteien rechts von der SED, die schon erwähnte Nationaldemokratische Partei Deutschlands (NDPD) und die Demokratische Bauernpartei Deutschlands (DBD). In ihre Führungsgremien entsandte die SED dafür abgestellte Mitglieder aus den eigenen Reihen. Ein jämmerliches Schauspiel von Scheindemokratie, nicht mehr.

In den Landesregierungen und den Verwaltungen hatte die SED von Anbeginn an die wichtigen Macht- und Führungspositionen (beispielsweise unterstanden ihr sämtliche Polizei- und Sicherheitsressorts) besetzt. Jetzt ging sie noch rigoroser vor. Minister, Juristen oder Lehrer wurden auf SED-Linie eingeschworen, wer nicht voll hinter der Partei stand, verlor sein Amt und damit seine berufliche Existenz. Auf der 1. Parteikonferenz der SED im Januar 1949 erklärte die SED den »demokratischen Zentralismus« zum Prinzip der Parteiarbeit. Fraktionsbildungen, also einer innerparteilichen Demokratie, wurde damit ein Riegel vorgeschoben. Jedes SED-Mitglied mußte sich verpflichten, die führende Rolle der Sowjetunion anzuerkennen. Ein Politbüro – zu den Mitgliedern gehörten unter anderen Ulbricht, Pieck und Grotewohl – lenkte die Geschicke der Partei. Die Stalinisierung der SED nahm ihren Lauf.

Bodenreform und Industrieenteignungen wiesen bereits auf das künftige Wirtschaftssystem hin. 1947 setzte die Militärverwaltung eine Deutsche Wirtschaftskommission (DWK) ein, die die Arbeit der Zentralverwaltungen koordinieren und die Wirtschaftsplanung der SBZ auf- und ausbauen sollte. Ihre Anordnungen waren verbindlich, und im Sommer 1948 gab es bereits einen Halbjahresplan. Der Anfang einer zentral gelenkten Planwirtschaft war gemacht.

Moskau, das hinter all diesen für die Gesellschafts- und Wirtschaftsordnung zukunftsweisenden Entscheidungen der SED stand, nahm die Teilung Deutschlands als schlechteste Lösung für die eigenen Interessen schließlich nicht nur hin, sondern förderte sie geradezu. Die Ostzone aufzugeben konnte nicht im Kalkül Stalins liegen. Freie Wahlen aber, das begann man im Kreml ab 1947 allmählich zu erkennen, hätten eine schwere Niederlage der SED nach sich gezogen. Wollte die Sowjetunion nicht ihr Mitspracherecht im Zentrum Europas verlieren, mußte sie auf die Pläne der Westalliierten mit eigenen Initiativen in Ostdeutschland reagieren.

Auch wenn die Propagandaschlachten des Kalten Krieges bald nur noch Schwarzweißmalerei zuließen, an der Teilung Deutschlands waren alle vier Besatzungsmächte und ihre deutschen Helfer beteiligt. Der Unterschied war jedoch, daß die Menschen in der Bundesrepublik in freien Wahlen über die Politik ihrer Parteien abstimmen konnten, daß sie mehrheitlich hinter den Entscheidungen standen, die nach der Gründung ihres Staates gefällt wurden. Ab 1955 war die Bundesrepublik (fast) souverän, es hatte sich alles in allem ein Rechtsstaat entwickelt, der seine Bürger vor unzulässigen Machtansprüchen der Politik schützte. Die Sowjetunion dagegen entließ die Bürger der DDR auch nach 1949 nicht aus ihrer politischen Unmündigkeit. Sie konnten nicht frei über das Gesellschaftssystem abstimmen, es wurde ihnen von der russischen Besatzungsmacht und der SED verordnet. Nach zwölfjähriger Hitlerdiktatur lebten sie für weitere vierzig Jahre unter dem Herrschaftsanspruch einer kleinen Parteiclique, die sich schon bald sowohl politisch als auch moralisch als unfähig erwies.

VIERTES KAPITEL

Das kurze Leben der DDR

1. Der isolierte Staat

Wer die vierzigjährige Geschichte der DDR betrachtet, sollte bei allen Bewertungen stets berücksichtigen, daß es sich hier um einen Staat handelte, der nicht frei über sein Schicksal entscheiden durfte. Die Bevölkerung war gegenüber ihrer politischen Führung entmündigt, diese wiederum war ihrerseits von den Entwicklungen und Beschlüssen in Moskau abhängig. Die DDR blieb bis zu ihrem Ende fest in das sowjetische Imperium eingebunden. Staat, Gesellschaft, Recht, Wirtschaft und Kultur unterlagen den Eingriffen des »großen Bruders«. Selbst wenn die SED-Führung einen anderen Weg hätte gehen wollen, es wäre nicht möglich gewesen. Die Ereignisse in Polen, Ungarn oder in der Tschechoslowakei in den fünfziger und sechziger Jahren zeigten, daß die Kremlführung nicht bereit war, Sonderwege innerhalb der sozialistischen Welt zuzulassen. Lediglich Tito gelang es, sich von der Bevormundung der östlichen Supermacht zu befreien und Jugoslawien – neben Nehrus Indien, Nassers Ägypten und Sukarnos Indonesien – eine wichtige Rolle in der »Bewegung blockfreier Staaten« spielen zu lassen. China nahm allein seiner Größe wegen eine unvergleichbare Rolle im kommunistischen Lager ein. Der Bruch zwischen Peking und Moskau begann sich Ende der fünfziger Jahre im Zuge von Chruschtschows Politik der »friedlichen Koexistenz«, die Mao Tse-tung scharf ablehnte, abzuzeichnen. Damit war in der kommunistischen Welt »Rom nicht mehr Rom«.

Die Sowjetunion hatte zwar den »Vaterländischen Krieg« gewonnen und stieg zu einer Weltmacht auf. Aber das neue Imperium blieb ein fragiles Gebilde. Der Kampf gegen Hitler hatte das Land nahezu zerstört, es ökonomisch um mindestens ein Jahrzehnt zurückgeworfen. Die Erfolge des zweiten und dritten Fünfjahresplanes wurden durch die Kriegsschäden praktisch zunichte gemacht. Die Agrar- und die Stahlproduktion gingen bis 1945 um gut die Hälfte zurück, in den besetzten Westgebieten waren die Verwaltungsstrukturen kriegsbedingt nahezu vollständig zerschlagen. Um den Anspruch einer Weltmacht zu erfüllen, mußten Stalin und seine Nachfolger die gigantischen Rüstungsanstrengungen beibehalten und eine entsprechende Industrie aufbauen, was nur auf Kosten des Lebensstandards der Bevölkerung zu leisten war.

1946 verkündete Stalin einen neuen Fünfjahresplan. Wieder lag das Übergewicht auf der Schwerindustrie. 1950 hatte Rußland bei Stahl, Eisen, Kohle und Erdöl die Vorkriegsproduktion erreicht. Die Konsumgüterindustrie hinkte jedoch deutlich hinterher. In der Rüstungsproduktion wurden neue Prioritäten gesetzt: Die Investitionen für Raketen, Atomwaffen und Weltraumforschung besaßen Vorrang gegenüber den Mitteln, die für konventionelle Waffen bereitgestellt wurden. 1949 war Rußland Atommacht geworden.

Die ungeheuren Anstrengungen, die der wirtschaftliche Wiederaufbau und der Weltmachtstatus erforderten, waren nur durch ein System der Gewalt und der rücksichtslosen Ausbeutung der eigenen Bevölkerung sowie der östlichen Nachbarstaaten durchsetzbar. Stalins letzte Lebensjahre wurden zur Eiszeit des sowjetischen Imperiums. Der Diktator überzog das eigene Land und die Satellitenstaaten mit brutalen Säuberungsprozessen. Heimgekehrte russische Kriegsgefangene, tatsächliche und vermeintliche Kollaborateure, kritische Intellektuelle oder völlig willkürlich angeklagte Menschen verschwanden über Nacht in den über das ganze Land verteilten Straf- und Arbeitslagern. Als in den siebziger Jahren Aleksandr Solschenizyn seine Romane und Berichte veröffentlichte, wurde dieses Gulagsystem von der breiten westlichen Öffentlichkeit (aber auch von den Menschen im Ostblock) erstmals in seiner ganzen Dimension zur Kenntnis genommen. Kirchenverfolgungen waren an der Tagesordnung, alle Westkontakte unterlagen strengsten Verboten. Die Zugeständnisse, die Stalin der Bevölkerung auf wirtschaftlichem Gebiet in den Kriegsjahren gemacht hatte, nahm er zurück. Von der gewaltsamen »Kollektivierung« der Landwirtschaft blieben – außer Polen – auch die anderen Ostblockländer nicht verschont.

Restauration und kulturelle Stagnation herrschten in Rußland – und ein nicht mehr zu überbietender Personenkult. Auf Partei- und Massenversammlungen aller Art standen die Delegierten bei der Nennung von Stalins Namen auf und applaudierten begeistert. Politik, Wirtschaft, Kultur – kein Gebiet, auf dem das Wort des Kremldespoten nicht

Gesetz war und er als Fachmann gefeiert wurde. Verließ der Diktator die Aufführung einer Schostakowitschoper bereits vor dem Schlußvorhang, wurde dies eilfertig als Ablehnung durch die höchste Instanz im Staate interpretiert. Der Komponist fühlte sich – keineswegs zu Unrecht – persönlich bedroht. Das entsprechende Stück verschwand sofort von den Spielplänen.

Mitglieder der kommunistischen Führungen in Bulgarien, Polen, Ungarn und in der Tschechoslowakei wurden in Scheinprozessen wegen »Titoismus« oder »Zionismus« angeklagt, wurden erschossen oder zu langjährigen Haftstrafen verurteilt. Traitscho Kostow in Sofia, Wladyslaw Gomulka in Warschau, László Rajk in Budapest und Rudolf Slánsky in Prag waren die prominentesten Opfer. Unter Folter gestanden diese überzeugten und altgedienten Kommunisten die irrwitzigsten Vergehen ein – besonders das der Spionage für die USA –, und die antisemitischen Untertöne der Ankläger waren dabei unüberhörbar.

Stalin blieb bis zu seinem Ende ein Gewalttäter. Verfolgungswahn und ein ungewöhnlich starker Hang zur Brutalität beherrschten diesen Politiker. Auch außenpolitisch ließ er sich von einem Sicherheits- und Machtdenken leiten, das sein Land langfristig ruinierte. Er überforderte die Kraft seines Imperiums, und mit der gewaltsamen Gleichschaltung der »Bruderstaaten«, die Ende der vierziger Jahre erfolgt war, diskreditierte er die Ideologie, auf der sein Reich ruhte. Die anfänglichen Wahlerfolge der kommunistischen Parteien in einigen Ländern Westeuropas und Asiens ließen den meisterhaften Taktiker dies verdrängen und verführten auch viele westliche Beobachter zu einer Überschätzung der Macht der kommunistischen Idee.

Seine Nachfolger konnten sich zwar formal vom Stalinismus lösen, aber auch sie waren nicht fähig, das Imperium vor einer Überforderung seiner Ressourcen zu bewahren. 1953 in Pilsen, Posen und Ostberlin, 1956 in Budapest, 1968 in Prag und in den achtziger Jahren erneut in Polen wurde für alle Welt sichtbar, wo der real existierende Sozialismus angekommen war. All diese in periodischen Abständen aufflammenden Unruhen konnten nur deswegen einen so massenhaften Charakter annehmen, weil sich an ihnen die Arbeiterschaft beteiligte, in deren Namen und Auftrag die nationalen kommunistischen Parteien angeblich ihre Macht ausübten. Der Kampf um bessere Lebensbedingungen und der Protest gegen den repressiven Staatsapparat mündeten in allen Fällen rasch in den Ruf nach freien Wahlen.

Sozialistischer Personenkult: Die »Helden« der Arbeiterbewegung zieren – wie hier im Jahre 1952 – auch die Massenaufmärsche in der DDR.

Chruschtschows »Reformen« scheiterten an den unaufhebbaren Widersprüchen des Systems. Liberalisierungsversuche in Wirtschaft und Kultur fanden in den späten fünfziger und den frühen sechziger Jahren im Machtanspruch der KPdSU ihre Grenzen, und ein mehr leistungsorientierter Wettbewerb war ohne die Schaffung eines freien Marktes nicht machbar. Die Breschnewära schließlich kennzeichneten Lethargie und bürokratische Bewegungslosigkeit. Die Götterdämmerung des sowjetischen Imperiums hatte eingesetzt.

Die DDR war zum Zeitpunkt ihrer Gründung bereits weitgehend gleichgeschaltet. Der zunächst propagierte eigene sozialistische Weg erwies sich als Schimäre. Planwirtschaft, Parteidiktatur, Massenagitation, kulturelle Einordnung – Moskau wurde zum alleingültigen Vorbild. Auch auf SED-Parteitagen, in Versammlungen und bei den Aufmärschen der Massenorganisationen, in Liedern und Gedichten feierte der Stalinkult seine absurden Triumphe. Die anderen Blockparteien versuchten bis in die frühen fünfziger Jahre hinein gegen diesen Trend aufzubegehren. Dann unterlagen auch sie dem Druck und paßten sich den

Verhältnissen an. Viele ihrer führenden Funktionäre gingen damals in den Westen.

Die Bevölkerung reagierte ablehnend. Die Bauern wehrten sich gegen die Kollektivierung, der Mittelstand – Kleinunternehmen und Handwerksbetriebe – sah sich seiner Selbständigkeit beraubt, die Arbeiter waren wegen der überzogenen Normen und schlechten Arbeitsbedingungen erzürnt, freiberufliche Ärzte und Rechtsanwälte litten unter schikanösen Abgaben. Das Bürgertum – so wie es die DDR definierte – sah sich rasch vielfältigen Diskriminierungen ausgesetzt. Söhne und Töchter durften keine höheren Schulen oder gar Universitäten besuchen. In einer kurzen Passage in Brigitte Reimanns Roman »Franziska Linkerhand« (1974 postum erschienen) reflektiert die aus bürgerlichem Hause stammende und in der DDR aufgewachsene Heldin nicht ohne Bitterkeit die Situation: »Wir sind nicht daran gestorben. Wir haben gelernt, den Mund zu halten, keine unbequemen Fragen zu stellen, einflußreiche Leute nicht anzugreifen, wir sind ein bißchen unzufrieden, ein bißchen unehrlich, ein bißchen verkrüppelt, sonst ist alles in Ordnung.«

Gleichwohl erlebte die DDR in ihren Frühjahren wie die Bundesrepublik ein kleines Wirtschaftswunder. Die industrielle Ausgangslage in der sowjetischen Besatzungszone war zwar besonders wegen der Demontagen schlecht, doch in der Schwerindustrie, in der Chemie oder Elektrizitätswirtschaft leistete das Land in den fünfziger Jahren doch Erstaunliches. Für die Bürger blieb die Versorgungslage aber prekär, denn die Konsumgüterindustrie wurde vernachlässigt. Auf den Lebensstandard der Bevölkerung nahm der Staat bis zu den Arbeiteraufständen vom Juni 1953 keine Rücksicht.

Eine Barriere für den wirtschaftlichen Aufbau blieb die Einbindung des Landes in den ökonomischen Kreislauf des Ostblocks. 1950 wurde die DDR in den »Rat für Gegenseitige Wirtschaftshilfe« (RGW) aufgenommen. Der Außenhandel mit den anderen Staaten des RGW erhöhte sich in den nächsten fünf Jahren um das Dreifache. 1954 entfielen rund drei Viertel der Ex- und Importe der DDR auf den Ostblock. Die weitgehende Abschottung der Wirtschaft vom Welthandel war überaus folgenreich. So litt die DDR unter einem permanenten Mangel an Devisen, die sie zum Aufbau moderner Industrieanlagen dringend benötigt hätte. Die Planwirtschaft zeigte sich zudem nicht in der Lage, effektive Verteilungs- und Produktionssysteme zu garantieren. Ostberlin paßte sich auch hier der schwerfälligen Planungsbürokratie der Sowjetunion an.

Der Kampf um steigende Arbeitsproduktivität stand im Zentrum der Parteiagitation. Aber es fehlte der ausreichende materielle Anreiz, Eigeninitiativen wurden immer wieder durch die Bürokratie und den ideologischen Druck erstickt. Physiker, Grundlagenforscher oder Techniker, die auch für den Absatz im Westen konkurrenzfähige Produkte (oder Maschinen) entwickelten, scheiterten am Unverstand der Funktionäre. Die Masse der Menschen im Arbeiter- und Bauernstaat sah sich am Arbeitsplatz zur Passivität (oder zum permanenten Improvisieren) gezwungen. Die SED spielte mit Erfolgszahlen und Zukunftsprognosen, die jenseits der Wirklichkeit lagen. In den fünfziger Jahren wurden die Hauswände und Schaufenster mit angeblich selbst gegebenen Leistungsversprechungen plakatiert, die in diametralem Gegensatz zum real existierenden grauen Alltag standen. In den Zeitungen überschlugen sich die Meldungen über Sollerfüllungen und Leistungskampagnen für die Landwirtschaft, die Eisenindustrie, die HO-Läden (HO = Handelsorganisation) oder die Kulturschaffenden. Die »Helden der Arbeit« – beispielsweise Adolf Hennecke oder Hans Garbe – genossen nicht nur landesweiten Ruhm, sondern inspirierten Dichter auch zu unsäglichen Versen. Weil heldenhafte Produktionstaten nicht mit Geld entlohnt wurden, bot die SED mit Epen und Legenden einen Ersatz an, der Ansporn und Vorbild sein sollte.

Die Massenorganisationen (Gewerkschaften, Jugend-, Frauen- und Kulturverbände) waren schnell fest in der Hand der SED. Ihre zentrale Aufgabe war es, die Menschen gemäß den Parteianweisungen zu lenken und zu kontrollieren. Das politisch-gesellschaftliche System der DDR deckte sich bald mit dem der Sowjetunion. So bildeten der Partei- und Staatsapparat eine machtpolitische und vielfach auch personelle Einheit. Zur Sicherung ihrer Herrschaft ging die SED gegen Systemgegner mit Terror vor und stützte sich dabei auf einen ebenfalls von ihr völlig beherrschten Justiz- und Staatssicherheitsapparat. Wer sich mit dem System arrangierte, konnte sich seine privaten Freiräume erhalten und sogar im Laufe der Jahrzehnte einen bescheidenen Wohlstand erarbeiten.

Über allem stand die marxistisch-leninistische Staatsideologie. Wirtschaft, Wissenschaft, Medien, Literatur und Gesellschaftstheorie mußten sich ihr beugen. Der Blick der offiziellen DDR auf die Welt blieb eindimensional. Geschichtsschreibung, Germanistik, Rechtslehre, selbst die Naturwissenschaften waren gezwungen, sich unter sprachlichen und gedanklichen Verrenkungen vom »bürgerlich-kapitalistischen« Denken zu distanzieren. Das in Schulen und Universitäten vermittelte Wissen unterlag ständigen ideologischen Bevormundungen, es entwickelte sich ein sozialistischer Jargon, der sich aus wenigen, permanent wiederholten Floskeln zusammensetzte.

Die SED wurde rasch zu einer Kaderpartei. Kritik und Selbstkritik, Kontrolle durch übergeordnete Parteistellen, ideologische Schulung der Mitglieder und Säuberungswellen verkamen zu ritualhaften, aber überaus wirksamen Herrschaftsinstrumenten. Fraktionsbildungen oder abweichende Meinungen blieben strikt untersagt. Wenn sie sich auch nur im Ansatz zeigten, kam es zum innerparteilichen Machtkampf. Die Unterlegenen wurden politisch gestürzt und gesellschaftlich isoliert, auf manchen wartete das Zuchthaus oder gar die Hinrichtung.

Die DDR besaß alle Attribute eines totalitären Staates. Aber so, wie die westliche Propaganda das Leben in der DDR darstellte, war es nicht. Es gab Widerspruch – auch innerhalb der SED – und öffentlich artikulierten Ärger über die russische Besatzungsmacht, die schlechte Versorgungslage, die Stromsperren, das arrogante Auftreten vieler SED-Funktionäre, die Arbeitsbedingungen in Landwirtschaft und Industrie, die Zustände in den Bildungsinstitutionen oder die Anweisungen der Kulturpäpste. Andererseits sahen viele Menschen in den Fehlentwicklungen zunächst lediglich unvermeidliche Kinderkrankheiten beim Aufbau des Sozialismus. Söhne und Töchter von Arbeitern besaßen und nutzten im Partei- und Staatsapparat oder in den Staatsbetrieben Aufstiegschancen, die ihre Eltern nicht gehabt hatten. Der Kalte Krieg, die in den fünfziger Jahren im Westen herrschende Antikommunismuspropaganda, die (vielfach gefilterten) Berichte über die Lage der westdeutschen Arbeiter und die Negativentwicklungen des Kapitalismus ließ vielen Ostdeutschen trotz aller Mißstände die DDR als die bessere Alternative erscheinen. Der Romanist Victor Klemperer vertraute im Mai 1950 seinem Tagebuch an: »Bitterer ... ist mein Auseinanderklaffen in allem Geistigen mit der SED. Ich kann aber nicht nach Westen ausweichen – der ist mir *noch* zuwiderer. Bei der SED ist es nur die Wissenschaft, nur die momentane Überspanntheit, 150%keit, drüben aber *alles*, was mir verhaßt ist.« Die fünfzig Jahre jüngere Schriftstellerin Brigitte Reimann notierte im September 1957 – sie hatte gerade Arthur Koestlers Enthüllungsroman »Sonnenfinsternis« gelesen und einen Anwerbeversuch der Stasi hinter sich – in ihren Privataufzeichnungen: »Sicher ist nur, daß der Sozialismus mit seiner ursprünglichen Idee eine Höherentwicklung darstellt, einen Fortschritt der Menschheit, stellt man ihn dem Kapitalismus gegenüber.« Beide Notizen spiegeln sehr typisch den Zwiespalt wider, den unzählige Menschen verspürten. Sie sahen die Fehlentwicklungen in der DDR sehr genau, aber der kaptitalistische Westen schreckte sie erheblich stärker ab.

Andere verließen das Land, solange es noch möglich war. Rund zwei Millionen Menschen gingen bis zum Mauerbau im August 1961 in den Westen. Facharbeiter, enteignete Unternehmer und Bauern, Ärzte, Juristen, Journalisten, Hochschullehrer, Wissenschaftler – ein Aderlaß, der die DDR wirtschaftlich schwer schädigte. Die Mehrheit blieb nach anfänglicher Aufbruchstimmung passiv, richtete sich ein in dem Staat, der zwar billige (und in der Regel schlechte) Wohnungen und einen sicheren Arbeitsplatz bot, seine Bürger aber politisch entmündigte. »Freiheit statt Sozialismus« war zwar ein wirksamer Propagandaspruch des Westens, aber ausschlaggebend für den Weggang der meisten Menschen blieb die aus ihrer persönlichen Warte aussichtslose materielle Lage. Die Bundesrepublik wurde zum Gegenbild, die westdeutsche Konsumgesellschaft zur Verlockung, der die DDR zuwenig entgegenzusetzen hatte.

Hinzu kam die Isolation. Fest eingebunden in den Ostblock, wurde die Grenze an der Elbe nach dem Bau der Berliner Mauer für die Bürger der DDR zur unüberwindlichen Barriere. Die bundesrepublikanische Gesellschaft hingegen konnte sich seit Mitte der fünfziger Jahre öffnen. Mit wachsendem Wohlstand begannen die Westdeutschen zu reisen, die ersten Gastarbeiter kamen, Professoren und Studenten gingen für einige Semester ins Ausland, deutsche Manager und Wissenschaftler arbeiteten in den westeuropäischen Nachbarstaaten oder in den USA, und der Europagedanke wurde in immer breiteren Kreisen populär. Der Bonner Staat wurde nicht nur politisch, sondern auch kulturell »verwestlicht«, was die Gesellschaft ungemein bereicherte. Den DDR-Bürgern blieb allein der Osten: gelegentlich Urlaub am Schwarzen Meer oder in Prag und Budapest, Studium oder Schulung in Moskau und berufliche Kontakte zu östlichen Staatsbetrieben. Da die Sprach-, Versammlungs- oder Entscheidungsrituale in allen Ostblockstaaten auf einer gemeinsamen ideologischen Linie gleich waren, blieb das Bild von der Welt eingegrenzt. Die Zensur verbot zudem den Verkauf und den Bezug westlicher Presse.

Natürlich wußten sich viele Menschen in der DDR auf den verschiedensten Wegen trotz aller Beschränkungen zu informieren. RIAS Berlin (der amerikanische Rundfunksender, der die westlichen Positionen propagandistisch vertrat) war im Osten in zahlreichen Regionen zu hören, und in den sechziger Jahren begann auch das Westfernsehen in den DDR-Wohnstuben zu flimmern. Die hohe Kunst des Zwischen-den-Zeilen-Lesens in ihren eigenen Medien hatten die Bürger ohnehin bald gelernt. Westliteratur gab es immer wieder einmal über oder unter dem Ladentisch zu kaufen, und in privaten oder halboffiziellen Zirkeln wurde nicht weniger offen diskutiert als in Wanne-Eickel oder München. Der Aufstand von 1953, die Oppositionsgruppen um Walter Janka und Wolfgang Harich nach Chruschtschows Abrechnung mit dem Stalinismus auf dem XX. Parteitag 1956, der Versuch der DDR-Literatur zwischen 1962 und 1965, die Wirklichkeit im Land offener darzustellen, die Solidarisierung vieler Intellektueller mit dem Liedermacher Wolf Biermann nach dessen Ausbürgerung 1976 – diese Eckpunkte der DDR-Geschichte verweisen auf immer wieder aufbrechende innergesellschaftliche Gärungsprozesse.

Aber die mangelnde Weltoffenheit, die Reisebeschränkungen, die Penetranz der ideologischen Terminologie zeigten Wirkung. Die DDR blieb – zumindest im Vergleich zu ihren westlichen Nachbarn – eine geschlossene Gesellschaft. Techniker, Naturwissenschaftler oder Manager hatten Mühe, sich über die modernen Entwicklungen auf ihren Fachgebieten zu informieren, noch schwerer war es, diese Erkenntnisse in der Praxis umzusetzen. Die Omnipotenz der SED, die auswuchernde Planungsbürokratie und das Spitzelsystem der Staatssicherheit verhinderten die Heranbildung einer selbstbewußten Elite, während die politische Führung vergreiste und immer unbeweglicher wurde. Die Mehrheit des Volkes wandte sich schließlich von ihrem Staat ab, stand ihm ohne jedes innere Engagement gegenüber. Resignation machte sich breit im Arbeiter- und Bauernstaat.

Wie in den ersten beiden Jahrzehnten die Bundesrepublik war auch die DDR deutlich von einem kleinbürgerlichen, häufig sehr provinziellen Denken und Empfinden geprägt. Den Menschen östlich der Elbe blieb der Krieg jedoch wesentlich länger und unmittelbarer im Gedächtnis als ihren westlichen Landsleuten. Nicht nur die aufdringliche »antifaschistische« Legitimierung des Staates konfrontierte seine Bürger mit der Vergangenheit. Auch die Stadtbilder der DDR zeugten angesichts des verzögerten und mangelhaften Aufbaus noch lange von den Zerstörungen, die Hitlers wahnwitzige Herausforderung der Welt zur Folge hatte. Trümmerflächen, bröckelnde Hausfassaden, Straßen und Bürgersteige mit altem, löchrigem Kopfsteinplaster gehörten zum optischen Alltag des Landes.

Es gab die Kinderkrippen, die preiswerten Wohnungen, den gesicherten Arbeitsplatz, den Urlaub an der Ostsee, die Theater- und Konzertbesuche, das Kino, die Unterhaltungsindustrie, den Sport – also es gab auch die private DDR. Das vielfach verzerrte Bild, das der Westen von diesem so nahen und doch so fernen Land zeichnete, ließ solche Vorstellungen kaum zu. Aber die ostdeutschen Bürger liebten, heirateten oder ließen sich scheiden, freuten sich über die Geburt ihrer Kinder, das neue Auto, den Zuwachs ihres Bankkontos oder das Wochenende im Grünen wie überall auf der Welt. Die Stahl- oder Bauarbeiter, die Angestellten und Funktionäre schrien sich in den Stadien von Dynamo Dresden, Dynamo Berlin oder Lokomotive Leipzig am Wochenende die Kehle nicht weniger heiser, als die Schalkefans im westlichen Ruhrgebiet. Die Bürger der DDR erlebten ebenso wie die Menschen in der Bundesrepublik ihre großen und kleinen Tragödien und Euphorien. Man prügelte und betrank sich im sozialistischen Deutschland, ging auf Rockkonzerte oder spießige Tanzabende, betrieb Ehebruch und intrigierte am Arbeitsplatz. Es gab Homosexuelle und Briefmarkensammler, Alkoholiker und Naturapostel in diesem Land. Ende der sechziger Jahre ärgerten sich die Arbeiter und Funktionäre auch im Osten Deutschlands über die Kultur- und Jugendrevolte, die sich in langen Haaren, Nietenhosen und einer »coolen« antigesellschaftlichen Haltung manifestierte. Der Generationenwechsel von den Altkommunisten aus den Exil- und Hitlerjahren und den kommunistisch erzogenenen Technikern, Arbeitern, Wissenschaftlern der frühen Aufbaujahre zu den nach dem Ende des »Prager Frühlings« desillusionierten Abiturienten, den Lehrlingen und Studenten und den in der Öffentlichkeit für Frieden und gegen Umweltverschmutzung protestierenden Demonstranten der achtziger Jahre erzeugte einen wellenartig auftretenden mentalen Wandel, der das Lebensgefühl in der DDR erheblich beeinflußte.

Der Alltag im östlichen Deutschland war für Millionen Bürger nicht die SED, die Stasi, die Mauer und die Todesschüsse oder was auch immer die westliche Propaganda als Ost-Wirklichkeit zu beschreiben bemüht war. Auch in der Bundesrepublik lebten nicht nur reiche Weltreisende oder glückliche Arbeitnehmer, die mit vollen Lohntüten durch die Konsumtempel der Marktwirtschaft wanderten. Die Bonner Demokratie mußte immer wieder neu erkämpft werden, und sie besaß bis in die sechziger Jahre hinein autoritäre Züge. Aber die Konkurrenz der in freien Wahlen um die politische Macht kämpfenden Parteien, das durch viele Entscheidungen des Bundesverfassungsgerichts gesicherte Grundgesetz, die Autonomie der um die Verteilung des Sozialprodukts ringenden Tarifpartner und die im Grundsatz unabhängigen Medien korrigierten immer wieder Fehlentwicklungen und Schieflagen in der Machtbalance der gesellschaftlichen Gruppen. Das alles fehlte im östlichen Deutschland.

Die DDR blieb zudem – wie jede Diktatur – ein sozial zutiefst ungerechter Staat. Die Privilegien der Herrschaftsschicht waren skandalös. Die Partei- und Staatsführung lebte feudal und abgeschottet von jener Realität, mit der ihre Untertanen täglich konfrontiert wurden. Der Zynismus, mit dem sie den Sozialismus predigte und den Kapitalismus lebte, war kaum noch zu überbieten. Wer dagegen keinen Dienstwagen oder keine Dienstwohnung in Anspruch nehmen konnte und nicht in den mit Westwaren gefüllten Sonderläden kaufen durfte und auch keine Westdevisen besaß, dem wurde der Kampf um die Badezimmerkacheln, ein neues Leitungsrohr oder das Autoersatzteil zum zeit- und nervenraubenden Ärgernis. Diese nicht enden wollende Jagd nach notwendigen Konsumgütern war für die Menschen – jenseits der individuellen Konflikte mit der Staatsautorität – vielleicht der bitterste Teil der DDR-Wirklichkeit.

Die Verfassung, die sich weitgehend an das Weimarer Vorbild hielt, blieb Makulatur. Freie Wahlen, Gewaltenteilung, Rechtsstaatsprinzipien, individuelle Bürgerrechte – das alles war dort säuberlich aufgeführt. Die Praxis sah anders aus. Gesetz und Recht wurden von der SED bestimmt. Wer sich im Konflikt mit der Staatspartei auf die Verfassung berief, sah sich gesellschaftlich diffamiert, juristisch verfolgt und nicht selten seiner Freiheit beraubt. Wer die Republik verlassen wollte, machte sich strafbar, wer Bücher schrieb, Filme drehte oder Lieder sang, die sich kritisch mit dem eigenen Land auseinandersetzten, erhielt in der Regel bald Publikations- und Auftrittsverbot oder erlebte Schlimmeres. Den juristischen Ansatz für die Verfolgung kritischer Bürger bot Artikel 6 der Verfassung. Darin waren nicht nur Glaubens-, Rassen- oder Völkerhaß als Verbrechen eingestuft, sondern auch die »Boykotthetze gegen die demokratischen Einrichtungen und Organisationen« der DDR. Ein Gummiparagraph, der den SED-Machthabern Tür und Tor für ihre Unterdrückungspolitik öffnete.

Die DDR war ein Unrechtsstaat. In den Gefängnissen von Waldheim und Bautzen saßen jahrelang Menschen, die in der Regel nichts anderes getan hatten, als das Recht auf eine eigene Meinung für sich zu beanspruchen. Oder es waren Opfer eines ideologischen Kurswechsels und SED-interner Machtkämpfe. Die Haftbedingungen, von denen die Betroffenen in ihren Erinnerungen berichten, widerlegen das Gerede vom »sozialistischen Humanismus« auf schreckliche Weise.

Die Bürger der DDR lebten in einer Diktatur. Die Einparteienherrschaft, die Massenpropaganda, die Aufmärsche vor den Tribünen der Staatsspitze, die uniformierte Parteijugend, der Personenkult, die Unrechtsjustiz, das Überwachungssystem der Staatssicherheit, die Gleichschaltung der Kultur, die rücksichtslose wirtschaftliche Orientierung auf die Machtinteressen des Staates, die ständige Aufforderung, sich bei politischen Kampagnen zu irgendwelchen Parolen zu bekennen, oder auch die Orwellsche Sprache, die Begriffe wie Freiheit, Gleichheit, Demokratie, Sozialismus, Humanismus zu Leerformeln verkommen ließ – das alles waren Insignien eines totalitären Staates.

Im Gegensatz zur recht schlichten Darstellung der östlichen Wirklichkeit im Westen durchlief der deutsche Teilstaat in seinem historisch kurzen Leben unterschiedliche Entwicklungsphasen. Mit der Gründung 1949 gewann die stalinistische Periode endgültig die Oberhand. Ihre Kennzeichen waren Terror und Gleichschaltung. Das Land wurde »sowjetisiert«. Die SED ließ gegenüber den übrigen Blockparteien alle taktischen Rücksichten fallen, innerparteiliche »Säuberungen« unterdrückten kritische Ansätze in den eigenen Reihen, die »bürgerlichen Sympathisanten«, die bis dahin hofiert worden waren, sahen sich ebenso ausgegrenzt wie die Landeskirchen.

Auf Stalins Tod im März 1953 folgte im Juni der Arbeiteraufstand, der die SED zu einem halbherzigen Kurswechsel zwang. Hintergrund der Massendemonstrationen gegen das Regime waren die verheerende Versorgungslage der Bevölkerung und die gleichzeitig vorgegebenen Normenerhöhungen für die Arbeiterschaft. Die wirtschaftliche Dauerkrise drohte das politische System zu destabilisieren. Sowjetische Panzer bewahrten die SED vor dem Machtverlust.

Auf dem XX. Parteitag der KPdSU im Februar 1956 vollzog Nikita

Chruschtschow seine berühmte Abrechnung mit dem Stalinismus. Sie ließ die Menschen in den Ostblockstaaten auf ein politisches Tauwetter hoffen und führte im Juni zu den Posener und im Herbst zu den ungarischen Aufständen. Auch sie wurden durch die sowjetische Militärmacht niedergeschlagen.

Der »Neue Kurs«, den Ulbricht auf Druck der Sowjetführung nach dem 17. Juni 1953 einschlagen mußte, markierte eine Veränderung bei der Umsetzung der Parteiherrschaft. Der SED blieb zwar die alleinige Führung, aber der Terror gegen die Bevölkerung ließ nach. Die SED schien zu begreifen, daß sie ihre Beziehung zur Arbeiterschaft der Republik nicht überstrapazieren durfte. Die Fluchtwelle ebbte etwas ab (1953: 331 000; 1954: 184 000).

Nach dem Ungarnaufstand zog die Parteiführung die Zügel wieder an. Angehörige der jungen (um 1930 geborenen), bereits kommunistisch geschulten Generation, die in Universitäten, Verlagen oder Wirtschaftsbetrieben wichtige Positionen eingenommen hatten, forderten Reformen in Wirtschaft und Staat. Als sich in einigen Intellektuellenkreisen sogar zaghafte Oppositionszusammenschlüsse gebildet hatten, antwortete die Staatsführung mit drakonischen Gerichtsurteilen. Die Wirtschaftslage blieb labil, und die insgesamt zwar geringere Zahl der Flüchtlinge erreichte Anfang der sechziger Jahre erneut einen für die Stabilität des Landes bedrohlichen Umfang (Juli 1961: 30 415; in den ersten beiden Augustwochen: 47 430). Am 13. August 1961 folgte der Bau der Berliner Mauer, das größte Schlupfloch zum Westen wurde geschlossen.

In den sechziger Jahren kam es zu einer Scheinkonsolidierung des Systems. Die Mehrheit der DDR-Bürger, durch die militärisch abgeschottete Westgrenze der Fluchtalternative beraubt, arrangierte sich mit dem Staat. Das Verhältnis zwischen Gesellschaft und Partei entwickelte sich sachlicher (»Wer nicht gegen uns ist, ist für uns«), wozu die durch Lebensmittelimporte aus der Sowjetunion verbesserte Versorgungslage ein gut Teil beitrug. Mehr noch, in der SED-Führung begann ein Umdenken, das sogar vor Dezentralisierungsplänen für die Wirtschaft und einer liberaleren Kulturpolitik nicht haltmachte. Die DDR erlebte nach dem Mauerbau eine von oben bestimmte kurzzeitige »Modernisierung«, die viele im Land verblüffte.

Schwerpunkt der DDR-Außenpolitik wurde jetzt der Kampf um die internationale Anerkennung des zweiten deutschen Staates. Die Ende der fünfziger Jahre von Moskau verordnete Zwei-Staaten-Theorie hatte Ostberlins Parole von der deutschen Einheit endgültig abgelöst. Wie in der Bundesrepublik hatte sie allerdings auch in der DDR in erster Linie der propagandistischen Positionierung gedient. Ernsthaft glaubten weder Bonn noch Ostberlin an eine gemeinsame nationale Zukunft. Es sei denn, die andere Seite wäre bereit gewesen, ihre eigene politische und gesellschaftliche Identität aufzugeben. Die neue Deutschlandpolitik der DDR und der seit 1949 von der Bundesrepublik vertretene »Alleinvertretungsanspruch« führten in den sechziger Jahren in eine Sackgasse. Die deutschen Querelen stießen in der internationalen Politik auf wachsendes Unverständnis.

Die innergesellschaftliche Entspannung nach dem Mauerbau war das eine, die Aufrechterhaltung des alleinigen Führungsanspruchs der SED das andere. Auf dem wirtschaftlichen Sektor und im Wissenschafts- und Kulturbereich breitete sich Stagnation aus, die das Land nach 1965 noch stärker prägen sollte. In diesen Jahren begann die sowjetische Volkswirtschaft unter der Last des Rüstungswettlaufs der Supermächte ernsthaft zu leiden. Chruschtschow scheiterte 1964 zwar innenpolitisch an seinen überhasteten Wirtschaftsreformen, aber die von ihm außenpolitisch verfolgte Konzeption der »friedlichen Koexistenz« blieb auch für seinen Nachfolger richtungweisend. Der mit sowjetischen Panzern gewaltsam beendete Prager Frühling im Herbst 1968 führte der Sowjetunion unter Breschnew neuerlich vor Augen, wie labil die innenpolitischen Verhältnisse auch in den Satellitenstaaten waren. Es begann die Zeit der Entspannungspolitik, der KSZE-Verträge und der Deutschlandabkommen. Eine vermeintliche Atempause für das ökonomisch angeschlagene Sowjetimperium.

Im Frühjahr 1971 gab die KPdSU ihre Zustimmung für den Sturz von Walter Ulbricht. Erich Honecker wurde sein Nachfolger. Die Hoffnungen, die viele an diesen Personal- und Generationswechsel knüpften, erfüllten sich nicht. Vorsichtige neue Liberalisierungsansätze wurden bald abgebrochen. Die allgemeine Lebensqualität stieg zwar, aber am Grundprinzip der staatlichen Lenkung in Ökonomie und Kultur änderte sich wenig. Die DDR-Führung begann – zur Wahrung der inneren Stabilität – die eigene ökonomische Leistungskraft erneut zu überfordern. Der wachsende Lebensstandard der Bevölkerung wurde nicht erwirtschaftet, sondern allein durch eine massive Subventionspolitik aufrechterhalten. In den achtziger Jahren nahm die Lähmung des Landes zu. Die Krisenerscheinungen in der Wirtschaft ließen sich nur durch den Zustrom von Westdevisen – vor allem aus der Bundesrepublik – verschleiern. In der Bevölkerung herrschte in weiten Teilen Resignation, kleinere Gruppen jedoch meldeten sich im Schutz der Kirche und in intellektuellen Zirkeln immer massiver zu Wort.

Das Ende kam mit dem Zusammenbruch des Sowjetsystems. Die Reformen Gorbatschows – Glasnost und Perestroika – stießen bei der DDR-Führung auf taube Ohren. Eine gigantische Fluchtwelle in die östlichen Nachbarstaaten Ungarn, Tschechoslowakei und Polen, zu Massenbewegungen anschwellende Straßendemonstrationen in Leipzig, Berlin und zahlreichen anderen Städten des Landes läuteten im Sommer und Herbst 1989 den raschen und schießlich totalen Konkurs des deutschen Arbeiter- und Bauernstaates ein. Am 9. November 1989 öffnete sich die Mauer. Die DDR war zur Fußnote der Geschichte geworden.

Gescheitert ist das System an den Widersprüchen, die es von seiner Gründung an in sich trug. Das Versprechen, gesellschaftliche Gerechtigkeit, wirtschaftliche Konsolidierung und politische Selbstbestimmung zu verwirklichen, stand im Gegensatz zur Realität, die die Menschen in der DDR erlebten. Der Marxismus-Leninismus erwies sich als Machtideologie einer Herrschaftselite, die angesichts der komplexen Entwicklungen der Moderne in Wirtschaft, Technik und Wissenschaft heillos überfordert war. Der Traum der klassenlosen, von Ausbeutung freien Gesellschaft wurde zum Alptraum. Nostalgische PDS-Wähler mögen noch so verklärt und selbstmitleidig auf die Errungenschaften der DDR verweisen: Dieser Staat war moralisch und ökonomisch bankrott. Als sich die Bevölkerung nach Jahren der Entmündigung erstmals frei äußern durfte, ohne daß die russische »Schutzmacht« eingriff, entwickelte sich der Protest innerhalb weniger Wochen zu einer massenhaften Absage an das alte Regime. Die Forderung nach Parlamentarismus und einer freieren Wirtschaftsform entsprach ebenso dem Mehrheitswillen wie schließlich der Wunsch nach nationaler Einheit. Wobei einige Nachdenkliche nicht ohne Grund vor zu raschen Entscheidungen warnten. Und es war auch nicht zu übersehen, daß die harte D-Mark möglicherweise überzeugender wirkte als der gesamtdeutsche Patriotismus.

Dem widerspricht nicht, daß die DDR jenseits der privilegierten Funktionärselite tatsächlich eine materielle und schichtenspezifische Gleichheit erreichte, wie sie in den westlichen Gesellschaften unbekannt blieb. Die Gehälter, die Wohnbedingungen, die Hierarchien in den Betrieben und Behörden oder die kulturellen Bedürfnisse klafften zwar auch in diesem Land auseinander, aber nicht in dem Maße wie bei den kapitalistisch organisierten Westnachbarn. Das hat zweifellos zu einem ausgeprägteren Selbstbewußsein der nicht um ihren Arbeitsplatz und ihren sozialen Status bangenden Masse der Arbeiter und Angestellten beigetragen und zu anderen, entspannteren gesellschaftlichen Umgangsformen geführt. Im besonderen gilt dies für die Frauen, die erheblich früher und zahlreicher im Berufs- und Karriereprozeß der DDR-Gesellschaft ihren Platz fanden, als das in der Bundesrepublik der Fall war, und sich auch stärker als ihre westlichen Kolleginnen in ihrem Privatleben (Ehe, Familie) zu emanzipieren verstanden. Die Mehrheit der Bevölkerung mag wegen der besonderen Betonung der »Friedenspolitik« wohl auch ein positives Staatsgefühl empfunden haben. Aber dieses System der Gleichheit mündete nicht in paradiesische Zustände. Was im alltäglichen Miteinander von betrieblichem Oben und Unten, von Mann und Frau positive Wirkung zeigte, wies andererseits auf eine Uniformität hin, die individuelle Lebensentwürfe nahezu unmöglich machte und den Betroffenen schnell den Vorwurf des Außenseitertums und des mangelnden Klassenbewußtseins einbrachte.

Mit dem Ende der Teilung glaubten die Westdeutschen, allzu rasch zur Tagesordnung übergehen zu können. Sie unterschätzten leichtfertig die Brüche zwischen den beiden deutschen Gesellschaften, die sich vierzig Jahre nebeneinander entwickelt hatten. Der westliche Kapitalismus hatte sich wirtschaftlich zwar als erfolgreich erwiesen. Über seine Schattenseiten aber sprachen die politischen und gesellschaftlichen West-Eliten sehr ungerne. Die Härten eines freien Konkurrenzsystems verspürten die über Nacht aus ihrer Isolation und (relativen) sozialen Sicherheit herausgesprengten Bürger der neuen Bundesländer mit besonderer Härte. In der DDR spielte zumindest für die Älteren das allerorts vorhandene »Kollektiv« eine herausragende Rolle. Es bot dem Einzelnen so etwas wie Heimat und sogar Schutz vor den Eingriffen der Obrigkeit. Nach der Wende stand der Bürger in den neuen Bundesländern allein. Hohe Arbeitslosigkeit und soziale Verunsicherung, hervorgerufen durch die bestehenden strukturellen Altlasten, aber auch die rüde und übergangslose Zerschlagung der Industriekerne der alten DDR, waren kein Werbefeldzug für die Demokratie. Universitätsprofessoren, Lehrer, Juristen, Manager oder Verwaltungsbeamte strömten in den Osten und ver-

drängten die alten DDR-Amtsinhaber. Die Debatte über die Stasi-Ver-
wicklungen unzähliger Menschen, die unter den Bedingungen einer
Diktatur gelebt hatten, war von westlicher Selbstgerechtigkeit und Me-
dienhysterie nicht frei. Zudem wurde geflissentlich verdrängt, daß das
richtige Parteibuch auch in der alten Bundesrepublik für die Besetzung
der höchsten Stellen in der Gesellschaft (Gerichtsbehörden, Bundeswehr, Bildungswesen, öffentliche Unternehmen, Rundfunkanstalten
etc.) ausschlaggebend gewesen war und bis heute ist. Die mangelhaft be-
triebene Vergangenheitsbewältigung der Bonner Republik in den fünfziger Jahren sollte beim Sieg über den ideologischen Feind von gestern
(und vorgestern) nun verbissen und zum eigenen Wohle nachgeholt
werden.

Für die Menschen der untergegangenen DDR geriet dies alles vielfach zur demütigenden Verurteilung der eigenen Geschichte, auf die
man teilweise mit Stolz zurückgeblickt hatte. Und wenngleich es an dieser Geschichte auch nichts zu beschönigen gibt, ebensowenig wie am
Verhalten vieler einzelner, die dem System opportunistisch dienten oder
gar zu Denunzianten an ihren Nachbarn oder Arbeitskollegen wurden,
so sei doch die Anmerkung erlaubt, daß Zivilcourage auch nicht gerade
ein besonderes Kennzeichen der altbundesrepublikanischen Gesellschaft gewesen war.

In der DDR entwickelten sich abseits der Politik spezifische Strukturen, Verhaltensmuster und Befindlichkeiten. Die im Vergleich mit den
westlichen Industriestaaten verzögert einsetzende Postmoderne in Wirtschaft und Gesellschaft führte zu einem anderen, »gemächlicheren« Lebensgefühl (was natürlich nicht für alle Regionen in gleichem Ausmaß
zutraf). Jenseits der Privatsphäre, in den Betrieben und Verwaltungen,
entschieden die Funktionäre und ihre Vertreter. Eine ausgeprägte
Eigenverantwortung der Menschen war schon aus machtpolitischen
Gründen nicht gefragt. Konkurrenz am Arbeitsplatz, in den Bildungsinstitutionen oder in der Politik gab es selbstverständlich, aber sie besaß
– zumindest in den Betrieben – nicht die Bedeutung, die sie im Kapitalismus einnimmt.

Dennoch wurde in Wirtschafts- und Künstlerkreisen, am Arbeitsplatz und in den Familien- und Freundeszirkeln debattiert, um Reformen gerungen, und viele widerstanden der Forderung, in die Dienste
der Stasi zu treten. Vor allem aber: Die einzige erfolgreiche Revolution
der Deutschen fand im Herbst 1989 statt. Nicht die der nationalen Ein-

heit inzwischen recht gleichgültig gegenüberstehenden Westdeutschen riefen auf den von schwerbewaffneten Polizei- und Militäreinheiten beobachteten Straßen und Plätzen in Leipzig, Berlin oder Dresden »Wir sind das Volk«. Es waren die Bürger der DDR, die nach dem 17. Juni 1953 nun zum zweiten Mal gegen die Staatsmacht aufbegehrten und für ihre Rechte demonstrierten. Und diesmal erfolgreich. Schon in den Jahren zuvor, als das Ende der Sowjetunion noch im Bereich des Undenkbaren lag, bewiesen die Mitglieder und Anhänger der verschiedenen Bürgerbewegungen mit ihren Aktivitäten Mut. Ihr Verhalten stand in einer Tradition der DDR-Geschichte, die im Westen gerne übersehen wird.

Die Ereignisse überrollten die Regierungen in der Sowjetunion und in den Weststaaten. Sie beugten sich so überraschend schnell den Tatsachen, weil der massenhaft artikulierte Wille der Menschen in der DDR – die von der polnischen Solidarność-Bewegung stark beeinflußt war – ihnen praktisch keine andere Wahl ließ. Auch das Kabinett Kohl/Genscher war nicht der Auslöser des Wiedervereinigungsprozesses. Der Kanzler und sein Außenminister wurden erst aktiv, als absehbar war, daß die große Mehrheit der Bürger im Osten ihre Zukunft nur in einem demokratischen Gesamtdeutschland sahen.

Nicht ohne Hochmut wiesen die Kommentatoren der alten Bundesrepublik in den neunziger Jahren verschiedentlich auf das angeblich mangelnde Demokratieverständnis der ostdeutschen Mitbürger hin. Gleichheit, so die These, stehe bei ihnen vor dem Postulat der Freiheit. Wer so argumentierte, erwies sich der eigenen Geschichte gegenüber als vergeßlich. Auch im westdeutschen Staat bedurfte es nach der Hitlerdiktatur eines langen Lernprozesses und vieler harter innergesellschaftlicher Auseinandersetzungen, bis die Menschen sich über das Formale hinaus mit der Demokratie identifizierten. Erleichtert wurde dies durch die wirtschaftlichen und sozialen Erfolge der Bonner Republik. Für die Bevölkerung in den neuen Bundesländern aber war das Erwachen in der kapitalistischen Wirklichkeit von herben Enttäuschungen begleitet. Keine blühenden Landschaften, wie sie der Kanzler leichtfertig und wahlkampffixiert versprach, erwarteten sie, sondern millionenfach der Verlust des Arbeitsplatzes und eine Ellenbogenmentalität, die sie zwar von ihren Politikern und Bürokraten, aber in diesem Ausmaß nicht in ihrer persönlichen Umwelt gewohnt waren.

Die Ereignisse vom Herbst 1989 in der DDR hatten eine lange Vorgeschichte. Bei der Beschreibung der politischen Entwicklung dieses Staates, von der es wahrlich wenig Erfreuliches zu berichten gibt, gilt es besonders für den altbundesdeutschen Leser, einen Satz von Wolfgang Engler nicht aus dem Blick zu verlieren: »Vielleicht war gerade das ganz normale Leben der Ostdeutschen das eigentlich aufregende, verblüffende, originelle und das scheinbar originelle nur Nachahmung westlicher Verhaltensmuster.«

2. Vom Stalinismus zum Mauerbau (1949–1961)

Zehn Tage warteten Walter Ulbricht, Wilhelm Pieck und Otto Grotewohl nervös in den Vorzimmern des Kreml, dann gab Stalin am 27. September 1949 das ersehnte grüne Licht: Er genehmigte die Gründung eines eigenen deutschen Oststaates. Das Zögern des Diktators war verständlich, denn mit diesem Schritt mußte er das Scheitern seiner Deutschlandpläne eingestehen.

Die SED handelte in den kommenden Monaten schnell und rigoros. Die Blockparteien CDU und LDPD akzeptierten die DDR-Gründung ebenso, wie die Verschiebung der geplanten Volkskammerwahl um ein Jahr. Die Kommunisten überließen ihnen Minister- und Staatssekretärsposten, die Parteiführungen der Christdemokraten und Liberalen ihrerseits gaben sich der trügerischen Hoffnung hin, es käme spätestens 1950 tatsächlich zu den versprochenen freien Wahlen und damit zu einer halbwegs demokratisch legitimierten DDR. Ulbricht und seine Mitstreiter ließen auf der SED-Parteivorstandssitzung im Oktober allerdings keine Zweifel aufkommen, welche Rolle ihre Partei im künftigen Staat spielen sollte. Gerhard Eisler erklärte am 4. Oktober vor der SED-Führung: »Wenn wir eine Regierung gründen, geben wir sie niemals wieder auf, weder durch Wahlen noch durch andere Methoden.«

Am 7. Oktober erfolgte die Umwandlung des Deutschen Volksrats in eine provisorische Volkskammer der Deutschen Demokratischen Republik. Moskau löste die Sowjetische Militärverwaltung (SMAD) am 10. Oktober auf, an ihre Stelle trat als die bestimmende Ordnungsmacht im neuen Staat die »Sowjetische Kontrollkommission« (SKK). Am 11. Oktober wählten Volks- und Länderkammer Wilhelm Pieck zum ersten Staatspräsidenten der DDR. Einen Tag später übernahm der ehemalige Sozialdemokrat Otto Grotewohl als Ministerpräsident die Leitung der neuen, provisorischen Regierung. Die entscheidenden Ministerien hatte die SED für sich reserviert (Inneres, Justiz, Planung, Wirtschaft und Volksbildung). CDU und LDPD mußten sich mit fünf Ressorts zufriedengeben. Johannes R. Becher dichtete schwungvoll »Auferstanden aus Ruinen und der Zukunft zugewandt«, und er vergaß in seinem nationalen Poem auch nicht das »einig Vaterland«. Später, als dies politisch nicht mehr opportun erschien, durften die Bürger ihre Hymne nur noch wortlos genießen, das Singen des Textes unterlag einem strengen Parteiverbot.

Eng mit der Staatsgründung war die Bildung der »Nationalen Front«, eines Bündnisses, dem alle Parteien und Massenorganisationen angehörten, verbunden. Sie ging aus der Volkskongreßbewegung hervor und sollte nach Stalins ursprünglicher Idee in den Westen hineinwirken, um dort auch in den nationalistischen Kreisen für die Einheit zu werben. Am 4. Oktober 1949 beschloß der SED-Parteivorstand die Institutionalisierung der Nationalen Front. Ihre Aufgabe lag jetzt vor allem in der Unterstützung und Verstärkung der Blockpolitik, mit der die SED die bürgerlichen Parteien zunehmend auf einen einheitlichen Kurs einschwören wollte. Im Prinzip erwies sie sich als eine weitere Massenorganisation (1989 wirkten rund 400 000 Bürger in der Nationalen Front mit), die der ideologischen Rekrutierung der Bürger diente.

Die wirkliche Macht im Staat lag beim Politbüro des Zentralkomitees der SED. Das »Kleine Sekretariat des Politbüros« erfuhr auf dem III. Parteitag 1950 die Umwandlung in ein »Sekretariat des Zentralkomitees«. Im Zentralkomitee (ZK, das höchste Organ zwischen den SED-Parteitagen) versammelten sich die wichtigsten und einflußreichsten Partei- und Staatsfunktionäre der DDR, aus deren Reihen die Mitglieder des Politbüros (eingeführt im Januar 1949, höchstes Entscheidungsgremium der SED) gewählt wurden. Da die Partei die führende Rolle im Land für sich beanspruchte, fielen in ihrem Spitzengremium die Entscheidungen, die dann die Regierung, die wirtschaftlichen Planungskommissionen oder die Kulturorganisationen zu exekutieren hatten.

Walter Ulbricht war seit den Maitagen 1945 die bestimmende Figur innerhalb der Ost-KPD beziehungsweise SED. Auch wenn er als stellvertretender SED-Vorsitzender zunächst formal in der Parteihierarchie hinter Pieck und Grotewohl stand, war es doch er, der die Fäden zog. In Papieren der außenpolitischen Abteilung des ZK der KPdSU lasen die

Adressaten schon 1946, daß Ulbricht »faktisch die gesamte organisatorische und administrative Arbeit des Apparates des Zentralsekretariats der SED [leitet]… Fähiger Organisator, kann sich in komplizierten Fragen orientieren und diese einer Lösung zuführen.« Sein Trumpf gegen alle innerparteilichen Gegenspieler blieben die engen Beziehungen, die ihn mit der Kremlführung verbanden. Er zeigte sich stets bereit, die Befehle Moskaus umzusetzen.

Ulbricht war ein dogmatischer Kommunist, machtbewußt und machtbegabt. Er überlebte nicht nur das Moskauer Exil, sondern bis zu seinem Sturz Anfang der siebziger Jahre auch die verschiedenen ideologischen und machtpolitischen Kurswechsel im Kreml. Ein Stalinist war er zweifellos, aber geschmeidig genug, auch in der Chruschtschow- und frühen Breschnew-Ära für die Sowjetunion ihr unverzichtbarer Statthalter in der DDR zu bleiben. Beliebtheit bei der Bevölkerung konnte der sächselnde, in seinen offiziellen Reden humorlos und verkrampft wirkende Mann nie erringen. Da er für sich in Anspruch nahm, zu jedem Thema die ideologischen Vorgaben zu setzen, urteilte er über den Marxismus-Leninismus, über Wirtschaftsplanung, Arbeitsproduktivität oder Technologie ebenso wie über die sozialistische Ehe, die Kindererziehung, Literatur oder die bildenden Künste. Seine Reden zeichneten sich durch ermüdende Längen und sprachliche Schlichtheit aus. Was allerdings generell für Reden von SED-Funktionären galt, auch wenn diese öffentlichen Exkurse für die Menschen überaus folgenreiche Konsequenzen haben konnten. In den fünfziger Jahren, als der Personenkult seinen Höhepunkt erlebte, pries die SED Ulbricht als den »Baumeister des Sozialismus in Deutschland«.

Ab 1950 (bis 1953) in Anlehnung an Stalin als »Generalsekretär« fungierend, war Ulbricht für zahllose Unrechtsurteile und Rechtsstaatsbrüche verantwortlich. Brutal entmachtete er seine innerparteilichen politischen Gegner, schritt persönlich ein, wenn ihm Entscheidungen der Justiz zu milde erschienen, trieb den Ausbau der Polizei- und Sicherheitsdienste entschieden voran. Ohne seine Zustimmung ging praktisch nichts. Der westlichen Propaganda bot der kleinwüchsige, spitzbärtige Mann mit dem emotionslosen Minenspiel in all den Jahren eine prächtige Vorlage, um ihre Abscheu vor dem »Unrechtsstaat« DDR zu untermauern.

Geprägt hatten Ulbricht die Weimarer Jahre und das Moskauer Exil. 1893 als Sohn eines Schneiders in Leipzig geboren schloß sich der gelernte Tischler 1912 der SPD, 1919 der KPD an. 1922 war er Delegierter auf dem vierten Weltkongreß der Kommunistischen Internationale, ein Jahr später saß in der KPD-Zentrale. Seine eigentliche Karriere begann in der zweiten Hälfte der zwanziger Jahre, als sich die Bolschewisierung der deutschen Kommunisten vollzog. 1928 lernte der inzwischen zum Politbürokandidaten aufgestiegene Ulbricht Stalin kennen und wurde im gleichen Jahr Mitglied des Reichstags. Nach Hitlers Machtübernahme lebte Ulbricht einige Monate illegal in Berlin, gehörte dann in Paris und Moskau zur Auslandsleitung der KPD. Er lobte öffentlich Stalins blutige Schauprozesse, mischte bei den Verfolgungen deutscher Kommunisten in Moskau mit und verteidigte den Hitler-Stalin-Pakt. Ein gnadenloser Politiker, der schon vor 1945 Verrat, Denunziation und die Ermordung alter Mitstreiter als legitimes Mittel der eigenen Machterhaltung empfand. Ulbricht gehörte zu den unheilvollen Gestalten, die für das Elend und die Verbrechen unseres Jahrhunderts mitverantwortlich sind.

Auch Wilhelm Pieck, der erste Staatspräsident, war ein alter Kommunist, dessen Parteikarriere in den Weimarer Jahren begann. Siebzehn Jahre älter als Ulbricht, war Pieck 1917 an der Gründung des Spartakusbundes beteiligt und gehörte 1918/19 zu den Mitbegründern der KPD. Von 1921 bis 1928 und 1932/33 war er Mitglied des preußischen Landtags, von 1928 bis 1933 Abgeordneter des Reichstags. Nach der Machtergreifung Hitlers war er dann zunächst nach Paris ins Exil geflohen, 1934 dann in die Sowjetunion. Die Partei betraute ihn, nachdem Ernst Thälmann 1933 verhaftet worden war, im Jahre 1935 in Moskau mit dem Vorsitz. Obwohl neben Grotewohl an der Spitze der SED und ab 1949 formal erster Mann im Staate, blieb er machtpolitisch farblos und Ulbricht unterlegen. Im Gegensatz zu diesem erfreute er sich allerdings in der Bevölkerung und vor allem in Künstlerkreisen einer erheblich größeren Beliebtheit. Jovial in seinen Auftritten, gelegentlich mäßigend in seinen Reden, vergaß mancher Zuhörer oder Gesprächspartner, daß Pieck im Moskauer Exil ebenfalls nur durch Anpassung und Denunziation überlebt hatte und als DDR-Staatspräsident die Entscheidungen der SED auch in bezug auf die Verhaftungen und Verurteilungen Tausender Bürger voll mittrug. Weißhaarig und mit dem Gestus des älteren, liebenswürdigen Herrn auftretend, in den letzten Lebensjahren von Krankheit gezeichnet, bildete er zumindest äußerlich einen erheblichen Kontrast zur dogmatischen Härte Walter Ulbrichts. Pieck starb 1960.

Der dritte Mann in der Partei- und Staatshierarchie der Frühjahre, Otto Grotewohl, führte die Ost-Sozialdemokraten in die Arme der SED. Als einst überzeugter Demokrat erlag er seinem politischen Ehrgeiz und der Fehleinschätzung seiner kommunistischen Kontrahenten. Grotewohl glaubte tatsächlich, in der vereinigten Linken werde die Sozialdemokratie die Oberhand behalten. Als er dann erkennen mußte, daß die SED durch Druck, Verfolgung und die Verweigerung freier Wahlen die einstigen SPD-Mitglieder in der Einheitspartei ausschaltete oder mundtot machte, paßte er sich der Lage an. Da er als Ministerpräsident keineswegs einflußlos blieb, trug er in hohen Maße Mitverantwortung für die staatlichen Repressionen gegen ehemalige Sozialdemokraten oder Systemkritiker. Länger als Ulbricht hielt Grotewohl an der gesamtdeutschen Option der DDR fest, sprach immer wieder davon, daß sich seine Regierung als »Repräsentantin des gesamten deutschen Volkes« betrachtete. Nie konnte der 1894 geborene einstige SPD-Innen- und Justizminister von Braunschweig aus dem Schatten Ulbrichts heraustreten. Seine noch aus den Weimarer Jahren stammende Kirchenfeindlichkeit schlug sich in den fünfziger Jahren vor allem in extremen Angriffen

Gruppenbild der Mächtigen: Der erste DDR-Ministerrat im Oktober 1949 mit Walter Ulbricht und Otto Grotewohl.

auf die evangelische Kirche nieder. Politisch aktive Christen rückte er in die Nähe von Staatsfeinden. Man kann also nur mit sehr viel Vorbehalten von einer tragischen Figur sprechen, die möglicherweise wirklich einmal geglaubt hatte, die Weimarer Fehler der Arbeiterbewegung seien durch eine Wiedervereinigung der linken Parteien zu vermeiden. Anfang der sechziger Jahre, als Ulbricht nach dem Tod des Staatspräsidenten Pieck auch den Vorsitz des neugebildeten Staatsrates übernommen hatte (und damit faktisch das Amt des Staatsoberhauptes), verlor der schwerkranke Grotewohl immer mehr an Einfluß. Er starb 1964.

Neben dieser Troika standen viele Männer und Frauen, die dank ihrer hohen Partei- und Staatsfunktionen in der Kultur oder Publizistik über einen mehr oder weniger langen Zeitraum hinweg die Politik der DDR mitbestimmten. Franz Dahlem, Hermann Matern, Paul Merker, Ernst Wollweber, Rudolf Herrnstadt, Max Fechner, Karl Schirdewan, Willi Stoph, Albert Norden, Wilhelm Zaisser, Anton Ackermann, Kurt Hager, Horst Sindermann oder der ab 1960 für Kirchenfragen zuständige Hans Seigewasser gehörten dazu. Hilde Benjamin erlangte als Vizepräsidentin des Obersten Gerichts mit einer Reihe von Schauprozessen und als Justizministerin (1953–1967) düstere Berühmtheit. Ernst Mielke wurde 1957 allgewaltiger Herr über den Staatssicherheitsdienst, mit seiner Stellvertretung betraute die Partei Markus Wolf, Sohn des Dichters Friedrich Wolf und lange geheimnisumwitterter Chef für Auslandsspionage. Später rückten Erich Honecker (bereits zum Zeitpunkt der Staatsgründung war er Vorsitzender des Jugendverbandes FDJ), seine Frau Margot, Hermann Axen, Günter Mittag, Egon Krenz und Günter Schabowski in die vorderste Reihe vor. Johannes R. Becher, Alexander Abusch, Hans Bentzien und Klaus Gysi leiteten das Kultusministerium. Schwierig und dann zwielichtig blieb die Rolle der Führer der Blockparteien: Otto Nuschke, ein Anhänger Friedrich Naumanns und in den Weimarer Jahren Parlamentarier der DDP, August Bach und Gerald Götting von der CDU, Johannes Dieckmann (langjähriger Vorsitzender der Volkskammer) und Manfred Gerlach von der LDPD. Neben ihren Parteiämtern übernahmen sie hohe Funktionen im Staatsapparat, bald wirkten sie nur noch als Erfüllungsgehilfen der SED. Nuschke stemmte sich in den frühen fünfziger Jahren gelegentlich gegen die Kirchenfeindlichkeit und den Justizterror der Ulbrichtpartei, aber auch er paßte sich bald den Machtrealitäten an. In den Medien spielte neben Albert Norden (Leiter der Hauptabteilung Presse im Amt für Information) in den siebziger Jahren der Chefredakteur des »Neuen Deutschland«, Joachim Hermann, eine beachtliche Rolle. Karl Eduard von Schnitzler wurde mit seinem »Schwarzen Kanal« zum Inbegriff eines fanatischen Repräsentanten der DDR. Seine Haßtiraden auf den Adenauerstaat waren Legende.

Dahlem, Fechner, Herrnstadt, Zaisser, Wollweber, Schirdewan und Ackermann gehörten zu den prominenteren Funktionären, die im Zuge der verschiedenen, periodisch wiederkehrenden Säuberungswellen in der Geschichte der SED gestürzt wurden. Andere wie Honecker, Mielke oder Hager blieben über die ganzen vierzig Jahre in einflußreichen Positionen. Ein geschlossener Kreis war es, der im Zentralkomitee, im Politbüro und in den diversen Staatsämtern herrschte und sich gegenseitig bekämpfte. Das sah in Bonn zwar nicht viel anders aus, aber dort gab es die Konkurrenz der Parteien, die das Personalkarussell in Bewegung hielten. Mangels wirklicher Wahlen konnten die Bürger der DDR nicht einmal alle vier Jahre aus der Zuschauerrolle heraustreten, und eine kontrollierende Wirkung der Medien fehlte im sozialistischen Deutschland gänzlich.

Wie in Justiz und Verwaltung, in der Wirtschaft und bei den Gewerkschaften sorgte die SED auch im Kulturbereich dafür, daß ihre Leute nicht nur im Kulturbund, sondern auch in den Künstlerverbänden, in der Akademie der Wissenschaft, den diversen Hochschulakademien oder im PEN-Zentrum der DDR den ideologischen Kurs bestimmten und kontrollierten. Auf Verbands- und Akademiesitzungen erschienen häufig Ulbricht, Grotewohl, später auch Erich Honecker, der Chefideologe Kurt Hager oder andere Spitzenfunktionäre, um mahnend und drohend über »sozialistischen Realismus«, »Formalismus«, den »Bitterfelder Weg« oder die »kritische Subjektivität« zu schwadronieren. Von keinerlei Kenntnis über ästhetische oder künstlerische Probleme getrübt, verkündeten sie (meist mit kleinbürgerlichem Ressentiment vorgetragen) den Schriftstellern, Musikern, Malern oder Architekten die jeweils jüngste kulturpolitische Variante. Die Kulturminister hatten dafür zu sorgen, daß die Entscheidungen der Partei von den »Kulturschaffenden« umgesetzt wurden. Aber auch der erst 1954 aus Moskau in die DDR übergesiedelte Alfred Kurella (Vizepräsident der Akademie der Künste) oder Erich Wendt (von 1947 bis 1954 Leiter des Aufbau-Verlages und von 1957 bis 1965 stellvertretender Kulturminister) achteten auf Linientreue. Nach der Schriftstellerin Anna Seghers übernahm Hermann Kant 1978 bis 1984 den Vorsitz des Schriftstellerverbandes. Heinz Kamnitzer wurde 1970 Präsident des Ost-PEN, ein Amt, das vorher von Arnold Zweig besetzt worden war (bis 1953 hochgeachteter Präsident der Akademie der Künste). Die Schriftsteller Erich Weinert, Willi Bredel, Friedrich Wolf, Bodo Uhse oder Ludwig Renn – allesamt bekennende Kommunisten – unterstützten in den verschiedensten Funktionen die Politik der SED.

Die berühmten älteren Autoren – Arnold Zweig, Anna Seghers oder Bert Brecht –, die Ende der vierziger Jahre aus dem westlichen Exil in die DDR kamen, blieben gegenüber den politischen Fehlentwicklungen oder der Bevormundung durch die SED in künstlerischen Fragen keineswegs blind. Machte sie doch auch vor ihnen nicht halt. Die Verfilmung von Zweigs Roman »Das Beil von Wandsbek« mußte aus den Kinos verbannt werden, Anna Seghers' Roman »Die Toten bleiben jung« stieß wegen mangelnder Berücksichtigung der Rolle der Partei auf scharfe Kritik, und die Oper »Das Verhör des Lukullus« von Brecht und Dessau traf ebenfalls der Bann der Funktionäre, ebenso wie auch das Libretto »Johann Faustus« des bedeutenden Komponisten Hanns Eisler eine ablehnende SED-Kampagne auslöste. In internen Versammlungen äußerten sich Zweig, Seghers oder Brecht vielfach kritisch über die Wirklichkeit in der DDR. In der Öffentlichkeit aber schwiegen sie in der Regel oder rechtfertigten das System. Das Ende der Weimarer Demokratie und die Hitlerjahre, die sie fern von Deutschland überlebt hatten, blieben für sie prägend. Skepsis empfanden sie gegenüber dem deutschen Bürgertum und dem Kapitalismus, dessen Wiedererstehung sie in Westdeutschland zu entdecken glaubten. Zweig war alt und halbblind, als er in die DDR kam, Anna Seghers gehörte der Kommunistischen Partei bereits seit den zwanziger Jahren an, und der schlaue Brecht blieb zeitlebens ein von opportunistischen Zügen nicht freier Individualist. Für die DDR bedeuteten diese Autoren in den Frühjahren des Staates einen Prestigegewinn. Direkten Einfluß auf die Geschicke des Landes besaßen sie kaum, und ihre wirklich bedeutenden Werke hatten alle drei vor ihren Ostberliner Jahren geschrieben. Aber für die jüngere Generation blieben sie doch ein bewundertes Symbol für das antifaschistische Deutschland. So notierte die achtundzwanzigjährige, in der DDR bereits recht erfolgreiche Autorin Brigitte Reimann nach einem Referat von Anna Seghers auf dem Schriftstellerkongreß im Mai

1961 enthusiastisch in ihrem Tagebuch: »Wenn ich sie sehe (und ich wage kaum die Augen zu ihr zu erheben), ist mir zumute wie als Kind in der Kirche... ich glaube, ich würde einfach umfallen, wenn sie ein Wort an mich richtete.«

Erwin Strittmatter, Franz Fühmann, Stephan Hermlin, Günter de Bruyn, Christa Wolf, Heiner Müller, Hermann Kant, Peter Hacks, Brigitte Reimann, Volker Braun oder Christoph Hein gehörten zu denen, die sich mit ihren Romanen, Theaterstücken oder Gedichten in den DDR-Jahren ihre Erfolge erschrieben und das Land nicht verließen. Ihre Werke fanden bei den Lesern in der poststalinistischen Zeit ein nachhaltiges Echo, aber politische Macht besaßen sie nicht. Mehrere von ihnen gehörten (zumindest für einige Jahre) der SED an, Fühmann trat in die NDPD ein (und verließ sie 1972). Zwischen Anpassung und der Forderung nach künstlerischen Freiräumen schwebend, standen sie mehr oder weniger engagiert zu ihrem Staat – in den späteren Jahren beherrschte bei fast allen zunehmend Skepsis ihr Verhältnis zur DDR. Von Konflikten mit ihrer Partei blieben auch sie nicht verschont. Und als die Stasi-Akten geöffnet wurden, fand sich auch mancher bekannte Name aus ihrem Kreis auf den Informantenlisten. Andere renommierte Schriftsteller, Musiker, Theatermacher oder Hochschulwissenschaftler resignierten oder entzogen sich der drohenden Verhaftung, indem sie das Land verließen: Alfred Kantorowicz, Ernst Bloch, Hans Mayer und Gerhard Zwerenz nach dem Aufstand in Ungarn (1956) und der Verfolgung der oppositionellen Gruppe um Janka und Harich (1956/57), der völlig isolierte Peter Huchel 1971, Reiner Kunze, Günter Kunert, Rolf Schneider, Jurek Becker, Hans Joachim Schädlich und der Schauspieler Manfred Krug nach den Protesten gegen die Ausbürgerung Biermanns (1976). Uwe Johnson, der hochbegabte Einzelgänger, übersiedelte 1959 in den Westen. Erich Loest wurde 1957 aus der SED ausgeschlossen und zu sieben Jahren Zuchthaus verurteilt, 1981 kehrte er von einem Aufenthalt in der Bundesrepublik nicht zurück. Stefan Heym, 1952 aus den USA über Warschau und Prag in die DDR gekommen, blieb im Land, obwohl viele seiner Romane dort nicht erscheinen durften. Ein resistenter Künstler, der sich nicht einschüchtern ließ.

Andere wären noch zu nennen, die auf das Leben in der DDR durch ihre künstlerische Arbeit zumindest indirekt gesellschaftlichen Einfluß nahmen. Der Bildhauer Fritz Cremer, der Maler Bernhard Heisig, der

Architekt Hermann Henselmann (er baute unter anderem die Ostberliner Stalinallee), die Theaterintendanten und -regisseure Walter Felsenstein (Komische Oper) und Wolfgang Langhoff (Deutsches Theater), der Dirigent Kurt Masur (Gewandhauskapellmeister in Leipzig), die Filmemacher Egon Günther und Konrad Wolf, die Schauspielerin Jutta Hoffmann oder die Sängerin Gisela May. Viele von ihnen ließen sich von den ideologischen Vorgaben nicht irritieren, komponierten, malten, entwarfen, inszenierten oder formulierten ohne allzuviel Rücksicht auf die Richtlinien der Partei. Die einen paßten sich stärker an, die anderen verweigerten sich. Die offizielle Beurteilung ihrer Arbeiten unterlag den ideologischen Wellenbewegungen der Kulturpolitik.

Eine eigene Literatur entstand, unter den Bedingungen einer Diktatur mit der besonderen Sensibilität geschrieben, die die Verhinderung eines offenen künstlerischen und gesellschaftlichen Diskurses erzeugt. Erwin Strittmatters »Ole Bienkopp«, Uwe Johnsons »Mutmaßungen über Jakob«, Christa Wolfs »Der geteilte Himmel«, Günter de Bruyns »Buridans Esel«, Brigitte Reimanns »Franziska Linkerhand«, Ulrich Plenzdorfs »Die neuen Leiden des jungen W.«, Jurek Beckers »Jakob der Lügner«, Christoph Heins »Der fremde Freund« (in der Bundesrepublik unter dem Titel »Drachenblut«) oder Heiner Müllers Stück »Die Umsiedlerin oder Das Leben auf dem Lande« mögen als Beispiele genügen.

Ob in der Politik, in der Wirtschaft, der Wissenschaft oder der Kultur, alle gesellschaftlichen Bereiche blieben in den Netzen des Systems gefangen. Auf dem III. Parteitag der SED im Juli 1950 – er wählte Ulbricht zum Generalsekretär – sangen die Delegierten erstmals das von Louis Fürnberg gedichtete Lied: »Sie hat uns alles gegeben, Sonne und Wind... Fror auch die Welt, uns war warm. Uns schützt die Mutter der Massen. Uns trägt ihr mächtiger Arm. Die Partei. Die Partei, die hat immer recht!« Weil das so war und so zu sein hatte, konnte die SED ihre Entscheidungen so willkürlich durchsetzen, mochten sie auch noch so widersprüchlich und katastrophal für die weitere Entwicklung des Landes sein.

Nach dem III. Parteitag erfaßte die SED-Mitglieder eine rigorose Säuberungswelle, die vor allem auf die als unsicher geltenden Altsozialdemokraten abzielte. Unter den Parolen »Titoismus« und »Kampf gegen Spione und Agenten« schloß die Partei 150 000 Genossen aus ihren Reihen aus. Der Terror machte auch nicht vor der SED-Spitze halt. Sein prominentestes Opfer hieß Paul Merker. Den Altkommunisten, der auch im Politbüro saß, erwarteten nach seinem politischen Sturz Verhaftung und Zuchthaus. Nicht anders erging es Leo Bauer, dem Chefredakteur des Deutschlandsenders, und Willi Kreikemeyer, dem Generaldirektor der Deutschen Reichsbahn. Die Vorwürfe klangen so absurd wie bei den Schauprozessen in Budapest, Bukarest, Warschau und Prag. Der Stalinismus in den Ostblockstaaten trieb seinem letzten Höhepunkt entgegen.

Am 15. Oktober 1950 ließ die SED die verschobenen Volkskammer- und Landtagswahlen nachholen. Die zur Abstimmung gestellte Einheitsliste ließ keine Zweifel am Ergebnis aufkommen. Bei 98,44 Prozent Wahlbeteiligung stimmten 99,72 Prozent für die Liste. Ein Wahlergebnis, das sich in den kommenden neununddreißig Jahren auf diesem Niveau Wahl für Wahl wiederholen sollte. In den Ländern kam es zu durchgreifenden Regierungsumbildungen. Die SED stellte jetzt alle Ministerpräsidenten. Personenkult und die Hervorhebung der Rolle der Partei nahmen groteske Züge an. Wie Stalin ließ sich Ulbricht feiern, die eingeschüchterten Parteimitglieder machten mit. Auf der dritten Parteikonferenz der SED im Juli 1952 verkündete Generalsekretär Ulbricht »den planmäßigen Aufbau des Sozialismus« in der DDR. Den Weg ins Arbeiter- und Bauernparadies sollte, so die gebetsmühlenhaft vorgetragene Aufforderung, eine »Verschärfung des Klassenkampfes« und das Unschädlichmachen »feindlicher Agenten« ebnen.

Das Schul- und Hochschulsystem wurde bereits in den Besatzungsjahren reformiert. Es entstand die Einheitsschule (acht Klassen Grundschule für alle und darauf aufbauend eine vierstufige Ober- oder eine dreistufige Berufsschule). Die Volkspolizei bezog ebenfalls schon vor der Staatsgründung ihre Kasernen. 1950 füllten 50 000 Mann ihre Reihen. Als eines der wichtigsten Instrumente für den Herrschaftserhalt betrachtete die SED den Staatssicherheitsdienst. Am 8. Februar 1950 schlug die Geburtsstunde des »Ministeriums für Staatssicherheit« (MfS). Sein erster Chef hieß Wilhelm Zaisser, sein Staatssekretär Erich Mielke. Ihr Wirken gehörte zu den übelsten Auswüchsen des Regimes. Mielkes (ab 1957 Chef der Staatssicherheit) Heerscharen schnüffelten in den Betrieben, in Versammlungen, aber auch im Privatbereich der Bürger. Unzählige Menschen – als Informanten in den Stasi-Akten geführt – erhielten den Auftrag, über ihren Freundes- oder Kollegenkreis in langen (häufig allerdings überaus belanglosen) Dossiers zu berichten.

Denunziation entwickelte sich zum probaten Mittel der SED-Politik. Nichts erschien uninteressant genug, um nicht in den Unterlagen der Stasi festgehalten zu werden. Mielke perfektionierte in den siebziger Jahren den Überwachungsstaat.

Die rigorose Unterdrückung aller Abweichungen vom SED-Kurs, die nicht nur in den eigenen Reihen und in denen der Blockparteien, sondern auch in den Massenorganisationen, in den Hochschulen oder Künstlerverbänden spürbar wurde, vertiefte die Kluft zwischen der Bevölkerung und den Regierenden. 1950 flüchteten knapp 198 000 Menschen aus der DDR in die Bundesrepublik, 1951 waren es rund 166 000.

Im April 1950 begannen die Waldheimer Prozesse. In den nächsten zwei Monaten verurteilten Sondergerichte in Schnellverfahren über 3400 Angeklagte zu hohen Zuchthausstrafen (24 Todesurteile wurden vollstreckt). Die Kontrolle der täglichen Prozesse erfolgte direkt durch das Politbüro der SED. Als der CDU-Vorsitzende (und stellvertretende Ministerpräsident) Otto Nuschke von den Verfahren Kenntnis erhielt, versuchte er vergeblich einzugreifen. Gleichzeitig verabschiedete die Volkskammer ein neues Gesetz, das ein »Recht auf Arbeit« garantierte.

Der »Aufbau des Sozialismus« in der DDR blieb janusköpfig. Terror und formale Zugeständnisse an die Arbeiter sollten die Herrschaft der SED stabilisieren. Im Juli 1950 erkannte die DDR gegenüber Polen im Görlitzer Vertrag die Oder-Neiße-Linie als »unantastbare Friedens- und Freundschaftsgrenze« an. Schon einen Monat vorher hatte Ostberlin auf alle Gebietsansprüche gegenüber der Tschechoslowakei verzichtet. Die Forderung des amerikanischen Hohen Kommissars John McCloy, am 15. Oktober gesamtdeutsche Wahlen durchzuführen, hatte die Regierung der DDR bereits am 2. März abgelehnt.

Anfang 1952 begann in der Bundesrepublik die Vorbereitung der Remilitarisierung des Landes und des Beitritts Bonns zur westlichen Allianz. Stalin reagierte im März mit einem Angebot an den Westen, das geteilte Land auf der Grundlage von freien Wahlen wiederzuvereinigen. Als Bedingung forderte Moskau die strikte Neutralität Deutschlands. Wie ernsthaft dieser als »Stalinnote« in die Zeitgeschichte eingegangene Vorschlag tatsächlich gemeint war, ist bis heute nicht geklärt. Daß er möglicherweise nicht nur ein Störmanöver war, dafür sprachen die weltpolitischen Entwicklungen. Die Einbindung der Bundesrepublik in das westliche Staatensystem zeichnete sich seit 1950, als Frankreichs Außenminister Schuman seinen Plan einer deutsch-französischen Kohle- und Stahlgemeinschaft vorlegte, immer deutlicher ab. Auch Stalin mußte sich klar darüber sein, daß dieses Vorhaben den Grundstein für eine mächtige westeuropäische Wirtschafts- und Verteidigungsgemeinschaft bildete. Der ebenfalls 1950 begonnene Koreakrieg stagnierte, die Hoffnung Moskaus, der koreanische Bürgerkrieg werde zum Signal für einen kommunistischen Vormarsch in der asiatischen Staatenwelt, hatte sich nicht erfüllt. Auf der anderen Seite dürfte Stalin kaum Illusionen gehabt haben, wie die SED bei freien Wahlen in Deutschland abgeschnitten hätte.

Adenauer reagierte geradezu panisch auf das Angebot aus Moskau. Bevor die Amerikaner, Briten und Franzosen überhaupt darüber nachdenken konnten, lehnte der Bonner Kanzler Verhandlungen kategorisch ab. Die ganze Sache sei nichts weiter als ein Störmanöver gegen die Westintegration der Bundesrepublik. Adenauer schwor die ohnehin skeptischen Verbündeten erfolgreich auf diese Linie ein. Nur die Historiker stritten noch darüber, ob die »Stalinnote« eine »verpaßte Gelegenheit« darstellte oder lediglich ein Propagandatrick des Kreml war.

Im Mai 1952 kündigte die DDR-Regierung den Aufbau »Nationaler Streitkräfte« an. Eine fünf Kilometer breite Sperrzone wurde an der deutsch-deutschen Grenze eingerichtet. Im Juli erfolgte die Auflösung der Länder in Bezirke und Kreise, und ein neu ins Leben gerufenes Präsidium des Ministerrats (nach sowjetischem Vorbild) verstärkte schließlich den »demokratischen Zentralismus« des Staatsapparats. Die Fluchtwelle hielt an (1952: 182 323 Personen).

In der Kulturpolitik hatte die SED schon seit 1951 den Kampf gegen »dekadente« bürgerliche Tendenzen verschärft. Der »sozialistische Realismus« wurde zur vielbeschworenen Richtschnur für die DDR-Kultur. »Auch für die Genossen Künstler gelten die Beschlüsse der Partei«, meinte Volksbildungsminister Paul Wandel in der unnachahmlichen Sprache des real existierenden Sozialismus. Selbst Bertolt Brecht mußte sich Angriffe auf einige seiner angeblich »formalistischen« Inszenierungen und Stückebearbeitungen gefallen lassen. Johannes R. Becher erklärte auf dem dritten Schriftstellerkongreß im Mai 1952: »Eine große deutsche Kunst wird entweder eine sozialistisch-realistische sein, oder sie wird nicht sein.« Kultur war aus der Sicht der SED eine »Waffe im Klassenkampf«.

Als entscheidend für die Zuspitzung der Krise, die schließlich in die

Arbeiteraufstände vom Juni 1953 einmündete, erwies sich jedoch die miserable wirtschaftliche Lage. Teure Subventionen der volkseigenen Wirtschaft, defizitärer Außenhandel, ein exorbitant hoher Staatsverbrauch für den Partei- und Sicherheitsapparat (1953 waren es 10 Prozent des Staatshaushalts) und nicht zuletzt das Chaos, das die Bodenreform und die Enteignungspolitik im industriellen und handwerklichen Bereich ausgelöst hatten, rückten die ehrgeizigen Ziele des mehrfach revidierten Fünfjahresplanes (1951–1955) in immer weitere Ferne. Die Bevölkerung sah sich bei ständig verschlechterter Versorgungslage mit der von der Staatsführung immer massiver geforderten Erhöhung der Arbeitsproduktivität und gleichzeitigen Sparappellen konfrontiert. Ulbricht und das Politbüro verkannten völlig die Stimmung im Lande, glaubten Widerstand und Protest mit Terror und Propaganda abwehren zu können. Was immer das Politbüro an Fehlentwicklungen konstatierte, führte zu Schuldzuweisungen an einzelne Personen oder Gruppierungen, die dann »Säuberungen« zum Opfer fielen. Daß es sich um fundamentale Fehler des Systems handelte, für das die SED verantwortlich zeichnete, verdrängten die Funktionsträger von Staat und Partei.

Der Tod des »Zaren« am 3. März 1953 bedeutete für alle Ostblockländer einen tiefen Einschnitt. Ein Gott war gestorben, und die Tränen für »Väterchen Stalin«, die an vielen Orten im sowjetischen Imperium flossen, zeugten von echter Erschütterung. Der jahrzehntelang propagierte Personenkult hatte bei den Massen seine Spuren hinterlassen. Im Kreml hingegen begann der Kampf um die Nachfolge, die Abrechung mit dem Stalinismus durch Nikita Chruschtschow setzte erst drei Jahre später ein.

Während in den östlichen Nachbarstaaten der DDR Stalins Tod die Schauprozesse beendete, bereitete Ulbricht ein neues Säuberungsritual vor. Im zweiten Mann der Parteihierarchie, Franz Dahlem, witterte er einen gefährlichen Rivalen, also plante er seine Vernichtung. Dahlem hatte bereits alle seine Funktionen verloren, aber das reichte dem Generalsekretär nicht: Er wollte einen Schauprozeß. Der Startschuß für eine neue, breite Kampagne in der SED, in den Massenorganisationen und im Staatsapparat sollte auf der Maiversammlung der Partei fallen. Doch noch verheerender als die parteiinternen Machtkämpfe wirkte sich eine andere Entscheidung dieser Tagung auf die Stimmung im Land aus. Die SED beschloß eine Erhöhung der Arbeitsnormen um 10 Prozent bei gleichzeitigen Lohneinbußen. Damit hatte Ulbricht den Bogen über-spannt.

In der Sowjetunion entschied sich die neue »kollektive Führung«, be-stehend aus Berija, Malenkow und Molotow, zur Stabilisierung der ei-genen, noch ungesicherten Position für eine vorsichtige Liberalisierung. Politisches »Tauwetter« setzte ein (ein Begriff, der von dem gleichnami-gen Titel eines Romans von Ilja Ehrenburg stammt). Im Zuge dieser Strategie forderte der Kreml Ulbricht und Grotewohl bei einem Besuch in Moskau auf, den harten Kurs des »Aufbaus des Sozialismus« in ihrem Land zu beenden. Schonungslos analysierten die russischen Gesprächs-partner die miserable Situation in der DDR. Sie verlangten, den »Klas-senkampf« gegen Mittelstand und Kirchen, den die SED seit 1952 ver-schärft hatte, zu beenden. Als Gegenleistung versprach Moskau der DDR-Führung wirtschaftliche Hilfe und eine Senkung der Rüstungs-ausgaben für die paramilitärischen Einheiten.

Ulbricht gehorchte und verkündete nach seiner Rückkehr am 9. Juni einen »Neuen Kurs«. Die Kollektivierung auf dem Land sollte gestoppt, Strafurteile sollten überprüft werden. Die im Mai beschlossenen Nor-menerhöhungen nahm die SED allerdings nicht zurück. Ein Fehler, der innerhalb weniger Tage die DDR in ein Pulverfaß verwandelte. Die Empörung der Arbeiterschaft führte zu einer offenen Revolte. Zum er-sten Mal nach der Staatsgründung gingen die Menschen massenhaft auf die Straße und forderten die Ablösung der Regierung, das Ende der SED-Herrschaft und freie Wahlen.

Erste Streiks und Protestkundgebungen gab es bereits am 11. und 12. Juni. Die Berliner Bauarbeiter hatten in diesen Stunden ihre Lohnzah-lungen erhalten und registrierten zornig Einbußen von 30 bis 40 Pro-zent. Dies vor allem, weil die Prämien für übererfüllte Normen gestri-chen worden waren. Die frühen Proteste beschränkten sich noch auf die Forderung nach besseren Arbeits- und Lebensbedingungen, konkret die Rücknahme der Lohnabzüge. Eine empörte Menge rief vor dem Haus der Ministerien nach Ulbricht und Grotewohl. Die schickten einige Ver-treter, die sich erfolglos bemühten, die Arbeiter zu beruhigen. In den er-sten internen Berichten an die Parteiführung spiegelte sich die bedroh-liche Entwicklung bereits wider. In einem solchen Dossier vom 12. Juni heißt es: »Die Diskussionen unter der Bevölkerung sind kritischer ge-worden, teilweise haben sie einen heftigen Charakter gegen unsere Par-tei und Regierung angenommen.« Im »Neuen Deutschland« (Chefredakteur war damals Rudolf Herrnstadt) erschien die Schlagzeile: »Es wird Zeit, den Holzhammer beiseite zu legen.« Der Artikel kritisierte die diktatorische Methode bei der Festsetzung der neuen Arbeitsnormen.

Die SED agierte nervös und unentschieden. Der nach Ulbrichts Moskaubesuch propagierte »Neue Kurs« hatte ohnehin viele Parteimitglieder verunsichert, und Ulbrichts Zukunft schien unter den veränderten Vorzeichen im Kreml bereits vor den Junitagen ungewiß zu sein. Der Protest der Arbeiterschaft blieb ohne ernsthafte Antwort, die gelähmte SED-Führung verschanzte sich bald bei den sowjetischen Freunden in Karlshorst.

Am 15. Juni überreichte eine Delegation der Berliner Bauarbeiter Otto Grotewohl eine Resolution, in der die Streikenden die Rücknahme der Normenerhöhungen verlangten. Sie glaubten, mit dem ehemaligen Sozialdemokraten könne es eine ehrliche Gesprächsbasis geben. Grotewohl verspielte die Schicksalsstunde seines politischen Lebens. Er stellte sich auf die Seite der SED und wurde so zum »Verräter« an der Arbeiterschaft. Am 16. Juni zogen die Arbeiter vor den Sitz des FDGB, der noch Stunden zuvor die harte Linie der Partei vertreten hatte. Der Demonstration schlossen sich immer mehr Passanten an, bald waren es Tausende, die die Straßen füllten. Die Rufe nach dem Rücktritt der Regierung und freien Wahlen rückten stärker in den Vordergrund. Ulbricht erklärte daraufhin, die Normenerhöhungen seien unrichtig gewesen, und sie sollten künftig nur auf »freiwilliger« Basis erfolgen.

Zu spät und zu halbherzig reagierte die SED, die zudem in ihren lauen Aufrufen nach wie vor auf dem Führungsanspruch der Partei beharrte. Am 17. Juni waren in Berlin schließlich Zehntausende auf der Straße. In Leipzig, Halle und rund zweihundert anderen Orten kam es ebenfalls zu Massendemonstrationen gegen das Regime. Aus dem Arbeitskonflikt hatte sich ein politischer Aufstand entwickelt. Wilhelm Zaisser, Minister für Staatssicherheit, brachte die Lage auf den Punkt: »Es geht jetzt darum, wir oder sie.«

Ein halbes Jahrhundert nach diesen Ereignissen ist es schwierig, die Motivlage der Demonstranten erschöpfend zu analysieren. Die allgemeine Unzufriedenheit mit den Verhältnissen in der DDR knapp vier Jahre nach der Staatsgründung spielte zweifellos eine wesentliche Rolle. Es ist auch sicher, daß die Arbeiter Ulbricht und die damalige Parteiführung für die Mißstände verantwortlich machten und deren Absetzung neben den materiellen Forderungen eines ihrer zentralen Ziele

Aufstand der Arbeiter: Am 17. Juni 1953 marschieren Ostdeutsche mit schwarz-rot-goldenen Fahnen durch das Brandenburger Tor.

Das gewalttätige Ende: Sowjetische Panzer rollen durch Ostberlin und brechen jeden Widerstand.

darstellte. Schwieriger ist die Frage zu beantworten, ob es der Masse der Demonstranten – wie der Westen es gerne glauben wollte – um das Ende der DDR ging. Der Ruf nach freien Wahlen mußte noch nicht automatisch bedeuten, daß die Mehrheit für die Einheit der deutschen Nation plädiert hätte. Viele Entwicklungen waren noch offen, der wirtschaftliche und demokratische Erfolg der Bonner Republik war 1953 noch keineswegs absehbar. Arbeitslosigkeit und soziale Unsicherheit waren in der Bundesrepublik sehr reale und politisch relevante Fakten. Und auch wenn es im Adenauerstaat gerne so dargestellt wurde, es war keineswegs so, daß alle DDR-Bürger auf gepackten Koffern saßen, um in das kapitalistische Paradies umzuziehen, oder ihren Staat in den Westen eingliedern wollten. Viele Deutsche im Osten blickten nicht nur aufgrund der SED-Propaganda skeptisch auf die Entwicklungen im Westen. Manches, was sich dort tat, wirkte abstoßend. Der Kapitalismus hatte Schattenseiten, die in der DDR sehr genau registriert wurden. Und die geplante Wiederbewaffnung der Bonner Republik war nicht nur bei den Westdeutschen überaus umstritten.

Allerdings: Die Ereignisse von 1989/90 haben gezeigt, welche Eigendynamik Massendemonstrationen und der Zusammenbruch einer Staatsmacht entwickeln können. Und so hätte wohl die Erfüllung der Forderung nach freien Wahlen letztlich bereits 1953 zu einem Gesamtdeutschland geführt, auch wenn dies beim Ausbruch der Unruhen nicht im Kalkül der Mehrheit der Demonstranten gelegen haben mochte. Im Unterschied zu den Protesten und Aufständen in Polen, Ungarn oder in der Tschechoslowakei besaß alles, was in der DDR geschah, eine besondere nationale Komponente – die anderen Ostblockstaaten waren im Gegensatz zu Deutschland nicht geteilt.

Was immer auch die Ziele der Volkserhebung im Juni 1953 gewesen waren, die sowjetischen Panzer retteten das Regime. Mit Gewalt stoppten sie die Demonstrationen, im Westen sprach man später von 400 Toten (darunter auch die Opfer der aufgebrachten, verschiedentlich gewalttätigen Menge). Etwa 16 000 Festnahmen, 1240 Verurteilungen sowie 21 vollstreckte Todesurteile erfolgten im Zusammenhang mit den Ereignissen am 17. Juni. Unter ihnen befanden sich nur wenige SED-Mitglieder, was die Parteiführung mit Erleichterung registrierte.

In den Junitagen des Jahres 1953 erlebte die SED ihr ideologisches Waterloo. Es waren Arbeiter (und nicht die Intellektuellen oder der bürgerliche Mittelstand), die »ihrer« Partei den Rücken gekehrt und das

Ende der Funktionärsherrschaft massenhaft gefordert hatten. Die SED stand vor einem Scherbenhaufen, die jahrelange Propaganda hatte sich als nahezu wirkungslos erwiesen. Zu einem historischen Lernprozeß innerhalb der Partei führte der Aufstand nicht, dafür aber zu einem verstärkten Pragmatismus. Die Führung der DDR konnte sich nicht mehr der Erkenntnis verschließen, daß die Ruhigstellung der Arbeiterschaft den Preis darstellte, den sie für den Erhalt ihrer Macht würde zahlen müssen. Dementsprechend handelte sie – die Frage des allgemeinen Versorgungsniveaus erhielt in den kommenden sechsunddreißig Jahren Priorität. Die SED sollte nie mehr vergessen, auf welch schwankendem Boden ihre Herrschaft stand, als sie den Zorn der Arbeitermassen herausforderte. Umgekehrt erkannten die Menschen in der DDR, daß sie gegen die Panzer der eigentlichen Machthaber im Land wehrlos waren. Und der Westen, auch dies zeigte ihnen der Juni 1953 (und das sollte sich 1956 in Budapest und 1968 in Prag erneut bestätigen), respektierte die Grenzen der stillschweigend anerkannten Einflußsphären der beiden Supermächte.

Die Menschen, die in diesen Stunden auch auf der westlichen Seite des Brandenburger Tores aus Solidarität mit den von sowjetischen Panzern zurückgedrängten Arbeitern demonstrierten, teilweise sogar damit drohten, in den Ostsektor der Stadt zu marschieren, waren nicht nur empört, sondern forderten auch politische Schritte des Westens. Die Regierungen in Bonn oder Washington dagegen sahen die Angelegenheit überaus realistisch. Niemand wollte eine militärische Auseinandersetzung riskieren, um den Ostdeutschen zu Hilfe zu eilen. Mit um so größerem Pathos kaschierte die Bonner und Westberliner Politelite ihre Hilflosigkeit.

Gleichwohl bedeutete die gewaltsame Niederwerfung der Aufstandsbewegung auch für den Westen einen tiefgreifenden Einschnitt. Die Westdeutschen richteten sich auf die Existenz zweier deutscher Staaten ein. Natürlich gab dies bis Ende der sechziger Jahre niemand öffentlich zu, aber es war so. Die Bundesrepublik erklärte den 17. Juni – mit der die Ereignisse fraglos unzulässig vereinfachenden Bezeichnung »Tag der deutschen Einheit« – zum Feiertag, den bald jenseits der politischen Sonntagsreden kaum jemand im Westen ernst nahm. Die liberale Journalistin Marion Gräfin Dönhoff schrieb am 25. Juni in der »Zeit«: »Der 17. Juni hat unwiderlegbar bewiesen, daß die Einheit Deutschlands eine historische Notwendigkeit ist. Wir wissen jetzt, daß der Tag kommen wird, an dem Berlin wieder die deutsche Hauptstadt ist. Die ostdeutschen Arbeiter haben uns diesen Glauben wiedergegeben, und Glauben ist der höchste Grad der Gewißheit.« Diese Sätze erwiesen sich zwar mit Blick auf die Geschichte als prophetisch, aber zum damaligen Zeitpunkt spiegelten sie im Grunde nur die hilflose Reaktion im Westen wider. Mit der weltpolitischen Wirklichkeit der fünfziger Jahre hatten sie wenig zu tun.

Die SED versuchte den Arbeiteraufstand sofort nach seiner Niederschlagung zu diskreditieren. Die Parteipropaganda sprach von »westlicher Provokation« und einem »faschistischen Putsch«, dem sich die Partei entgegengestellt habe. Die tief geschockte Führung wollte das nur allzu gerne glauben.

Die westlichen Medien begleiteten die Demonstrationen mit einem wortgewaltigen Aufwand. Die Sprache der Westideologen zeigte in solchen Zeiten häufig eine ähnliche Schlichtheit wie die der östlichen. RIAS-Berlin sendete stündlich die Aufrufe und Forderungen der Aufständischen, und die westliche Berichterstattung heizte die Stimmung auf den Straßen Ostberlins zweifellos an. Es stimmte auch, daß es verschiedentlich zu Akten von Lynchjustiz gegen SED-Funktionäre und Volkspolizisten kam. Aber am 17. Juni beteiligten sich 500 000 Menschen an den Streiks, und rund 400 000 nahmen an den sich allerorts sammelnden Demonstrationen teil – diese gewaltige Menge als »Faschisten« zu denunzieren oder ihnen zu unterstellen, sie wären lediglich Opfer westlicher Aufhetzung geworden, bedeutete, die Intelligenz und das politische Bewußtsein der eigenen Landsleute doch beträchtlich zu unterschätzen. Der Schriftsteller Günter de Bruyn, der diese Tage in Berlin miterlebte, beschreibt in seinen Erinnerungen (»Vierzig Jahre«) mit einer Momentaufnahme die Stimmung der Bevölkerung am 17. Juni sehr viel realistischer: »Diese lärmenden Ungetüme [gemeint sind die russischen Panzer – d.V.], die böse Erinnerungen an Kriegszeiten in mir geweckt hatten, waren die ersten bleibenden Eindrücke dieses Tages gewesen, die zweiten gewann ich durch den Wandel der Leute, die pünktlich, wie ich, mit der S-Bahn zur Arbeit fuhren, aber nicht wie sonst schliefen, dösten oder Zeitung lasen, sondern miteinander redeten und lachten, laut politische Witze erzählten, auf die schlechte Versorgung schimpften und die Parteifunktionäre Bonzen nannten. Die rebellische Stimmung, die alle bewegte, war erfrischend, aber auch unheimlich; denn im Lachen war Wut, in den munteren Gesprächen auch Angst zu spüren, und mit dem Mut, die bisher unterdrückte Meinung zu sagen, kamen auch Frechheit, Dummheit und Brutalität wieder hoch.«

Ganz ohne Wirkung blieben die »Agenten«- und »Provokateur«-Parolen der SED allerdings nicht. Sie wurden fester Bestandteil in der DDR-Geschichtsschreibung und zur offiziellen Lesart der Ereignisse. Erstaunlicher schon, daß diese zynische Verharmlosung der historischen Wirklichkeit bei einigen DDR-Nostalgikern auch noch in den neunziger Jahren zu finden ist. In seiner Becher-Biographie, erschienen 1998, versteigt sich Jens-Fietje Dwars im Zusammenhang mit der Erwähnung von Brechts Vorschlag aus diesen Tagen an die Partei, die SED-Spitze sollte doch – umrahmt von Kampfliedern und Rezitationen – im DDR-Radio zu den Massen sprechen, zu der folgenden, seltsam anmutenden Aussage: »Mit ihrer ungleich größeren praktischen Erfahrung sicherte die Partei- und Staatsführung den inneren Frieden, indem sie das Radio den ganzen Tag über Schlager dudeln und die Besatzer demonstrativ auffahren ließ. Das war ein fauler, ein aufgezwungener Friede, aber vielleicht doch besser als gar keiner?«

Wenn etwas das Versagen der SED relativiert, dann das Verhalten der Sowjetunion. Sie war letztlich die bestimmende Macht im Land. Nach dem Scheitern der »Stalinnote« vom März 1952 drängte der Kreml seine Berliner Vasallen zum überhasteten »Aufbau des Sozialismus« in ihrem Land. Die nur mit gewalttätigem Druck gegenüber der Bevölkerung durchsetzbaren Maßnahmen (Verschärfung der Enteignungskampagnen, Säuberungen in nahezu allen Staatsinstitutionen, Überforderung der Ökonomie, Verschlechterung der Versorgungslage etc.) trugen erheblich zur Verschärfung der explosiven Lage bei, die schließlich zu den Aufständen führte.

Die Intellektuellen schwiegen während und im Anschluß des Aufstandes. Und dies sollte nicht ohne Folgen bleiben. 1956, als oppositionelle Gruppen aus dem Hochschul- und Verlagsbereich von der SED entdeckt und viele ihrer Mitglieder zu hohen Zuchthausstrafen verurteilt wurden, blieb die Arbeiterschaft stumm. Warum stellten sich die Künstler, die Hochschullehrer, die Verlagslektoren oder sonstigen »Kulturschaffenden« 1953 nicht auf die Seite der Arbeiter? Auch im Zirkel der Intellektuellen stand der Generationswechsel noch bevor. Viele Altkommunisten aus diesen Kreisen waren nach einem langjährigen Exil in die DDR zurückgekehrt, oder sie hatten den Nationalsozialismus im Konzentrationslager überlebt. Der Kampf gegen das Hitlerregime, die

Solidarität, die viele Genossen in diesen Jahren als Rettung vor der totalen Isolierung empfanden, der Zusammenhalt in der unwirtlichen Fremde blieb für sie ein unvergessenes existentielles Erlebnis. Antifaschismus und bekennender Kommunismus bildeten eine geistige und moralische Identitätsklammer für diese Menschen. Mit Erbitterung beobachteten sie in den fünfziger Jahren, daß in der Bundesrepublik zahlreiche ehemalige Nazis wieder in herausragenden Funktionen von Staat und Wirtschaft aktiv mitwirkten. Die Bonner Aufrüstungspläne schienen ihre Befürchtungen zu bestätigen, die westliche Welt steuere auf einen neuen Krieg zu. Die SED-Propaganda über das Wiederaufleben nazistischen Gedankengutes im westlichen Deutschland fiel bei den einstigen Opfern des Dritten Reiches auf fruchtbaren Boden – und die Partei stellte in dieser Frage tatsächlich ein Stück Bonner Wirklichkeit an den Pranger. Der Nationalsozialismus hatte viele von ihnen aus einer jahrzehntelang als selbstverständlich erachteten bürgerlichen Sicherheit herausgesprengt. Manchen kommunistischen Hochschulprofessor, Arzt, Schriftsteller oder Richter trieb in den Jahren des Kalten Krieges die Angst um, dies könne sich im Falle eines Zusammenbruchs der DDR wiederholen.

Auf welch verhängnisvollem Irrtum ihr politischer Glaube, für den sie jahrelang gekämpft und gelitten hatten, möglicherweise beruhen könnte, dies zu hinterfragen, dazu zeigten sich nur wenige in der Lage. In Briefen oder Tagebüchern aus den stalinistischen Jahren der DDR lassen sich die Empfindungen dieser Menschen authentisch nachlesen. Eine große Zahl der Altkommunisten empfand die DDR tatsächlich als »ihren« Staat.

Es ließe sich aber auch härter argumentieren. Die kommunistischen Intellektuellen besaßen – wie ihre bürgerlichen Kollegen im Westen – gegenüber der Massengesellschaft ein tiefsitzendes Mißtrauen. Im Grunde blieben ihnen die Arbeiter – ihr Denken und ihre Lebensweise – fremd. Im russischen Exil oder im faschistischen Deutschland hatten sie erlebt, wie leicht sich die Bevölkerung manipulieren ließ. War es da nicht bequem, auf die westlichen Provokateure hinzuweisen, auf die leichte Verführbarkeit einer unwissenden Menge? Es ist auch nicht zu übersehen – manche ehrliche Tagebuchnotiz belegt dies –, daß die Mitglieder der Akademie der Künste, des Schriftstellerverbandes oder anderer DDR-Kulturinstitutionen beachtliche Privilegien genossen. Der Untergang der DDR hätte sie ihnen genommen.

Anna Seghers schwieg in diesen Tagen, Arnold Zweig auch. Monate später schrieb er dem in Kalifornien lebenden Freund Lion Feuchtwanger: »Die politischen Veränderungen bei uns, nach denen Sie fragen, liebster Feuchtwanger, vollziehen sich außerhalb der Sphäre, in der ich wirke, nämlich in der Partei, und machen sich außerdem in einem größeren Warenangebot bemerkbar, das ich aber nicht persönlich kontrolliere, da mir meine Augen ja das Betrachten von Schaufenstern zu einer allzu zeitraubenden Beschäftigung machen. Da ich in der Zeit vom 15. bis 30. Juni in Budapest und Wien zu tun hatte, war ich über die Ereignisse auf Berichte angewiesen.« Der Dichter des literarisch so bedeutenden Grischa-Zyklus – und da stand er unter seinesgleichen nicht allein – verweigerte nicht nur den Blick in die Schaufenster.

Brecht reflektierte im August in der Datschaidylle von Buckow seine zwiespältigen Gefühle im Arbeitsjournal: »der 17. juni hat die ganze existenz verfremdet. in aller ihrer richtungslosigkeit und jämmerlicher hilflosigkeit zeigen die demonstrationen der arbeiterschaft immer noch, daß hier die aufsteigende klasse ist... ihre losungen sind verworren und kraftlos, eingeschleust durch den klassenfeind, und es zeigt sich keinerlei kraft der organisation, es entstehen keine räte, es formt sich kein plan... alles kam darauf an, diese erste begegnung voll auszuwerten. das war der kontakt. er kam nicht in der form der umarmung, sondern in der form des faustschlags, aber es war doch der kontakt. – die partei hatte zu erschrecken, aber sie brauchte nicht zu verzweifeln... deshalb empfand ich den schrecklichen 17. Juni als nicht einfach negativ.« Von der Flucht in die Dialektik zeugen diese Sätze, vom Rückzug in die Theorie, wo sich der Dichter sicher fühlte. Schon am 17. Juni selbst hatte Brecht mit gewundenen Formulierungen spontan an Ulbricht geschrieben: »Werter Genosse Ulbricht, die Geschichte wird der revolutionären Ungeduld der Sozialistischen Einheitspartei Deutschlands ihren Respekt zollen. Die große Aussprache mit den Massen über das Tempo des sozialistischen Aufbaus wird zu einer Sichtung und zu einer Sicherung der sozialistischen Errungenschaften führen. Es ist mir ein Bedürfnis, Ihnen in diesem Augenblick meine Verbundenheit mit der Sozialistischen Einheitspartei Deutschlands auszudrücken. Ihr bertolt brecht.« Schon die vorsichtige Ironie, mit der Brecht hier argumentierte, erschien der Führung für eine Veröffentlichung zu gefährlich. Das »Neue Deutschland« druckte lediglich die »Verbundenheit« des Dichters mit der SED ab. Was Brecht auch im Westen erheblich schadete.

Es blieben Lähmung und Resignation. »Ein Staat«, schreibt Stefan Heym in seinen Memoiren (»Nachruf«) über die ersten Wochen nach dem gewaltsamen Ende, »gestützt und gehalten von einer Armee, noch dazu einer ausländischen, geht nicht bankrott; trotzdem ist der Bankrott spürbar in jeder parteiamtlichen Verlautbarung, jeder ministeriellen Äußerung, jeder Überschrift in der offiziösen Presse. Alles agiert wie im luftleeren Raum; die Figuren bewegen sich, doch ohne Wirkung, die Münder öffnen sich, doch ohne Ton. Und das Volk, das diesem Treiben zuschaut, schweigt. Das ist das Schlimmste.«

Die verschreckte Partei reagierte nach der Niederschlagung des Aufstandes mit einer scheinbaren Liberalisierungsphase gegenüber der Arbeiterschaft und in der Kulturpolitik. Innerhalb der SED mehrten sich zunächst die Stimmen, die einen Rücktritt Ulbrichts forderten. Der Generalsekretär ging zum Gegenangriff über. Verantwortlich für den 17. Juni machten er und der orthodoxe Flügel der SED – neben der angeblichen Einmischung des Westens – die mangelnde Arbeit des Staatssicherheitsdienstes und die angeblich inkonsequente Linie der Medien, vor allem des Parteiblattes »Neues Deutschland«. Wilhelm Zaisser, Minister für Staatssicherheit, und Rudolf Herrnstadt, Chefredakteur des »Neuen Deutschlands«, so Ulbricht, sei es in diesen Tagen um die Eroberung der Macht gegangen, »Sozialdemokratismus« und »fraktionelle Tätigkeit« – Todsünden im Moralkatalog der SED – hätten sie betrieben.

Ulbrichts Rettung kam wieder einmal aus Moskau. Stalins einstiger Polizei- und Geheimdienstminister Berija, Mitglied der Kremltroika, wollte einen neuen Kurs in der Deutschlandpolitik steuern und forderte das Politbüro der KPdSU auf, die Einheit des gespaltenen Landes wieder auf das weltpolitische Verhandlungstableau zu setzen. Der Machtkampf der Stalinnachfolger entschied sich jedoch rasch: Am 26. Juni wurde Berija unter dem Vorwurf, einen konterrevolutionären Putsch geplant zu haben, verhaftet und erschossen. Auf Berija aber hatten Ulbrichts Gegner innerhalb der SED ihre Hoffnungen gesetzt. Seine Entmachtung bedeutete für Ulbricht den Sieg über seine Widersacher.

Am 8. Juli 1953 kehrte er gestärkt aus Moskau zurück, und mit einer Säuberungswelle fegte er seine innerparteilichen Gegner hinweg. Zaisser und Herrnstadt verloren ihre Funktionen im Politbüro und im Zentralkomitee, wenig später wurden sie aus der SED ausgeschlossen. Ein weiteres Opfer fand Ulbricht im Justizminister Max Fechner, der in einem Interview im »Neuen Deutschland« erklärt hatte, die Urteile aller Inhaftierten sollten von einem ordentlichen Gericht geprüft werden, und mit seinen Äußerungen über das Streikrecht gegen die Parteilinie verstoßen hatte. Dem Sturz der Prominenz folgte eine breitgefächerte öffentliche Kampagne, die auch unterhalb der Parteispitze vermeintliche oder tatsächliche Gegner Ulbrichts ausschaltete oder doch zumindest einschüchterte. Ulbricht hatte sich nicht nur gerettet, sondern er ging auch politisch gestärkt aus den Ereignissen vom Juni 1953 hervor.

Auf die Juniereignisse folgte der materielle und personelle Ausbau des Staatssicherheitsdienstes. Auch politisch gewann er an Bedeutung. Kader des Ministeriums gelangten ins Politbüro, die Aufgabe des Sicherheitsapparates, die Parteiführung künftig intensiv über die Stimmung in der Bevölkerung und die Lage in den Betrieben zu informieren, erhielt Priorität. An die Spitze des Ministeriums trat Ernst Wollweber. Hermann Matern, Vorsitzender der Zentralen Parteikontrollkommission, machte allerdings im November klar, wem die Macht im Staat nach wie vor allein zukam: »Die Auffassung, daß die Staatssicherheitsorgane außerhalb oder über der Partei stehen, ist bei den Mitarbeitern ziemlich weit verbreitet. Aber es muß ein für alle Mal damit Schluß sein. Es gibt nichts neben und nichts über der Partei ... Alles was wir sind, sind wir durch die Partei.«

Auf dem IV. Parteitag der SED im Frühjahr 1954 übernahm Karl Schirdewan auf Wunsch Moskaus die Position des Sekretärs für Kaderfragen. Er rückte damit auf Platz zwei in der Herrschaftshierarchie vor. Schirdewan hatte bei der jüngsten Säuberungswelle fest an der Seite Ulbrichts gestanden. In Anlehnung an die »kollektive Führung« im Kreml nannte Ulbricht sich jetzt aber nicht mehr »Generalsekretär«, sondern »Erster Sekretär«, was an seiner diktatorischen Macht nichts änderte.

Im August verhandelte eine SED-Delegation in Moskau über Maßnahmen, die zu einer Stabilisierung des Landes beitragen sollten. Ab 1954 mußte die DDR keine Reparationszahlungen mehr an die Sowjetunion leisten. Eine Entscheidung, die auch von der allgemeinen politischen Situation diktiert wurde. Die Verhandlungen der Supermächte steckten in einer Sackgasse. Vor allem in der Deutschlandfrage bewegte sich nichts mehr. Moskau reagierte darauf mit der Erweiterung der Souveränitätsrechte der DDR. Sie sollte künftig »selbständig« über ihre inneren und äußeren Angelegenheiten entscheiden können. Die sowjetische »Hohe Kommission« wurde aufgelöst, und der Kreml schickte einen Botschafter nach Ostberlin. Faktisch änderte dies wenig an den wirklichen Machtverhältnissen im Land. Künftig fielen die Entscheidungen nicht mehr in der Militärkommission, sondern in der russischen Botschaft Unter den Linden.

Was immer die Sowjetunion in bezug auf die DDR beschloß, auch nach Stalins Tod blieben diese Entscheidungen abhängig von den Entwicklungen im westlichen Bündnis. Vor allem galt dies mit Blick auf die Bündnisverpflichtungen und sich vertiefenden Bindungen der Bundesrepublik an den Westen.

Seit Januar 1953 hieß der neue amerikanische Präsident Dwight D. Eisenhower, und im August 1953 zündete die Sowjetunion ihre erste Wasserstoffbombe. Die Politik der Supermächte stand damit in den kommenden Jahrzehnten unter dem Zeichen des atomaren Gleichgewichts. Beide Seiten verzichteten zwar nicht auf verbale Kraftakte, aber sie hatten erkannt, daß ein militärischer Weltkonflikt zur Selbstvernichtung führen mußte. Ein erstes Signal für diesen noch kaum merkbaren Wandel im strategischen Denken setzte bereits der Waffenstillstand in Korea am 27. Juli 1953, dem Stalins Nachfolger zustimmten.

Im Mai 1955 antwortete der Kreml auf den NATO-Beitritt Bonns mit der Etablierung des Warschauer Pakts, in dem auch die neugegründete »Nationale Volksarmee« ihren Platz fand. Zehn Jahre nach Kriegsende besaßen beide deutschen Staaten wieder eigene Armeen. Im Juli unternahmen die vier einstigen Besatzungsmächte auf ihrer Konferenz in Genf einen neuen Versuch, Fortschritte in der Deutschlandfrage zu erzielen, ohne sich auf eine Lösung einigen zu können. Moskau lehnte den westlichen Vorschlag ab, die beiden deutschen Staaten durch freie Wahlen wiederzuvereinigen. Auch die folgende Außenministerkonferenz (23. Oktober bis 16. November) scheiterte. Schon unmittelbar nach dem ersten Genfer Treffen hatte Chruschtschow in Ostberlin die »Zwei-Staaten-Theorie« verkündet. Sie deutete auf einen politischen Strategiewechsel des Kreml hin. Die Wiedervereinigung sei eine Angelegenheit der Deutschen, erklärte Chruschtschow, aber aus sowjetischer Sicht nur unter Wahrung der »sozialistischen Errungenschaften der DDR« möglich. Bonn reagierte 1957 mit der Hallsteindoktrin (benannt nach dem damaligen Staatssekretär im Auswärtigen Amt), die allen Staaten Konsequenzen (Abbruch der diplomatischen Beziehungen) androhte, die das östliche Deutschland als Staat anerkannten.

Ulbricht konnte zufrieden sein. Die »Zwei-Staaten-Theorie« entsprach seinen Wünschen. Machte sie doch auch für die Bevölkerung in der DDR jede Hoffnung auf eine Alternative zum SED-Staat – die Bildung eines demokratischen Gesamtdeutschland – zunichte. Moskaus Kurswechsel sicherte den Bestand der DDR.

Im September 1955 reiste Adenauer zur Überraschung der diplomatischen Welt nach Moskau. Die zähen Verhandlungen endeten mit der Aufnahme diplomatischer Beziehungen zwischen beiden Staaten und der Zusage der Sowjets, die letzten deutschen Kriegsgefangenen zu entlassen. Am 20. September folgte die Anerkennung der DDR als souveräner Staat durch die Sowjetunion. In dieses Jahr 1955 fiel auch die Einigung der vier Besatzungsmächte über die Zukunft Österreichs. In »immerwährender Neutralität« entließen die Siegermächte das Land in eine selbstbestimmte nationale Zukunft.

Und noch etwas war geschehen: Chruschtschow hatte sich zwei Jahre nach der Liquidierung Berijas in der Moskauer Führung endgültig durchgesetzt. Er hatte Malenkow gestürzt und als Ministerpräsident Ex-Verteidigungsminister Nikolaj Bulganin an seiner Seite installiert. Zwei Jahre später, 1957, schickte Chruschtschow den einst mächtigen Außenminister Stalins, Molotow, in die diplomatische Wüste. Der bullige Ukrainer war jetzt der bestimmende Mann im Kreml. Ein impulsiver Politiker mit clownesken Zügen, jovial und polternd, die weltpolitische Bühne für medienwirksame Auftritte nutzend. Er trieb sein Land in den kommenden Jahren in einen wahren Reformrausch, wobei er die wirtschaftlichen und technologischen Kräfte der Sowjetunion – verführt durch den sensationellen Start des Sputniksatelliten am 4. Oktober 1957 und Gagarins Weltraumflug im April 1961 – maßlos überschätzte.

Seine prahlerischen Visionen – zu denen auch die realitätsferne These zählte, die Sowjetunion werde die USA wirtschaftlich bald »überholen« – wurden scheinbar von den aktuellen Entwicklungen in der Dritten Welt bestätigt. Vor allem afrikanische, aber auch südamerikanische und asiatische Länder, die sich von ihren Kolonialherren in den fünfziger Jahren zu befreien begannen, wandten sich dem Marxismus und der Planwirtschaft zu. Gamal Abd el-Nasser in Ägypten, Julius Nyerere in Tansania, Patrice Lumumba im Kongo, Sékou Touré in Guinea, Fidel Castro in Kuba oder Ho Chi Minh in Nordvietnam gehörten dazu. Auf der Konferenz von Bandung 1955 – Hauptakteure waren hier dem Sozialismus nahestehende Politiker wie der Inder Nehru, Indonesiens

Staatschef Sukarno und der eigenwillige jugoslawische Kommunist Tito, aber auch Chinas Ministerpräsident Chou En-lai – beschlossen neunundzwanzig unabhängige Staaten, sich im Kalten Krieg »aktiv neutral« zu verhalten. Chruschtschow sah in all diesen Entwicklungen untrügliche Zeichen für den weltweiten Vormarsch des Marxismus-Leninismus. Wobei er übersah, daß der Antiamerikanismus vieler dieser Staaten Folge der ungeschickten Politik Washingtons war und daß sie auch den Weltmachtambitionen der Sowjetunion mit einer gehörigen Portion Skepsis gegenüberstanden. Was Chruschtschow nicht davon abhielt, die Welt in den kommenden Jahren mit Berlinkrisen oder der Raketenstationierung auf Kuba in Atem zu halten.

Als sich die SED-Führung mühsam von ihrem Schock über die Junitage 1953 erholt hatte und wegen der weltpolitischen Ereignisse des Jahres 1955 glaubte, ihr Staat sei konsolidiert, erreichte sie der nächste politische Paukenschlag. Auf dem XX. Parteitag der KPdSU im Februar 1956 rechnete Chruschtschow mit dem Stalinismus ab. In seiner berühmt gewordenen Geheimrede warf er Stalin Massenmord und die Ausrottung ganzer Völker vor. Mit der Liquidierung der Führung der Roten Armee Ende der dreißiger Jahre trage er außerdem die Verantwortung für die katastrophalen Niederlagen zu Beginn des deutsch-russischen Krieges im Jahre 1941. Chruschtschows Demontage galt nicht dem kommunistischen System, sondern lediglich der Person Stalins. Der Inhalt der Rede wurde im Ostblock zwar nicht veröffentlicht, aber er verbreitete sich dennoch wie ein Lauffeuer. Der Nachfolger hatte den Abgott von Millionen Kommunisten vom Sockel gestürzt.

Mit Entsetzen, Ungläubigkeit und ideologischen Selbstzweifeln reagierten unzählige Altkommunisten. Die folgenreichsten Wirkungen von Chruschtschows Rede ließen sich bald in Polen und Ungarn beobachten. In der polnischen Industriestadt Posen kam es zu gewalttätigen Unruhen in der Bevölkerung. Am 20. Oktober 1956 wählte das Zentralkomitee der polnischen Arbeiterpartei ohne Rücksprache mit Moskau Wladyslaw Gomulka zum Ersten Sekretär. Einst selbst Opfer des Stalinismus, erklärte er, für die Unzufriedenheit der Menschen (vor allem der Arbeiter) im Land seien Partei und Regierung verantwortlich.

In Ungarn gab es am 24. Oktober einen regelrechten Volksaufstand. Innerhalb weniger Tage war die kommunistische Partei entmachtet. Imre Nagy bildete unter Beteiligung bürgerlicher Gruppierungen eine neue Regierung. Nach Verhandlungen mit den Sowjets zogen sich die russischen Truppen aus Budapest zurück. Mit dem von Nagy verkündeten Austritt seines Landes aus dem Warschauer Pakt hatte seine Regierung den Rubikon überschritten. Am 4. November marschierten die sowjetischen Truppen wieder in die ungarische Hauptstadt ein und schlugen den Aufstand blutig nieder. Mehrere tausend Menschen starben bei den Kämpfen, 200 000 Ungarn verließen ihr Land. Nagy und seine Mitarbeiter wurden verhaftet und nach Rumänien verschleppt. Im Juni 1958 ließ der Kreml sie hinrichten. In Budapest begann János Kádár im Auftrag Moskaus die kommunistische Herrschaft im Land neu zu etablieren.

Die westliche Welt schaute mit Empörung nach Ungarn. Helfen konnte und wollte sie nicht. Chruschtschow kam bei seiner Entscheidung, das abtrünnige Land mit Hilfe seiner Panzer in den Herrschaftsbereich Moskaus zurückzuholen, die gleichzeitig ausbrechende internationale Suezkrise entgegen. Im Oktober marschierten französische, britische und israelische Truppen in Ägyten ein und besetzten Suez und den Gazastreifen. Nasser hatte nach monatelangem Pokern im Alleingang den Suezkanal verstaatlicht, damit die beiden Westmächte provoziert und Israel die Chance geboten, gegen seinen stärksten Widersacher im arabischen Lager militärisch loszuschlagen. Moskau, durch die parallelen Ereignisse in Ungarn vor aller Welt desavouiert, drohte zum ersten Mal mit dem Einsatz von Raketen. Washington scheute eine Konfrontation mit der anderen Supermacht, und es sah durch die Militäraktion auf dem Sinai das Mächtegleichgewicht im Nahen Osten gefährdet. Die Amerikaner forderten ihre Verbündeten ultimativ auf, ihre Truppen zurückzuziehen. Für Großbritannien und Frankreich endete das ägyptische Abenteuer mit einer schweren diplomatischen Niederlage. Sie mußten ihre Soldaten abziehen, Premierminister Eden trat zurück, und in Frankreich verschärfte sich die Krise der vierten Republik. Vor aller Welt war sichtbar geworden, daß die einstigen europäischen Großmächte und Herrscher über gewaltige Kolonialreiche machtpolitisch in der zweiten Reihe Platz genommen hatten. Über die Geschicke der Staaten entschieden jetzt die beiden Supermächte. Für Chruschtschow war in dieser Situation zweifellos wichtig, daß die Suezdebatte der eigenen Propaganda die Gelegenheit gab, von Ungarn abzulenken.

Walter Ulbricht und die Mehrzahl der SED-Führung hatten sich in den vergangenen Jahren als überzeugte Anhänger des Stalinismus gezeigt. Auch nach dem Tod des Diktators folgten sie nur halbherzig dem liberaleren Kurs von dessen Nachfolgern. Die Rede auf dem XX. Parteitag empfanden sie jedenfalls als gefährliche Bedrohung ihrer persönlichen Stellung. Chruschtschows im Juli 1956 formulierte These von der »friedlichen Koexistenz«, die einen Krieg zwischen unterschiedlichen Gesellschaftssystemen verhindern sollte, trug die SED allerdings voll mit.

Die Parteiführung konnte nicht übersehen, daß die Lage in der DDR unstabil blieb. Die Fortsetzung der innerparteilichen Machtkämpfe und vor allem die weiterhin schlechte Versorgungslage hatten bereits im Frühjahr zu vereinzelten Streiks geführt. Die Geschehnisse in Polen und Ungarn waren allerdings ein wesentlich grelleres Warnsignal für die tief verunsicherte Regierung in der DDR. Zumal in diesem Jahr erneut 279 000 Menschen das Land verließen.

Das Vorgehen der Sowjets in Ungarn zeigte gleichzeitig die Grenzen der »Entstalinisierung«. Chruschtschow beendete das im Prinzip immer noch recht kalte innenpolitische »Tauwetter«. Sowjetische Historiker, die sich nach seiner Rede auf dem Parteitag vertiefend mit dem Stalinismus auseinandersetzten, verloren ihre Ämter. Boris Pasternaks Roman »Doktor Schiwago«, der die Revolution von 1917 neu interpretierte, durfte in der Sowjetunion nicht veröffentlicht werden. Er erschien im westlichen Ausland, was die KPdSU veranlaßte, eine Kampagne gegen den Autor zu initiieren. Als Pasternak 1958 den Literaturnobelpreis erhielt, verbot ihm Chruschtschow die Annahme.

Ulbricht jedoch bewahrte – wie schon im Sommer 1953 – letztlich wieder einmal das Drama eines gescheiterten Aufstandes vor seinem politischen Absturz. Auf die Anti-Stalin-Rede Chruschtschows hatte er zunächst kaum reagiert. Nach seiner Rückkehr vom XX. Parteitag in Moskau erkärte er sibyllinisch: »Zu den Klassikern des Marxismus kann man Stalin nicht rechnen.« Die Lehren aus dem Moskauer Parteitag, so meinte er weiter, seien zwar auch in der DDR zu ziehen, aber nur »soweit sie auf unsere Verhältnisse anwendbar sind«. Ein Übermaß an Selbstkritik ließ sich da nicht heraushören. Immerhin: Einige der verurteilten ehemaligen SED-Funktionäre wurden rehabilitiert.

Doch bei der jüngeren Generation der DDR, die in Kultur, Wissenschaft und Wirtschaft in verantwortliche Positionen nachrückte oder in den Seminaren der Universitäten saß, wirkte Chruschtschows Rede wie eine Befreiung. Seine Kritik am Stalinismus sprach ihnen – und auch einigen ihrer Idealen treu gebliebenen Altkommunisten – aus der Seele oder öffnete ihnen doch zumindest die Augen. Die jüngeren Manager, Techniker, Schriftsteller, Hochschulprofessoren und Studenten kannten das Leben im Exil nicht, und das Dritte Reich hatten sie allenfalls als Hitlerjungen erlebt oder als Angehörige des letzten Aufgebots, das der »Führer« den heranrückenden alliierten Truppen entgegenworfen hatte. Sie stellten die Jahrgänge, deren Erziehung teilweise bereits von der kommunistischen Ideologie mitgeprägt worden war. Sie mußten in ihren Betrieben, in den Parteiversammlungen oder in den Universitätsseminaren mit wachsendem Erschrecken erleben, daß das System seine eigenen Wertnormen verriet.

Es ist daher nicht erstaunlich, daß viele von ihnen schon seit längerer Zeit über Alternativen zur sozialistischen Diktatur nachdachten und diskutierten. Nach dem XX. Parteitag schien nun endlich die Stunde für Reformen gekommen zu sein, vielleicht einiges von dem zu realisieren, was sie in leidenschaftlichen Debatten über die Zukunft des Sozialismus schon diskutiert hatten. In Berlin hatte der dreiunddreißigjährige Dozent und Publizist Wolfgang Harich ein Papier erarbeitet, in dem er die Abkehr vom Parteidogmatismus, einen eigenen deutschen Weg zum Sozialismus, eine Verbesserung des Lebensstandards der Bevölkerung und ein Ende der Kollektivierung in der Landwirtschaft forderte. Das Schriftstück wurde auch in der Redaktion des »Sonntag« verbreitet und lebhaft besprochen. Ein engagierter Gesprächspartner und geistiger Mitstreiter Harichs war der damalige Leiter des Aufbau-Verlages, der neun Jahre ältere Walter Janka. Was Harich schriftlich formuliert hatte, diskutierten mit ähnlichen Schlußfolgerungen viele Studenten, Schriftsteller und junge Funktionäre in der Wirtschaft.

Es ging dabei um Reformen innerhalb des Systems, nicht um die Abschaffung des DDR-Sozialismus oder gar um die Frage der deutschen Wiedervereinigung. Wie naiv und idealistisch der überzeugte Marxist Harich war, zeigte nicht zuletzt, daß er sein Papier dem sowjetischen Botschafter Puschkin zuleitete. Der gab es natürlich postwendend an Ulbricht weiter. Der Altkommunist Janka hatte in Spanien gekämpft und war auch in den Jahren seines mexikanischen Exils für die kommunistische Sache eingetreten. Die nichtorganisierte Opposition verlangte Korrekturen, die zur Überwindung der wirtschaftlichen und ideologischen Krise des Landes führen sollten, aber sie plante keinen Staatsstreich.

Ulbricht schlug brutal zu. In den am 3. November 1956 erlassenen

»Richtlinien über die Abwehr feindlicher Tätigkeiten gegen die Universitäten und Hochschulen« hieß es unmißverständlich: »Die Ereignisse in Ungarn, die neuerdings in eine gefährliche Phase getreten sind und Chaos und Anarchie ausbreiten, beweisen, wie die konterrevolutionären Elemente von der Durchführung ihrer Agententätigkeit über einzelne Feindhandlungen zu blutigen Provokationen übergehen, um die alten kapitalistischen Verhältnisse wiederherzustellen.«

Harich wurde am 29. November verhaftet, wenig später Walter Janka und einige Mitglieder der Redaktion des »Sonntag«, darunter der stellvertretende Chefredakteur Gustav Just. Ulbricht ließ ein Exempel statuieren: Harich erhielt im März 1957 eine zehnjährige Zuchthausstrafe, Janka ging es wenig später nicht viel besser. Physische und psychische Folter begleiteten ihre Untersuchungshaft. Während der Prozesse saßen einige prominente Künstler der DDR, von der Partei dazu aufgefordert, im Zuschauerraum. Der Besuch im Gerichtssaal sollte ihnen als Warnung dienen. Anna Seghers, Helene Weigel oder Willi Bredel schwiegen zu den ungeheuerlichen Vorwürfen, die die Anklage konstruiert hatte und die Harich mit der systemüblichen Selbstkritik eingestand. Witwe und Tochter von Thomas Mann, Katja und Erika, Lion Feuchtwanger, Leonhard Frank, Hermann Hesse und Halldór Laxness – von der DDR-Führung als bürgerliche Sympathisanten gefeiert und gepflegt – setzten sich vom Ausland aus vergeblich für Janka ein. In der DDR selbst bat Arnold Zweig in Briefen an die Staatsführung um Milde. Nichts half.

Bis in das Jahr 1958 hinein reichten die Verfolgungen in den Universitäten, um Abweichler unter den Studenten und Professoren zu eliminieren. Die Kampagne gegen den an der Leipziger Universität lehrenden Ernst Bloch und dessen Hauptwerk »Das Prinzip Hoffnung« setzte im Dezember 1956 ein (»Blochs Philosophie ist unmarxistisch«) und führte schließlich im März 1957 zu seiner zwangsweisen Emeritierung. Der Germanist Hans Mayer geriet ebenfalls ins Kreuzfeuer, als er sich für die in der DDR verfemten Autoren der literarischen Moderne einsetzte. »Es muß aufhören, daß Kafka bei uns ein Geheimtip bleibt«, erklärte er in einem Vortrag, »und daß das Interesse für Faulkner oder Thornton Wilder mit illegalem Treiben gleichgesetzt wird.« Auch Mayer wich schließlich in den Westen aus.

Bleierne Ruhe senkte sich nach dem Ungarnaufstand und der Zerschlagung der oppositionellen Gruppierungen über die DDR. Spielräume für sozialistische Experimente gab es nicht mehr. Chruschtschow, von den Folgen seiner Rede in Polen und Ungarn überrascht und verunsichert, rief zum Kampf gegen den »Revisionismus« auf – und Ulbricht fühlte sich wieder in seinem Element. Nicht nur in der Intellektuellenszene räumte er auf, sondern auch ein weiteres Mal in der eigenen Partei. Die Politbüromitglieder Ernst Wollweber, Karl Schirdewan und Fred Oelßner waren weit davon entfernt, einen liberaleren Kommunismus zu fordern. Aber angesichts der wirtschaftlichen Situation und der sich aus ihr ergebenden Instabilität des Systems, hatten sie sich schon in den Monaten vor den Unruhen in Polen und Ungarn im Politbüro für eine effektivere Organisation der Wirtschaftsplanung eingesetzt, Reformen gefordert, um die Versorgung der Bevölkerung zu verbessern, und für weniger Zentralismus und mehr Eigenverantwortlichkeit plädiert. Das reichte Ulbricht, um sich der lästigen Machtkonkurrenten zu entledigen, die auch seinen selbstherrlichen Führungsstil kritisiert hatten. Mit der Rückkehr Chruschtschows zu halbstalinistischen Methoden standen Ulbrichts Kritiker ohne Deckung aus dem Kreml da. Wollweber, Schirdewan und Oelßner verloren wegen »Fraktionsbildung« im Februar 1958 ihre Sitze im Politbüro beziehungsweise im Zentralkomitee. Ansonsten kamen sie recht glimpflich davon, wurden lediglich in niedere Ämter abgeschoben, aber nicht weiter verfolgt. Im Oktober 1957 hatte bereits Paul Wandel, Sekretär für Kultur und Erziehung, und Kurt Hager, im Zentralkomitee für Wissenschaft, Volksbildung und Kultur zuständig, der Bannstrahl Ulbrichts getroffen. Wandel kam mit einer »strengen Parteirüge« davon, und Kurt Hager mußte öffentlich bereuen, was ihm seine Karriere rettete.

Die »Säuberungen« in der Partei erwiesen sich immer mehr als Reflex der SED-Führung auf die Fehlentwicklungen in Gesellschaft und Wirtschaft. Denn es blieb dabei: Die Unzufriedenheit in weiten Teilen der Bevölkerung war ungebrochen. Der Ärger über die alltäglichen Kämpfe um Konsumgüter, die nach wie vor als schlecht empfundenen Arbeitsbedingungen, das jahrelange Warten auf das ersehnte Auto oder bei den Jungverheirateten auf eine eigene Wohnung, die für die Betroffenen deprimierenden Eingriffe in Literatur und Kunst standen im eklatanten Widerspruch zu den Optimismuskampagnen der Partei. In der Bundesrepublik begannen Ende der fünfziger Jahre zunehmend breitere Bevölkerungskreise vom wachsenden Wohlstand zu profitieren. Es blieb den DDR-Bürgern nicht verborgen, daß es dem von der offiziellen Propaganda ständig diffamierten westdeutschen Kapitalismus offensichtlich erheblich besser gelang, die Wünsche des Volkes nach Konsum, dem eigenen Haus, Reisen oder sozialer Sicherheit zu erfüllen. Am sichtbarsten schlug sich die Unzufriedenheit und Resignation der DDR-Bevölkerung in der ungebrochenen Fluchtbewegung nieder. 1957 gingen über 261 000, 1958 rund 204 000 DDR-Bürger in den Westen.

Die SED reagierte in den nächsten Monaten und Jahren ebenso dumm wie hilflos auf die stumme Abwendung großer Teile des Volkes von ihrem Staat. Ulbricht kannte nur das Mittel der Unterdrückung und des Terrors. Was blieb ihm auch, wenn er die Macht nicht verlieren wollte. Jede ernsthafte Reform des Systems, auch wenn die Initiative dazu aus den eigenen Reihen gekommen wäre, hätte das Ende seiner politischen Karriere bedeutet. Er war wohl der verhaßteste Mann in der DDR, niemand traute ihm zu, daß sich unter seiner Führung der Kurs ändern würde. Die überzeugte DDR-Sozialistin Reimann zeichnete im Dezember 1962 in ihrem Tagebuch nach einem Treffen Ulbrichts mit einigen Schriftstellern ein Bild von ihm, das wahrscheinlich die damaligen Empfindungen einer großen Mehrheit der Menschen widerspiegelt: »Wiens [ein DDR-Schriftsteller – d.V.] wurde von U[lbricht] immerzu unterbrochen, in der unverschämtesten Weise, rechthaberisch und bösartig, mit seinem ewigen ›Was ist denn los?‹, vorgebracht von einer widerwärtigen Eunuchenstimme. Dieser Mann ist von Machtrausch besessen, er läßt keine Meinung gelten außer der seinen, er ist ein Demagoge, der falsch und verlogen argumentiert und mit der linken Hand nimmt, was er eben mit der rechten gab… Es ist hoffnungslos, Besserung für unsere literarische Situation zu erwarten, solange dieser amusische Mensch mit seinem Kleinbürgergeschmack sich Urteile anmaßt.«

Im Dezember 1957 verschärfte die SED das politische Strafrecht. Das war die Antwort auf die Ereignisse von 1956 und die den Staat aushöhlende Fluchtbewegung. Künftig wurde auch der Versuch oder die Beihilfe zum Verlassen der DDR strafrechtlich geahndet. »Jede Flucht oder Übersiedlung nach Westdeutschland«, so erklärte Walter Ulbricht zynisch, »bedeutet eine Hilfe für die westdeutsche Militärbasis der NATO mit Arbeitskräften und einen Verlust von Arbeitskräften in der DDR. Die Republikflucht ist Verrat an den friedlichen Interessen des Volkes und nützt Westdeutschland.«

Gleichzeitig trieb die SED die Zentralisierung weiter voran. Im Februar 1960 wurde der Nationale Verteidigungsrat, am 12. September der Staatsrat (anstelle des Präsidenten) gebildet. In beiden Institutionen übernahm Ulbricht den Vorsitz, was seine Macht ein weiteres Mal unterstrich. Im Zuge dieser Umstrukturierungen gelang auch Erich Honecker der Sprung in eine für seine politische Zukunft höchst attraktive Position. Als ZK-Sekretär für Sicherheitsfragen und Politbüromitglied übernahm er die Stellvertretung Ulbrichts im Nationalen Verteidigungsrat. In dieser Rolle besaß er Weisungsbefugnisse gegenüber den Bezirkseinsatzleitungen – er war im Allerheiligsten der Macht angekommen.

Trotz der weitverbreiteten Unzufriedenheit versachlichten sich die Beziehungen zwischen Partei und Gesellschaft in diesen Jahren. Die Bevölkerung stand unter der Kontrolle der Partei. Widerspruch und Protest gab es in internen Betriebs- und Verbandsdiskussionen oder im abgeschotteten Privatbereich, weil man in dieser Umgebung keine Gefährdung der eigenen Person fürchten mußte. In der Öffentlichkeit schwiegen die Menschen lieber. Wer dieses Doppelleben nicht mehr aushielt oder eine bessere materielle Zukunft vorzog, verließ das Land.

1958/59 gab es Anzeichen für eine wirtschaftliche Erholung, die Wachstumsraten der Industrie stiegen, die Löhne wurden erhöht, die Preise für verschiedene Konsumgüter gesenkt, und im Mai 1958 wurden die Lebensmittelkarten abgeschafft. Diese etwas positiveren Aussichten ließ die Zahl der Flüchtlinge leicht zurückgehen (1959: 144 000).

Auf dem V. Parteitag im Juli 1958 erklärte Ulbricht, Chruschtschow imitierend und unter völliger Verkennung der wirtschaftlichen Realitäten: »Die Volkswirtschaft der DDR ist innerhalb weniger Jahre so zu entwickeln, daß die Überlegenheit der sozialistischen Gesellschaftsordnung... gegenüber der Herrschaft der imperialistischen Kräfte im Bonner Staat eindeutig bewiesen wird und infolgedessen der Pro-Kopf-Verbrauch unserer werktätigen Bevölkerung mit allen wichtigen Lebensmitteln und Konsumgütern den Pro-Kopf-Verbrauch der Gesamtbevölkerung in Westdeutschland erreicht und übertrifft.« Sollte Ulbricht tatsächlich selbst daran geglaubt haben, so zerstörte das weitere Vorgehen der SED alle Hoffnungen, diesem Ziel auch nur ansatzweise näher zu kommen.

Ende 1959 nämlich begann die Intensivierung des Kampfes für den »Übergang zur genossenschaftlichen Produktionsweise«. Die Partei zwang die noch privat wirtschaftenden Bauern zum Eintritt in die landwirtschaftlichen Genossenschaften. Wer sich wehrte, dem drohten Verhaftung oder doch zumindest düstere Zukunftsaussichten. Auch die Kollektivierung des Handwerks wurde – wenngleich nicht in dem Ausmaß wie in der Landwirtschaft – erneut vorangetrieben. Das Ergebnis war katastrophal. Die Produktion ging zurück, viele enteignete Bauern flohen in die Bundesrepublik. Innerhalb weniger Monate hatte sich die Bevölkerungsstruktur auf dem Land radikal verändert. Mitte 1960 befanden sich 85 Prozent der landwirtschaftlichen Nutzfläche in der Hand der Genossenschaften, Einzelbauern gab es praktisch nicht mehr.

Hatte sich die Mehrheit der DDR-Bürger nach dem Scheitern des Arbeiteraufstandes von 1953 und den Aktionen gegen die Intellektuellen im Anschluß an die ungarischen Unruhen allmählich mit dem Regime arrangiert, so führten nunmehr die weiteren Eigentumsveränderungen in Landwirtschaft, Handwerk, aber auch in Industrie und Handel ab 1960 zu einem neuerlichen und steilen Anstieg der Flüchtlingszahlen. Der Fünfjahresplan mußte 1959 abgebrochen und – wie es auch in der Sowjetunion geschah – durch einen neuen Siebenjahresplan ersetzt werden. Die sich abzeichnenden Rückschläge in der Wirtschaft ließen sich jedoch nicht mit neuen Planvorgaben und einigen zaghaften Versuchen, die schwerfällige Wirtschaftsverwaltung zu reformieren, verhindern.

In der Kulturpolitik propagierte die SED im Frühjahr 1959 den berüchtigten, aber auch vielerorts belächelten »Bitterfelder Weg«. Unter dem Motto »Greif zur Feder, Kumpel« rief der Staat die Arbeiter und Bauern auf, sich künstlerisch zu betätigen. Die Aufgabe der professionellen Schriftsteller, Maler und Bildhauer sei es, »in die Betriebe zu kommen, auf die Bauplätze des Sozialismus zu gehen und in Romanen, Erzählungen, Bühnenwerken und Gedichten das Heldentum der Arbeit zu feiern«. Von höchster Stelle inszeniert, hatten sie in die Kombinate zu eilen, um dem »Genossen Arbeiter« zu beweisen, daß auch er Kunst machen kann. Entsprechend dem in künstlerischen Fragen besonders schlichten Denken der SED-Funktionäre wurden Regeln über die Reportage, den Roman oder das Theaterstück verkündet. Wettbewerbe und öffentliche Lesungen dienten dazu, die Arbeiter zum Schreiben oder Malen zu animieren. Eine Kampagne, die nicht nur die kleinbürgerlichen Kunstvorstellungen der Mehrheit in der Parteiführung widerspiegelte, sondern auch deren tiefe Antipathie gegenüber den unberechenbaren Intellektuellen, deren Werke sie nicht verstanden. Die Moderne in Literatur und Kunst blieb ihnen zutiefst fremd, die Kulturfunktionäre und die Politbüromitglieder belegten sie in Versammlungen, Artikeln oder offiziösen Parteipapieren mit Begriffen, die nicht selten an die Sprache der Nationalsozialisten erinnerten. Von den dichtenden Werktätigen erhofften sie sich dagegen endlich eine Beschreibung der heilen Welt der sozialistischen Betriebe, die von des Gedankens Blässe nicht angekränkelt war. Der aufopferungsvolle und vorbildliche Werksleiter, der nimmermüde, begeistert Normenrekorde brechende Arbeiter, der treue Parteisoldat – das war nach wie vor das Bild vom real existierenden Sozialismus, an das seine Herrscher so gerne glauben wollten.

Das Ergebnis des »Bitterfelder Weges« war – zurückhaltend formuliert – künstlerisch überaus bescheiden. Manchen Arbeitern dürften der Kontakt mit Schriftstellern und die eigenen künstlerischen Versuche Freude bereitet haben. Aber so wenig wie bei Juristen, Volkswirten, Ärzten oder Physikern läßt sich auch bei Arbeitern nicht auf Parteibefehl künstlerisches Talent erzeugen. So entstand denn auch in den Betrieben in der Regel eine Literatur, die von unsäglicher Schlichtheit war. Ernst nehmen mußten die professionellen »Kulturschaffenden« die Kampagne dennoch, vor allem deswegen, weil der ideologische Hintergedanke, der der propagierten Arbeiterliteratur zugrunde lag, auch für die Beurteilung ihrer eigenen Werke seitens der Partei als Maßstab genommen wurde. Am 1. März 1964 schrieb Franz Fühmann an Kulturminister Benzien: »Wir sprechen oft und mit Recht davon, daß der soziale und der persönliche Auftrag zusammenfallen muß, wenn ein Kunstwerk entstehen soll. Der soziale Auftrag nun ist in den letzten Jahren sehr oft formuliert und sehr leidenschaftlich verfochten worden: Er ist das, was wir mit einer Formel (die nicht zu lieben ich eingestehe) den Bitterfelder Weg nennen. Wie aber steht es mit dem persönlichen Auftrag?… Den ›großen Betriebsroman‹… werde ich nicht schreiben können, zu dieser Erkenntnis habe ich mich durchgerungen.« Und der Schriftsteller Rolf Schneider, nach seinem Protest gegen die Ausbürgerung von Wolf Biermann geächtet und aus dem Lande gedrängt, bilanzierte 1979 in der »Frankfurter Allgemeinen Zeitung«: »Der Versuch schlug fehl. Die Leute mochten das nicht. Mit dem politischen Ende Walter Ulbrichts wurde der Bitterfelder Weg umgepflügt; niemand mehr mag ihn betreten.«

Zu den wachsenden inneren Schwierigkeiten des SED-Systems trat in der zweiten Hälfte der fünfziger Jahre eine Verschärfung der allgemeinen politischen Lage, die sich auch in den Krisen um den Status von Berlin manifestierte. Die Sowjetunion und die DDR stellten zwischen 1956 und 1961 immer wieder neue Pläne für ein Zusammengehen der beiden deutschen Staaten zur Diskussion. So brachte Ulbricht im Dezember 1956 den Gedanken einer Konföderation ins Spiel, den Chruschtschow während seines DDR-Staatsbesuchs im August 1957 erneut auf die Tagesordnung setzte. In diesem Sinne schrieb Ministerpräsident Bulganin am 8. Januar 1958 auch einen Brief an Adenauer. Am 4. September desselben Jahres schlug die DDR eine Viermächtekommission zur Vorbereitung eines Friedensvertrages vor. Diese Vorstöße stießen in Bonn und den anderen westlichen Hauptstädten auf Ablehnung. Sie antworteten auf alle östlichen Deutschlandvorschläge mit der Forderung nach freien Wahlen für Gesamtdeutschland, was wiederum für die Gegenseite inakzeptabel war.

Chruschtschows Deutschlandpolitik war von dem Versuch bestimmt, die Westallianz in einer neuen Phase des Kalten Krieges zu schwächen. Sein Sieg über die innerparteilichen Konkurrenten, die spektakulären Erfolge der Sowjetunion in der Weltraum- und Atomtechnologie und die optimistischen Erwartungen, die er mit seinen Wirtschaftsreformen verband, verlockten ihn zu neuen Aktivitäten auf der politischen Weltbühne. Zumal die Westmächte vor schwierigen außen- und innenpolitischen Problemen standen. Frankreich und Großbritannien sahen sich in ihren zerbrechenden Kolonialreichen vor tiefgreifende Veränderungen gestellt, die auch innenpolitische Beben auslösten. 1954 erlitten die Franzosen in Dien Bien Phu eine militärische Niederlage, die zum Rückzug aus Indochina führte. Der Putsch rechtsextremistischer Militärs und Politiker, die die Unabhängigkeit Algeriens ablehnten, führte im Frühjahr 1958 zum Sturz der vierten Republik und zur Rückkehr Charles de Gaulles an die Macht. Die Algerienfrage lähmte auf Jahre die französische Außen- und Innenpolitik. Paris und London mußten im Nahen und Mittleren Osten die politische Radikalisierung in ihren ehemaligen arabischen Kolonien oder »Schutzgebieten« hilflos akzeptieren. Die USA versuchten in Indochina und im Nahen Osten das Machtvakuum auszufüllen, das die einstigen europäischen Kolonialmächte hinterlassen hatten. Eisenhower verkündete 1957 eine neue Doktrin, die einen Damm gegen den Vormarsch der kommunistisch-sozialistischen Bewegungen in vielen Teilen der Dritten Welt errichten sollte. Vor allem die Unabhängigkeit und Integrität der Nationen im Mittleren Osten, so der amerikanische Präsident, seien »lebensnotwendig« für die nationalen Interessen der USA. 1958 hatte Fidel Castro in Kuba – im machtpolitischen Vorhof der Vereinigten Staaten – gesiegt und begann schon bald auf sowjetischen Kurs einzuschwenken.

Der Kalte Krieg erreichte in der zweiten Hälfte der fünfziger Jahre einen neuen Höhepunkt. Chruschtschow war daran nicht unschuldig. Mit seinem Säbelrasseln, seinen gelegentlich unüberlegten Reden trug er erheblich zur Verschlechterung des Klimas zwischen den beiden Supermächten bei. Auf der anderen Seite fand die Eisenhower-Administration gegenüber der Sowjetunion zu keiner klaren Linie. Sie schwankte zwischen Härte und Nachgiebigkeit. So ließen beispielsweise erst die energischen Interventionen der Bonner Regierung die Washingtoner Pläne in der Schublade verschwinden, der DDR die Kontrolle über die Zufahrtswege nach Westberlin zu überlassen und einer Verringerung der Militärpräsenz der Westalliierten zuzustimmen.

Die geteilte ehemalige Hauptstadt der Deutschen entwickelte sich immer stärker zu einem internationalen Krisenherd. Am 27. Oktober 1958 erklärte Ulbricht: »Ganz Berlin gehört zum Hoheitsgebiet der DDR.« Zwei Wochen später verkündete Chruschtschow sein Berlinultimatum. Es verlangte von den Westmächten den Rückzug ihrer Truppen aus der Stadt innerhalb von sechs Monaten. In einer Note vom 27. November machte der Kremlchef deutlich, um was es ihm ging: Westberlin als »entmilitarisierte freie Stadt« und »selbständige politische Einheit«. Andernfalls, so ließ Chruschtschow erkennen, werde die Sowjetunion mit der DDR einen separaten Friedensvertrag abschließen und an sie alle Berlinrechte abtreten.

Ein jahrelanges Pokern begann nun, Drohungen wechselten mit lockenden Angeboten, die DDR-Propaganda lief auf Hochtouren. Am 8. September 1960 beschloß die DDR-Führung, daß Bundesbürger nur noch mit einer besonderen Aufenthaltsgenehmigung nach Ostberlin einreisen durften. Bonn reagierte mit der Kündigung des Interzonenhandelsabkommens. Die Interventionen Adenauers, der bei seinen Verhandlungen mit den zögernden Amerikanern Unterstützung in Paris fand, hatten schon im Frühjahr 1960 zu einer einmütigen (und harten) Haltung des Westens gegenüber den Berlinplänen Moskaus geführt. Chruschtschow nahm dies mit wütenden öffentlichen Ausfällen zur Kenntnis und ließ die geplante Pariser Gipfelkonferenz im Mai platzen.

Staatsbesuch des »Großen Bruders«: Der erste Mann im Kreml, Nikita Chruschtschow, besucht im Mai 1960 Ostberlin.

Den Anlaß für diesen spektakulären Schritt bot ihm der Abschuß eines US-Spionageflugzeuges vom Typ U-2 über dem Gebiet der Sowjetunion.

Die Deutschlandpolitik Moskaus war nicht zuletzt die politische Reaktion auf die sich Anfang der sechziger Jahre immer heikler gestaltende Situation in der DDR. Die Wirtschaft des Landes trieb dem Ruin entgegen. Der Anstieg des privaten Verbrauchs – der die Menschen mit dem Regime »aussöhnen« sollte – überstieg die industriellen Wachstumsraten und konnte nur noch mit Krediten aus dem kapitalistischen Ausland finanziert werden. Die Industrie litt unter dem wachsenden Arbeitskräftemangel, und auf dem Land hatte die Kollektivierung eine desolate Situation heraufbeschworen. Die von Ulbricht pausbäckig verkündete Perspektive, die DDR werde bald den Lebensstandard der bundesrepublikanischen Bevölkerung erreichen, erschien ferner denn je. Vor allem aber: Jahr für Jahr verließen im Schnitt 180 000 Menschen das Land. Ein Aderlaß, den das System kaum noch verkraften konnte. In den Betrieben, Hochschulen oder anderen Institutionen registrierten die Mitarbeiter sehr genau, wenn wieder einmal ein Kollege nicht zur

Arbeit erschienen war, weil er sich in die Bundesrepublik abgesetzt hatte. Jenseits der enormen wirtschaftlichen Schäden, die diese Fluchtwelle erzeugte, bot sie den unwiderlegbaren Beweis für das ideologische und ökonomische Scheitern des Systems.

Der bundesrepublikanische Wohlstand, der Ende der fünfziger Jahre nicht mehr wegzureden war, besaß für unzählige Menschen im Osten Deutschlands eine von keiner Propaganda zu schwächende Magnetwirkung. Wer die Grenze wechselte, hatte offensichtlich keine Hoffnung mehr, daß Partei und Staat die Kraft und den Willen haben würden, die Lage zu verändern. Der Weg in den Westen, das bedeutete aus der Sicht der Flüchtlinge: mehr Wohlstand, mehr Reisen, Schutz vor der Willkür omnipotenter Parteifunktionäre und schnüffelnder Stasi-Beamter. Mancher Grenzgänger gaukelte sich allerdings dabei ein allzu schönes Bild von der Bonner Republik vor und landete gelegentlich recht unsanft auf dem Boden des real existierenden Arbeitsalltags im Kapitalismus.

In zwei Briefen, deren Existenz erst nach 1990 bekannt wurde, sendete die SED Alarmrufe nach Moskau, um die Sowjetunion zum Handeln zu bewegen. Mit Blick auf die so unübersehbar erfolgreichere Bundesrepublik schrieb Ulbricht: »Einfach gesagt heißt das, die offenen Grenzen zwangen uns, den Lebensstandard schneller zu erhöhen, als es unseren volkswirtschaftlichen Kräften entsprach.« Wobei er unterschlug, daß der wirtschaftlich unproduktive Repressionsapparat der DDR (Partei, Staatssicherheit, Volkspolizei und Massenorganisationen) rund 25 Prozent des Staatshaushaltes verschlang.

Berlin stellte das noch offene Tor dar, das für die DDR-Abwanderer gefahrlos in Richtung Westen durchschritten werden konnte. Es zu schließen, wurde für die SED-Führung zu einer Überlebensfrage. Auch den Westmächten konnte nicht verborgen bleiben, daß Moskau und sein Satellit in Handlungszwang gerieten. Der neue US-Präsident John F. Kennedy und Chruschtschow trafen sich im Juni 1961 in Wien, um Wege zur Entspannung der internationalen Lage (und dazu gehörte natürlich auch die Berlinfrage) zu erörtern. Die Zusammenkunft scheiterte, Moskau wiederholte das Berlinultimatum und drohte im Falle seiner Nichtbeachtung mit Krieg. Kennedy ließ sich wenig beeindrucken, sicherte seinem Gesprächspartner jedoch Nichteinmischung im Einflußbereich der Sowjetunion zu. Gleichzeitig ließ er keine Zweifel, was aus amerikanischer Sicht unumstößlich blieb: freier Zugang nach Westberlin, Nichtzugehörigkeit dieses Gebietes zur DDR und Anwesenheit westlicher Truppen in der Stadt. Dies bedeutete zwar keine Neuausrichtung der US-Außenpolitik, aber zu diesem Zeitpunkt erleichterte eine solche Feststellung des Präsidenten, die die Zusicherung des Status quo in Deutschland unterstrich, den Genossen in Moskau, die Situation der DDR zu verändern.

Zehn Tage nach dem Wiener Treffen, am 15. Juni, erklärte Ulbricht: »Niemand hat die Absicht, eine Mauer zu errichten.« Anfang August berieten die kommunistischen Parteiführer der Warschauer Paktstaaten über eine »Regelung der Westberlin-Frage«. Hatten sie im März noch die Forderung Ulbrichts nach einer hermetischen Schließung der Westgrenze abgelehnt, stimmten sie jetzt auf Anweisung Moskaus zu. Die Leitung der Aktion – bis zum Schluß unter strengster Geheimhaltung vorbereitet – lag in den Händen des ZK-Sekretärs für Sicherheitsfragen, Erich Honecker. Am 13. August 1961 – morgens um zwei Uhr – begannen die Bauarbeiterbrigaden unter dem »Schutz« von Volkspolizei, Nationaler Volksarmee und paramilitärischen SED-Betriebskampfgruppen mit der Abriegelung Ostberlins. Die DDR stellte den S- und

Gescheiterter Gipfel: US-Präsident John F. Kennedy und Nikita Chruschtschow im Juni 1961 in Wien.

U-Bahn-Verkehr ein, Panzer rollten durch den Ostteil der Stadt. Zwei Stunden nach Beginn der Errichtung der ersten Stacheldrahtverhaue waren fünfundvierzig der sechzig Straßenübergänge zwischen West- und Ostberlin abgesperrt. Tausende strömten an diesem Vormittag an die sich schließende Grenze. Auf beiden Seiten reagierten die Menschen fassungslos und empört. Die SED-Führung hatte vor aller Welt den Bankrott erklärt: Ein Volk wurde eingemauert.

3. Das eingemauerte Land (1961–1970)

Der Bau der Berliner Mauer und die ihm folgende Verstärkung der militärischen Absicherung der gesamten DDR-Westgrenze wurde gleichermaßen in West und Ost als historischer Einschnitt empfunden. Alle politischen Propagandareden, die in der Bundesrepublik und in der DDR das Ereignis kommentierten, konnten nicht darüber hinwegtäuschen, daß es jetzt zwei deutsche Staaten gab und die Nachkriegsordnung (scheinbar) endgültig zementiert wurde. Hüben und drüben erloschen die Einheitsträume. Es folgten zähe diplomatische Kämpfe um Statusfragen und das Ringen der DDR um Anerkennung als eigenständiger Staat. Die Regierungen Adenauer/Erhard beharrten auf dem »Alleinvertretungsanspruch« der Bundesrepublik und weigerten sich, die DDR anzuerkennen. Das Ulbrichtregime glaubte zu wissen, daß es für die Herrschaft der SED nur noch eine ernsthafte Gefahr gab: die Attraktivität des so erfolgreichen deutschen Gegenbildes. Die ungebrochenen wirtschaftlichen Erfolge des Weststaates blieben auch in der nun völlig abgeschotteten DDR-Gesellschaft eine permanente Herausforderung für das Regime.

Die Schließung der Grenze raubte den Bürgern im deutschen Oststaat die zumindest gedanklich immer wieder erwogene Alternative. Rund zwei Millionen Menschen hatten sich in den vergangenen Jahren für den Wechsel in die Bundesrepublik entschieden. Nach dem 13. August lag selbst der Tagesausflug in den Westteil Berlins jenseits des Möglichen. In den ersten Monaten nach dem Mauerbau nutzte die SED die neue Situation aus, um jeden Protest zu ersticken und ihre Macht zu konsolidieren. Bis Anfang September inhaftierten die Sicherheitsorgane über 3000 Personen wegen »staatsfeindlicher Hetze«. Dreizehn Tage nach dem Bau der Mauer starb der erste Flüchtling im Kugelhagel der

»Grenzschützer«. Im Oktober folgte der Erlaß für den Schußwaffengebrauch des von der Nationalen Volksarmee gestellten »Kommandos
Grenze«. Schätzungen gehen davon aus, daß in den vierzig DDR-Jahren zwischen 900 und 1000 Menschen bei dem Versuch, die Grenze
»illegal« zu überschreiten, den Tod fanden.

Die Stimmungslage in den Wochen nach dem Mauerbau spiegeln
einige Sätze aus dem Tagebuch Brigitte Reimanns wider (Eintragung 22.
August): »Wir wären richtig glücklich, wenn uns nicht die politische
Lage bedrückte, das größenwahnsinnige Säbelgerassel nach dem 13. August… Die Zeitungen befleißigen sich eines rüden und brutalen Tons,
wie seit langem nicht mehr. Es hagelt Zuchthausstrafen. Man kann mal
wieder irre werden an unserer Politik.« Anfang Oktober notierte sie:
»Überall ist man nervös und unzufrieden. Die Sprache der Zeitungen ist
ekelerregend (sie gibt sich aber als ›die harte Sprache der Arbeiterklasse‹
aus); Leute, die an der Grenze wohnen, werden exmittiert; Antennen,
die noch nach Westen gerichtet sind, werden von den Dächern gerissen
und zertrampelt; Studenten, die das FDJ-Aufgebot nicht unterschreiben, werden geext.«

Hatte vor dem 13. August so manchen Facharbeiter, Bauern, Arzt
oder Hochschuldozenten bei Konflikten mit der SED-Bezirksleitung
die unausgesprochene Drohung der Abwanderung in den Westen vor
Repressalien geschützt, so erhöhte sich jetzt in den Betrieben der Druck
auf die Mitarbeiter. In den Medien verschärfte sich die Hetzkampagne
gegen die westdeutschen »Agenten« und »Kriegstreiber«, und die FDJ-
Mitglieder wurden zu Pogromen gegen Mitbürger angestachelt, die sich
mit dem »antifaschistischen Schutzwall« nicht abfinden wollten oder gar
dagegen protestierten. Horst Schumann, Erster Sekretär der Freien
Deutschen Jugend, erklärte: »Mit Provokateuren wird nicht diskutiert.
Sie werden erst verdroschen und dann den staatlichen Organen übergeben.« Die »Verordnung über Aufenthaltsbeschränkung« vom 25. August
bildete die Grundlage für die zeitweise Errichtung von Arbeitslagern. In
den kommenden Jahren stellte das Vergehen der »versuchten Republikflucht« den Hauptanteil bei den politischen Verfahren. Etwa 60 000
Menschen wurden in der DDR bis 1989 inhaftiert und verurteilt, weil
sie das Recht auf die freie Wahl ihres Wohnsitzes für sich in Anspruch
nehmen wollten. Wer nicht »illegal« versuchte, das Land zu verlassen,
sondern offiziell die Ausreise beantragte, geriet unter Druck, verlor seinen Arbeitsplatz und wurde gesellschaftlich isoliert.

Flucht in den Westen: Im August 1961 schließt Ulbricht mit dem Bau der Mauer die letzte Grenzlücke in Berlin. Ein Bild aus diesen Augusttagen.

Die SED versuchte also wie gehabt, die kritische Situation mit staats-terroristischen Methoden zu stabilisieren. Der Westen konnte nur zu-schauen. Es handle sich offensichtlich um eine grundlegende sowjeti-sche Entscheidung, die nur ein Krieg rückgängig machen könnte, schrieb Präsident Kennedy am 18. August an den Regierenden Bürger-meister von Westberlin, Willy Brandt. »Weder Sie noch wir, noch irgendeiner unserer Verbündeten haben je angenommen, daß wir wegen dieses Streitpunktes einen Krieg beginnen sollten.« So war es.

Ende 1961 begann die SED einen gemäßigteren Kurs zu steuern. Das Hauptziel der Aktion vom August hatte sie erreicht: Die für die DDR-Wirtschaft katastrophale Fluchtwelle endete abrupt. Auf dem XXII. Par-teitag der KPdSU in Moskau hatte Chruschtschow im Oktober zudem eine weitere Stufe der »Entstalinisierung« eingeläutet. Er wiederholte seine Kritik am Personenkult und forderte die »Wiederherstellung der Leninschen Normen des Partei- und Staatslebens«. Im außenpolitischen Teil seiner Rede verkündete er die Aufhebung des Berlinultimatums und übte heftige Kritik an China (dort war es im fernöstlichen Grenz-gebiet am Ussuri zu Gefechten zwischen sowjetischen und chinesischen

303

Truppen gekommen). Auf der Gästetribüne saß als besonders aufmerksamer Zuhörer Walter Ulbricht. Und er wußte, was die Stunde wieder einmal geschlagen hatte. Am 13. November ließ das Politbüro Stalinstadt in Eisenhüttenstadt umbenennen, die Ostberliner Stalinallee hieß nun Karl-Marx-Allee. Das Stalindenkmal in der Hauptstadt der DDR verschwand über Nacht.

Als wichtiger erwiesen sich jedoch die Versuche der SED, die Verunsicherung der durch den Mauerbau geschockten Bevölkerung zu dämpfen. Zumal die Volkskammer am 24. Januar 1962 auch noch die Einführung der allgemeinen Wehrpflicht beschlossen hatte. Vor allem bei den jungen Menschen im Land löste diese Entscheidung Unruhe und Protest aus.

Die marxistische »Friedenspolitik« (ein wichtiger Bestandteil der Antifaschismusdebatte in der DDR) hatte in den Lehrplänen nach denen die Achtzehn- bis Zwanzigjährigen erzogen worden waren, eine herausragende Rolle gespielt. Was immer die jungen Menschen ansonsten vom Sozialismus hielten, der von der SED propagierte »Kampf gegen den Militarismus« fand bei ihnen breite Zustimmung. Die seit Anfang der fünfziger Jahre schwelende Wiederbewaffnungsdebatte in der Bundesrepublik blieb in den DDR-Medien und auf den Partei- und Massenversammlungen ein zentraler Kritikpunkt gegenüber dem »Adenauer-Staat«. Im ideologischen Wettbewerb empfand sich die DDR besonders in diesem Punkt als das bessere, nämlich friedlichere Deutschland. Die nun hervorgehobene Rolle der Nationalen Volksarmee (martialische Truppen- und Waffenparaden, begeisterte Berichte in den Zeitungen, militaristische Reden) traf daher die Glaubwürdigkeit des Systems in der eigenen Bevölkerung empfindlich.

Der XXII. Parteitag der KPdSU hatte keinerlei Selbstkritik innerhalb der SED zur Folge, das »Neue Deutschland« behauptete im Gegenteil, in der DDR habe es im Gegensatz zur Sowjetunion der Stalinzeit »niemals Massenrepressalien« oder »schwerwiegende Verletzungen der innerparteilichen Demokratie« gegeben. Gleichwohl mußte Ulbricht auf die Entwicklungen in Moskau Rücksicht nehmen, wollte er seine Position nicht gefährden. Zumal die zentralistisch gelenkte Wirtschaft sich nach wie vor unfähig zeigte, den Lebensstandard entscheidend zu verbessern und der Mauerbau in den Betrieben und Organisationen nicht gerade motivierend wirkte.

Der neue Kurs (»Umfassender Aufbau des Sozialismus« und der »Weg zum Kommunismus«) propagierte fortan eine Lockerung der Parteiaufsicht in Wirtschaft, Kultur und Justiz. Im April 1962 wurden die Gerichte aufgefordert, die pauschalen und drastischen Urteile durch behutsamere und differenziertere Strafzumessungen zu ersetzen. Mitte des Jahres 1962 erfolgte die vorzeitige Entlassung von 16 000 Häftlingen. In der Substanz änderten diese Schritte natürlich nichts. Auch im Justizbereich blieb die Herrschaft (und Willkür) der Partei ungebrochen.

Auf dem VI. Parteitag Anfang 1963 hob die SED das »Neue Ökonomische System der Planung und Leitung« (NÖSPL) aus der Taufe. Ziel war es, das Wirtschaftssystem durch Modernisierung effizienter zu gestalten. Die Staatsbetriebe erhielten eine stärkere Eigenverantwortung, wirtschaftliches Denken sollte durch Leistungszulagen gefördert und das Zusammenspiel zwischen Wissenschaft und Praxis – vor allem auf technologischem Gebiet – verbessert werden. Im Prinzip ging es auch hier um eine Rücknahme des SED-Einflusses in die unternehmerischen Entscheidungen und um eine Auflockerung des Planungszentralismus. Eine Reform, die auf breite Zustimmung im Land stieß. Die beiden wichtigsten Protagonisten der NÖSPL, die noch jungen Funktionäre Günter Mittag und der als Wirtschaftsreformer geltende Erich Apel, stiegen in der SED-Hierarchie auf (sie wurden Kandidaten des Politbüros).

Auch in diesem Punkt folgte Ulbricht dem Moskauer Vorbild. 1962 war in der »Prawda« ein Artikel des Nationalökonomen Evsej Libermann erschienen. Unter der Überschrift »Plan, Profit, Prämie« forderte der Wissenschaftler mehr Autonomie für die Unternehmen. Den sowjetischen Betrieben müßte die Möglichkeit eingeräumt werden, Profit zu erwirtschaften, um dadurch das notwendige Investitionskapital zu schaffen. Die Kremlführung reagierte positiv. Über die allgemeinen gesellschaftlichen Folgen einer solchen Reform, die eine Teilentmachtung der KPdSU bewirken mußte, waren sich Chruschtschow und seine Berater zu diesem Zeitpunkt wohl im unklaren. Die DDR jedenfalls übernahm die Grundgedanken des »Libermannismus« in ihren NÖSPL-Beschlüssen.

Das Vorhaben ließ sich in beiden Staaten praktisch jedoch nicht durchsetzen. Die jeweiligen kommunistischen Parteien dachten gar nicht daran, ihre Position in den Betrieben und in der staatlichen Planung ernsthaft zu schwächen. Es fehlten zudem die objektiven Leistungskriterien als Entscheidungsmaßstab für die Lenkung der Investitionsmittel. Freie Marktpreise als echten Regulierungsfaktor gab es weder in der DDR noch in der Sowjetunion. Um das System nicht zu gefährden, blieb es beispielsweise in beiden Staaten bei der Subventionierung der Lebensmittelpreise oder der Wohnungsmieten. Die Rüstungsausgaben und die Budgets des Sicherheits- und Parteiapparates entzogen der Wirtschaft nach wie vor erhebliche Mittel. An all diesen Problemen einer nicht vom Markt bestimmten Volkswirtschaft scheiterte auch der Versuch einer Industriepreisreform bereits im Ansatz.

Trotzdem verzeichnete die DDR zunächst Wachstumserfolge. In den sechziger Jahren wurde dies auch für die Bevölkerung spürbar. In immer mehr Haushalten standen nun ein Eisschrank, eine Waschmaschine oder ein Fernsehapparat. Die Zahl der Autobesitzer stieg an. Der Abstand zu den materiellen Lebensverhältnissen in der Bundesrepublik blieb, aber die Menschen in der DDR wußten die Fortschritte im eigenen Land zu schätzen.

Kaum merkbar für die meisten zeigten sich jedoch erneut die Grenzen der Planwirtschaft. Um den allgemeinen Lebensstandard nicht senken zu müssen, lebte die DDR über ihre Verhältnisse. Und die Furcht der SED, daß ökonomische Reformen einen qualitativen Sprung zur gesellschaftlichen Öffnung provozieren könnten, bestimmte auch während der NÖSPL-Phase ihr Handeln. Schon im Juli 1965 gab es Auseinandersetzungen zwischen Ulbricht und den Wirtschaftsreformern. Das Politbüro machte die Staatliche Planungskommission zum Sündenbock für die sich immer deutlicher abzeichnenden negativen Wirtschaftsdaten. Erich Apel beging schließlich Anfang Dezember Selbstmord (es gibt Stimmen, die von Mord sprechen), Günter Mittag paßte sich der Rückkehr zur zentralistischen Planungspolitik an, was sein politisches Überleben bis zum Ende der DDR sicherte.

Zwei gesellschaftliche Gruppen wurden im Verlauf der ideologischen Kurskorrektur von der SED besonders umworben: die Frauen und die Jugend. Im Dezember 1961 veröffentlichte die Partei ein Papier, das die Überschrift trug: »Die Frau – der Frieden und der Sozialismus«. Es sollte das Selbstbewußtsein der weiblichen Bevölkerung stärken und sie näher an die Partei heranführen. Um die Jugend mit dem Staat auszusöhnen, entdeckte die Partei plötzlich die moderne Unterhaltungsindustrie, gab sich gegenüber der Musik oder dem veränderten öffentlichen Auftreten der jungen Menschen überaus tolerant. »Es geht nicht länger an«, heißt es im »Jugendkommuniqué« vom September 1963, »unbequeme Fragen von Jugendlichen als lästig oder gar als Provokation abzutun, da durch solche Praktiken Jugendliche auf den Weg der Heuchelei abgedrängt werden. Wir brauchen vielmehr den selbständigen und selbstbewußten Staatsbürger mit einem gefestigten Charakter.« So tanzten denn die Spitzenfunktionäre auf öffentlichen Festen »Twist« oder erklärten sich mit etwas gekünstelter Munterkeit als Liebhaber der bis dahin ideologisch verdammten amerikanischen Jazzrhythmen. Wer immer noch nicht wußte, worauf es jetzt ankam, der durfte einen wahrhaft entwaffnenden Satz im Beschluß des Politbüros nachlesen: »Wir betrachten den Tanz als einen legitimen Ausdruck von Lebensfreude und Lebenslust.«

Ein »Tauwetter« sollte es auch für die »Kulturschaffenden« geben. Gerade noch im Nachklang zum Aufstand in Ungarn eisern gegängelt, verfolgt und verdammt, erweiterten sich wieder für einige Augenblicke die künstlerischen Spielräume. Umstrittene Manuskripte, die in den Verlagen zu verstauben drohten, wurden veröffentlicht (etwa Christa Wolfs »Der geteilte Himmel«). Drehbücher, gerade noch ideologisch verketzert, konnten realisiert werden (beispielsweise Kurt Maetzigs Film »Das Kaninchen bin ich«), und Stephan Hermlin organisierte 1962 das vielbeachtete Forum »Junge Lyrik«. Der Schriftsteller Ulrich Plenzdorf meint im Rückblick auf diese Jahre: »Die Zeit, in der wir geschrieben und gedreht haben, war eigentlich nicht schlecht, und in gewisser Weise spielte die Mauer sogar eine positive Rolle. Nun war der Osten der Osten, und der Westen war der Westen. Überdies schien es uns Ermunterung von oben zu geben, nun endlich loszulegen.«

Abgebrochen war allerdings das Gespräch über die Grenzen hinweg. Vor dem Mauerbau hatten auf dem fünften Schriftstellerkongreß im Mai 1961 noch Westautoren wie Günter Grass und Martin Walser mit ihren Ostkollegen diskutieren können. Als die Wochenzeitung »Die Zeit« einen Monat vorher in die Hamburger Universität eingeladen hatte, durften Arnold Zweig und Hans Mayer mit dem Segen des Politbüros anreisen und die Positionen der DDR vertreten.

Ohnedies blieb die kulturelle Liberalisierung doppeldeutig und überaus kurzlebig. Ende 1962 wurde der Chefredakteur der Literaturzeitschrift »Sinn und Form«, Peter Huchel, entlassen. Im März 1963 trat Stephan Hermlin als Sekretär der Sektion Dichtkunst und Sprachpflege in der Akademie der Künste zurück, nachdem ihn die SED-Zeitschrift »Einheit« angegriffen hatte. Im März 1964 verbannte die SED-Leitung der Humboldt-Universität Robert Havemann aus ihren Reihen, »weil er in prinzipienloser Weise gegen die Linie der Partei arbeitet«. Alexander Abusch, in Sachen Kultur Stellvertreter des Ministerpräsidenten, maßregelte zum gleichen Zeitpunkt Günter Kunert als »Apologeten Kafkas«, dessen »Aasgeruch [er] übernimmt und zum Inhalt seiner Dichtung macht«. Der sehr ernsthafte Versuch der jungen Schriftsteller, Architekten, Maler oder Filmemacher, die DDR für die künstlerische Moderne zu öffnen, stieß auf das tiefste Mißtrauen der orthodoxen Kulturpäpste in der Partei.

Die Bevölkerung fügte sich den neuen Lebensumständen, die durch die spektakuläre Grenzabriegelung geschaffen worden waren. Akzeptiert hat man sie mehrheitlich zweifellos nicht. Später sprachen manche Deuter der DDR-Geschichte mit Blick auf die Jahre nach dem Mauerbau von einer Phase der gesellschaftlichen und staatlichen Konsolidierung. Das gilt sicher für das Ende der Fluchtbewegung. Da den Menschen die Wahl genommen war, sich mit ihrem Wohnsitz für oder gegen »ihren« Staat zu entscheiden, wurde dessen Existenz zur unumstößlichen Realität, auf die man sich einzustellen hatte. Die angekündigten wirtschaftlichen und kulturellen Scheinreformen lösten zunächst auch tatsächlich so etwas wie Aufbruchstimmung aus. Wozu die sich allmählich bessernde Konsumgüterversorgung beitrug.

Aber Illusionen über den real existierenden Sozialismus machte sich die Mehrheit wohl kaum. Jeder Reformansatz, der die Schwachpunkte des Systems – eine uneffiziente Wirtschaft und die Verweigerung demokratischer Grundrechte – beheben sollte, eröffnete das Risiko einer von der Parteielite nicht mehr zu kontrollierenden Entwicklung. Für alle Staaten des Ostblocks galt dies. Die Notwendigkeit, der heraufziehenden wissenschaftlich-technologischen Industrierevolution mit neuen Ordnungsformen begegnen zu müssen, war auch den kommunistischen Führern bewußt geworden. Aber sie versuchten es mit Methoden, die sich nicht vom Korsett einer Ideologie aus dem neunzehnten Jahrhundert befreien konnten. Im Prinzip ging es um die Machtfrage. Die Herrschaft der kommunistischen Parteien war nur um den Preis einer gesellschaftlichen Stagnation zu erhalten.

Mitte der sechziger Jahre entschied sich die SED erneut für einen radikalen Kurswechsel. Auf dem berüchtigten elften Plenum des Zentralkomitees am 15. Dezember 1965 wetterten die Parteiredner gegen »westliche Unkultur«, »Dekadenz« und »Rowdytum«. Letzteres bezog sich auf einige, die kleinbürgerlichen Vorbehalte der Parteifunktionäre empfindlich herausfordernde Erscheinungen in der Jugendszene. Im Straßenbild der DDR-Großstädte tauchten in den sechziger Jahren langhaarige, bärtige, bewußt »vergammelt« gekleidete Jugendliche auf. Am Rande von Konzerten gab es – nicht anders als im Westen – gewalttätige Randale einiger Halbstarker. Es waren die gegen ihre Väter protestierenden Kinder der Beatgeneration, die in Kleidung und Auftreten ein neues Lebensgefühl demonstrierten. Das geschah längst nicht in dem Ausmaß wie in New York, London, Frankfurt oder Westberlin, aber es reichte, um die SED in Zorn zu versetzen.

Einige der geschockten Literaten – Anna Seghers und Christa Wolf gehörten dazu – meldeten auf dem elften Plenum Widerspruch an, wurden aber rüde von Ulbricht und Honecker abgekanzelt. Letzterer hatte die Position der Partei in einer Grundsatzrede vertreten und »schädliche Tendenzen« in Theaterstücken, Filmen, Fernsehsendungen und in der Literatur konstatiert. Ulbricht erklärte, worum es der SED in Wahrheit ging: »Einige Kulturschaffende haben die große schöpferische Freiheit, die in unserer Gesellschaftsordnung für die Schriftsteller und Künstler besteht, so verstanden, daß die Organe der Gesellschaft auf jede Leitungstätigkeit verzichten und Freiheit für Nihilismus, Halbanarchismus, Pornographie oder andere Methoden der amerikanischen Lebensweise gewähren.« Die Partei machte deutlich, daß sie an ihrem Herrschaftsanspruch festhielt. Nicht nur der Liedersänger Wolf Biermann oder der Schriftsteller Stefan Heym bekamen rasch zu spüren, was das für ihren beruflichen Alltag bedeutete: Auftritts- oder Veröffentlichungsverbot. In der Kultur triumphierte erneut die Ideologie. Die Kunst als geistiger Manipulator oder die Welt zu sehen, nicht wie sie war, sondern wie die Partei sie sehen wollte – das blieb der kategorische Imperativ auch in der SED-Kulturpolitik.

Am 6. April 1968 stimmten die Bürger über eine neue Verfassung ab. Sie sollte angesichts des wieder wachsenden Dogmatismus in der Innenpolitik vor allem dem Ansehen der DDR im Ausland dienen, um dessen Anerkennung die Führung warb. Sie enthielt erneut viele schöne demokratische Absichtsparagraphen (freie Wahlen, Pressefreiheit, Freizügigkeit, Unabhängigkeit der Justiz etc.), aber schon Artikel 1 machte klar, das alles blieb wie gehabt: »Die Deutsche Demokratische Republik ... ist die politische Organisation der Werktätigen in Stadt und Land, die gemeinsam unter der Führung der Arbeiterklasse und ihrer marxistisch-leninistischen Partei den Sozialismus verwirklichen.«

Hintergrund all dieser Entwicklungen waren erneut die Veränderungen, die sich in der Sowjetunion abspielten. 1962 provozierte Chruschtschow die Kubakrise. Die Welt stand nur noch einige Zentimeter vor einer atomaren Auseinandersetzung. Erst in letzter Minute lenkte der Kreml ein und befahl den Rückzug von Soldaten und Raketen. Kennedy hatte zuvor die Herausforderung Moskaus angenommen und unzweideutig erklärt, daß Washington es nicht hinnehmen werde, falls der nordamerikanische Kontinent durch die Raketenstationierung auf Kuba in die Reichweite sowjetischer Atomwaffen gerate. Obwohl er es Chruschtschow ermöglichte, sein Gesicht zu wahren – kurz nach Beendigung der Krise ließ Kennedy amerikanische Langstreckenraketen aus Europa abziehen –, interpretierten dessen Konkurrenten im Präsidium sein Einlenken als schwere Niederlage. Mißernten führten zu fühlbaren Engpässen bei der Lebensmittelversorgung, die zu Getreideeinfuhren aus den USA zwangen. Auch hierfür wurde Chruschtschow – in erster Linie wegen seiner auf riesige Monokulturen gegründeten Reformen in der Landwirtschaft – persönlich verantwortlich gemacht. Da er sich für die in der KPdSU überaus umstrittene Veröffentlichung von Solschenizyns »Ein Tag im Leben des Iwan Denissowitsch« eingesetzt hatte, geriet seine »liberale« Kulturpolitik ebenfalls ins Kreuzfeuer seiner Kritiker. Am Ende stand er ohne Verbündete da. Im Oktober 1964 stürzte Chruschtschow.

Wie nach dem Tod Stalins übernahm erneut eine Troika die Macht im Kreml. Leonid Breschnew, ein langjähriger Schützling Chruschtschows, wurde neuer Generalsekretär, Aleksej Kossygin erhielt das Amt des Ministerpräsidenten, und als nominelles Staatsoberhaupt fungierte Nikolaj Podgornyi. Breschnew blieb bis zu seinem Tod der primus inter pares, sammelte in den folgenden achtzehn Jahren Ämter und Orden und vertrat in den siebziger Jahren die östliche Supermacht auf den Gipfelkonferenzen mit den US-Präsidenten Gerald Ford, Richard Nixon und Jimmy Carter. Podgornyi verlor sein Amt 1977. Kossygin galt im Westen als Wirtschaftstechnokrat.

Die Entstalinisierungskampagne des entmachteten Ukrainers hatte allerdings Zeichen gesetzt, die nicht mehr ungeschehen gemacht werden konnten. In der Breschnew-Ära entwickelte die Sowjetunion ein poststalinistisches System. Die führende Rolle der KPdSU blieb unangetastet, aber die staatlichen Repressionen erfuhren eine subtilere Umsetzung. 1965 wurden die beiden Schriftsteller Andrej Sinjawskij und Julij

Daniel, die Texte im westlichen Ausland veröffentlicht hatten, verhaftet. Die neue Führung ließ sie jedoch nicht mehr wie in der Stalinzeit ohne Prozeß in Lagern verschwinden oder gar erschießen, sondern vor ein Gericht stellen. Was allerdings weder Sinjawskij noch Daniel vor einem fünfjährigen Arbeitslageraufenthalt in Sibirien bewahrte. Das weltweit diskutierte Vorgehen gegen die beiden Autoren bildete nur den Auftakt zur Verfolgung der Dissidentenbewegung in der Sowjetunion.

Die Troika übernahm zunächst – unter der Leitung Kossygins – die ökonomischen Reformansätze Chruschtschows. Sie mußten jedoch bereits 1965 teilweise zurückgenommen werden, weil sie einen Grundwiderspruch des Systems nicht aufheben konnten. Eine dezentralisiertere Wirtschaftsordnung – wie sie Libermann und andere progressive sowjetische Wirtschaftswissenschaftler forderten – zog quasi automatisch eine politische Liberalisierung nach sich. Als 1968 in der Tschechoslowakei genau dies eintrat, schickte der Kreml nicht nur seine Panzer nach Prag, sondern beschloß auch die endgültige Kehrtwende in der sowjetischen Wirtschaftspolitik.

Der »Prager Frühling« sollte weit über diese Frage hinaus zum Wendepunkt der Breschnew-Ära werden. Auch in der Tschechoslowakei fand die von Chruschtschow ausgelöste Debatte über die Stalinjahre bei Schriftstellern, Regisseuren und Journalisten ein nachhaltiges Echo. Es erschienen westliche Werke in tschechischer Sprache, die ersten Romane von Milan Kundera und Bohumil Hrabal lagen in den Buchhandlungen aus. 1963 organisierte der Germanist Eduard Goldstücker in Schloß Liblice eine Konferenz, die sich mit dem im Ostblock totgeschwiegenen Werk von Franz Kafka beschäftigte und den bedeutendsten deutschtschechischen und jüdischen Autor unseres Jahrhunderts gegenüber der marxistischen Kritik rehabilitierte. Was sich hier auf scheinbar unpolitischem Gebiet vollzog, erfuhr in den kommenden Jahren eine ungeheure gesellschaftliche Sprengkraft. Die Prager Wirtschafts-, Wissenschafts- und Kulturelite entwickelte Thesen eines Reformkommunismus, die schließlich in den »Prager Frühling« einmündeten. Der unmittelbare Anstoß kam vom Schriftstellerkongreß im Juni 1967, auf dem unter anderen die Autoren Milan Kundera, Ludvík Vaculík und Pavel Kohout sich offen gegen die orthodoxe Parteilinie auflehnten. Der Nationalökonom Ota Šik entwarf das Konzept einer durchgreifenden Wirtschaftsreform, die dem Markt einen wichtigen Stellenwert einräumen sollte, andere forderten in ihren Gesellschaftsentwürfen mehr Pluralismus. Am Abend des 31. Oktober begannen die Demonstrationen der Studenten in den Straßen von Prag. Am 4. Januar 1968 trat der Stalinist und Parteichef Antonín Novotny zurück (am 28. März verlor er das Amt des Staatspräsidenten). Einen Tag später wurde der Reformkommunist Alexander Dubček Erster Sekretär der tschechoslowakischen KP. Hatte Breschnew dem um Hilfe bittenden Novotny noch erklärt, es handle sich bei den Protesten gegen ihn um interne Angelegenheiten der Tschechen und Slowaken, sah er die kommenden Entwicklungen mit wachsendem Mißtrauen. Die Tragödie von Ungarn wiederholte sich. Am 21. August marschierten die Truppen der fünf Staaten des Warschauer Paktes in das Land ein. Panzer rollten durch Prag. An den Bürgersteigen standen in ohnmächtigem Zorn die Einwohner der Hauptstadt. 30 000 Tschechen und Slowaken gingen ins westliche Exil, die Parteiführung wurde in den nächsten Monaten abgelöst, und 460 000 Mitglieder wurden aus der KP ausgeschlossen. Gustáv Husák, einst selbst Opfer des Stalinismus, übernahm mit dem Segen Moskaus die Macht. Für die nächsten beiden Jahrzehnte legte sich bleierne Ruhe über das Land.

Interpretierten viele überzeugte Kommunisten die Niederschlagung der Aufstände in Ostberlin und Budapest noch als ein letztes Aufflackern des Stalinismus, so hatte die von der Führung in Moskau befohlene gewaltsame Unterdrückung des Versuchs, einen »Sozialismus mit menschlichem Antlitz« zu etablieren, einen ungeheuren Glaubwürdigkeitsverlust zur Folge. Die kommunistische Weltbewegung verlor jeglichen Glanz. In Italien löste sich die KPI vom marxistischen Dogma (Parteichef Enrico Berlinguer entwickelte den sogenannten Eurokommunismus), in Frankreich verließen die aktivsten Intellektuellen die französische KP, weil die Parteiführung unter Georges Marchais sich auf die Seite der Sowjetunion stellte, und in den Ostblockstaaten selbst bildeten sich verschiedene, politisch zunächst machtlose oppositionelle Gruppen.

Für den Kreml blieb der Herbst 1968 ein Trauma. Breschnew beendete alle Versuche, das System zu modernisieren. In den kommenden Jahren erstarrte die Sowjetunion, unfähig sich auf die ökonomischen und technologischen Herausforderungen der Zeit einzustellen. Die sowjetische Planwirtschaft verschleuderte durch einen exzessiven und unrationellen Abbau die riesigen Rohstoffreserven des Landes, was auch das Entstehen ökologischer Katastrophengebiete (Aralsee, Baikalsee) zur Folge hatte. Ohne die sich in den letzten beiden Jahrzehnten der Sowjetunion immer weiter ausbreitende Schattenwirtschaft im Groß- und Einzelhandel (die bereits zu Lenins Zeiten entstanden war) war die Versorgung nicht mehr zu sichern. Die Wirtschaft nahm mafiose Züge an, in der Bürokratie gehörte die Korruption zum alltäglichen Umgang mit den Bürgern, und sie machte auch nicht vor den höchsten Amtsinhabern von Partei und Staat halt. Die Qualität der sowjetischen Produkte sank ebenso wie die Kapitalreserven der Fabriken. Genaue Zahlen über die Entwicklung des sowjetischen Bruttosozialproduktes lassen sich nicht errechnen. Es ist aber davon auszugehen, daß die Industrie und Landwirtschaft zu Beginn der achtziger Jahre kein Wachstum mehr erwirtschafteten. Der Nomenklatura-Kommunismus richtete das Land zugrunde. Der letzte Akt dieses Verfalls aber begann 1968 in Prag. Denn was hier geschah, trieb die Breschnew-Administration in die ideologische Wagenburg zurück, die sie bis zum Amtsantritt von Gorbatschow nicht mehr verließ. Doch da war es zu spät.

Beim Truppeneinmarsch in die Tschechoslowakei stellte die Nationale Volksarmee der DDR Versorgungs- und Transporteinheiten zur Verfügung. Ulbricht gehörte bei den verschiedenen Konferenzen des

Das Ende des politischen »Frühlings«: Sowjetische Panzer rollen durch Prag und ersticken den Kommunismus »mit menschlichem Antlitz«.

Warschauer Paktes, in denen über das Vorgehen gegen die neue tschechoslowakische Führung um Alexander Dubček diskutiert wurde, zu den Befürwortern einer harten Linie. Im Politbüro ging die Furcht um, der Prager Reformgeist könnte auf die DDR überspringen.

Den Einsatz ihrer Soldaten ließ die SED-Führung in den heimischen Medien pathetisch feiern. Es half wenig. Den Herbst 1968 vergaß vor allem die jüngere Generation nicht. Das Prager Modell wurde in den Monaten vor dem Einmarsch gerade von ihr mit Begeisterung und Optimismus diskutiert. Die von der SED (und Ulbricht persönlich) lange hofierte, damals fünfunddreißigjährige Brigitte Reimann notierte am 1. November in ihrem Tagebuch: »Seit der ČSSR-Affäre hat sich mein Verhältnis zu diesem Land, zu seiner Regierung sehr geändert. Verzweiflung, manchmal Anfälle von Haß.« Sie blieb nicht die einzige, die sich weigerte, die von der SED geforderte Solidaritätserklärung zu unterschreiben.

Die Ereignisse im August 1968 hinterließen in der Gesellschaft der DDR tiefe Spuren. Natürlich reagierten viele Menschen gleichgültig oder wandten sich resigniert wieder ihrem Alltag zu. Aber andere konnten und wollten nicht verdrängen, daß die Armee der »Friedensmacht« DDR an der gewaltsamen Unterdrückung eines Landes teilgenommen hatte, das schon einmal Opfer deutscher Machtpolitik gewesen war. Der Versuch, dagegen öffentlich zu protestieren, provozierte die üblichen Repressalien und führte zu beruflichen Diskriminierungen und Verhaftungen.

Nach dem Ende des »Prager Frühlings« und der Rückkehr Breschnews zu einem rückwärtsgewandten innen- und wirtschaftspolitischen Kurs begann die sowjetische Außenpolitik, eine vorsichtige Annäherung zwischen den beiden Supermächten vorzubereiten. In den sechziger Jahren hatte Moskau einige empfindliche Niederlagen hinnehmen müssen. In der Kubakrise mußte die Sowjetunion einen Rückzieher machen, Frankreich befreite sich aus seinem Algerientrauma, im Nahen Osten hatte Israel 1967 den arabischen Staaten eine vernichtende militärische Niederlage beschert, die die politische Einflußnahme ihrer sowjetischen Verbündeten in dieser wichtigen (Erdöl-)Region reduzierte. Die Verstrickungen der USA in den Vietnamkrieg, die Ende der sechziger Jahre ihren Höhepunkt erreichten, ließen allerdings auch Washingtons Interesse an einer Entspannung des Verhältnisses zur Sowjetunion wachsen. Moskau sah in der Vertiefung der einst von Chruschtschow verkündeten Koexistenz einen Weg, die Position der Stärke angesichts der für das Land kaum noch finanzierbaren Rüstungskosten zu halten, ja möglicherweise sogar noch auszubauen. Beide Mächte aber empfanden die deutsch-deutschen Querelen zunehmend als kontraproduktiv.

Ulbricht stand diesen Annäherungsbemühungen wohl noch skeptischer gegenüber als der westdeutsche Kanzler. Während Adenauer (und sein Nachfolger Ludwig Erhard) um den Alleinvertretungsanspruch Bonns bangte (1965 hatte Ägypten als erster Staat, der dem Warschauer Pakt nicht angehörte, die DDR diplomatisch anerkannt), fürchtete Ulbricht um den Status der DDR. Auch deswegen versuchte die SED sich in die inneren Belange der Bundesrepublik einzumischen und die dortigen »fortschrittlichen Kräfte« zu unterstützen. Als die westdeutsche Gesellschaft Ende der sechziger Jahre von einer Studentenrebellion heimgesucht wurde und deren Führer den Marxismus neu entdeckten, glaubte die SED, in ihnen Verbündete für die eigene Sache zu finden. Wobei sie offensichtlich übersah, daß es sich hier nicht in erster Linie um einen politischen, sondern um einen Generationenkonflikt handelte, der auch in Frankreich oder in den USA hohe Wellen schlug.

Der Versuch, das deutsch-deutsche Gegeneinander aufzulockern, setzte bereits wenige Wochen nach dem Mauerbau ein. Die westdeutschen Sozialdemokraten, von Ulbricht umworben, zeigten Gesprächsbereitschaft, um die Situation der Menschen in der geteilten Stadt zu verbessern. Erste Geheimverhandlungen zwischen dem Berliner Senat und DDR-Beauftragten scheiterten zwar, aber am 13. Dezember 1961 trafen Senatsrat Horst Korber und DDR-Staatssekretär Erich Wendt zu einem Gespräch zusammen, dem sechs weitere folgen sollten. Am Ende überaus langwieriger Verhandlungen stand für die Weihnachtstage 1963/64 eine Passierscheinregelung, die die Mauer – wenn auch nur in West-Ost-Richtung – um einige Zentimeter öffnete. Vom 19. Dezember bis zum 5. Januar besuchten 1,242 Millionen Westberliner ihre Verwandten und Freunde im Ostteil der Stadt. Im September 1964 unterzeichneten beide Seiten ein neues Passierscheinabkommen, und die DDR gestattete ihren Rentnern Besuchsreisen nach Westdeutschland und Westberlin.

Die Verhandlungen hatten aus der Sicht der SED das primäre Ziel, Bonn zur Anerkennung der staatlichen Existenz der DDR zu bewegen. Dies erklärt die störrischen Einwürfe, den Gesprächen einen formalen diplomatischen Charakter zu geben, sie als Treffen der Unterhändler zweier souveräner Staaten zu interpretieren und darauf zu dringen, daß Bonn nicht für Berlin zu sprechen habe.

Ulbricht geriet jedoch unter wachsenden Druck. Breschnew warnte seinen Statthalter in Ostberlin verschiedentlich vor Störmanövern, die Moskaus Verhandlungen mit der anderen Supermacht durchkreuzen könnten. Die Strategie des Kreml war doppelgleisig angelegt: Stillhalteabkommen – vor allem auf dem Rüstungssektor – mit den USA auf der einen und straffe Führung des Warschauer Paktes auf der anderen Seite. So ließ Breschnew auch keine Zweifel aufkommen, daß politische Kompromisse bei den deutsch-deutschen Gesprächen den Status der DDR als eigenständigen Staat und Mitglied des Warschauer Paktes nicht in Frage stellen durften. Eine Position, mit der die SED wenig Schwierigkeiten hatte.

Die Devisenknappheit der DDR erwies sich als weiterer Motor für deutsch-deutsche Fortschritte. Bereits im Dezember 1962 einigten sich beide Seiten auf den sogenannten »Häftlingsfreikauf«. Ein widerlicher Menschenhandel, der den Betroffenen aber weitere Gefängnisjahre ersparte. Als pauschales »Kopfgeld« verlangte die DDR 40 000 DM, ab 1977 95 000 DM. Bis 1989 gelangten rund 30 000 Häftlinge auf diesem Weg in die Bundesrepublik.

Bonn blieb während der sechziger Jahre im deutsch-deutschen Dialog vorsichtig. Die Unionsparteien versuchten mit allen Mitteln den Eindruck zu vermeiden, sie wären auf dem Weg zur Anerkennung der DDR. Sie nahmen dafür auch Konflikte mit ihren entspannungswilligen westlichen Allianzpartnern in Kauf. Bestätigt in ihren Sorgen fühlten sich die CDU-Kanzler in ihrer restriktiven Politik, als einige Staaten der Dritten Welt diplomatische Beziehungen zur DDR aufnahmen. Im Februar 1965 reiste Ulbricht zu seinem ersten Staatsbesuch außerhalb der Ostblockländer nach Kairo. 1969 eröffneten die Republik Irak und Kambodscha ihre Botschaften in Ostberlin. Das Internationale Olympische Komitee ließ 1968 erstmals zwei deutsche Mannschaften zu, was die DDR als großen Erfolg feierte.

Treibende Kraft in der Bonner Deutschlandpolitik wurde die SPD. Der Regierende Bürgermeister von Westberlin, Willy Brandt, und sein Stab begannen ihre Ostpolitik zu entwickeln, die dann in den siebziger Jahren durchgesetzt werden konnte. Ihr Chefarchitekt Egon Bahr – bis 1966 Senatssprecher in Berlin, 1966 bis 1967 Sonderbotschafter im Auswärtigen Amt und dann ab 1967 in der großen Koalition Leiter des

Planungsstabes bei Außenminister Brandt – sprach vom »Wandel durch Annäherung«. Dieses Schlagwort wurde rasch zur Überschrift eines veränderten Denkens innerhalb der Sozialdemokratie. Zwischen Ulbricht und der SPD kam es 1966 zu einem »offenen« Briefwechsel, im April trafen sich Vertreter beider Seiten, um über einen gegenseitigen Redneraustausch zu verhandeln, der dann nicht zustande kam. Die Möglichkeit, daß Sozialdemokraten vor den Bürgern der DDR frei sprechen konnten, erschien Ulbricht denn doch als ein unkalkulierbares Risiko.

Nach dem knappen SPD/FDP-Wahlsieg im Herbst 1969 ergriff die neue Bonner Regierung – befreit vom bremsenden Partner CDU/CSU in der vorausgegangenen großen Koalition – neue Initiativen. Bundeskanzler Brandt schlug der DDR weitere Verhandlungen vor. Bemerkenswert, ja sensationell war dabei, daß er erstmals von der Existenz zweier deutscher Staaten (aber dem Fortbestehen einer deutschen Nation) sprach und die besonderen Beziehungen zwischen ihnen hervorhob. Die staatliche Anerkennung der DDR allerdings lehnte zu diesem Zeitpunkt auch Brandt ab. Der Regierungswechsel in Bonn erwies sich als wichtig und hilfreich, um auf der internationalen Bühne eine Reihe von Konferenzen und Verträgen ins Werk zu setzen, die der Entspannungspolitik dienten.

Im Februar 1970 wurde in einem Briefwechsel zwischen Brandt und dem DDR-Ministerpräsidenten Willi Stoph (er hatte dieses Amt nach Grotewohls Tod 1964 übernommen) erstmals über ein gemeinsames Treffen gesprochen. Am 19. März reiste der Bundeskanzler nach Erfurt zu einem Meinungsaustausch, der die »Politik der kleinen Schritte« vorwärtsbringen sollte. Lange Grundsatzerklärungen und gegenseitige Vorwürfe kennzeichneten die Begegnung, aber beide Seiten sprachen anschließend von einer nützlichen Zusammenkunft. Wichtiger war vielleicht, was sich außerhalb des Konferenzraumes abspielte. Als Brandt sich an einem Fenster des »Erfurter Hofes« zeigte, brach die vor dem Hotel versammelte Menschenmenge zum Entsetzen der Sicherheitskräfte in begeisterte »Willy-, Willy«-Rufe aus. Für die Entspannungsgegner in der SED ein deutliches Signal für die Stimmungslage in der Bevölkerung.

Stoph kam am 21. Mai zum Gegenbesuch nach Kassel. Ulbricht und Honecker hatten das Treffen bei einem Besuch in Moskau mit der sowjetischen Führung vorbereitet. Der DDR-Ministerpräsident reiste mit der Devise in die nordhessische Stadt, ohne staatliche Anerkennung der

Annäherungsversuche: DDR-Ministerpräsident Willi Stoph und Bundeskanzler Willy Brandt treffen sich 1970 in Erfurt und Kassel.

DDR keiner Vereinbarung zuzustimmen. Brandt präsentierte seinem Gast ein Zwanzig-Punkte-Memorandum, in dem die Bundesregierung ihre Position zur Lage der Nation, zum Inhalt eines von ihr gewünschten deutsch-deutschen Vertrages und zu den angestrebten »menschlichen Erleichterungen« darlegte. Das Papier enthielt nicht viel Neues und stieß bei Stoph auf schroffe Ablehnung. Kassel brachte keine Fortschritte, die Sozialdemokraten verkündeten intern eine »Denkpause«.

Beide Treffen erwiesen sich jedoch als eminent wichtig. Sie fanden bei der Mehrheit der West- und Ostdeutschen große Zustimmung. Eine rigorose Abkehr vom Weg der Verhandlungen hätte für die SED die Gefahr eines beträchtlichen Ansehensverlustes in ihrer eigenen Bevölkerung bedeuten können. Es hatte sich etwas verändert im deutsch-deutschen Verhältnis.

Was das Mißtrauen der SED-Führung jedoch nicht schmälerte. Im Besucherstrom aus dem Westen witterte sie die Gefahr der ideologischen Aufweichung. In den Begegnungen mit den Bonner oder Westberliner Unterhändlern fürchtete sie eine Vereinnahmung, deren Folgen ihr unkalkulierbar erschienen. Die Fäden, die Willy Brandt nach der Übernahme des Kanzleramtes mit Polen und der Sowjetunion knüpfte (am 12. August 1970 wurde der »Moskauer Vertrag« – Gewaltverzicht, »Normalisierung« der Beziehungen – unterzeichnet, am 7. Dezember der Grundlagenvertrag mit Polen), und die am 26. März 1970 beginnenden Viermächteverhandlungen über Berlin lösten in der SED Nervosität aus, verstärkte ihre Sorge, von den weltpolitischen Veränderungen überrollt zu werden. Um dem entgegenzuwirken, hatte die DDR bereits 1964 einen Freundschaftsvertrag mit der Sowjetunion (bald folgten entsprechende Verträge mit Polen, der Tschechoslowakei und Bulgarien) unterzeichnet, der die »Unantastbarkeit der DDR-Grenzen« beschwor. Das gleiche Motiv ließ sich im Staatsbürgerschaftsgesetz von 1967 erkennen, das von zwei »Staatsvölkern« sprach.

Die meisten Menschen in Ost und West erkannten angesichts der sich hinziehenden, verkrampften und von Propagandagetöse begleiteten Verhandlungen zwischen Bonn und Ostberlin noch nicht, welche neue politische Dimension der deutsch-deutsche Dialogversuch eröffnet hatte. Sie waren schon über jede Erleichterung an der Grenze froh und bangten angesichts der ungebrochenen Hochrüstung der beiden Blöcke um den Frieden. Hoffnung und Zweifel hielten sich bei den Deutschen angesichts der vielen Rückschläge, die die Entspannungspolitik begleiteten, die Waage. Amerikas schmutziger Krieg in Vietnam, die Gewaltaktionen des Warschauer Paktes in der Tschechoslowakei oder die Behinderung des Transitverkehrs von und nach Berlin als Reaktion auf die Fraktionssitzungen der Bonner Parteien im Berliner Reichstag (Dezember 1970 und Januar 1971) gehörten zu den Ereignissen, die die zaghaften Fortschritte im Verhältnis zwischen Ost und West überlagerten.

Ulbrichts politisches Ende stand nicht im Zusammenhang mit der Entspannungspolitik, über die alle in Europa sprachen. Er stürzte nicht deswegen, weil Moskau in dem Altstalinisten einen Störfaktor für seine doppelgleisige Strategie im welpolitischen Poker zu sehen glaubte. In gewohnter Wendigkeit schloß er sich auch in seinen letzten Politikerjahren dem sowjetischen Kurs an, gab rasch nach, wenn sein Credo von der Eigenstaatlichkeit der DDR in den diversen Verträgen und Abkommen Moskaus mit der Bundesrepublik und den Westmächten nicht mit dem Nachdruck ihren Niederschlag fand, wie er es gefordert hatte.

Die Dokumente, die nach 1990 veröffentlicht wurden, zeigen, daß der Einundsiebzigjährige einem parteiinternen Machtkampf zum Opfer gefallen war. Es ereilte ihn jenes Schicksal, das in den vergangenen Jahrzehnten so unendlich viele seiner einstigen Kampfgenossen durch ihn erlitten hatten. Seine Niederlage war allerdings erheblich humaner als die seiner früheren Gefährten, auf die nicht selten die Gefängniswärter oder Erschießungskommandos warteten.

Die Schlüsselrolle spielte Erich Honecker. Von Ulbricht als »Kronprinz« aufgebaut, verriet er kaltblütig seinen politischen Ziehvater, um selbst zur Krone zu greifen. Im bundesrepublikanischen Wahlkampf von 1969 gab Breschnew die Order aus, das Zustandekommen einer sozialliberalen Koalition in Bonn zu fördern. Sie schien ihm mit Blick auf die Unionsparteien ein besserer Garant, um das sowjetische Imperium an seiner Westgrenze durch Verträge zu stabilisieren und die Existenz der DDR langfristig zu konsolidieren. Ulbricht zögerte nicht, diesen Kurswechsel mitzuvollziehen. »Wir haben keine andere Wahl, als der SPD-Regierung zu langem Leben zu verhelfen, ... um Strauß und Konsorten« zu verhindern, verkündete der Erste Sekretär. Die Anti-Brandt-Kampagne wurde gestoppt. Der Staatsratsvorsitzende hoffte ferner bei einem Regierungswechsel auf entschiedenere Hilfen Bonns für die DDR-Wirtschaft. Honecker hingegen vertrat gegenüber den Ideen der sozialdemokratischen Ostpolitik eine härtere Linie, sah in den Vorschlägen der SPD die Gefahr einer politischen Vereinnahmung, und er ließ dies den Kreml wissen.

Bei seinem Besuch am 28. Juli 1970 in Moskau begann er sein riskantes Spiel und forderte von Breschnew die Entmachtung Ulbrichts. Dieser zögert zwar noch, aber er stimmte mit Honeckers restriktiver Linie in der Deutschlandpolitik überein. Aus Breschnews Sicht galt es, mögliche Ostberliner Alleingänge schon im Ansatz zu unterbinden. Als eine SED-Delegation am 20. August in der Sowjetunion weilte, warnte der Kremlchef die deutschen Kommunisten unter dem drohenden Hinweis auf das Schicksal der Prager Reformer vor einem allzu heftigen Flirt mit den Westdeutschen. »Es gibt, es kann und es wird zu keinem Prozeß der Annäherung zwischen der DDR und der BRD kommen«, ließ er seine Besucher wissen. In einem Gespräch unter vier Augen mit Honecker verlangte er einen eindeutigen Abgrenzungskurs Ostberlins gegenüber Bonn.

Dieser nutzte wenig später die neuen negativen Botschaften aus der DDR-Wirtschaft, wie Planungsrückstände und ein Absinken der Konsumgüterproduktion, um sie Ulbricht anzulasten. Auf einer Sitzung am 8. September 1970 verlangten unter Honeckers Regie einige Politbüromitglieder (darunter Willi Stoph und Günter Mittag) eine Korrektur des Wirschaftskurses. Ulbrichts Schlußwort, in dem er einen Wechsel in der Wirtschaftspolitik in dem verlangten Ausmaß ablehnte, wurde nicht – wie ansonsten üblich – im »Neuen Deutschland« veröffentlicht. Erneut forderte Honecker bei Breschnew Ulbrichts Entmachtung. Diesmal konnte er mit dem Gefühl abreisen, daß er kurz vor dem Ziel stand. Und er arbeitete konsequent weiter an der Demontage seines Rivalen. Am 21. Januar 1971 schickten dreizehn Politbüromitglieder einen geheimen Brief nach Moskau: »Leider können wir nicht umhin festzustellen, daß sich bei Genossen Walter Ulbricht in der letzten Zeit bestimmte negative Seiten seines auch ohnehin schwierigen Charakters immer mehr verstärken… Im Umgang mit den Genossen ist er oft grob, beleidigend und diskutiert von einer Position der Unfehlbarkeit.«

Der Brief zeigte im Kreml Wirkung. Am 12. April forderte Breschnew den Ersten Sekretär der SED auf, zurückzutreten. Ulbricht erkannte, daß er ausgespielt hatte, am 3. Mai resignierte er. Honecker durfte triumphieren. Die dem Gestürzten verbliebene Funktion des Staatsratsvorsitzenden kümmerte den Sieger herzlich wenig. Ulbricht hatte nichts mehr zu sagen, was ihn Honecker bis zu seinem völligen Rückzug aus der Politik auf demütigende Weise spüren ließ. Ironie der Geschichte: Der orthodoxe Altstalinist stürzte ausgerechnet in dem Augenblick, als er wohl zum ersten Mal in seiner politischen Laufbahn auf der Seite der »Modernisierer« stand. Denn er hatte erkannt, daß der dringend notwendige Um- und Neubau der DDR-Wirtschaft ohne westdeutsches Kapital nicht möglich sein würde. Deswegen setzte er sich für ein Arrangement mit der Bonner Regierung ein. Honecker verweigerte sich dieser Einsicht, um allerdings später genau das umzusetzen, was sein Vorgänger gewollt hatte.

1973 starb Walter Ulbricht. Er hatte die Hitlerzeit und das Moskauer Exil, die Schauprozesse und Säuberungen, Stalin und Chruschtschow, die stalinistischen Führer in Polen, Ungarn, Bulgarien, Rumänien und in der Tschechoslowakei überlebt. Ein Vierteljahrhundert hatte er die DDR als Diktator regiert, länger als alle anderen kommunistischen Regierungschefs. Er hinterließ eine lange Blutspur und ein Land ohne Zukunft. Am Ende wartete ein gescheiterter, verbitterter Mann auf den Tod.

4. Ende eines Staates (1971–1989)

Es ist erstaunlich, mit wieviel Hoffnung der Machtwechsel in der DDR selbst, aber auch im westlichen Ausland registriert wurde. Es war wohl vor allem Ulbrichts Ruf als Stalinist, der dafür sorgte, daß ein allgemeines Aufatmen seinen politischen Abgang quitterte. Dabei übersahen allzu viele, daß Erich Honecker weder ein Wirtschaftsmodernisierer noch ein Reformkommunist war. Im Gegenteil, sein Lebensweg und sein Aufstieg in der Partei wiesen ihn als einen ideologischen und machtpolitischen Hardliner aus.

1912 im saarländischen Neunkirchen geboren, verschrieb sich der gelernte Dachdecker ab 1930 ganz der Politik. Im kommunistischen Jugendverband begann seine politische Laufbahn 1926, hier lernte er schon früh die eiserne Parteidisziplin, an der er zeitlebens festhielt. Im Herbst 1930 studierte er an der Moskauer Leninschule Marxismus-Leninismus und kehrte als glühender Verehrer Stalins zurück. Nach Hitlers Machtübernahme ging er in den Untergrund, wurde verhaftet, floh nach Holland und meldete sich im Februar 1935 bei der »Roten Hilfe«, einer die Sowjetunion unterstützenden Organisation, in Paris. Im August 1935 hielt er sich als »Kurier« wieder in Deutschland auf und fiel erneut in die Hände der Gestapo. Der Volksgerichtshof verurteilte ihn zu zehn Jahren Zuchthaus. Er war kein Held des Widerstandes, wie seine offizielle Biographie es darstellt, denn bei den Verhören bekannte er sich sofort zu seiner illegalen Tätigkeit und gab Namen seiner kommunistischen Kontaktpersonen und die konspirativen Treffpunkte preis. Nach Aussagen von Mithäftlingen isolierte er sich in der langjährigen Haftzeit (überwiegend im Zuchthaus Brandenburg-Görden) von seinen kommunistischen Kameraden und enthielt sich aller politischen Äußerungen. Am 6. März 1945 floh er während eines Arbeitseinsatzes und stieß im Mai zu der aus Moskau eingeflogenen »Gruppe Ulbricht«. Im Juni ernannte ihn Ulbricht zum Jugendsekretär der KPD und beauftragte ihn mit dem Aufbau der FDJ. Seine nicht ganz lupenreine »antifaschistische« Vergangenheit und sein Privatleben (der verheiratete Honecker hatte ein Verhältnis mit seiner späteren Ehefrau Margot) irritierten einige Politbüromitglieder, aber sein Mentor wußte die peinlichen Anfragen energisch unter den Teppich zu kehren. Es ging rasch aufwärts mit dem jungen Mann: Auf dem III. Parteitag 1950 wurde er Mitglied des Zentralkomitees, kurze Zeit später Kandidat des Politbüros.

Seinem Vorgänger in der Staats- und Parteispitze stand Honecker in bezug auf die repressive Durchsetzung der Führungsrolle der Partei und die Unterdrückung von pluralistischen Ansätzen in Politik, Wirtschaft oder Kultur in nichts nach. In den parteiinternen Auseinandersetzungen blieb er ein treuer Gefolgsmann seines mächtigen Förderers. Mehr noch: Wann immer ein antireformerischer Kurswechsel der SED anstand, übernahm Honecker die Rolle des Scharfmachers. Gemeinsam mit Erich Mielke »entlarvte« er 1956 nach dem Aufstand in Ungarn die oppositionellen Gruppen in der DDR und trug eine erhebliche Mitverantwortung für die Terrorurteile gegen Wolfgang Harich und Walter Janka. Beim Sturz der Politbüromitglieder Schirdewan und Wollweber 1958 war es wiederum Honecker, der das Szenario für die Vernichtung von Ulbrichts Rivalen vorbereitet hatte. Die eingeschüchterten Genossen übertrugen ihm daraufhin die Abteilung für Sicherheitsfragen im Zentralkomitee, kurze Zeit später erhielt er auch die Zuständigkeit für »Kaderfragen« und »Leitende Parteiorgane«. Was ihn – in Verbindung mit seiner Stellvertreterfunktion im Nationalen Verteidigungsrat – machtpolitisch zur Nummer zwei in der SED aufsteigen ließ. Honecker bereitete organisatorisch den Mauerbau vom August 1961 vor und leitete die Durchführung. Er drängte im Politbüro auf eine weitere militärische Sicherung der DDR-Grenze und forderte die Soldaten zum Schußwaffengebrauch gegen Flüchtlinge auf. Als die SED auf dem elften Plenum (»Kahlschlag«-Plenum) im Dezember 1965 das Ende der nach der Grenzschließung etwas liberalisierten Jugend- und Kulturpolitik verkündete, hielt Erich Honecker die zentrale Rede.

Vielleicht waren die Menschen in Ost und West zu sehr auf die deutsch-deutsche Annäherung und die allgemeine Entspannungspolitik fixiert, um sich daran zu erinnern, welche Taten der neue erste Mann in Ostberlin auf seinem Weg nach oben zu verantworten hatte. Vieles lag ja auch noch in den Archiven verborgen und kam erst nach 1990 ans Licht. Auch wenn westliche Kommentatoren und Staatsmänner optimistische Töne anschlugen: Der Führungswechsel führte zu keinem prinzipiellen Wandel in der Politik der SED. Honecker erwies sich im Laufe der Jahre trotz aller Warnungen seiner Wirtschaftsexperten als unfähig, die bedrohlichen volkswirtschaftlichen Entwicklungen zu erkennen. Selbst als sich Mitte der achtziger Jahre in der Sowjetunion ein gewaltiger Reformumbruch vollzog, blieb er Gefangener der marxistischen Orthodoxie. Das absolute Primat der Partei blieb für ihn bis zum politischen Sturz unumstößliches Credo. Seine Reden wirkten so monoton wie die Ulbrichts. Ein Zyniker der Macht war er und letztlich wohl auch ein beschränkter Geist, der nicht über den Tellerrand seines kommunistischen Weltbildes hinausblicken konnte.

Als weiteres, außerhalb der DDR zunächst kaum beachtetes Warnzeichen für die innergesellschaftliche Entwicklung muß im nachhinein der faktische Machtzuwachs Erich Mielkes gewertet werden. Der Minister für Staatssicherheit übernahm in den siebziger Jahren neben Honecker die wichtigste politische Rolle im Land. Das Ministerium erfuhr eine kräftige Personalaufstockung. Arbeiteten 1973 noch 53 000 hauptamtliche Mitarbeiter für die Stasi, waren es 1983 bereits 85 500. Ein Überwachungsstaat war die DDR auch vorher gewesen. Jetzt aber breitete sich das Spitzelsystem wie ein Krebsgeschwür über das Land aus. Die internationalen Verträge, die die DDR in den kommenden Jahren unterzeichnete, wirkten in die Gesellschaft hinein. Immer mehr Menschen beriefen sich auf die Einhaltung der Menschenrechte, wie es die KSZE-Schlußakte von 1975 für alle Unterzeichnerstaaten festgelegt hatte. Die Staatssicherheit sollte angesichts solcher aus Sicht der SED bedrohlicher Entwicklungen die Schleusen schließen, rechtzeitig eingreifen, um jede Opposition im Keim zu ersticken oder legale Ausreiseanträge sofort abzublocken. Das Informantensystem, die in allen Dik-

Der Mann im Hintergrund: Nach seinem Sturz darf Ulbricht nur noch Orden überreichen, die Fäden der Macht zieht Erich Honecker (ganz links).

taturen übliche Aufforderung zur Denunziation, überschattete den Alltag der Menschen. Die Post- und Telefonüberwachung erlebte infolge der technologischen Fortschritte quantitativ neue Dimensionen. In den Archiven der Stasi lagerten Berge von Personalakten, in denen auch die intimsten Handlungen der Ausgespähten und Ausgehorchten ihren Niederschlag fanden. Alle unterlagen der Überwachung: die Betriebsleiter, die Wissenschaftler, die Künstler, die Bischöfe und Pfarrer, die Kirchenbesucher, die Westreisenden, die Umwelt- und Friedensgruppen, die in Ostberlin akkreditierten ausländischen Journalisten – und auch die Politbüromitglieder. Erich Mielke saß wie eine Spinne in der Mitte dieses Spitzelnetzes. Das gab ihm die Macht. Er genoß und nutzte sie, und er fand in Honecker einen kongenialen Partner. Als Mielke, der sich bereits in den Weimarer Jahren als Totschläger hervorgetan hatte, stürzte, entpuppte er sich als greinender und seniler Greis. Ein brutaler Kleinbürger, den ein Zufall der Geschichte weit über seine moralischen und geistigen Fähigkeiten hinaus für einen kurzen historischen Augenblick zum Herrn über Millionen Schicksale werden ließ.

Die Unterdrückung und Gängelung der Bevölkerung in den Honeckerjahren nahmen gegenüber dem staatsterroristischen Vorgehen während der Ulbrichtära subtilere Formen an. Arbeitsplatzverlust, Einschüchterung und Erpressung reichten vielfach aus, um die Betroffenen zur Räson zu bringen. Wo das nicht half, scheute sich die Justiz allerdings auch jetzt nicht, drakonische Urteile auszusprechen. Ein besonderes Merkmal der Honeckerzeit war der Umgang des Staates mit Menschen, die den Antrag auf Ausreise zu stellen wagten. Reichten sie die entsprechenden Formulare ein, verloren sie sofort ihren Arbeitsplatz, und es folgte eine jahrelange gesellschaftliche Diskriminierung. Honecker persönlich setzte sich für die entsprechenden Veränderungen im Strafrecht ein, die ausreisewillige Bürger kriminalisierten. Im Februar 1977 beschloß das Zentralkomitee: »Gegen Bürger, die im Zusammenhang mit ihren Übersiedlungsabsichten Straftaten, unter anderem Rechtsverletzungen, begehen, sind strafrechtliche, arbeitsrechtliche und alle anderen Mittel des sozialistischen Rechts konsequent und differenziert anzuwenden.«

An der deutsch-deutschen Grenze baute die Regierung die Minengürtel aus und errichtete sogenannte Selbstschußanlagen. Der Waffengebrauch der Grenzschützer forderte immer wieder Opfer von Menschen, die die Sperren zu durchbrechen versuchten. Schikanöse

Kontrollen für Westreisende an den Transitübergängen vervollständigten das Bild von der häßlichen DDR, das nicht verschwinden wollte.

Wenn also viele Zeitzeugen die siebziger Jahre als die »glücklichste« Zeit der DDR bezeichnen, dann ist dies angesichts der politischen Wirklichkeit nur schwer nachzuvollziehen. Vielleicht überdeckte die merkbare Besserung der Konsumgüterversorgung, die den Beginn der Honeckerära kennzeichnete, die tiefen Schatten, die weiterhin über dem Land lagen. Der Schriftsteller Günter de Bruyn überliefert in seinen Erinnerungen ein wohl recht treffendes Stimmungsbild der Honeckerjahre: »Verglichen mit Ulbrichts Zeiten, waren die materiellen Lebensverhältnisse besser, die Überwachungsmethoden zwar perfekter, aber doch leiser geworden. Die Beherrschten hatten gelernt, sich in Genügsamkeit zu bescheiden, und auch die Herrschenden begannen, sich mit dem Volk abzufinden. Sie verkündeten zwar weiter die unantastbare Lehre, weil ihre Legitimation einzig darauf beruhte, sahen aber von ihren kühnen politischen Zielsetzungen weitgehend ab... Wer die bestehende Machtkonstellation anerkannte, wurde weitgehend in Ruhe gelassen.«

Die siebziger Jahre brachten der DDR endlich auch die langersehnte internationale Anerkennung, zu rund siebzig Staaten nahm sie diplomatische Beziehungen auf. Sie erhielt einen Sitz bei den Vereinten Nationen und schickte ohne diplomatische Kontroversen ihre Vertreter auf die diversen internationalen Konferenzen. Auch die Bundesrepublik hatte die eigenständige Staatlichkeit der DDR akzeptiert. Nicht nur die sozialdemokratischen Kanzler Brandt und Schmidt konferierten von gleich zu gleich mit Honecker, 1985 empfing ihn auch Helmut Kohl als offiziellen Staatsgast – mit Nationalhymne und -flagge nebst Ehrenkompanie der Bundeswehr – in Bonn. Die Geschichte, so glaubten nahezu alle Deutschen, hatte entschieden.

Es mag sein, daß diese nachvollziehbare Haltung, sich um des Friedens willen ins Unvermeidliche zu fügen, dazu beitrug, das Jahrzehnt zu überschätzen. So registrierte der Westen nur teilweise den drastischen wirtschaftlichen Niedergang, der »klammheimlich« die DDR-Industrie einholte. Natürlich wußte Bonn um die Probleme, aber legte man nicht die Meßlatte der westlichen Industriestaaten an, dann schien sich in der DDR eine respektable wirtschaftliche Entwicklung abzuzeichnen. Jedenfalls erweckten die Berichte der professionellen Beobachter in den westdeutschen Parteien und Medien einen solchen Eindruck.

Honeckers Politik beruhte auf zwei strategischen Eckpunkten: scharfe Abgrenzung gegenüber der Bundesrepublik und ein Wirtschaftskonzept, dessen sozialpolitische Komponente gegenüber den Ulbrichtjahren eine deutliche Aufwertung erfuhr. Was die deutsch-deutsche Frage betraf, erweiterten auf der einen Seite die in den kommenden Jahren unterzeichneten zwischenstaatlichen »Entspannungs«-Abkommen die zwischengesellschaftlichen Beziehungen. Auf der anderen Seite enthielten die Gewaltverzichtsverträge, die Bonn mit der Sowjetunion und Polen abschloß, eine Garantie für die Unverletzlichkeit der bestehenden Grenzen. Damit hatte Bonn de facto auch die Staatsgrenze der DDR akzeptiert.

Den Einfluß der westlichen Lebens- und Politikkultur auf die Gesellschaft der DDR zu unterbinden, darin sah Honecker gegenüber der Bundesrepublik eine existentielle Frage. Im »Grundlagenvertrag«, den die beiden deutschen Regierungen nach monatelangen Verhandlungen im Dezember 1972 schließlich unterzeichneten, fehlte jeder Hinweis auf die »Einheit der Nation«. Die Bundesrepublik gab in Artikel 6 ihren über dreiundzwanzig Jahre behaupteten »Alleinvertretungsanspruch« auf, denn die Vertragspartner »respektieren die Unabhängigkeit und Selbständigkeit jedes der beiden Staaten in seinen inneren und äußeren Angelegenheiten«. Ein Sieg für die DDR, aber auch ein Erfolg für die Regierung Brandt/Scheel. Die Westdeutschen bescherten ihren mutigen »Ostpolitikern« am 19. November 1972 einen grandiosen Wahlsieg.

Um die möglicherweise gefährlichen Folgen dieser Annäherung abzuwehren, suchte die DDR bewußt noch engeren Kontakt zur Sowjetunion und verschärfte im Innern die Überwachung der Bevölkerung. Wenn diese Doppelstrategie schließlich am Ende doch scheiterte, so lag dies am wirtschaftlichen Niedergang, der alle Staaten des Warschauer Paktes heimsuchte. Die Auslandsverschuldung des Ostblocks erreichte astronomische Höhen, die exorbitant steigenden Zinslasten entzogen den Staaten wertvolle Devisen, die für die dringend erforderliche industrielle Modernisierung nicht zur Verfügung standen.

Der engere Anschluß an die sowjetische Schutzmacht manifestierte sich in der Neuauflage des Freundschafts- und Beistandsvertrags, den beide Länder 1975 für eine Laufzeit von fünfundzwanzig Jahren abschlossen. Die DDR verpflichtete sich darin zur militärischen Unterstützung der östlichen Vormacht. Gleichzeitig vereinbarten beide Vertragspartner eine enge Zusammenarbeit ihrer Volkswirtschaften.

Innenpolitisch setzte die SED in der 1974 revidierten Verfassung ein weiteres Zeichen: Alle gesamtdeutschen Bezüge, die ihre Vorgängerin noch enthalten hatte, waren verschwunden. Kurz nach der Unterzeichnung des »Grundlagenvertrages« unterstrich Politbüromitglied Werner Lamberz noch einmal die Ängste der Partei: »Denn der Klassenfeind wird alles versuchen, auch aus dem Prozeß der Entspannung, aus den Erfolgen unseres Kampfes um Koexistenz und Sicherheit in Europa, um die völkerrechtliche Anerkennung der DDR für sich neue, direkte Einflußmöglichkeiten herauszuholen. Wir müssen das ganz nüchtern betrachten.«

Die sozialpolitische Komponente der neuen Wirtschaftspolitik, mit der Honecker die Menschen im Land von den Erfolgen des Sozialismus überzeugen wollte (um damit auch ein wenig die Werbespotparadiese des Westfernsehens zu relativieren), führte nach wenigen Jahren in eine Verschuldungsfalle, aus der die staatliche Finanzpolitik nicht mehr herauskam. Der Schwerpunkt lag beim Wohnungsbau. Wie in den Ulbrichtjahren mußten vor allem junge Menschen immer noch jahrelang warten, um ein »eigenes Heim« beziehen zu können. Die Partei versprach, dieses »soziale Problem« bis zum Jahre 1990 zu lösen. Auch für berufstätige Frauen gab es Erleichterungen: Verlängerung des Mutterschaftsurlaubs, verkürzte Arbeitszeiten, Ausbau der Kindergärten. Hinzu kam eine allgemeine Anhebung der Niedriglöhne und der Mindestrenten.

Natürlich begrüßten die Menschen das »große sozialpolitische Programm«, und es brachte ihnen in der Tat viele längst überfällige Verbesserungen. Die Produktion von Haushaltsgeräten nahm in den kommenden Jahren ebenso beachtlich zu wie die Herstellung von Fernsehapparaten oder Autos (der Anteil der Haushalte, die einen PKW besaßen, stieg zwischen 1970 und 1975 um über 10 auf 26,2 Prozent an). Die Bevölkerung konnte sich lange aufgestaute Konsumwünsche erfüllen, womit das Regime zweifellos Pluspunkte verbuchte.

Aber schon bald zeigte sich, daß die DDR diese ehrgeizigen Vorhaben nicht aus eigener Kraft erwirtschaften konnte. Im Grunde ließ sich die Ankurbelung des Konsums – eine direkte Folge des sozialpolitisch motivierten Ausgabenanstiegs – nur mit den Krediten des westlichen Auslands finanzieren. Die DDR-Handelsbilanz verzeichnete im Zeitraum von 1971 bis 1975 ein Minus von dreizehn Milliarden Valutamark. Die Statistik wies damit auf einen übermäßig raschen Anstieg der

Verschuldung gegenüber der Ulbrichtära hin. In den folgenden fünf Jahren stieg das Minus in der Handelsbilanz gegenüber dem Westen auf dreißig Milliarden Valutamark.

Ende der siebziger Jahre weigerte sich Honecker, den dringlichen Ratschlägen der Fachleute zu folgen und durch sozialpolitische Zurückhaltung und eine Industriepreisreform Mittel für die überfälligen Modernisierungsinvestitionen frei zu machen. Bereits 1976 – die Weltmarktpreise für Rohöl waren sprunghaft gestiegen – verweigerte die Sowjetunion ihrem Verbündeten die Erhöhung verbilligter Rohölbezüge, und als der ZK-Sekretär für Wirtschaftsfragen, Günter Mittag, vor der Zahlungsunfähigkeit des Staates warnte, winkte Honecker wütend ab. Er war ein Dilettant in Wirtschaftsfragen und verlor in den kommenden Jahren vollends den Überblick.

Parallel zu den sozialpolitischen Offensiven erfolgten im Frühjahr 1972 neue Verstaatlichungen (die vorwiegend die letzten Restbestände der privaten Kleinindustrie liquidierten). In der Landwirtschaft setzte die SED einen weiteren Konzentrationsprozeß durch, der zu einer zahlenmäßigen Verringerung der Produktionsgenossenschaften führte. Beides löste keine ökonomischen Impulse aus, sondern förderte den leistungshemmenden Zentralismus in der Volkswirtschaft.

Die Honecker-Administration versuchte, ihre Wirtschaftspolitik im großen und ganzen bis zum Ende beizubehalten, und sie trieb den Staat damit systematisch in den Konkurs. In der Weltwirtschaft begann sich eine technologische Revolution abzuzeichnen, die Elektronik- und Kommunikationsindustrie nahm die Eroberung riesiger neuer Märkte ins Visier. Die westlichen Wirtschaftssysteme standen vor tiefgreifenden Umstrukturierungen. In der DDR dagegen verfielen die veralteten industriellen Anlagen, sanken Produktivität und Investitionsraten. Da es Arbeitslosigkeit im Sozialismus nicht geben durfte, waren die Betriebe personell übersetzt. Während die Unternehmen der westlichen Industriestaaten – beginnend in den siebziger Jahren – einschneidende Rationalisierungsmaßnahmen kennzeichneten, fehlte angesichts der starren Arbeitsmarktpolitik in der DDR für die dortige Wirtschaft dieser Zwang zur Kostenreduzierung und damit zur Erhaltung der Wettbewerbsfähigkeit auf dem Weltmarkt. Die Partei hatte ein – trotz der großen Landwirtschaftsflächen – einst hochindustrialisiertes Land mit im Vergleich zu vielen anderen Nationen hervorragend ausgebildeten Menschen in vier Jahrzehnten komplett heruntergewirtschaftet.

Am Anfang seiner Amtszeit warb Honecker auch um die Künstler. Auf der Tagung des Zentralkomitees im Dezember 1971 erklärte er: »Wenn man von der festen Position des Sozialismus ausgeht, kann es meines Erachtens auf dem Gebiet der Kunst keine Tabus geben.« Dies hörten die Schriftsteller, Maler und Musiker gerne, allerdings blieben sie mißtrauisch. Zu Recht, denn Chefideologe Kurt Hager ließ schon im Juli 1972 wissen: »Wenn wir uns entschieden für die Weite und Vielfalt aller Möglichkeiten des sozialistischen Realismus… aussprechen, so schließt das jede Konzession an bürgerliche Ideologien und imperialistische Kunstauffassungen aus.«

Die Freiheit der Kunst fand also auch unter Honecker ihre engen, von der Partei bestimmten Grenzen. So schrieb der junge Ulrich Plenzdorf für das Theater ein Aussteigerstück – »Die neuen Leiden des jungen W.« –, das bei der Jugend großen Erfolg hatte, die Partei aber empörte. Wie Plenzdorfs sensibler Held Edgar Wibeau, der sich von Goethes Werther inspirieren läßt, argumentierte und die Welt interpretierte, so handelte und dachte kein mit sozialistischem Optimismus erzogener junger Mann.

Stefan Heyms Roman »Der König-David-Bericht« durfte zwar endlich in der DDR erscheinen. Auch der Gedichtband »brief mit blauem siegel« des Lyrikers Reiner Kunze – seit seiner öffentlich bekundeten Solidarisierung mit dem »Prager Frühling« hatte die Partei den Autor mit einem Publikationsverbot belegt – konnte überraschenderweise vom Leipziger Reclam-Verlag veröffentlicht werden. Als aber einige seiner kurzen Prosastücke unter dem Titel »Die wunderbaren Jahre« 1976 im Westen erschienen, verbannte ihn der Schriftstellerverband aus seinen Reihen. Der ebenfalls verketzerte Robert Havemann schrieb: »Es gibt keinen Fall Reiner Kunze. Es gibt nur den Fall des Schriftstellerverbandes der DDR.« Auf dem siebten Schriftstellerkongreß im November 1973 bemühten sich die Autoren immerhin, eine »mittlere Linie« zu propagieren, zumindest im Ansatz diskutierten die Teilnehmer die ideologischen Gegensätze, die auch ihre Reihen spalteten.

Im November 1976 reiste der Balladendichter und Liedermacher Wolf Biermann zu einem Konzert nach Köln. Die SED nutzte diesen künstlerischen Ausflug und bürgerte den von der Partei seit Jahren drangsalierten Schriftsteller aus. Die gewünschte Rückkehr in die DDR wurde ihm verweigert. Biermann, ein überzeugter Reformkommunist, hatte aus seiner Freundschaft zum in Ungnade gefallenen Robert Havemann und seiner Kritik am politischen System im Land nie ein Hehl gemacht.

Die Biermannaffäre löste eine gewaltiges Echo aus. Prominente Schriftsteller, Schauspieler, Regisseure, Maler und Komponisten sahen in diesem administrativen Willkürakt einen Angriff auf das Selbstverständnis der Kunst, vor allem der Literatur, im Sozialismus. Viele von ihnen unterschrieben Solidaritätsadressen und forderten die Partei auf, den Ausbürgerungsbeschluß zurückzunehmen. Zum ersten Mal artikulierte sich im Kreis der Intellektuellen der DDR eine so breite Auflehnung gegen die Allmacht der Partei. Andere schwiegen oder stellten sich auf die Seite der Staatsmacht. Die SED reagierte mit Druck, forderte die Protestierer zur Rücknahme ihrer Unterschriften auf und drohte mit Publikationsverboten.

Allerdings versuchte sie angesichts der nicht zu bremsenden Diskussion diesmal etwas geschmeidiger, die aufmüpfigen Kulturschaffenden zum Wohlverhalten zu überreden. Die SED war verunsichert. Der Chef der Abteilung Agitation und Propaganda, Werner Lamberz, forderte einige der protestierenden Künstler zu einer privaten Zusammenkunft

Ausgebürgerter Liedermacher: Wolf Biermann darf nicht mehr von einem Besuch in der Bundesrepublik in die DDR zurückkehren.

331

auf, um den Fall Biermann und die Unterschriftenaktion zu diskutieren. Das Treffen fand im Haus des in der DDR überaus erfolgreichen und beliebten Schauspielers Manfred Krug statt, und der machte von dem Gespräch eine heimliche Tonbandaufnahme. Diesen Mitschnitt veröffentlichte er 1996 in seinem lesenswerten Buch »Abgehauen«. Es ist ein ungewöhnliches Zeitdokument, daß die Situation zwischen Partei und Intellektuellen in der Nach-Ulbricht-Zeit eindrucksvoll widerspiegelt. Die Künstler – darunter Stefan Heym, Jurek Becker, Heiner Müller, Gerhard Wolf und Ulrich Plenzdorf – versuchten ihre Position zu verteidigen. Zwischen dem SED-Mann und ihnen entstand im Laufe des Gesprächs eine eigenartige Symbiose aus gegenseitiger Anpassung und Selbstbehauptungswillen. Lamberz' Diskussionspartner waren keineswegs gewillt, über die Unterschriftenaktion hinauszugehen, und sie zeigten gegenüber der konziliant vorgetragenen Meinung des Parteivertreters überraschend viel Verständnis. Es reichte ihnen offensichtlich, ihren Widerspruch mit der nicht risikolosen Unterschrift unter den Biermannprotest artikuliert zu haben. Weitergehende öffentliche Opposition gegen das System lag ihnen fern. Man arrangierte sich, ohne die eigene Identität zu opfern. Eine vielleicht für die Gesamtgesellschaft der Honeckerjahre typische Verhaltensweise.

Aber die Gesprächsangebote der SED verschonten die Unterzeichner nicht vor weiterem Ärger. Als Stefan Heym, der sich ebenfalls mit Biermann solidarisch erklärt hatte, 1979 ohne Genehmigung seinen in der DDR nicht publizierten Roman »Collin« im Westen veröffentlichte, verurteilte ihn ein Gericht wegen Devisenvergehens zu einer Geldstrafe von neuntausend Mark. Acht Schriftsteller – darunter Jurek Becker, Erich Loest und Klaus Schlesinger – protestierten in einem Brief an Honecker und kritisierten generell die Kulturpolitik. Diejenigen unter ihnen, die noch im Mitgliedsverzeichnis standen, wurden daraufhin aus dem Schriftstellerverband ausgeschlossen. Biermannfreund Havemann mußte schon ab November 1976 unter verschärftem Hausarrest leben. Drei Jahre später – zum dreißigsten Gründungstag der DDR – veröffentlichte er zehn Thesen, in denen er »die Diktatur des zentralen Parteiapparates« anprangerte. Im August 1977 rechnete die Partei mit ihrem Dissidenten Rudolf Bahro ab (acht Jahre Freiheitsentzug), der im Westen seine systeminterne Kritik »Die Alternative« veröffentlicht hatte. Im Oktober fanden am Alexanderplatz Krawalle von Jugendlichen statt, die es laut SED-Propaganda eigentlich nur im dekadenten

Westen geben konnte. Drei Tote und zweihundert Verletzte blieben nach dem gewalttätigen Einsatz der Volkspolizei zurück. Im Oktober 1976 berief sich der Arzt Karl-Heinz Nitschke auf die KSZE-Schlußakte und warf der DDR in einer Petition an das Menschenrechtskomitee der Vereinten Nationen Verletzung der Menschenrechte, Freiheitsberaubung und Verweigerung des Rechts auf Emigration vor. Er wurde verhaftet und wie alle Unterzeichner des Schriftstückes ein Jahr später in die Bundesrepublik abgeschoben.

Im August 1976 unterwarf die Selbstverbrennung des Pfarrers Oskar Brüskewitz in der Zeitzer Fußgängerzone den zögerlichen Dialog zwischen Staat und evangelischer Kirche einer weiteren Belastungsprobe. Allerdings wies die pragmatische sächsische Kirche jeden Versuch, »das Geschehen in Zeitz zur Propaganda gegen die Deutsche Demokratische Regierung zu benutzen«, entschieden zurück. Honecker unterrichtete im Juni 1978 Bischof Schönherr von der Einführung des Faches »Sozialistische Wehrerziehung«. Das Vorhaben stieß bei den Kirchenführern auf Ablehnung.

Die vorsichtige kulturpolitische (und damit auch gesellschaftspolitische) Auflockerung der ersten Jahre nach Ulbricht fand also mit der Ausbürgerung Biermanns ihr Ende. Honecker brach das Gespräch mit der künstlerischen Intelligenz und den Bürgern, die sich auf die Verfassung oder die von der Staatsführung in internationalen Verträgen eingegangenen Verpflichtungen beriefen, ab. In den folgenden Monaten und Jahren verließen viele bekannte Schriftsteller oder Theatermacher die DDR. Die Biermannaffäre blieb folgenreich. Sie hatte das System ein weiteres Mal entlarvt, und selbst die überzeugten Sozialisten unter den Künstlern (und das galt auch für viele andere Bürger, die die Debatte um den Liedermacher verfolgt hatten) verloren den Glauben an eine Reformfähigkeit des Systems. Es begann sich in der DDR – zunächst untergründig – eine Oppositionsbewegung zu formieren.

Die neue Deutschlandpolitik setzte mit dem Grundlagenvertrag zwischen Bonn und Ostberlin ein. In den siebziger Jahren folgten weitere Abkommen und Verträge. Aus der Sicht der Bundesrepublik sollten sie zusätzliche »menschliche Erleichterungen« im Zusammenleben der Bürger der geteilten Nation ermöglichen und die internationale Entspannungspolitik stützen. Das Interesse der DDR-Führung richtete sich nach wie vor vorrangig auf Statusfragen und den Zugang zu den überlebenswichtigen westlichen Krediten.

Schon vor dem Grundlagenvertrag vereinbarten Bonn und Ostberlin im September 1971 ein Postabkommen. Im Dezember unterzeichneten Egon Bahr und DDR-Staatssekretär Michael Kohl ein Transitabkommen, das den Verkehr zwischen der Bundesrepublik und Ostberlin regelte, und schließlich wurden Erleichterungen für den zwischenstaatlichen Besuchsverkehr erreicht. Im Mai 1972 war der Verkehrsvertrag unterschriftsreif. Im März 1973 ließ die DDR die dauerhafte Akkreditierung westlicher Journalisten zu. Im Mai führten der Sozialdemokrat Herbert Wehner und sein freidemokratischer Kollege Wolfgang Mischnick »Geheimgespräche« mit Honecker. Am 20. Juni 1974 überreichten die Leiter der Ständigen Vertretungen, in Ostberlin Günter Gaus und in Bonn Michael Kohl, jeweils ihre Beglaubigungsurkunden. Dieser »Botschafter«-Austausch bildete einen ersten Höhepunkt im deutschdeutschen Normalisierungsversuch. Ein Post- und Fernmeldeabkommen folgte im März 1976. Im Januar 1978 gab es ein »offizielles« Treffen zwischen dem Politbüromitglied Hermann Axen und dem Staatsminister im Bundeskanzleramt, Hans-Jürgen Wischnewski.

Rückschläge blieben nicht aus, und sie zeigten, wie labil die deutschdeutsche Entspannung war. Die Erhöhung der Mindestumtauschsätze für Westbesucher im Dezember 1973 löste in der Bundesrepublik große Empörung aus. Ebenso entrüstet nahm man die Ausweisung westlicher Journalisten zur Kenntnis – etwa des ARD-Korrespondenten Lothar Loewe oder seines ZDF-Kollegen Peter von Loyen –, die kritisch über die DDR berichtet hatten. Die schwerste Krise zwischen Bonn und Ostberlin entwickelte sich jedoch 1974 aus der Enttarnung des DDR-Spions Günter Guillaume. Jahrelang hatte der im Sold von Geheimdienstchef Markus Wolf stehende Agent in unmittelbarer Nähe von Willy Brandt gearbeitet. Der ohnehin politisch angeschlagene Bundeskanzler trat von seinem Amt zurück.

All diese Schritte standen unter dem Zeichen einer sich trotz vielfacher Entspannungsbekundungen wieder verschärfenden weltpolitischen Entwicklung. Die USA durchlebten in den siebziger Jahren schwere innen- und außenpolitische Krisen. 1973 versuchte die arabische Welt durch einen neuen militärischen Schlag die Schlappe von 1967 wettzumachen. Die Israelis konnten im Jom-Kippur-Krieg zwar den Überraschungsangriff mit hohen Verlusten abwehren und im Sinai die ägyptische Armee einkesseln, aber die USA und die Sowjetunion stoppten den weiteren Vormarsch der israelischen Armee. Ein Konflikt, der Moskaus Position in Nahost und das Selbstbewußtsein seiner arabischen Verbündeten unter dem Strich stärkte. 1975 mußten sich die amerikanischen Streitkräfte aus Vietnam zurückziehen. Die Mehrheit der Bevölkerung war nicht mehr bereit, diesen schmutzigen Feldzug weiter zu unterstützen. Zum ersten Mal in ihrer Geschichte hatten die Amerikaner einen Krieg verloren. Das Land stürzte in eine Identitätskrise, die bereits durch das im Zuge der Watergate-Affäre (1973/74) eingeleitete Impeachmentverfahren gegen Präsident Nixon (er trat 1974 zurück) vorprogrammiert war. Im Westen verbreitete sich ein vor allem von der Jugend unterstützter Antiamerikanismus, der immer schrillere Formen annahm. Im Iran stürzte der langjährige Partner der westlichen Supermacht, der Schah von Persien, und Ayatollah Khomeinis islamische Revolution veränderte das Kräftegleichgewicht in der gesamten Region. Die monatelange Geiselnahme von amerikanischen Botschaftsmitgliedern in Teheran und ihr gescheiterter Befreiungsversuch durch ein US-Kommando lähmten die Vereinigten Staaten außenpolitisch und kosteten Präsident Jimmy Carter die Wiederwahl.

Das sowjetische Imperium dagegen schien in diesem Jahrzehnt den Zenit seiner Macht erreicht zu haben. Die Krisen der amerikanischen Innen- und Außenpolitik schwächten die westliche Welt, und es verwundert kaum, daß der Kreml versuchte, die Gunst der Stunde zu nutzen. Zumal auch die Entwicklungen in anderen Weltregionen den sowjetischen Interessen entgegenarbeiteten. Der Ölpreisschock von 1974 bescherte den westeuropäischen Industriestaaten ihren ersten wirklichen Konjunktureinbruch nach langen Jahren des Wirtschaftswachstums. Die Raketendiskussion, die Ende der siebziger Jahre begann, löste im Westen (vor allem in der Bundesrepublik) Demonstrationen einer sich immer aktiver formierenden Friedensbewegung aus. China versank nach Maos Tod (1976) im Strudel der Nachfolgekämpfe, ausgelöst von der Witwe des »großen Steuermannes« und der von ihr gelenkten »Viererbande«. Indonesiens Armee liquidierte Hunterttausende von Kommunisten, die im Bündnis mit Präsident Sukarno einen Staatsstreich geplant hatten. Da dieser mit China gemeinsame Sache machte, schaute Moskau dem Massaker mit kühler Distanz zu, denn es schwächte Pekings Position im internationalen Politpoker. In Nicaragua siegten 1979 die linken Sandinisten nach einem langen blutigen Bürgerkrieg. In Äthiopien (Sturz und Vertreibung von Amerikas Verbündetem Kaiser Haile Selassie) und Angola führten kubanische Truppenverbände im Auftrag des Kreml Stellvertreterkriege, die in diesen Ländern den »progressiven« Kräften zum Sieg verhelfen sollten. Bald saßen die sowjetischen Berater und Militärs auch im Jemen.

Seit 1969 verhandelten Sowjets und Amerikaner, um den Rüstungswettlauf einzudämmen. 1972 unterzeichneten sie den SALT-Vertrag (Strategic Arms Limitation Talks), der zwar zu keinem Waffenabbau führte, aber immerhin die Höchstgrenzen für die weitere Aufrüstung und Modernisierung von Massenvernichtungswaffen festlegte. In Helsinki endete im Juli 1975 die »Konferenz für Sicherheit und Zusammenarbeit in Europa« (KSZE) erfolgreich. Ihre Ergebnisse – unter anderem Nichteinmischung, vertrauensbildende Maßnahmen, gemeinsame Kontrolle von regionalen Spannungsherden, Achtung der Menschenrechte – stimmten optimistisch. Breschnew verhandelte in diesen Jahren aus einer Position der Stärke, zudem Washington Moskaus Vermittlungshilfe in Hanoi brauchte, um sich aus den verlustreichen und imageschädigenden Verstrickungen in Vietnam lösen zu können.

Dann aber fällte Breschnew zwei für sein Land verhängnisvolle Entscheidungen. Mit der Aufstellung einer neuen Generation von Kurzstreckenraketen (SS 20) in der zweiten Hälfte der siebziger Jahre an den

Raketenparade: Die SED-Nomenklatura läßt die Nationale Volksarmee alljährlich Kampfbereitschaft demonstrieren.

Westgrenzen seines Imperiums löste er in den Vereinigten Staaten und in Westeuropa einen Schock und eine Solidarisierung innerhalb der NATO aus. Bundeskanzler Helmut Schmidt entwickelte bei einem Vortrag in London erstmals jene Reaktionsstrategie, die dann als »NATO-Doppelbeschluß« die Schlagzeilen beherrschen sollte. Die Allianz einigte sich 1979 auf dieses Konzept. Falls Moskau bis 1983 nicht bereit sei, seine modernen SS-20-Raketen wieder abzubauen und zu verschrotten, drohte die nordatlantische Verteidigungsgemeinschaft mit einer massiven Nachrüstung und der Aufstellung neuer US-Mittelstreckenraketen (Pershing II, Cruise Missile). Der gedämpfte Kalte Krieg drohte für viele Menschen unerwartet wieder heiß zu werden.

Der zweite folgenreiche Fehler Breschnews betraf Asien. In Afghanistan herrschte seit dem Militärputsch gegen die Monarchie ein latenter Bürgerkrieg. 1978 gelangten die Kommunisten in Kabul durch einen weiteren Umsturz an die Macht, was die Kämpfe im Land jedoch nicht beendete. Um das kommunistische Regime zu stützen, schickte Breschnew im Dezember 1979 die sowjetische Armee zu Hilfe. Wie die Amerikaner in Vietnam erlebten die Sowjets in den kargen, unzugänglichen Bergregionen Afghanistans ein militärisches Desaster. Immer mehr Särge mit den Leichen junger sowjetischer Soldaten wurden in die Heimat zurückgeflogen. Trauernde und erboste Mütter protestierten, junge Wehrpflichtige entzogen sich durch Flucht dem Einsatz an der Front. Der nicht zu gewinnende, riesige Kosten verursachende Krieg destabilisierte nicht nur die sowjetische Armee, sondern beschleunigte auch die Krise der sowjetischen Gesellschaft.

Spätestens mit dem Amtsantritt von Präsident Ronald Reagan im Jahre 1981 hatte Moskau das Spiel verloren. Amerika nahm den Fehdehandschuh auf, den Breschnew mit seiner Raketenpolitik in den politischen Ring geworfen hatte. Der US-Verteidigungshaushalt schnellte in astronomische Höhen, und die amerikanische Rüstungsindustrie begann neue, perfektionierte Waffensysteme zu entwickeln, denen etwas entgegenzusetzen die sowjetische Wirtschaft nicht mehr die Kraft hatte. 1983 stimmte der Bundestag in Bonn der Stationierung der Pershings zu, womit die Würfel in der Raketenfrage gefallen waren. Da auch der Krieg in Afghanistan zu einem Faß ohne Boden geworden war, stand die Sowjetunion nach Breschnews Tod 1983 vor ihrem Ende.

Für die DDR und die Bundesrepublik hatten diese weltpolitischen Entwicklungen zumindest eine gemeinsame Bedeutung: Sollte es zu einem Krieg zwischen den Supermächten kommen, dann lag das atomare Schlachtfeld in Deutschland – militärische Planspiele der Westmächte ließen keine Zweifel daran aufkommen. Dies verband die Menschen in beiden Teilen Deutschlands – oder doch zumindest die Friedensaktivisten in ihren Reihen. Auch die DDR-Staatsführung begann im Raketenstreit differenzierter zu argumentieren, ohne allerdings von der Seite ihrer Schutzmacht zu weichen.

Zwischen 1980 und 1985 waren im Ostblock in mehrfacher Hinsicht Signale zu erkennen, die auf Veränderungen hinwiesen. Allerdings ahnte damals noch kaum jemand, welche historische Dimension sie binnen kürzester Zeit erlangen sollten. Eine herausragende Rolle spielten dabei die Entwicklungen in Polen, die eine in alle Staaten des Warschauer Paktes hineinwirkende Systemkrise auslösten.

Überstürzte Preiserhöhungen hatten schon 1970 Streiks und Unruhen in Polen provoziert. Der einstige Reformkommunist Wladyslaw Gomulka, der die anfänglichen Hoffnungen, die sich mit seiner Regierungsübernahme in der Bevölkerung verbanden, nicht erfüllen konnte, stürzte. An seine Stelle trat Edward Gierek. Mit Hilfe hoher Auslandskredite versuchte er die Versorgungslage zu verbessern und die polnische Industrie zu modernisieren. Größere Reisefreiheit und eine offenere Kulturpolitik sollten die Lage beruhigen. 1976 gab es in Radom und in Ursus bei Warschau wegen der angespannten Versorgungslage und der auch von Gierek vorgenommenen Preiserhöhungen jedoch abermals Streiks und Proteste. Aus der Streikbewegung, die erneut unterdrückt wurde, entwickelte sich das »Komitee für die Verteidigung der Arbeiter« (KOR). Die von polnischen Intellektuellen gegründete Organisation setzte sich für die verhafteten Arbeiter ein. Ihre prominentesten Vertreter waren Adam Michnik und Jacek Kurón. 1978 besuchte der neue, aus Polen stammende Papst Johannes Paul II. sein Heimatland. Die Regierung Gierek konnte diese unwillkommene Visite nicht verhindern, und Millionen Polen umjubelten »ihren« Papst – ein Ereignis, daß ihnen Selbstbewußtsein gab.

Im August 1980 überrollte erneut eine Streikwelle das Land. Im Zentrum standen die Danziger Werftarbeiter. Aus diesem Protest entwickelte sich die Gründung der Gewerkschaft Solidarność, und mit Lech Walesa besaßen die Polen nun auch einen charismatischen Oppositionsführer. Das Regime Gierek mußte nach zweiwöchigen Verhandlungen die Gewerkschaftsgründung absegnen. Erstmals in einem kom-

munistischen Land gestand eine Regierung den Arbeitern das Streikrecht gesetzlich zu.

Gierek stürzte. Hohe Auslandsverschuldung, sinkendes Wachstum
und eine sich zunehmend ausbreitende Korruption hatten seine Regierung rettungslos diskreditiert. Sein Nachfolger wurde Stanislaw Kania.
Im Februar 1981 übernahm Verteidigungsminister Wojciech Jaruzelski
das Amt des Ministerpräsidenten, im Oktober beerbte er auch Kania als
Erster Sekretär der Kommunistischen Arbeiterpartei Polens. Im Dezember verhängte er das Kriegsrecht im Land. Viele Solidarność-Mit-
glieder und Intellektuelle saßen in Internierungslagern ein. Entscheidend aber war, daß die Kremlführung zum ersten Mal seit 1945 nicht
in einem ihrer Satellitenstaaten militärisch intervenierte, als sich dort
Reformversuche abzeichneten, die die Führungsrolle der kommunistischen Partei in Frage stellten. Moskau setzte Polen unter Druck, aber es
sah sich nicht mehr in der Lage, beim westlichen Nachbarn eine militärische Operation durchzuführen.

Die Menschen in den anderen Ostblockstaaten beobachteten sehr genau, was sich im Kräftemessen zwischen der polnischen Opposition und
dem Kreml abspielte. Solidarność setzte Hoffnungszeichen. Vor allem
auch in der DDR. Das Imperium hatte Schwäche gezeigt. Seine Macht
beruhte schon lange nicht mehr auf der Überzeugungskraft seiner Ideologie, sondern nur noch auf seinen Panzern. Als auch diese nicht mehr
rollten, begannen mehr und mehr Bürger in Prag, Budapest, Warschau,
Ostberlin und – erheblich zurückhaltender – in Sofia und Bukarest zu
spüren, daß sich eine Zeitenwende abzeichnen könnte.

Honecker sprach sich entschieden für ein militärisches Eingreifen in
Polen aus. Das Geschehen in Danzig und Warschau erinnerte die SED
zu Recht an die Prager Reformbewegung von 1968. Sie konnte nicht
übersehen, welche Bedrohung für das eigene Regime in diesen Entwicklungen lag. Erich Mielke rief seine Mitarbeiter im Ministerium für
Staatssicherheit zu erhöhter Wachsamkeit auf, denn »hier handelt es sich
um gefährliche Ereignisse in der VR Polen, unserem Nachbarland, um
das konzentrierte Wirken konterrevolutionärer Kräfte inmitten unserer
Staatengemeinschaft mit allen daraus für die DDR entstehenden Gefahren ... Was in Polen geschieht, das ist auch für uns in der DDR eine
Kernfrage, eine Lebensfrage.«

Honecker forderte Breschnew in einem Brief vom November 1980
nachdrücklich auf, »kollektive Hilfemaßnahmen für die polnischen

Freunde bei der Überwindung der Krise auszuarbeiten«, da jede Verzögerung dem Tod des sozialistischen Polen gleichkäme. Als der Kreml gegen eine militärische Intervention entschieden hatte, versuchte die SED, die »gesunden Kräfte« in Polen massiv zu unterstützen. Mit Entsetzen mußte sie jedoch registrieren, daß die Reformbewegung auch in der polnischen Arbeiterpartei zunehmend Anhänger fand. Es ist nicht zuletzt dem Druck Ostberlins zuzuschreiben, daß durch die Ausrufung des Kriegsrechts und die Absetzung des polnischen KP-Führers Kania die Warschauer Krise zumindest äußerlich beigelegt wurde. Honecker bot Jaruzelski »Unterstützung, ... bei bestimmter Technik, die bei Straßenkämpfen, Barrikaden, Bauten usw. erforderlich« ist, an.

Seit Ende 1980 war für die Stasi nicht mehr übersehbar, daß sich auch in der DDR eine Friedensbewegung sehr eigenständig artikulierte. Sie blieb ohne Gewicht, erfaßte nur eine kleine Zahl, aber sie war nicht mehr zum Schweigen zu bringen. »Frieden schaffen ohne Waffen«, dieser in der Nachrüstungsdiskussion geprägte Slogan, blieb ein Motto, das nicht nur die westlichen Friedensaktivisten umtrieb. Vor allem im Umfeld der Kirchen bildeten sich im Laufe der achtziger Jahre immer mehr »informelle« Gruppen, die Abrüstung in Ost und West forderten oder zu Umweltschutzaktivitäten aufriefen. Der »Berliner Appell« von Rainer Eppelmann, die Aktion »Friedensgemeinschaft Jena« oder die von Bärbel Boley und Ulrike Poppe gegründete Gruppe »Frauen für den Frieden« versetzten die Stasi in höchste Alarmbereitschaft. Im Januar 1983 kritisierten die katholischen Bischöfe in der DDR in einem Hirtenwort die zunehmende Militarisierung des Landes, vier Monate später demonstrierten Bundestagsabgeordnete der Grünen auf dem Alexanderplatz und forderten Abrüstung in Ost und West. Mielkes Truppe lief zur Hochform auf. Sie schleuste ihre Informanten in alle verdächtigen Gruppierungen ein, machte Druck auf die Aktivisten und die Kirchenleitungen, es kam zu Verhaftungen und Ausweisungen in die Bundesrepublik. Prag 1968, die Biermannaffäre 1976, die Schikanen gegen Robert Havemann – das alles war nicht vergessen, und im Zuge von Solidarność traten nun immer mehr Menschen, die ihren Glauben an die Reformierbarkeit der SED verloren hatten, offen auf. Geschickt besetzten sie dabei politische Felder – etwa die Abrüstung –, die die DDR-Führung mit Blick auf den »imperialistischen« Westen selbst propagierte.

Mitte der achtziger Jahre sah sich die SED mit einer neuen bedrohlichen Entwicklung konfrontiert. Immer mehr Bürger der DDR stellten Ausreiseanträge. Im Zeitraum von 1984 bis 1988 waren es bis zu 40 000 im Jahr. Im ersten Halbjahr 1989 wuchs die Zahl der Anträge auf rund 125 000 an. Die Schikanen wurden verschärft, auch die strafrechtliche Verfolgung von Ausreisewilligen nahm zu. Doch die von der Partei ergriffenen Repressionen beeindruckten die Menschen immer weniger. Die gesellschaftliche Erosion schien unaufhaltsam zu sein.

Ausschlaggebender als die Nachrüstung, die wachsende Zahl der Ausreisewilligen, das langsame Anschwellen oppositioneller Gruppierungen oder die Ereignisse in Polen sollte sich jedoch die desaströse wirtschaftliche Entwicklung erweisen. Schon Anfang der achtziger Jahre hätten nur noch eine drastische Senkung der Importe und eine enorme Exporterhöhung diesen Prozeß korrigieren können. Dazu war die DDR-Wirtschaft nicht in der Lage und die SED-Führung nicht willens. Ein solcher Schritt wäre nur auf Kosten der sozialpolitischen Komponente der Wirtschaftsplanung umsetzbar gewesen, Honecker lehnte entsprechende Vorschläge seiner Wirtschaftsexperten kategorisch ab. Verschleiern konnte die DDR-Führung den Niedergang nur durch die westlichen (vor allem bundesrepublikanischen) Kredite, die ihre Zahlungsfähigkeit aufrechterhielten. Ende 1981 drohten die westlichen Banken mit einem Kreditstopp für die Ostblockstaaten, nachdem Polen und Rumänien ihre Zinszahlungen einstellen mußten. Hinzu kam, daß die eigene wirtschaftliche Misere die Sowjetunion zwang, den Verkauf ihrer Rohölproduktion gegen harte Westdevisen zu forcieren. Die Folge waren Lieferkürzungen an die RGW-Partner, die ihren Bedarf nun stärker und erheblich teurer auf dem freien Weltmarkt decken mußten. Für die DDR gingen die Lieferungen aus der Sowjetunion um zwei auf siebzehn Millionen Tonnen zurück. Auf Honeckers dringliche Bitte, diese Entscheidung zurückzunehmen, um eine Destablisierung der DDR zu verhindern, antwortete ein Beauftragter Breschnews im Oktober 1981 mit einem dramatischen Bekenntnis: »Genosse Leonid Iljitsch hat mich beauftragt, dem Politbüro der DDR mitzuteilen, in der UdSSR gibt es ein großes Unglück.« Was nichts anderes war als das Eingeständnis, daß auch die sowjetische Volkswirtschaft vor dem Zusammenbruch stand.

Die SED-Wirtschaftsplaner konnten nur noch improvisieren, Lücken stopfen und verzweifelt nach weiteren Geldquellen suchen. Bis Ende 1984 kennzeichneten die DDR-Wirtschaft sinkende Investitionen und ein Rückgang der Produktivität. Das Wachstum stagnierte. Damit rückte die dringend notwendige Modernisierung der Industrie, die eigentlich neue Märkte öffnen und der Staatskasse harte Devisen erwirtschaften sollte, in immer weitere Ferne. »Es muß mit aller Deutlichkeit signalisiert werden«, schrieb Ende März 1983 ein Politbüromitglied in seinem Bericht zur Lage der Landes, »daß die Zahlungsfähigkeit der DDR in Gefahr ist.«

Den kurzfristigen Aufschub des bevorstehenden Staatsbankrotts verdankte die SED-Führung dem verhaßten Klassenfeind aus dem anderen Deutschland. Milliardenkredite hatte die Bundesrepublik schon in der Vergangenheit gewährt und damit Erleichterungen für die Menschen in beiden Staaten erkauft und der eigenen Wirtschaft im deutsch-deutschen Handel Geschäfte ermöglicht. Honecker drohte angesichts der Finanzlage seines Landes nun unverhohlen mit einer verhärteten Haltung in der Deutschlandpolitik, wenn Bonn nicht bereit sei, weiteres Geld zur Verfügung zu stellen. Dort hatte 1982 das konservativ-liberale Kabinett Kohl die SPD/FDP-Koalition abgelöst und in der Ostpolitik weitgehend den Kurs der Regierung Schmidt übernommen. Zur Verblüffung der gesamtdeutschen Öffentlichkeit handelte ausgerechnet der bayerische Ministerpräsident und »Kommunistenfresser« Franz Josef Strauß 1983 mit der SED einen neuen Kreditvertrag aus. Als Gegenleistung erhöhte die DDR die Zahl der Häftlingsfreikäufe und der Ausreisegenehmigungen – und an der Grenze wurden die Selbstschußanlagen abgebaut.

Eine besondere Rolle im Kampf gegen den Staatskonkurs spielte die »Kommerzielle Koordinierung« (KoKo), deren Aufgabe es war, Devisen für die leeren Staatskassen zu erwirtschaften. In den achtziger Jahre hieß das, mit allen legalen und illegalen Mitteln die Liquidität der DDR aufrechtzuerhalten. Zwischen 1967 und 1989 soll die KoKo der DDR-Volkswirtschaft 41 Milliarden Valutamark beschafft haben (davon 14 Milliarden aus Zahlungen seitens der Bundesrepublik). In diesen Geschäften mischte die Stasi kräftig mit, denn der Leiter der KoKo, Alexander Schalck-Golodkowski, war nicht nur Staatssekretär im Außenhandelsministerium, sondern auch Offizier des Staatssicherheitsdienstes. Da er viele seiner Geschäfte mit hochkarätigen westdeutschen Politikern abwickelte, hatte er zweifellos seinem Chef Erich Mielke Hochinteressantes aus dem internen Bonner Leben zu berichten.

Im deutsch-deutschen Dialog gab es in den achtziger Jahren wenig Fortschritte und manche Irritation. Beide Seiten bemühten sich jedoch,

Deutsch-deutscher Pragmatismus: SED-Generalsekretär Erich Honecker verab-
schiedet Bundeskanzler Helmut Schmidt in Güstrow.

den Status quo zu halten. Ostberlin unterstützte verbal die westdeutsche Friedensbewegung, um sich in die Bonner Belange einzumischen, oder startete neue polemische Pressekampagnen gegen die Bundesrepublik. Kanzler Kohl wiederum sprach in seinem »Bericht zur Lage der Nation« 1984 von der »offenen deutschen Frage«, was Ostberlin verärgerte. Honecker sagte zweimal einen geplanten Besuch in der Bundesrepublik ab, bis er dann im September 1987 als »offizieller Staatsgast« in Bonn erschien. Sechs Jahre vorher, im Dezember 1981, hatte er am Werbellinsee Bundeskanzler Helmut Schmidt empfangen. Den Fernsehzuschauern war vor allem die gespenstische Leere der Stadt Güstrow, der Wahlheimat von Ernst Barlach, im Gedächtnis geblieben. Barlachliebhaber Helmut Schmidt wanderte durch Straßen, die die Stasi in Erinnerung an die Willy-Willy-Rufe von Erfurt in wochenlanger Vorbereitung »entvölkert« oder mit eigenen stummen oder zaghaften Erich-Erich-Fans dekoriert hatte.

Auch die Regierung Kohl bemühte sich, in der durch die Aufstellung der neuen Mittelstreckenraketen wieder brisanter gewordenen weltpolitischen Lage keine zusätzliche Spannung zwischen Bonn und Ostberlin aufkommen zu lassen. Es gab vielfache Gespräche zwischen DDR- und BRD-Politikern oder den Vertretern der beiden Gewerkschaftsverbände. Honecker versuchte, seine Gratwanderung zwischen harter Abgrenzung und geschmeidigem Werben um neue Kredite durchzuhalten. Beide Seiten hatten sich eingerichtet auf das Leben zu zweit.

Im November 1982 war Breschnew gestorben. Zwei Jahre dauerte das Interregnum zwischen seinem Tod und der Wahl von Michail Gorbatschow zum Generalsekretär. Die politische Führung hatten in dieser Zeit Jurij Andropow und Konstantin Tschernenko inne, die beide nach wenigen Amtsmonaten starben. Andropow, ehemaliger KGB-Chef, galt als systemkonformer Reformer, Tschernenko war dreiundsiebzig Jahre alt, als er sein Amt antrat, also ein Vertreter der Gerontokratie, die schon das letzte Jahrzehnt der Breschnew-Ära charakterisiert hatte. Andropow ließ – und das war das Aufregendste, was in seinen Amtsmonaten geschah – Veröffentlichungen zu, die nahezu ungeschminkt die Lage der sowjetischen Wirtschaft aufzeigten. Die Bevölkerung reagierte geschockt, aber sie war dadurch psychologisch etwas besser auf das vorbereitet, was sich nach 1985 in kaum glaublicher Geschwindigkeit an Veränderungen abspielte. Die wichtigste Entscheidung Andropows galt jedoch einer Personalie: Er machte mehrfach deutlich, daß er im Politbüromitglied Gorbatschow seinen designierten Nachfolger sah. Allein der rasche Tod des Förderers verhinderte die unmittelbare Inthronisierung seines Favoriten. Schon 1981 hatte Andropow übrigens erfolgreich darauf gedrängt, daß der damals erst fünfzigjährige Leiter des landwirtschaftlichen Sekretariats im Zentralkomitee als jüngstes Mitglied ins Politbüro aufgenommen wurde.

Im März 1985 trat Gorbatschow das Amt des Generalsekretärs an. Sechs Jahre später existierte die Sowjetunion nicht mehr, war das Imperium auseinandergebrochen – Lenins Revolution von 1917 blieb nur noch als grausamer Irrweg der Geschichte präsent. »Perestroika« und »Glasnost« beendeten das absolute Machtmonopol der KPdSU und rissen damit den machtpolitischen Grundpfeiler des Systems nieder. Gorbatschow hatte dies genausowenig geplant wie die Auflösung der Sowjetunion und die Entlassung der osteuropäischen Satellitenstaaten aus der Vormundschaft Moskaus. Er wollte eine Revolution von oben, die das System stabilisierte. Er war ein Reformkommunist und kein Demokrat. Er sah sich als Lenin der Gegenwart und nicht als Zerstörer von dessen Erbschaft. Aber er löste mit seinen spektakulären Entscheidungen einen Prozeß aus, der rasch eine solch ungeheure Eigendynamik entwickelte, daß er die Kontrolle über ihn verlor.

Um den Verfall der sowjetischen Wirtschaft aufzuhalten, versuchte der neue Generalsekretär, marktwirtschaftliche Prinzipien mit der Planwirtschaft zu vereinigen. Die Voraussetzung für eine erfolgreiche Modernisierung der sowjetischen Industrie war die Beschränkung der Macht der KPdSU. Das blieb der orthodoxen, um ihre Privilegien bangenden Nomenklatura natürlich nicht verborgen. Um ihren Widerstand zu brechen und die sowjetische Gesellschaft aus ihrer Lethargie aufzurütteln, setzte Gorbatschow auf »Glasnost«, also eine offene Debatte über die Probleme des Landes. Wobei er zweifellos unterschätzte, welches Ausmaß diese Diskussion annehmen würde. Als er es merkte und gegenzusteuern versuchte, war es bereits zu spät. Die Dämme brachen.

Erheblich spektakulärer als seine innenpolitischen Reformen empfand die westliche Welt Gorbatschows außenpolitische Unternehmungen. Unter Breschnew hatten die Rüstungsausgaben zwischen 25 und 40 Prozent des sowjetischen Staatshaushaltes verbraucht. Jeder Versuch, den Bankrott des Landes vielleicht doch noch aufzuhalten, mußte bei dieser Frage beginnen. Gorbatschow schlug Präsident Reagan, der seine zweite Amtszeit in bezug auf das »Reich des Bösen« erheblich gelassener angetreten hatte, bereits Ende 1985 ein Gipfeltreffen in Genf vor. Hier und etwas später in Reykjavík trug der Russe sensationelle Abrüstungsideen vor: Vernichtung aller Atomwaffen und Mittelstreckenraketen. Am Ende dieser Diskussion stand der INF-Vertrag (Intermediate-range Nuclear Forces) von 1987, in dem beide Seiten – wie von Reagan vorgeschlagen – ein Verbot der Stationierung aller Mittelstreckenraketen in Europa bis zum Ural festschrieben. Der Kalte Krieg, der seit fast vierzig Jahren als dunkle Wolke über der Welt hing, war beendet.

Innenpolitisch ist Gorbatschow als Machtpolitiker gescheitert. Am Ende stand sein Sturz. Er war zwischen alle Fronten geraten. Die Demokraten warfen ihm Halbherzigkeit vor, die Orthodoxen machten ihn für den Untergang des Imperiums verantwortlich. Im russischen Volk büßte er seine anfängliche Popularität ein, weil der Zusammenbruch der Strukturen ein Chaos auslöste, das Versorgungssystem nicht mehr funktionierte und immer mehr Arbeiter und Rentner auf ihr Geld warten mußten. Der Königsmörder in diesem spätrömischen Drama hieß Boris Jelzin.

Für die DDR-Führung bedeutete der Amtsantritt Gorbatschows eine

Katastrophe. Der Reformer, das wurde bald deutlich, vertrat Positionen, die die Grundfesten der Macht der SED erschüttern mußten. Deswegen reagierte man in Ostberlin mit sturem und erbittertem Widerstand. Honecker sah sich unvermittelt in die Lage versetzt, die Existenz der DDR gegen zwei Seiten zu verteidigen. Die Schutzmacht Sowjetunion, vier Jahrzehnte Garant des kommunistischen Deutschland, geriet ins Wanken. Mit tiefem Mißtrauen beobachtete Honecker jeden außen- und innpolitischen Schritt des ungeliebten Generalsekretärs. In der Euphorie, die Gorbatschow mit seiner Politik im westlichen Ausland, aber auch bei den DDR-Bürgern ausgelöst hatte, sah sich die SED in ihren Sorgen und Ängsten nur bestätigt. Sie weigerte sich, »Perestroika« und »Glasnost« für ihren Staat zu akzeptieren. »Von der Sowjetunion lernen, heißt siegen lernen!« Dieses jahrzehntelang befolgte Motto klang jetzt nur noch wie Hohn in ihren Ohren.

Die DDR-Staatsführung war vergreist. Das Durchschnittsalter der Politbüromitglieder lag 1985 bei dreiundsechzig Jahren. Es hatte seit dem Sturz von Walter Ulbricht nur wenige personelle Veränderungen gegeben, die »Neuen« – Egon Krenz, Günther Kleiber, Günter Schabowski –, die in den achtziger Jahren in das höchste Machtgremium eingezogen waren, erwiesen sich als Apparatschiks vom alten Schlag. Sie sahen ebensowenig wie Honecker, vor welcher existentiellen Herausforderung das Land durch die Entwicklungen in der Sowjetunion stand. Das ahnten nur die jüngeren Wirtschaftsexperten der Partei, die das deprimierende statistische Material nicht nur zu lesen wußten, sondern es auch nicht verdrängten. Aber ihnen fehlte die Macht, um Änderungen durchzusetzen – und auch der Wille, gegen die Parteiführung aufzubegehren. Gerhard Schürer, der Vorsitzende der staatlichen Planungskommission, wies nicht ohne Wehleidigkeit auf der Sitzung des Zentralkomitees am 9./10. November 1989 – während der Tagung wurde die Mauer geöffnet – auf das Dilemma hin: »Wie weit kann ich mit meiner als Wahrheit erkannten Meinung gehen, wenn sie nicht der offiziellen Parteimeinung entspricht? Wie diene ich der Partei am besten, wenn ich mich nach Darlegung der Probleme dem dann gefaßten Beschluß füge?«

Gorbatschow hatte seine Pläne auf dem XXVII. Parteitag der KPdSU im Februar 1986 angekündigt. Schon im Herbst 1985 sprach der Generalsekretär von einem »gemeinsamen europäischen Haus«, und ein Jahr später ließ er Honecker wissen, daß Moskau beabsichtige, sein Verhältnis zur Bundesrepublik auf eine neue Grundlage zu stellen. Die Beziehung zwischen den beiden kommunistischen Führern vereiste. Gorbatschow beschwor in den nächsten Jahren zwar immer wieder die Bündnispartnerschaft und die eigenständige Existenz der DDR, aber seine Außenpolitik setzte hinter die Zukunft des ostdeutschen Staates immer mehr Fragezeichen.

Zum ersten Mal in der Geschichte der DDR weigerte sich die SED, der Politik der KPdSU zu folgen. Geradezu feindselig reagierte sie auf die Liberalisierung der sowjetischen Innenpolitik. Einen vielbeachteten äußerlichen Höhepunkt der Verweigerung Ostberlins, Gorbatschows Reformkurs mitzuvollziehen, bildete im November 1988 das Verbot der sowjetischen Zeitung »Sputnik« in der DDR. Das Blatt hatte über den Hitler-Stalin-Pakt von 1939 und die von den beiden Diktatoren damals beschlossene Aufteilung Osteuropas berichtet. Bis dahin war dies ein Tabuthema in den kommunistischen Staaten gewesen. SED-Chefideologe Kurt Hager äußerte bereits im April 1987 seinen vielzitierten und vielbelachten Vergleich zwischen der »Perestroika« in der UdSSR und dem Vorgehen der Führung in der DDR. Ob man denn die eigene Wohnung neu tapezieren müße, nur weil der Nachbar es tue, fragte er angesichts der Entwicklungen mit unnachahmlicher Schlichtheit seine erheiterten Zuhörer.

Später sprach auch Honecker zu Recht davon, daß 1987 das Schicksalsjahr der DDR war. Im Juni jubelten die Westberliner, als Präsident Reagan bei seinem Besuch in der Stadt erklärte: »Herr Gorbatschow, reißen Sie diese Mauer nieder!« Die Unterzeichnung des ITN-Vertrages erfolgte ebenfalls in diesem Jahr. Auf der RGW-Tagung im Oktober lehnte die DDR die vorgeschlagenen Wirtschaftsreformen ab und isolierte sich damit total im auseinanderdriftenden Lager des Ostblocks. Auf dem zehnten Schriftstellerkongreß im November verurteilte der Autor Christoph Hein in bis dahin unbekannter Schärfe die »menschenfeindliche« Zensur in der DDR. Das Ende der kommunistischen Götterwelt war nicht mehr aufzuhalten.

Das Jahr 1988 begann mit der Verhaftung von mehr als hundert protestierenden Ausreisewilligen und Bürgerrechtlern am Rande der traditionellen Feier zum Gedenken an Karl Liebknecht und Rosa Luxemburg. Aus Polen wurden im April umfangreiche Streiks gemeldet. Während Honecker mehrere Staatsbesuche in westlichen Hauptstädten absolvierte oder westliche Regierungschefs in Ostberlin empfing, stieg die Zahl der Ausreiseanträge. Die Opposition, zerstreut in Friedens-,

Umwelt- oder Frauengruppen, begann sich immer offener zu artikulieren. Eine zunächst kleine, aber in der Bevölkerung auf immer stärkere Sympathie stoßende Bürgerrechtsbewegung breitete sich aus. Die Stasi drohte, verhaftete und schickte eine Alarmmeldung nach der anderen an das Politbüro. Die Wirtschaft kollabierte weiter, und Honecker verkündete: »Das Volk der Deutschen Demokratischen Republik hat einen Lebensstandard erreicht wie noch nie in seiner Geschichte.«

Im Jahre 1989 schlug in allen Ostblockstaaten die Stunde der Opposition. Auch in der DDR. Den letzten Anstoß zur offenen Empörung über die Staats- und Parteiführung gaben die Wahlfälschungen im Mai. Die SED manipulierte die Kommunalwahlergebnisse in gewohnter Weise (Wahlbeteiligung 98,78 Prozent, Zustimmung 98,85 Prozent) und bewies den Menschen damit nur einmal mehr, daß sie nicht bereit war, die Zeichen der Zeit zu erkennen. Unmittelbar danach stieg die Fluchtwelle an. Immer mehr Menschen weigerten sich, aus ihren Urlaubsorten in Ungarn oder in der Tschechoslowakei zurückzukehren, und verlangten die Einreise in die Bundesrepublik. Und die, die zu Hause geblieben waren, ließen nicht mehr locker, forderten Untersuchungen über die Wahlfälschungen.

Friedrich Schorlemmer versuchte im Juli, mit seinen »Zwanzig Thesen zur gesellschaftlichen Erneuerung der DDR« eine gemeinsame programmatische Grundlage für die zerstreute Opposition zu schaffen. In den nächsten Wochen und Monaten wurden das »Neue Forum«, die Bewegung »Demokratie jetzt«, die sozialdemokratische Partei »SDP«, der »Demokratische Aufbruch« und die »Vereinigte Linke« gegründet. Die SED verbot alle Versuche eigener Parteigründungen, die Stasi verhaftete weiter – aber das alles konnte nicht verhindern, daß sich die »unbelehrbaren Feinde des Sozialismus« gesammelt hatten, die dann in den Herbsttagen den Kern der Massendemonstrationen bildeten und damit den Untergang der DDR ertrotzten.

Im Mai begann die ungarische Regierung den Eisernen Vorhang an der Grenze zu Österreich zu demontieren. Im Juni ließ das Pekinger Regime auf dem »Platz des himmlischen Friedens« die Studentenrevolte blutig niederschlagen. Während die Welt entsetzt nach China blickte, sprach die DDR-Nachrichtenagentur ADN von »konterrevolutionärem Aufruhr«, der den »Sturz der sozialistischen Ordnung« beabsichtigt habe. Am 8. Juni bewertete die Volkskammer das Massaker einstimmig als Wiederherstellung der Ordnung in China. Politbüromitglied Egon

Krenz reiste am 1. Oktober zum vierzigsten Jahrestag der Volksrepublik China nach Peking und verteidigte auch vor den westlichen Fernsehkameras in gewundenen, aber in der Sache eindeutigen Erkärungen das Vorgehen der kommunistischen Mandarine gegen ihre Jugend. Auch in den allerletzten Tagen des SED-Regimes erwiesen sich seine Protagonisten als unbelehrbar.

Anfang Juli einigten sich die Partei- und Regierungschefs der Warschauer-Pakt-Staaten darauf, ihr Bündnis in eine »politisch-militärische« Organisation umzuwandeln. Honecker, der einen gesundheitlichen Zusammenbruch erlitt, reiste vorzeitig ab. Die Ausreisewelle schwoll weiter an, in den Bonner Botschaften von Budapest, Warschau und Prag oder in der Ständigen Vertretung der Bundesrepublik in Ostberlin suchten immer mehr DDR-Bürger Zuflucht und verlangten freien Zugang in die Bundesrepublik. Ende Juni unterrichtete Ungarns Außenminister Gyula Horn seinen DDR-Kollegen Oskar Fischer von der Absicht seiner Regierung, die Flüchtlinge ausreisen zu lassen. Im Juli flüchteten Tausende DDR-Urlauber über die ungarische Grenze nach Österreich (bis Oktober sollten 50 000 Menschen auf diesem Weg in die Bundesrepublik kommen). Der Schriftsteller Stefan Heym bezeichnete am 11. August in einem ARD-Interview den Flüchtlingsstrom als ein »fürchterliches Phänomen«, das die »ganze DDR zu vernichten« drohe. Am 30. September rief Bundesaußenminister Hans-Dietrich Genscher vom Balkon der deutschen Botschaft in Prag den seit Wochen in drangvoller Enge wartenden 6000 Menschen zu, daß sie in den Westen ausreisen dürften. Ein unbeschreiblicher Jubel – weltweit über alle Fernsehsender verbreitet – folgte dieser Ankündigung. Die SED protestierte scharf gegen die »Zugeständnisse« der ehemaligen Bruderstaaten.

In Leipzig hatten inzwischen die Montagsdemonstrationen nach den schon seit längerem stattfindenden Friedensgebeten in der Nikolaikirche begonnen. Zunächst waren es nur rund hundert Menschen, die sich, umzingelt von Sicherheitskräften, auf den Weg des öffentlichen Protestes machten. Von Montag zu Montag wurden es mehr. Auf den mitgeführten Transparenten lasen die nervösen Staatsschützer immer politischer klingende Forderungen: »Versammlungsfreiheit – Vereinigungsfreiheit«, »Reisefreiheit statt Massenflucht«. Am 25. September nahmen bereits 8000 Menschen an der Demonstration teil, nur eine Woche später waren es 20 000. Die Sicherheitskräfte gingen teilweise gewaltsam vor, es gab Festnahmen.

Ein Volk geht auf die Straße: Massendemonstration im Oktober 1989 in der Leipziger Innenstadt.

Am 4. Oktober versammelten sich mehrere tausend Menschen rund um den Dresdener Hauptbahnhof, wo nach einer Vereinbarung zwischen Bonn und Ostberlin ein durchfahrender Flüchtlingszug aus Prag aus formellen Gründen einen kurzen Stopp einlegen sollte. Mit Gewalt ließ die SED das Bahnhofsviertel räumen. Es kam zu einer regelrechten Straßenschlacht, wie sie die DDR seit dem Arbeiteraufstand von 1953 nicht mehr erlebt hatte.

Am 6. Oktober trafen sich in der Ostberliner Erlöserkirche Vetreter verschiedener Oppositionsgruppen, um eine gemeinsame Erklärung zu formulieren. Einen Tag später gingen in zahlreichen Städten – Leipzig, Dresden, Potsdam, Jena, Magdeburg, Halle, Erfurt, Karl-Marx-Stadt, Ostberlin – Hunderttausende auf die Straße. Der Protest gegen das Regime war zu einer Massenbewegung geworden.

Gespenstische Szenen spielten sich gleichzeitig bei der Feier zum vierzigsten Jahrestag der DDR ab, zu denen auch Michail Gorbatschow nach Ostberlin gekommen war. Wie in längst vergangenen Tagen zogen jubelnde FDJ-Kolonnen und paradierende Einheiten der Nationalen Volksarmee an der Ehrentribüne der SED-Prominenz vorbei. Steinerne

Gesichter zeigte das Fernsehen, die unheilbare Entfremdung zwischen Honecker und Gorbatschow blieb niemandem verborgen, der diese Bilder sah. In internen Gesprächen forderte der Gast aus Moskau Honecker auf, die Krise durch eine energische Reformpolitik zu beenden. Bei diesem Treffen fiel sein später häufig zitierter Satz: »Wenn wir zurückbleiben, bestraft uns das Leben sofort.«

Am 9. Oktober fiel die Entscheidung. 70 000 Menschen demonstrierten erneut in Leipzig. Über dem Geschehen lag eine unheimliche Spannung. Würde die SED zur chinesischen Lösung greifen? Honecker gab den Befehl, die Demonstration gewaltsam zu verhindern. Die SED-Bezirksleitung in Leipzig weigerte sich. Die Würfel über das Schicksal der SED waren gefallen. »Wir sind das Volk!« riefen eine Woche später schon 120 000 Leipziger. Bald wurde daraus das zukunftsweisende »Wir sind ein Volk!«

Am 18. Oktober zwang das Politbüro Honecker zum Rücktritt. Egon Krenz, der Mann, der gerade noch in Peking den Militäreinsatz gegen die chinesischen Studenten verteidigt hatte, wurde als Nachfolger vorgeschlagen. In den Städten des Landes demonstrierten über eine halbe Millionen Bürger aus Protest gegen diese Entscheidung. Wie fern der Wirklichkeit dieser Tage Krenz und seine Genossen in der Führung agierten, bewies die erste Rede, die der designierte Generalsekretär an sein Volk richtete. Er erklärte seinen verblüfften Landsleuten, die »führende Rolle der Partei« dürfe auch in Zukunft nicht angetastet werden: »Unsere marxistisch-leninistische Partei ist ein großer erfahrener Kampfbund. Sie hat immer an der Spitze der sozialistischen Revolution in unserem Lande gestanden und alle gesellschaftlichen Umwälzungen geführt. So wird es auch diesmal sein.«

Sein Gerede über einen Dialog zwischen Partei und Bürgern nahmen ihm die Menschen nicht mehr ab. Am 23. Oktober versammelten sich in Leipzig 250 000 Menschen. Sie forderten freie Wahlen und machten deutlich, wie sie über den Personalwechsel an der Spitze der Partei dachten. Einen Tag später wählte die Volkskammer Krenz in sein neues Amt.

Die Flut stieg an. Weit mehr als eine Million Menschen demonstrierten in den nächsten Tagen überall im Land. Seit September hatten 35 000 SED-Mitglieder ihren Parteiaustritt erklärt. Die »Blockflötenparteien« hofften, im letzten Augenblick noch den Absprung zu schaffen, indem sie sich von der SED und dem alten Rollenspiel lösten, dem sie sich vierzig Jahre opportunistisch unterworfen hatten.

Krenz versuchte umzusteuern, holte sich in Moskau Rat und Unterstützung für einen neuen Kurs und verkündete nach seiner Rückkehr ein »Aktionsprogramm«, das die Einführung eines Verfassungsgerichtes und eines zivilen Ersatzdienstes enthielt. Veränderungen im Politbüro – der Name des verhaßten Erich Mielke fiel – standen ebenfalls im Rettungsplan des Generalsekretärs. Am 7. November trat die Regierung Stoph zurück. Das Land bereitete sich auf neue Massendemonstrationen vor.

Am Abend des 9. November berichtete Günter Schabowski vor laufenden Fernsehkameras beinahe beiläufig von einigen Beschlüssen des gerade tagenden Zentralkomitees. Danach sollten künftig Privatreisen ins Ausland für jedermann ohne besondere Begründung möglich sein. Auf Nachfrage erklärte das sichtlich gestreßte Politbüromitglied, diese Regelung gelte ab sofort. Die »Tagesschau« meldete um 20 Uhr: »DDR öffnet die Grenzen.« Unbeschreibliches spielte sich in den nächsten Stunden ab. Tausende strömten an die Berliner Mauer – und die Grenzer ließen sie durch in den Westteil der Stadt. Ähnlich sah es an den anderen Übergängen der deutsch-deutschen Grenze aus. Eine Diktatur stürzte in sich zusammen, ohne daß ein Schuß fiel.

Deutschland erlebte einen Rausch der Gefühle und Emotionen. Eine Nation tanzte. Die Menschen lagen sich in den Armen, Tränen flossen – auch Alkohol. Im Plenarsaal des Bundestages erhoben sich die dort tagenden Abgeordneten und sangen die Nationalhymne. Am 10. November unterbrachen Bundeskanzler Helmut Kohl und Außenminister Hans-Dietrich Genscher ihren Besuch in Warschau und eilten nach Berlin. Vor dem Schöneberger Rathaus fand eine Großkundgebung statt, und der SPD-Vorsitzende Willy Brandt rief der jubelnden Menschenmenge zu: »Wir sind jetzt in der Situation, wo wieder zusammenwächst, was zusammengehört.«

Niemand hatte vorausgesehen, was in den frühen Novembertagen 1989 geschah. In den achtziger Jahren hatte sich die Politik mit vielfachen Kontakten zwischen der westdeutschen Sozialdemokratie und der SED endgültig auf den Status quo eingestellt. Papiere, die den Dialog vertiefen sollten, waren entworfen und unterschrieben worden. Die Union war skeptischer geblieben, hatte immer wieder von der Verpflichtung zur Einheit der Nation gesprochen, aber auch mit SED-Politikern diskutiert und den Konsens gesucht. In den bundesdeutschen Medien war es nicht anders gewesen. Als ein wenig skurril hatten die Intellektuellen die nationalen Einwürfe des Schriftstellers Martin Walser empfunden, der als recht einsamer Rufer vom Ende der Teilung und der gemeinsamen deutschen Nation sprach.

Was nun im November 1989 folgte, gehört eigentlich nicht mehr in erster Linie zur Geschichte der DDR. Das Heft das Handelns nahm die Bundesrepublik in die Hand. Am 13. November wurde Hans Modrow Vorsitzender des Ministerrats (Regierungschef). Vier Tage später schlug er der Bundesregierung eine »Vertragsgemeinschaft« vor. Krenz verkündete am 24. November die Streichung des Führungsanspruchs der SED aus der Parteisatzung. Am 6. Dezember trat er als Staatsratsvorsitzender zurück. Die alten Blockparteien entdeckten auf ihren Parteitagen die Demokratie, und an den Runden Tischen wurde über die Zukunft der beiden deutschen Staaten nachgedacht. Am 19. und 20. Dezember besuchte Helmut Kohl die DDR, und Modrow lehnte den vom Bundeskanzler entworfenen Zehn-Punkte-Plan (Konföderation) ab. Im Januar 1990 sprach sich der DDR-Regierungschef erneut gegen die Wiedervereinigung aus und mußte bei seinem Moskaubesuch erst von Gorbatschow überzeugt werden, daß die Zeit der DDR abgelaufen war. Demonstranten stürmten zu diesem Zeitpunkt die ehemalige Zentrale des Staatssicherheitsdienstes in Ostberlin. Im März gewann die konservative »Allianz für Deutschland« (CDU, DSU und Demokratischer Aufbruch) mit 48 Prozent die erste freie Volkskammerwahl. Der (Ost-)CDU-Politiker Lothar de Maizière führte die neue Regierungskoalition. Im August unterschrieben Bonn und Ostberlin den »Einigungsvertrag«, und am 3. Oktober trat die DDR dem »Geltungsbereich des Grundgesetzes« bei. Deutschland war wiedervereinigt.

An den Runden Tischen, im Kreise der DDR-Bürgerrechtler und in den linken Parteien hatten viele bis zum Oktober geglaubt, es gebe die Chance für einen »dritten Weg«, der einiges von den sozialistischen Errungenschaften der DDR erhalten sollte. Aber die Mehrheit der Bürger stand solchen Plänen ablehnend gegenüber. Die Menschen forderten immer massiver die Wiedervereinigung, auch wenn sie damit wohl in erster Linie die harte D-Mark meinten. Weil sich die Entwicklung durch den Druck der Massen verselbständigte, fielen die konkreten Entscheidungen nicht mehr in Ostberlin sondern in Bonn. Helmut Kohl stand dabei im Zentrum, und er wußte die Stunde zu nutzen. Erst seine Verhandlungen mit den irritierten Franzosen und Engländern, den seine Pläne massiv unterstützenden Amerikanern und mit dem in dieser Frage

Der Sieg der D-Mark: Die Forderung der DDR-Bürger zwangen die Bonner Politik zu handeln und zu einem volkswirtschaftlich kaum zu verkraftenden Umtauschkurs.

realistischen Michail Gorbatschow ermöglichten es den Deutschen, selbst über ihr Schicksal zu entscheiden.

In Budapest, Prag, Warschau, Sofia und Bukarest (dort führte die Revolte zur Erschießung des Diktators Ceauşescu), später sogar im orthodoxen Albanien wurden die kommunistischen Regimes abgelöst (was aber nicht verhinderte, daß ihre Vertreter in den neunziger Jahren wieder im politischen Geschäft waren). Da es sich hier um ungeteilte Nationen handelte, wechselte nur das politische System, die Staaten aber blieben existent. Das Auseinanderbrechen der Sowjetunion resultierte aus dem ungebrochenen Nationalismus in den Teilrepubliken, die sich die Russen in ihrer zaristischen und leninistisch-stalinistischen Epoche unterjocht hatten. Als der Druck der Zentralmacht nachließ, forderten die Völker ihre Unabhängigkeit. Die DDR verschwand aus der Geschichte, weil die Mehrheit der Bürger sich nicht mehr vorstellen konnte, daß sie in einem deutschen Teilstaat, der ökonomisch-moralisch gescheitert war, noch eine Zukunft hatte. So votierten die Menschen weniger aus überschäumendem Nationalgefühl als vielmehr aus Hoffnung für die Berliner Republik.

Zumindest im Rückblick zeigt sich, daß das sowjetische Imperium mit der Aufgabe des stalinistischen Gewaltsystems seinem Ende entgegentrieb. Planwirtschaft oder die alleinige Führungsrolle einer Partei lassen sich auf längere Sicht nur mit repressiven Mitteln aufrechterhalten. Schon unmittelbar nach seinem Staatsstreich mußte Lenin zur Gewalt greifen, um eine Demokratisierung der Oktoberrevolution zu verhindern. Als Moskau sich unter Chruschtschow von Stalins Terrormethoden abwandte, setzte das lange Sterben ein. Alle Reformversuche – wie sie in Polen, Ungarn oder in der Tschechoslowakei unternommen wurden – erwiesen sich als unsteuerbar. Sie hätten ohne das gewaltsame Eingreifen der Sowjetunion eine demokratische Weiterentwicklung erfahren, bei der weder die Planwirtschaft noch die Herrschaft der jeweiligen kommunistischen Partei ungeschoren davongekommen wären. Als Gorbatschow im Mutterland des Kommunismus diesen Reformweg zu gehen versuchte, löste er einen Sturm aus, der nicht nur ihn, sondern auch das ganz System hinwegfegte. Im Prinzip zeigte sich dieses Dilemma schon in den Urtexten der marxistischen Ideologie, auf die sich die regierenden Kommunisten beriefen. Es war ja nicht der Automatismus der Geschichte, den Marx ernsthaft beschwor, sondern der »Klassenkampf«. Der Sieg des Proletariats aber ließ sich nur mit Gewalt erringen. Die europäischen Sozialdemokraten erwiesen sich in dieser Sache als lernfähig, und sie revidierten, begleitet von schwierigsten innerparteilichen Kontroversen, im Laufe der Jahrzehnte ihre marxistischen Parteiprogramme, wozu die Kommunisten nicht bereit waren. Auch das führte zu ihrem Untergang.

FÜNFTES KAPITEL

Das demokratische Wunder: Die Bundesrepublik

1. Aufbruch und Umbruch – die deutsche Mittelstandsgesellschaft

Als die Westdeutschen im August 1949 über die Zusammensetzung des ersten Bundestages abstimmten, waren die verfassungsrechtlichen und wirtschaftspolitischen Fundamente des neuen Staates bereits gelegt. Kaum jemand ahnte damals, welch ein grandioser Erfolg diesem neuen demokratischen Anlauf der Deutschen beschieden sein sollte. Denn trotz der ersten Aufbauarbeiten lagen die Großstädte zum Zeitpunkt der Staatsgründung noch immer weitgehend in Trümmern, und die Wohnverhältnisse blieben nach wie vor bedrückend. Zwar stieg die wirtschaftliche Wachstumsrate seit Ende 1948 merkbar an, die Arbeitsproduktivität erhöhte sich ebenso wie die Löhne, die Einzelhandelspreise sanken, und das Warenangebot hatte sich nach der Währungsreform erheblich verbessert. Aber die Arbeitslosigkeit blieb besorgniserregend, und auf eine rasche Besserung ihres materiellen Alltags hofften nur wenige Menschen.

Auch vier Jahre nach Kriegsende kamen immer noch Vertriebene und Flüchtlinge aus den von Deutschland abgetrennten Gebieten und aus der sowjetischen Besatzungszone. 1949 waren rund 19 Prozent, also ein Fünftel, der in Westdeutschland lebenden Bevölkerung aus ihrer angestammten Heimat vertrieben worden. Sie hatten ihr gesamtes Hab und Gut verloren und lebten in einer ihnen fremden und angesichts der allgemeinen Notlage wenig freundlich gesonnenen Umwelt. Ihre Integration blieb politisch eine zentrale Aufgabe des neuen Staates.

Die Westdeutschen blickten nicht gerne zurück, auch wenn sie tagtäglich mit der Vergangenheit konfrontiert wurden. Die von den Fronten heimgekehrten Väter schwiegen im Familienkreis über das, was sie erlebt hatten. Die Gesellschaft dämonisierte Hitler, weigerte sich aber, ihre eigene Rolle im Dritten Reich ernsthaft zu thematisieren. Im Geschichtsunterricht und in den Verlautbarungen der Parteien, Verbände,

357

Großorganisationen und Kirchen wurde das Geschehen aus der Täter-sicht interpretiert. Der Verlust der Heimat im Osten, die Leiden der deutschen Zivilbevölkerung während der alliierten Luftangriffe oder der Frontsoldaten und das Elend der Besatzungsjahre beherrschten die öf-fentlichen und vielfach auch privaten Diskussionen im Land. Die Op-fer in den Konzentrationslagern und in den von Deutschland besetzten Staaten blieben zwar nicht unerwähnt, und die Kirchen rangen sich halbherzige und wolkig formulierte Schuldbekenntnisse ab, aber von kollektiver Trauerarbeit war kaum etwas zu spüren.

Zu den erstaunlichen Phänomenen der bundesrepublikanischen Frühgeschichte gehörte zweifellos, daß trotz der historischen Kata-strophe, von der kaum ein Deutscher unberührt geblieben war, eine po-litische Radikalisierung der sich aus den moralischen und materiellen Ruinen erhebenden Menschen ausblieb. Die ersten, von individuellen Überlebensstrategien gekennzeichneten Jahre gingen fast nahtlos in eine Aufbruchstimmung über, die für die Fünfziger charakteristisch blieb. Es gab noch die Altnazis und die SS-Veteranen, die klassenkämpferischen Kommunisten und die von der unbefleckten Ehre der Wehrmacht schwadronierenden Offiziersstammtische. Es redeten auch die lauten, geschichtsvergessenen Vertriebenenfunktionäre von dem unverzichtba-ren Recht auf die verlorene Heimat. Aber der Einfluß dieser Kreise auf die Gesellschaft war eher marginal, die praktische Politik ließ sich in den wirklich entscheidenden Zukunftsfragen nur wenig von ihnen irri-tieren.

Erneut offenbarte sich, daß die Wirtschaft das Schicksal der Völker bestimmt. Weimar war nicht zuletzt an den ökonomischen und sozialen Verwerfungen gescheitert, die die erste deutsche Republik von den turbulenten Revolutionstagen bis zur Machtübernahme Hitlers beglei-teten. Wenn Inflation und Arbeitslosigkeit die allgemeine gesellschaftli-che Verelendung verschärften, flüchteten die Wähler zu den radikalen Flügelparteien, die den Reichstag schließlich in die Politikunfähigkeit trieben. Auch die sozialistische DDR konnte nie die Akzeptanz der Be-völkerungsmehrheit erringen, weil die Planwirtschaft sich als unfähig er-wies, die materiellen Bedürfnisse der Menschen ausreichend zu befrie-digen.

Die Bundesrepublik gewann ihre Stabilität, weil seit Ende der vierzi-ger Jahre allmählich sicht- und spürbar wurde, daß das politische System die tiefgreifende Krise der Volkswirtschaft zu überwinden in der Lage war. 1960 herrschte Vollbeschäftigung im Land, die jungen Menschen konnten relativ problemlos Lehrstellen finden, auf Hochschulabsolventen warteten attraktive Führungsaufgaben. Ein eigenes Haus oder ein Auto besaß Ende der fünfziger Jahre zwar nur eine Minderheit, aber es war für viele Arbeitnehmer keineswegs mehr unrealistisch, solche Ziele anzustreben. Die Wohnungen wurden größer, moderne Haushaltsgeräte waren nicht mehr das Privileg der Reichen, und immer mehr Deutsche reisten im Urlaub ins Ausland. Arbeit diente nicht mehr nur der existentiellen Grundsicherung, sondern auch der Erfüllung von Konsumträumen. Die westdeutsche Gesellschaft zeigte in den »Wirtschaftswunder«-Jahren zwar ein großes Wohlstandsgefälle, was die Wähler aber politisch nicht radikalisierte, weil die Masse der Bevölkerung in dem Gefühl lebte, am wirtschaftlichen Aufstieg teilzuhaben.

Die Bundesrepublik wurde eine Konsumgesellschaft. Eine Entwicklung, die deutlich ablesbar über die Freß-, die Reise- und die Wohnkulturwelle verlief. In den sechziger Jahren reichte die eigene Arbeitsbevölkerung nicht mehr aus, um den Güterbedarf und die Nachfrage aus dem Ausland zu decken. Gastarbeiter kamen, durch Verträge auf Zeit aus ihrer Heimat in Italien, Spanien, Portugal, Griechenland, Marokko und später vor allem aus der Türkei gelockt. 1965 überschritt ihre Zahl die Millionengrenze. Viele blieben, holten ihre Familien nach und begannen in den siebziger Jahren das Bild der deutschen Großstädte zu verändern. Was ihnen das Land ökonomisch, aber auch kulturell verdankte, übersahen die Deutschen.

Als entscheidender Stabilitätsfaktor des »Wirtschaftswunders« und der bundesrepublikanischen Geschichte erwies sich dabei die sogenannte soziale Marktwirtschaft. Freier Wettbewerb, freie Märkte, freie Preisbildung und ein freies Unternehmertum werden flankiert von einer Sozial- und Ordnungspolitik, die die moderne Massengesellschaft vor der Allmacht eines unregulierten Kapitalismus und den einzelnen vor unverschuldeter, durch Krankheit, Arbeitslosigkeit oder Alter hervorgerufener Armut schützen soll. Grundlage für ein solches System ist die Garantie des Privateigentums, die Entscheidungsfreiheit der Unternehmer und der arbeits- und sozialrechtliche Schutz der Arbeitnehmer.

Meilensteine auf dem Weg zum Massenwohlstand setzte die Sozialgesetzgebung. 1952 wurde die Bundesanstalt für Arbeitsvermittlung und Arbeitslosenversicherung errichtet. Einige Monate später beschloß der Bundestag das Lastenausgleichsgesetz, das die kriegsbedingten Vermögensschäden regelte und Millionen Vertriebenen und Flüchtlingen eine wichtige Starthilfe bot. 1953 wurde das Schwerbeschädigtengesetz, 1954 das Kindergeldgesetz erlassen. 1957 erlebte die Republik mit der großen Rentenreform (»dynamische Rente«) einen der wichtigsten sozialpolitischen Fortschritte. Es folgten 1961 das Bundessozialhilfegesetz und 1964 die Neuregelung der Unfallversicherung, dann 1969 das Lohnfortzahlungsgesetz, das die Zahlung des Arbeitsentgeltes im Krankheitsfall regelt. Zumindest in den Jahren des ungebrochenen Wirtschaftswachstums erwies sich der Sozialstaat Bundesrepublik als vielbeachtetes Modell für andere Industrieländer.

Erst Ende der siebziger Jahre begannen die konservativen Parteien und die Unternehmensverbände die Errungenschaften des Sozialstaates ernsthaft in Frage zu stellen. Es ging den Arbeitgebern, die zunehmend auf die Gefahr zu hoher Lohnnebenkosten hinwiesen, dabei zweifellos um handfeste materielle Eigeninteressen. Objektiv allerdings wiesen die sinkenden Wachstumsraten der deutschen Volkswirtschaft und die – seit Mitte der achtziger Jahre – steigende Arbeitslosigkeit die Grenzen eines Systems auf, dessen Finanzierbarkeit direkt mit den Arbeitslöhnen und der gesamtwirtschaftlichen Entwicklung zusammenhängt. Die Gefahr, daß sich aus dem Sozial- ein Versorgungsstaat entwickeln könnte, beunruhigte auch die politischen Parteien. Die Arbeitnehmer beklagten die steigenden Steuern und Abgaben. Mit der Wiedervereinigung sah sich die Sozialpolitik vor neue, kostenträchtige Herausforderungen gestellt.

Natürlich rangen in den Frühjahren der Republik, als die Sozialgesetzgebung erst im Entstehen war, Parteien, Verbände, Arbeitgeber und Gewerkschaften um jeden Schritt. Aber bis zum ersten wirklich ernsthaften Konjunktureinbruch im Gefolge des Ölpreisschocks Mitte der siebziger Jahre galt es vor allem, Zuwächse zu verteilen. Die Finanzminister mußten den Bürgern keine Sparhaushalte präsentieren. Dies trug zweifellos zur Befriedung innergesellschaftlicher Konflikte bei. Daß es in den schwierigeren Jahren angesichts steigender Arbeitslosenzahlen und wachsender Armut nicht zu einer politischen Radikalisierung kam, war sowohl auf den inzwischen angesammelten gesellschaftlichen Reichtum als auch auf die gefährlich hohe Staatsverschuldung zurückzuführen, über die die sozialen Sicherungssysteme zunehmend finanziert wurden.

Neben der sozialen Marktwirtschaft erwies sich das Grundgesetz als entscheidender Stabilitätsgarant für die Republik. Zum ersten Mal in der Geschichte hatten sich die Deutschen – unter Mithilfe der Alliierten – für eine Verfassung entschieden, die die Errichtung der repräsentativen Parteiendemokratie bestimmte und dem vom Volk gewählten Parlament die alleinige Zuständigkeit gewährte, aus ihren Reihen die Regierung und den Kanzler zu bestimmen. Damit trat die Bundesrepublik in die Fußstapfen der aus den westeuropäisch-amerikanischen Revolutionen entstandenen angelsächsischen Verfassungstradition: ein erster, bedeutsamer Hinweis auf die Westbindung des neuen Staates.

Im Gegensatz zu Weimar war der Bundestag in der Lage, stabile Mehrheiten herzustellen und damit handlungsfähige Regierungen zu installieren. Die starke Stellung des Kanzlers (Richtlinienkompetenz und an klare Mehrheitsbedingungen geknüpfte Abwahl) ermöglichte es, die Selbstverantwortung der Kabinettsmitglieder gegenüber den Fraktionen zu stärken und sie bei allzu interessenbezogenen Alleingängen zu disziplinieren.

Die Rolle der Parteien hatte das Grundgesetz einerseits präzise umschrieben, andererseits blieben Interpretationsfreiräume. Ihre Aufgabe war es, »bei der politischen Willensbildung des Volkes« mitzuwirken (Artikel 21). Die meisten Parteien, die in der Geschichte der Bundesrepublik langfristig eine wichtige politische Rolle spielten, wurden neu gegründet. Auch wenn sich ihre Führungen weitgehend aus Personen zusammensetzten, die schon in den Weimarer Jahren politisch aktiv gewesen waren, konnten sie damit den Eindruck erwecken, von den Geschehnissen im Dritten Reich als Organisation unbelastet zu sein. Über die SPD, die sich unter ihrem alten Parteinamen zurückmeldete, gab es in dieser Frage angesichts der Ablehnung des Ermächtigungsgesetzes im Jahre 1933 und der Zeit der Verfolgung, des Exils und des Widerstandes ohnehin keine Diskussion.

Auch wenn es mit Blick auf die lärmenden Wahlschlachten und oftmals wenig erfreulichen Parlamentsauseinandersetzungen leicht vergessen wird, so haben die Parteien zweifellos doch einen wichtigen Beitrag zur politischen Stabilität der Bundesrepublik geliefert. Im Weimarer Reichstag unterlagen auch die sich zur Republik bekennenden Fraktionen allzu schnell der Versuchung, Regierungen zu stürzen, um die eigenen Wahl- und Machtchancen zu wahren. Mit Hilfe des Grundgesetzes und einer sich allmählich festigenden demokratisch-parlamentarischen

Aufbruch zur Demokratie: Nach zwölf Jahren Diktatur gibt es in Westdeutschland wieder freie Parlamentswahlen. Wahlplakate von 1957.

Tradition zeigten sich die Bonner Parteien hingegen erheblich weniger anfällig, aus Angst vor dem Wähler die Opposition für wichtiger zu halten als die Regierungsverantwortung oder den von ihnen in die Kabinette entsandten Minister in den Rücken zu fallen.

Als negativ für die gesellschaftliche Entwicklung erwies sich allerdings, daß die Parteien weit über die ihnen im Grundgesetz zugestandene Funktion hinaus den Staat und seine Organisationen okkupierten. Die Bundesrepublik wurde im Laufe der Jahrzehnte ein »Parteienstaat«.

Auf den wichtigen (und inzwischen auch den weniger wichtigen) Positionen der Gesellschaft saßen (und sitzen) immer häufiger Parteimitglieder. Vielfach war in der Bundesrepublik nicht mehr berufliche Qualität der Gradmesser dafür, wer Schulleiter, Chef der Stadtwerke, Museumsdirektor oder Verfassungsrichter wurde, sondern das Parteibuch. Ohnehin von einer kaum noch zu überblickenden Bürokratie (in der die Parteimitglieder ebenfalls die Beförderungslisten anführen) beherrscht, wurde aus dem einstigen Untertanen- ein Opportunistenstaat. Geschmeidige Anpassung ging vor Zivilcourage und Entscheidungsfreudigkeit. Eine Entwicklung, an der die Parteien eine hohe Mitverantwortung trugen, was sie allerdings wenig bekümmerte.

Die parlamentarische Stabilität der Bundesrepublik, an der die Wähler und ihre Parteien mitwirkten, läßt sich an einigen Zahlen eindrucksvoll belegen. In den neunundvierzig Jahren nach ihrer Gründung erlebte die zweite deutsche Republik sechs Bundeskanzler. In den vierzehn Jahren der Weimarer Republik gab es mit dem »Übergangskanzler« Friedrich Ebert fünfzehn, de facto sogar zwanzig, wenn man nicht die Personen, sondern das Amt zählt. Konrad Adenauer war vierzehn Jahre Amtsinhaber, Ludwig Erhard und Georg Kiesinger jeweils drei, Willy Brandt etwas mehr als vier, Helmut Schmidt acht und Helmut Kohl sechzehn. Keiner der Weimarer Kanzler erreichte eine Amtsdauer, die selbst Erhard und Kiesinger aufweisen konnten. Im Bundestag verließ die FDP 1966 die Regierung Erhard, 1982 wechselte sie vom Kabinett Helmut Schmidt und zum Kabinett Helmut Kohl. Im Reichstag waren solche Koalitionsaustritte während einer Legislaturperiode an der Tagesordnung. Im Bundestag gab es lediglich zwei Mißtrauensvoten (1972 das gescheiterte gegen Willy Brandt und 1982 das erfolgreiche gegen Helmut Schmidt), während dieses parlamentarische Mittel im Reichstag immer wieder eingesetzt wurde.

Die Anzahl der für die Zusammensetzung von Reichs- und Bundestag gewählten Parteien weist ebenso deutliche Unterschiede auf. In der Weimarer Republik gelang es zeitweise sechzehn Parteien, Reichstagsmandate zu erobern. Acht Parteien entsandten ohne Unterbrechung für die gesamten vierzehn Jahre ihre Abgeordneten in das nationale Parlament. Im ersten Bundestag saßen Vertreter von dreizehn verschiedenen Parteien, in der zweiten Wahlperiode waren es noch sieben, 1957 nur noch fünf. Zwischen 1961 und 1983 (sechs Wahlperioden) setzte sich der Bundestag lediglich aus Mandatsträgern von vier Parteien zusammen, ab März 1983 kam mit den Abgeordneten der Grünen wieder eine fünfte Fraktion hinzu. Nach der Wiedervereinigung trat in den neunziger Jahren mit der PDS eine sechste Partei in diesen Kreis ein. Noch deutlicher wird die klare parteipolitische Kontur des Bundestages, wenn man berücksichtigt, daß CDU/CSU und SPD seit 1957 zusammen nie weniger als 80 Prozent der Bundestagsabgeordneten stellten.

Die bürgerlichen Parteien regierten in den ersten siebzehn Jahren die Bundesrepublik. Nach der dreijährigen großen Koalition von 1966 übernahm dann die sozial-liberale Koalition für dreizehn Jahre die Macht. Die von Helmut Kohl geführte Union (im Bündnis mit der FDP) brachte es auf sechzehn Regierungsjahre. Es dauerte neunundvierzig Jahre, bis die Bundesbürger zum ersten Mal eine amtierende Regierung abwählten (SPD und Grüne unter dem Kanzler Gerhard Schröder lösten im Herbst 1998 das Kabinett von Helmut Kohl ab).

Die Links- und Rechtsradikalen hatten im Gegensatz zu Weimar in der Bonner Republik nie eine ernsthafte Chance, die Politik entscheidend zu beeinflussen. Die KPD wurde Opfer des Kalten Krieges. Die Entwicklungen in der DDR boten dem bürgerlichen Lager und der SPD beste Voraussetzungen, um den westdeutschen Wähler gegen marxistische Experimente zu immunisieren. Die KPD sah sich streckenweise mit einer geradezu hysterisch agierenden Front politischer Gegner konfrontiert, bis sie schließlich politisch und juristisch ins Abseits gedrängt wurde. 1956 verbot das Bundesverfassungsgericht die Kommunistische Partei in Westdeutschland. Ein völlig überflüssiger Schritt, denn als politische Kraft hatte sie längst abgedankt. Schon bei den ersten Bundestagswahlen 1949 erreichten die Kommunisten lediglich enttäuschende 5,7 Prozent (15 Mandate). Bei den nächsten Wahlen im Jahr 1953 waren es noch ganze 2,2 Prozent. In den Ländern sah es nicht anders aus. Auch die in den sechziger Jahren erfolgte Neugründung unter dem Namen DKP blieb folgenlos. Selbst der im Gefolge der Studentenrebellion von 1968 erwachte Neomarxismus verhalf der DKP – Ausnahmen gab es in einigen Universitätsstädten, etwa im hessischen Marburg – zu keinen nennenswerten Wahlerfolgen.

Rechtsextreme Parteien spielten in der Geschichte der Bundesrepublik ebenfalls eine unbedeutende Rolle. Die DP (Deutsche Partei) stand in der Tradition der antipreußischen Welfenbewegung, war regional auf den Norden beschränkt, warb um ehemalige Nationalsozialisten und Flüchtlinge und pflegte ein nationalistisches Gedankengut. Als Koalitionspartner für Adenauer gewann sie einen gewissen Einfluß, und so trat die CDU ihr einige sichere Wahlkreise ab. Doch Ende der fünfziger Jahre hatte die DP endgültig ihre Schuldigkeit getan, die Union erdrückte sie.

Den Bund der Heimatvertriebenen und Entrechteten (BHE) ereilte ein ähnliches Schicksal. Vor allem in den mit einer hohen Zahl von Flüchtlingen bewohnten Ländern Schleswig-Holstein, Niedersachsen und Bayern war er am Anfang recht erfolgreich und errang bei den Bundestagswahlen von 1953 etwa ein Viertel der Stimmen aus diesem Bevölkerungskreis. Für die CDU blieb der BHE zunächst ein geschätzter Mehrheitsbeschaffer. 1961 erreichte er bei den Bundestagswahlen nur noch 2,8 Prozent, was auf die gelungene Eingliederung der Millionen Flüchtlinge hinwies. Danach verabschiedete sich der BHE aus der Geschichte der Bundesrepublik.

Sowohl die DP als auch der BHE verwandten ein politisches Vokabular, das an die Deutschnationalen der Weimarer Republik erinnerte. Der Begriff rechtsradikal trifft sicher nicht in der Weise auf sie zu wie auf die Deutsche Reichspartei (DRP) oder die rechtspopulistische Wirtschaftliche Aufbauvereinigung (WAV). In der DRP sammelten sich Altnazis und Rechtsextreme, die um 1950 regional einigen Zulauf erhielten. So erreichte die DRP bei der niedersächsischen Landtagswahl von 1951 immerhin 11 Prozent. Wenig später wurde sie vom Bundesverfassungsgericht verboten.

Mitte der sechziger Jahre gelangen der Nationaldemokratischen Partei Deutschlands (NPD) einige Erfolge bei Landtagswahlen, und in den achtziger Jahren erlebte die Rechte mit der Partei der Republikaner, angeführt von dem bayerischen Journalisten Franz Schönhuber, eine neuerliche Renaissance. Wirklich gefährden konnten diese rechtsextremen Gruppierungen den Staat jedoch nie. Es gelang ihnen lediglich, zeitweise zum Sammelpunkt für Protestwähler zu werden, die ihre Interessen – zum Beispiel in der Ausländerpolitik – nicht mehr ausreichend bei den großen Parteien vertreten sahen oder generell die Bonner Politik ablehnten. Zurecht ist in der Bundesrepublik auf die Gefahr der Verbreitung von rechtsextremem Gedankengut hingewiesen worden. Vor allem der Union gelang es jedoch immer wieder, den rechten Rand der Wählerschaft zu integrieren. Vieles, was die Bundestagsparteien allerdings in diesem Zusammenhang beklagten, hatten sie selbst zu verantworten. Vor allem die bayerische CSU besetzte in der Ausländer-

oder Sudetenfrage populistische Positionen, die für manchen Rechtswähler die Thesen der Republikaner erst hoffähig machten.

Durchschlagend in der bundesrepublikanischen Parteienlandschaft wirkte die Bildung der großen Volksparteien. CDU/CSU und – seit dem Godesberger Programm von 1959 – auch die SPD überwanden die Weltanschauungspolitik der Weimarer Republik. Nach den großen Grundsatzdebatten der fünfziger Jahre – Wirtschaftssystem, Westbindung, Wiederbewaffnung – und der Auseinandersetzung um die Ost- und Gesellschaftspolitik der sozial-liberalen Koalition zwischen 1968 und 1972 machte sich Pragmatismus breit. Als der Christdemokrat Helmut Kohl mit Hilfe der FDP 1982 die Regierung Schmidt durch ein Mißtrauensvotum stürzte und die Union eine »geistige Wende« ankündigte, wähnten im Prinzip nur noch die Überzeugtesten in beiden Lagern einen wirklichen Einschnitt in der deutschen Politik. 1998 stimmte die Mehrheit der Wähler für einen Wechsel, Kohl mußte das Kanzleramt an den Sozialdemokraten Gerhard Schröder übergeben. Dies führte weder bei den Verlierern zu ideologischer Weltuntergangsstimmung, noch versuchten die Sieger den Eindruck zu erwecken, nun sei im Land eine Zeitenwende eingetreten. Die Republik erlebte einen normalen demokratischen Machtwechsel. Und so empfanden es auch die Bürger.

Stabilität, die auf einem breiten Konsens der großen Parteien in Grundsatzfragen beruht, hat ihren Preis. Die Bundesrepublik mußte viele Phasen der politischen Erstarrung überstehen. Die langen Amtszeiten der Kanzler Adenauer und Kohl begannen die Gesellschaft schließlich zu lähmen. Am Ende ihrer Regierungszeit fehlte ihren Parteien die Kraft, notwendige Korrekturen politisch umzusetzen. In der Adenauer-Ära übersahen die Christdemokraten beispielsweise, daß das Bildungswesen in eine bedrohliche Schieflage geraten war und sich die Bundesrepublik in der Außenpolitik – vorrangig mit Blick auf die deutsch-deutsche Bewegungslosigkeit – auch gegenüber ihren westlichen Partnern zu isolieren begann. Ende der fünfziger Jahre fiel es den Jüngeren immer schwerer, sich mit einer Demokratie zu identifizieren, deren patriarchalisches Gehabe ein über achtzigjähriger Kanzler symbolisierte. Helmut Kohl verwaltete in seinen letzten Regierungsjahren nur noch den Status quo, obwohl sich die Welt dramatisch veränderte und es neuer Antworten auf die ökonomischen Herausforderungen am Ende unseres Jahrhunderts bedurfte. Dringend notwendige Steuerreformen, eine sensible neue Definition des Sozialstaates, das Zurückführen einer unverantwortlich hohen Staatsverschuldung, eine politische Antwort auf die Probleme der Globalisierung – nichts von all dem wurde wirklich angegangen. Auch die Sozialdemokraten zeigten sich nach dreizehnjähriger Regierungsführung erschöpft. Helmut Schmidt mußte sich am Ende seiner Kanzlerschaft die Frage stellen, wo seine Truppen eigentlich geblieben waren. In seiner eigenen Partei jedenfalls fand er sie nicht mehr.

Daß die Grünen sich parlamentarisch etablierten und von den großen Parteien nicht mehr als die Schmuddelkinder der Politik abgefertigt werden konnten, hat der westdeutschen Gesellschaft seit den achtziger Jahren zweifellos Auftrieb gegeben. Lange vernachlässigte oder einseitig diskutierte, wichtige Fragen wurden nun thematisiert beziehungsweise neu gestellt. Ökologie, Energie- und Friedenspolitik – Union und SPD waren gezwungen, diese Politikfelder erheblich ernsthafter in ihre programmatischen Debatten aufzunehmen. Der Zulauf, den die Grünen in ihren ersten Jahren bei den jugendlichen Wählern fanden, zeigte, daß ihre Thesen und Programme zumindest für diese Generation einen hohen Stellenwert besaßen.

Vergleicht man die ideologische Selbsteinschätzung und das politische Handeln der Weimarer Parteien mit denen der Bonner Republik, so wird deutlich, wie segensreich sich die Konzentration der parlamentarischen Kräfte auf das Schicksal der Bundesrepublik ausgewirkt hat. Die westdeutsche Gesellschaft war dank wirtschaftlicher und politischer Stabilität zu einem soliden demokratischen Gemeinwesen gereift – eine Entwicklung, die so vor 1945 nicht möglich gewesen war.

Doch der Bonner Staat erlebte zwanzig Jahre nach seiner Gründung auch einen fundamentalen Umbruch der Gesellschaft. Er stellte sich nicht von heute auf morgen ein, sondern hatte einen längeren Vorlauf, bevor er seine volle Breitenwirkung erreichte. Dieser Umbruch war eng verknüpft mit dem Wechsel der Generationen.

1949 begann mit der bürgerlich-konservativen Koalition eine etwa zehnjährige Phase der Neuorientierung. Politisch war sie aufregend und voller zukunftsweisender Richtungsentscheidungen in der Innen- und Außenpolitik. Gesellschaftlich blieb sie tendentiell restaurativ. Die Deutschen lebten in einer Zwischenzeit, die einerseits bestimmt war von geistigen und kulturellen Kontinuitäten, die auf Weimar, den Nationalsozialismus, ja sogar noch auf den Wilhelminismus zurückgingen, andererseits aber bereits deutliche Merkmale der Moderne in sich trug.

Ende der fünfziger Jahre begannen sich Veränderungen in der Befindlichkeit der Gesellschaft abzuzeichnen, die dann ab Mitte der Sechziger immer breitere Kreise, vor allem die Jugend, erfaßten. Was später in den Geschichtsbüchern mit dem Begriff der »Achtundsechziger« umschrieben wurde, mündete in einen kulturellen Umbruch und politisch schließlich in die Bildung der SPD/FDP-Koalition.

Der Regierungswechsel von 1982 dagegen bedeutete keine tiefgreifende gesellschaftliche oder politische Wende, sondern die Fortsetzung der bis dahin verfolgten Politik mit etwas anderen Akzenten in der Wirtschafts-, Sozial- und Außenpolitik. Die Wertediskussion, die so vielfach von den Unionsparteien eingefordert worden war, versandete weitgehend im Nichts. Die Entsolidarisierung der deutschen Gesellschaft hatte sich schon in den vorangegangenen Jahren gezeigt, unter den Regierungen Kohl verschärfte sie sich lediglich.

Die Besatzungsjahre waren eine offene Zeit gewesen. Neben der Überwindung von Schrecken und Scham und jenseits des Überlebenskampfes galt es auf kulturellem und politischem Gebiet viele Neuentdeckungen zu machen. Es gab nun Bücher zu lesen, Bilder und Theaterstücke zu sehen, die von der Moderne kündeten und die der Nationalsozialismus als »entartete Kunst« verbannt hatte. Viele Menschen nahmen das ihnen so lange Vorenthaltene enthusiastisch auf. In den Konzertsälen erklang erstmals wieder die Musik von Paul Hindemith und Dmitrij Schostakowitsch oder von den Klassikern des zwanzigsten Jahrhunderts Igor Strawinsky und Béla Bartók. Und wer sich nicht für die E-Kultur interessierte, begeisterte sich am Benny-Goodman-Swing, den die deutschen Radiostationen, vor allem aber der US-Militärsender AFN, ausstrahlten. Doch noch mehr liebten die deutschen Dienstmädchen und Hausfrauen das Lied vom Caprifischer. In den Kinos präsentierte Hollywood seine Stars und Sternchen, die Deutschen entdeckten den Wilden Westen und den steptanzenden Gene Kelly. Das alles kam ihrem Wunsch, dem grauen Nachkriegsalltag zu entfliehen, offensichtlich erheblich näher als künstlerisch hochwertigere deutsche Filme wie jene von Wolfgang Staudte (»Die Mörder sind unter uns«, 1946) und Helmut Käutner (»In jenen Tagen«, 1947), die sich mit der aktuellen Vergangenheit auseinanderzusetzen versuchten.

In den Zeitschriften und Zeitungen – 1955 gab es 1403 Zeitungen mit einer täglichen Gesamtauflage von sechzehn Millionen Exemplaren

– wurde politisch debattiert, wurden Zukunftsvisionen entworfen. Viele Menschen waren davon überzeugt, daß nun eine neue Welt entstehen würde. Die Schriftsteller produzierten die sogenannte »Kahlschlag«-Literatur (ein von Wolfgang Weyrauch geprägter Begriff für die junge deutsche Literatur nach 1945, die einen strikten antiideologischen Realismusanspruch verfolgte und Authentizität über die literarische Form stellte; schon 1950 war sie allerdings überwunden), die Maler entdeckten wieder die einst von Kandinsky oder Klee vollendete »Entzauberung« des Gegenständlichen. Die neue Freiheit fand einen vielstimmigen Widerhall.

Nach wenigen Jahren, vor allem nach dem vollen Ausbruch des Kalten Krieges, neigte sich diese Periode der Neugier und der Entdeckungen ihrem Ende zu. Die Kunst der fünfziger Jahre blieb unentschieden, sie schwankte zwischen Restauration und Aufbruch. Die Deutschen und ihre Lehrer griffen wieder verstärkt auf die Bücher der Autoren der »inneren Emigration« zurück. Ernst Jünger, kurzzeitig mit einem Publikationsverbot belegt, produzierte fleißig neue Werke, die nun nicht mehr die Schlachtfelder ästhetisierten, sondern auf einsamem »Waldgang« bemüht waren, klug zu sein. Der Lyriker Gottfried Benn, der einst das Dritte Reich willkommen geheißen hatte, wurde mit Preisen gefeiert.

Der aus dem amerikanischen Exil in die Schweiz zurückgekehrte Erfolgsautor Erich Maria Remarque (»Im Westen nichts Neues«) hatte es bei seinen ehemaligen Landsleuten schwerer. Anfang der fünfziger Jahre veröffentlichte er zwei Romane, die sich mit der unmittelbaren Vergangenheit beschäftigten. »Der Funke Leben« schildert das Leben in einem Konzentrationslager, »Zeit zu leben und Zeit zu sterben« erzählt die Geschichte eines deutschen Soldaten, der an der Ostfront erkennt, für welche Verbrechen ihn sein Staat mißbraucht. Beide Bücher stießen bei den Kritikern auf Skepsis und Ablehnung. Im Manuskript des Kriegsromans änderte der Verleger einige Textstellen, die nicht in den antikommunistischen Kanon der Zeit paßten. So verwandelte er einen von Remarque sehr positiv dargestellten Kommunisten in einen Sozialdemokraten. Hans Hellmut Kirst gelang mit seinem – nicht ganz unkritischen – Landserroman »08/15« dagegen einer der ersten deutschsprachigen Bestsellererfolge auf dem Buchmarkt.

Es gab aber auch die literarische Moderne. Arno Schmidt, Ingeborg Bachmann, Günter Eich fanden ihre ganz eigene Sprache und Struktur, und Heinrich Böll setzte sich in seinen viel gelesenen und vor allem von der katholischen Kirche bekämpften frühen Romanen über die Menschen der ersten Nachkriegsjahre mit der von der Vergangenheit bestimmten Gegenwart auseinander. Alfred Andersch veröffentlichte 1957 seine Ernst-Barlach-Geschichte aus den Jahren des Terrors, »Sansibar oder der letzte Grund«.

Die Theaterstücke der Schweizer Autoren Max Frisch und Friedrich Dürrenmatt fanden zahlreiche Aufführungen an den deutschen Theatern. Die Deutschen entdeckten die Dramatiker des Absurden, Samuel Beckett und Eugène Ionesco. Der »Kommunist« Bertolt Brecht wurde in Stuttgart und Hamburg inszeniert. Das Schauspiel »Blick zurück im Zorn« des Briten John Osborne avancierte fast zu einem Kultstück. Der französische Existentialismus von Sartre und Camus fesselte die intellektuelle Jugend, und Paris wurde zum Dorado der schwarzgekleideten Melancholiker und Juliette-Gréco-Fans. Die junge Françoise Sagan schrieb ihren Roman »Bonjour tristesse«, und auch die Deutschen sehnten sich nach Liebe und Traurigkeit an der Côte d'Azur. Im Kino herrschte weiterhin Hollywood (1951 produzierten die USA 391 Spielfilme, die Bundesrepublik 60), doch machmal gelang es – wie im Falle der Filme von Federico Fellini (»La Strada«), Claude Chabrol (»Schrei, wenn du kannst«) oder Jean-Luc Godard (»Außer Atem«) – auch den Italienern oder Franzosen, ihre deutschen Nachbarn zu begeistern. Die eigenen Produktionen wirkten in ihrer Mehrheit nicht einmal amüsant. Von einigen Ausnahmen abgesehen war hier flache Unterhaltung angesagt. Auch Veit Harlan, Regisseur des antisemitischen Films »Jud Süß«, durfte wieder in deutschen Studios arbeiten.

Otto Dix, Willy Baumeister und Hans Arp gaben der deutschen Malerei und Bildhauerkunst erneut einen internationalen Stellenwert. 1955 fand in Kassel die erste »documenta« statt, die sich in den nächsten Jahrzehnten zur weltweit umfangreichsten Ausstellung der Kunst des zwanzigsten Jahrhunderts entwickelte. Der bedeutendste Vertreter der organischen Architektur, Hans Scharoun, baute in Stuttgart und Berlin, und Egon Eiermann machte mit dem Deutschen Pavillon auf der Brüsseler Weltausstellung 1958 international auf sich aufmerksam. Sein Neuentwurf für die zerstörte Gedächtniskirche verschwand jedoch zunächst im Archiv, die Berliner wollten ihre Ruine behalten. Kaum besser erging es Mies van der Rohe, dessen Entwürfe für das neue Mannheimer Theater nicht realisiert wurden. Beim Wiederaufbau der Städte beging die Ar-

Neue Ästhetik in der westdeutschen Nachkriegsarchitektur: Hans Scharouns viel diskutierte Berliner Philharmonie.

chitektur sicherlich viele Sünden, aber das Land brauchte dringendst neuen Wohnraum, und Industriebauten mußten billig sein.

Die Opern und symphonischen Arbeiten von Wolfgang Fortner, Giselher Klebe, Ernst Krenek und Boris Blacher fanden immerhin einen kleinen Widerhall, Arnold Schönberg dagegen stieß auf Unverständnis. Karlheinz Stockhausen führte seine »Gruppen« für drei Orchester auf, und John Cage gab 1958 während der avantgardistischen Darmstädter Ferienkurse ein Seminar über experimentelle Musik. 1951 öffnete Bayreuth unter der Leitung der Enkel des Großmeisters wieder seine Pforten. Winifred Wagner, Vertraute und Förderin Hitlers, durfte zwar nicht mehr auf dem Hügel regieren, aber ansonsten hatte Richard Wagner im deutschen Bildungsbürgertum das Dritte Reich ohne Blessuren überlebt.

In den Vereinigten Staaten hatten die Kommunistenjäger die Oberhand gewonnen. Unter der Regie des Senators von Wisconsin, Joseph McCarthy, sahen sich Tausende von Amerikanern, vor allem aus dem Kulturbereich, einer primitiven, aber für ihre persönliche und berufliche Existenz folgenreichen Hetze ausgesetzt. Der Beginn des Koreakrieges löste die letzten Fesseln. Nun begann auch in der Bundesrepublik eine Hexenjagd. Der Antikommunismus der fünfziger Jahre fand nicht nur aufgrund des Konkurrenzkampfes mit der DDR oder der schauerlichen Nachrichten, die die Flüchtlinge aus diesem Land mit in den Westen brachten, ein so nachhaltiges Echo in der deutschen Gesellschaft. Der bolschewistische Feind hatte schon in der Propaganda Hitlers im Mittelpunkt gestanden, die neuen Verbündeten und die Regierung Adenauer brauchten in dieser Hinsicht den bundesrepublikanischen Acker nicht neu zu bestellen. Zumal auch der SPD-Vorsitzende Kurt Schumacher mit der ihm eigenen polemischen Schärfe und Unerbittlichkeit bereits in den Besatzungsjahren klare Grenzen zwischen seiner Partei und dem ungeliebten marxistischen Stiefbruder gezogen hatte.

Der westliche Antikommunismus besaß durchaus einen berechtigten politischen Hintergrund. Er nahm in den USA und in der Bundesrepublik jedoch Formen an, die zeitweise das demokratische Selbstverständnis der »freien Welt« auf eine harte Probe stellten. Adenauer versuchte in der Öffentlichleit die Sozialdemokraten wider besseren Wissens indirekt an die Seite der SED zu rücken. Im Falle der Regierungsübernahme durch die SPD, so suggerierte er den Wählern, sei der Vormarsch Moskaus an den Rhein nur noch eine Frage der Zeit.

Der Kalte Krieg trug erheblich dazu bei, daß sich große Teile der bundesrepublikanischen Bevölkerung immer weniger genötigt sahen, eine Auseinandersetzung mit der jüngsten Geschichte zu suchen. Nach dem Verbot der KPD verurteilten bundesdeutsche Gerichte viele Kommunisten, die sich zu ihrer Überzeugung bekannten. Die Richter, die diese Männer und Frauen in das Gefängnis schickten, betraten dabei kein juristisches Neuland: Unter Hitler hatte mancher von ihnen bereits schon einmal angeklagte Kommunisten gerichtet.

1957 veröffentlichte der Soziologe Helmut Schelsky seine Untersuchung »Die skeptische Generation«, deren Titel in der Tat als Überschrift für die fünfziger Jahre stehen könnte. Von der Front, aus der Kriegsgefangenschaft oder aus dem Lazarett kehrten Millionen Männer – Arbeiter, Angestellte, Akademiker, Kaufleute – in die zerstörte Heimat zurück. Hinter ihnen lagen Erlebnisse, die sie desillusioniert hatten. Vielfach überzeugt vom »nationalen Aufbruch«, den Hitler verkündet hatte, waren sie seit 1939 mit dem Grauen des Krieges konfrontiert gewesen. Rund 20 Prozent der Jugendlichen in Deutschland hatten infolge des Krieges einen oder beide Elternteile verloren. In ihrem sozialen Bewußtsein, so schrieb Schelsky über die jungen Männer, seien sie »kritischer, skeptischer, mißtrauischer, glaubens- oder wenigstens illusionsloser als alle Jugendgenerationen«. 1950 gab es in der Bundesrepublik 988 000 Witwen. Um ihre vaterlosen Kinder (1950: 1,25 Millionen) und sich selbst zu versorgen, arbeiteten sie als Putzfrauen, schlecht bezahlte Verkäuferinnen oder Hilfsarbeiterinnen. Sie hatten in der Regel keine Berufsausbildung, und da ihre Männer oft sehr jung gefallen waren, blieb die staatliche Unterstützung minimal. Ende 1949 lag der Mindestsatz für Witwen- und Waisenrenten bei monatlich 40 Mark, und die Durchschnittsrente unter 100 Mark. Wie nach dem Ersten Weltkrieg saßen auch jetzt wieder kriegserfahrene, den Studentenjahren fast schon entwachsene Männer in den Vorlesungssälen der ungeheizten Universitäten, um ihre Studienabschlüsse nachzuholen. In den mehr oder weniger zerstörten Fabriken sammelten sich die Arbeiter, doch viele wurden zunächst wieder nach Hause geschickt.

Diese Generation schuf in den fünfziger Jahren das »Wirtschaftswunder«, nüchtern, sachorientiert und von allen politischen Idealen geheilt. Arbeit wurde zum Lebensinhalt. Nylonstrümpfe, Bohnenkaffee, die ersten Mode- oder Unterhaltungszeitschriften, der Nierentisch und die Bogenlampe, der Cocktailsessel und der Petticoat, das Kino, das Radioquiz beim Morgenkaffee, vielleicht schon das erste Auto und die Urlaubsreise an die Nordsee – die Deutschen wurden eine Konsumgesellschaft, der Rückzug ins Private war Lebensziel. Einige waren sehr schnell sehr erfolgreich, in den exquisiten Bars von Frankfurt und München oder an der italienischen Riviera waren sie bald zu sehen, die immer etwas zu protzig auftretenden Neureichen. Martin Walser (»Ehen in Philippsburg«) und Wolfgang Koeppen (»Das Treibhaus«) schrieben die wohl besten Romane über das Deutschland dieses Jahrzehnts: satirisch und verbittert. Sie zeugten von der Enttäuschung der Intellektuellen, die voller Verachtung auf eine »entgeistigte« Gesellschaft blickten, die mehr scheinen als sein wollte.

Die meisten der Arbeiter und kleinen Angestellten hingegen arbeiteten hart – reich wurden sie jedoch nicht. Sie wollten vergessen, nachholen, und als der Kühlschrank angeschafft war, sparten sie für das Motorrad. Das war ihre Perspektive und weniger die Vergangenheitsbewältigung, die Europäische Gemeinschaft oder die Wiederbewaffnung einer deutschen Armee. Die Sechzehn- bis Fünfundzwanzigjährigen, ebenfalls desillusioniert und ideologisch ohne Bindung, lärmten bald auf den begeistert besuchten Rockkonzerten. Die Medien entdeckten die »Halbstarken«, die in den Konzertsälen die Bestuhlung zertrümmerten und sich mit der aufmarschierenden Polizei Straßenschlachten lieferten. Die »Rock'n'Roll«-Interpreten Bill Haley und Elvis Presley wurden ihre Idole, in dem amerikanischen Kinostreifen »Die Saat der Gewalt« mit Sidney Poitier fanden sie ihre Vorbilder. Mit seinem Auftritt in der Verfilmung von John Steinbecks Roman »Jenseits von Eden« spielte sich James Dean 1955 in die Herzen der jüngeren Kinobesucher. Der Eltern-Kind-Konflikt, die Einsamkeit des Einzelgängers, das Sich-Nicht-Verstanden-Fühlen der neuen Generation – kaum einer symbolisierte Schmerzen, Zorn und Sehnsüchte seiner Altersgenossen in der westlichen Welt so wie dieser melancholische Amerikaner in seinen Filmen. Als er mit vierundzwanzig Jahren in den Tod raste, nahmen die Trauerbekundungen kultische Formen an.

Die »Alten« waren entsetzt, und die Puritaner hatten schon 1950 fast den Staatsnotstand ausgerufen, als Hildegard Knef sich in dem Kinostreifen »Die Sünderin« für Sekunden dem voyeuristischen Publikum hüllenlos darbot. Wenige Jahre später fuhr die Liebesdienerin Rosemarie Nitribitt mit ihrem eleganten Mercedes durch Frankfurts Straßen, um zahlungskräftige Kunden auszuspähen. Als sie 1957 ermordet in ihrer Wohnung aufgefunden wurde, hatte die zunehmend auflagenstarke Boulevardpresse ihre große Sensation, und manch Prominenter aus Politik und Wirtschaft erlebte bange Stunden.

Einige Historiker schlugen in den fünfziger Jahren erbitterte Abwehrschlachten. Und sie fanden in den Parteien, in den Kirchenleitungen und in der Publizistik viel Zustimmung. Gerhard Ritter und Hans Rothfels erkannten in Luther und Bismarck (richtigerweise) nicht die Vorläufer Hitlers, sondern (fälschlicherweise) die frühen Verkünder der »Europa-Idee«. In einem Standardwerk für Junghistoriker, dem »Handbuch der deutschen Geschichte«, wußte Karl Dietrich Erdmann »wissenschaftlich« zu belegen, daß die Deutschen am Ausbruch des Ersten Weltkriegs nicht mehr schuld gewesen seien als die Engländer, Franzosen oder Russen. Alfred Braun drehte einen Film über Gustav Stresemann, der Deutschlands Weg nach Europa während der Weimarer Jahre in pathetisch-rosiges Licht tauchte. Auch wenn Axel Eggebrecht als profilierter Linksliberaler das Drehbuch schrieb, blieb Stresemann als gescheiterter »Einiger Europas« nur eine schöne Legende. Die Erforschung der Hitlerjahre, des Holocausts oder der Geschehnisse in den von der

Wehrmacht besetzten Staaten erschöpfte sich weitgehend in der Darstellung des Führers, der demnach an allem die Schuld trug.

Hohe Vertreter der Kirchen scheuten sich ebensowenig wie prominente Zeitschriftenautoren, das christliche Abendland durch den rechtzeitigen Abwurf von Atombomben über dem Land der »blutgierigen Feinde« (Kardinal Frings) zu retten. Überhaupt, da war wieder viel zu hören und zu lesen vom »Recht der deutschen Nation«, der »Ehrenpflicht jedes wahren Deutschen« oder vom »Kreuzzug gegen den Kommunismus«. Wohltuend niveauvoll setzten sich hingegen Politiker, Schriftsteller und Intellektuelle auf den verschiedenen Friedenskongressen (etwa dem »Berliner Kongreß für kulturelle Freiheit« im Juni 1950) mit der Spaltung der Welt, der atomaren Bedrohung und der Abwehr des Kommunismus auseinander.

Historiker und Soziologen sprechen im Rückblick auf die fünfziger Jahre gerne von der Entstehung einer Mittelstandsgesellschaft. Dies trifft die Entwicklungen in diesem Jahrzehnt recht genau. Und hierin kann man auch bereits ansatzweise die Moderne entdecken, die trotz manch restaurativer Erscheinungen schon in der frühen Bundesrepublik angelegt war. Die alte Oberschicht mußte wegen ihrer Verstrickungen in der Hitlerzeit weitgehend abdanken, zumindest hatte sie ihre Glaubwürdigkeit als politische Führungsklasse verloren. Millionen Menschen waren in das Land geströmt. Die Gesamtbevölkerung auf dem Gebiet der Bundesrepublik stieg gegenüber der Zeit vor dem Zweiten Weltkrieg Anfang der fünfziger Jahre um sieben auf fünfzig Millionen an. Zehn Jahre später lebten bereits sechsundfünfzig Millionen Menschen in Westdeutschland. Die Neubürger kamen aus den Ostgebieten, dem Sudetenland und der DDR. Ihre Biographien waren natürlich auch von der Kultur ihrer Heimatregionen mitbestimmt. Als in den sechziger Jahren die Gastarbeiter einreisten, verstärkte sich diese Vermischung verschiedener Kulturkreise. Und all dies veränderte zunehmend nun auch die Lebensgewohnheiten und den Blick der Menschen, unter denen sie jetzt lebten.

Im Kaiserreich und in der Weimarer Republik waren 33 Prozent der Bevölkerung Katholiken gewesen. Die Schwerpunkte des Protestantismus lagen in den mittlerweile verlorenen Ostgebieten. In der Bundesrepublik stieg folglich der katholische Bevölkerungsanteil nach 1945 auf 44 Prozent (Protestanten 51 Prozent). Dies stärkte das Selbstbewußtsein der seit den Bismarcktagen diskriminierten katholischen Bürger. Es gab im neuen Staat bald erheblich mehr konfessionelle Mischehen, was auch auf die fortschreitende Säkularisierung der deutschen Gesellschaft zurückzuführen war.

Politisch mißbrauchte die katholische Amtskirche ihre neue Stellung. Unverhohlen riefen die Kardinäle, Bischöfe und Priester die Gläubigen an den Wahlsonntagen von der Kanzel aus zur Stimmabgabe für die »christlichen« Unionsparteien auf. Sie überschritten damit nicht nur ihre Kompetenzen, sondern vergifteten mit dieser einseitigen Parteinahme auch das politische Klima im Land. Wohltuend dagegen wirkte der gestärkte katholische Einfluß auf die deutsche Gesellschaft insofern, als er ein gesundes Gegengewicht zu der strengen preußisch-protestantischen Staatsethik darstellte, die einst Gehorsam auch dort forderte, wo Widerspruch angebracht gewesen wäre, und den Obrigkeitsstaat schuf.

Schon in den fünfziger Jahren zeigte sich, daß es die Bundesrepublik – im Gegensatz zum Kaiserreich und zur Weimarer Republik – erheblich besser verstand, die Arbeiterschaft in die Gesellschaft zu integrieren. Ihre am staatsrechtlichen und wirtschaftlichen Aufbau maßgeblich beteiligten politischen Organisationen, SPD und Gewerkschaften, stießen im neuen Staat auf eine hohe Akzeptanz, was auch auf ihre Wähler und Mitglieder abfärbte. In der modernen Industriegesellschaft verlor sich die Klassendifferenzierung, die den Kapitalismus der vorausgegangenen einhundertfünfzig Jahre gekennzeichnet hatte. Die sozialen Absicherungen für den Krankheitsfall oder das Alter und die sich immer deutlicher abzeichnende Vollbeschäftigung trugen erheblich zur Identifikation der Arbeiter mit dem Staat bei. Mit der Technisierung am industriellen Arbeitsplatz nahm auch die Qualifizierung für die komplizierter werdenden Tätigkeiten an den Werksmaschinen und Fließbändern zu, und das Selbstbewußtsein der Arbeiterschaft stieg. In den Unternehmen, größeren Handwerksbetrieben oder Behörden waren die Hierarchien zwar nicht aufgelöst worden, aber beim Konsum, in den Bedürfnissen nach Unterhaltung oder bei den Urlaubszielen ebneten sich die Unterschiede zwischen den verschiedenen Etagen der Führungsebene einerseits und zwischen Angestellten oder Arbeitern andererseits ein.

»Wir sind wieder wer«, dieses Gefühl war bald auch in der Arbeiterschaft weit verbreitet. Und als die deutsche Fußballnationalmannschaft 1954 in Bern Weltmeister wurde, kannte das Land ohnehin keine Klassen mehr, sondern nur noch Helmut Rahn, den Mann, der das entscheidende dritte Tor geschossen hatte. Das Schweigen über die Vergangenheit war jedoch nicht weniger klassenübergreifend als die Sehnsucht, in der Welt wieder anerkannt zu sein.

Von den fünfziger Jahren als einer gemächlichen, nur vom wirtschaftlichen Aufstieg und den privaten Konsuminteressen geprägten Epoche zu sprechen wäre allerdings falsch. Es war eine unruhige Zeit, in der nicht nur die politischen Kämpfe um das Wirtschaftssystem oder die westorientierte Außenpolitik die Menschen bewegte. Streiks und Proteste, heftige in der Öffentlichkeit ausgetragene und die Gesellschaft spaltende Debatten kennzeichneten auch diese Jahre. Als die Reparationsforderungen der Westalliierten die Existenz zahlreicher Betriebe – vor allem im Ruhrgebiet – in Frage stellten, drohten die um ihre Arbeitsplätze bangenden Menschen 1948/49 mit offenem Aufruhr. Nach der Bildung der ersten Bundesregierung ging im Winter 1949/50 die Industrieproduktion zurück, die Arbeitslosigkeit stieg von 8,8 Prozent im September 1949 auf 13,5 Prozent im Februar 1950. In Regionen mit besonders vielen Vertriebenen kletterte die Quote auf bis zu 40 Prozent. Mehr als zwei Millionen Menschen waren ohne Arbeit. Da die großen landwirtschaftlichen Flächen im Osten verloren waren, gab es Probleme bei der Nahrungsmittelversorgung. Die Industrie erwirtschaftete noch nicht ausreichend Devisen, um die Situation durch Importe zu verbessern. Unruhe breitete sich aus, viele Menschen machten für die schlechte Situation die Marktwirtschaft verantwortlich. Für Ludwig Erhard und die Bundesregierung begann ein Wettlauf mit der Zeit. Sie gewannen ihn, weil der Beginn des Koreakrieges im Juni 1950 in den westlichen Industriestaaten sehr bald einen Wirtschaftsboom auslöste.

Der Deutsche Gewerkschaftsbund konnte sich bei seinem Kampf um Mitbestimmung, Arbeitszeitverkürzungen und Lohnerhöhungen jedoch nur mit einer harten Konfliktstrategie gegen die Arbeitgeber und eine insgesamt industriefreundliche Regierung durchsetzen. Proteste gab es auch bei den Landwirten oder Studenten. 1954 streikten die öffentlichen Betriebe in Hamburg. Wilde Arbeitsniederlegungen gab es in Hamburg und Kassel, als der Vorstandsvorsitzende der Gutehoffnungshütte, Hermann Reusch, im Zusammenhang mit der Mitbestimmungsdiskussion von einer »brutalen Erpressung durch die Gewerkschaften« sprach. Am 22. Januar 1955 folgten 800 000 Arbeitnehmer aus der Montanindustrie im Ruhrgebiet dem Aufruf zu einem eintägigen Warnstreik, um die Mitbestimmungsforderungen der Gewerkschaften mit Nachdruck zu versehen. Die Verbraucher wehrten sich im gleichen Jahr mit einem Boykott gegen Milchpreiserhöhungen. In Schleswig-Holstein streikten die Metallarbeiter 114 Tage, um die Fünf-Tage-Woche durchzusetzen. 30 000 Ingenieurstudenten weigerten sich 1957 wegen unzureichender Studienbedingungen, Vorlesungen und Seminare zu besuchen.

Neben der Lohn- und Arbeitszeitpolitik stand die bereits angesprochene Frage der Mitbestimmung im Zentrum der gewerkschaftlichen Forderungen in diesem Jahrzehnt. Im April 1951 wurde für 71 Bergbaugesellschaften und 37 Betriebe der Eisen- und Stahlindustrie die paritätische Mitbestimmung eingeführt. 1952 folgte – gegen die Stimmen von SPD und KPD – das Betriebsverfassungsgesetz, das die Bildung von Betriebsräten als Interessenvertreter der Arbeitnehmer in Unternehmen mit mehr als fünf Beschäftigten festlegte. Beide Gesetze stärkten nicht nur die Arbeitnehmerrechte in den einzelnen Betrieben, sondern vor allem auch die Position der Gewerkschaften. Allerdings blieb die von ihnen angestrebte »Demokratisierung der Wirtschaft« insgesamt bescheiden. Das Mitbestimmungsgesetz hatten sie nur für die Montanindustrie durchsetzen können, und das Betriebsverfassungsgesetz ging kaum über die Betriebsräteregelung der Weimarer Republik hinaus. Da die Einzelgewerkschaften jedoch generell eine zurückhaltende Lohnpolitik betrieben, blieben sie ein Stabilitätsfaktor der Bundesrepublik.

Dazu trug auch zweifellos bei, daß es Adenauer gelang, mit der Führung des DGB im Dialog zu bleiben. Den DGB-Vorsitzenden Hans Böckler kannte er noch aus seinen Oberbürgermeisterjahren in Köln. Der nüchterne, unideologische Gewerkschafter wurde für den Kanzler in seinen ersten Regierungsjahren tatsächlich zu einer Schlüsselfigur. In vielen vertraulichen Gesprächen gelang es Adenauer, den ein Jahr älteren Böckler auf die Wirtschafts- und Innenpolitik der bürgerlichen Koalition einzustimmen. Als dieser wichtige Partner 1951 starb, ging die Arbeitslosigkeit bereits allmählich zurück, breitete sich in der Arbeiterschaft wachsende Zuversicht aus. Die Sozial- und Arbeitsgesetze und das »Wirtschaftswunder« der kommenden Jahre taten ihr übriges, um die traditionelle Wählerschaft der SPD von einem totalen Konfrontationskurs gegen die von ihr nicht mehrheitlich gewählte bürgerliche Regierung abzuhalten.

1950 brach die Debatte um die westdeutsche Wiederbewaffnung of-

Die Wiederbewaffnung: Seit 1950 kämpfen die Sozialdemokraten gegen die Aufstellung der Bundeswehr, die Adenauer will.

fen aus. Es entwickelte sich eine in den kommenden Jahren immer größer werdende Bewegung, die sich gegen die Remilitarisierung zur Wehr setzte. Innenminister Gustav Heinemann verließ im Oktober 1950 aus Protest gegen die Wiederbewaffnungspläne das Kabinett Adenauer (zwei Jahre später trat er aus der CDU aus und gründete mit einigen Gleichgesinnten die erfolglose Gesamtdeutsche Volkspartei). Der Rat der Evangelischen Kirche in Deutschland (EKD) veröffentlichte eine ebenfalls ablehnende Stellungnahme. Kardinal Frings dagegen erklärte, die Wehrdienstverweigerung sei unvereinbar mit dem christlichen Denken. Als am 1. April 1957 die ersten Wehrpflichtigen eingezogen wurden, forderten Adenauer und der damalige Atomminister Franz Josef Strauß für die Bundeswehr sogar Kernwaffen. Die Naivität des Kanzlers war frappierend. In der ihm eigenen Art erklärte er, es handele sich dabei lediglich um eine Modernisierung der herkömmlichen Artillerie. Nach dem Bau der Berliner Mauer schlug er als Warnung für die östliche Seite sogar einen Atombombenabwurf über der Ostsee vor.

Achtzehn Atomwissenschaftler veröffentlichten 1957 eine Erklärung und verlangten den Verzicht auf die atomare Bewaffnung der deutschen Armee. »Für die Entwicklungsmöglichkeit der lebensausrottenden Wirkung der strategischen Atomwaffen ist keine natürliche Grenze bekannt«, meinten die Unterzeichner – darunter Carl Friedrich von Weizsäcker, Werner Heisenberg, Max Born, Otto Hahn, Max von Laue – und bewiesen damit sehr viel mehr Realismus als der Bonner Kabinettschef. Die SPD gründete in Frankfurt den Aktionsausschuß »Kampf dem Atomtod«, der beim Deutschen Gewerkschaftsbund Unterstützung fand. Es gab Großkundgebungen und Protestversammlungen. Gleichwohl stieß die geplante Wiederbewaffnung bei den Westdeutschen – dies bewies der überragende Wahlsieg Adenauers von 1957 – mehrheitlich auf Zustimmung, zumindest auf gleichgültige Akzeptanz. Nur eine Minderheit wehrte sich heftig.

Ein nicht versiegendes innenpolitisches Konfliktthema der fünfziger Jahre blieb auch die Frage der deutschen Spaltung. Nicht nur der Minister für gesamtdeutsche Fragen, Jakob Kaiser, kämpfte lange für einen »Dritten Weg«, der ein vereintes Deutschland zur Brücke zwischen Ost und West werden lassen sollte. Das Schlüsselwort der Adenauergegner über die Parteigrenzen hinweg hieß Neutralität. Viele im Land glaubten, die zu starke Westbindung der Bundesrepublik verewige die Teilung. Gustav Heinemann und seine neue Partei setzten sich in den folgenden Jahren ebenso intensiv für eine solche Lösung ein wie der Kirchenmann Martin Niemöller, der Philosoph Karl Jaspers, die Publizisten Walter Dirks, Eugen Kogon oder Paul Sethe. Sie alle standen dem Kommunismus fern, erkannten aber, daß die Politik Adenauers die Teilung der Nation zementierte.

Es war ein Jahrzehnt der Widersprüche. Doppelmoral und Spießbürgerlichkeit charakterisierten die Gesellschaft nicht weniger als der starke wirtschaftliche Aufbauwille. Das Land kehrte in die Staatengemeinschaft zurück und glaubte, die Vergangenheit sei abgehakt. Das gemeinsame Feindbild, der Kommunismus, schweißte zusammen und wurde zur Epochenbrücke der älteren Generation. Die Kunst blieb traditionalistisch, nicht nur der deutsche Heimatfilm bot den Kinogängern eine heile Natur- und Familienwelt. Avantgardistisch geriet sie in der Regel lediglich in französischen, britischen oder amerikanischen Werken, denen sich die Verlage und Theater zuwandten. Schmutz- und Schund-kampagnen hatten Konjunktur, und ändern sollte sich aus der Sicht der bürgerlichen Mehrheit eigentlich nur das Gehalts- oder Lohnkonto.

Kaum merkbar begann sich jedoch Ende der fünfziger Jahre die gesellschaftliche Befindlichkeit der Westdeutschen zu wandeln. In Wissenschaft, Literatur, Wirtschaft und Politik betraten die Dreißig- bis Vierzigjährigen die Bühne, und sie setzten die ersten wichtigen Zeichen für einen tiefgreifenden Generationenkonflikt in der zweiten Hälfte der sechziger Jahre. Das »Wirtschaftswunder« konnte über viele gesellschaftliche Fehlentwicklungen nicht hinwegtäuschen. Die Bundesrepublik, patriarchalisch geführt, war eine Demokratie mit autoritären Zügen geworden. Die Jüngeren litten unter der Herrschaft der »Alten«, die in den Parteien, Unternehmen oder an den Universitäten nicht nur die Schlüsselpositionen besetzt hielten, sondern sich auch zunehmend als unflexibel gegenüber den Anforderungen der Zukunft zu erweisen schienen.

Die Wirtschaft florierte in den sechziger Jahren. Die Bundesrepublik nahm im Kreis der Industriestaaten nach den USA den zweiten Platz ein (Japans Aufstieg vollzog sich erst in den siebziger Jahren). Im Vergleich mit den westlichen Nachbarstaaten gab es auch weniger Streiks, die Unternehmensverbände akzeptierten die Gewerkschaften als gleichrangige Verhandlungspartner. Nur wenn es um die Ausweitung der Mitbestimmung, also die Macht in den Betrieben, ging, stieg die Konfliktbereitschaft der Arbeitgeberseite. Mancher Beobachter belegte die Besitzverhältnisse in der Republik mit scharfer Kritik. Der einstige Exilant und später konservative Publizist William S. Schlamm schrieb 1959: »Einem Besucher Deutschlands fällt übrigens sehr bald auf, daß die modernste europäische Volkswirtschaft in einer Hinsicht die konservativste ist: Was immer auch an Adenauers Deutschland neu sein möge – die Namen der Mächtigen sind es nicht. Alles, was in der deutschen Wirtschaft Glanz und Reichtum bedeutet, ist in den Händen der paar hundert Familien geblieben, die Deutschlands wirtschaftliche Macht zumindest seit Beginn des Jahrhunderts repräsentiert haben.« Es gab viele Stimmen, die ihr Unbehagen über die Machtverhältnisse in der Bundesrepublik artikulierten. Auch der Jesuitenpater und Sozialwissenschaftler Oswald von Nell-Breuning wies in seinem Buch »Kapitalismus und gerechter Lohn« (1960) auf das bedenkliche Wohlstandsgefälle im Land hin.

Die Literatur begann Ende der fünfziger Jahre neue Wege zu beschreiten. 1959 erschien »Die Blechtrommel« von Günter Grass, 1963 veröffentlichte Heinrich Böll »Die Ansichten eines Clowns«, 1968 Siegfried Lenz seine »Deutschstunde« – Prosawerke, die die Vergangenheit des Dritten Reiches mit der Gegenwart verknüpften. Ihr ungewöhnlicher Lesererfolg zeugte nicht nur von der literarischen Qualität dieser Bücher, sondern er zeigte auch, daß diese und andere jüngere Autoren lange Verschüttetes und Verdrängtes aufgearbeitet hatten. Bernhard Wickis Film »Die Brücke« – die Geschichte einer Gruppe Jugendlicher in den letzten Kriegstagen – kam 1959 in die Kinos und erschütterte die Besucher.

Auf der Bühne zog 1963 Rolf Hochhuths Stück »Der Stellvertreter« einen der größten politischen Skandale der Theatergeschichte nach sich. Seine kritische Darstellung der Rolle von Papst Pius XII. in den Jahren des Dritten Reiches brach ein Tabu, und sie ließ nicht nur das katholische Deutschland mit lauter Empörung reagieren. Heinar Kipphardt thematisierte 1964 in seinem vielgespielten Drama »In der Sache J. Robert Oppenheimer« die ethische Verantwortung des Wissenschaftlers und berührte damit eine Frage, die angesichts der tödlichen Bedrohung der Welt durch die Atomarsenale der Supermächte immer mehr Menschen umtrieb.

In den Medien wurde im Laufe der sechziger Jahre erst allmählich die Suche der Gesellschaft nach Neuorientierung spürbar. Auch in den Redaktionen bereitete sich jedoch ein Generationswechsel vor. Die häufig nationalistischen und antikommunistischen Töne, die in den führenden überregionalen Tages- und Wochenzeitungen angeschlagen worden waren, wichen zunehmend einem nachdenklicheren Ton. Zudem begann das Fernsehen zu einem Massenmedium zu werden. Es sollte bald nicht nur die Lebensgewohnheiten der Familien verändern, sondern auch eine neue Form der Informationsaufnahme kultivieren. Die Suggestivität des Bildes stellte die Politik vor ganz neue Probleme.

An den Hochschulen traten nun die jungen Historiker, Soziologen, Politologen und – mit der Erforschung und Wiederentdeckung der Exilliteratur – die Germanisten mit Arbeiten hervor, die Geschichte und Gesellschaft unter einem veränderten Blickwinkel betrachteten. Max Horkheimer und Theodor W. Adorno waren aus dem amerikanischen Exil zurückgekehrt und brachten das »Institut für Sozialforschung« aus New York wieder nach Frankfurt. Die vor allem in den USA fortentwickelte moderne Soziologie fand Eingang in die westdeutsche Wissenschaft, Kapitalismuskritik gehörte zu den Schwerpunkten der sogenannten »Frankfurter Schule«. In München begannen Martin Broszat und seine Kollegen im »Institut für Zeitgeschichte« die verdrängten gesellschaftlichen und politischen Hintergründe des Dritten Reiches aufzuarbeiten. Schon 1955 veröffentlichte der junge Historiker Karl Dietrich Bracher seine Untersuchung über »Die Auflösung der Weimarer Republik«, die sich erstmals auch mit dem Versagen der deutschen Gesellschaft auseinandersetzte und für die Geschichtsforschung ein Anstoß war, sich intensiv mit dieser Epoche auseinanderzusetzen. Der Hamburger Zeitgeschichtler Fritz Fischer löste 1961 und 1969 mit seinen Werken über den Ausbruch des Ersten Weltkrieges (»Griff zur Weltmacht« und »Krieg der Illusionen«), in denen er an Hand genauer Dokumentenauswertung die Kriegsschuldfrage in einem für das wilhelminische Deutschland negativen Licht klärte, eine fruchtbare Historikerdebatte aus. Wolfgang und Hans Mommsen, Hans-Ulrich Wehler, Heinrich August Winkler und Jürgen Kocka erkannten in den gesellschaftlichen, sozialen und wirtschaftlichen Entwicklungen der Völker die eigentlichen Triebkräfte der Geschichte, und ihre Arbeiten verließen die eingefahrenen Bahnen der Königs- und Schlachtenbeschreibungen. In den siebziger und achtziger Jahren schrieben sie ihre großen Epochendarstellungen über das neunzehnte und zwanzigste Jahrhundert.

Neue, skeptischere Interpretationen lieferten auch einige herausragende und deswegen vieldiskutierte Biographien, die in den kommenden Jahren erschienen. Richard Friedenthal zeigte das Allzumenschliche im Leben des »Dichterfürsten« Johann Wolfgang von Goethe (deutsch 1968), Robert Gutman lieferte den Deutschen eine Lebensdarstellung Richard Wagners (deutsch 1970), die diesen kultisch verehrten Musikdramatiker als unsympathischen Zeitgenossen und geistigen Inspirator des deutschen Antisemitismus auswies. Beide Anstöße zum Sturz dieser Götter des Bildungsbürgertums vom Geniethron kamen von außen, Friedenthal lebte in London, Gutman war amerikanischer Musikwissenschaftler. Joachim Fest setzte sich Anfang der siebziger Jahre – wie vorher kein anderer deutscher Autor – in einem umfangreichen Werk mit dem Leben Adolf Hitlers auseinander. Einige Jahre später (1980) bot Lothar Gall mit seiner Bismarckbiographie neue, aufregende Deutungen dieses Staatsmannes und seines politischen Werkes. Alle diese

Der Prozeß in Jerusalem: Adolf Eichmann wird von einem israelischen Gericht zum Tode verurteilt und im Juni 1962 hingerichtet.

Bücher trugen zu veränderten Wahrnehmungen der eigenen Geschichte bei und wirkten an den gesellschaftlichen Umbrüchen mit, die die Bundesrepublik veränderten.

Es waren aber vor allem zwei spektakuläre Prozesse, durch die die Westdeutschen von ihrer Vergangenheit eingeholt wurden. 1961 stand der ehedem führende Organisator der Judenvernichtung, Adolf Eichmann, vor einem Jerusalemer Gericht. Der israelische Geheimdienst hatte ihn 1960 aus Südamerika gekidnappt. Der einstige SS-Obersturmbannführer wurde schließlich zum Tode verurteilt und im Juni 1962 hingerichtet. 1963 begann in Frankfurt der erste Auschwitzprozeß. Er führte zur (teilweise sehr milden) Verurteilung mehrerer angeklagter KZ-Aufseher. In beiden Verfahren kamen Einzelheiten aus dem Alltag des Dritten Reiches und über die bürokratisch perfekt aufgebaute Vernichtungsmaschinerie des Holocaust zur Sprache. Vor allem die jungen Deutschen sahen sich erstmals mit einer Wahrheit konfrontiert, die ihre Väter und Mütter oder ihre Lehrer nicht hatten aussprechen wollen oder können. In den Familien begann der Aufstand der Kinder. Nicht ohne Hochmut stellten sie Fragen – und sie verurteilten.

Die Prozesse in Jerusalem und Frankfurt lösten eine Debatte aus, die die Bundesrepublik nicht mehr losließ. Die Holocaustforschung – in den USA bereits länger intensiv betrieben – schloß in den nächsten Jahrzehnten Wissenslücken. Populäre Darstellungen – die in den USA produzierte Fernsehserie »Holocaust« beispielsweise – oder Filmdokumentationen, in denen Täter und Opfer zu Worte kamen – der Franzose Claude Lanzmann begann 1974 mit der Aufzeichnung seiner Interviews für die zehn Jahre später ausgestrahlte vierteilige Reihe »Shoah« –, durchbrachen auch innerhalb der älteren Generation die Mauer des Schweigens. Schon Anfang der sechziger Jahre hatten die deutschen Leser das Tagebuch des jüdischen, in einem Amsterdamer Versteck lebenden und in Bergen-Belsen umgebrachten Mädchens Anne Frank entdeckt.

Die Auseinandersetzung mit den Hitlerjahren ließ auch die Kritik an hohen Amtsträgern im Land, die durch ihre Mitarbeit im Dritten Reich diskreditiert waren, lauter werden. So hatte beispielsweise der Staatssekretär im Bundeskanzleramt, Hans Globke, der enge Vertraute Adenauers und mächtige Herr über die personalpolitischen Entscheidungen in Bonn, zu den Mitautoren der Nürnberger Rassegesetze von 1935 gehört. 1960 stolperte Bundesvertriebenenminister Theodor Oberländer über seine Teilnahme an Erschießungen im Osten. Bundespräsident Heinrich Lübke geriet in den Verdacht, beim Bau von Konzentrationslagern als Technokrat beteiligt gewesen zu sein. Was sich – leider viel zu spät – als böse Verleumdungskampagne der DDR entpuppte. Werner Best, einstiger stellvertretender Gestapo-Chef, machte in der rheinischen Industrie lange völlig unbelästigt von der Justiz eine steile Karriere. Mehrere Bundeswehrkasernen trugen die Namen von Nazigenerälen. 1978 mußte der baden-württembergische Ministerpräsident Hans Filbinger zurücktreten, weil er noch nach der Kapitulation als Kriegsmarinerichter ein Todesurteil gefällt hatte. Aufgedeckt hatte den Fall der Dramatiker Rolf Hochhuth.

Die Vergangenheit blieb den Deutschen auch am Ende des Jahrhunderts brennende Gegenwart. Mitte der achtziger Jahre brachte Jürgen Habermas mit einem Artikel in der Wochenzeitung »Die Zeit«, in dem er hauptsächlich die Thesen von Ernst Nolte, Hitler sei die Folge der bolschewistischen Revolution gewesen und die Verbrechen des Stalinismus und des Nationalsozialismus seien durchaus »vergleichbar«, verurteilte, einen heftigen und weitestgehend von Polemik getragenen Historikerstreit ins Rollen. Zehn Jahre später regten sich Historiker und Publizisten – wenn auch nur kurzzeitig – über ein Buch des Amerikaners Daniel Goldhagen auf, das über »Hitlers willige Vollstrecker« bei den Verbrechen des Nationalsozialismus in Polen und Rußland berichtete und dem Antisemitismus in der deutschen Geschichte bis 1945 eine zentrale Bedeutung zuschrieb. Zur Verblüffung vieler stieß diese Diskussion gerade bei den jüngeren, angeblich so unpolitisch gewordenen Deutschen auf ein besonders hohes Interesse. Wenig später organisierte das Hamburger »Institut für Sozialforschung« eine Wanderausstellung über die Verbrechen der deutschen Wehrmacht während des Zweiten Weltkrieges. In den Stadtparlamenten und in den Leserbriefspalten der Regionalzeitungen geriet diese »Verunglimpfung des deutschen Soldaten« ins Kreuzfeuer der Kritik. Doch auch dieses Projekt löste die Zungen, ehemalige Wehrmachtsangehörige berichteten in Fernsehsendungen oder in Schulen von ihren Erlebnissen. 1998 wehrte sich der Schriftsteller Martin Walser bei der Entgegennahme des Friedenspreises des deutschen Buchhandels gegen die »Moralkeule« Auschwitz. Erbitterte Antworten folgten seinen leichtfertigen Einwürfen.

Auch wenn die Wirtschaftsentwicklung der sechziger Jahre zweifellos das politische System stabilisierte, beklagten immer mehr Jüngere und Intellektuelle die demokratischen Defizite, die im autoritären Gebaren von Regierung, Bürokratie und Wirtschaft spürbar blieben. Im Herbst 1962 zeigte sich schlaglichtartig das bei einigen hochrangigen Politikern vorherrschende Demokratieverständnis, als Verteidigungsminister Franz Josef Strauß mit einer Nacht-und-Nebel-Aktion zu einem Vernichtungsschlag gegen das Hamburger Nachrichtenmagazin »Der Spiegel« ausholte. Das Blatt hatte den bayerischen Politiker und die Adenauerregierungen stets mit beißender Kritik gewürdigt. Die Aktion, die Strauß lostrat, sollte eine unbequeme Stimme im Land zum Schweigen bringen.

Hintergrund der Spiegelaffäre war ein Artikel des Magazins über die Bundeswehr, »Bedingt abwehrbereit«. Die Bundesanwaltschaft sah in dem Bericht den Verdacht des Landesverrats gegeben und ordnete an, den Verleger Rudolf Augstein, seinen Verlagsdirektor und drei Redakteure zu verhaften. Die Redaktionsräume wurden durchsucht und versiegelt. Verteidigungsminister Strauß ließ es sich nicht nehmen, per Anruf persönlich die Festnahme des in Spanien weilenden Spiegelredakteurs Conrad Ahlers zu veranlassen. Kanzler Adenauer stellte sich in einer lauten Bundestagsdebatte vor seinen Minister und sprach von einem »Abgrund von Landesverrat«.

Der zum Teil rechtswidrigen Staatsaktion folgten landesweite Proteste. Zum ersten Mal erlebte die Republik Massendemonstrationen, die eine Auseinandersetzung mit dem demokratischen Grundverständnis im Land forderten. Die Spiegelaffäre war der Anfang vom Ende der Kanzlerschaft Adenauers und der Beginn eines Jahrzehnts der innergesellschaftlichen Proteste. Der Patriarch hatte sich überlebt. Die Amerikaner wählten 1962 den dynamischen und charismatischen John F. Kennedy zu ihrem neuen Präsidenten. Er war bei seinem Amtsantritt dreiundvierzig. Im Bonner Palais Schaumburg saß ein genau doppelt so alter Greis und konnte von der Macht nicht lassen. Sein Verhalten in diesen Monaten öffnete auch vielen jüngeren Mitgliedern in der Union die Augen. Die Republik stand an einer Wende, und sie entschied sich gegen den autoritären, auch vor den Grenzen der Legalität nicht haltmachenden Politikstil, der die fünfziger Jahre noch geprägt hatte. Der

Die »Spiegel-Affäre«: Tausende gehen auf die Straße, als die Regierung Adenauer das Hamburger Nachrichtenmagazin unter Verfolgung stellt.

»Spiegel« ging aus der Affäre mit einem grandiosen juristischen Sieg (und einer beachtlichen Auflagensteigerung) hervor, Strauß mußte aus dem Kabinett ausscheiden. Die FDP verließ die Koalition, ein Jahr später räumte der siebenundachtzigjährige Adenauer das Kanzleramt.

Nicht nur die Spiegelaffäre zeigte übrigens das vordemokratische Medienverständnis Adenauers und der Konservativen im Land. 1961 hatte der Kanzler versucht, durch die Gründung eines Staatsfernsehens dieses modernste der Informationsmedien in den Griff zu bekommen. Erst ein Urteil des Bundesverfassungsgerichts stoppte das Ansinnen, Meinung und Information im Land unter die Kuratel der Regierung zu stellen. Am Ende dieser Entwicklung stand im gleichen Jahr die Gründung des ZDF, das allerdings auf fast deckungsgleichen staatsrechtlichen Grundlagen konstituiert wurde wie die öffentlich-rechtlichen Rundfunkanstalten der Länder.

Die Frage nach dem Demokratieverständnis stellte sich aber auch in der jüngeren Generation. 1964 veröffentlichten der Frankfurter Soziologe Ludwig von Friedeburg und einige Mitautoren eine Studie über das politische Denken in der westdeutschen Studentenschaft. Das Ergebnis zeigte, daß lediglich 26 Prozent von ihnen definitiv oder zumindest tendenziell die Demokratie bejahten.

Der Jugend- und Studentenprotest, der schließlich die gesamte Republik erschüttern sollte, entzündete sich an der Bildungspolitik, weitete sich aber thematisch schnell auf andere Politikfelder aus. 1965 erschien eine Publikation des Pädagogen und Religionsphilosophen Georg Picht, die eine baldige »Bildungskatastrophe« in der Bundesrepublik konstatierte. Auf einer »Aktion 1. Juli« protestierten 258 000 Studenten und Hochschullehrer gegen den Bildungsnotstand. Der Sozialistische Studentenbund (SDS) organisierte 1966 weitere Studentendemonstrationen. 1968 kam es in Bremen, ein Jahr später in Hannover zu tagelangen Jugendkrawallen, als in diesen Städten die Fahrpreise für die öffentlichen Verkehrsmittel erhöht wurden. Der Philosoph Karl Jaspers publizierte 1966 die vieldiskutierte Streitschrift »Wohin treibt die Bundesrepublik?«. Ein Jahr später erschien das Buch »Die Unfähigkeit zu trauern« von Alexander und Margarete Mitscherlich. Diese Beschreibung der kollektiven Verweigerungshaltung der Deutschen gegenüber den Geschehnissen im Dritten Reich fand vor allem in der jüngeren Generation ein breites Echo.

Im Juni 1967 besuchte der Schah von Persien Berlin. Seine öffentli-

Gesellschaftlicher Umbruch: Die Jugend rebelliert, und in den Großstädten der Bundesrepublik häufen sich die Straßenkrawalle.

chen Auftritte waren von Protesten gegen den Diktator und Verbündeten der USA begleitet. Als die Leibwächter des Gastes mit Dachlatten auf die meist jugendlichen Demonstranten einschlugen, entwickelten sich daraus Straßenschlachten, in deren Verlauf die Westberliner Polizei rücksichtslos gegen die Menge vorging. Der Tod des von einem Polizisten erschossenen Studenten Benno Ohnesorg wurde zum Fanal, in zahlreichen deutschen Städten kam es zu massiven Unruhen. Die konservativen Medien, vor allem die Blätter des Springerverlages, forderten ein hartes Durchgreifen der Staatsgewalt. Die »Bild«-Zeitung schürte Bürgerkriegsstimmung und rief die Bevölkerung fast unverhüllt zu gewalttätiger Gegenwehr auf. Am 11. April 1968 wurde der SDS-Vorsitzende und bekannteste Studentenführer Rudi Dutschke bei einem Mordanschlag schwer verletzt. Häuser des Springerverlages wurden daraufhin von Demonstranten belagert, die Auslieferungen behindert (»Enteignet Springer«). Aus dem Kampf um bessere Studienbedingungen und eine Reform der Hochschulinstitutionen (»Unter den Talaren Muff von 1000 Jahren«) war ein politischer Massenprotest geworden, wie ihn die Republik bis dahin noch nicht erlebt hatte.

Die Kultusministerkonferenz und der Wissenschaftsrat empfahlen

Hochschulreformen, die Rektorenkonferenz forderte in ihrer Godesberger Erklärung eine Neuordnung der Mitverantwortung aller Hochschulmitglieder (Mitbestimmung der Studentengremien). Doch das half zunächst wenig. Die Würzburger Universität mußte wegen der Störungen durch protestierende Studenten zeitweise geschlossen werden, an anderen Hochschulen – die Zentren lagen in Berlin und Frankfurt – ließen die Massenversammlungen einen geregelten Universitätsbetrieb kaum noch zu, die Vorlesungen vieler Professoren, darunter häufig gerade derjenigen, deren liberale Position unbestritten war, wurden gestört, ihre Haltung politisch und moralisch diskreditiert.

Einen wichtigen Hintergrund für diese Entwicklung bildete der Vietnamkrieg. Die Schlacht in Südostasien trieb zunächst in den USA selbst, dann auch in den westeuropäischen Ländern die jungen Menschen auf die Straße. Vietnam wurde zum Synonym für das häßliche Gesicht des Kapitalismus. Eine gedanklich wirre Mischung aus Antiamerikanismus und Neomarxismus ergriff die Köpfe der Protestbewegungen. Der in Amerika lehrende Philosoph Herbert Marcuse (»Der eindimensionale Mensch«) wurde zum Idol der rebellierenden Jugend, vor allem in Deutschland.

Im Mai 1968 führten der Studentenaufstand in Paris und mehrtägige Straßenschlachten zwischen Polizei und Demonstranten zu einer Staatskrise. In den Vereinigten Staaten kämpfte die Bürgerrechtsbewegung mit immer militanteren Methoden um die Rechte der schwarzen Bürger im Land. Die europäische Linke entdeckte die Staaten der Dritten Welt, für deren Armut und Verelendung sie die eigenen Regierungen verantwortlich machte. Die Schuldzuweisungen zielten auf das westliche System insgesamt. Die Kritiker stellten seine demokratischen Institutionen in Frage und sahen im kapitalistischen Wirtschaftssystem den Urgrund aller Fehlentwicklungen. Was zweifellos die Probleme vereinfacht darstellte, aber doch auch nicht völlig abwegig war. Die Weltwirtschaftsordnung, von den Industriemächten geregelt und dirigiert, ließ den Völkern in Afrika und Asien wenig Chancen, aus dem Kreislauf von sozialer Verwerfung und inneren Machtkämpfen auszubrechen.

In der Nacht vom 2. April 1968 brannte es in zwei Frankfurter Kaufhäusern. Wenig später wurden Andreas Baader, Thorwald Proll, Horst Söhnlein und Gudrun Ensslin verhaftet. Es war die »Urtat«, sie stand am Anfang der langen blutigen Spur, die die »Rote-Armee-Fraktion« (RAF) in den kommenden Jahren hinterlassen sollte. Sie bildete die ex-

Die neuen Helden: Auf den Studentenprotesten feiern die Demonstranten ihren eigenen, neo-marxistischen Personenkult.

tremste Absplitterung eines verschwindend kleinen, gewaltbereiten Flügels der Studentenbewegung. Ulrike Meinhof, Holger Meins, der Berliner Rechtsanwalt Horst Mahler, Ingrid Schubert, Irene Goergens, dann die »zweite Generation« Christian Klar, Ingrid Möller, Brigitte Mohnhaupt, Susanne Albrecht – nur einige der Namen, die bald die Schlagzeilen der Medien füllten und den Staat juristisch und sicherheitspolitisch weit über das Notwendige hinaus aufrüsten ließen. Eine Terrororganisation blieb die RAF, in ihren Zielen und Ideologien diffus. Der Berliner Kammergerichtspräsident Günter von Drenkmann, Generalbundesanwalt Siegfried Buback, der Bankier Jürgen Ponto, Arbeitgeberpräsident Hanns Martin Schleyer, der Siemensmanager Karl Heinz Beckurts und der Diplomat Gerold von Braunmühl gehörten zu ihren Opfern. Insgesamt starben seit 1971 über dreißig Menschen durch RAF-Anschläge. Die Entführung der Lufthansamaschine »Landshut« im Oktober 1977, mit der palästinensische Terroristen RAF-Häftlinge freizupressen versuchten, endete mit einer spektakulären Befreiung auf dem Flughafen von Mogadischu (Somalia).

Die RAF blieb in der deutschen Gesellschaft isoliert. Die Sympathi-

*Blutiger Herbst
1977: Der Arbeit-
geberpräsident
Hans-Martin
Schleyer wird von
der RAF entführt
und ermordet.*

santenszene machte zwar immer wieder auf sich aufmerksam, aber politisch bewirkte sie so wenig wie die in den achtziger Jahren nahezu vollständig aufgeriebene Terroristengruppe selbst. Baader, Meinhof und
Ensslin begingen nach dem in Mogadischu gescheiterten Freipressungs-
versuch Selbstmord, ihre Nachfolger wurden in Stuttgart-Stammheim
zu in der Regel lebenslangen Haftstrafen verurteilt.

Die RAF war kein deutsches Sonderphänomen. In Italien trieben die
Roten Brigaden ihr Unwesen, im Baskenland bombte die ETA, in Irland
mordeten die katholische IRA und die protestantischen Ulster-Radika-
len. Die PLO stieg zu einer internationalen Terrororganisation auf, und
auch in den USA eskalierten die politisch motivierten Gewalttaten. Die
Ermordung der Brüder John und Robert Kennedy oder des schwarzen
Bürgerrechtlers Martin Luther King erschütterten das Land. Die Hintergründe für den Terror all dieser nationalistischen Gruppen oder individuellen Täter waren sehr unterschiedlich. Aber er zeigte, daß der reine
Materialismus, auf den die »freie Welt« gesetzt hatte, nicht wider-
spruchslos blieb. In Deutschland bot die RAF die irrwitzigste Antwort
auf die neuen politischen Fragen, die viele, vor allem junge Menschen
stellten.

Auch die Intellektuellen blieben von den Protestbewegungen nicht
unberührt, stießen sie teilweise sogar an, verließen ihren Elfenbeinturm

und mischten sich öffentlich in die Parteipolitik ein. Günter Grass bekannte sich schon Mitte der sechziger Jahre zur »Es Pe De« und gründete seine Wählerinitiative, an der auch Siegfried Lenz und andere linksliberale Autoren aktiv teilnahmen. Grass trommelte in den kommenden Wahlkämpfen für Willy Brandt. Martin Walser gab 1969 einen Band heraus, der den Titel trug: »Brauchen wir eine neue Regierung?« Wobei das Fragezeichen eigentlich nur noch rhetorischen Charakter hatte. Der in Italien lebende deutsche Komponist Hans Werner Henze liebäugelte mit den Kommunisten. Hans Magnus Enzensberger ließ für sein »Kursbuch« Texte schreiben, die sich anarchistisch gebärdeten. In den deutschen Theatern verwechselten Intendanten und Regisseure die Bühne gelegentlich mit revolutionären Barrikaden, auch hier ging es überaus politisch zu. Das Publikum nahm dies übel, die Zuschauerzahlen sanken. Der Ideologienstreit ließ die deutschen Arbeiter kalt, was viele junge »Systemveränderer« verblüffte und frustrierte. Das Bürgertum, dessen Kinder es ja waren, die den Aufstand probten, reagierte mit offener Ablehnung oder mit völligem Unverständnis, auch mancher Leitartikler und Essayist verstand die Welt nicht mehr. Als Beate Klarsfeld Kurt Georg Kiesinger, den Kanzler mit aktiver Mitläufervergangenheit, ohrfeigte, war das Ende der großen Koalition in Bonn bereits abzusehen.

Weniger grobe Formen des Protestes kamen aus den USA. Bald traf man sie überall auf der Welt, die »Blumenkinder«, die sanften gesellschaftlichen Außenseiter der Hippiebewegung. Bei der Aufführung des Antikriegsmusicals »Hair« fielen auf der Münchner Bühne auch die letzten Hüllen, der »Joint« wurde populär, Hasch und LSD als »bewußtseinserweiternde« Drogen en vogue.

Die politische Erregung bewegte allerdings keineswegs alle jungen Menschen in den westlichen Demokratien. Aus Liverpool drangen Klänge herüber auf den Kontinent, die bald um die ganze Welt gingen. Die vier pilzköpfigen »Beatles« starteten zu ihrem Siegeszug. Ihr »Yea, Yea, Yea« wirkte auf die Jugend wie der langersehnte Aufruf, die Enge des gesellschaftlichen Korsetts nun endlich zu sprengen. Das Zeitalter der Popkultur war angebrochen. Die Pille setzte sich Ende der sechziger Jahre als Verhütungsmittel allmählich durch, sie veränderte das Selbstgefühl der Frauen und war vielleicht der entscheidende Anstoß für die sexuelle Revolution, die nun auch die Deutschen erreichte. Minirock und Hosenanzug gehörten bald für die Damen zum modischen Alltag, während die Herren die Haare beträchtlich wachsen ließen.

Die »Achtundsechziger«, wie sie bald hießen, schufen so etwas wie eine Kulturrevolution. Was sie mit ihren vielfältigen, ungekannt respektlosen Aktionen (so erklärte der anarchistische Komiker Fritz Teufel während seiner Gerichtsverhandlung auf die Aufforderung des Berliner Richters aufzustehen: »Wenn es denn der Wahrheitsfindung dient.«) in überspitzter Form öffentlich artikulierten, veränderte zunehmend das Zusammenleben in den Schulen und Universitäten, in den Familien und an den Arbeitsplätzen. Das zeigte sich nicht zuletzt auch in Kleidung und Umgangsformen. Die patriarchalischen Väter und Ehemänner wurden entmachtet, die Frauenbewegung löste eine Emanzipationswelle aus, die Eltern und Lehrer entdeckten die – häufig mißverstandene – antiautoritäre Erziehung, die Unternehmen schulten ihre Manager in Sachen Menschenführung, die Kirchen dachten über neue Formen des sonntäglichen Gottesdienstes nach, Abtreibung und Homosexualität erfuhren ihre Entkriminalisierung, die Sexualität wurde enttabuisiert, und man kleidete sich zunehmend legerer – der schwarze Anzug und das lange Abendkleid waren bei Theaterbesuchen immer seltener zu sehen.

In der Politik führten die Neuorientierungen dieser Jahre 1969 zu einem Regierungswechsel. Bundeskanzler Willy Brandt wollte »mehr Demokratie wagen«, und der kurz vorher gewählte neue Bundespräsident Gustav Heinemann antwortete auf die Frage, ob er denn den Staat liebe, dessen erster Repräsentant er nun sei: »Ich liebe meine Frau.« Die beiden Zitate standen für einen neuen, unverkrampften Politikstil, für eine Aufbruchstimmung, und sie blieben deshalb vielleicht stärker im Gedächtnis als so manche konkrete politische Aussage.

Keine bessere Welt kündigte sich an, und der »neue Mensch« ließ sich auch nicht blicken, aber die deutsche Gesellschaft entspannte sich. Die Konservativen sahen den Zusammenbruch einer Werteordnung, und die Progressiven glaubten, nun gehe es an die Lösung aller Probleme. In Wirklichkeit begab sich die Bundesrepublik auf den Weg in eine sich immer schneller verändernde Zukunft, und sie schüttelte unzählige Regeln und Machtrituale ab, die zum hinderlichen Selbstzweck verkommen waren. Was ursprünglich noch als revolutionär und provokativ empfunden worden war, gehörte in den siebziger Jahren zum Alltagsrepertoire in den Familien, Betrieben und öffentlichen Institutionen. Auch der angekündigte »lange Marsch durch die Institutionen« gelang den Akademikern unter den Achtundsechzigern außerordentlich gut. Sie wurden Professoren und Oberstudienräte, Theaterintendanten und

Museumsdirektoren, besetzten in der Bürokratie, in den Verlagen und Redaktionen, gelegentlich auch in der Industrie gut dotierte Positionen. Und sie wurden satt und bequem. Schließlich kämpften sie um ihre materiellen Rechte, wie die von ihnen einst verachteten Vertreter des Establishments auch, sie bauten sich an den Stadträndern ihre Eigenheime, liebten die Toscana und die französische Küche. Ihren Kindern erzählten sie von den lang zurückliegenden Taten – so wie ein Jahrzehnt zuvor ihre Väter vom Landserleben oder dem heroischen Wiederaufbau in der Nachkriegszeit am Familientisch berichteten – und gingen ihnen damit zunehmend auf die Nerven.

Ende der sechziger Jahre forderten auch die Arbeitnehmer ihre Rechte massiver ein. Zunächst einige wilde, dann von den Gewerkschaften ausgerufene Streiks führten zu kräftigen Lohnerhöhungen in der Industrie und im öffentlichen Dienst. In der Bekleidungsindustrie stiegen die Löhne 1970 um 12,5 Prozent, in der Eisenindustrie um durchschnittlich 11,5 und im Baugewerbe um 7,5 Prozent. Eine Tendenz, die sich fortsetzte. Vor allem für die Beamten, deren Macht durch die wachsende Bürokratisierung enorm gewachsen war, gab es mehr Geld (1970 waren es 8 Prozent). 1974 wurde nach einem langen Streik im öffentlichen Dienst die Beamtenbesoldung um 11 Prozent angehoben. Die Regierung Brandt/Scheel ging als politischer Verlierer aus dieser Auseinandersetzung hervor.

Auch die Preise stiegen (1970 um 3,8 Prozent), und die Konjunktur zeigte deutliche Überhitzungserscheinungen. Das magische Dreieck geriet in eine Schieflage. Die Ölpreiskrise von 1973 führte dann zu starken Konjunktureinbrüchen. Rohöl war zum wichtigsten Energieträger der westlichen Industriestaaten geworden, die Preisentwicklungen für diesen Rohstoff beeinflußten das gesamte volkswirtschaftliche Kostengefüge. Verschärft wurde dieser Negativtrend durch die Strukturkrisen im Kohlebergbau, in der Stahlindustrie und im Schiffsbau. Bereits im Winter 1974/75 gab es zum ersten Mal seit vierzehn Jahren in der Bundesrepublik wieder eine Million Menschen, die ohne Arbeit waren.

Die Reformpolitik, die die sozial-liberale Koalition beim Regierungsantritt 1969 angekündigt hatte, fand ein schnelles Ende. 1976 setzten sich die Gewerkschaften allerdings in einer wichtigen Frage durch: Der Bundestag beschloß das Gesetz über die paritätische Mitbestimmung in Großbetrieben. Ansonsten kennzeichnete ein weitgehend gelungenes konjunkturelles Krisenmanagement die Regierungen von Bundeskanzler Helmut Schmidt, der 1974 Brandts Nachfolger geworden war.

Die Jahre der großzügigen Geschenke eifriger Wahlkämpfer waren längst vorbei, was viele in den Parteien jedoch nicht wahrhaben wollten. Die Entwicklungen auf dem Arbeitsmarkt ließen die Interessenvertreter der Industrie in den achtziger und neunziger Jahren immer unverblümter auf sozialen Abbau, die Durchlöcherung des Tarifrechts und eine Neugestaltung des arbeitsrechtlichen Status ihrer Arbeitnehmer drängen. Der Primat der Politik wurde von der Wirtschaft zunehmend in Frage gestellt. In der bürgerlich-liberalen Regierung Kohl fand sie nur wenig Gegenwehr. Große Erfolge errangen die Gewerkschaften in diesen Jahren allein in der Arbeitszeitfrage. Nach einem siebenwöchigen Arbeitskampf der Metaller (die Drucker brachten es sogar auf dreizehn Wochen) gelang es 1984 in einem Schlichtungsverfahren, die 38,5-Stunden-Woche durchzusetzen (IG Metall und IG Druck und Papier hatten 35 Wochenstunden gefordert).

Ein bißchen Bananenrepublik war die Bundesrepublik auch geworden: Die Gewerkschaften wurden 1982 vom Skandal um ihre Wohnungsgesellschaft »Neue Heimat« eingeholt, und die Unternehmerverbände sahen sich 1984 mit der Aufdeckung der regelmäßigen Schmiergeldzahlungen des im Auftrage der Herren Flick handelnden Eberhard von Brauchitsch düpiert – Blicke in den deutschen Alltag.

Neue Fragen beherrschten seit Mitte der siebziger Jahre die gesellschaftlichen Debatten: Nutzung der Atomenergie, Umweltschutz, Ökologie, Klimakatastrophe, Waldsterben, Tempolimit, Giftmüll, technologische Großprojekte, Drogenproblematik, Aids – das waren in der Bundesrepublik für die sogenannte »Turnschuhgeneration«, aber auch für viele ältere Menschen, die aktuellen Herausforderungen der letzten Jahrzehnte des Jahrhunderts. Um diese Themen formierten sich die Bürgerinitiativen und die Grünen, die 1983 den Sprung in den Bundestag schafften. Mit Joschka Fischer stellten sie in Hessen 1985 den ersten grünen Landesminister. Parallel dazu gelang es den großen Umweltverbänden wie »Greenpeace« oder dem »Bund für Naturschutz«, sich in der Gesellschaft zu etablieren.

Der politische Kampf gegen die Atomindustrie führte bald zu erbitterten, teilweise gewalttätigen Auseinandersetzungen. 1977 gab es wochenlange Demonstrationen gegen den Bau des Kernkraftwerkes Brokdorf. Im gleichen Jahr besetzten Kernkraftgegner das Baugelände im baden-württembergischen Wyhl, das dortige Kernkraftwerk durfte erst 1982 nach siebenjährigem Rechtsstreit gebaut werden. Später spielten sich ähnliche Szenen beim Streit um das nordrhein-westfälische Kalkar (gebaut, dann aber stillgelegt), das bayerische Wackersdorf (nicht gebaut) oder die Zwischenlager in Gorleben und Borken ab. Starken Auftrieb erhielt die Antiatombewegung 1986 durch den folgenreichen GAU im ukrainischen Tschernobyl. Bereits 1979 hatte man aus Harrisburg (USA) einen schweren Kernkraftwerksunfall gemeldet. Doch die Proteste änderten ebensowenig wie die schweren Störfälle: 1988 erreichte der Anteil der Kernenergie an der Stromerzeugung 29,4 Prozent.

1972 hatte der »Club of Rome«, eine Organisation unabhängiger Wissenschaftler, seinen Bericht über »Die Grenzen des Wachstums« veröffentlicht. In ihm wurde bei weiter ungebrochenem Energieverbrauch eine Vernichtung der für das menschliche Leben unverzichtbaren natürlichen Ressourcen prophezeit. Besonders in Deutschland fand er ein starkes Echo. So führte der geplante (und dann durchgeführte) Bau der Startbahn West am Frankfurter Rhein-Main-Flughafen 1982 zu Bürger-

Brokdorf hinter Stacheldraht: Proteste gegen den Bau von Kernkraftwerken und Atommüllagern führen zu Zusammenstößen zwischen Polizei und Demonstranten.

kriegsszenen im Mörfelder Wald, die die hessische Landesregierung ins Wanken brachten. Nach Giftmüllskandalen mußten in verschiedenen Bundesländern Minister zurücktreten. Und auch die an heißen Sommertagen besonders für Kinder und alte Menschen gesundheitsgefährdenden Ozonwerte lösten immer wieder umweltpolitische Diskussionen aus. In den folgenden Jahrzehnten veranstalteten die Vereinten Nationen zwar eine Reihe von internationalen Umweltschutz- und Klimakonferenzen, doch die Ergebnisse waren eher mager. Ökonomische und ökologische Interessen standen sich hart gegenüber, die Staaten entschieden sich in der Regel gegen Natur und Umwelt und für die Interessen der Industrie.

Und ein weiteres wichtiges Thema beschäftigte die Deutschen Anfang der achtziger Jahre: Hunderttausende gingen im Zusammenhang mit der Debatte über die Aufstellung neuer Mittelstreckenraketen in Europa auf die Straße. Es bildeten sich Menschenketten, 400 000 Raketengegner versammelten sich im Juni 1982 im Bonner Hofgarten, vor dem Raketenstützpunkt Mutlangen blockierten die Demonstranten – darunter der Schriftsteller Heinrich Böll, der Psychoanalytiker Horst-Eberhard Richter, der Sozialdemokrat Erhard Eppler – die Zufahrt zum militärischen Gelände. Die SPD verschwor sich in dieser Frage schließlich sogar gegen ihren Kanzler, was die Raketenaufstellung ebensowenig verhinderte wie die Aktionen der Friedensbewegung, die sich jedoch wenigstens zeitweise zu einer gesellschaftlichen Kraft entwickelte, an der auch die Politik nicht mehr vorbeikam.

Als US-Präsident Bush 1991 seine Truppen gegen den irakischen Diktator Saddam Hussein aufmarschieren ließ, erlebte die Friedensbewegung ihren bislang letzten Höhepunkt. Sie führte Mahnwachen und Demonstrationen durch, und daß sich an diesen vielfältigen Aktionen vor allem Jugendliche beteiligten, zeigte immerhin, daß diese Generation gar nicht so »unpolitisch« war, wie die Erwachsenenwelt und die Medien mit erhobenem Zeigefinger so gerne meinten. Viele Söhne und Töchter der Achtundsechziger betrachteten allerdings die Mühen und Debatten der Parteien mit erheblich größerer Gelassenheit (und Resignation) als ihre gelegentlich allwissenden Väter und Mütter, die über die Sicherheit ihrer Arbeitsstelle, die Entwicklung der Renten oder den Zeitpunkt der Frühpensionierung rätselten.

Die wachsenden Zukunftsängste, die sich im Konsum verlierenden Elternhäuser und das Auseinanderbrechen des bürgerlichen Familienverbandes bescherten der Bundesrepublik in den siebziger Jahren jedoch noch ein weiteres, tragisches Phänomen. 1975 gab es in Westberlin alle fünf Tage einen Herointoten. Bereits 1980 starben in der gesamten Bundesrepublik 494 Drogensüchtige an diesem Stoff. Die Zahl der Abhängigen lag 1982 in Westdeutschland bei 50 000 bis 60 000. Die Politik verschloß vor dieser weltweit zu beobachtenden Entwicklung zunächst die Augen, interpretierte den Drogenkonsum als Problem der Unterschichten und der sozial Ausgegrenzten, bis sie gewahr wurde, daß er ein tief in der Mitte der Gesellschaft verankertes Phänomen war. Nahezu konstant hielt sich mit 1,5 bis 2 Millionen die Zahl der Alkoholkranken und mit 450 000 bis 800 000 die der Medikamentensüchtigen.

Vierzig Jahre nach ihrer Gründung war die Bundesrepublik ein Land der Umbrüche und gesellschaftlichen Umwälzungen geworden. Der demokratische Konsens hatte sich stabilisiert, aber neue Unsicherheiten suchten die Menschen heim. Die Politik fand für sie nur unzulängliche Antworten.

2. Die »Kanzlerdemokratie« oder der Weg in den Westen (1949–1966)

Der erste Wahlkampf war kurz und der Sieg der bürgerlich-konservativen Parteien nicht ganz überraschend. Der Mann der Stunde hieß Konrad Adenauer, und dabei blieb es in den kommenden vierzehn Jahren. In den nächsten drei Bundestagswahlen führte er die Unionsparteien zu souveränen Siegen. Die Figur des Kanzlers überstrahlte in den Jahren des Aufbaus und des »Wirtschaftswunders« die Bonner Politszenerie. Er setzte seine politischen Konzeptionen kraftvoll, taktisch geschickt und gegen vielfache Widerstände durch. In der deutschen Geschichte des zwanzigsten Jahrhunderts nimmt der rheinländische Katholik einen herausragenden Platz ein.

Bereits in den Besatzungsjahren gehörte Adenauer zu den einflußreichen Politikern, die sich um die politische Reorganisation des Landes bemühten. Im Januar 1946 wurde er zum Ersten Vorsitzenden der CDU in der britischen Zone gewählt. Im Juli übernahm er den Fraktionsvorsitz der CDU im ersten Landtag von Nordrhein-Westfalen. Im September 1948 wählte ihn der Parlamentarische Rat zu seinem Präsidenten. In den Programmentwürfen der CDU wurde seine Handschrift sehr bald erkennbar. Die Befürworter eines christlichen Sozialismus in der CDU, die anfangs einen starken innerparteilichen Flügel bildeten, ließ er schon 1946 wissen: »Mit dem Wort Sozialismus gewinnen wir fünf Menschen, und zwanzig laufen weg.« Und noch etwas hatte Adenauer aus den bitteren Erfahrungen der Weimarer Jahre gelernt: Als Volkspartei besaß die Union in der Wählerschaft nur eine Chance, wenn es ihr im Gegensatz zum alten Zentrum gelang, die konfessionellen Grenzlinien zu überwinden. Mit diesen beiden Richtungsentscheidungen etablierte Adenauer die CDU als die mit Abstand wichtigste bürgerliche Partei in der Bundesrepublik.

Schon in den Weimarer Jahren hatte Adenauer zu den führenden Männern der katholischen Zentrumspartei gehört. Als Kölner Oberbürgermeister (seit September 1917) spielte er nicht nur in der rheinländischen Politik eine wichtige Rolle. 1920 wurde er zum Präsidenten des Preußischen Staatsrats gewählt, 1923 liebäugelte er mit der Loslösung des Rheinlands vom Reich, 1926 war er in Berlin sogar als Kanzlerkandidat im Gespräch. Die Nationalsozialisten entfernten ihn am 17. Juli 1933 aus seinem Kölner Amt (»national unzuverlässig«), das Dritte Reich überlebte er unter nicht allzu schwierigen Umständen als Privatmann. 1944 wurde er kurzzeitig verhaftet, dann kam das Kriegsende.

Ein gewiefter Kommunalpolitiker war Adenauer in den Weimarer Jahren, der nicht nur den Kölner Grüngürtel anlegen ließ, sondern auch die Wirtschaft der Domstadt zum Wohle der Bürger klug unterstützte. Ein überzeugter, aber konservativer Republikaner herrschte am Rhein: Béla Bartóks Pantomime »Der wunderbare Mandarin« ließ er nach der Premiere »aus moralischen Gründen« absetzen, und das Bild »Der Schützengraben« von Otto Dix, das ein Jahr zuvor beim Ankauf durch die Stadt für Aufregung gesorgt hatte, wurde auf Anweisung des Oberbürgermeisters aus dem Wallraf-Richartz-Museum entfernt.

Adenauer war dreiundsiebzig Jahre alt, als er 1949 das Kanzleramt übernahm. Sein rheinländischer Pragmatismus, seine Verachtung für alle Ideologien, sein Verhandlungsgeschick wurden zu wichtigen Bausteinen dieser außergewöhnlichen Politikerkarriere. Er neigte im Denken und in seiner Sprache zu Vereinfachungen, war kein starker Redner, wußte aber mit seiner Schlagfertigkeit und seinem immer wieder aufblitzenden Humor zu fesseln. Die Härte seines Charakters überdeckte der rheinisch-weiche Tonfall, den er sehr bewußt einzusetzen verstand.

Sein Demokratieverständnis war begrenzt und von seinen wilhelminischen Entwicklungsjahren geprägt. Als Kanzler blieb er ein autokratischer Leiter der politischen Geschäfte.

Selbstbewußt und mit zäher Geduld überspielte er seine Verhandlungspartner. Als die Mehrheit des Parlamentarischen Rates ihn zum Präsidenten wählte, dachte er gar nicht daran, sich mit den Beschränkungen dieser aus Sicht der Sozialdemokraten zunächst mehr oder weniger repräsentativen und lediglich die Arbeit des Gremiums organisierenden Position abzufinden. Die SPD glaubte, mit der Leitung für den Hauptausschuß die Schaltstelle in der Hand zu haben. Wie später so oft unterschätzte sie ihren Gegenspieler gewaltig. Adenauer riß die Initiative rasch an sich, und nicht der von den Sozialdemokraten gestellte Ausschußvorsitzende Carlo Schmid, sondern der Präsident gab den tonangebenden Part in jener Runde, die wichtige staatsrechtliche und politische Grundsätze der kommenden Republik festlegte.

Adenauer kokettierte mit seinem Alter, und seine innerparteilichen oder sozialdemokratischen Gegner fielen zunächst darauf herein. Sie übersahen seine physische und geistige Kraft, den unbedingten Machtwillen des alten Mannes. Er hatte einen genauen Blick für die Schwächen und Stärken seiner Mitarbeiter und Kontrahenten. Er konnte viel Charme ausstrahlen oder – wie Bismarck – tief verletzend sein. Im Bundestagswahlkampf 1961 scheute er nicht davor zurück, in seinen Wahlreden verächtlich auf die uneheliche Geburt seines Kontrahenten Willy Brandt hinzuweisen. Es störte ihn dagegen herzlich wenig, daß sein engster Vertrauter im Kanzleramt, Hans Globke, an den antisemitischen Rassegesetzen des Dritten Reiches mitgearbeitet hatte.

Die Gegner in den eigenen Reihen stellte er kalt, und dabei schreckte er auch vor den schäbigsten Mitteln nicht zurück. Der Gewerkschafter Jakob Kaiser, der verzweifelt den Weg in die Teilung zu verhindern suchte, hatte bald nichts mehr zu sagen, ebensowenig wie der ehemalige nordrhein-westfälische Ministerpräsident Karl Arnold, der selbst hohe politische Ambitionen hatte. Die Sozialpolitiker in den Reihen der CDU – an ihrer Spitze standen Anton Storch und Hans Katzer – dienten dem Kanzler in Wahlkämpfen als willkommenes Feigenblatt, die eigentlichen Gesprächspartner Adenauers saßen in der Industrie. Und die dankten ihm sein Verständnis für die Belange der Wirtschaft in all seinen Kanzlerjahren mit Wahlunterstützung.

Den jungen, bulligen Mann aus Bayern, mit dessen energischer Zustimmung er bald den NATO-Beitritt im Bundestag durchsetzte, konnte er ganz und gar nicht leiden. Aber Franz Josef Strauß hatte die CSU hinter sich, und er wußte sie im Falle des Falles für seine eigenen politischen Interessen auch gegen den »Alten« zu positionieren. Seinen damals noch parteilosen Wirtschaftsminister Ludwig Erhard hielt Adenauer für ein politisches Leichtgewicht, ließ ihn aber auf seinem Verantwortungsgebiet so lange schalten und walten, bis aus der Unternehmerecke die Proteste unüberhörbar wurden. Dann pfiff er ihn – wie 1957 bei der Entscheidung über das aus Erhards richtiger Sicht für das Funktionieren der Marktwirtschaft wichtige Kartellgesetz – energisch zurück.

Seinem Volk gegenüber blieb Adenauer mißtrauisch. Er hatte den Kriegsjubel von 1914, die aufgeputschten Massen in den wirren Weimarer Jahren und den Fanatismus der Hitlerzeit miterlebt. Er wußte um die leichte Verführbarkeit der Deutschen. »Wenn Europa nicht wird und Deutschland eine Nationalarmee hat«, erklärte er im September 1954 am Rande der Londoner Neunmächtekonferenz gegenüber seinen Gesprächspartnern, dem Luxemburger Josef Bech und dem Belgier Paul-Henri Spaak, »dann können Sie eines Tages was erleben, Herr Bech, das sage ich Ihnen jetzt. Wenn in Deutschland die Nationalisten wieder an die Macht kommen...«

Adenauer inszenierte seine Karriere meisterhaft. Als es nach den Augustwahlen 1949 in der Union um die Nominierung des Kanzlers ging, lud er einen von ihm genau ausgewählten Personenkreis in sein Rhöndorfer Haus ein. Für seine Gäste holte er die besten Weine aus dem Keller und bot ihnen ein für die damalige Zeit üppiges Buffet an. Es war, wie später Franz Josef Strauß, einer der Teilnehmer des Treffens, schrieb, »von einer Reichhaltigkeit, wie ich es auf Privatkosten Adenauers weder vorher noch nachher jemals erlebt hatte«. In der durch die Leibesgenüsse aufgemunterten Runde trug Adenauer wie nebenher seine Gedanken vor. Als die Gäste wieder beschwingt zum Rhein hinabfuhren, hatte er sie überzeugt, daß eine Koalition der Union mit der SPD – die viele in der CDU wünschten – nicht in Frage kam und er der Kanzlerkandidat der Union war. Er brachte die eigene Kandidatur selbst ins Spiel, verwies auf diesbezügliche Äußerungen Dritter und meinte schließlich: »Wenn die Anwesenden alle dieser Meinung sind, nehme ich an. Ich habe mit Herrn Professor Martini, meinem Arzt, gesprochen, ob ich in meinem Alter dieses Amt wenigstens noch für ein Jahr übernehmen

Der Gründungskanzler: Konrad Adenauer wird zur beherrschenden politischen Figur der frühen Jahre der Bundesrepublik.

könne. Professor Martini hat keine Bedenken. Er meint, auch für zwei Jahre könne ich das Amt ausführen.« So steht es jedenfalls in seinen »Erinnerungen« – und so ähnlich wird es gewesen sein.

Ein PR-Künstler war er ohnehin. Der Pepitahut tragende Kanzler beim Bocciaspiel am Urlaubsort im italienischen Cadenabbia oder der obligatorische Wochenschaubericht zum neuen Jahr aus dem Rhöndorfer Haus, wo sich das berühmte Familienoberhaupt jovial im Kreise seiner Kinder und zahlreichen Enkel filmen ließ – Adenauer wußte sich auch ohne professionelle Imageberater in Szene zu setzen.

Sein Weltbild war fest, und es floß ein in die politischen Entscheidungen, die er traf. Als Kind wenig begüteter Eltern 1876 in Köln im katholischen Milieu geboren, blieb er zeitlebens beeinflußt von der Landschaft und dem Lebensgefühl des Rheinlandes. Preußen, dem Köln auf dem Wiener Kongreß 1815 zugeschlagen worden war, liebte er nicht. Wenn er in den Weimarer Jahren nach Berlin fuhr, zog er bei der Überquerung der Elbe die Gardinen des Zugfensters zu, denn für ihn begann hier Asien. So will es jedenfalls die Legende. Und sie ist nicht nur amüsant, sondern sagt auch Treffendes über die Befindlichkeit Adenauers aus. Es fiel ihm leichter als vielen seiner Kollegen im Bundestag, den Verlust Ostdeutschlands hinzunehmen, denn emotional blieb es ihm ein fremdes Land. Befriedigt registrierte er zweifellos, daß nun das rheinische Bonn und nicht das preußische Berlin Hauptstadt des Landes war, das er regierte.

Sein Katholizismus war ehrlich, er blieb zeitlebens ein gläubiger, aber keineswegs unterwürfiger Sohn seiner Kirche. Den Ring küßte und das Knie beugte er nicht bei öffentlichen Empfängen, wenn er Kardinäle und Bischöfe begrüßte. Dieses Privileg ließ er nur Pius XII. zukommen, als dieser ihn 1957 am Rande der Unterzeichnung der EWG-Verträge zu einer Audienz in den Vatikan bat. Das »christliche Abendland« hatte in Adenauers politischem Denken eine Schlüsselfunktion. Das Zentrum seiner geistigen Welt sah er zwischen Rhône und Weser. Hier lagen für ihn die Wurzeln des europäischen Katholizismus und damit die Grundlage dessen, was er als christliche Kultur empfand.

Diese biographischen Koordinaten wiesen ihm den Weg nach Westen. Sie wurden ergänzt durch ein rationales politisches Konzept. Es war von der Gewißheit beherrscht, nur in der Anbindung an die westliche Staatenwelt könne Deutschland seine Chance für einen raschen politischen und wirtschaftlichen Wiederaufstieg wahren. Im Herbst 1945 äußerte er in einem Brief an den Duisburger Oberbürgermeister Heinrich Weitz Gedanken, die zu diesem frühen Zeitpunkt bereits das Gesamtmuster seiner Westpolitik erkennen ließen: »Dem Verlangen Frankreichs und Belgiens nach Sicherheit kann auf die Dauer nur durch wirtschaftliche Verflechtung von Westdeutschland, Frankreich, Belgien, Luxemburg, Holland wirklich Genüge geschehen. Wenn England sich entschließen würde, auch an dieser wirtschaftlichen Verflechtung teilzunehmen, so würde man dem doch so wünschenswerten Endziel, einer Union der westeuropäischen Staaten, ein sehr großes Stück näher kommen.«

Adenauer klammerte sich an die Macht, bis ihn die eigene Partei und der Koalitionspartner FDP zum Rückzug zwangen. Er schied – wie dreiundsiebzig Jahre zuvor Bismarck – verbittert aus dem Amt. Und wie der Reichsgründer war auch dieser Kanzler davon überzeugt, daß nur er Deutschland vor dem Untergang bewahren konnte. »Nutzen Sie die Zeit, solange ich noch lebe«, beschwor er seine Gesprächspartner in dem bereits erwähnten Londoner Gespräch von 1954, »wenn ich nicht mehr bin, ist es zu spät – mein Gott, ich weiß nicht, was meine Nachfolger tun werden, wenn sie sich selbst überlassen sind.«

Der Rest war die ihm wenig vergnüglich erscheinende Arbeit an den später viel gelesenen »Erinnerungen« und die Einsamkeit des Greises, dem niemand mehr zuhören wollte. Gleichwohl haderte er öffentlich mit der Politik seines Nachfolgers Ludwig Erhard. Als der Einundneunzigjährige am 19. April 1967 starb, eilten die Großen der Welt zum Staatsbegräbnis nach Köln.

Der große Wahlverlierer vom September 1949 hieß Kurt Schumacher, der Vorsitzende der SPD. Bis zu seinem frühen Tod im August 1952 blieb er der mächtigste Gegenspieler Adenauers. Zwei Männer rangen um die Macht in der Republik, die gegensätzlicher nicht hätten sein können. Die politischen Erzfeinde lieferten sich erbitterte Rededuelle in nahezu allen Grundsatzfragen, die zur Entscheidung anstanden. Grundgesetz, Wirtschaftssystem, Westbindung, Wiederbewaffnung, die nationale Frage – der neunzehn Jahre jüngere Schumacher blieb der große Antipode. Und er verlor nahezu alle Schlachten gegen den rheinischen Konkurrenten.

Der Westpreuße Kurt Schumacher war bei der Gründung des ersten Ortsvereins der SPD nach dem Krieg ein nahezu unbekannter Politiker.

In den letzten Weimarer Jahren hatte er als Hinterbänkler im Reichstag gesessen und war dort nur einmal mit einer heftigen Rede gegen die Nationalsozialisten aufgefallen. Dann schleppten ihn die Nazis zehn Jahre lang durch Konzentrationslager und Zuchthäuser.

Der Mann, der zwei Tage vor der Kapitulation, am 6. Mai 1945, das »Büro Dr. Schumacher« in der Jacobstraße des Arbeitervororts Hannover-Linden etablierte, stieg rasch zur führenden Figur der Sozialdemokratie auf. Was ihn auszeichnete, war eine ungewöhnliche Willenskraft, die ihm ein unerbittliches persönliches Schicksal aufgezwungen hatte. Im Ersten Weltkrieg verlor er als Zwanzigjähriger einen Arm. Die Jahre im Konzentrationslager bedeuteten Schwerstarbeit und Hunger.

Schumacher kehrte 1945 ungebrochen, von ungeheurem Tatendrang beseelt, aber gesundheitlich schwer angeschlagen in die Politik zurück. Er war fest davon überzeugt, daß nach dem historischen Versagen des deutschen Bürgertums nun allein die SPD das Recht habe, Deutschland zu regieren. Seiner Meinung nach hatten die Sozialdemokraten sich diesen Anspruch durch den aktiven Widerstand und den Opfergang vieler Genossen in den zwölf Hitlerjahren erworben. Diese Haltung bestimmte auch sein Auftreten und seine scharfe Sprache gegen die innenpolitischen Gegner und die westlichen Alliierten, deren Einmischung in die deutschen Angelegenheiten er ablehnte. Schumacher war ein nationaler Patriot, die Teilung erschien ihm völlig inakzeptabel, und er erkannte völlig richtig, daß Adenauers Westpolitik sie vertiefte.

Es fehlte Schumacher die taktische Geschicklichkeit seines Widerparts in der CDU. Während Adenauer sich nicht scheute, Nebenwege zu beschreiten, um seine Ziele zu erreichen, während er fest, aber doch mit viel Geschmeidigkeit den alliierten Verhandlungspartnern seine Forderungen vortrug, reagierte Schumacher störrisch und rechthaberisch. Die Hohen Kommissare behandelte er nicht selten herausfordernd, und in den Unterredungen mit ihnen scheute er keine groben Unhöflichkeiten. Kein Wunder, daß die Alliierten sehr bald auf Adenauer setzten, sehr viel lieber mit ihm verhandelten als mit dem schwierigen Führer der Sozialdemokraten.

Schumacher war ein faszinierender, leidenschaftlicher Redner. Den Anhängern der SPD bot er klare Feindbilder, seine sozialistische und nationale Grundhaltung und sein unbedingter moralischer Anspruch aber rissen ihn bei seinen Wahlkampfauftritten und im Bundestag zu klassenkämpferischen und kirchenfeindlichen Ausfällen hin. Von »Lügenauer« sprach er, die CDU bezeichnete er als die »heidnischste aller Parteien und eine Partei des Mammons«, und zur Westpolitik fiel ihm der Satz ein: »… wir sind nicht dafür, uns von der unheilvollen Allianz eines französischen Generals und eines römischen Kardinals beherrschen zu lassen.« Es war diese schonungslose Offenheit, mit der er seine ablehnende Haltung zur Marktwirtschaft oder zu Adenauers außenpolitischen Plänen präsentierte, die das Bürgertum abschreckte und die treuen Kirchgänger erschauern ließ. So trug der Vorsitzende ein gut Teil dazu bei, daß es der Sozialdemokratie nicht gelang, in neue Wählerschichten vorzudringen, daß sie den Ruf behielt, eine »Klassenpartei« zu sein.

Schumachers antikommunistische Haltung war nicht weniger ausgeprägt als sein Patriotismus. Auch in diesem Punkt ließ seine Sprache keine Zweifel aufkommen. Die verheerende Rolle, die die KPD in der Weimarer Republik gespielt hatte, vergaß er nie. Mit äußerster Härte

Der Unterlegene: Kurt Schumacher kämpft gegen Adenauers West-, Wirtschafts- und Sicherheitspolitik und verliert.

407

trat er allen Verbindungsplänen zwischen der West- und der Ost-SPD entgegen. Die Vereinigung von KPD und SPD in der Sowjetzone lehnte er ab, beendete alle Kontakte zu den Ostgenossen, als die sich mit Ulbricht in einer Partei wiederfanden. Die DDR war für ihn eine Diktatur und die SED ein Anhängsel der KPdSU.

Die Geschichte hat Schumacher widerlegt. Der Weg der Bundesrepublik nach Westeuropa befriedete und zähmte Deutschland, und er wäre ohne den von Schumacher bekämpften Beitritt zur NATO wohl nicht möglich gewesen. Die von ihm abgelehnte Marktwirtschaft triumphierte. Adenauer besaß einen besseren Blick für die weltpolitischen Entwicklungen als der Sozialdemokrat, und er beschränkte sich auf das Machbare. Schumacher stand geistig zwischen Weimar und dem Godesberger Programm der SPD. Der Europagedanke war ihm nicht fremd, und er plädierte keineswegs für eine zentralistische Planwirtschaft. Es widersprach jedoch seinem nationalen Denken, Deutschland ohne die Einbeziehung der Ostzone beziehungsweise der DDR in einer europäischen Gemeinschaft aufgehen zu lassen. Und es ehrte Schumacher, daß er sich in der Deutschlandfrage dem einfacheren Weg verschloß und die Wiedervereinigung nicht den Sicherheitsinteressen der Westmächte und dem Wohlstand der Westdeutschen zu opfern bereit war. Er nahm das Schicksal der Menschen in der DDR bitterernst.

Auch wenn Schumacher beim Wähler erfolglos blieb, wurde er für seine Partei in den Jahren, die ihm noch blieben, eine wichtige Integrationsfigur. Sein unbedingter Machtanspruch, seine sozialistische und nationale Haltung gaben den Sozialdemokraten das erforderliche Selbstbewußtsein, um wieder zu einem entscheidenden politischen Faktor in Deutschland zu werden.

Nur zwei Monate tobte der erste Bundestagswahlkampf, und es ging recht grob zu. Adenauer nutzte die Ausfälle Schumachers gegen die Marktwirtschaft und die Kirchen und pries die Union als »Bollwerk gegen die heidnischen Brüder Sozialismus und Kommunismus«. Die Westdeutschen standen noch unter dem Schock der gerade überwundenen Berliner Blockade. »Die Gefahr für uns Deutsche und ganz Europa, vom Kommunismus verschlungen zu werden«, ließ Adenauer die Wähler wissen, »ist keineswegs gebannt. Sie besteht nach wie vor.« Ansonsten sah sich die Union als Hüterin christlich-konservativer Werte, pries die Familie und die religiöse Erziehung. Am 15. Juli 1949 verabschiedete die CDU ihre »Düsseldorfer Leitsätze« und sprach sich darin eindeutig für die soziale Marktwirtschaft aus.

Geschickt baute der CDU-Vorsitzende Ludwig Erhard in seinen Wahlkampf ein. Seit der Währungsreform, an deren Realisierung er maßgeblich beteiligt gewesen war, hatte der Frankfurter Wirtschaftsdirektor an Popularität gewonnen. Seine Sternstunde kam unmittelbar vor der Ausgabe des neuen Geldes. Ohne Rücksprache mit den Alliierten erklärte Erhard am 20. Juni 1948 in einer Rundfunkrede das sofortige Ende der Bewirtschaftungsbestimmungen und der Preisbindung. Dieser von Weitsicht getragene mutige Schritt trug ihm den Zorn der Besatzungsmächte ein und führte zunächst zu erheblichen Preiserhöhungen, die in der Bevölkerung für Unruhe sorgten. Aber langfristig ergänzte er damit die Währungsreform in einem zentralen Bereich und gab der von ihm propagierten Marktwirtschaft ein unverzichtbares Fundament.

Erhard blieb für Adenauer und die Union ein Glücksfall. Er trug zwar einen Professorentitel, aber seine wissenschaftliche Karriere war bescheiden gewesen. Im Dritten Reich hatte er im Vorstand der »Gesellschaft für Konsumforschung« in Nürnberg gesessen und 1942 das »Institut für Industrieforschung« gegründet. Nach dem Krieg entdeckten ihn die Amerikaner und setzten ihn als bayerischen Wirtschaftsminister ein. Dann begegnete er Adenauer. Auch die FDP umwarb den Parteilosen, aber Erhard verband sein politisches Schicksal mit der CDU, der er erst kurz vor der Übernahme des Parteivorsitzes 1966 beitrat.

Einen Vertrauen einflößenden Praktiker und überzeugten Wirtschaftsliberalen hatte sich Adenauer geholt. Als Bonner Wirtschaftsminister wurde der beleibte Zigarrenraucher zum Symbol des ökonomischen Erfolges der Republik. Zunächst keineswegs unumstritten in der eigenen Partei, ließ ihn sein praller Optimismus (»Wohlstand für alle«), der sich in den wirtschaftlichen Erfolgen bestätigte, zu einem Zugpferd für die CDU werden. Schon am ersten Wahlsieg 1949 hatte Erhard beachtlichen Anteil. Den theoretischen Überbau seiner erfolgreichen Wirtschaftspolitik fand er bei den neoliberalen Wirtschaftstheoretikern der »Freiburger Schule« – Walter Eucken, Wilhelm Röpke und Franz Böhm –, die freie Märkte, freie Preise, freien Wettbewerb in das Zentrum ihrer Modelle gestellt hatten.

Das Ergebnis vom September war knapp. Sechzehn Parteien und siebzig Parteilose hatten sich zur Wahl gestellt. Die Union lag mit 31

Prozent (139 Mandate) vor der SPD mit 29,2 Prozent (131 Mandate). Die Liberalen landeten bei 11,9 Prozent (52 Mandate). Die Deutsche Partei (DP) kandidierte nur in Norddeutschland und erhielt 17 Sitze. Bei der Frage, welche Koalition die Regierung stellen würde, bildete schließlich die DP das Zünglein an der Waage. Adenauer lockte deren konservative Parteiführung mit zwei Ministerposten, die Liberalen überzeugte er mit der Zusage, Theodor Heuss zum Bundespräsidenten wählen zu lassen. Die FDP übernahm darüber hinaus vier Ressorts, die CSU zwei. Adenauer mußte jedoch gegen seinen Widerstand akzeptieren, daß der unbequeme Christdemokrat Gustav Heinemann das Innenministerium übernahm. Fritz Schäffer (CSU) als Finanz- und Ludwig Erhard als Wirtschaftsminister lagen hingegen ganz auf seiner politischen Linie.

Aus Adenauers Sicht war diese bürgerliche Koalition ohne Alternative. Ihm war im Gegensatz zu vielen in der CDU klar, daß die Kompromisse einer großen Koalition seine wirtschafts- und außenpolitischen Pläne verwässert hätten. Und ausgerechnet in dem enttäuschten Kurt Schumacher fand er in dieser Frage einen (unfreiwilligen) Verbündeten, denn auch der SPD-Vorsitzende lehnte gegen den Rat der SPD-Ministerpräsidenten und vieler Parteifreunde eine große Koalition harsch ab. Angesichts der knappen Mehrheit der Regierungskoalition glaubte Schumacher ohnehin, daß die Koalition Adenauers sehr bald auseinanderbrechen würde. Der Bundestag wählte Konrad Adenauer am 15. September zum Bundeskanzler. Notwendig war die absolute Mehrheit – und es war eine Stimme, die Adenauer vor einer Blamage bewahrte.

Schon am 12. September hatte die Bundesversammlung den FDP-Vorsitzenden Theodor Heuss zum ersten Bundespräsidenten gewählt. Vorausgegangen war ein intrigenreiches Spiel, aber die Union hatte zweifellos auf den richtigen Mann gesetzt. Heuss war für diese schwierige Zeit der geeignete oberste Repräsentant des neuen Staates.

Der 1884 geborene schwäbische Beamtensohn war schon in den letzten wilhelminischen Jahren ein »Freisinniger« und kritischer Beobachter der Reichspolitik gewesen. Als Fünfundzwanzigjähriger schrieb er: »Ich bin Demokrat nicht aus Haß auf die Junker, sondern weil ich glaube, daß Deutschland… die Demokratie braucht wie das täglich Brot.« Er arbeitete als Redakteur in Friedrich Naumanns »Die Hilfe« und übernahm 1912 als Chefredakteur die Leitung der »Neckarzeitung«. In der Weimarer Republik saß er für die DDP im Reichstag und stimmte Hitlers Ermächtigungsgesetz zu. Wie nur wenige seiner Zeitgenossen verleugnete er nach 1945 allerdings nicht, daß ihm klar war, was diese Entscheidung bedeutete: »Ich wußte schon am nächsten Tag, daß ich dieses ›Ja‹ nie mehr aus meiner Lebensgeschichte würde auslöschen können.«

Die Amerikaner setzten Heuss unmittelbar nach der Kapitulation als Kultusminister von Württemberg-Baden ein. Er wurde Mitbegründer und einer der wichtigen Erneuerer des politischen Liberalismus im Nachkriegsdeutschland. Im Dezember 1948 wählte die FDP ihn zu ihrem Vorsitzenden. Als Mitglied des Parlamentarischen Rates nahm er starken Einfluß auf die staatsrechtliche und demokratische Ordnung der Bundesrepublik.

Ein Mann des Geistes – Journalist und Professor für Neuere Geschichte und Politische Wissenschaften an der TH Stuttgart – und ein untadeliger Demokrat war Heuss. Seine feinfühligen Reden, seine schwäbische »Gemütlichkeit« und sein ideologiefreies Demokratieverständnis machten ihn zum idealen Repräsentanten einer Gesellschaft, der Wilhelminismus und Faschismus noch in den Knochen steckten. Heuss war ein konservativer Liberaler, geprägt von der Welt des deutschen Bildungsbürgertums und ein Bundespräsident, der die »neue« Demokratie nicht überforderte.

Neben Adenauer, Erhard, Schumacher und Heuss traten noch viele andere Männer aus den Reihen der Bundestagsabgeordneten nach der Wahl in den Vordergrund, die die politischen Geschicke der Bundesrepublik in den nächsten zwei Jahrzehnten mitbestimmten. Bei den Christdemokraten Eugen Gerstenmaier, aktiver Protestant und Widerstandskämpfer, von 1954 bis 1969 Bundestagspräsident. Ein schwieriger und nicht uneitler Schwabe, der aber Adenauers Politik vehement verteidigte. Kaum weniger kompliziert war Gustav Heinemann, der die CDU nach Adenauers Wiederbewaffnungsentscheidung verließ und später der erste sozialdemokratische Bundespräsident wurde. Heinrich Krone blieb einer von Adenauers getreuesten Gefolgsmännern und führte die CDU-Fraktion von 1955 bis 1961. Der Hesse Heinrich von

Der schwäbische Schöngeist: Theodor Heuss, ein liberaler Demokrat, wird erster Präsident im neuen Weststaat.

Brentano war von 1955 bis 1961 Außenminister, stand in diesem Amt jedoch ganz in Adenauers Schatten. Ab 1957 trat der Protestant Gerhard Schröder in den Vordergrund, wurde Innenminister, dann von 1961 bis 1966 Außenminister.

Die CSU war auf Bundesebene mit dem soliden Fritz Schäffer, Adenauers Finanzminister, vertreten, der – paradiesische Zeiten – für Haushaltsüberschüsse sorgte und den berühmten »Juliusturm« ansparte. Dieser war nach dem Spandauer Festungsturm benannt, in dem das Reich bis 1914 120 Millionen Mark in Gold aus den französischen Reparationszahlungen nach dem Krieg von 1870/71 gelagert hatte. Schäffer sammelte bis 1956 bei der Bundesbank sieben Milliarden Deutsche Mark an, um die künftigen Kosten für die geplante Armee bereitzustellen. Der junge Franz Josef Strauß saß seit 1949 für die bayerischen Christsozialen im Bundestag, wurde im zweiten Kabinett Adenauer 1953 Bundesminister für Sonderaufgaben, 1955 Atom- und dann von 1956 bis 1962 Verteidigungsminister. Zweifellos eine der schillerndsten politischen Figuren der Bundesrepublik. Ein homo politicus: intelligent, machtbesessen und egozentrisch. Mit der CSU im Rücken zündelte er, wenn es um die eigene Position ging, und ließ die Kanzler Erhard, Kiesinger und Kohl deutlich spüren, daß er sich ihnen überlegen fühlte (»Mir ist wursch, wer unter mir Kanzler ist«). Erfolgreicher Finanzminister war er in der großen Koalition (wo er gemeinsam mit dem SPD-Wirtschaftsminister Karl Schiller moderne Konjunkturpolitik betrieb). Als Kanzlerkandidat der Union überschätzte er sich jedoch maßlos und scheiterte 1980. Bis zu seinem Tode (1988) herrschte er fortan unangefochten als Landesvater in Bayern, wo er für die CSU Traumergebnisse erzielte. Mit dem Namen Strauß verbanden sich zahllose kleinere oder größere Korruptionsskandale, verbale Entgleisungen und unkontrollierte Ausbrüche, für die außerparlamentarische Linke und den »Spiegel« wurde er der Lieblingsbuhmann.

In der SPD übernahm der aus dem englischen Exil zurückgekehrte Erich Ollenhauer nach dem Tode von Kurt Schumacher den Parteivorsitz. Zweimal – 1953 und 1957 – trat der fleißige und aufrichtige, aber farblose Sozialdemokrat als Spitzenkandidat gegen Adenauer an, blieb jedoch chancenlos. Der Dresdener Herbert Wehner, der die Hitlerjahre im Moskauer und dann im schwedischen Exil überlebt hatte, kam von der KPD zur SPD. Ein von der Denunziations- und Verfolgungsmaschinerie des Stalinismus während seiner Moskauer Jahre gezeichneter

Mann. Die auf seine politische Vergangenheit abzielenden Diffamierungen seiner Gegner und der Medien trafen ihn schwer, machten ihn wortkarg und zu einem harten Widerpart. Nach Schumachers Tod übernahm er als stellvertretender Fraktionsvorsitzender eine Schlüsselrolle in seiner Partei. Ende der fünfziger Jahre (inzwischen war er stellvertretender Parteivorsitzender) führte er die SPD nach Godesberg, wo sie 1959 Abschied vom »Klassenkampf« nahm. In seiner innerparteilich nicht abgesprochenen Bundestagsrede vom 30. Juni 1960 vollzog Wehner mit der öffentlichen Anerkennung der Adenauerschen Europa- und Sicherheitspolitik die zweite entscheidende Wende, die der SPD den Weg zur Regierungsverantwortung freimachte. In den sechziger und siebziger Jahren wurde er zum »Zuchtmeister« der SPD-Bundestagsfraktion (und mit seiner herben, häufig überzogenen Kritik machte er auch nicht vor den späteren SPD-Kanzlern Brandt und Schmidt halt). Politisch triumphierte Wehner, als die SPD 1966 in die große Koalition eintrat und 1969 den ersten sozialdemokratischen Nachkriegskanzler stellte.

Der früh verstorbene Fritz Erler gehörte – vor allem in den außen- und militärpolitischen Debatten – zu den glänzendsten Rednern im Bundestag. Der innerparteiliche Reformer war von 1964 bis zu seinem Tod 1967 Fraktionsführer der größten Oppositionspartei. Zu den herausragenden rechtspolitischen Köpfen im Bundestag zählte der Jurist Adolf Arndt, der seit 1949 für die SPD im Bundestag saß.

In der FDP spielte der bayerische Landesvorsitzende und Justizminister im ersten Kabinett Adenauer, Thomas Dehler, eine wichtige Rolle. Ein streitbarer Mann, der liberale Rechtstraditionen vertrat und entscheidend an der Errichtung des Bundesgerichtshofes und des Bundesverfassungsgerichtes beteiligt war. Als Minister fand er es allerdings nicht sonderlich problematisch, zahlreiche Beamte des Dritten Reiches in das Bonner Justizministerium zu übernehmen. Adenauers Außenpolitik stand er kritisch gegenüber. Er hatte völlig richtig erkannt, daß die Westbindung der Bundesrepublik die Wiedervereinigung in immer weitere Ferne rücken ließ. Als Fraktionsvorsitzender der FDP scheiterte er schließlich an seinen harten, gelegentlich überzogenen Angriffen auf den Kanzler. So warf er Adenauer im Januar 1958 vor, er habe alles getan, »um die Wiedervereinigung zu verhindern«.

Erich Mende, ein konservativ-liberaler Politiker, übernahm 1957 den FDP-Fraktionsvorsitz, plädierte nach der Bundestagswahl 1961 für eine Koalition mit der CDU und forderte bei der Kabinettsumbildung 1962 den Rücktritt Adenauers. Was er aber zunächst nicht durchsetzen konnte und seiner Partei, die trotzdem in die Regierung eintrat, den Ruf der »Umfallerpartei« eintrug. In den beiden Kabinetten des Kanzlers Ludwig Erhard (1963 bis 1966) war Mende Vizekanzler. Kurz nachdem die Freien Demokraten 1969 eine Koalition mit der SPD gebildet hatten, verließ er – mit anderen rechtsliberalen FDP-Mitgliedern – aus Protest gegen die Ostpolitik der Regierung Brandt/Scheel die Partei und trat in die CDU ein.

Die Frauen waren im Bundestag über Jahrzehnte hinweg in allen Parteien unterrepräsentiert und sind es noch heute. 1961 gab es mit Elisabeth Schwarzhaupt (CDU) die erste Bundesministerin (Gesundheit). In der großen Koalition folgte ihr Käthe Strobel (SPD). In den verschiedenen von Willy Brandt und Helmut Schmidt geführten Regierungen übernahmen Katharina Focke, Antje Huber, Marie Schlei und Anke Fuchs Ministerposten. Die erste CDU-Ministerin unter Helmut Kohl wurde 1982 Dorothee Wilms (Bildung und Wissenschaft). In der fünfzigjährigen Geschichte der Bundesrepublik gelang es nur zwei Frauen – Annemarie Renger (SPD) und Rita Süßmuth (CDU) – im Bundestagspräsidium den ersten Platz einzunehmen. In Bonn machten Männer Geschichte, und sie waren lange und erfolgreich bestrebt, daß sich daran nichts änderte.

Als das Kabinett Adenauer im Herbst 1949 seine Arbeit begann, war die Bundesrepublik nur bedingt souverän. Hoch über Bonn auf dem Petersberg residierten die drei alliierten Kommissare, und das am 10. April veröffentlichte Besatzungsstatut räumte ihnen in vielen Fragen ein starkes Kontroll- und Mitspracherecht ein, ließ sogar die Möglichkeit zu, die Regierungsgewalt im Land wieder zu übernehmen. Am 21. September hatte eine Regierungsdelegation unter Führung Adenauers auf dem Petersberg zu erscheinen, um am Tage seiner Inkrafttretung das Statut in einem feierlichen Akt aus den Händen der drei Alliierten John McCloy (USA), Brian Robertson (Großbritannien) und André François-Poncet entgegenzunehmen. Das Protokoll bestimmte, daß die Hohen Kommissare bei der Übergabe des Dokuments auf dem Teppich standen und die Deutschen sich davor aufzureihen hatten. Adenauer, symbolische Akte keineswegs unterschätzend, ging den Herren entgegen und eroberte eine Teppichecke für sich, von der aus er einige Sätze an sie richtete. Die etwas indignierten Kommissare nahmen es hin. Der

Kanzler hatte ihnen gezeigt, daß sie es künftig mit einem sehr selbstbewußten Partner zu tun haben würden.

Im November unterzeichneten die Vertreter der Alliierten und Adenauer das Petersberger Abkommen. Die Bundesrepublik erhielt das Recht, internationalen Organisationen (beispielsweise der Organisation für wirtschaftliche Zusammenarbeit in Europa, OEEC) beizutreten und konsularische Beziehungen mit anderen Ländern aufzunehmen. Im Gegenzug wurde Bonn Mitglied der »Militärischen Sicherheitsbehörde« und der »Internationalen Ruhrbehörde«. Die beiden letzten Vertragsbedingungen verdeutlichten die Vorbehalte, die bei den Westalliierten nach wie vor gegenüber einem wiedererstarkten Deutschland bestanden. Vor allem Frankreich sah im westlichen Nachbarn eine potentielle Gefährdung seiner Sicherheitsinteressen, was in den kommenden Jahren die französische Deutschlandpolitik bestimmte. Mit dem Beitritt zur »Ruhrbehörde« unterwarf sich Bonn internationaler Kontrolle über sein wichtigstes Industriegebiet. Paris veranlaßte dieser Schritt, in der ungelösten Demontagefrage eine nachgiebigere Haltung einzunehmen. Die SPD sah in dem Vertrag eine nicht hinnehmbare Unterwerfung der Bundesrepublik unter die Herrschaft der Westmächte. In einer turbulenten Bundestagsdebatte bezeichnete der höchst erregte Kurt Schumacher Adenauer als »Kanzler der Alliierten«, was ihm einen Ordnungsruf und zwanzig Tage Sitzungssperre eintrug.

Eine eigenständige Außenpolitik war den Westdeutschen nicht gestattet. Am 1. April 1950 begann im Kanzleramt die »Dienststelle für auswärtige Angelegenheiten« ihre Arbeit, ein Jahr später wurde das »Auswärtige Amt« eingerichtet. Bis 1955 übernahm der Kanzler in Personalunion die Leitung des Amtes. Während seiner gesamten Kanzlerschaft behielt Adenauer die außenpolitischen Fäden fest in seinen Händen.

Sein Grundkonzept lag fest. Adenauers Fernziel war es, die Bundesrepublik als gleichberechtigten Partner auf der internationalen Bühne zu etablieren, also für Bonn die volle Souveränität zurückzugewinnen. Er war davon überzeugt, daß dies nur unter der Bedingung einer Integration des jungen Staates in die westliche Gemeinschaft möglich war. Entscheidende Voraussetzung dafür blieb aus der Sicht des Kanzlers die Aussöhnung mit Frankreich. Angesichts der weltpolitischen Bedrohungen, die die Jahre des Kalten Krieges kennzeichneten, räumte er den westdeutschen Sicherheitsinteressen höchste Priorität ein. Diese wiederum hingen aufs engste mit dem Verhältnis der Bundesrepublik zu den Vereinigten Staaten zusammen. Die Westintegration bot also beides: Rückkehr zur staatlichen Souveränität und Schutz vor der kommunistischen Supermacht. Die Frage der deutschen Teilung blieb für Adenauer gegenüber diesen Zielen zweitrangig.

Die Pariser Verträge von 1955 beendeten zwar die unmittelbare Aufsicht der drei Westalliierten über die Bundesrepublik, aber für die Zeit danach behielten diese sich »die bisher von ihnen ausgeübten und innegehabten Rechte und Verantwortlichkeiten in bezug auf Berlin und auf Deutschland als Ganzes einschließlich der Wiedervereinigung Deutschlands und einer friedensvertraglichen Regelung« vor. Bis zum »Zweiplus-Vier«-Vertrag von 1991, der alle Rechte und Vorbehalte der einstigen Besatzungsmächte für Gesamtdeutschland löschte, war es der Bundesrepublik also versagt, im Blick auf die Deutschlandfrage eine völlig eigenständige Außenpolitik zu betreiben.

Der bis in die frühen siebziger Jahre erhobene Anspruch auf das »Alleinvertretungsrecht« der Bundesrepublik für ganz Deutschland ließ sich nur mit Unterstützung der Westmächte aufrechterhalten. Bonn blieb außenpolitisch erpreßbar. Außerdem hatte sich die Bundesrepublik mit dem Alleinvertretungsanspruch zur Nachfolgerin des Deutschen Reiches erklärt und damit alle Verpflichtungen übernommen, die sich aus den Verträgen und Verbrechen des Dritten Reiches ergaben. Da dies zu schwierigen Auseinandersetzungen – in der Regel in Finanzfragen – führte, verengten sich die außenpolitischen Spielräume zusätzlich.

Erst Ende der sechziger Jahre konnte sich Bonn mit der neuen Ostpolitik, die die staatliche Anerkennung der DDR einschloß, aus einer immer bedrohlicher werdenden außenpolitischen Isolation befreien. Denn mit diesem Schritt akzeptierte Bonn den Status quo in Europa und folgte damit der westlichen Entspannungspolitik, die durch die deutsch-deutschen Auseinandersetzungen auch aus der Sicht der NATO-Partner höchst gefährdet war. Die sozial-liberalen »Ostpolitiker« (und die Regierungen von Helmut Kohl in den achtziger Jahren) verweigerten der DDR allerdings bis zu deren Untergang die formale »völkerrechtliche Anerkennung«.

Alle Bundesregierungen in den Jahren zwischen 1949 und 1989 versuchten angesichts der in immer weitere Ferne rückenden Wiedervereinigung in ihren Verhandlungen mit der DDR und der Sowjetunion »menschliche Erleichterungen« für die Bevölkerung im anderen

Deutschland durchzusetzen. Weil Ostberlin und Moskau dies wußten, pokerten sie in Finanz- ebenso wie in Statusfragen hoch, und Bonn sah sich immer wieder zu Kompromissen gezwungen.

Die USA waren eine Supermacht geworden, und wie jeder Staat sahen sie zuerst die eigenen Interessen. Für ihre Sicherheitsgarantie verlangten sie von der Bundesrepublik Unterstützung. Das galt sowohl in finanzieller Hinsicht – Zahlung der hohen Stationierungskosten der Armee, Kauf amerikanischer Rüstungsgüter, Solidarität während der wirtschaftlichen Turbulenzen, in die der teure Vietnamkrieg Amerika in den sechziger Jahren stürzte – als auch in politischen Fragen. Washingtons Strategie im Kalten Krieg wechselte: Aus der von der Truman-Administration entwickelten »containment policy« (Eindämmungspolitik) wurde in den Eisenhowerjahren die – ernsthaft nie praktizierte – »Rollback«-Strategie (offensives Zurückdrängen des Kommunismus). Unter Präsident John F. Kennedy entwickelte Verteidigungsminister McNamara ein Konzept, demzufolge der »nukleare Schild« der Vereinigten Staaten die UdSSR vom Einsatz ihrer Atomwaffen abhalten und ein möglicher Krieg mit dem »konventionellen Schwert« geführt werden sollte. Ende der sechziger Jahre löste die »Flexible-response«-Strategie die bis dahin geltende Vorstellung von der »massiven Vergeltung« ab. Washington erkannte allmählich die ungeheure Vernichtungsdimension, die ein Atomkrieg in sich barg. Die Westdeutschen sahen hinter diesem Strategiewechsel, nachdem ein konventioneller Angriff auf Westeuropa nicht mehr automatisch mit einem amerikanischen Atomschlag beantwortet werden sollte, eine Rücknahme der Sicherheitsgarantie. Adenauer hatte der US-Politik schon früh mißtraut. Alle Signale Washingtons an Moskau lösten bei ihm die Furcht aus, die Weltmächte könnten sich auf Kosten der Deutschen arrangieren.

Bereits seit 1955 hatte sich das deutsch-amerikanische Verhältnis deutlich verschlechtert. Adenauer mußte zur Kenntnis nehmen, daß die westlichen Partner die Wiedervereinigung abgeschrieben hatten und die Vereinigten Staaten bemüht waren, eine Eskalation des Kalten Krieges zu vermeiden. Deutschland stand nicht mehr im Zentrum der Politik der Weltmächte. Es ging ihnen im Prinzip nur noch darum, an dem zwischen 1945 und 1950 entstandenen europäischen Machtgefüge nicht mehr zu rütteln.

Für die Bundesrepublik als unmittelbarer Nachbar der Staaten des Warschauer Paktes stellte sich bei alldem die Sicherheitsfrage schärfer als für die anderen westeuropäischen Staaten. Sollte es zu militärischen Auseinandersetzungen zwischen den Supermächten kommen, lag das europäische Schlachtfeld in Deutschland. Die Bundesrepublik konnte daher nicht auf den präventiv atomaren und konventionellen Schutzschild der USA verzichten. Sie hatte darauf auch Rücksicht zu nehmen, wenn es zu Konflikten zwischen den USA und der Europäischen Gemeinschaft kam. Im Zweifel mußte Bonn für Amerika votieren.

Um seine Zuverlässigkeit als Partner des Westens nicht in Frage zu stellen, verbot sich für Bonn zudem jede Form von außenpolitischer »Schaukelpolitik«. Der Rapallokomplex saß tief. Wann immer die Bundesrepublik einen Versuch startete, zu Übereinkünften mit der Sowjetunion zu kommen, erinnerten sich die Westmächte an das Jahr 1922. Damals hatte die Regierung Wirth mit den isolierten Bolschewisten völlig überraschend einen Handelsvertrag abgeschlossen und die Aufnahme diplomatischer Beziehungen vereinbart. Großbritannien und Frankreich hatten in diesem Schritt eine deutliche Stoßrichtung gegen das Versailler System gesehen, auf dessen Änderung die Weimarer Politik mit Macht drängte. Noch als die Regierung Brandt mit der Sowjet-

Beim Verbündeten: Präsident Eisenhower, Außenminister Dulles, Heinrich von Brentano und Konrad Adenauer 1953 in Washington.

union im August 1970 einen Gewaltverzichtsvertrag abschloß, geisterte der Name Rapallo durch die Amtsstuben und Medien der westlichen Partner. Bündniszuverlässigkeit blieb aus ureigenstem Interesse ein Schlüsselwort der Bonner Außen- und Sicherheitspolitik.

Adenauer wußte, daß sich seine europäischen Pläne ohne Frankreich nicht realisieren ließen. In der Vierten Republik überwogen noch die Ängste vor einem übermächtigen Deutschland. Insbesondere irritierte die französische Politik die Remilitarisierung des Nachbarn. Dies unterstützte jedoch indirekt Bonns Pläne eines westeuropäischen Zusammenschlusses, da Frankreich die westdeutsche Politik in eine solche Gemeinschaft einzubinden hoffte. Andererseits scheiterte die Europäische Verteidigungsgemeinschaft (EVG) 1954 in der französischen Nationalversammlung, weil zu viele Abgeordnete grundsätzlich eine Wiederbewaffnung der Deutschen ablehnten.

Als Charles de Gaulle im Juli 1958 die Führung der Politik beim westlichen Nachbarn übernahm, fand Adenauer in dem schwierigen Lothringer einen kongenialen Partner für die gewünschte Aussöhnung der beiden »Erbfeinde«. Aber er merkte rasch, daß der Präsident der Fünften Republik sein Land in der Rolle einer Großmacht sah. Das Europa de Gaulles sollte von Frankreich und Deutschland geführt werden und sich von Amerika unabhängig machen. Um seine Eigenständigkeit zu unterstreichen, flirtete de Gaulle zeitweise mit der Sowjetunion und löste damit neuerliches Entsetzen in Bonn aus. Mit seinen Visionen überschätzte der General die Kräfte des eigenen Landes und stellte die deutsche Außenpolitik unter einen permanenten Druck, zwischen der Sicherheits- und der Europaoption zu wählen. Die »Atlantiker« und die »Gaullisten« führten im Bundestag Redeschlachten zu diesem Thema.

Positiv auf die Außenpolitik der Bundesrepublik wirkte sich seit Ende der fünfziger Jahre die wirtschaftliche Situation des Landes aus. In den Verhandlungen mit Washington oder Moskau, bei den Entscheidungen der Europäischen Gemeinschaft, beim Balanceakt zwischen Israel und den arabischen Ländern im Nahen Osten (in diesem Fall beispielsweise durch Waffenlieferungen), beim Poker um die Anerkennung der DDR durch die Staaten der Dritten Welt oder bei den deutsch-deutschen Gesprächen selbst konnte Bonn mit seiner enormen Finanzkraft vieles mit Nachdruck und wirksam durchsetzen. Die Bundesrepublik wurde im Laufe der Jahre zu einer Wirtschaftsmacht, und sie setzte diesen Trumpf immer wieder ein.

Adenauers Außenpolitik erwies sich als erfolgreich. 1955 waren von den vier Zielen, die der Kanzler anstrebte, zwei erreicht: Die Bundesrepublik war fest im westlichen Staatensystem verankert, und Deutschland und Frankreich hatten sich weitgehend ausgesöhnt. Die völlige Gleichberechtigung errang das Land nicht, denn die Vorbehaltsrechte der Westalliierten in der Deutschlandfrage und die Abmachungen über die Truppenstationierungen blieben bestehen oder wurden neu formuliert. Was die Bevölkerung jedoch herzlich wenig störte. Und in weite Ferne war die nationale Einheit gerückt. In dieser Frage scheiterte Adenauer.

Es begann mit der Montanunion. Sie gründete auf einem Konzept, das von dem Franzosen Jean Monnet mit Blick auf die Zukunft der deutschen und der französischen Stahl- und Kohlenindustrie entwickelt worden war. Frankreichs Außenminister Robert Schuman griff nicht nur Monnets Gedanken auf, sondern folgte auch entsprechenden Vorschlägen Adenauers, die dieser in seinen Gesprächen mit dem französischen Kollegen mehrfach geäußert hatte. Am 9. Mai 1950 trat Schuman mit seinem Plan erstmals an die Öffentlichkeit: »Die französische Regierung schlägt vor, die Gesamtheit der französisch-deutschen Kohle- und Stahlproduktion unter eine gemeinsame Oberste Aufsichtsbehörde zu stellen, in einer Organisation, die den anderen europäischen Ländern zum Beitritt offen steht.« Schuman wies in diesem Zusammenhang ausdrücklich darauf hin, daß »die Vereinigung der europäischen Nationen erfordert, daß der Jahrhunderte alte Gegensatz zwischen Frankreich und Deutschland ausgelöscht wird«.

Der französische Außenminister, im Elsaß geboren, war kein ausgewiesener Freund der Deutschen, deren Sprache er nahezu vollendet beherrschte. Aber Frankreich mußte zu diesem Zeitpunkt erkennen, daß seine Hoffnungen auf eine entscheidende Schwächung des ungeliebten, stets gefürchteten Nachbarn sich mit der Gründung der Bundesrepublik nicht erfüllt hatten. Die Montanunion sollte Westdeutschland daher in ein Bündnis einbinden, das Paris Kontrollmöglichkeiten über das Ruhrgebiet und die dort ansässige, einst mächtige Schwerindustrie einräumte. Frankreich schwenkte von einer Verhinderungs- zu einer Umarmungsstrategie über. Und es kam damit den Plänen Adenauers entgegen.

Bereits im Juni 1950 begannen die Verhandlungen, an denen neben Frankreich und Deutschland die drei Beneluxstaaten und Italien teilnahmen. Im April 1951 unterschrieben die sechs Regierungen das Abkommen über die »Europäische Gemeinschaft für Kohle und Stahl« (EGKS). Wenige nur ahnten zu diesem Zeitpunkt, daß damit das Fundament für die Europäische Wirtschaftsgemeinschaft gelegt worden war. Wenige Wochen später trat die Bundesrepublik dem Europarat bei. Dieser am 5. Mai 1949 gegründeten, ersten westeuropäischen Institution, die einen stärkeren, übernationalen Zusammenschluß ihrer Mitglieder anstrebte, gehörten zehn Staaten an. Adenauer sah im Beitritt der Bundesrepublik einen wichtigen Schritt zur angestrebten Rückkehr in die Völkergemeinschaft.

Im Bundestag stießen beide Vereinbarungen auf den Widerstand der Opposition. Die von der SPD verweigerte Zustimmung hatte eine deutlich antifranzösische Stoßrichtung. Schumacher sprach von der »Fortsetzung der alten Politik französischer Herrschaftsansprüche«. An den Europaratsbeitritt Bonns hatte Paris die Bedingung geknüpft, daß gleichzeitig das noch von der Bundesrepublik abgetrennte und von Frankreich bestimmte Saarland als assoziiertes Mitglied aufgenommen würde. Der Zorn über diese von Adenauer gebilligte Forderung reichte bis weit in die Unionsparteien hinein.

Parallel zu den Verhandlungen zur Montanunion begann die Debatte um die Wiederbewaffnung. Der Beginn des Koreakrieges im Juni 1950 beschleunigte die seit 1949 schwelende Diskussion um einen militärischen Beitrag der Westdeutschen. Adenauer war kein Militarist, aber in der jetzt besonders von Washington vorangetriebenen Frage erkannte er ein hervorragendes Instrument, seinem Ruf nach einem gleichberechtigten Platz der Deutschen im westlichen Lager Nachdruck zu verleihen. Konkret hatte er dabei eine Änderung des Besatzungsstatuts im Blick. Im August ließ der Kanzler die Hohen Kommissare wissen, er sei bereit, eine »deutsche Verteidigungsmacht... bis zu einer Gesamtstärke von 150 000 Mann« zu akzeptieren. Das Kabinett und das Parlament informierte er von diesem Angebot vorsichtshalber erst gar nicht.

Als Adenauers Vorschlag bekannt wurde, brach nicht nur bei den Sozialdemokraten, sondern auch in breiten Kreisen der Bevölkerung ein Sturm der Entrüstung aus. Wie bereits erwähnt verließ Innenminister Gustav Heinemann wegen der Adenauerschen Geheimpolitik das Kabinett. In Frankreich warnte Ministerpräsident René Pleven die Verbündeten vor der Wiederkehr des »deutschen Militarismus«.

Paris versuchte, in der Verteidigungspolitik einen ähnlichen Weg wie bei der Montanunion einzuschlagen. Um eine zukünftige deutsche Armee unter Kontrolle zu halten, sprach sich die Regierung für die Schaffung einer europäischen Armee aus (»Pleven-Plan«), die »eine vollständige Verschmelzung der Mannschaften und der Ausrüstung herbeiführen« sollte. Der Vertrag über die EVG wurde am 27. Mai 1952 in Paris unterzeichnet. Zwei Jahre später verweigerte das französische Parlament jedoch die Ratifizierung ihrer eigenen Vorschläge. Neben der antideutschen Stimmung, die selbst britische und amerikanische Sicherheitsgarantien nicht überwinden konnten, spielte für die französische Politik das ungeklärte Verhältnis zwischen der geplanten europäischen Armee und der NATO eine kritische Rolle. Die USA wollten die deutschen Streitkräfte an das von ihnen beherrschte Verteidigungsbündnis gebunden sehen, und so endete die vierjährige Debatte um den westdeutschen Verteidigungsbeitrag mit dem Beitritt der Bundesrepublik zur NATO 1955.

Der erste Bonner Verteidigungsminister, Theodor Blank, scheiterte an dem überhasteten Aufbau der neuen Armee, den Adenauer gefordert hatte. Innerhalb von drei Jahren sollte eine 500 000 Mann starke Truppe entstehen, was angesichts der fehlenden Kasernen und der nicht vorhandenen Ausrüstung undurchführbar war. Als Franz Josef Strauß im Oktober 1956 das Amt von seinem überforderten Vorgänger übernahm, wurde die Planung revidiert: Strauß schlug vor, in drei Jahren eine Armeestärke von 350 000 Soldaten zu erreichen. Mit Blick auf die exklusive, undemokratische Rolle der Reichswehr (»Staat im Staate«) entschied sich die Bundestagsmehrheit für die Wehrpflicht anstelle einer Berufsarmee. Vor allem auf Drängen der sozialdemokratischen Opposition setzte sich auch das Konzept vom »Staatsbürger in Uniform« durch, das den demokratischen Charakter der Armee unterstreichen sollte. Mit der lapidaren Bezeichnung »Bundeswehr« (die FDP plädierte für den Namen »Wehrmacht«) verdeutlichte die Mehrheit der Parlamentarier ihre Absicht, Distanz zur deutschen Armeetradition zu halten. 1957 zogen die ersten Wehrpflichtigen in die Kasernen ein.

Die Frage, ob die deutsche Armee mit Atomwaffen ausgerüstet werden sollte, war ein zentraler Streitpunkt im Wahlkampf desselben Jahres. Die USA hatten begonnen, ihre Truppen mit taktischen Atomwaffen auszurüsten. Strauß und Adenauer forderten eine entsprechende Bestückung der Bundeswehr. Die SPD, an ihrer Spitze der Wehrexperte der Partei, Fritz Erler, lehnten dies vehement ab. Am Ende beschloß der

NATO-Rat zwar die Ausrüstung der Bündnisarmeen mit diesen Waffen, sie blieben aber unter der Kontrolle der USA.

Das in den fünfziger Jahren entwickelte wehrpolitische Konzept ging auf. Die Bundeswehr hat im Staat keine Sonderrolle eingenommen, wie es noch bei der Weimarer Reichswehr der Fall gewesen war. Sie wurde tatsächlich, trotz mancher Rückfälle und Skandale, zu einer demokratischen Armee. Mit der Einsetzung eines Wehrbeauftragten blieb die parlamentarische Kontrolle gesichert, und die Idee der »Inneren Führung« (eine zeitgemäße Menschenführung, die an die Stelle von »Kommiß«-Strukturen trat) war immerhin ein in der deutschen Militärgeschichte bemerkenswerter Ansatz.

Adenauers Enttäuschung über das Scheitern der EVG bezog sich indes weniger auf die militärische Komponente als vielmehr auf die politische. Der Vertrag hatte im Artikel 38 die Gründung einer »Europäischen politischen Gemeinschaft« vorgesehen. Zu Recht mußte der deutsche Kanzler nun befürchten, daß das Nein aus Paris diese von ihm, Schuman, Monnet und dem Italiener De Gasperi ursprünglich angestrebte politische Intensivierung der Zusammenarbeit verhinderte. Da der geforderte Wehrbeitrag der Deutschen jedoch nicht durch das Verhalten Bonns gefährdet worden war, erklärten sich die Alliierten auf der Londoner Konferenz im Herbst 1954 bereit, das Besatzungsstatut aufzuheben und der Bundesrepublik die nahezu vollständige Souveränität zurückzugeben. Adenauer sagte daraufhin den Beitritt Deutschlands zur NATO und zur Westeuropäischen Union (WEU) zu.

Ein Hindernis für den Abschluß der Pariser Verträge war die ungeklärte Saarfrage gewesen. Frankreich verlangte, daß das Saarland in der WEU einen autonomen Status erhalten sollte und weiterhin durch eine Währungs- und Zollunion mit Frankreich verbunden blieb. Um die Lösung demokratisch zu legitimieren, war ein Volksentscheid über das Saarstatut, das im Mai 1955 in Kraft trat, vorgesehen. Adenauer erklärte sich mit dem Verfahren einverstanden, was ihm laute Kritik in Deutschland einbrachte. Aber zur Überraschung des Kanzlers und vor allem Frankreichs entschieden sich 96 Prozent der an der Wahl teilnehmenden Saarländer gegen das Statut. Am 1. Januar 1957 gehörte die Saar wieder zu Deutschland.

Adenauer hatte in unglaublich kurzer Zeit wichtige Etappenziele seiner Außenpolitik erreicht. Sechs Jahre nach der Gründung war die Bundesrepublik wieder ein mündiger Staat geworden, und die Regierung

Der Kanzler und seine Armee: Adenauer spricht 1956 vor den ersten Bundeswehr-einheiten in Andernach.

konnte über die Geschicke des Landes – mit Ausnahme der Deutschlandpolitik – ohne Eingriffe der Alliierten entscheiden. Der Wirtschaftsaufschwung blieb ungebrochen. Adenauers Politik fand in der Bevölkerung einen überaus positiven Widerhall.

Was sich schon bei der Bundestagswahl im September 1953 deutlich zeigte. Die Union errang 243 Mandate (45,2 Prozent) und erhielt damit 104 Sitze mehr als bei der Wahl von 1949. Die erstmals von Erich Ollenhauer im Wahlkampf geführte SPD kam lediglich auf 151 Mandate (28,8 Prozent). CDU/CSU bildeten mit der FDP, der DP und dem Gesamtdeutschen Block (GB/BHE) eine Koalition.

Der überragende Wahlsieg war zweifellos durch die weltpolitischen Entwicklungen der vergangenen Jahre mitgeprägt worden. Nicht zuletzt der Koreakrieg und der wenige Monate vor der Bundestagswahl gescheiterte Arbeiteraufstand in Ostberlin hatten deutliche Spuren hinterlassen. Adenauer setzte im Wahlkampf denn auch erneut auf die antikommunistische Karte. Die SPD war für eine Mehrheit zur »Neinsager«-Partei geworden, es fehlten ihr die wirtschafts- und außenpoliti-

schen Konzepte, um den Wählern eine glaubwürdige Alternative zur
bürgerlichen Regierung bieten zu können. Den Unionsparteien gelang
es deshalb, weit in die Wählerschaft der Sozialdemokraten einzubre-
chen. Aber dies alles konnte nicht darüber hinwegtäuschen, daß die
Wahl ein ganz persönlicher Triumph des Kanzlers war.

Mitte 1955 machte sich »Tauwetter«-Stimmung breit. Im Juli trafen sich
die Staatschefs der vier Siegermächte zum ersten Mal seit der Potsdamer
Konferenz wieder zu einem Gipfelgespräch in Genf. Präsident Eisenhower gab sich optimistisch und rief seinen Landsleuten vor dem Ab-
flug in die Schweiz zu: »Wir wollen Frieden.« Auch die sowjetische
Führung – der Erste ZK-Sekretär Chruschtschow und Ministerpräsident Bulganin – zeigte sich konziliant, und Frankreichs Regierungschef
Edgar Faure sprach gar vom »Ende des Kalten Krieges«. Der »Geist von
Genf«, der in den Medien beschworen wurde, blieb jedoch eine Schimäre. In der Deutschlandfrage zeigten sich die Sowjets unnachgiebig.
Eine Wiedervereinigung, daran ließen sie keine Zweifel mehr, kam nur
unter Beibehaltung der sozialistischen Gesellschaftsordnung in der
DDR in Frage. Moskaus Ziel in Genf war der Aufbau eines europäischen Sicherheitssystems, das die Rüstungskosten senkte und die politischen Verhältnisse in Europa zementierte. Eisenhower, Faure und der
britische Premier Anthony Eden nahmen dies hin, auch bei ihnen standen Fortschritte in der Wiedervereinigungsfrage nicht im Zentrum ihrer
Wünsche und Forderungen. In China, Korea und Vietnam gab es ebenfalls ideologische und machtpolitische Grenzen, die diese Nationen teilten. Die Deutschen hatten ihre politische Exklusivität für Washington,
London und Paris längst verloren.

Adenauer beobachtete das Geschehen in Genf mit Nervosität. Die
Gipfelkonferenz endete letztlich mit einer Niederlage für ihn. Zum ersten Mal durfte auch die DDR offizielle Beobachter zu einer internationalen Konferenz entsenden, an der die Westalliierten beteiligt waren.

Im September reiste Adenauer mit einer großen Delegation nach
Moskau. Die Einladung an den Kanzler hatte der Kreml bereits vor der
Genfer Gipfelkonferenz ausgesprochen. Sowjetisches Ziel war die Auf-
nahme diplomatischer Beziehungen zur Bundesrepublik. Die Bonner
Außenpolitiker wußten, welches hohe Risiko sich mit dieser Reise ver-
band. Ein Botschafteraustausch mit Moskau stärkte die »Zwei-Staaten-
Theorie« Chruschtschows, denn erstmals würde Bonn diplomatische
Beziehungen zu einem Land unterhalten, das die staatliche Existenz der

DDR anerkannte. Adenauer entschloß sich schließlich, die Einladung zu akzeptieren, um in einen direkten Dialog mit Moskau über die Wiedervereinigungsfrage zu treten und die Rückkehr der deutschen Kriegsgefangenen auszuhandeln. Den Kritikern in der CDU machte er deutlich, daß es besser sei, selbst zu verhandeln, als zuzusehen, wie über die Köpfe der Deutschen hinweg die Großmächte über das Schicksal des Landes entschieden.

Es wurden dramatische Tage. Der Kreml lehnte Verhandlungen über die Wiedervereinigung rüde ab und forderte die Aufnahme diplomatischer Beziehungen ohne jede Vorbedingung. Auch in der Kriegsgefangenenfrage blieben die Sowjets zunächst unnachgiebig. Erst als Adenauer mit dem vorzeitigen Abbruch seines Besuches drohte, bereits die Lufhansamaschinen für den Rückflug ordern ließ, lenkte Bulganin ein. Ohne schriftliche Fixierung sagte er die rasche Freilassung der Kriegsgefangenen zu. Ein Teilerfolg, aber nicht mehr.

Wenige Tage nach dem Besuch der Westdeutschen schloß Moskau mit Ostberlin einen Vertrag ab, der ausdrücklich hervorhob, daß die DDR »frei in der Entscheidung über Fragen ihrer Innenpolitik und

Lächeln für die Weltpresse: Bulganin, Adenauer und Chruschtschow im September 1955 in Moskau.

427

Außenpolitik« sei. Beides, die diplomatischen Beziehungen zu Bonn und die »Unabhängigkeit« der DDR, machte der Welt sichtbar, daß es zwei deutsche Staaten gab.

Von Adenauers Visite in Moskau ist vor allem die Freilassung der letzten überlebenden, knapp zehntausend Kriegsgefangenen im Gedächtnis geblieben. Vier Wochen nach seinem Besuch trafen die ersten Heimkehrer im Lager Friedland ein. Bei der Ankunft der sichtbar gezeichneten Männer im Oktober 1955 spielten sich bewegende Szenen ab. Die Wähler rechneten Adenauer diesen humanitären Erfolg hoch an. Bei den Bundestagswahlen 1957 erinnerten sie sich daran.

Schon auf dem Rückflug von Moskau skizzierten Adenauers außenpolitische Berater ein Konzept, das einer möglichen internationalen Anerkennungswelle zugunsten der DDR entgegentreten sollte. Die »Hallsteindoktrin« wurde aus der Taufe gehoben. Sie besagte, daß die Aufnahme von diplomatischen Beziehungen zur DDR seitens der Bundesrepublik als »unfreundlicher Akt« betrachtet würde. Bonn drohte der Staatenwelt für einen solchen Fall unverhohlen mit dem Abbruch der diplomatischen Beziehungen und dem Zudrehen des Geldhahns. Letzteres erwies sich in den Ländern der Dritten Welt, die auf westdeutsche Finanzhilfen angewiesen waren, als probates Erpressungsinstrument. Aber es war eine zwiespältige Maßnahme. Zwar konnte die Hallsteindoktrin die internationale Anerkennung der DDR noch einige Jahre hinausschieben, doch gleichzeitig erwies sie sich als schwerer Ballast für ihre Urheber. Im Oktober 1957 mußte Bonn die diplomatischen Beziehungen zu Jugoslawien abbrechen, weil Tito sich nicht einschüchtern ließ. 1963 wurde Kuba Opfer der Doktrin. Immer mehr Staaten kümmerten sich nicht um die deutschen Querelen, die Bonner Außenpolitik blockierte sich selbst.

Die Verdüsterung der weltpolitischen Szene, die wachsenden Schwierigkeiten zwischen Washington und Bonn, aber vor allem die festgefahrene Deutschlandpolitik veranlaßten Adenauer, sich verstärkt der Europapolitik zuzuwenden. Im Juni 1955 trafen sich die Außenminister Frankreichs, Westdeutschlands, Italiens und der Beneluxländer im sizilianischen Messina, um den europäischen Einigungsprozeß voranzutreiben. Wenige Wochen später begannen in Brüssel Verhandlungen, zu denen auch die Briten eingeladen waren. Sie schickten jedoch lediglich einen Beobachter, der bald wieder abreiste. London lehnte zu diesem Zeitpunkt eine Annäherung an den Kontinent ab, die besonderen Beziehungen zu den USA und der Commonwealthverbund besaßen in der britischen Außenpolitik den Vorrang. Im Mai 1956 legte der belgische Außenminister Paul-Henri Spaak einen Bericht vor, der zur Grundlage weiterer Gespräche wurde. Schwierigkeiten gab es vor allem zwischen Frankreich und der Bundesrepublik. Bonns Interessen galten der Errichtung einer europäischen Wirtschaftsgemeinschaft, die der expandierenden heimischen Industrie den Zugang zu den europäischen Märkten erleichtern sollte. Paris dagegen fürchtete die übermächtige Konkurrenz des Nachbarn und setzte auf eine Atomgemeinschaft, die eine Kontrolle der deutschen Kernenergieindustrie sicherstellte. Ein weiteres Streitthema war die Landwirtschaft. Frankreich verlangte als Gegenleistung für die Konzessionen im Industriebereich, daß sich der deutsche Markt für die französischen Agrarprodukte öffnete.

Während in Brüssel die Verhandlungen stockten, begann im Nahen Osten die Suezkrise, die schließlich im Herbst 1956 mit dem Einsatz französischer und britischer Truppen ihren Höhepunkt erreichte. Der durch Washington und Moskau erzwungene Rückzug der einstigen europäischen Kolonialmächte vertiefte den Graben zwischen Frankreich und den USA. Für das erfolgreiche Fortführen der Brüsseler Gespräche aber hatte die französische Niederlage eine wichtige Bedeutung. Frankreich erkannte, daß es seine Position als Großmacht verloren hatte. Es war zu schwach, um sich allein gegen die Forderungen der westlichen Führungsmacht USA behaupten zu können. Paris kam zum selben Schluß wie Bonn: Nur ein politisch gestärktes Europa konnte seine Eigenständigkeit bewahren. Psychologisch handelte Adenauer in diesen schwierigen Wochen (neben der Suezkrise erschütterte der Aufstand in Ungarn die Welt) klug. Als die sowjetische Propaganda Frankreich verschärft ins Visier nahm (um vom Einsatz der sowjetischen Panzer in Budapest abzulenken), reiste der deutsche Kanzler nach Paris, um sich solidarisch an die Seite der Franzosen zu stellen. Das imponierte dem Nachbarn und trug ein gut Stück dazu bei, daß Frankreich bei den Brüsseler Gesprächen erheblich weniger mißtrauisch das Agieren der Deutschen betrachtete und sich schließlich sogar mit dem Gedanken anfreundete, einen Teil der heilig gehaltenen nationalen Souveränität zu opfern.

Der 25. März 1957 war für Europa ein großer Tag. In Rom unterschrieben die Vertreter der sechs Regierungen den »Vertrag über die Gründung der Europäischen Wirtschaftsgemeinschaft« (EWG) und den

Politische Sternstunde: Bundeskanzler Adenauer unterzeichnet im März 1957 die Römischen Verträge. An seiner Seite Walter Hallstein.

»Vertrag über die Gründung der Europäischen Atomgemeinschaft« (Euratom, EAG). Vieles war offen geblieben (bei genauerem Hinsehen hatten die Vertragspartner lediglich die Errichtung einer Zollunion beschlossen), rückblickend aber wurde an diesem Tag ein Meilenstein der europäischen Geschichte unseres Jahrhunderts gesetzt. Es fehlte die politische und die militärische Komponente, um von einer echten Gemeinschaft sprechen zu können. Nicht einmal das geplante gemeinsame Verkehrs- und Energiekonzept kam zustande, von der Währungspolitik ganz zu schweigen. Es war auch nur ein kleiner Kernbereich der europäischen Staatenwelt, der sich zusammengetan hatte. Und doch wurde in Rom ein Zeichen gesetzt. Die römischen Verträge waren der Anfang, fast alle Fragezeichen, die sie noch enthielten, lösten sich später auf. Vierzig Jahre später gehören praktisch alle westeuropäischen Staaten der Gemeinschaft an. Die wieder unabhängig gewordenen Länder Ost- und Südosteuropas klopfen heute an die europäischen Pforten und begehren Einlaß. Die Einführung einer Gemeinschaftswährung (des Euro) ist beschlossen, und sie wird kurz nach der Jahrhundertwende zum alleinigen Zahlungsmittel in allen Mitgliedsländern werden. Fast nichts mehr können die nationalen Staaten ohne die Zustimmung Brüssels entscheiden.

Friede herrscht zwischen den Gemeinschaftsstaaten, die in den Jahrhunderten zuvor mit Feuer und Schwert übereinander hergefallen waren. Die römischen Verträge läuteten die historische Epoche der europäischen Einigung ein, und Westdeutschland war an dem Zustandekommen des Werkes führend beteiligt. Konrad Adenauer gehörte zu den treibenden Kräften dieses Prozesses.

Die SPD stimmte den Verträgen am 5. Juli 1957 im Bundestag zu, sie hatte sich schon während der Brüsseler Verhandlungen positiv zu den europäischen Plänen Adenauers geäußert. Erleichtert wurde ihr dieser Schritt, weil die Bundesregierung ausdrücklich feststellte, daß die deutsche Unterschrift eine spätere Beteiligung eines wiedervereinigten Deutschlands nicht ausschloß. (Was sich vierunddreißig Jahre später bewahrheiten sollte.) Bonns Partner bestätigten in einem Protokoll zu den EWG-Verträgen die Einbeziehung des Interzonenhandels in die Vereinbarungen, was sich auch für die DDR als sehr vorteilhaft erwies. Die Römischen Verträge traten am 1. Januar 1958 in Kraft. Der erste Präsident der Brüsseler Kommission hieß Walter Hallstein (der Miterfinder der nach ihm benannten Doktrin), bis zu diesem Zeitpunkt Staatssekretär im Bonner Außenministerium und bei der Ausarbeitung der Verträge Adenauers juristischer Formulierungshelfer.

Bei der dritten Bundestagswahl im Herbst 1957 stand Adenauer auf dem Zenit seiner Popularität. Er konnte den größten Wahlsieg seiner Laufbahn feiern. Die Union erhielt 50,2 Prozent und errang damit 270 Mandate. Die Sozialdemokraten blieben mit 31,8 Prozent (169 Sitze) erneut weit abgeschlagen auf Platz zwei. Die FDP kam noch auf 7,7 Prozent (41 Sitze). Die Union konnte allein regieren, die beiden in das Kabinett aufgenommenen DP-Minister Hans-Christoph Seebohm und Hans Joachim von Merkatz traten später zur CDU über.

Der Sieg hatte nicht nur einen Vater. Die Wirtschaft boomte, die Arbeitslosenquote erreichte Rekordtiefen. Mit der kurz vor der Wahl beschlossenen Rentenreform (dynamische Rente) kam die Regierung außerdem dem Sicherheitsbedürfnis vieler Menschen im Land entgegen. Die Gründung der EWG stieß auf allgemeine Zustimmung, auch wenn dieses Thema die Bevölkerung nur wenig interessierte. Das Scheitern in der Deutschlandpolitik überspielte die Union mit Lippenbekenntnissen zur Einheit. Der SPD-Spitzenkandidat hieß erneut Erich Ollenhauer. Gegen die strahlende Übergestalt des Kanzlers blieb er jedoch chancenlos. In der Europapolitik gab es kaum noch Dissens zwischen Regierung und Opposition, und die sozialdemokratische Kritik an der Wirtschaftspolitik verpuffte angesichts der Wirklichkeit. Die Deutschlandkonzepte der SPD waren insofern von Gewicht, als sie immer wieder die Bundesregierung aufforderten, das Gespräch mit Moskau zu suchen. 1955 hatte die SPD sogar ein eigenes Programm für die Genfer Gipfelkonferenz veröffentlicht, in dem sie im Falle der Wiedervereinigung einen neutralen Status für ganz Deutschland vorschlug und dabei inhaltlich noch einmal auf die bereits erwähnte »Stalinnote« von 1952 zurückkam, die überhaupt nur ernsthaft zu prüfen sich Adenauer damals strikt geweigert hatte. Abgesehen davon, daß Moskau ein solches Angebot zu diesem Zeitpunkt wohl nicht mehr akzeptiert hätte, wäre es auch auf den entschiedenen Widerstand der westlichen Bündnispartner gestoßen. Die Sozialdemokraten mußten 1957 wie schon 1953 akzeptieren, daß die Mehrheit der Wähler vom Kurs Adenauers überzeugt war. Warum dann also ein Regierungswechsel?

Als Adenauer sein drittes Kabinett bildete, war er einundachtzig Jahre alt. Noch sechs Jahre sollte er als Kanzler im Palais Schaumburg residieren. Es wurde ein langer und mit vielen Peinlichkeiten gespickter Abschied von der geliebten Macht. Außenpolitisch begann mit Chruschtschows Berlinultimatum (1958) eine neue heiße Phase des Kalten Krieges, die 1962 mit dem Rückzug der sowjetischen Raketen aus Kuba ihren vorläufigen Abschluß fand. Im Westbündnis kehrte im Juni 1958 mit Charles de Gaulle ein schwieriger Partner auf die politische Bühne zurück, doch das deutsch-französische Verhältnis erreichte trotz vieler Irritationen eine neue Qualität. Innenpolitisch zog die SPD Konsequenzen aus ihren Wahlniederlagen und beschloß 1959 ihr Godesberger Programm. Im gleichen Jahr löste Adenauer mit seiner fatalen Kandidatur für das Amt des Bundespräsidenten eine schwere Krise in der Union aus. All diese Entwicklungen sollten zeigen, daß der Kanzler den Zenit seiner Laufbahn überschritten hatte.

Chruschtschows Berlinpolitik machte endgültig deutlich, daß die Wiedervereinigung unter den gegebenen weltpolitischen Verhältnissen jenseits der Realität. Seine Forderung nach einem Truppenabzug der westalliierten Streitkräfte aus der geteilten Stadt und die Drohung, ganz Berlin zur »freien Stadt« zu erklären, signalisierten das neue Selbstbewußtsein der sowjetischen Führung und deren Sicherheitswünsche in bezug auf die Konsolidierung des Imperiums in Osteuropa. Mit dem

Start des »Sputnik«-Satelliten im Oktober 1957 sahen sich die USA erstmals mit der Tatsache konfrontiert, daß ihr Land im Zielgebiet der sowjetischen Fernraketen lag. Washington zog daraus die Konsequenz, auf alle offensiven Pläne in Europa zu verzichten und nun seinerseits eine Politik der Konsolidierung gegenüber Moskau anzustreben. Eisenhowers Nachfolger John F. Kennedy, der als Kernziel seiner Außenpolitik durchgreifende Abrüstungsvereinbarungen mit der Sowjetunion anstrebte, ließ bei seinem Treffen mit Chruschtschow 1961 in Wien keine Zweifel, daß er den europäischen Status quo akzeptierte, aber jeden Einbruch der Sowjets in die westliche Einflußsphäre mit militärischen Mitteln beantworten würde. Die Supermächte wußten, wo die unüberschreitbare Schwelle zum Atomkrieg lag, und sie beachteten sie.

Deutlich wurde dies beim Bau der Berliner Mauer und bei der Kubakrise. Kennedy nahm zur großen Entrüstung der Westdeutschen – auch des Regierenden Bürgermeisters von Westberlin, Willy Brandt – die Abriegelung Ostberlins hin. Chruschtschow zog ein Jahr später seine Raketen aus Kuba ab, als Washington ihm durch die Seeblockade deutlich machte, daß es vor einem Militärschlag nicht zurückschrecken würde. Dieses stillschweigende Arrangement rückte die deutsche Wiedervereinigung in unerreichbare Ferne.

Adenauer war sich darüber im klaren. Er versuchte mit einigen schon beinahe verzweifelt wirkenden Alleingängen dieser Entwicklung entgegenzuwirken. Bereits im März 1958 schlug er dem sowjetischen Botschafter in Bonn, Andrej Smirnow, vor, der DDR den (neutralen) Status Österreichs einzuräumen. Im Juni 1962 lancierte er den Gedanken eines zehnjährigen »Burgfriedens«, in dem an der deutschen Frage nicht gerührt und das Leben der DDR-Bürger »erleichtert« werden sollte. Er ahnte wohl, daß all diese Versuche, Bewegung in die Deutschlandfrage zu bringen, chancenlos waren. Die Sowjetunion zeigte sich nicht mehr bereit, über ihre wichtigste Bastion in Europa zu diskutieren.

Mit dem Tod von Außenminister John Foster Dulles hatte der Kanzler 1959 zudem einen hochgeschätzten und gleichgesinnten Verbündeten in Washington verloren. Zwar bemühte er sich bei seinem USA-Besuch im April 1961, ein erträgliches Verhältnis mit dem neugewählten, jungen amerikanischen Präsidenten herzustellen, aber für den deutschen Gast war die Richtungsänderung der amerikanischen Außenpolitik nicht zu übersehen. Die aus seiner Sicht weiche Haltung der USA im Berlinkonflikt schien seinen Pessimismus zu bestätigen. Adenauers nie verstummende Ängste, die Supermächte könnten über den Kopf der Deutschen hinweg über deren Schicksal entscheiden, erhielten neue Nahrung.

Bei ihrem ersten Treffen auf de Gaulles Landsitz in Colombey-les-Deux-Églises im September 1958 entdeckten Adenauer und sein Gastgeber viel politische Sympathie füreinander. Zwei Jahre später legte der Franzose bei einer Besprechung in Schloß Rambouillet die Karten auf den Tisch. Die EWG solle eine reine Wirtschaftsgemeinschaft bleiben, die NATO reformiert werden und ein Zweierbund Frankreich-Deutschland Europa führen. Adenauer war angetan, seine Berater allerdings wiesen ihn nachdrücklich auf die deutliche antiamerikanische Stoßrichtung von de Gaulles Strategie hin. Dieser sah Frankreich als künftige europäische Hegemonialmacht, was auch die unabhängige nationale Atomrüstung signalisierte, die der Präsident im Auge hatte. Zur Durchsetzung seiner Pläne brauchte er jedoch die Wirtschaftskraft der Bundesrepublik.

Die deutsch-französischen Verhandlungen machten die US-Führung nervös. Bonn stand zwischen den Lagern, war auf die amerikanische Sicherheitsgarantie angewiesen, während Adenauer zugleich hoffte, mit einem engen deutsch-französischen Bündnis sein Lebenswerk – die Aussöhnung der beiden Nachbarn – zu krönen. Da sein Rücktritt 1962 bereits absehbar war, drängte er auf einen positiven Abschluß, um seinem Nachfolger einen Rückzug zu versperren. In der Union lösten die Gespräche der beiden Patriarchen und ihre Pläne eine scharfe Kontroverse aus. Erhard schimpfte, warnte vor einem »Kleineuropa«, drohte damit, als nachfolgender Kanzler die ganze Angelegenheit zu torpedieren, und kritisierte Adenauer öffentlich. Seine Befürchtung, mit dem sogenannten Élysée-Vertrag werde das Verhältnis zu Amerika schwer belastet, war verständlich, und er fand in Außenminister Schröder und Franz Josef Strauß in dieser Frage mächtige Verbündete. Aber der künftige Kanzler bewies erheblich weniger Weitsicht als der alte, politisch schon angeschlagene Mann.

Die Besuche Adenauers in Frankreich (2. bis 8. Juli 1962) und de Gaulles in Deutschland (4. bis 9. September 1962) fanden in beiden Ländern ein enormes Echo. De Gaulle, der von »der stolzen deutschen Nation« sprach, wurde bei seinen öffentlichen Auftritten in der Bundesrepublik von der Bevölkerung frenetisch gefeiert. Als Adenauer gemeinsam mit dem französischen Präsidenten die Krönungskathedrale in

Das Ende einer »Erbfeindschaft«: Adenauer und Frankreichs Staatspräsident Charles de Gaulle in der Kathedrale von Reims.

Reims betrat, war dies für beide Völker ein kaum zu unterschätzender symbolischer Akt. Der Élysée-Vertrag sah regelmäßige Konsultationen der Regierungen und Kooperationen in der Außen-, Verteidigungs- und Jugendpolitik vor. Nichts von einem Zweierbund und keine Spitzen gegen den westeuropäischen Einigungsprozeß waren darin zu lesen. Wichtig blieb, daß die Menschen in beiden Ländern die weit über den Vertrag hinausreichende Dimension der Verständigung erkannten und begrüßten.

De Gaulle erwies sich auch in den kommenden Jahren als ein eigenwilliger Partner. Aber trotz aller dunklen Wolken hatte Adenauer in den letzten Monaten seiner Amtszeit noch einmal triumphiert. Die Aussöhnung der beiden »Erbfeinde« war sein Werk, und sie wirkte weit über seine und de Gaulles Amtszeit hinaus.

Am 16. Mai 1963 billigte der Bundestag den Élysée-Vertrag ungeachtet der vorangegangenen Kontroversen mit großer Mehrheit. Möglich wurde dies, weil sich die Abgeordneten auf eine Präambel einigen konnten. Sie hob ausdrücklich das Bekenntnis zur Partnerschaft zwischen Europa und Amerika hervor.

In der Innenpolitik begann die Entmachtung des Kanzlers 1959. Im Frühjahr geriet die Diskussion um die Nachfolge von Theodor Heuss, die Adenauer selbst in Gang setzte, zur Groteske. Der populäre Bundespräsident hatte bereits zwei Amtszeiten hinter sich, eine dritte verbot das Grundgesetz. Die Sozialdemokraten benannten mit dem hochangesehenen Carlo Schmid einen eigenen Kandidaten. Die Union dachte nach dem großartigen Sieg von 1957 allerdings nicht daran, auf diese repräsentative Position zu verzichten. Adenauer schlug zunächst seinen Intimus Heinrich Krone vor, aber der war nicht bereit, dafür die Führung der Unionsfraktion aufzugeben. Nachdem auch der Name des schleswig-holsteinischen Ministerpräsidenten Kai-Uwe von Hassel genannt wurde, brachte Gerhard Schröder, damals noch Innenminister, Ludwig Erhard ins Spiel. Damit erhielt die innerparteiliche Diskussion in der CDU eine entscheidende Wende.

Für die Mehrheit der Unionsabgeordneten war Erhard, der sich als Wahllokomotive bestens bewährt hatte, der ideale Nachfolger Adenauers. Der Kanzler wiederum hielt ihn für einen außenpolitischen Dilettanten. Sein Favorit war Finanzminister Franz Etzel, der allerdings keinerlei Rückhalt in der Fraktion besaß. Erhard, der zunächst seine Bereitschaft für das Präsidentenamt signalisierte, ließ sich schließlich, geschmeichelt vom Drängen der Partei, umstimmen. Siebzig Abgeordnete der CDU hatten zuvor erkennen lassen, daß sie ihn nicht wählen würden, da sie in ihm den nächsten Kanzler der Republik sahen. Als Adenauer klar wurde, daß sich Erhard nicht in die Villa Hammerschmidt würde abschieben lassen, meldete er seine eigene Kandidatur an. Der völlig verblüfften Öffentlichkeit und der konsternierten CDU-Fraktion erklärte er, daß das Präsidentenamt viel stärkere Machtmöglichkeiten in sich barg, als das alle bisher gedacht hätten, daß er selbstverständlich als Bundespräsident an den Kabinettssitzungen teilnehmen und weiterhin Herr über die Bonner Außenpolitik bleiben werde. Monatelang schlugen die Wellen hoch. Der Verlierer dieses politischen Spektakels hieß Adenauer. Mit seinem die Nerven der eigenen Partei strapazierenden Manöver erreichte er schließlich, daß sich Erhard als Nachfolger etablieren konnte und alle Welt kopfschüttelnd der Meinung war, die Amtszeit des alten Mannes neige sich wohl ihrem Ende zu. Adenauer zog seine Kandidatur zurück, und der brave Mann aus dem Sauerland, Heinrich Lübke, wurde Nachfolger von Theodor Heuss. Der Kanzler hielt jedoch auch von seinem langjährigen Landwirtschaftsminister nicht sonderlich viel, und als dieser bald eine große Koalition befürwortete, verscherzte er sich beim »Alten« noch die letzten Sympathien.

Der nächste Rückschlag für Adenauer war die Bundestagswahl im Herbst 1961. Die Union verlor die absolute Mehrheit. Der Kanzler mußte wenige Wochen zuvor einen empfindlichen öffentlichen Prestigeverlust einstecken: Als Ulbricht im August die Mauer baute, ließ Adenauer mehrere Tage verstreichen und machte Wahlkampf, als sei nichts geschehen, bis er das empörte Westberlin an der Seite von US-Vizepräsident Lyndon B. Johnson besuchte. Präsident Kennedy hatte seinen Stellvertreter in die geteilte Stadt geschickt, um die Wogen ein wenig zu glätten und Amerikas Solidarität mit Westberlin zu bekunden. Die Menschen jubelten dem Gast zu, nahmen dem Kanzler jedoch sein spätes Kommen übel. Der sozialdemokratische Spitzenkandidat, der Regierende Bürgermeister Willy Brandt, dagegen gewann in diesen Tagen durch seine engagierten Auftritte an politischer Statur.

Die FDP, nach wie vor stramm konservativ, stellte ihren Wahlkampf unter das Motto: Der »Alte« muß weg. Die Liberalen kamen damit einer weitverbreiteten Stimmung im Lande entgegen. Adenauer, inzwischen fünfundachtzig Jahre alt, hatte sich politisch überlebt. Willy Brandt gab sich als eine Neuauflage des weltweit bewunderten jugendlich-dynamischen John F. Kennedy. Es reichte zwar nicht für den Sieg, aber die SPD errang 36,2 Prozent und damit 190 Mandate (plus 21), während die Union sich mit nur noch 45,3 Prozent und 242 Mandaten (minus 28) zufriedengeben mußte. Sie war auf eine Koalition mit den Freien Demokraten (67 Sitze) angewiesen. Mit der schriftlichen Zusage, rechtzeitig vor den nächsten Bundestagswahlen Platz für seinen Nachfolger zu machen, gelang es Adenauer noch einmal, den Rücktritt hinauszuschieben.

Dann erschütterte 1962 die Spiegelaffäre das Land, das Ende einer großen politischen Karriere war erreicht. Am 15. Oktober 1963 verabschiedete der Bundestag Konrad Adenauer. Vierzehn Jahre hatte er regiert. »Wir Deutschen dürfen unser Haupt wieder aufrecht tragen«, resümierte der Greis in seiner Abschiedsrede. Was so ganz falsch nicht war, denn die westliche Welt blieb nicht unbeeindruckt von den demokratischen und wirtschaftlichen Entwicklungen in der Bundesrepublik.

3. Ein Zwischenspiel: Das Scheitern von Ludwig Erhard und die große Koalition (1963–1969)

Den Rücktritt Adenauers empfanden die Menschen in der Bundesrepublik als politische Zäsur. Seine Verdienste waren unbestritten, aber nicht nur in den Bonner Parteien machte sich nun auch ein Gefühl der Befreiung breit. Das Land drängte auf Veränderungen, in der Außen- und in der Innenpolitik war vieles erstarrt, die Generation des »Wirtschaftswunders« kam in die Jahre – die Bundesrepublik stand vor einer sechsjährigen Zwischenphase.

Union und SPD gingen sehr unterschiedlich konditioniert in diese Zeit. Die Sozialdemokraten hatten beim Kanzlerwechsel ihren innerparteilichen Reformprozeß bereits hinter sich. Nach der deprimierenden Wahlniederlage von 1957 drängten besonders die jüngeren Mitglieder in der Parteiführung auf eine grundsätzliche programmatische und personelle Erneuerung der Partei. Männer wie Herbert Wehner, Fritz Erler, Carlo Schmid, Karl Schiller, Willy Brandt oder Helmut Schmidt konnten sich nicht mehr der Erkenntnis verschließen, daß ihnen das Tor zur Regierungsmacht versperrt blieb, wenn es der SPD nicht gelang, in bürgerliche Wählerschichten vorzudringen. Bis 1959 besaß formal noch das Heidelberger Programm von 1925 Gültigkeit. Eine »Klassenpartei« aber war in der verbürgerlichten Bundesrepublik nicht mehrheitsfähig, und mit marxistischer Rhetorik ließen sich selbst die Arbeiter nur noch mühsam überzeugen.

Am Anfang stand eine innerparteiliche Machtverschiebung. Die hauptamtlichen Funktionäre in der Bonner Parteizentrale, der sogenannten »Baracke«, verloren durch das eigenständigere und selbstbewußtere Agieren der Bundestagsfraktion und eine erneuerte Parteiführung an Einfluß. Im SPD-Präsidium saßen nach dem Stuttgarter Parteitag von 1958 mit wenigen Ausnahmen nur noch Mitglieder des Bonner Parlaments. Auf diesem Parteitreffen bekannte sich Fritz Erler im Namen der Partei erstmals zur Wehrpolitik der Bundesrepublik. Hier verabschiedete sich die Partei auch von ihren Sozialisierungs- und Planwirtschaftsthesen. Beim nächsten Parteitag im November 1959 in Bad Godesberg vollzogen die Sozialdemokraten dann den Schritt zur »Volkspartei«. Sie bekannten sich zum demokratischen Sozialismus, »der in Europa in christlicher Ethik, im Humanismus und in der klassischen Philosophie verwurzelt ist«. Vom Endziel der klassenlosen Gesellschaft war nun nicht mehr die Rede, wie sich das Programm überhaupt aller Weltanschauungsformulierungen enthielt. Ein halbes Jahr später akzeptierte Herbert Wehner für die SPD im Bundestag die Westbindung der Bundesrepublik, und als er 1964 die neue Haltung seiner Partei gegenüber den Kirchen mit einer »Predigt« in der Hamburger Michaeliskirche unterstrich, Fritz Erler im gleichen Jahr gar von Papst Paul VI. zu einer Privataudienz empfangen wurde, ahnte auch der Pensionär in Röhndorf, was die Stunde geschlagen hatte. »Ich würde mich ja freuen über jeden reuigen Sünder«, erklärte er irritiert vor der CDU-Fraktion, »aber mit solchen Dingen darf man nicht Mißbrauch treiben.«

Die Union geriet dagegen nach Adenauers Abgang in eine Dauerkrise. Befreit von der erdrückenden Patriarchenfigur gelang es ihr nicht, aus dem Schatten des »Kanzlerwahlvereins« herauszutreten. Interne Machtkämpfe und Personalintrigen trugen entscheidend zum Scheitern Ludwig Erhards bei. Bald fielen »Atlantiker« und »Gaullisten« öffentlich übereinander her, Schröder wurde von der eigenen Partei demontiert, Strauß und der junge neue Fraktionsvorsitzende Rainer Barzel konnten nur schwer ihren politischen Ehrgeiz zügeln, der nach wie vor starke konservative Flügel blockierte alle deutschlandpolitischen Befreiungsversuche, und immer mehr führende Unionspolitiker liebäugelten mit der großen Koalition. Die Veränderungen, die sich allerorts in der Bundesrepublik bemerkbar machten, taten ihr übriges. CDU/CSU versäumten es, sich mit dem notwendigen Erneuerungswillen den außenpolitischen und gesellschaftlichen Herausforderungen zu stellen, und sie bezahlten dies 1969 mit dem Verlust der Macht.

Am 16. Oktober 1963 wurde Ludwig Erhard Kanzler. An seiner Nominierung gab es nach den innerparteilichen Auseinandersetzungen der letzten Adenauerjahre keine Zweifel. Der Sechsundsechzigjährige symbolisierte wie kein anderer Politiker der Bundesrepublik das »Wirtschaftswunder«, und niemand in der Union kam an ihm vorbei. Zumal Erhard in der Bevölkerung große Popularität genoß. Adenauers vergebliche Intrigen hatten das Ansehen des Nachfolgers nur noch erhöht.

Erhard wurde ein glückloser, ein schwacher Kanzler. Und das nicht nur, weil ihn allzu viele mit seinem Vorgänger verglichen. Es fehlte ihm in diesem Amt an Autorität und Durchsetzungskraft. Er neigte zum Fabulieren, verweigerte sich dem intensiven Aktenstudium, zog sich zu häufig in sein schönes Haus am Tegernsee zurück, und bei seinen Treffen mit ausländischen Staatsmännern erwies er sich als ein wenig kommunikativer Gesprächspartner. Doch entscheidender war, daß es ihm an politischer Kreativität fehlte, seine Politik bei entscheidenden Weichenstellungen konzeptlos wirkte.

Er sah sich als »Volkskanzler«, hielt sichtbar Distanz zur Parteien- und Verbandsdemokratie. Er nutzte auch das neue Medium Fernsehen und wandte sich bei allen ihm wichtig erscheinenden Fragen mit Fernsehansprachen direkt an die Wähler. Dabei übersah er, daß die Union sich zunehmend von ihm abwandte, die führenden Köpfe in der Partei ihre eigene Karriere stärker im Auge hatten als den Erfolg ihres Kanzlers. Daß er zunächst den Parteivorsitz nicht für sich beanspruchte – den hatte nach wie vor Adenauer inne –, schwächte seine Position. Als er dann 1966 auch diese Position übernahm, war es bereits zu spät.

Die Medien standen anfänglich überwiegend auf seiner Seite. Auch sie hatten unter der langen Herrschaft Adenauers gestöhnt und sahen im Amtsantritt des jovialen, optimistischen Nachfolgers Chancen für gesellschaftliche und außenpolitische Neuanfänge. Als dann immer deutlicher wurde, daß Erhard das Kabinett nicht führte, die deutsche Außenpolitik zwischen alle Stühle geriet, schließlich sogar die Konjunktur zu kriseln begann, wurde es einsam um den Kanzler. Die eigene Partei sparte nicht mit höhnischer Kritik, seine Berater zogen sich zurück, die Medien schossen sich auf den Kanzler ein, und selbst Bundespräsident Heinrich Lübke, wahrlich kein politisches Schwergewicht, ließ sich auf einen öffentlichen Streit mit Erhard ein. Der Sturz war schmachvoll, doch der Kanzler trug selbst dazu bei.

In der Deutschlandpolitik stand die neue Regierung unter Zugzwang. Die internationalen Entspannungsbemühungen – am 5. August 1963 hatten die USA, Großbritannien und die Sowjetunion eine teilweise Beendigung ihrer Kernwaffenversuche vereinbart – ließen die Bundesrepublik in den Augen der politischen Welt zunehmend als Störfaktor erscheinen. Versuche der Regierung, die deutsche Frage bei internationalen Konferenzen, etwa bei den 1964 begonnenen Genfer Gesprächen über einen Nichtverbreitungsvertrag (erst im November 1969 unter der Regierung Brandt/Scheel trat die Bundesrepublik ihm bei), in die Verhandlungen aufzunehmen, wurden immer brüsker von den USA zurückgewiesen. So ermahnte Präsident Johnson im Mai 1964 die Deutschen, »mit den Füßen nicht im Beton« festkleben zu bleiben. Erhard war sich klar darüber, daß Bonn in der Ostpolitik mehr Flexibilität zeigen mußte.

Dagegen stand der konservative Flügel der Union, der jeden Anschein einer Auflockerung der westdeutschen Position gegenüber der DDR ablehnte. Außenminister Schröder versuchte, Bewegung in die erstarrten Fronten zu bringen. 1963 schloß Bonn mit Polen, Rumänien und Ungarn Handelsverträge ab, ein Jahr später folgten entsprechende Vereinbarungen mit Bulgarien. Die Errichtung von Handelsmissionen unterlief natürlich die Hallsteindoktrin, aber da kein Botschafteraustausch stattfand, wurde doch immerhin der Schein gewahrt. Als Schröder öffentlich darüber nachdachte, die Berlinklausel – sie stellte sicher, daß Westberlin in alle Verträge einbezogen war – aufzuheben, um die Verhandlungen zu erleichtern, liefen die konservativen Medien in der Bundesrepublik Sturm. Zu wirklichen Forschritten in der Ostpolitik kam es in den Erhardjahren nicht. Die Bundesregierung beharrte auf der Nichtanerkennung der DDR und versperrte sich damit den Zugang zu den eigentlichen Gesprächspartnern in dieser Frage, den Regierungen in Moskau und Ostberlin.

In der Westpolitik geriet Erhard zwischen die immer deutlicher werdenden Fronten, die Frankreich gegenüber dem Führungsanspruch der Amerikaner eröffnet hatte. Als Kennedy mit Großbritanniens Premierminister Macmillan auf den Bahamas 1962 vereinbarte, die britische Atomstreitmacht an die USA zu binden, witterte de Gaulle Gefahren für die eigenständige weltpolitische Rolle Frankreichs (und Europas). Er verweigerte seine Zustimmung zum EWG-Beitritt Londons. Seine Politik trug deutliche antiamerikanische Akzente, die mit dem NATO-Austritt Frankreichs im Juli 1966 ihren spektakulären Höhepunkt erreichten. Washington hoffte auf eine stärkere Bindung Westeuropas an die Atlantische Allianz, während Paris gerade dies bekämpfte. Die US-Regierung schlug auf den Bahamas auch die Errichtung einer Multilateralen Atomstreitmacht (MLF, Multilateral Force) vor, um die Furcht der Europäer vor einer atomaren Hegemonie Amerikas zu mildern. U-Boote und Überwasserschiffe derjenigen Partner, die sich an der Finanzierung beteiligten, sollten nach diesen Plänen mit Mittelstreckenraketen ausgerüstet werden. Offen blieb die wichtige Frage, wer über den Einsatz der Atomraketen zu entscheiden hatte.

Die MLF wurde nie verwirklicht, aber in Bonn intensiv diskutiert. Außenminister Schröder und die »Atlantiker« sahen darin eine Chance, die angeschlagenen Beziehungen zu den USA wieder zu verbessern. Diese Position nahmen auch die Sozialdemokraten ein. Die »Gaullisten« dagegen warnten vor einem Affront gegenüber Frankreich. Eine Gespensterdebatte, die dem Kanzler rasch aus dem Ruder lief und seine Partei zu verschleißen begann. Am Ende verärgerte die Bundesregierung beide Partner.

In der Europapolitik zerschellten nahezu alle Bonner Vorhaben an der sturen Haltung de Gaulles. Der Franzose wollte ein »Europa der Vaterländer«, hielt die nationale Souveränität hoch und trat den deutschen Wünschen nach einer politischen Vertiefung der EWG energisch entgegen. Ungern stimmte die Bundesregierung im Dezember 1964 dem Wunsch Frankreichs nach einer Harmonisierung der Getreidepreise in der Gemeinschaft zu (sie führte bei den deutschen Bauern zu erheblichen Einkommenseinbußen, die teuer ausgeglichen werden mußten), aber auch dieses Entgegenkommen hatte bei de Gaulle nur ein sehr kurzzeitiges Interesse an einer stärkeren Integration zur Folge. Als es Ende Juni 1965 in Brüssel zu keiner Einigung über die Neuordnung des Agrarmarktes kam, verließ Frankreich die Konferenz und erklärte, künftig alle Sitzungen der Gemeinschaft zu boykottieren. Nach de Gaulles Sieg bei den französischen Präsidentschaftswahlen im Dezember 1965 kehrten die Franzosen zwar wieder nach Brüssel zurück, aber die Gemeinschaft stagnierte, und die von Bonn angestrebten Fortschritte blieben aus.

Ebenfalls pannenreich verlief in Erhards Kanzlerjahren die Nahostpolitik. Deutsche Spezialisten arbeiteten für die äyptische Waffenindustrie, was Israel verärgerte. Kairo wiederum sah sich getäuscht, als Bonner Waffenlieferungen an Jerusalem gemeldet wurden, und drohte mit der Anerkennung der DDR durch die arabischen Staaten. Bonn gab dieser Erpressung nach, was nicht nur in Israel als Schwächezeichen der westdeutschen Regierung interpretiert wurde, sondern auch in der Bundesrepublik der Reputation von Kanzler und Außenminister schadete. Als Ulbricht im Februar 1965 zu einem offiziellen Staatsbesuch nach Ägypten reiste, drohte Bonn mit Gegenmaßnahmen, ohne zu wissen, was es eigentlich tun sollte. Schließlich verfiel die Regierung auf den Gedanken, Nasser für seine Einladung an den DDR-Staatschef mit der Aufnahme diplomatischer Beziehungen zu dessen Erzfeind Israel zu bestrafen. Am 19. August 1965 übergab der erste deutsche Botschafter Rolf Pauls dem israelischen Staatspräsidenten sein Beglaubigungsschreiben. Viele in Israel protestierten, aber nach dem Wiedergutmachungsabkommen vom September 1952 (bis 1965 zahlte die Bundesrepublik aufgrund dieser Vereinbarung rund 3,5 Milliarden Mark Wirtschaftshilfe an Israel) und dem Treffen Adenauers mit Ben Gurion in New York im März 1960 war die Eröffnung der Botschaft in Tel Aviv der dritte wichtige Schritt der Annäherung zwischen dem jüdischen Staat und dem »Nachfolger des Deutschen Reiches«. Sehr souverän wirkte es allerdings nicht, daß die Regierung diesen Schritt als Antwort auf Nassers DDR-Politik unternahm. Der Nahe Osten war für alle Weststaaten ein schwieriges Terrain, aber Erhards planlos wirkende Reaktionen auf die Entwicklungen dort offenbarten außenpolitische Führungslosigkeit, und das blieb weder seiner Partei noch den Medien verborgen.

Union und Bevölkerung kreideten die außenpolitischen Mißerfolge dem Kanzler an. Da die Umfrageergebnisse einige Monate vor der Bundestagswahl für die Regierung keineswegs überragend waren, suchten Erhard und seine Berater ob mangelnder Erfolgsbilanz in der Außenpolitik nach einem zündenden innenpolitischen Thema, das den Wahlkampf beherrschen sollte wie einst Erhards Slogan »Wohlstand für alle«. Ein kleiner Kreis konservativ-liberaler Intellektueller unter Leitung von Rüdiger Altmann entwickelte die Idee der »Formierten Gesellschaft«. Als Erhard seinen »Wahlschlager« am 28. März 1965 auf dem Düssel-

Der große Schatten: Nicht nur die Karikaturisten, sondern auch die Union messen Ludwig Erhard immer wieder an seinem Vorgänger im Kanzleramt.

dorfer CDU-Parteitag präsentierte, konnte er den Delegierten dazu nur Allgemeinplätze präsentieren. Die Gesellschaft brauche ein neues »Leitbild«, erzählte er, und der unerträgliche Einfluß der Verbände solle hinter den Interessen der Individuen zurücktreten. Was damit genau gemeint war, wie es organisatorisch und politisch durchzusetzen sei, darüber schwieg sich der Kanzler aus. Wahrscheinlich wußte er es selber nicht. Partei und Öffentlichkeit reagierten erstaunt oder amüsiert.

Im Wahlkampf verlor Erhard dann die Nerven und legte sich auch noch in ungeschickter Manier mit den für die SPD eintretenden Linksintellektuellen an. Als ihn Rolf Hochhuth im »Spiegel« angriff und dabei gleich die ganze kapitalistische Gesellschaft verdammte, schlug er zurück. »Da hört der Dichter auf, da fängt der ganz kleine Pinscher an«, ließ er die Zuhörer auf dem CDU-Wirtschaftstag im Juli 1965 wissen. Eine törichte Bemerkung, die von den Medien und den Intellektuellen entsprechend kommentiert wurde.

Wie wenig dies alles Erhards Popularität jedoch tatsächlich hatte schaden können, zeigte die Wahl im September. Die Union erreichte 47,6 Prozent und legte damit gegenüber der Abstimmung vier Jahre zuvor 2,3 Prozent zu. Allerdings hatten auch die Sozialdemokraten mit 39,3 Prozent um 3,1 Punkte zugenommen und waren damit nur knapp unter der magischen 40-Prozent-Marke geblieben. Mit den 9,5 Prozent der FDP besaß die bürgerliche Koalition jedoch auch für die neue Wahlperiode eine stabile Mehrheit.

Erhard und die Union verspielten den Sieg in kürzester Zeit. Die innerparteilichen Kritiker des Kanzlers – Strauß, Barzel, Gerstenmaier und natürlich der spitzzüngige »Alte« in Rhöndorf – wurden lauter, einige Mitglieder der Führungsriege frönten immer hemmungsloser ihrem persönlichen Ehrgeiz. Selbst Lübke, der eine große Koalition befürwortete, wies Erhard völlig deplaziert öffentlich darauf hin, daß laut Grundgesetz der Bundespräsident den Kanzler ernenne. Der Wahlsieg schützte Erhard zwar noch, doch in der Union formierten sich die Kräfte, die den Politiker ohne Fortune loswerden wollten. Es traute sich nur noch niemand, den Königsmörder zu spielen.

Bei der Regierungsbildung hatte Erhard große Mühe, Gerhard Schröder erneut als Außenminister durchzusetzen und die Machtgelüste von Franz Josef Strauß abzuwehren. Sein Glück war, daß die innerparteilichen Gegner sich selbst blockierten, jeder den eigenen Machtanspruch im Auge hatte und die Front gegen ihn zersplittert blieb.

1966 versuchte die Regierung noch einmal, Bewegung in die festgefahrene Ostpolitik zu bringen. Im März legte sie eine »Note zur Abrüstung und Sicherung des Friedens« vor, in der sie zwar wie bisher die Anerkennung der DDR ablehnte, aber den osteuropäischen Staaten einen Gewaltverzicht anbot. Erneut ignorierte die Bonner Außenpolitik, daß die politischen Entwicklungen über solche Offerten längst hinweggegangen waren. Zumal die »Friedensnote« auch noch ausdrücklich hervorhob, »daß Deutschland völkerrechtlich in den Grenzen von 1937 fortbesteht«. Viele Passagen des Papiers waren von Vorbehalten bestimmt. Etwa wenn die Bundesregierung den Verzicht auf den Besitz eigener Atomwaffen bestätigte, gleichzeitig aber die Mitverfügung über solche Waffen nicht in Frage stellte.

Das Ende aber wartete in Amerika. Dort hatten sich im Kongreß immer mehr Senatoren für eine Verminderung der Truppenpräsenz in Westdeutschland ausgesprochen. Es ging hierbei nicht in erster Linie um Entspannungspolitik, sondern um Kostenfragen. Der Vietnamkrieg belastete den US-Haushalt zunehmend, und Washington erwartete von seinen europäischen Verbündeten ausreichende finanzielle Beteiligung an den Rüstungsausgaben der NATO. Die Bundesrepublik war wegen der im Land stationierten US-Truppen von diesem keineswegs unberechtigten Ansinnen stärker als alle anderen Europäer betroffen. Zwei Reisen zu Lyndon B. Johnson (Dezember 1965 und September 1966) machten Erhard deutlich, daß der Präsident beim Offsetabkommen – es regelte die Höhe der Bonner Rüstungskäufe in den USA, die die Devisenkosten Washingtons für seine Soldaten in Deutschland ausgleichen sollten – unnachgiebig blieb. Mit der Reise im September 1966 verband Erhard sein eigenes politisches Schicksal. Die Bonner Krise hatte eine Dimension erreicht, die nur noch zwei Möglichkeiten zuließ: ein erfolgreiches Gespräch mit dem amerikanischen Präsidenten oder Kanzlersturz. Der in seinen Umgangsformen ruppige Texaner Lyndon B. Johnson – er stand zu diesem Zeitpunkt kurz vor wichtigen Kongreßwahlen –, wies alle Kompromißversuche seines deutschen Gastes in einer lautstarken Unterredung brüsk zurück. Der geschockte Erhard kehrte als sichtbar geschlagener Mann nach Bonn zurück.

Den Hintergrund der politischen Zuspitzung seiner Amerikareise bildeten Entwicklungen in einem Bereich, für den Erhard bislang als Erfolgsgarant gegolten hatte. Die deutsche Wirtschaft zeigte erstmals nach mehr als dreizehn Jahren Zeichen konjktureller Schwäche, die im Sommer 1966 offensichtlich wurde. Die Daten wiesen auf eine drohende Rezession hin. Das waren die Deutschen nicht mehr gewohnt, und so steigerten sich Politik und Medien in düsterste Prognosen. Erhard reagierte falsch: Statt die Konjunktur durch staatliche Ankurbelungsmaßnahmen zu stabilisieren, forderte er von den Bürgern »Maßhalten« und von den Haushaltspolitikern Sparwillen.

Für die Deutschen waren Inflation und Arbeitslosigkeit seit den Weimarer Jahren ein Trauma. Doch abgesehen von den Strukturkrisen bei Kohle und Stahl war die Lage gar nicht so erschreckend, wie sie dargestellt wurde. Es gab 100 000 Arbeitslose, denen 600 000 offene Stellen gegenüberstanden. Zechenstillegungen, demonstrierende Bergarbeiter und die Nachrichten über sinkende Wachstumzahlen genügten jedoch, um die Krisenstimmung zu verschärfen. Die Staatseinnahmen sanken, und Erhard mußte vor der Fraktion eingestehen, die Haushaltslücke sei nur mit Steuererhöhungen zu schließen. Die Spätgeborenen dürfen staunend registrieren, daß es sich – einschließlich der amerikanischen Forderungen – um ein Minus von 6,9 Milliarden Mark handelte.

Im August forderte die Opposition den Rücktritt Erhards. Im Oktober, wenige Tage nach der Rückkehr des Kanzlers aus den USA, verließen die FDP-Minister das Kabinett, da sie in Sachen Steuererhöhungen nicht »umfallen« wollten. In der Union begann nun der Poker um die Nachfolge. Da Erhard nur noch einer Minderheitsregierung vorstand, forderten die Sozialdemokraten ihn auf, die Vertrauensfrage zu stellen. Der Kanzler weigerte sich zurückzutreten, und so kam es am 8. November schließlich zur Abstimmung über den SPD-Antrag. Er wurde mit 255 gegen 246 Stimmen angenommen. Der Kanzler hatte die Parlamentsmehrheit verloren.

Es war der rheinland-pfälzische Regierungschef Helmut Kohl, der auf der Sitzung des Parteivorstandes am gleichen Nachmittag den Bann brach. »Jeder weiß, um was es geht… Deswegen meine ich, wir sollten jetzt schlicht und einfach die Namen auf den Tisch bringen.« Rainer Barzel, Eugen Gerstenmaier, Kurt Georg Kiesinger und Gerhard Schröder wurden von Kohl namentlich genannt. Gewählt wurde von der Fraktion dann der baden-württembergische Ministerpräsident Kiesinger. Da er an den zurückliegenden Schlachten im inneren Machtkreis der CDU wegen der von ihm als Ministerpräsidenten geforderten Präsenz in der Landespolitik nicht beteiligt gewesen war, hatte kaum jemand im Wahlgremium alte Rechnungen mit ihm zu begleichen. Erhard, der mit seinem Rücktritt tagelang gezögert hatte, erklärte nun, er werde »mit Würde und Anstand diesen Posten niederlegen«, und ging. Kaum jemand merkte es so richtig. Die Schlagzeilen füllten jetzt andere Namen.

Mit Erhards Sturz schlug die lang ersehnte Stunde der SPD. Auf diesen Augenblick hatte sie seit geraumer Zeit hingearbeitet. Schon 1959, als in der Union die Präsidentenkrise schwelte, hatte Erich Ollenhauer öffentlich angedeutet, daß er sich ohne Adenauer eine große Koalition gut vorstellen könne. In den sechziger Jahren hatte Herbert Wehner, der wußte, daß die SPD im Alleingang keine Mehrheit im Bundestag erringen würde, Kontakt zu CDU-Wohnungsbauminister Paul Lücke aufgenommen. Beide Politiker sprachen über die Möglichkeiten einer gemeinsamen Regierung der großen Volksparteien. Adenauers Zähigkeit, Erhards nicht abzuwendender Nachfolgeanspruch und die für die Union immer wieder günstigen Wahlergebnisse hatten Wehners Pläne bislang durchkreuzt. Dem grantigen, sensiblen Mann, der durchaus grob auszuteilen wußte, wuchs in diesen Jahren eine Schlüsselrolle in seiner Partei zu. Wichtige Verbündete fand er neben Lücke in den CSU-Abgeordneten Karl Theodor Freiherr von und zu Guttenberg, Heinrich Krone und Eugen Gerstenmaier. Nach der Spiegelaffäre, als fünf FDP-Minister zurücktraten, liebäugelte zudem selbst Konrad Adenauer mit einer großen Koalition.

Die FDP hatte in den letzten Jahren für heftige Verärgerung in der Union gesorgt. Schon Anfang der sechziger Jahre war sie in der Öffentlichkeit auf Distanz zu Adenauer gegangen und hatte dessen Rücktritt gefordert. Bei der Wiederwahl von Bundespräsident Lübke 1964 verweigerte sie den Koalitionsgehorsam und stellte einen eigenen Kandidaten auf. Wehner nutzte diesen für die Union peinlichen Vorfall, die SPD stimmte für den Kandidaten der CDU/CSU. In der Union gewann Wehner mit diesem taktischen Schritt politisches Vertrauen.

Innerhalb der SPD allerdings blieb die Frage der großen Koalition auch nach Erhards Rücktritt umstritten. Willy Brandt, seit 1964 als Nachfolger Ollenhauers Parteivorsitzender, favorisierte ein Bündnis mit den Liberalen, da er ahnte, daß seine außenpolitischen Pläne in der Union nicht durchzusetzen waren. Vielen Genossen in der Fraktion und an der Basis erschien ein Zusammengehen mit den bürgerlichen Kräften, die sie siebzehn Jahre lang bekämpft hatten, undenkbar. Ausschlaggebend für die Entscheidung, eine große Koalition zu suchen, war die knappe Mehrheit von sechs Stimmen, die eine SPD/FDP-Koalition im Bundestag gehabt hätte. Angesichts der bevorstehenden schwierigen Haushalts- und Finanzfragen konnten Wehner und der stellvertretende Fraktionsvorsitzende Helmut Schmidt die innerparteilichen Gegner einer großen Koalition vor allem mit diesem Argument überzeugen.

Am 1. Dezember 1966 wählte der Bundestag Kiesinger zum Kanzler. Die SPD stellte neun Minister, die Union zehn. Die neue Koalition besaß eine überwältigende Mehrheit (447 Abgeordnete), die FDP (49 Abgeordnete) konnte parlamentarisch praktisch nicht mehr eingreifen. Umso erstaunter waren die Wähler und die Medien, wie grundlegend sich die Liberalen in den kommenden drei Jahren innerparteilich regenerierten und sich mit ihren programmatischen Umorientierungen erneut als regierungsfähige Partei erwiesen.

Es war ein Kabinett von absehbarer Dauer, das Kiesinger führte. Die SPD tat sich überaus schwer mit dem durch seine Atomwaffenambitionen und die Spiegelaffäre diskreditierten neuen Finanzminister Strauß. Verschärft wurden die personellen Spannungen durch die Vergangenheit des Kanzlers. Kiesinger galt als Mitläufer des Dritten Reiches. Schon im März 1933 in die NSDAP eingetreten, arbeitete er zunächst als freier Rechtsanwalt und kam dann in den Kriegsjahren in die Presseabteilung des Auswärtigen Amtes (»dienstverpflichtet«, wie er betonte), gehörte also zu den Propagandisten des Vernichtungskrieges. Zweifellos hatte er sich nicht exponiert. Heinrich Böll schrieb nach der Kanzlerwahl empört: »Die deutsche Presse in ihrer Gesamtheit hätte diesen Kanzler Kiesinger verhindern müssen.«

Kiesinger gehörte seit 1949 dem Bundestag an, wo er sich vor allem als Außenpolitiker einen Namen machte. 1954 übernahm er den Vorsitz des Auswärtigen Ausschusses, bis er dann 1958 in das Amt des Ministerpräsidenten in seinem Heimatland Baden-Württemberg wechselte. Ein eloquenter Redner, ein gediegener Bildungsbürger, ein erfolgreicher Landesvater und ein Mann mit Vergangenheit stand dem neuen Kabinett vor. Seine Macht in dieser Runde blieb trotz der Richtlinienkompetenz des Kanzlers begrenzt, denn der Partner in dieser Koalition war gleichberechtigt, und die in vielen Fragen unterschiedlichen politischen Vorstellungen zwischen SPD und Union waren nicht über Nacht verflogen.

Vizekanzler wurde Willy Brandt. Er zögerte lange, bis er sich entschloß, ins Kabinett einzutreten und das Amt des Außenministers zu übernehmen. Dem Parteivorsitzenden war nicht verborgen geblieben, auf welch geringe Zustimmung die Koalition in der SPD stieß und wieviel Sympathien sie mit diesem Schritt bei der Jugend und bei den Intellektuellen, die sich im Wahlkampf für eine Abwahl der Union stark gemacht hatten, verlor. Die Zukunft sollte allerdings zeigen, was für einen meisterhaften Strategen die SPD mit Herbert Wehner besaß. Drei Jahre später stellte die Sozialdemokratie zum ersten Mal seit 1930 wieder den Kanzler. Auch wenn dies nur dank der FDP möglich wurde, hatte die SPD zuvor in der großen Koalition viele Wähler von ihrer Regierungsfähigkeit überzeugen können. Und genau das hatte Wehner mit seinem jahrelangen Drängen bezweckt, zunächst als Partner der Union Verantwortung zu übernehmen.

Willy Brandt konnte sich in der großen Koalition noch nicht in der Weise politisch entfalten, wie es viele in der Partei erhofft hatten. Kiesinger und die Union blockierten seine ostpolitischen Pläne. Der Vizekanzler schwieg häufig, wirkte gelegentlich resigniert und reagierte bisweilen unwirsch angesichts der außenpolitischen Entwicklungen. Umso verblüffter waren dann am Wahlabend im September 1969 viele in der Partei darüber, mit welcher Energie der Parteivorsitzende die Zügel in die Hand nahm.

Die Sozialdemokratie besaß mit ihm seit 1961 endlich einen attraktiven Spitzenkandidaten. Zwar unterlag er sowohl Adenauer (1961) als auch Erhard (1965), aber er hatte Ausstrahlung, verkörperte mit seiner Dynamik einen anderen Politikstil als der biedere Erich Ollenhauer. Seine Zeit kam, als eine jüngere Generation zu den Wahlurnen ging und sich die Umbrüche in der Gesellschaft in der zweiten Hälfte der sechziger Jahre immer deutlicher abzeichneten. Brandt – sensibel, klug und machtbewußt – gelang, was Adenauer oder Erhard, später Kiesinger, Barzel, Strauß oder Kohl so gar nicht glücken wollte: Viele der intellektuellen Meinungsführer setzten sich für ihn ein. Schriftsteller, Theatermacher, Künstler traten für ihn in den Wahlkämpfen auf. Mehr als er es vielleicht wirklich war, sah ein großer Teil der Wähler in ihm den Mann der Zukunft, des Aufbruchs, den engagierten Demokraten.

Brandt gehörte zum »anderen Deutschland«. Das Dritte Reich hatte er im norwegischen Exil und im aktiven Widerstand gegen den Nationalsozialismus als Verbindungsmann und Journalist überlebt. Als junger Mann hatte er die SPD verlassen, weil die Partei ihm zu pragmatisch geworden war, und sich 1931 der weiter links stehenden Sozialistischen Arbeiterpartei (SAP) angeschlossen. Sein politischer Mentor war Julius Leber, der damals die Lübecker SPD anführte und nach langen Haftjahren von Hitlers Henkern hingerichtet wurde. Brandt stritt an der Seite von Heinrich Mann für die Volksfront, ging 1936 heimlich und getarnt nach Berlin, reiste als Korrespondent an die Fronten des spanischen Bürgerkrieges, geriet in der Besatzungszeit Norwegens in deutsche Gefangenschaft, floh nach Schweden. In diesen Jahren nahm der 1913 in Lübeck als Herbert Frahm geborene, vaterlos Aufgewachsene den Decknamen Willy Brandt an. Seine politischen Gegner diffamierten später dieses aufregende, engagierte, sich für die Demokratie einsetzende »Vorleben«. 1961, bei einem seiner berüchtigten Vilshofener Aschermittwochsauftritte rief ein schwitzender Franz Josef Strauß seinem begeisterten Publikum zu: »Wir haben das Recht, Herrn Brandt zu fragen: Was haben Sie zwölf Jahre lang im Ausland getan? Was wir in Deutschland getan haben, wissen wir!« In der Welt aber gewann der Geschmähte Anerkennung und Respekt.

Brandts politischer Aufstieg unmittelbar nach dem Krieg war eng mit

Berlin verbunden. Ende 1946 kam er als Presseattaché der norwegischen Militärmission in die Stadt. Schon zuvor hatte er Kontakt zu Schumacher und Ollenhauer aufgenommen, und als die SPD ihm anbot, für sie zu arbeiten, sagte er zu. Den autoritären Führungsstil Kurt Schumachers lehnte er ebenso ab wie dessen Kampf gegen die Westbindung. Eine enge Zusammenarbeit ergab sich mit Ernst Reuter, dessen proamerikanische Haltung er teilte. Als russische Panzer den ungarischen Aufstand im Herbst 1956 niederwalzten und eine zornige Menge vor dem Schöneberger Rathaus damit drohte, im Ostsektor zu demonstrieren, beruhigte Brandt die Menschen mit einer improvisierten und couragierten Ansprache. Das machte seinen Namen in der Partei und in der Bevölkerung bekannt. Nach dem Tod des Regierenden Bürgermeisters Otto Suhr nominierten ihn die Berliner Parteigremien im August 1957 zu dessen Nachfolger. So stand er an der politischen Spitze der Stadt, als Chruschtschow seine Ultimaten formulierte und Ulbricht die Mauer bauen ließ. Es wurde eine Lehrzeit, in der er politisch reifte. Als er 1963 an der Seite von Kennedy (»Ich bin ein Berliner«) und Adenauer durch

Generationswechsel: Präsident Kennedy, Berlins Regierender Bürgermeister Willy Brandt und Adenauer 1962 in Westberlin.

451

die jubelnden Spaliere der Berliner Bevölkerung fuhr, mag mancher beim Anblick des verwitterten alten Kanzlers und der beiden jugendlich wirkenden Männer neben ihm geahnt haben, daß auch in der deutschen Politik ein Generationenwechsel bevorstand.

Brandt neigte zur Melancholie. Obwohl er gesellig war, gern trank und rauchte, gutaussehende Frauen in seiner Umgebung schätzte und die Nächte mit Freunden durchplauderte, blieb er immer auch ein empfindlicher Einzelgänger. Brandt war – vor allem in den frühen Jahren – kein begnadeter Redner, aber er schrieb viel und gut, reflektierte seine Themen in Büchern und Aufsätzen. Er war ein Intellektueller, was ihm während seiner Regierungsjahre nicht immer half. Sein Erfolg resultierte auch aus der Tatsache, daß die Bürger in ihm nicht den harten, intriganten Macher sahen. Wer eine politische Karriere wie Brandt hinter sich hatte, mußte jedoch zweifellos eine große Portion Durchsetzungswillen und Kraft in sich tragen. So täuschte sein ruhiges, häufig zurückhaltendes Auftreten auch viele seiner Bewunderer. In den Wahlkämpfen der sechziger Jahre waren seine Reden nicht weniger platt und schlicht als die des alten, schlitzohrigen Vereinfachers oder des gemütlichen Predigers marktwirtschaftlichen Glücks, die er nicht besiegen konnte.

Als Brandt 1974 das Kanzleramt verließ, blieb er für die SPD bis 1987 ein Vorsitzender, der wie kein anderer die innerparteilichen Spannungen ausgleichen und moderieren konnte, auch wenn er sich in der Debatte über die Aufstellung neuer Mittelstreckenraketen gegen den sozialdemokratischen Kanzler Helmut Schmidt stellte. 1976 wurde er zum Präsidenten der Sozialistischen Internationale gewählt, ein Jahr später übernahm er die Leitung der Nord-Süd-Konferenz. Ein weltweit geachteter Politiker, ein willkommener Gesprächspartner in den Hauptstädten der Großmächte und der Dritten Welt, zu deren Anwalt er sich machte.

So unterschiedlich sie im Alter, in ihrem Naturell und in ihrem geistig-politischen Hintergrund waren, Adenauer und Brandt prägten die Bundesrepublik gleichermaßen. Die Westpolitik des ersten Kanzlers fand ihre notwendige Ergänzung in Brandts Ostpolitik. Der Weg der Deutschen in eine offene pluralistische Gesellschaft ist ohne die von Brandt gewollte und fünf Jahre geführte sozial-liberale Koalition so wenig denkbar wie die Hinwendung zum westlich-angelsächsischen Parlamentarismus und Staatsrechtsdenken ohne Adenauer.

Die große Koalition stand vor zwei schon am Anfang ihrer Arbeit er-

Das Erfolgsduo: Wirtschaftsminister Karl Schiller und Finanzminister Franz Josef Strauß kurbeln die Konjunktur an und sanieren den Staatshaushalt.

kennbaren Herausforderungen. Die Rezession mußte bekämpft werden, und außenpolitisch galt es, den Stillstand in der Ostpolitik zu überwinden. Nicht voraussehbar war der Streit um den Atomwaffensperrvertrag, der das Verhältnis zu den Vereinigten Staaten schwer belastete. Innenpolitisch war das Kabinett Kiesinger/Brandt mit der Studentenrebellion konfrontiert, die zu Massendemonstrationen und gewalttätigen Auseinandersetzungen mit der Staatsmacht führten. Ihren Höhepunkt erreichte sie während der Osterunruhen 1968 nach dem Anschlag auf den Studentenführer Rudi Dutschke und im Zuge der Beratungen über die Notstandsgesetzgebung. In Deutschland formierte sich eine »Neue Linke«, die als »Außerparlamentarische Opposition« (APO) agierte und die übermächtige Bonner Koalitionsmehrheit als »undemokratisch« empfand.

Ihren größten Erfolg verzeichnete das Bündnis zwischen Union und SPD in der Wirtschaftspolitik. Wirtschaftsminister Karl Schiller (SPD) und Finanzminister Franz Josef Strauß bildeten ein kompetentes und nahezu reibungslos arbeitendes Team. »Plisch und Plum«, wie die Medien sie liebevoll-bewundernd nannten, gelang es in wenigen Monaten, der Bundesrepublik ein modernes Instrumentarium für die staatliche Konjunktur- und Finanzpolitik zu schneidern. Schiller erwies sich dabei als hochbegabter Wortgeber. »Konzertierte Aktion«, »Stabilitätsgesetz«, »Globalsteuerung« – diese Begriffe beherrschten bald die Schlagzeilen und popularisierten die Wirtschaftspolitik. Schillers Konzept war eine Mischung aus Ordoliberalismus, wie er unter Erhard praktiziert wurde, und keynesianischer Steuerungspolitik des Staates. Der britische Wirtschaftswissenschaftler John Mynard Keynes übertrug der öffentlichen Hand in seinem Modell die Aufgabe, entsprechend der konjunkturellen Entwicklung so zu reagieren, daß die Wirtschaftsziele Preisstabilität, hoher Beschäftigungsstand, Gleichgewicht der Handelsbilanz und Wachstum der Volkswirtschaft im Gleichgewicht bleiben. Gerät eines dieser Ziele in Gefahr, hat der Staat durch seine Geld-, Haushalts-, Arbeitsmarkt- und Währungspolitik (die ebenso wie die Zinspolitik von der Bundesbank entscheidend bestimmt wird) konjunkturellen Überhitzungen oder Abstürzen entgegenzuwirken.

Mit seiner »Konzertierten Aktion« holte Schiller Staat, Arbeitgeber, Gewerkschaften und Wissenschaft an einen Tisch, um durch gemeinsame Planung zu einer optimalen konjunkturellen Datensetzung zu kommen. Dies geschah auf »freiwilliger« Ebene, durchbrach also nicht die Tarifautonomie und tangierte auch nicht die Unabhängigkeit der Bundesbank. Flankiert wurde die in regelmäßigen Abständen zusammentretende Runde durch das »Stabilitätsgesetz«, das im Juni 1967 in Kraft trat. Es verpflichtete die Regierung, Wachstum und Stabilität gleichrangig und gleichgewichtig in ihrer Wirtschafts- und Konjunkturpolitik zu berücksichtigen. Schillers Grundidee war es, durch eine »Globalsteuerung« – Geld-, Zins-, Preis-, Lohn- und Haushaltspolitik sind aufeinander abgestimmt – die volkswirtschaftliche Zukunft vorauszuplanen und abzusichern.

Strauß setzte mit seinem modernen Finanzkonzept ein weiteres Signal. Der Staat, so seine ebenfalls keynesianische Philosophie, hatte aktiv einzugreifen und zum Beispiel im Falle einer Rezession durch eine Politik des »deficit spending«, das heißt mit einer zeitweise höheren Staatsverschuldung, für eine Erholung der Konjunktur Sorge zu tragen. Für die Bundesrepublik, die seit Fritz Schäffers Tagen als Finanzminister eine überaus konservative Haushalts- und Finanzpolitik betrieben hatte, eröffneten die Konzepte von Schiller und Strauß neue wirtschaftspolitische Dimensionen, die auf das Zusammenwachsen der Weltwirtschaft und die zunehmende politische Bedeutung des Staates für Wirtschaft und Gesellschaft reagierten.

Mit ihrer unanfechtbaren Mehrheit konnte die große Koalition einige seit langem bestehende Probleme Lösungen zuführen, die gegen eine der beiden Volksparteien nicht durchsetzbar gewesen wären. So einigten sich Bund, Länder und Gemeinden bereits kurz nach dem Antritt der neuen Regierung auf eine Neuverteilung der Steuereinnahmen. Darüber hinaus trat eine mehrjährige Finanzplanung in Kraft. Im Haushalt 1967 wurden die Deckungslöcher durch Streichungen von Steuervergünstigungen und Sparauflagen geschlossen. Die weit verbreitete Krisenstimmung, die das Ende der Regierung Erhard beschleunigt hatte, wich optimistischer Erwartung, die nicht zuletzt dem Sachkompetenz ausstrahlenden Doppel Schiller-Strauß zu verdanken war.

In der Ostpolitik kam die große Koalition dagegen nicht aus der Sackgasse heraus, in der schon die Vorgängerregierung gesteckt hatte. Kiesinger und die Union versuchten, an die Politik von Erhards Außenminister Gerhard Schröder, der jetzt das Verteidigungsministerium leitete, anzuknüpfen. Der Kanzler glaubte, mit moderaten Hinweisen in seiner Regierungserklärung zu einer »Entkrampfung« der deutsch-deutschen Beziehungen beizutragen und die Fronten gegenüber der DDR aufzulockern. So erklärte er, Bonn wolle das östliche Deutschland nicht »bevormunden«. Mit dem Versuch, diplomatische Beziehungen zu den südosteuropäischen Staaten Rumänien, Ungarn und Bulgarien zu vereinbaren, hoffte Bonn wenigstens auf Fortschritte im Verhältnis zu den Staaten des Warschauer Paktes, mit denen es keine speziellen Vergangenheitsprobleme wie im Falle Polens (Oder-Neiße-Linie) und der Tschechoslowakei (Münchener Abkommen) gab. Die DDR drehte jedoch mit Hilfe Moskaus den Spieß um (»umgekehrte« Hallsteindoktrin) und forderte, vor einem Botschafteraustausch zwischen Bonn und den Verbündeten in Budapest, Sofia und Bukarest müsse die Anerkennung der DDR stehen. Nur die eigenwilligen Rumänen hielten sich nicht daran. Kiesinger konnte nicht übersehen, daß er sich in der gleichen Situation befand wie sein Vorgänger. Einen wirklichen Neuanfang in der Ostpolitik konnte und wollte der Kanzler nicht gegen die konservativen Kräfte in seiner Partei durchsetzen. Willy Brandt wiederum nahm dies nicht ohne Verbitterung zur Kenntnis.

Beim Streit um den Atomwaffensperrvertrag schien sich die Bundesrepublik zunächst kräftig zu übernehmen. Im Februar 1967 versuchte

Treffen im Grünen: Das Kabinett der Großen Koalition unter Leitung von Kurt Georg Kiesinger im Garten des Bundeskanzleramts.

ein UNO-Abrüstungsausschuß in Genf, zu einem Vertrag über die Nichtverbreitung von Atomwaffen zu kommen. Während dieses Vorhaben von nahezu allen Staaten begrüßt wurde, begann beim Atomwaffenhabenichts in der Bundesrepublik eine erregte Debatte. Der Kanzler verstieg sich zu der Formulierung, Washington und Moskau bildeten eine »atomare Komplizenschaft«, der greise Pensionär in Rhöndorf sprach gar von einer »Neuauflage des Morgenthauplanes«. Das war natürlich maßlos überzogen, zeigte im Grunde nur die außenpolitische Ratlosigkeit der Union, die nun auch die Beziehungen zum Westen belastete. In Bonn, das tatsächlich erst sehr spät von den Amerikanern über deren Vorstellungen informiert wurde, erhielt der alte Komplex neue Nahrung, daß sich die Supermächte auf Kosten der Deutschen einigen könnten. Am Ende kam Präsident Johnson dem Kanzler entgegen, indem er in der Truppenstationierungsfrage einlenkte – er sagte den Westdeutschen finanzielle Erleichterungen zu, was er gegenüber Erhard noch strikt abgelehnt hatte. Kiesinger konnte den Ausgang des Streits als Erfolg für sich verbuchen. Innerhalb der Koalition aber verschlechterte sich das Klima.

Die Notstandsgesetzgebung löste ebenfalls eine leidenschaftliche Diskussion aus. Diesmal aber nicht in der Koalition oder unter den westlichen Verbündeten, sondern in der deutschen Öffentlichkeit. Die »Neue Linke« hatte ihr innenpolitisches Thema gefunden, und ihr radikaler Flügel instrumentalisierte es für seine generelle »revolutionäre« Strategie. Das Gesetzeswerk trat im Juni 1968 in Kraft, und es hob die noch bestehenden alliierten Vorbehaltsrechte auf. Im Prinzip ging es darum, in besonderen Katastrophenfällen die Versorgung der Bevölkerung aufrechtzuerhalten, Gefahren für den Staat abzuwenden und im Falle der Verteidigung den Einsatz der Bundeswehr zu sichern. Seit Anfang der sechziger Jahre hatten sich die Regierungen Adenauer und Erhard um einen Entwurf bemüht, waren aber am Widerstand der mißtrauischen SPD gescheitert. Diese war nun in der großen Koalition bereit, dem Vorhaben zuzustimmen.

Ein solches Gesetz gab es in vielen anderen demokratischen Ländern auch, aber diese hatten weder Weimarer Präsidialregierungen, deren Machtgrundlage die Notstandsartikel der Verfassung waren, noch Hitlers Ermächtigungsgesetz kennengelernt. Die Kritiker wiesen daher vehement auf die Anfälligkeit der Deutschen für autoritäre Strukturen hin. Es gelang ihnen kurzzeitig eine breite Massenmobilisierung, die vor

allem die SPD unter Druck setzen sollte. Viele namhafte Rechtswissen-
schaftler und Intellektuelle sprachen auf Kundgebungen und »Not-
standskongressen« und warnten vor einem ersten Schritt, der in eine
neue deutsche Diktatur führen könnte.

Die Diskussion fiel in eine Zeit, als die westdeutsche Demokratie ohnehin in der jüngeren Generation einen beträchtlichen Autoritätsverlust
erlitt. Das kurz vor der Verabschiedung des Gesetzes erfolgte Attentat
auf Rudi Dutschke war zwar das Werk eines Einzelgängers, die APO
aber interpretierte es als Symptom einer faschistoiden Gesellschaft. Die
Auseinandersetzungen um den Vietnamkrieg und das Versagen der
westlichen »Imperialisten« in der Dritten Welt erreichten zu jener Zeit
ihren Höhepunkt. In den Landtagen von Hessen und Bayern saßen erstmals wieder rechtsradikale Abgeordnete der NPD, und die Furcht, daß
ihnen bei der nächsten Bundestagswahl auch der Einzug in den Bundestag gelingen könnte, war weit verbreitet. Die Regierung wurde zudem von einem Kanzler geleitet, der sich mit dem Vorwurf auseinan-
dersetzen mußte, der Hitlerdiktatur gedient zu haben. Günter Grass
hatte sich schon am Tag vor der Kanzlerwahl in einem offenen Brief mit
Formulierungen empört, die die Stimmung im Lager der Linken widerspiegelten: »Wie sollen wir der gefolterten, ermordeten Widerstandskämpfer, wie sollen wir der Toten von Auschwitz und Treblinka
gedenken, wenn Sie, der Mitläufer von damals, es wagen, heute hier die
Richtlinien der Politik zu bestimmen?«

Die protestierende Jugend sah in all diesen Entwicklungen einen »faschistischen« Rückfall. Die Notstandsgesetze paßten in dieses Raster.
Ihre Ängste und zum Teil polemisch formulierten Sorgen bestätigten
sich indes nicht. Die Notstandsgesetzgebung spielte in der Bonner Politik in den kommenden Jahrzehnten keinerlei Rolle, sie wurde rasch
vergessen. Aber die Auseinandersetzung um diese Gesetze trug ein er-
hebliches Stück zur Politisierung der westdeutschen Gesellschaft bei und
bot dem Land trotz aller Ungereimtheiten ein positives demokratisches
Lehrstück.

Mit den Protesten gegen die Notstandsgesetze hatte die APO ihren
Höhepunkt erreicht. Der »Prager Frühling« im Herbst 1968 ernüchterte
viele neomarxistische Jünger, und mit der Ankündigung des neuen amerikanischen Präsidenten Richard Nixon, den Vietnamkrieg zu beenden,
verlor auch dieses Thema seine solidarisierende Brisanz. In der breiten
Bevölkerung war die APO ohnehin auf keine weitreichenden Sympa-

thien gestoßen, rief stattdessen mit ihren neuen Methoden des zivilen Protestes massive Ablehnung hervor. Sie zerfiel schließlich in mehr oder weniger skurrile Splittergruppen (»Rote Zellen«, »Marxistischer Studentenbund« etc.). 1970 löste sich der »Sozialistische Deutsche Studentenbund« (SDS) auf. Übrig blieb eine kleine Gruppe gewalttätiger Aktivisten, die als »Rote-Armee-Fraktion« die Staatsautorität herausforderte und ein anderes Gesellschaftssystem herbeizubomben versuchte.

4. Ein Machtwechsel und die »Neue Ostpolitik« (1969–1982)

Das Vorspiel zum Machtwechsel im Herbst 1969 stellte die Wahl des Bundespräsidenten dar. Heinrich Lübke, in seiner zweiten Amtszeit vom Alter gezeichnet, kündigte seinen vorzeitigen Rücktritt für den Juni an und setzte damit die beiden Koalitionspartner unter Zeitdruck. Schon 1967 hatte Willy Brandt der CDU deutlich gemacht, daß die Sozialdemokraten nach dem Liberalen Theodor Heuss und dem Christdemokraten Lübke nun Anspruch auf das höchste Staatsamt hätten und einen eigenen Kandidaten aufstellen würden. In der Union nahm die Führung dieses Anliegen so wenig ernst wie den sich immer deutlicher abzeichnenden programmatischen Wandel in der FDP. Die CDU nominierte Verteidigungsminister Schröder und gab sich trotz der mehrfachen Warnung des neuen FDP-Vorsitzenden Walter Scheel und der ungewissen Mehrheit in der Bundesversammlung siegesgewiß. Selbst ein Angebot der SPD, sich auf einen gemeinsamen Kandidaten zu einigen, lehnte sie ab.

Für die Sozialdemokraten hieß der Kandidat Gustav Heinemann. Der spröde und recht eigenwillige Justizminister gehörte zu den Reformern in der Partei, und seine liberale Haltung paßte in die Zeit des Aufbruchs. Da er Anfang der fünfziger Jahre unter Protest das Kabinett Adenauer und dann die CDU verlassen hatte, war er für die Union unwählbar. Bei den Freien Demokraten galt nur als sicher, daß sie nicht geschlossen abstimmen würden. Ihr Votum aber entschied über den künftigen Bundespräsidenten, denn die ebenfalls in der Bundesversammlung sitzenden Vertreter der rechtsradikalen NPD reichten zahlenmäßig nicht, um CDU/CSU eine Mehrheit zu verschaffen.

Der rheinland-pfälzische Ministerpräsident Helmut Kohl ahnte, in welche Falle seine Partei zu laufen im Begriff war, und schlug im Parteipräsidium Richard von Weizsäcker vor. Dem integren Sohn des im Dritten Reich als Diplomat wirkenden Ernst von Weizsäcker hätte die FDP ihre Zustimmung wohl kaum verweigern können. Aber Kohl konnte seine Parteifreunde nicht überzeugen. Am 5. März 1969 wählte die Bundesversammlung im dritten Wahlgang Heinemann mit 512 Stimmen zum Bundespräsidenten. Sein Gegenkandidat Gerhard Schröder erhielt 506 Stimmen. Die FDP hatte sich mehrheitlich für den Sozialdemokraten entschieden. Während der Abstimmung im Berliner Reichstag lärmten sowjetische Düsenjäger im Tiefflug über der Stadt, um den Protest Moskaus gegen die Bonner Entscheidung für den Wahlort Berlin nachdrücklich zu unterstreichen.

Heinemanns Wahl war ein Signal. Er selbst sah darin »ein Stück Machtwechsel«, und so war es wohl auch. Für diejenigen in der SPD, die eine Fortsetzung der großen Koalition nach den Wahlen ablehnten, hatten die Liberalen einen Beweis der Zuverlässigkeit erbracht. Schon jetzt begannen interne Gespräche zwischen beiden Parteien, in denen die Möglichkeit einer künftigen gemeinsamen Regierungsarbeit erörtert wurde. Die Freien Demokraten befanden sich in einer bemerkenswerten Umbruchphase. Sie hatten sich in den vergangenen zweieinhalb Oppositionsjahren von einer national-konservativen Wirtschaftspartei zu einer linksliberalen Bürgerrechtspartei gewandelt. Dies hatte zu schweren innerparteilichen Kontroversen geführt, die auch 1969 noch keineswegs beigelegt waren. Aber neue Köpfe bestimmten inzwischen den politischen Standort der FDP. Der hochintelligente Soziologe Ralf Dahrendorf, der Schatzmeister Hans-Wolfgang Rubin, der Journalist und Reformtheoretiker Karl-Hermann Flach, die Bildungspolitikerin Hildegard Hamm-Brücher oder der Rechtspolitiker Werner Maihofer gewannen an Einfluß. Auf dem Freiburger Parteitag im Januar 1968 löste Walter Scheel den resignierenden Erich Mende als Parteivorsitzenden ab. Meinungsmächtige Außenseiter wie der »Spiegel«-Chefredakteur Rudolf Augstein und sein Kollege vom »Stern«, Henri Nannen, schalteten sich ein, versuchten die Führung der FDP von einer sozialliberalen Bonner Koalition zu überzeugen.

In der SPD-Spitze war es vor allem Willy Brandt, der für einen Koalitionswechsel eintrat. Für ihn blieb die Ostpolitik die entscheidende Frage der nahen Zukunft, und einige Papiere und Thesen der Liberalen hatten ihn überzeugt, daß sich im Bündnis mit der FDP seine außenpolitischen Vorstellungen erheblich konsequenter durchsetzen ließen als an der Seite der Union. So hatten die Erneuerer in der FDP schon Ende 1966 gefordert: »Aufgabe des Alleinvertretungsanspruchs der Bundesregierung und deren Bereitschaft, auf allen Ebenen mit den zuständigen Stellen der DDR über beide deutsche Staaten interessierende Fragen zu verhandeln; Aufgabe des Anspruchs auf die deutschen Ostgebiete und die Akzeptierung der gegenwärtigen deutschen Ostgrenzen.« Diese Forderungen waren bei den Liberalen zwar noch umstritten, und der damalige Parteivorsitzende Erich Mende weigerte sich, sie als »offizielle« Haltung der FDP zu deklarieren, aber die Ostpolitiker in der SPD hatten solche Formulierungen sehr genau registriert.

Die Union schien dies nicht zu berühren. Sie glaubte fest an einen Wahlsieg und wähnte sich der SPD sicher, da die beiden einflußreichsten Männer in der Partei, Herbert Wehner und Helmut Schmidt, eindeutig für eine Fortsetzung der großen Koalition plädierten. Darauf wiesen nicht nur deren abfällige öffentliche Bemerkungen über die Liberalen hin, sondern auch ihre Warnung, eine sozial-liberale Koalition werde nur mit einer äußerst knappen Mehrheit im Bundestag regieren können. Die Freien Demokraten rechtzeitig vor der Wahl zu umwerben, unterließ die Unionsführung in straffälliger Weise, da sie die letzten gemeinsamen Koalitionsjahre unter Adenauer und Erhard in böser Erinnerung behalten hatte.

Am Abend des 28. September glaubte Kurt Georg Kiesinger, den Wahlsieg in der Tasche zu haben. Aus dem Ausland erreichten den Kanzler die ersten Glückwunschtelegramme. Die Union hatte mit 46,1 Prozent ein überzeugendes Ergebnis erreicht und blieb die stärkste Kraft im Parlament. Auch die SPD schnitt mit 42,7 Prozent (plus 3,4 Prozent) sehr gut ab. Für die FDP kam das Ergebnis von 5,8 Prozent einem Desaster gleich, sie hatte fast 40 Prozent ihrer Wähler verloren. Die Westdeutschen, so ließ sich das Wahlergebnis interpretieren, wünschten eine Fortsetzung der großen Koalition, deren erfolgreiche Arbeit in der Wirtschafts- und Konjunkturpolitik sie anerkannten.

Die Union brauchte einen Partner. Kiesinger ließ sich Zeit, Brandt hingegen handelte schnell und ohne Rücksicht auf Wehner und Schmidt, die in den nächsten Tagen angesichts des energischen Vorgehens ihres Vorsitzenden schwiegen. Hatten sie ihn bislang als führungsschwach empfunden, so lehrte er sie jetzt eines besseren. Noch in der Wahlnacht traf Brandt mit Walter Scheel zusammen. Schnell waren sich

Die neuen Partner: SPD-Spitzenkandidat Willy Brandt und FDP-Chef Walter Scheel besiegeln die sozialliberale Koalition.

die beiden Parteichefs einig. Es folgten noch kleinere Manöver zur parteipolitischen Gesichtswahrung, doch dann merkte auch die konsternierte und wütende Unionsführung, daß sie die Macht verloren hatte. Zum ersten Mal seit 1949 konnte die CDU nicht mehr den Kanzler stellen und fand sich auf den Oppositionsbänken wieder. Woran sie nicht schuldlos war. Sie hatte in den Monaten vor der Wahl die entscheidenden strategischen Weichenstellungen versäumt.

Die Mehrheit der neuen Koalition war lebensgefährlich knapp. Hinzu kam, daß in der FDP mehrere Abgeordnete der geplanten Reform- und Deutschlandpolitik der neuen Regierung mißtrauisch oder ablehnend gegenüberstanden. Auch in der SPD gab es einige Parlamentarier – wie den Schlesier Herbert Hupka –, die als äußerst unsichere Kandidaten galten. Brandt machte sich über das Risiko keine Illusionen. In seinen Erinnerungen schreibt er, ihm sei damals bewußt gewesen, daß das Bündnis vor Ende der Legislaturperiode seine Mehrheit hätte verlieren können.

Hinter Brandt standen in der Koalitionsfrage jedoch nicht nur einige führende Sozialdemokraten wie Karl Schiller. An der Parteibasis und in der Studenten- und Reformbewegung wurde die Entscheidung enthusiastisch begrüßt. Die Struktur der SPD hatte sich in den letzten Jahren gewandelt. Der Anteil der Arbeiter war gesunken (1972 lag er bei nur noch 27,6 Prozent gegenüber 55,7 Prozent im Jahre 1960), der akademische Mittelstand wurde zum Wortführer (34 Prozent Beamte und Angestellte, 15,9 Prozent Schüler und Studenten). Da gleichzeitig eine deutliche Verjüngung der Mitglieder zu verzeichnen war, errangen die Jungsozialisten innerparteilich einen erheblich höheren Stellenwert als in den Jahren zuvor. Die Reformeuphorie, die die Partei erfaßt hatte und die die SPD in den kommenden Jahren in politisch selbstmörderische Zerreißproben stürzen sollte, war aber auch eine Folge der allgemeinen gesellschaftlichen Entwicklungen. Der »Marsch durch die Institutionen«, den die studentischen Rebellen angekündigt hatten, wurde überaus erfolgreich mit dem Eintritt in die SPD geprobt.

Bei der Kanzlerwahl am 3. Oktober erhielt Brandt 251 von 495 abgegebenen Stimmen – zwei mehr als erforderlich. Seine Regierungserklärung, in der er genau abwägend über die künftige Ost- und Deutschlandpolitik und mit viel Enthusiasmus über die geplanten inneren Reformen (»Mehr Demokratie wagen«) sprach, fand bei der Linken im Land großen Beifall. Das konservative Lager zürnte. Allen gemeinsam war eine große Erwartungshaltung gegenüber der neuen Regierung.

Im Kabinett übernahm Helmut Schmidt das Verteidigungsministerium, Karl Schiller das Wirtschafts-, Alex Möller das Finanz- und der Gewerkschafter Walter Arendt das Sozial- und Arbeitsressort. Mit Georg Leber (Verkehr, Post und Fernmeldewesen) saß ein weiterer führender Vertreter der Gewerkschaften im Kabinett. Der FDP hatte Brandt mit dem Außen- (Walter Scheel) und Innenministerium (Hans Dietrich Genscher) zwei Schlüsselressorts überlassen. Josef Ertl, ein Gegner des Bündnisses, wurde mit der Berufung zum Landwirtschaftsminister in der Koalitionsdisziplin gehalten.

Die Ära Brandt blieb janusköpfig. In der Ostpolitik, der großen historischen Leistung dieses Kanzlers, gelang der Durchbruch. In der Innenpolitik kamen die hochfliegenden Reformpläne bald im mühseligen politischen Alltag und unter dem Druck der finanziellen Zwänge zum Stillstand. Die Wirtschafts- und Sozialpolitik führte Leistungen und Gesetze ein, die den materiellen Alltag von Millionen Menschen verbesserten (was später von den Kritikern rasch vergessen wurde), aber gleichzeitig die ökonomische Stabilität gefährdeten und die volkswirtschaftliche Leistungskraft überforderten.

Brandt baute das Kanzleramt unter der Leitung von Horst Ehmke zu einem modernen und effizienten Entscheidungszentrum aus. Der Kanzleramtsminister, ein begabter Organisator, ließ eine Überfülle von Reformideen produzieren und erweckte in der Bevölkerung, aber auch in der Partei den Eindruck, fast alles sei machbar. Ehmkes selbstbewußtes, gelegentlich arrogantes Auftreten, führte rasch zu heftigen Auseinandersetzungen im Kabinett, zumal er zuviel zu schnell auf den Weg brachte. Vor allem Helmut Schmidt, ein glänzender Kopf und fähiger, von sich sehr überzeugter Chef auf der Hardthöhe, wehrte sich bissig und öffentlich gegen die Übermacht des Kanzleramtes. Zwischen Finanzminister Möller, der sich bald an der inflationsfördernden Ausgabefreudigkeit seiner Kollegen rieb, und Wirtschaftsminister Karl Schiller, dem der Konjunkturaufschwung am Herzen lag, kam es rasch zu Spannungen. Möller warf im Mai 1971 resigniert und vom Streit im Kabinett zermürbt das Handtuch, Schiller übernahm als »Superminister« beide Ressorts. Fähige, aber empfindliche und eitle Männer saßen in Brandts Kabinett. Der Kanzler wiederum liebte keine raschen und unausdiskutierten Entscheidungen. Vor allem nach dem großen Wahlsieg vom November 1972 trugen die persönlichen Animositäten innerhalb der Regierung und der mangelnde Wille Brandts, seine Richtlinienkompetenz energisch wahrzunehmen, entscheidend zum Ansehensverlust der Koalition und des Kanzlers in der Bevölkerung bei.

Verstärkt wurden die Probleme durch die wachsende Kluft zwischen der Regierung und der sozialdemokratischen Parteibasis. Vor allem in der Lohn- und Sozialpolitik verloren die zum linken Parteiflügel zählenden SPD-Parteitagsdelegierten zunehmend den Blick für die Wirklichkeit. Die Schwierigkeiten, auf die viele der angekündigten Reformen bald stießen, zogen nach der jubelnden Aufbruchstimmung des Herbstes 1969 an der Basis Enttäuschung und Widerstand nach sich.

Die sozialdemokratische Linke hatte durch die Mitgliedschaft ehemaliger Studenten und Angehöriger der »Außerparlamentarischen Opposition« an Macht gewonnen. In Hessen-Süd oder in Schleswig-Holstein bastelten die Landesparteitage Resolutionen und Anträge, die auf eine Veränderung des Wirtschaftssystems abzielten. So forderten die Jusos die »Vergesellschaftlichung der Produktionsmittel« und die Überwindung der »kapitalistischen Klassengesellschaft«. Die kleine, aber von den Medien vielbeachtete »Stamokap«-Fraktion (sie sah den Staat bereits in den Händen der kapitalistischen Monopole) rief zu einer Bündnisstrategie auf, die auch die DKP mit einschloß. Die Parteiführung antwortete mit einem »Abgrenzungsbeschluß«, der jede Zusammenarbeit mit Kommunisten verbot.

Wortradikalismus wurde in der SPD wieder Mode, und linke Leitfiguren wie der schleswig-holsteinische Landesvorsitzende Jochen Steffen oder der aus Baden-Württemberg stammende Minister für Wirtschaftliche Zusammenarbeit, Erhard Eppler, trugen ein gut Teil dazu bei. Das Problem war weniger, ob die theoriebeladenen Einwürfe und Forderungen der sozialdemokratischen Linken berechtigt waren oder nicht – viele ihrer kritischen Zustandsbeschreibungen der sozialen und gesellschaftlichen Verhältnisse in der Bundesrepublik und in der Dritten Welt trafen durchaus zu –, sondern daß sie an der Mehrheit der Bürger vorbeizudiskutieren begannen und die SPD sich im Laufe der Jahre zunehmend als zerstrittene Partei darstellte. Die Gratwanderung zwischen notwendigen Reformanstößen und innerparteilicher Debattierfreudigkeit einerseits und dem Zwang, der eigenen Regierung die Handlungsfähigkeit zu belassen, andererseits gelang der SPD weder in der Kanzlerschaft Brandt noch in den Jahren, als Helmut Schmidt die Regierung führte.

Trotz aller Rückschläge setzte die Regierung einige wichtige und weitreichende Reformen durch. Der Paragraph 218 wurde verändert, eine umfassende Bildungsreform umgesetzt (die Zahl der Studenten stieg zwischen 1969 und 1975 um 45 Prozent), und in den SPD-regierten Ländern wurde die Gesamtschule eingeführt, wobei besonders in Hessen ein jahrelanger ideologischer Kampf um die Rahmenrichtlinien in Deutsch und Gesellschaftslehre tobte. Ein neues Ehe- und Familienrecht fand im Bundestag eine Mehrheit, die Mitbestimmung wurde erweitert, die flexible Altersrente verabschiedet und das Krankenversicherungssystem reformiert. Auch wenn viele Reformvorhaben nicht mit letzter Konsequenz angegangen wurden, so muß man der sozial-liberalen Koalition im Rückblick doch zugestehen, daß sie mit ihrer Gesetzgebung einen erheblichen Reformstau erfolgreich aufzulösen begann.

Die Kehrseite blieb nicht verborgen. Die Sozialausgaben stiegen von knapp 175 Milliarden Mark (1969) innerhalb von fünf Jahren auf 334 Milliarden Mark. 1975 begann die Debatte um die »Löcher« in der Rentenversicherung und die »Kostenexplosion« im Gesundheitswesen – und sie ist bis heute nicht verstummt. Die Gewerkschaften gaben ihre

Lohnzurückhaltung der vergangenen Jahre auf und erreichten Abschlüsse, die zu erheblichen Preissteigerungen führten (Ende 1975 lag die durchschnittliche Erhöhung der Einkommen aus unselbständiger Arbeit bei 13,5 Prozent). Die Lohn- und Gehaltserhöhungen im öffentlichen Dienst überforderten die Staatshaushalte. Länder und Gemeinden, durch die Neuverteilung der Steuereinnahmen zunächst mit vollen Kassen gesegnet, lebten in einem regelrechten Ausgabenrausch und ließen Projekte zu, deren Folgekosten sie bald deutlich spürbar belasten sollten.

Die SPD wiederum überhörte Karl Schillers Warnungen. Auf dem außerordentlichen Parteitag im November 1971 stand der einst gefeierte Konjunkturakrobat bereits als wenig beachteter Störenfried auf dem Rednerpult, als er sich gegen »systemübergreifende« Steuerpläne wehrte. Die Aufforderung des Ministers, die Genossen sollten doch bitte »die Tassen im Schrank« lassen, wurde zwar zum geflügelten Wort, aber sie änderte nichts. Am 7. Juli 1972 trat Schiller zurück. Haushalts- und Währungskrisen, uneinsichtige Ministerkollegen (vor allem Helmut Schmidt weigerte sich strikt, die pauschalen Sparvorschläge Schillers für seinen Verteidigungshaushalt zu akzeptieren) und eine Partei, die weder die gesellschafts- noch die wirtschaftspolitischen Vorstellungen ihres »Superministers« zu teilen bereit war, hatten den sozialdemokratischen Star der großen Koalition zermürbt. Allerdings war er zu diesem Zeitpunkt auch schon entzaubert. Das globale Steuerungsinstrumentarium und die »Konzertierte Aktion« hatten sich angesichts der Konjunktur- und Stabilitätsprobleme inzwischen als wirkungslos erwiesen. Preissteigerungen, zunehmende Arbeitslosigkeit, Währungsturbulenzen und ungelöste Haushaltsfragen waren die aktuellen Probleme, als Schiller ging.

Die Ölpreiskrise von 1973 verschärfte die Lage. Die arabischen Staaten reagierten auf die westliche Unterstützung Israels im Jom-Kippur-Krieg mit einem Lieferstopp des für die Industriestaaten unverzichtbaren Erdöls. Durch künstliche Produktionseinschränkungen trieben die Araber zudem den Rohölpreis steil in die Höhe. Innerhalb kürzester Zeit hatte er sich vervierfacht. Die Bundesregierung erließ Bestimmungen über Sparmaßnahmen, darunter sonntägliche Fahrverbote. Die Menschen spürten mit einem Mal hautnah, daß sich etwas verändert hatte in der Welt, in der bis vor kurzem doch noch alles mach- und lenkbar schien. Die Bundesrepublik mußte nun jährlich siebzehn Milliarden

Mark mehr für ihre Öleinfuhren bezahlen, und auch die anderen Industriestaaten hatten Konjunktureinbrüche zu bewältigen, was die westdeutsche Exportindustrie rasch zu spüren bekam. Die Zahl der Arbeitslosen wuchs, der Kanzler stand vor seinem Rücktritt.

Die Ostpolitik blieb in den ersten Jahren der sozial-liberalen Koalition das am härtesten umkämpfte Thema. Als es in den fünfziger Jahren um die Westbindung ging, stand die große Mehrheit der Westdeutschen hinter Adenauer. Die Richtung, die die Regierung Brandt/Scheel nach dem Machtwechsel gegenüber dem Osten einschlug, spaltete hingegen die Westdeutschen. Dabei ging es um nicht mehr und nicht weniger als die Anerkennung der Nachkriegsrealitäten. Die Verträge, die in den nächsten Monaten unterzeichnet wurden, führten zur staatlichen Anerkennung der DDR und zum Verzicht auf die Gebiete östlich der Oder-Neiße-Linie. Vor allem für die ältere Generation bedeutete dies den »nationalen Ausverkauf«. Die konservativen Medien, die Vertriebenenverbände und die Opposition schürten diese Stimmung. Die Verhältnisse kehrten sich um: Hatte zwanzig Jahre vorher die Sozialdemokratie Adenauers Westpolitik noch grundsätzlich abgelehnt und sich damit um die Macht gebracht, stellte sich jetzt die Union prinzipiell gegen die Ostpolitik Brandts, und auch sie verspielte damit für lange Zeit ihre Regierungsfähigkeit.

Spätestens seit dem Bau der Berliner Mauer war die Teilung Deutschlands ein Faktum. Nicht nur die Sozialdemokraten, sondern auch Adenauer und andere in der Union waren sich darüber im klaren. Es verwundert nicht, daß es vor allem die Berliner SPD war, für die die Abriegelung der Stadt zum politischen Wendepunkt wurde. Berlin blieb der exponierteste Punkt des Kalten Krieges, hier war der Westen verwundbar und die Zugriffsmöglichkeit der Sowjetunion so naheliegend wie sonst nirgendwo auf der Welt. Der Regierende Bürgermeister Willy Brandt und seine engere Umgebung begannen seit 1961 neue Strategien zu entwickeln. Eine entscheidende Rolle in diesem Prozeß spielte Egon Bahr, Senatssprecher und Ratgeber Brandts.

Am 15. Juli 1963 wurden die Gedanken über eine neue Ostpolitik erstmals in der Öffentlichkeit vorgetragen. »Die Zone muß mit Zustimmung der Sowjets transformiert werden«, erklärte Brandts Vordenker auf einer Veranstaltung in Tutzing. »Wenn wir soweit wären, hätten wir einen großen Schritt zur Wiedervereinigung gemacht.« Die Mauer sei ein Zeichen der Angst und des Selbsterhaltungstriebes des kommunistischen Regimes, konstatierte Bahr. »Die Frage ist, ob es nicht die Möglichkeit gibt, diese durchaus berechtigten Sorgen dem Regime graduell soweit zu nehmen, daß auch die Auflockerung der Grenzen und der Mauer praktikabel wird, weil das Risiko erträglich ist. Das ist eine Politik, die man auf die Formel bringen könnte: Wandel durch Annäherung.« Bahr machte also deutlich, daß die SPD nicht bereit war, das Ziel der Wiedervereinigung aufzugeben. Gleichzeitig aber mußten aus seiner (und Brandts) Sicht Schritte unternommen werden, die das drohende Auseinanderleben der Bevölkerung in den beiden deutschen Staaten verhinderten. Bahrs Hinweis auf die Sowjetunion zeigt ferner, daß die Sozialdemokraten sich darüber im klaren waren, daß eine Annäherung zwischen Bonn und Ostberlin nur mit der Zustimmung Moskaus möglich war.

Im Prinzip blieb diese Strategie auch in den kommenden Jahren die Grundlage der neuen Ostpolitik. Der entscheidende Unterschied zu den Versuchen der Union, Fortschritte in der Deutschlandfrage zu erzielen, lag in der Anerkennung des Status quo in Europa. CDU/CSU hatten diesen letzten entscheidenden Schritt nicht gewagt. Im Laufe der sechziger Jahre war dann immer deutlicher geworden, daß sich die Bundesrepublik mit dieser Grundhaltung zum Hemmschuh der internationalen Entspannungspolitik entwickelt hatte. Die Regierung Brandt unterstützte die Abrüstungs- und Truppenreduzierungspläne für Mitteleuropa (SALT-Abkommen), über die die Supermächte verhandelten. Solche Pläne blieben jedoch illusorisch, solange es in der Deutschlandfrage keine Annäherung gab. Die Koalition wolle versuchen, so der Kanzler in seiner Regierungserklärung, »über ein geregeltes Nebeneinander zu einem Miteinander zu kommen«. Und Brandt wußte, »daß mit einer isolierten Lösung unserer nationalen Frage nicht gerechnet werden konnte«.

Seit Anfang 1970 führte Egon Bahr, mittlerweile Staatssekretär im Bundeskanzleramt, Gespräche in Moskau. Es ging um einen gegenseitigen Gewaltverzichtsvertrag, der die Voraussetzung für alle weiteren Schritte gegenüber der DDR und den anderen Ostblockstaaten sein sollte. Mitte 1970 veröffentlichte die »Bild«-Zeitung (dann die Zeitschrift »Quick«) den Inhalt eines internen von Egon Bahr verfaßten Zehn-Punkte-Dokuments (Bahr-Papier). Demzufolge war die Bundesregierung bereit, »ihre Beziehungen zur Deutschen Demokratischen Republik auf der Grundlage der vollen Gleichberechtigung, der Nichtdiskriminierung, der Achtung der Unabhängigkeit und der Selbständigkeit jedes der beiden Staaten« zu akzeptieren. Damit verabschiedete sich Bonn nach mehr als zwanzig Jahren vom »Alleinvertretungsanspruch« und von der Hallsteindoktrin. Am 12. August 1972 unterzeichneten Brandt und Scheel sowie Ministerpräsident Alexej Kossygin und Außenminister Andrej Gromyko den »Moskauer Vertrag«, der inhaltlich dem Bahr-Papier entsprach. Die Westdeutschen übergaben gleichzeitig einen Brief, in dem das Streben der Deutschen nach Wiedergewinnung der Einheit hervorgehoben wurde. Moskau nahm das Schreiben kommentarlos zur Kenntnis. Es änderte nichts an den Fakten, sollte aber nach dem Willen der Bundesregierung die überschäumenden Wogen in der Heimat glätten. Was natürlich nicht gelang.

Die Einigung mit Moskau machte den Weg frei für Verhandlungen und Verträge mit Warschau, Prag und Ostberlin. Die Westmächte begrüßten im Grundsatz die Bonner Ostpolitik, da sie ihre eigenen Entspannungsziele flankierten. Es gab zwar auch Irritationen, aber Egon Bahrs Drähte zum Sicherheitsberater von US-Präsident Richard Nixon, Henry Kissinger, und zur Kremlhierarchie halfen, ernsthaftere Verstimmungen zu verhindern. Voraussetzung für die weiterführenden Ostverträge Bonns mit der UdSSR und Polen sowie für die vertraglichen Vereinbarungen mit der DDR war ohnehin eine Einigung zwischen den Westmächten und der Sowjetunion über die Lage in Berlin gewesen. Erst das im September 1971 unterzeichnete Viermächteabkommen über die geteilte Stadt ermöglichte vertiefende Verhandlungen zwischen den beiden deutschen Staaten. Der Vertrag beendete die Unsicherheit, die Berlin seit 1949 schwer belastete und Ursache vieler Krisen gewesen war. Die Unterzeichner akzeptierten die Teilung, und Moskau garantierte störungsfreie Verkehrsverbindungen sowie eine Verbesserung der Kommunikationsmöglichkeiten zwischen Westberlin und der Bundesrepublik. Bonn und Ostberlin konnten nunmehr ein Verkehrsabkommen und den Grundlagenvertrag vereinbaren. In knapp drei Jahren hatte die neue Ostpolitik wichtige Etappenziele erreicht.

Der innenpolitische Widerstand gegen die Verträge erreichte 1972 seinen Höhepunkt. Im Bundestag mußte die Regierung um ihre Mehrheit zittern, waren doch unter anderen der einstige Parteivorsitzende Erich Mende aus der FDP und der Vertriebenenfunktionär Herbert Hupka aus der SPD ausgetreten. Die Opposition, die die Ostverträge vehement bekämpfte, fand in einflußreichen, konservativen Medien wertvolle Verbündete. Vor allem die Blätter des Springerverlages und die »Frankfurter Allgemeine Zeitung« schäumten. Fürsprecher fand die Koalition in der liberalen Presse, im »Spiegel«, im »Stern«, in der »Zeit«, in der »Süddeutschen Zeitung« oder in der »Frankfurter Rundschau«.

In der CDU hatte Rainer Barzel den gescheiterten Kanzler Kiesinger im Parteivorsitz abgelöst und übernahm mit dem CSU-Vorsitzenden Franz Josef Strauß die Führung der Opposition. Beide hatten unmittelbar nach dem Machtverlust im Herbst 1969 den parlamentarischen Sturz der sozial-liberalen Koalition als Kernziel der Oppositionsarbeit propagiert. Angesichts der knappen Mehrheit ein nicht ganz unrealistisches Unterfangen, aber wie sich zeigen sollte, strategisch ein folgenreicher Fehler. Denn die Union instrumentalisierte die Ostpolitik zur Befriedigung ihres innenpolitischen Ehrgeizes, ohne eine glaubwürdige Alternative zu den Verträgen anzubieten. Die Bevölkerung war zwar über die für viele undurchsichtigen Ostverhandlungen der Regierung irritiert und gespalten, aber mehrheitlich stand sie der Ostpolitik positiv gegenüber. Die totale Opposition der Union verärgerte zunehmend auch Menschen, die die Verhandlungen mit den Oststaaten zunächst skeptisch verfolgt hatten.

Am 23. April 1972 verließ der FDP-Abgeordnete Wilhelm Helms seine Partei. Die Koalition hatte damit ihre absolute Mehrheit verloren. Barzel sah seine Stunde gekommen. Zum ersten Mal in der Geschichte der Bundesrepublik entschied der Bundestag am 27. April über ein konstruktives Mißtrauensvotum. Die Ausgangslage war eigentlich klar, Brandt hatte keine Mehrheit hinter sich, die seinen Sturz hätte abwehren können. Es wurde ein dramatischer Tag, von den Westdeutschen mit einer Spannung verfolgt wie kaum ein anderes innenpolitisches Ereignis zuvor. Barzel, nur noch Zentimeter vom Kanzleramt entfernt, fehlten am Ende zwei Stimmen. Drei Abgeordnete aus dem eigenen Lager waren ihm nicht gefolgt. Versteinerte Gesichter bei der Opposition, jubelnde Koalitionsfraktionen, ein sichtlich angespannter Willy Brandt und Freudenkundgebungen der Brandtanhänger auf den Straßen prägten diesen denkwürdigen Tag. Erst sehr viel später wurde das mysteriöse Abstimmungsergebnis wenigstens ansatzweise erklärbar. Bestechung war im Spiel (Wehners Intimus Karl Wienand hatte dem CDU-Hinterbänkler Julius Steiner 50 000 Mark offeriert, wenn er nicht für Barzel votieren würde), an der auf Umwegen auch die Stasi beteiligt war. Steiner hatte Kontakte zu Mielkes Truppe. Erich Honecker äußerte sich am 26. April, also drei Wochen vor der Abstimmung, gegenüber seinem Gesprächspartner Egon Bahr sehr wissend über das, was im Bundestag geschehen würde. Im erst nach 1990 veröffentlichten Gesprächsprotokoll heißt es: »Wir gingen davon aus, daß die Regierung der Bundesrepublik das Rennen gewinnen könne, auch und nicht zuletzt mit unserer Unterstützung und dank unserer Maßnahmen.« Erstaunlich bleibt, wie gelassen Medien und Gesellschaft Jahre danach, als die Wahrheit zum Vorschein kam, reagierten.

Aber der unerwartete parlamentarische Erfolg änderte nichts daran, daß die Koalition ihre Mehrheit verloren hatte. Es blieb ihr nur der Weg zu vorgezogenen Neuwahlen. Die geschockte Opposition rang intern um ihr Abstimmungsverhalten bei der bevorstehenden Ratifizierung der Ostverträge im Bundestag. Barzel drängte auf Stimmenthaltung, da er bei einem möglichen Wahlsieg vor keinem außenpolitischen Scherbenhaufen stehen wollte und ahnte, daß der kommende Wahlkampf von der Ostpolitik beherrscht werden würde. Auch dieser taktische Schachzug des CDU-Vorsitzenden und Kanzlerkandidaten scheiterte. Führende Unionspolitiker wie Franz Josef Strauß, Gerhard Schröder, Bruno Heck oder Walter Hallstein plädierten für Ablehnung. Die Regierungsparteien wiederum waren gezwungen, einen gemeinsamen Resolutionsentwurf zu akzeptieren, den die Union entworfen hatte und der die Freizügigkeit in Deutschland und das Selbstbestimmungsrecht beschwor. Damit rettete sie die Annahme der Verträge am 17. Mai. Nur zehn Unionsabgeordnete weigerten sich, dem von Barzel erneut geforderten und in der Fraktion am Tag der Abstimmung durchgesetzten Beschluß der Stimmenthaltung zu folgen. Trotzdem geriet die Abstimmung zu einer neuerlichen Niederlage für den Kanzlerkandidaten der Union, dem zunehmend Führungsschwäche vorgeworfen wurde.

Die vorgezogene Wahl am 19. November 1972 – um sie zu ermöglichen, mußte Brandt im September die Vertrauensfrage stellen, die er erwartungsgemäß verlor – bestätigten eindrucksvoll die Politik der sozial-liberalen Koalition. Wie sehr die vergangenen Monate die Menschen politisch emotionalisiert hatten, zeigt die Rekordwahlbeteiligung von 91,1 Prozent. Die Sozialdemokraten erhielten 45,8 Prozent und wurden stärkste Partei. Die FDP erreichte 8,4 Prozent und überwand damit ihr Tief von 1969. Die Union hatte mit 44,9 Prozent das Nachsehen. Die Mehrheit der Regierung war stabil, Willy Brandt stand auf dem Höhepunkt seines politischen Wirkens. Die Wähler hatten nicht nur den Machtwechsel von 1969, sondern vor allem den Kanzler und seine Ostpolitik nachdrücklich gebilligt.

Verlierer war erneut Rainer Barzel. Als Kanzlerkandidat gescheitert, zuvor für eine Strategie verantwortlich, bei der er in der Union keine geschlossene Front gewinnen konnte, sah er sich am Ende seiner Karriere. Er verlor den Fraktionsvorsitz, im Juni 1973 löste ihn Helmut Kohl auch an der Spitze der CDU ab. Ein eloquenter Redner war Barzel, ein geschickter Organisator (was er als Fraktionschef vor allem in der Zusammenarbeit mit dem sozialdemokratischen Fraktionsvorsitzenden Helmut Schmidt in den Jahren der großen Koalition bewiesen hatte), aber gegen Brandt stand er in einem Wahlkampf, der zur Abstimmung über die Ostpolitik geriet, auf verlorenem Posten. Seine größte Leistung blieb, daß unter seiner Regie die Union die Ostverträge im Bundestag passieren ließ. Damit trug er zur Rettung des für Europas Zukunft eminent wichtigen Vertragswerkes bei. Es bleibt auch im Rückblick erstaunlich, wie rasch sein Abstieg folgte.

Brandt wurde von den sozial-liberalen Anhängern geradezu verehrt. Der Kniefall des einstigen Emigranten und Hitlergegners am Mahnmal des Warschauer Ghettos während seines Polenbesuches im Dezember 1970, die Verleihung des Friedensnobelpreises im Dezember 1971 oder seine ostpolitischen Schritte trugen dazu bei. Er wurde eine moralische Instanz. Der Wahlsieg öffnete auch für ihn persönlich eine sichere politische Perspektive.

Doch es kam anders. Schon die Kabinettsbildung und die Verhandlungen mit dem Koalitionspartner entwickelten sich zum peinlichen Schauspiel. Brandt war durch eine Kehlkopferkrankung außer Gefecht gesetzt und ließ sich – erschöpft und deprimiert – in einer Klinik kurieren. Herbert Wehner und Helmut Schmidt, zwei Machtpolitiker, die nicht gerade ein besonderes menschliches Feingefühl auszeichnete, nutzten die Situation, übergingen den Wahlsieger und führten die Verhandlungen über die personelle und inhaltliche Zukunft weitgehend ohne Rücksprache mit dem Kanzler. Horst Ehmke verließ zur Freude Schmidts das Kanzleramt und wurde Minister. Sein Nachfolger, der Berliner Horst Grabert, erwies sich als unfähig, die komplizierten Koordinationsaufgaben eines modernen Regierungsapparates zu steuern. Ein miserabler Start.

Aber auch in der Sache wehte der Regierung ein scharfer Wind entgegen. Der Charme des Aufbruchs begann zu schwinden, der mühselige Alltag beherrschte die Kabinettsarbeit. Die Ostpolitik hatte ihren vorläufigen Endpunkt erreicht, und es folgten zähe, von Rückschlägen begleitete Verhandlungen über die praktische Ausfüllung der Verträge. Die Reformpolitik geriet ins Stocken, die Wirtschaftsdaten signalisierten nachdrücklich das Ende staatlicher Wohltaten, und die Ölkrise kündigte 1973 das Ende des Wachstums an. In der SPD und bei den Gewerkschaften wollten dies nur wenige zur Kenntnis nehmen. Der Kanzler griff nicht energisch genug ein. Umgeben von einem kleinen Beraterkreis schottete er sich ab, erweckte den Eindruck von Resignation. Die Medien, die ihn gerade noch gefeiert hatten, rätselten über sein Verhalten, bald fielen sie über ihn her. Im September 1973 zog Herbert Wehner am Rande seines Moskaubesuches vor deutschen Journalisten über die »abgeschlaffte und entrückte Nummer eins« her. Brandt reagierte verbittert, und die Öffentlichkeit erlebte als verwunderter Zuschauer den heillosen Bruch einer politischen Partnerschaft. Der ÖTV-Streik zum Jahreswechsel 1973/74 endete mit drastischen Lohn- und Gehaltszusagen, doch nicht der Verhandlungsführer der Bundesregierung, Innenminister Hans-Dietrich Genscher, sondern der Kanzler stand als Verlierer da.

Als Brandt im April 1973 von einer Reise aus Ägypten zurückkehrte, unterrichtete ihn Staatssekretär Horst Grabert von der Verhaftung seines persönlichen Referenten Günter Guillaume. Er habe gestanden, gemeinsam mit seiner Frau für die DDR spioniert zu haben. Schon ein Jahr zuvor hatte der Verfassungsschutz das jahrelang in unmittelbarer Nähe von Brandt arbeitende Ehepaar enttarnt. Der Kanzler wurde im Mai 1973 darüber informiert, aber die Verfassungsschützer und Innenminister Genscher entschieden, noch nicht zuzugreifen, sondern Guillaume zunächst zu observieren. So kam es, daß der Kanzlerreferent in den Diensten von DDR-Spionagechef Markus Wolf noch im Sommer 1973 Brandt bei seinem Norwegenurlaub begleitete und dort weiterhin Zugang zu geheimen Fernschreiben besaß.

Brandt trat nicht allein wegen Guillaume zurück. Es waren auch die Intrigen und die offene Kritik aus den eigenen Reihen, die den Kanzler zu diesem Schritt bewogen. Herbert Wehner, von seinem Intimus Horst Herold, dem Chef des Bundeskriminalamtes, und Verfassungsschutzpräsident Günther Nollau informiert, warnte Brandt zudem vor möglichen, die Privatsphäre des Kanzlers betreffenden Enthüllungen des

Spions. Um Frauengeschichten ging es, die möglicherweise über durch Guillaume informierte DDR-Stellen in die Öffentlichkeit hätten dringen können. Kaum jemand in Brandts Umgebung wollte in der aufgeregten Atmosphäre dieser Tage sehen, wie banal dieser Teil der Guillaumeaffäre eigentlich war.

Entscheidender als Wehners intrigantes Taktieren dürfte allerdings gewesen sein, daß Brandt schon seit Monaten durch die Querelen im Kabinett und den von den Medien gegen ihn persönlich betriebenen »Denkmalsturz« physisch und psychisch erschöpft war. Er fühlte sich amtsmüde, er wollte nicht mehr. »Ob diejenigen recht behalten hatten, die mir anzusehen meinten, daß ich die sogenannte Macht nicht mehr behaglich fand oder mich gar abwandte? Ich kann es nicht rundweg in Abrede stellen.« So reflektiert Brandt fünfzehn Jahre später diese Tage nachdenklich und souverän in seinen »Erinnerungen«. »Mußte ich zurücktreten? Nein, zwingend war der Rücktritt nicht, auch wenn der Schritt mir damals unausweichlich erschien. Ich nahm die politische Verantwortung ernst, vielleicht zu wörtlich.«

Am 6. Mai gab Willy Brandt sein Amt auf. Drei Tage später nominierte die SPD auf seinen Vorschlag hin Helmut Schmidt, seit der Wahl von 1972 Finanzminister, zum Kandidaten für die Kanzlerwahl im Bundestag. Die Sozialdemokraten hatten das Glück, einen unumstrittenen, von der Presse schon seit Monaten als Nachfolger gehandelten Politiker präsentieren zu können.

Schmidt hatte lange auf diese Chance warten müssen. Nur fünf Jahre jünger als Brandt, sah er bei dessen Kanzlerwahl 1969 die eigenen Ambitionen auf das mächtigste politische Amt im Staat schwinden. Von den eigenen Fähigkeiten überzeugt, fiel es dem ehrgeizigen, hochintelligenten und machtbewußten Mann für alle Welt sichtbar schwer, nicht die Nummer eins zu sein. Kein angenehmer Kabinettskollege war er in der Vergangenheit gewesen, wußte vieles, wenn nicht alles besser und ließ es seine Umgebung und die Öffentlichkeit auch in der Regel wissen. Journalisten konnten nach Pressekonferenzen ein beredtes Lied von der Eitelkeit und Arroganz Helmut Schmidts singen.

Als Debattenredner war er unschlagbar (»Schmidt-Schnauze«), und es gab wohl nur wenige im Bundestag – dem er seit 1953 mit einer dreijährigen Unterbrechung (1962–1965) angehörte –, die mit solcher Kompetenz zu den kleinen und großen Fragen der Zeit Stellung zu beziehen wußten. Für die Übernahme des Kanzleramtes war er geradezu ideal vorbereitet: Fraktionschef, dann Verteidigungs- und schließlich Wirtschafts- und Finanzminister. Ein »Macher«, ein kluger, zupackender Manager der Politik war Helmut Schmidt. Bundesweit bekannt machte ihn die Hamburger Sturmflut von 1963, bei der er sich als Innensenator der Hansestadt als Organisator der Katastrophenbekämpfung glänzend bewährte.

Adenauer und die Westbindung, nicht der Kanzler, aber der Wirtschaftsminister Ludwig Erhard und das »Wirtschaftswunder«, Brandt und die Ostpolitik, Helmut Kohl und die Wiedervereinigung – bei Helmut Schmidt werden die Geschichtsbücher es schwerer haben, sein politisches Werk mit einem unverwechselbaren Stichwort zu versehen. Es fehlten dafür die spektakulären historischen Momente in den Jahren seiner Regierungszeit. Gleichwohl war der zweite sozialdemokratische Nachkriegskanzler ein bemerkenswert erfolgreicher und fähiger Regierungschef. Adenauer, Brandt und Kohl verstanden wenig von Wirtschaftsfragen, ihr Feld war die Außenpolitik. Schmidt dagegen erwies sich als Doppelbegabung. Ein Sicherheits- und Wirtschaftsstratege zugleich war er, dessen Wort in der Welt bald hohes Gewicht besaß. In seine Amtszeit fielen weltwirtschaftliche Verwerfungen, die auch die bundesrepublikanische Volkswirtschaft erschütterten. Unter Schmidts kompetenter und entscheidungskräftiger Regie gelang es jedoch, die Untiefen von Rezession und Strukturkrisen zu überwinden oder doch zumindest ihre Auswirkungen in Grenzen zu halten. Nicht weniger entschieden griff er in die internationalen Währungsturbulenzen ein, die die Europäische Gemeinschaft vor schwierige Probleme stellte. In den Terrorjahren der RAF, die im »heißen Herbst« 1977 ihren Höhepunkt erreichten, erwies sich dieser Kanzler als Führungspersönlichkeit, die die Wehrhaftigkeit der Demokratie in keinem Moment in Frage zu stellen bereit war. Dazu gehörte auch die Entscheidung, eine nach Mogadischu entführte Lufthansamaschine stürmen zu lassen und damit das Leben des entführten Arbeitgeberpräsidenten Hanns Martin Schleyer zu opfern. Es war Schmidt, der den Doppelbeschluß der NATO in der Krise um die Aufstellung der sowjetischen Mittelstreckenraketen gedanklich mitentwickelte und dann gegen den heftigsten Widerstand der SPD durchsetzte.

In der eigenen Partei konnte der kühle, rationale Mahner und Debattierer nie die Sympathiewerte Willy Brandts erzielen. Ende der siebziger Jahre stieß Helmut Schmidt jedoch bei CDU-Anhängern auf unverhältnismäßig hohe Zustimmung, während seine eigene Partei zunehmend auf Distanz zum Kanzler ging, ihm in der Raketendebatte schließlich nur noch mit knapper Mehrheit und verärgert folgte, um die von ihm geführte Regierung nicht schon zu diesem Zeitpunkt ins machtpolitische Abseits zu stürzen. Schuld an dem schwierigen Verhältnis waren beide Seiten. Die Partei verwechselte in wachsendem Ausmaß den Wunsch nach sozialer Gerechtigkeit und die Sehnsucht nach Frieden mit der realpolitischen Wirklichkeit. Helmut Schmidt wiederum stieß viele Genossen mit seiner besserwisserischen, häufig arroganten Lehrmeisterattitüde unnötig vor den Kopf. Am Ende seiner steilen, erfolgreichen Karriere teilte er das Schicksal von Adenauer, Erhard und Brandt: Es wurde einsam um ihn.

Als Schmidt sein Amt antrat, stand die politische Welt in einer neuerlichen Umbruchsphase. Die Politik der Erdölstaaten und die in allen Industrieländern bemerkbaren Strukturveränderungen lösten eine Krise der Weltwirtschaft aus. Der entscheidende Schauplatz des Kampfes zwischen den beiden Supermächten lag nun auch nicht mehr in Europa, sondern in Asien und Afrika. In Kambodscha, Vietnam, im Iran, in Afghanistan und Äthiopien oder in Angola läuteten Moskau und auch Washington eine neue globalstrategische Runde im Ringen um Einflußsphären ein. Dies führte nicht nur zu den berüchtigten und grausamen Stellvertreterkriegen, sondern auch zu einem neuen Rüstungswettlauf unterhalb der atomaren Stufe, die von den Abrüstungsverhandlungen der Supermächte nicht erfaßt worden war. Da aber der Aufbau der sowjetischen Mittelstreckenraketen besonders Westeuropa – und hier speziell die Bundesrepublik – bedrohte, erwuchs für die Europäer daraus der sicherheitspolitische Zwang, die Zusammenarbeit in der EG und in der NATO zu vertiefen. Die Währungsprobleme, die durch den Fall des Dollars und die zunehmende Stärke der D-Mark die Weltwirtschaft belasteten, erforderten auch auf diesem Gebiet eine engere Koordination der westlichen Industriestaaten. Auf all diesen Politikfeldern spielte Helmut Schmidt international eine herausragende Rolle.

Schmidts wichtigste Partner auf westlicher Seite hatten gewechselt. In Frankreich war Georges Pompidou nach schwerer Krankheit gestorben, Valéry Giscard d'Estaing wurde neuer Staatspräsident. In Washington trat Richard Nixon nach der Watergate-Affäre am 9. August 1974 zurück. Gerald Ford übernahm das Präsidentenamt, zweieinhalb Jahre später regierte Jimmy Carter im Weißen Haus. Während der deutsche

Kanzler zu Giscard d'Estaing ein sehr vertrauensvolles, für die Weiterentwicklung der Europäischen Gemeinschaft fruchtbares Verhältnis aufbauen konnte, gab es mit Carter schwere Konflikte, die zu nachhaltigen Verstimmungen zwischen Bonn und Washington führten. Im Osten knüpfte Schmidt einen engen Kontakt zum Ersten Sekretär der polnischen Arbeiterpartei, Edward Gierek, was den Blick des ansonsten sehr realpolitisch denkenden Kanzlers für die inneren Entwicklungen in diesem Land gelegentlich trübte.

Auf europäischer Ebene setzten Deutsche und Franzosen angesichts der Wirtschafts- und Währungsschwierigkeiten das »Europäische Währungssystem« (EWS) durch, das im März 1979 in Kraft trat. Es verfeinerte die sogenannte »Währungsschlange«, die die EWG 1972 eingeführt hatte, und führte zum Prinzip fester Wechselkurse in der Gemeinschaft, deren Schwankungsgrad nach oben und unten nicht mehr als 2,5 Prozent erreichen durfte. Erstmals war in Europa auch vom ECU (European Currency Unit) als europäischer Währungseinheit die Rede. Sie hatte allerdings zu diesem Zeitpunkt allein die Funktion einer Recheneinheit. Der Wunsch, bis 1981 eine europäische Währungsbehörde zu etablieren, erfüllte sich nicht. Bis zum Vertrag von Maastricht 1992 fand die Gemeinschaft nicht die Kraft, konkrete Schritte in diese Richtung zu unternehmen.

Ein weiterer Meilenstein in der Europapolitik war die erste allgemeine Europawahl, die vom 7. bis 10. Juni 1979 in allen Gemeinschaftsländern durchgeführt wurde. Auch wenn die Wahlbeteiligung enttäuschend war (in der Bundesrepublik 66 Prozent, in Großbritannien 32 Prozent), war diese Abstimmung doch ein entscheidender Beitrag zur demokratischen Legitimierung der EG. Schwierig blieben die Erweiterungsverhandlungen mit den Südstaaten Spanien, Portugal und Griechenland. Ihre Aufnahme wurde erst möglich, als sich alle drei Länder in den siebziger Jahren von ihren Diktaturen befreien und demokratische Systeme einführen konnten. Griechenland trat 1981, die beiden anderen Staaten 1986 der EG bei.

Der Einmarsch der sowjetischen Truppen in Afghanistan (Dezember 1979) drohte die ohnehin kaum noch merkbare Entspannungspolitik vollends zu zerstören. Schon Mitte der siebziger Jahre beobachteten die Westmächte nervös die neue nukleare und konventionelle Aufrüstung der sowjetischen Armee. Sie war möglicherweise eine Spätfolge der Planungen, die bereits unter Chruschtschow entwickelt worden waren. Der

Afghanistankrieg aber machte deutlich, daß Moskau keineswegs vor militärischen Einsätzen zurückschreckte, wenn es seine imperialen Pläne gefährdet sah. Carter reagierte mit verschiedenen Boykotts, die die Verbündeten mehr oder weniger freiwillig mitvollzogen. Der US-Senat weigerte sich auf Bitten des Präsidenten, das bereits unterzeichnete SALT-II-Abkommen zu verabschieden, Sportler aus zahlreichen westlichen Staaten (auch der Bundesrepublik) fehlten bei den Olympischen Spielen in Moskau.

In Bonn spielte sicherheitspolitisch zunehmend das Problem der amerikanischen Atomstrategie eine Rolle. Die im SALT-Vertrag getroffenen Vereinbarungen stellten für die Sowjetunion zwar die nukleare Parität sicher, aber die USA blieben für russische Atomschläge erreichbar. Würden die Amerikaner unter dieser Drohung ihre Atomwaffen in einem auf Europa begrenzten Krieg einsetzen? Eine Frage, die besonders Helmut Schmidt bewegte. Er schlug eine Abrüstungsstrategie vor, nach der die in dem SALT-II-Vertrag angestrebten Rüstungsbegrenzungen der Supermächte auch die eurostrategischen und konventionellen Waffen einbezogen. Daraus entwickelte sich dann im Zusammenhang mit dem Aufbau sowjetischer Mittelstreckenraketen der NATO-Doppelbeschluß, der die Sowjetunion vor die Alternative stellte, Abbau und Vernichtung ihrer SS 20 oder Nachrüstung der NATO.

Der Kanzler ahnte, daß Moskau kaum bereit sein würde, seine vermeintliche strategische Überlegenheit freiwillig aufzugeben. Das Dilemma war offensichtlich: Die aus Schmidts Sicht notwendige Antwort auf die Installierung der sowjetischen SS 20 – die Aufstellung amerikanischer Pershingraketen – erfolgte zu einem Zeitpunkt, als in der westdeutschen Bevölkerung, vor allem in der eigenen Partei, der Ruf nach Abrüstung und Entspannung auf breite Zustimmung stieß. Später nannte Hans-Dietrich Genscher, seit 1974 Außenminister in Schmidts Kabinett, den Raketenstreit in den Reihen der Sozialdemokraten als entscheidenden Grund für den Koalitionswechsel der FDP. Was nur ein kleiner Teil der Wahrheit war.

Gegenüber den USA eskalierte die strategische Auseinandersetzung, als Präsident Carter grünes Licht für die Planung der Neutronenbombe gab und die USA glaubten, damit die Überlegenheit Moskaus in der konventionellen Rüstung (insbesondere bei den Panzern) brechen zu können. Beim Einsatz dieser Bombe wurden die Panzerbesatzungen getötet, während das Waffengerät unbeschädigt blieb. Ein »Symbol der

Perversion des Denkens« nannte Egon Bahr die Neutronenbombe, und so empfanden es große Teile der Westdeutschen. Helmut Schmidt stellte sich an die Seite Carters, kämpfte gemeinsam mit Außenminister Genscher für die Entwicklung dieser Waffe und ihre Stationierung in Westeuropa. Als Carter – erneut ohne Absprache mit den europäischen Verbündeten – entschied, die Produktion der neuen Bombe aufzuschieben, fühlte sich die Bundesregierung brüskiert. Insbesondere der Kanzler, der beim Thema Raketen innenpolitisch zunehmend unter Druck geriet. Bis zum Ende seiner Amtszeit blieb Helmut Schmidt Gefangener der Nachrüstungsdiskussion. Sie isolierte ihn in der SPD und trug entscheidend zum Aufstieg der Partei der Grünen bei, in der viele Anhänger der Friedensbewegung eine neue politische Heimat fanden.

Ein zentrales Motiv für die Haltung des Kanzlers ließ sich in der seit Adenauers Tagen herrschenden deutschen »Urangst« erkennen, die Amerikaner könnten ihren nuklearen Schutzschild über Westeuropa durchlöchern. Mit der Aufstellung der Pershings und der Marschflugkörper, der sogenannten Cruise Missiles, blieben die USA sicherheitspolitisch in der Verantwortung für Europa, auch wenn sie von einer möglichen militärischen Konfrontation nicht direkt betroffen waren.

Schwierig blieben in den Kanzlerjahren Helmut Schmidts die Beziehungen zur DDR. Fortschritte wurden nur erreicht, weil Bonn bereit war, sie durch großzügige Devisentransfers zu erkaufen. Der Bau einer neuen Autobahn von Hamburg nach Berlin, die Verbreiterung des Mittellandkanals oder die Errichtung einer zweigleisigen Eisenbahnstrecke zwischen Berlin und Helmstedt fanden bei der DDR-Führung Zustimmung, weil sie ohne die Devisenzuflüsse aus Bonn finanziell vor dem Zusammenbruch gestanden hätte. Für den Ausbau der Transitstrecken zahlte die Bundesregierung bis 1984 2,2 Milliarden Mark. Auch das »Swing«-Abkommen, das Ostberlin im innerdeutschen Handel zinslose Überziehungskredite gewährte, war für den deutschen Oststaat finanzpolitisch überlebenswichtig. Als es nach 1990 möglich wurde, Einblick in die Archive und Regierungsdokumente zu nehmen, offenbarte sich erst, in welchem Umfang westdeutsches Geld in den siebziger und achtziger Jahren das Regime gestützt hatte. Als Gegenleistung mußte Ostberlin unter anderem verbesserte Reisemöglichkeiten für DDR-Rentner und Westbesucher akzeptieren.

Zwischen Honecker und Schmidt entwickelte sich eine nüchterne Beziehung, getragen von realpolitischem Denken, das Verstimmungen und handfeste Krisen nicht ausschloß. Während die Ära Brandt von spektakulären Verträgen und Neuorientierungen im deutsch-deutschen Verhältnis begleitet war, herrschte in den Regierungsjahren von Helmut Schmidt häufig grauer Alltag zwischen Bonn und Ostberlin. Aber Schmidt blieb ein kenntnisreicher und engagierter Deutschlandpolitiker. Neben der internationalen Sicherheitspolitik, für die die beiden deutschen Staaten eine gewichtige Rolle in Europa spielten, ging es dem Kanzler um die Verhinderung des Auseinanderlebens der Menschen in der geteilten Nation und um Erleichterungen für die Opfer der DDR-Diktatur. Der Ausbau der Transitstrecken, der Freikauf von DDR-Häftlingen oder die Familienzusammenführung besaßen für ihn Priorität. Als die DDR 1973 und dann erneut 1980 die Mindestumtauschsätze für Reisende drastisch erhöhte, Rentner und Jugendliche davon nicht mehr befreite, empfand Schmidt dies als schweren Rückschlag in der Deutschlandpolitik, und er setzte sich energisch für die Rücknahme dieser Regelungen ein.

Der Bundeskanzler suchte dabei immer wieder den direkten Kontakt zu Honecker, griff mehrfach zum Telephonhörer, um mit dem ersten Mann der DDR Probleme abzuklären, eine Basis des gegenseitigen Respektierens und Verstehens aufzubauen. Es ist aufregend, diese Telephonprotokolle (und Gesprächsnotizen) im nachhinein zu lesen. Sie unterstreichen, wie sehr beide Staaten in ihrem Handeln von der jeweiligen »Schutzmacht« abhängig blieben und manches geklärt werden konnte, was beim Prestigeduell der offiziellen Treffen nicht möglich war. Eine wichtige Botenrolle übernahm dabei der Honeckervertraute und DDR-Rechtsanwalt Wolfgang Vogel. Schmidt schätzte ihn, und über diesen Vermittler wurde vieles vorbereitet und besonders in Fragen der Familienzusammenführung und des Häftlingsfreikaufs geregelt.

Schmidt übersah bei diesen innerdeutschen Entspannungsversuchen nicht, mit wem er es zu tun hatte. »Die von mir geführte Regierung ist willens, weitere praktische Regelungen zugunsten beider Seiten zu treffen«, schrieb er Honecker im Juli 1976, als bei neuerlichen Grenzzwischenfällen ein Hamburger Urlauber niedergeschossen worden war. »Eine Voraussetzung dafür ist ein angemessenes Verhalten auch an der Grenze; die Entspannung kann nicht geteilt werden in Fortschritte auf wirtschaftlichem oder allgemein politischem Gebiet und einem Beharren auf Zuständen an der Grenzlinie, die der von uns beiden gewünschten Entwicklung in Europa vollkommen widerspricht.«

Kaum zu unterschätzen war für diese Jahre die Rolle, die Herbert Wehner in den deutsch-deutschen Gesprächen spielte. Er hatte 1935 im Saarland – damals war er noch KPD-Mitglied – mit Honecker zusammengearbeitet, und der DDR-Staatsratsvorsitzende faßte zu dem einstigen Mitstreiter ein besonderes, von Nostalgie getragenes Vertrauen. Wehner nutzte diesen Umstand, konnte bei humanitären Fragen eingreifen und das persönliche Schicksal vieler Menschen positiv beeinflussen. Er war »Motor und Mittler« (Heinrich Potthoff) in einer schwierigen Phase der Deutschlandpolitik. Sein Treffen mit Honecker 1973 in der Schorfheide, von den Medien inhaltlich kaum beachtet, leitete eine neue, wichtige Phase in den Beziehungen ein.

Helmut Schmidt vermied es allerdings, Kontakte zur zwar machtlosen und unorganisierten, aber doch in Einzelpersonen verschiedentlich sichtbar werdenden Opposition in der DDR aufzubauen. Noch mehr gilt dies für die zweite Hälfte der achtziger Jahre, als diese Gruppierungen sich im Zuge der sowjetischen Perestroika erheblich deutlicher artikulierten, aber von den Regierungen Kohl völlig übergangen wurden. Hier ist zweifellos ein Versäumnis der Bonner Politik zu konstatieren.

Das Bonner Verhältnis zur Sowjetunion stagnierte in diesen Jahren, beschränkte sich weitgehend auf Wirtschaftsfragen. Als Breschnew im Mai 1978 die Bundesrepublik besuchte, unterzeichneten beide Regierungen ein umfangreiches und für fünfundzwanzig Jahre geltendes Wirtschaftsabkommen. Westdeutschland war der wichtigste westliche Handelspartner der Sowjetunion, wenngleich sich dieses Faktum in Zahlen eher bescheiden ausnahm.

In der Innenpolitik waren neben den Konjunkturproblemen die Terroranschläge der RAF die beherrschenden Themen. Der Staat reagierte konsequent, unternahm jedoch auch rechtspolitische Schritte, die überaus bedenklich waren. Schon der »Extremistenbeschluß«, auf den sich Bund und Länder 1972 einigten, wies auf ein Rechtsstaatsverständnis hin, von dem viele Bürger geglaubt hatten, daß es in der Bundesrepublik überwunden sei. Im Prinzip war die Frage der Staatstreue der Beschäftigten im öffentlichen Dienst durch das Beamtenrecht ausreichend geregelt. Im Falle der Übernahme ehemaliger nationalsozialistischer Beamter in den Staatsdienst der Bundesrepublik fanden die entsprechenden Bestimmungen allerdings keine Anwendung. Anfang der siebziger Jahre glaubten die Parteien, der Staat sei nun von links bedroht, und entwickelten bis in die SPD-Führung hinein den gleichen bürgerlichen Angstreflex wie ihre Weimarer Vorgänger. Der »Extremistenbeschluß« verlangte für jeden Bewerber eine Regelanfrage beim Verfassungsschutz. Ob Briefträger oder Lokomotivführer, Lehrer oder Hochschulprofessor, jeder wurde »überprüft«, die Auswüchse nahmen skandalöse Formen an. Wer als Schüler, Student oder Lehrling an Demonstrationen teilgenommen oder in Wohngemeinschaften gelebt hatte, irgendwann einmal Besucher einer Veranstaltung von linksextremistischen Organisationen gewesen war oder privaten Kontakt zu einer als radikal eingestuften Person besaß, geriet in Verdacht und mußte mit Nichteinstellung rechnen – ein übler Rückfall in autoritäre Verhaltensmuster, Selbstzensur und Einschüchterung waren die Folge. Die Konservativen klatschten laut Beifall, viele Wähler der sozial-liberalen Koalition waren empört.

Die SPD/FDP-regierten Bundesländer korrigierten die offensichtlichsten Mißstände des »Radikalenerlasses« 1975/76. Nachfrage beim Verfassungsschutz erfolgte jetzt erst im Falle einer tatsächlich bevorstehenden Einstellung, was allerdings immer noch ein rückwärtsgewandtes Staatsdenken bewies. Erst 1980 fiel die Regelanfrage beim Bund und in den sozial-liberalen Ländern vollständig weg. Die Unionsländer hielten noch erheblich länger daran fest. Geblieben ist die Überprüfung für Angehörige von als extremistisch eingestuften Parteien. Toleranz und demokratisches Selbstbewußtsein sind in der Bundesrepublik im Gegensatz zu unseren europäischen Nachbarn nach wie vor entwicklungsbedürftige Politikfelder.

Nicht weniger bedenklich reagierte der Rechtsstaat auf die direkten terroristischen Herausforderungen. War es angesichts der Mordanschläge und der Fahndungsprobleme noch nachvollziehbar, daß Bonn seine innerstaatlichen Sicherheitsorgane – Bundeskriminalamt und Verfassungsschutz – personell und materiell extrem aufrüstete, so strapazierten die Strafrechts- und Strafprozeßrechtsänderungen der späten siebziger Jahre das rechtsstaatliche Grundverständnis doch erheblich. Neue Straftatbestände, die auf das Umfeld des Terrorismus zugeschnitten waren, Veränderungen der Eingriffsbefugnisse bei Gebäudedurchsuchungen oder die rechtlichen Rahmenbedingungen von Großfahndungen schränkten die Rechte eines jeden Bürgers im Lande ein. Das »Kontaktsperregesetz« durchbrach den fundamentalen rechtsstaatlichen Grundsatz, daß jeder Verteidiger freien Zugang zu seinem Mandanten hat. Freiheitsbeschränkungen, die bislang nur von einem Richter angeordnet werden konnten, waren nun auch durch Entscheidungen der Exekutive möglich. Leichtfertig und unverantwortlich gingen die Parteien in diesen Jahren mit den Bürgerrechten um, was das Vertrauen in Rechtsstaat und Demokratie vor allem bei jüngeren Menschen nicht gerade stärkte.

Zwei Bundestagswahlen konnten Helmut Schmidt und seine Koalition erfolgreich bestehen. Im Oktober 1976 erhielt die SPD 42,6 Prozent (minus 3,2 Prozent) und die FDP 7,9 Prozent (minus 0,5 Prozent). Allerdings erreichten die Unionsparteien, erstmals geführt von Helmut Kohl, mit 48,6 Prozent auf Bundesebene das zweitbeste Ergebnis ihrer Geschichte. Strauß machte Kohls unentschlossene Haltung zur Ostpolitik der Regierung, die er selbst nach wie vor lautstark ablehnte, für die Niederlage verantwortlich. Maßlos erzürnt inszenierte der Bayer nach der Wahl auf einer Klausurtagung in Wildbad Kreuth ein extravagantes Politspektakel, kündigte gar die Auflösung der CDU/CSU-Fraktionsgemeinschaft an. Auch mit einer Ausweitung der CSU auf das gesamte Bundesgebiet drohte er. Doch schon bald war der bayerische Donnerhall verflogen, und eine erheiterte Öffentlichkeit erfuhr, was der unbeherrschte Christsoziale vor dem Landesausschuß der Jungen Union in München über die Qualitäten des Kanzlerkandidaten der Union zu sagen gewußt hatte: »Ich habe Herrn Kohl trotz meines Wissens um seine Unzulänglichkeit um des Friedens willen als Kanzlerkandidaten unterstützt. Er wird nie Kanzler werden. Er ist total unfähig, ihm fehlen die charakterlichen, die geistigen und die politischen Voraussetzungen. Ihm fehlt alles dafür.«

Vor der Bundestagswahl 1980 gelang es Strauß, den ungeliebten CDU-Vorsitzenden ins Abseits zu drängen. Die Union hatte ihn, nach wenig geglückten Auftritten Kohls im Bundestag, zu ihrem Kanzlerkandidaten gekürt. Und so trat der Mann, der sich für den Besten hielt, gegen Helmut Schmidt an. Sein ungezügelter, die eigene Rolle jenseits der bayerischen Grenzen maßlos überschätzender Ehrgeiz geriet der Union zum Verhängnis, sie verlor 4,1 Prozent und fand sich erneut auf den Oppositionsbänken wieder. Die SPD legte um 0,3 Prozent zu. Die eigentlichen Wahlsieger waren die Freien Demokraten mit 10,6 Prozent (plus 2,7 Prozent). Strauß polarisierte die Wähler, was den Regierungsparteien zugute kam, besonders der FDP, der mancher CDU-Wähler seine Zweitstimme gab, um den bayerischen Kandidaten zu verhindern.

Die Niederlage von Strauß machte den Weg für Kohl frei, sein hart-
näckiger Widersacher ging endgültig nach Bayern. Seit 1973 war Kohl
CDU-Vorsitzender, seit 1976 saß er als Oppositionsführer im Bundestag. Und der einstige rheinland-pfälzische Ministerpräsident hatte stets
darauf geachtet, die Beziehungen zur FDP, mit der er in Mainz zeitweise
gemeinsam regiert hatte, nicht abbrechen zu lassen. Beides erwies sich
schon sehr bald als mit ausschlaggebend für den Bonner Regierungswechsel.

Die SPD war zerstritten und zeigte zu Beginn der achtziger Jahre Ermüdungserscheinungen. Konjunktur, Sozialpolitik, Nachrüstung – es
gab kaum noch ein Thema, bei dem es nicht innerparteiliche Kritik an
der eigenen Regierung, besonders am Kanzler, gab. Eine neue Konjunkturkrise im Zuge der zweiten Ölpreisexplosion 1979 führte zu steigender Inflation und Arbeitslosigkeit. In der nach den Wahlen von 1980
verändert zusammengesetzten Bundestagsfraktion hatte die SPD-Linke
mehr Macht als zuvor, was sich vor allem negativ auf das Koalitions-
klima auswirkte. Schmidts Image als »Macher« und Wirtschaftsstratege
begann in der Bevölkerung und in den Medien zu leiden, als immer
deutlicher wurde, daß der Kanzler die Konjunkturlage nicht in den Griff
bekam. Die Opposition agierte geschickt, nutzte die gesellschaftlichen
Ermüdungserscheinungen nach den Jahren der Auf- und Umbrüche,
geißelte Staatsverschuldung und Arbeitslosigkeit und rief zur »geistigen
Wende« auf.

Entscheidend aber waren die innerparteilichen Machtverschiebungen
in der FDP. Walter Scheel wurde 1974 Bundespräsident, Karl-Hermann Flach war schon 1973 gestorben, Ralf Dahrendorf ging nach einer
Zwischenstation als Brüsseler Kommissar zurück in die Wissenschaft,
Werner Maihofer war im Juni 1978 wegen der Pannen bei der Schley-
erfahndung als Innenminister zurückgetreten. Die Linksliberalen in der
Parteiführung gerieten in die Minderheit, konservative Wirtschaftslibe-
rale übernahmen schließlich das Ruder. Hans-Dietrich Genscher, Nachfolger von Scheel als Parteivorsitzender, hielt sich zunächst zurück, er
war ein Machtstratege eigener Art und hatte beste Kontakte zu Helmut
Kohl.

Zum »Macher« in der FDP-Fraktion war Otto Graf Lambsdorff aufgestiegen. Ein Mann der Wirtschaft und Rechtsliberaler, dem der Kurs
der SPD schon lange nicht behagte und der dies auch scharfzüngig be-
kundete. Wobei es ihn selbst, aber auch die eigene Partei und die Me-

dien wenig bekümmerte, daß er im Kabinett die Wirtschaftspolitik der Koalition seit Oktober 1977 als zuständiger Minister mitzuverantworten hatte. Lambsdorffs Attacken auf den Koalitionspartner gerieten mehr und mehr zum öffentlichen Ereignis. Im September 1982 faßte er auf Wunsch des Kanzlers in einem Papier seine Kritik zusammen. Dieses »Konzept für eine Politik der Überwindung der Wachstumsschwäche und zur Bekämpfung der Arbeitslosigkeit« erschien in der Presse und wurde allgemein als »Scheidungspapier« der FDP interpretiert.

Die Koalition war zwei Jahre nach der Bundestagswahl am Ende. Der Kanzler hatte auch in der eigenen Partei keinen ausreichenden Rückhalt mehr. Der Parteivorsitzende Willy Brandt stellte sich auf die Seite der Nachrüstungskritiker, die in Erhard Eppler und dem jungen Saarländer Oskar Lafontaine weitere starke Verbündete in der Parteiführung besaßen. Schmidt resignierte, und Genscher war sich längst mit Helmut Kohl handelseinig geworden.

Am 17. September 1982 verließen die vier FDP-Minister das Kabinett. Der Kanzler bewies ein letztes Mal sein brillantes Rednertalent, »entlarvte« im Bundestag den abtrünnigen Koalitionspartner und for-

Ende der politischen Durststrecke: Bundeskanzler Helmut Kohl präsentiert sein erstes konservativ-liberales Kabinett.

derte Neuwahlen. Union und Freie Demokraten hatten dagegen beschlossen, Helmut Schmidt am 1. Oktober im Bundestag durch ein konstruktives Mißtrauensvotum zu stürzen. Das war der Beginn der langen Kanzlerschaft von Helmut Kohl.

Die »Wende« war vollzogen. Für die Sozialdemokraten und viele ihrer Anhänger im Land stellte das einen Akt des Verrats durch den kleineren Koalitionspartner dar. Was den Tatsachen entsprach, denn die FDP unternahm diesen Schritt, ohne den Wähler zu befragen. Allein durch ihre Entscheidung verlor die Regierung ihre Kanzlermehrheit. Die Liberalen hatten sich programmatisch verändert, und sie bangten angesichts der Entwicklungen in der SPD um die eigenen Machtpfründen. In der FDP hatte nur die Abgeordnete Hildegard Hamm-Brücher den Mut, den miserablen Stil, mit dem der Machtwechsel vollzogen wurde, im Bundestag anzuklagen. Mehrere linksliberale Abgeordnete verließen in den kommenden Wochen und Monaten die Fraktion. Die Freien Demokraten durchlebten eine schwere Krise, aber die Macht war ihnen geblieben.

Daraus allerdings eine »Dolchstoßlegende« machen zu wollen ginge an der Wirklichkeit vorbei. Nach dreizehn Jahren in der Regierungsverantwortung war in der SPD Überdruß zu erkennen, durch die internen Auseinandersetzungen lähmte sie sich selbst. Sie war schon vor Genschers »Verrat« nicht mehr regierungsfähig. Schmidts lebensgefährliche Erkrankung im Herbst 1981 und Brandts gleichzeitiges Bekenntnis zu jenen Kräften in der Partei, die über die Friedens- und APO-Bewegung in die SPD gekommen waren, trugen in der Endphase der sozial-liberalen Regierung ebenfalls zur Schwächung der Sozialdemokraten bei.

Die Wähler bestätigten bei der vorgezogenen Neuwahl im März 1983 zwar im nachhinein die neue konservativ-liberale Koalition, das Ergebnis zeigte aber auch, daß das intrigante Bonner Machtspiel die Bürger keineswegs begeistert hatte. Die Unionsparteien legten zwar mit 48,8 Prozent (plus 4,3 Prozent) kräftig zu, doch die FDP büßte mit 7,0 Prozent der Stimmen immerhin 3,6 Prozent der Wählergunst ein. Und im neuen Bundestag saßen erstmals Abgeordnete der Grünen (5,6 Prozent) – ein Zeichen des Wählerprotestes gegen die etablierten Parteien.

5. Von der »Wende« zur Einheit (1982–1990)

Die Union verkündete vollmundig eine »Wende« in der Bonner Politik. Helmut Kohl ließ im Wahlkampf und dann in seiner ersten Regierungserklärung keine Zweifel, daß es ihm um mehr als einen gewöhnlichen Regierungswechsel ging. Einen »historischen Neuanfang« beschwor der vom Bundestag gekürte Regierungschef in seiner Antrittsrede, eine geistig-moralische Erneuerung sollten die Westdeutschen erleben. Er ließ auch keine Zweifel, daß er nicht der Kanzler der »Stadtstreicher, Punker, Stadtindianer«, der wehrdienstverweigernden »jugendlichen Drückeberger« oder der »das Faustrecht übenden Hausbesetzer« und des »Demonstranten, der sein Gesicht vermummt« sein würde. Kohl war ein Konservativer. Die vielfach neuen Ausdrucksformen der Gesellschaft, die sich in einer veränderten Jugendkultur, einem gewandelten Wertegefühl oder neuen politischen Protestritualen widerspiegelten, blieben ihm fremd. Er wollte der Kanzler des »normalen« Volkes sein. Die ihm so verdächtigen »Minderheiten« brauchte er nicht, und so diffamierte er sie in all den Jahren, wann und wo immer es sich anbot. Kohl umwarb die Mehrheit, die wie er mit Unverständnis und Ängsten auf den »Werteverlust« blickte, der sich angeblich unter den Deutschen breit gemacht hatte. In der gesellschaftlichen »Mitte« suchte und fand er seine Wähler.

Kohl hatte es zunächst schwer. Seinen Vorgängern Brandt und Schmidt war es gelungen, im politisch mächtigsten Staatsamt auch intellektuelle Maßstäbe zu setzen. Gegen sie wirkte der Mann aus der pfälzischen Provinz bieder. Sein beschränkter Wortschatz, seine häufigen verbalen Fehlgriffe verführten Opposition und Medien jedoch dazu, ihn erheblich zu unterschätzen. Die Karikaturisten fanden in ihm nicht weniger eine glänzende Vorlage als die spitzzüngigen Kommentatoren und Glossenschreiber der liberalen Presse. Die SPD sah in ihm zunächst nur einen »Übergangskanzler« und spottete über den Mann, der in den kommenden vier Bundestagswahlen vier sozialdemokratische Kanzlerkandidaten verschleißen sollte.

Kohls Gegner übersahen, daß der CDU-Parteivorsitzende schon in den Jahren vor seiner Regierungsübernahme den von ihm geleiteten »Kanzlerwahlverein« durch energische Reformen aus seinem Dauerschlaf erweckt hatte. Er holte sich den glänzenden Analytiker und Hochschulprofessor Kurt Biedenkopf als Generalsekretär in die Bonner

Parteizentrale. Nach wenigen Jahren hatte sich die CDU zu einer handlungsfähigen und mitgliederstarken Truppe entwickelt, in Wahlkämpfen geführt von einem modernen, effizienten Parteimanagement. So richtig wahrnehmen wollten die frühen Kohlkritiker auch nicht, wie der von Franz Josef Strauß vielfach gedemütigte Vorsitzende und Kanzlerkandidat den hämischen Bayer nach dessen vergeblichem Versuch, die Macht zu ergreifen, nervenstark und geduldig ausmanövriert hatte.

Kohls Stärke war die Parteiarbeit. Auch als Kanzler bildete die CDU seine Machtbasis, die er klug, intrigant und häufig auch mit einer brutalen Personalpolitik unter Kontrolle hielt. Er vergaß nur selten, wer ihm Schwierigkeiten bereitet hatte, und er förderte die treuen Vasallen. Die beiden Generalsekretäre Biedenkopf und Heiner Geißler waren keine Ja-Sager, am Ende ihrer Amtszeit scheuten sie auch nicht den Widerspruch, hatten eigene Visionen. Solche Eigenschaften reichten in der Regel aus, um sich Kohls lebenslanger Feindschaft sicher zu sein. Norbert Blüm, vom ersten bis zum letzten Amtstag des Kanzlers als Arbeits- und Sozialminister Mitglied der Regierung, oder Wolfgang Schäuble, Innen- und Kanzleramtsminister, dienten verläßlich und paßten sich dem Kanzler an. Es sicherte für sechzehn Jahre ihre Karriere.

Menschen waren Kohl wichtig. Politik als zwischenmenschlicher Dialog, das erwies sich als eines seiner Erfolgsrezepte. Auch und vor allem in der Außenpolitik. Mit Ronald Reagan, François Mitterrand, Michail Gorbatschow oder Boris Jelzin verbanden ihn nach wenigen Begegnungen Männerfreundschaften, die durchaus hilfreich für die Umsetzung seiner Politik wurden. Mit der »eisernen Lady« in London kam er überhaupt nicht zurecht, die deutsch-britischen Beziehungen blieben entsprechend unterkühlt. Ein Gefühlsmensch war er, was Kohls Stärke und zugleich seine Schwäche signalisierte.

Alle seine Vorgänger hatten den Nationalsozialismus und den Krieg als Erwachsene erlebt. Kohl stand zwischen den Generationen. Am Kriegsende war er fünfzehn Jahre alt gewesen, und doch war auch dieser Kanzler von Diktatur und Kriegszerstörung mitgeprägt. Seine Bekenntnisse zur Demokratie, seine Europapolitik wurden getragen vom Blick auf die Zeit des Dritten Reiches und der selbstzerstörerischen europäischen Schlachten. Sein zunächst kaum beachteter Satz, die Einheit Europas sei eine Frage von Krieg und Frieden, war nicht nur klug, sondern berührte einen Kern seines politischen Denkens.

Als Enkel Adenauers empfand er sich und gehörte schon als junger

Mann zu den europabegeisterten Grenzstürmern der frühen fünfziger Jahre. Kohl war fast immer der Jüngste: als Fraktionsvorsitzender im Mainzer Landtag, als Ministerpräsident in Rheinland-Pfalz (zweimal gewann er bei Landtagswahlen die absolute Mehrheit), und auch kein anderer Nachkriegskanzler vor ihm hatte das Amt schon im Alter von zweiundfünfzig Jahren übernommen. Politik als Beruf, nie hatte der studierte Historiker sich auf anderen Feldern des praktischen Lebens erprobt.

Ein Mann der pfälzischen Provinz blieb er. Er fühlte sich wohl bei Wein und Saumagen im Kreise Gleichgesinnter, er liebte humorvolle Anekdoten, und wer ihn in etwas privaterer Umgebung erlebte, staunte über den bei ihm gar nicht vermuteten jovialen Charme, den er ausstrahlen konnte. Sein Patriotismus war schlicht und keineswegs nur Attitüde. Heimat besaß für diesen Politiker einen hohen Stellenwert. Unsäglich allerdings, was Kohl gelegentlich über die Lippen kam. Es öffnete den Blick in die Seele eines Kleinbürgers aus der Oggersheimer Einfamilienhausidylle.

Und doch stand er schließlich recht glanzvoll auf der politischen Weltbühne. Nicht nur körperlich überragte er bei den Gruppenphotos der internationalen Konferenzen seine Kollegen, bald schon war er ein hochgeachteter Kollege. Sein Rat wurde gehört, Vertrauen und Redlichkeit wußte er auszustrahlen, und er blieb auf glückliche Weise im Ausland fast immer ein bescheidener Deutscher. Als die überraschte Welt sich mit der Wiedervereinigung konfrontiert sah, konnte Kohl auch deswegen so erfolgreich agieren, weil er in den Jahren zuvor in der internationalen Politik ein respektables persönliches Ansehen besaß.

Bei den liberalen Medien stieß der Kanzler bis 1990 auf wenig Sympathien. Mit Journalisten tat sich der empfindliche, häufig sehr impulsiv reagierende Helmut Kohl ohnehin schwer. Sie schrieben ihn nieder, sagten immer wieder das Ende seiner Karriere voraus, und allzu oft war er eingeschnappt. Den »Spiegel« boykottierte er, und seine Fernsehinterviews gerieten in ihrer Banalität zumindest für den intellektuelleren Teil der Zuschauer zur unfreiwilligen Kabarettstunde. Auch aggressiv erlebte man den Kanzler, der seinem fragenden Gegenüber alles Böse der Welt zuzutrauen schien. Aber er verstand es, das Selbstverständliche mit bedeutungsschwangerem Unterton zu kommentieren, und die Kohl-Spötter übersahen, wie geschickt der Kanzler dabei auch das neue Medium für die Machterhaltung zu instrumentalisieren wußte. Er sprach so, wie viele dachten.

Die Leistung Kohls lag nicht in der Innenpolitik. Von Wirtschaftsfragen verstand er wenig, und da er keinen Erhard oder Schiller an der Seite hatte, mißlang ihm hier viel. Den Problemen, die jungen Menschen unter den Nägeln brannten – Atomenergie, Umweltschutz, Klimakatastrophe oder die Misere an den Universitäten –, stand er recht desinteressiert gegenüber. Allenfalls schaltete er sich beim Kampf um die Schaffung einer ausreichenden Zahl von Lehrstellen ein oder wußte den Dienst der Wehrpflichtigen zu loben. Er war kein Reformpolitiker, das postindustrielle Zeitalter mit all seinen Umbrüchen und für die Arbeitswelt so revolutionären Folgen erkannte er allenfalls schemenhaft. So ganz falsch lagen diejenigen nicht, die dem Kanzler unterstellten, er sitze die Probleme lieber aus als sie anzugehen.

In der Außenpolitik fühlte er sich sicher. Und hier erzielte er auch seine herausragenden Erfolge. Die Wiedervereinigung führte er nicht herbei, aber als sie möglich wurde, übernahm Kohl energisch die Führung, und in seinen Verhandlungen mit den Staatschefs der Siegermächte – Gorbatschow, Bush, Mitterrand, Thatcher – erwies er sich als klug kalkulierender und schließlich erfolgreicher Diplomat.

Die Einheit war ein von außen kommendes Geschenk, mit seiner Europapolitik hingegen folgte er seiner ureigenen Überzeugung. Ohne Kohls Initiativen hätte die Gemeinschaft möglicherweise noch erheblich länger an der »Eurosklerose« gelitten, die sie jahrelang befallen hatte. Kohl gehörte zu denen, die an entscheidender Stelle den Weg zum Maastrichter Vertrag, der die politische Union aus der Taufe hob, und schließlich zum Eurobeschluß, der eine einheitliche Währung schuf, öffneten. Er ließ sich dabei auch nicht von den D-Mark-Nationalisten irritieren. Ihm war klarer als manchem seiner Gegner, daß ohne eine Währungseinheit der politische Zusammenschluß Illusion bleiben würde. Wie Adenauer erkannte auch er, daß die deutsch-französische Partnerschaft die Voraussetzung für jeden Fortschritt in der Gemeinschaft blieb, und er pflegte sie umsichtig. Es beeindruckte Deutsche und Franzosen gleichermaßen, als Frankreichs Staatspräsident Mitterrand und der Bundeskanzler im September 1984 Hand in Hand auf den Schlachtfeldern von Verdun der Toten des Krieges gedachten. Vielleicht trifft die Bezeichnung »Europakanzler« das politische Lebenswerk Kohls aus historischer Sicht ungleich genauer als der viel zitierte Titel »Einheitskanzler«.

Am Anfang standen viele Peinlichkeiten. Schon 1983 schlug die Affäre Wörner/Kießling hohe Wellen. Der neue Verteidigungsminister entließ den deutschen Stellvertreter des Obersten Alliierten Befehlshabers der NATO, Gerhard Kießling, unehrenhaft aus der Bundeswehr, weil der militärische Abwehrdienst den Vier-Sterne-General homoerotischer Neigungen verdächtigte und ihm Kontakte zu Homosexuellenkreisen nachsagte. Wörner überprüfte diese Vorwürfe nur oberflächlich und verhinderte trotz der Bereitschaft des Generals, ohne Aufhebens in den vorzeitigen Ruhestand zu treten, nicht, daß sein Staatssekretär die Angelegenheit in die Öffentlichkeit lancierte. Kohl und Wörner schwiegen auch noch, als der von den Medien dankbar aufgenommene Vorgang bereits zahlreiche Ungereimtheiten aufwies. Nach einem eindeutigen »Freispruch« durch den Wehrdisziplinaranwalt wurde Kießling im März 1984 rehabilitiert. Aus der Affäre Kießling war ein Skandal Kohl/Wörner geworden.

Im Januar 1984, der Fall Kießling trieb seinem Höhepunkt entgegen, hielt sich Kohl zu einem Staatsbesuch in Israel auf. In seiner Rede vor der Knesset benutzte er im Zusammenhang mit den Verbrechen des Dritten Reiches die Formulierung von der »Gnade der späten Geburt«. Nachdem »Die Zeit« diese wenig durchdachte Bemerkung kommentiert hatte, erhob sich in der Bundesrepublik ein publizistischer Sturm der Entrüstung. Noch schlimmer kam es einige Monate später, als die Regierung einen Gesetzesentwurf zur »Strafbefreiung für Steuervergehen bei Parteispenden« vorlegte. Hintergrund war die Flickaffäre, die offenbarte, wie freizügig und gesetzeswidrig die Parteien von Interessenverbänden Spenden entgegennahmen und sie mit der kriminellen Energie von Geldwäschern am Finanzamt vorbeischleusten. Einer der Hauptbeschuldigten war Wirtschaftsminister Graf Lambsdorff, ein wahrer Künstler im Verschleiern von Spendengeldern. Ein Amnestiegesetz hätte also die Regierung in eigener Sache salviert. Die Öffentlichkeit reagierte entsprechend ungehalten, die Koalition mußte den Gesetzesentwurf zurückziehen. Der Graf wurde drei Jahre später wegen Steuerhinterziehung zu einer Geldstrafe von 187 000 Mark verurteilt. Schon 1984, als die Strafermittlungen gegen ihn aufgenommen wurden, trat er als Wirtschaftsminister zurück. Die FDP dankte ihrem findigen Geldbeschaffer nach seiner Verurteilung mit der Wahl zum Parteivorsitzenden.

Im Oktober 1984 wurde auch dem 1983 zum Bundestagspräsidenten gewählten Rainer Barzel die Flickaffäre zum Verhängnis. Er war nach seinem innerparteilichen Sturz zur Vermeidung sozialer Unbill bei einem Notariatsbüro in Frankfurt für ein Jahressalär von 250 000 Mark angestellt worden. Die Sozietät mußte sich allerdings um die Kosten für einen wohl nie anwesenden Kollegen kein großes Kopfzerbrechen machen. Das Anwaltsgehalt für den Bundestagspräsidenten zahlte die Firma Flick und veranschlagte es brav und ordentlich als Betriebsausgabe in die Steuererklärung. Barzel mußte zurücktreten, und die ganze Republik begann zu ahnen, wie es im Bonner Alltag inzwischen offenbar zuging.

Im Mai 1985 besuchte der Kanzler mit seinem Staatsgast Ronald Reagan den Soldatenfriedhof von Bitburg in der Eifel. Das Protokoll hatte leider übersehen, daß dort unter den Gefallenen der Ardennenschlacht auch Angehörige der Waffen-SS begraben lagen. Wieder mußte sich Kohl vorwerfen lassen, überaus unsensibel mit der Vergangenheit umzugehen.

Eineinhalb Jahre später, im November 1986, ließ sich der Kanzler in einem Interview mit dem US-Magazin »Newsweek« dazu hinreißen, Gorbatschow mit Hitlers Propagandaminister Joseph Goebbels zu vergleichen. Immerhin waren zu diesem Zeitpunkt schon Ansätze der »Perestroika« zu erkennen, und niemand konnte verstehen, warum Kohl mutwillig eine Verstimmung der sowjetischen Führung riskierte.

Ein Jahr später überrollte die Christdemokraten auch noch die Barschelaffäre. Der schleswig-holsteinische Ministerpräsident Uwe Barschel hatte seinen SPD-Wahlkampfkonkurrenten Björn Engholm abhören lassen, in der Hoffnung, aus seinem Privatleben Dinge zu erfahren, die sich als Wahlkampfmunition verwenden ließen. Als durch die Aussagen von Barschels Referenten Reiner Pfeiffer die unlauteren Machenschaften von Barschel ans Tageslicht kamen, gab der Ministerpräsident pathetisch sein Ehrenwort, er habe von alldem nichts gewußt, verstrickte sich jedoch in Widersprüche und mußte schließlich zurücktreten. Am 11. Oktober 1987 fand ein »Stern«-Mitarbeiter seine Leiche in einer Badewanne des Genfer Hotels »Beau Rivage«. Nicht als Kanzler, aber als Parteivorsitzender erlebte Helmut Kohl schwere Wochen.

All diese Affären und Skandale waren in ihrer Gewichtung sehr unterschiedlich, und manches wurde in den Medien kräftig hochgespielt, aber in der Summe warfen sie ein äußerst ungünstiges Licht auf den Mann, der eine neue Zeit mit den guten alten bürgerlichen Werten angekündigt hatte. Kohl selbst trug zu seinem Imageverlust bei, weil er unsouverän und völlig uneinsichtig vieles rechtfertigte, was nicht zu recht-fertigen war.

Wenn sich all diese Skandale und Skandälchen bei der Wahl im Ja-nuar 1987 nicht negativ für Kohl und die Koalition auswirkten, dann wohl in erster Linie dank eines Mitte der achtziger Jahre einsetzenden Konjunkturaufschwungs, der dem Preisverfall auf dem internationalen Erdölmarkt folgte. Die Bundesrepublik zahlte 40 Milliarden Mark we-niger für ihre Öleinfuhren – Mittel, die der Kaufkraft der Bevölkerung zugute kamen und die Konjunktur ankurbelten.

Den Wirtschaftsproblemen hatte Kohl bereits in seiner ersten Regie-rungserklärung viel Platz eingeräumt. Die Koalition übernahm im Prin-zip das von Graf Lambsdorff entworfene Papier, mit dem der Liberale 1982 einen Trennungsstrich zur SPD gezogen hatte. Zur Empörung der Gewerkschaften und der Opposition, aber auch der CDU-Sozialaus-schüsse, hatte Lambsdorff Einsparungen bei der Beamtenbesoldung und beim Arbeitslosengeld, eine Erhöhung der Renten- und Kranken-versicherungsbeiträge, die Abschaffung der Gewerbesteuer und gerin-gere Steuersätze für den Mittelstand gefordert. Schon damals ein Pro-gramm für »Besserverdienende«. Die Beitragserhöhungen, Kürzungen beim Kindergeld, bei der Kostenbeteiligung von Krankenhausaufent-halten und Kuren traten zum 1. Januar 1983 in Kraft.

Erfolge der Sparmaßnahmen wurden sichtbar, weil auch die Welt-konjunktur mitspielte. Die Inflationsrate sank bis 1986 auf 0,2 Prozent (1982: 5 Prozent), das Wirtschaftswachstum stieg 1983 wieder auf 2,5 Prozent (1982 minus 1 Prozent), und die Außenhandelsbilanz verzeich-nete Rekordergebnisse. Gescheitert war die Regierung aber an der wich-tigsten Frage: Die Arbeitslosigkeit blieb von der Aufwärtsentwicklung der Konjunktur nahezu unberührt. Im letzten Jahr der Regierung Schmidt hatte sie bei 7,5 Prozent gelegen, im ersten Regierungsjahr Kohls stieg sie auf 9,1 Prozent. Bis Ende 1989 blieb sie bei rund 9 Pro-zent. Im Schnitt waren in den ersten sieben Kohljahren permanent rund zwei Millionen Menschen arbeitslos.

Während sich in den USA und bei europäischen Nachbarn (Däne-mark, Niederlande) die Arbeitsmarktpolitik bemühte, Antworten auf die revolutionären industriellen Strukturveränderungen zu finden, die sich in den achtziger Jahren mit Macht durchzusetzen begannen, blieb die Bonner Politik nahezu bewegungslos. Obwohl seit Mitte der siebzi-ger Jahre deutlich war, daß Karl Schillers Konzepte einer antizyklischen

Konjunkturpolitik auf dem Arbeitsmarkt nicht mehr griffen, verkündeten die Bundesregierungen unverdrossen Wachstumsphilosophien, die
demnächst auch den Arbeitslosen zugute kommen würden. Sie übersahen, daß Konjunkturaufschwünge inzwischen zwar die Unterneh-
mensgewinne erhöhten und die Aktionäre beglückten, aber gleichzeitig
zu weiteren Entlassungen führten, die von den neugeschaffenen Arbeitsplätzen nicht ausgeglichen werden konnten. Der unumkehrbare
Weg in das Zeitalter der Computer und Mikrochips traf in der Industrie
den teuersten betriebswirtschaftlichen Faktor: den Menschen.

Nicht nur der Regierung fehlte in den achtziger Jahren die Kraft, konsequent durch eine tiefgreifende Steuerreform und eine Umschichtung
der öffentlichen Ausgaben (Bildungs- und Ausbildungsinvestitionen,
Forschungs- und Technologiesubventionen) Perspektiven in Richtung
einer privaten Dienstleistungs- und Kommunikationsgesellschaft zu
eröffnen. Auch die Interessensverbände – Gewerkschaften und Arbeitgeber, Bauern und Standesfunktionäre – weigerten sich, Einschränkun-
gen hinzunehmen. Die konservativ-liberale Koalition wurde mit ihrem
öffentlichen Credo, die richtigen Rezepte für eine ökonomische Zeitenwende zu besitzen, zunehmend unglaubwürdiger. Von ihrem wirtschaftspolitischen Anspruch blieb bald nur noch eine reine Industrie-
politik übrig.

In der Außenpolitik setzten Kohl und Genscher auf Kontinuität.
Auch die ostpolitischen Entscheidungen der Regierungen Brandt und
Schmidt stellten sie nicht in Frage. Was nach Kohls zurückhaltender
Kritik in den späten siebziger Jahren und angesichts der Tatsache, daß
Hans-Dietrich Genscher die Leitung des Außenministeriums behalten
hatte, nicht verwundert. Kohl bemühte sich um eine vorsichtige Fort-
setzung der Entspannungspolitik, die nach dem Einmarsch sowjetischer
Truppen in Afghanistan für die USA an Stellenwert verloren hatte. Es
gelang dem Kanzler, ein freundliches Verhältnis zu Präsident Reagan
aufzubauen, was die Beziehungen zu Washington nach den Turbulenzen zwischen Schmidt und Carter erheblich verbesserte. Reagan und
Kohl fanden sich in einem konservativen Weltverständnis, was das
gegenseitige Vertrauen stärkte. Der gegen die Stimmen von SPD und
Grünen und mit der Mehrheit der Regierungsparteien am 18./22. November 1983 gefällte Entscheidung des Bundestages, am NATO-Doppelbeschluß festzuhalten, war eine Botschaft an die USA, die dort gerne
gehört wurde. In den Monaten zuvor hatten die Massenkundgebungen

der Friedensbewegung einen neuen Höhepunkt erreicht, der Kanzler und sein Kabinett blieben davon jedoch unbeeindruckt. Die Balance zwischen Sicherheit und Entspannung war schon unter Brandt und Schmidt eine zentrale Prämisse der westdeutschen Außenpolitik gewesen, Kohl änderte daran nichts.

Im Vorfeld der Bundestagswahl vom Januar 1987 sah es trotz günstiger Konjunktur nicht gut aus für den Kanzler. Medien und Meinungsforschungsinstitute sagten ein Kopf-an-Kopf-Rennen voraus, zeitweise sahen sie sogar die Oppositionsparteien im Vorteil. Es kam anders. Kohl erwies enorme Wahlkämpferqualitäten. Geschickt verstand es die Union, allen voran der Kanzler, die Menschen im Lande aus dem Stimmungstief zu reißen, verkündeten den nächsten Aufschwung, der sich auch durch einige Wirtschaftsdaten belegen ließ. Die Union erreichte 44,3 Prozent, die FDP 9,1 Prozent. Kohl triumphierte auch gegenüber einer wachsenden Zahl innerparteilicher Zweifler. Die Grünen durften mit 8,3 Prozent hoffen, sich im Bundestag dauerhaft einzurichten. Die Sozialdemokraten (37 Prozent) suchten hingegen neuerliche Depressionen heim.

Die SPD hatte den Machtverlust von 1982 nach wie vor nicht verarbeitet, beschäftigte sich mehr mit sich selbst als mit der Regierung und erwies sich somit als treuer Wahlhelfer des Kanzlers. Hinter ihr lag ein Generationenwechsel in der Führung. Die drei Männer, die in den vergangenen fünfundzwanzig Jahren die Geschicke der Sozialdemokratie geprägt, sie nach Godesberg, dann in die große Koalition und schließlich an die Macht geführt hatten, waren aus der Politik ausgeschieden oder bestimmten sie – wie Willy Brandt – nur noch aus der Position des Patriarchen mit. Helmut Schmidt verließ nach seinem Sturz als Kanzler Bonn, schrieb Bücher, hielt Vorträge und wurde Herausgeber der »Zeit«. Herbert Wehner erklärte im Januar 1983 seinen Verzicht auf eine erneute Bundestagskandidatur und zog sich, zunehmend von Alter und Krankheit gezeichnet, zurück. Brandt blieb ein verehrter und integrativer Parteivorsitzender, aber in der Fraktion hatten jetzt andere das Wort.

Die »Enkel« konnten dieses personelle Vakuum nicht ausfüllen. Oskar Lafontaine, Björn Engholm, Rudolf Scharping oder Gerhard Schröder mußten sich erst noch in Landtagswahlen beweisen, und ihr Streben galt lange vor allem der Abwehr der innerparteilichen Konkurrenz. Hans-Jochen Vogel, einst höchster Amtsinhaber in München und

Westberlin, übernahm 1983 den Bonner Fraktionsvorsitz und trat als sozialdemokratischer Kanzlerkandidat 1987 gegen Kohl an. Ein solider, integrer Politiker, vier Jahre älter als der Kanzler und kein charismatischer Opponent.

Wehner hatte den Genossen nach dem Verlust der Regierungsmacht warnend und prophetisch zugerufen, es werde wohl fünfzehn Jahre dauern, bis sie wieder an die Macht zurückkehren würden. Viele in der Partei wollten es nicht hören. Daß die SPD im Bundestag gegen den NATO-Doppelbeschluß stimmte und versuchte, grüne Themen zu besetzen, verunsicherte viele traditionelle Sozialdemokraten. Die Parteilinken forderten den NATO-Austritt und die Streichung des Wiedervereinigungsgebotes im Grundgesetz. Ihre wirtschaftspolitischen Konzepte waren wenig durchdacht, verschreckten mit der sie begleitenden Verketzerung der Bezieher höherer Einkommen die gesellschaftliche Mitte, ohne die keine Mehrheiten zu erobern waren.

In welch desolatem Zustand sich die SPD befand, zeigte sich auf besonders groteske Weise beim Rücktritt Willy Brandts als Parteivorsitzenden im März 1987. Er hatte die parteilose Griechin Margarita Mathiopoulos als neue Sprecherin vorgeschlagen, woraufhin es in der SPD Proteste hagelte. Den Vorsitzenden erreichten aus der Partei ausländerfeindliche Briefe, andere wiesen auf den mangelnden »Stallgeruch« der in Deutschland aufgewachsenen Kandidatin hin, und viele störte, daß die junge Frau mit dem damaligen CDU-Referenten von Bundespräsident Richard von Weizsäcker, Friedbert Pflüger, verheiratet war. Brandt sprach zu Recht vom »Aufstand des Spießertums in der SPD« und gab sichtbar entnervt und verärgert auf. Hans-Jochen Vogel wurde sein Nachfolger. Die Sozialdemokraten merkten nicht einmal, auf welchem Niveau die innerparteiliche Diskussion angelangt war.

Ein Jahrzehnt des Stillstands schien es trotz aller lautstarker Proteste der Antiatom-, Friedens- oder Umweltbewegungen zu werden. Die politischen und gesellschaftlichen Aufbrüche der beiden Jahrzehnte zuvor wichen einer unübersehbaren Politikverdrossenheit. Richard von Weizsäcker, seit 1984 Bundespräsident, durchbrach die Ruhe hin und wieder durch nachdenkliche Grundsatzreden, wie in seiner vielbeachteten Ansprache zum vierzigsten Jahrestag der Kapitulation, als er von »Befreiung« und nicht von »Niederlage« sprach, was die »Stahlhelmer« in der Union empörte – intellektuelle Höhepunkte im ansonsten grauen Bonner Alltag.

Ironie der Geschichte: Im August 1989 – aus Ungarn strömten schon die ersten DDR-Flüchtlinge über die österreichische Grenze – war der Bundeskanzler innenpolitisch schwer angeschlagen. Kohl drohte zum ersten Mal ein gefährlicher Aufstand in den eigenen Reihen. Hintergrund war die Ankündigung des CDU-Vorsitzenden, sich von seinem seit zehn Jahren amtierenden Generalsekretär Heiner Geißler zu trennen. Eine seiner berüchtigten einsamen Personalentscheidungen, die den schon lange aufgestauten Unmut über die »Gutsherrenart«, mit der Kohl die Partei führte, offen ausbrechen ließ. Geißler stand in der Union für eine Position sozialer Behutsamkeit und hatte in der Vergangenheit immer wieder die vom Koalitionspartner FDP vorangetriebene Politik des Sozialabbaus harsch kritisiert. Niemand konnte überhören, daß der aufmüpfige Generalsekretär mit seinen Äußerungen auch den Kanzler meinte, der aus der Sicht vieler Christdemokraten die Dinge mehr und mehr treiben ließ. Wobei sie natürlich auch die Furcht plagte, mit einem Kandidaten in die kommende Bundestagswahl ziehen zu müssen, für den es schon seit geraumer Weile keine glanzvollen Imagewerte in den Umfragen mehr gab. Widerspruch in seiner engeren Umgebung beantwortete der Kanzler stets mit rüden Machtentscheidungen. So auch in diesem Fall.

Die Wellen schlugen hoch, es roch nach Verschwörung, und die Berichterstatter sahen mit Spannung dem bevorstehenden Bremer Parteitag der CDU entgegen. Die Gegenspieler des Kanzlers – Baden-Württembergs Ministerpräsident Lothar Späth und Kurt Biedenkopf, seit Jahren mit Kohl überworfen, galten als die treibenden Kräfte – hatten sogar indirekt angedroht, bei der Vorsitzendenwahl einen Gegenkandidaten zu präsentieren. Am Ende brach die Revolte kläglich in sich zusammen. Weder Späth noch Biedenkopf wagten sich auf dem Parteitag aus der Deckung. Geißler mußte gehen, und Kohl erwies sich einmal mehr als Überlebenskünstler. Dann kam der November 1989.

Der Kanzler hatte der DDR gegenüber die Politik seines Vorgängers fortgesetzt, aber es fiel ihm schwer. Noch 1982 erneuerte er die bereits von Helmut Schmidt ausgesprochene Einladung an Erich Honecker, um Kontinuität zu demonstrieren. Zweimal verschob der SED-Chef seine Visite, da der russische Afghanistaneinmarsch und die Raketendiskussion es Honecker wenig opportun erscheinen ließen, nach Bonn zu reisen. Der Kanzler war darüber nicht unglücklich und bezeichnete auf dem Deutschlandtreffen der CDU im Januar 1987 die DDR als Regime, das zweitausend »politische Gefangene in Gefängnissen und Konzentrationslagern hält«. Ostberlin protestierte gegen den Begriff »Konzentrationslager«, gleichwohl erklang neun Monate später im Park des Bundeskanzleramtes die DDR-Nationalhymne, am Fahnenmast flatterte die DDR-Flagge. Mit eisiger Miene stand Kohl neben Honecker und ließ die offizielle Begrüßungszeremonie für den ungeliebten Staatsgast über sich ergehen. Beim gemeinsamen Abendessen in der Godesberger Redoute erklärte Kohl: »Die Menschen in Deutschland leiden unter der Trennung. Sie leiden an einer Mauer, die ihnen buchstäblich im Wege steht und die sie abstößt.« Woraufhin die Fernsehzuschauer in West- und Ostdeutschland einen erstarrten Honecker beobachten konnten.

Entscheidend für die Entwicklungen ab Sommer 1989 waren die Ereignisse in der Sowjetunion, der wirtschaftliche Zusammenbruch der DDR und die im Zuge der neuen Ostpolitik über zwei Jahrzehnte hinweg entstandenen millionenfachen Kontakte zwischen den Menschen in West- und Ostdeutschland. 1987 durften bereits fünf Millionen DDR-Bürger in die Bundesrepublik reisen. Das im Osten empfangene Westfernsehen zeichnete ein Bild vom Leben und der Politik in der Bundesrepublik, das der verzerrten Darstellung der DDR-Propaganda vom »aggressiven Kapitalismus« wirkungsvoll widersprach.

Am 10. April 1987 erklärte Gorbatschow bei einem Besuch in Prag zum ersten Mal, die Sowjetunion erwarte nicht von jedem sozialistischen Land, daß es »uns kopiere«. Er wiederholte dies noch einige Male bei anderen Gelegenheiten. In Ungarn und Polen, bald auch in der Tschechoslowakei wurde dieses Signal deutlich vernommen. Im Mai 1989 begannen ungarische Einheiten die elektronischen Sicherheitszäune abzubauen, der »Eiserne Vorhang« war nach mehr als vierzig Jahren löchrig geworden. In der DDR setzte eine Massenflucht ein. Ende September hatten bereits über 32 000 Ostdeutsche die Grenze zwischen Ungarn und Österreich überquert. Bis Ende der ersten Novemberwoche waren es mehr als 225 000, die in die Bundesrepublik geflohen waren.

Bonn reagierte zurückhaltend auf das, was in der DDR geschah, ahnte noch nicht, mit welcher Geschwindigkeit sich die Dinge entwickeln sollten. Am 10. November, wenige Stunden nach der Öffnung der Mauer, rief Helmut Kohl den Menschen, die sich vor dem Schöneberger Rathaus versammelt hatten, zu: »Wir sind an eurer Seite. Wir sind eine Nation.« Moskau blieb die politische Brisanz, die hinter der Massenflucht stand, nicht verborgen. Mit der osteuropäischen Säule des Imperiums drohte das gesamte Gebäude einzustürzen. Gorbatschow konsultierte die drei Westmächte und versuchte, einen geregelten Übergang zu finden, in einem Augenblick, als seine eigene innenpolitische Macht höchst labil war. Militärführung und orthodoxe Nomenklatura standen kurz vor einer Rebellion, der Loslösungsprozeß der sowjetischen Republiken vom Moskauer Zentrum nahm bereits gefährliche Formen an. Auch die Sowjetunion stand vor dem wirtschaftlichen Bankrott, der ohne westliche Kredite unabwendbar war. Geschichte ist gelegentlich banal: Am Ende wurde die Einheit von Bonn gekauft. Die Milliardenkredite, die Gorbatschow bald forderte und Kohl zusagte, brachen den letzten Widerstand der Kremlführung gegen die Wiedervereinigung. Für Gorbatschow gab es nur die Alternative, Devisen aus der Bundesrepublik zu beschaffen oder dem eigenen politischen Untergang entgegenzusehen.

Frankreich, Großbritannien und Italien blickten zurückhaltend bis ablehnend auf die Entwicklungen in Deutschland. Ihre Furcht vor einem neuen, nicht mehr kontrollierbaren Koloß in der Mitte Europas wurde von François Mitterrand, Margaret Thatcher und Giulio Andreotti öffentlich formuliert. Aus Sicht der Nachbarn drohte im Falle einer Wiedervereinigung die nach dem Zweiten Weltkrieg mühsam errichtete europäische Kräftebalance auseinanderzubrechen. Entscheidend für die kommenden Monate aber war die Haltung Washingtons. Präsident Bush unterstützte den Weg zur Einheit, sah darin das Ende der Macht des europäischen Kommunismus, den die USA jahrzehntelang bekämpft hatten. Bedingung des amerikanischen Präsidenten für ein Zusammengehen der beiden deutschen Staaten war allerdings die weitere Einbindung Deutschlands in das westliche Staaten- und Bündnissystem.

Als bei den Demonstrationen in der DDR der Ruf nach »Deutschland, einig Vaterland« immer lauter wurde, die Fluchtwelle anhielt und es immer fraglicher wurde, wie lange das Land überhaupt noch lebensfähig sein würde, mußte die Bundesregierung handeln. Außenminister Genscher erklärte am 13. November bei einer Sitzung der Westeuropäischen Union in Brüssel, Bonn werde keinen »nationalen Alleingang« unternehmen.

Bonn agierte umsichtig. Erst als Gorbatschow sich am 15. November in einer öffentlichen Rede für eine »Wiedervereinigung« Deutschlands aussprach und wenig später Nikolai Portugalow, Deutschlandexperte des Kreml, bei einem Besuch im Kanzleramt ebenfalls diese Möglichkeit andeutete, nahm das Kabinett das Heft des Handelns energisch in die Hand. Am 28. November legte Helmut Kohl im Bundestag seinen Zehn-Punkte-Katalog vor. Es war ein Stufenplan, der von einer langen zeitlichen Perspektive ausging und an dessen Ende die Zusammenführung der beiden Staaten stehen sollte. Zu diesem Zeitpunkt rechnete noch niemand in Bonn mit einer raschen Einheit, Kohls Vorschlag lief auf eine Konföderation hinaus. Die SPD stimmte dem Programm zu, allerdings machte ihr Fraktionsvorsitzender Hans-Jochen Vogel den Vorbehalt, die Menschen in der DDR müßten über ihre Zukunft selbst entscheiden. Die Einheit, so ließ Vogel wissen, stehe ohnehin noch nicht auf der Tagesordnung. Die Grünen lehnten die Vorschläge des Bundeskanzlers ab.

In Ostberlin geriet die Regierung Modrow von Tag zu Tag mehr unter Druck. Die Menschen demonstrierten weiter, die Forderung nach Wiedervereinigung wurde immer unüberhörbarer. Bei einem Treffen mit Kohl verlangte Modrow für 1990 einen Fünfzehn-Milliarden-Kredit, um den ökonomischen Zusammenbruch der DDR zu verhindern. Die Zusammenkunft fand am 19. Dezember in Dresden statt. Weihnachtsstimmung lag über der Stadt, und als der Kanzler vor einer riesigen jubelnden Menge sprach, auf das Meer der schwarz-rot-goldenen Fahnen blickte, wurde ihm, wie er selbst später immer wieder betonte, erst das ganze Ausmaß der Veränderung in der DDR bewußt. Das Gespräch mit Modrow brachte nicht viel. Der Kanzler sah im DDR-Ministerpräsidenten einen Repräsentanten der alten Macht, mit dem es bald nichts mehr zu verhandeln geben würde.

Eine Konföderation oder die von Modrow ins Spiel gebrachte Vertragsgemeinschaft besaßen angesichts des Autoritätsverlustes der Regierung in Ostberlin kaum noch eine realistische Chance. Die Menschen in der DDR, das zeigten auch erste Umfrageuntersuchungen, verlangten mit überwältigender Mehrheit die Wiedervereinigung. Und dies sollte die Entscheidungen der Weltpolitik schließlich stärker bestimmen als alle Bedenken und Ängste, die Deutschlands Nachbarn und Verbündete hegten. Die Vorschläge Modrows stießen in Bonn zudem auch deshalb auf Skepsis, weil sie die Forderung enthielten, das künftige Deutschland müsse neutral bleiben.

Der Bonner Regierung wurde immer deutlicher, daß die Bundesrepublik den Verfall der DDR-Wirtschaft, der sich durch die Fluchtbewegung und die Streiks ungeheuer beschleunigte, zu tragen haben würde, gleichgültig welches völkerrechtliche Konstrukt sich am Ende des Prozesses herauskristallisierte. Die Frage einer Wirtschafts- und Währungsunion zwischen beiden Staaten drängte. Am 6. Februar 1991 kündigte Kohl die Einführung der D-Mark in der DDR an. Ein geschickter Schachzug des CDU-Vorsitzenden, denn am 18. März standen die vorgezogenen Volkskammerwahlen an, auf die sich die verschiedenen politischen Gruppierungen am Runden Tisch geeinigt hatten. Die Bundesbank plädierte für ein Umtauschverhältnis von 2 : 1 oder 3 : 1, was stabilitätspolitisch vernünftig gewesen wäre, doch Kohl entschied sich für einen Kurs von 1:1.

Umfragen sagten zunächst der SPD einen großen Vorsprung voraus, und Helmut Kohl weigerte sich lange, mit den CDU-»Blockflöten« zusammenzuarbeiten. Dann entschloß sich die Union, gemeinsam mit den konservativen Gruppierungen»Demokratischer Aufbruch« und der »Deutschen Sozialen Union« eine »Allianz für Deutschland« zu bilden. Die SPD beging taktisch einen kapitalen Fehler, als sie im Bundestag vor der von Kohl angekündigten Wirtschafts- und Währungsunion warnte. Die DDR-Wähler vergaßen dies nicht. Die »Allianz für Deutschland« erhielt 48,5 Prozent der Stimmen, die SPD landete bei 21,8 Prozent. Das »Bündnis 90«, in dem sich viele DDR-Bürgerrechtsgruppen gesammelt hatten und das von den westdeutschen Grünen unterstützt wurde, blieb mit 2,9 Prozent weit abgeschlagen. Die PDS, Nachfolgerin der SED, erreichte 16,3 Prozent. Eine eindeutige Entscheidung, die bereits Zeichen für die kommenden Bundestagswahlen setzte.

Das Rennen war gelaufen. Auch Deutschlands Nachbarn zeigten sich vom Wahlergebnis beeindruckt. Die Ostdeutschen wollten einen gemeinsamen Staat. Jede andere Lösung, dem konnten sich die europäischen Mächte nicht verschließen, hätte die Zukunft der Nation unkalkulierbar gemacht, die in der Vergangenheit so viel Unruhe und Unglück über den Kontinent gebracht hatte. Mitterrand handelte klug, seinen Widerstand erst aufzugeben, als er sicher war, daß das neue Deutschland fest in die EG eingebunden blieb. Er vereinbarte mit dem Bundeskanzler sogar die Erweiterung und Vertiefung der EG, was Kohls Plänen entgegenkam. So wurde die Wiedervereinigung auch zur Geburtsstunde des Vertrags von Maastricht.

Schicksalstage: Helmut Kohl und Hans Dietrich Genscher bei Michael Gorbatschow im Kaukasus.

Am 28. April gaben die Staats- und Regierungschefs der EG bei ihrer Konferenz in Dublin ihre Zustimmung. Jetzt ging es im Grunde nur noch darum, in welcher Form und unter welchen Bedingungen die Deutschlandvorbehalte der vier Siegermächte aufgehoben werden sollten.

Außenminister Genscher gelang es, in teilweise schwierigen Verhandlungen schließlich die »Zwei-plus-Vier«-Gespräche durchzusetzen. Neben den einstigen Besatzungsmächten saßen nur noch Bonn und Ostberlin am Konferenztisch. Alle anderen ehemaligen Kriegsgegner Deutschlands wurden auf Drängen Bonns ausgeschlossen, um uferlose Verhandlungen zu vermeiden. Besonders Warschau hatte eine Teilnahme erhofft, denn die Frage der Oder-Neiße-Grenze löste bei den aus leidvoller historischer Erfahrung mißtrauischen Polen tiefe Sorgen aus. Der Kanzler hatte ihnen mit seinem wahltaktischen Verhalten dazu neuen Anlaß geboten. Bei seinem Besuch in Warschau hatte er sich geweigert, die Garantie für Polens Westgrenze noch einmal ausdrücklich zu wiederholen. Dies könne nur eine neue gesamtdeutsche Regierung tun, argumentierte er. Es ging ihm, wie es in der Union hieß, darum, den Rechtsradikalen im eigenen Land keine Wahlkampfmunition zu liefern – eine unsouverän wirkende Geste, die erneut daran erinnerte, daß dem Kanzler das historische Gespür auch schon bei anderen Gelegenheiten abhanden gekommen war.

Die deutsche NATO-Zugehörigkeit, gegen die Moskau sich gewehrt hatte, trotzte Kohl einem innenpolitisch geschwächten Gorbatschow ab, indem er die Kreditwünsche der Sowjetunion weitgehend erfüllte. Zur Verbesserung des politischen Klimas zwischen beiden Staaten hatte die Bundesrepublik schon Anfang des Jahres mit umfangreichen Getreidelieferungen beigetragen.

Bei Kohls Kaukasusbesuch am 15./16. Juli wurde nur noch vollzogen, was bereits entschieden war. Moskau billigte die deutsche Einheit, sagte den Abzug aller sowjetischen Truppen aus dem Gebiet der DDR zu und gab seine Widerstände gegen die NATO-Mitgliedschaft ganz Deutschlands auf. Die Deutschen waren am Ziel. Im »Staatsvertrag«, den Bonn und Ostberlin unterschrieben, wurde die Wirtschafts-, Währungs- und Sozialunion beschlossen, im »Einigungsvertrag« die komplette Übernahme der DDR in die Bundesrepublik zum 3. Oktober 1991 vereinbart. Der Sieg der Bonner Diplomatie hätte nicht vollkommener sein können.

Am 12. September 1990 unterzeichneten die Außenminister der »Zwei-plus-Vier«-Konferenz in Moskau das Abschlußdokument. Deutschland war nach fünfundvierzig Jahren wieder souverän, Europa erlebte eine seiner seltenen Sternstunden. Die Vernunft – der wirtschaftliche und politische Zwänge und der Zusammenbruch eines Weltreichs energisch auf die Sprünge halfen – hatte zu einer Lösung geführt, die die Völker aussöhnte und nicht erneut verfeindete. Und dies war nicht zuletzt ein Triumph der Demokratien.

EPILOG

Wenige Monate vor der Jahrtausendwende herrschte bei den deutschen Möbelspediteuren Hochkonjunktur. Ein Parlament zog um, die Macht wechselte ihren Standort. Abschied nahm der Bundestag von der idyllischen Rheinlandschaft und brach auf an die Spree. Am 20. Juni 1991 hatten sich die Abgeordneten mit knapper Mehrheit für Berlin entschieden. Die ehemalige Hauptstadt Wilhelms II., der gescheiterten Weimarer Republik, Hitlers und Ulbrichts sollte künftig auch das politische Zentrum der wiedervereinigten Deutschen sein. Das historische Gedächtnis von Politikern ist in der Regel kurz.

Bonn ist Provinz, und das hat den Westdeutschen gut getan. Dem ausländischen Gast, der im Bahnhof der Stadt aus dem Zug stieg oder vom Köln-Bonner Flughafen kommend den Blick auf die Rheinhöhen warf, den befiel kaum die Sorge, hier könnten Großmachtträume entstehen. Westberlin spielte vier Jahrzehnte eine Sonderrolle, und die wirklichen Metropolen, das waren bis zum Ende des Jahrhunderts Hamburg, München, Frankfurt oder Stuttgart gewesen. Da ließ es sich in Bonn schwerlich zu Höhenflügen abheben – den Volksvertretern wurde spätestens beim Bummel über Bonns beschaulichen Marktplatz bewußt, daß politische Macht endlich ist.

In Berlin wüten die Bagger, Baukräne zieren das Panorama der Stadt. Regierungspaläste entstehen auf märkischem Sandboden. Den Reichstag überragt eine Glaskuppel, und das ist in der neuen alten Metropole auch schon beinahe die einzige gelungene architektonische Tat. Gigantomanie macht sich wieder breit. Als es indes darum ging, wie denn der wiedergefundene Parlamentssitz heißen sollte, da trauten sich die Abgeordneten nicht, den Namen zu wählen, der Deutschlands einzige erfolgreiche Demokratieversammlung bezeichnet: »Deutscher Bundestag«. Bleibt nur zu hoffen, daß sie nicht auch so ängstlich mit ihrer Erinnerung an Bonn umgehen, vieles mitnehmen vom rheinischen Pragmatismus in das preußische, häufig so verklemmt selbstbewußte Berlin.

Es ist nicht so schlimm gekommen, wie manche Pessimisten befürchteten. Die deutsche Großmannssucht hält sich nach der Wiedervereinigung in Grenzen. Einige Publizisten und geschichtsblinde Historiker greifen zwar zur Feder, beklagen die »Machtvergessenheit« ihrer Landsleute und fordern, die deutsche Diplomatie möge sich bitteschön bei ihren internationalen Konferenzauftritten an der Größe und ökonomischen Kraft ihres Staates orientieren. Wichtiger ist aber, daß der Kanzler Europäer bleibt und den Prozeß der Integration der Gemeinschaft vorwärtstreibt.

Die Landschaften in den neuen Bundesländern blühen zwar nicht, wie Helmut Kohl in völliger Verkennung der ökonomischen Probleme, die die Einheit nach sich zog, vollmundig tönte. Wer jedoch zehn Jahre nach dem Fall der Mauer durch Sachsen, Sachsen-Anhalt, Thüringen, Mecklenburg-Vorpommern oder Brandenburg fährt, der sieht deutlich, was sich verändert hat.

Außenpolitisch steht die Bundesrepublik vor einer neuen Situation. Sie rückt wieder in ihre alte geopolitische Lage: der wirtschaftlich und nach der Zahl der Bevölkerung mächtigste Staat in Europa, in dessen Mitte er liegt. Deutschland ist für die osteuropäischen Staaten und für die Sowjetunion zum wichtigsten Partner geworden, die lebensrettende Brücke zum Westen. Ohne politische Unterstützung und wirtschaftliche Hilfe der deutschen Politik werden sich die Länder im Osten nicht von den schweren ökonomischen und sozialen Lasten befreien können, die das rote Imperium hinterlassen hat. Einige nationale Töne der neuen rot-grünen Regierung irritieren angesichts der Herausforderungen, vor denen Deutschland gegenüber der Europäischen Union und den Ländern des Ostens steht.

In der Innenpolitik ging es nach der Einheit bald weiter, wie es in den achtziger Jahren aufgehört hatte. Der Kanzler siegte 1994 zur Überraschung der Meinungsforscher und der Opposition noch einmal und freute sich in den kommenden Jahren ideenlos am Machterhalt. Die CDU wurde wie zu Zeiten des seligen Konrad Adenauer erneut zum »Kanzlerwahlverein« degradiert. Bei den Sozialdemokraten übernahmen die »Enkel« die Führung und taten so, als ob die Zukunft des Landes einzig davon abhinge, wer von ihnen im parteiinternen Gemeuchel am Ende Sieger blieb. Die Freien Demokraten wurden zu einer Filiale der Union, und als Hans-Dietrich Genscher das Außenministerium verließ, hofften sie nur noch auf die »Besserverdienenden«. Die Grünen

blieben vereinigungsgeschädigt. Ihr Mißtrauen gegen das neue »Groß-
deutschland« nahmen die Wähler übel. Die Partei der Jungwähler ist sie
zudem schon lange nicht mehr. Die grüne Führungsriege kommt in die
Jahre, und seit neuestem bestimmt das Regierungssein bei ihnen das
Protestbewußtsein. Die PDS vereint im Osten überaus erfolgreich die
alte Garde und die kapitalismusgeschädigten Neubundesrepublikaner.
Im Westen des Landes bleibt sie bislang ein Randphänomen.

Der innergesellschaftliche Friede wurde in den Neunzigern brüchig.
In Deutschland brannten Asylantenheime. Die konservativen Parteien
schürten die Ausländerfeindlichkeit und scheuten auch nicht davor
zurück, ein moralisches Fundament des Grundgesetzes zu demontieren,
das Recht auf politisches Asyl. Es gehört beinahe zum deutschen Alltag,
daß rechtsradikale Jugendliche farbige Mitbürger jagen und zusammen-
schlagen, manchmal mit tödlichem Ausgang. Fünfzig Jahre nach Krieg
und Trümmern ein reiches, aber ratloses Land.

1998 hatten selbst die langmütigen Wähler genug von dem massigen
und politisch immer unbeweglicheren Mann im Kanzleramt. Sie wählten die Opposition, Gerhard Schröder ist nun Kanzler. Joschka Fischer
als Hausherr im exklusiven Außenministerium – das hätte selbst der ver-
wegenste Frankfurter Hausbesetzer zwanzig Jahre zuvor als Treppenwitz
der Geschichte belächelt. Die Zeiten haben sich geändert.

Unter einer rot-grünen Koalition ziehen erstmals seit fünfzig Jahren
wieder deutsche Soldaten in den Krieg. Der Balkan verdeutlicht den
entsetzten und lange handlungsunfähigen Europäern, an welch dünnen
Fäden der Friede auf dem Kontinent hängt. Szenen aus dem Dreißigjährigen Krieg wiederholten sich in Bosnien, dann im Kosovo. Angesichts der systematischen Zerstörung der serbischen Infrastruktur durch
den NATO-Einsatz tröstet es nur wenig, daß die Deutschen erstmals seit
einhundertsiebzig Jahren auf der »guten« Seite kämpfen. Schröder und
Fischer haben entscheidend zur Beendigung der Massaker an den Ko-
sovo-Albanern und zum Bombenstopp der NATO beigetragen. Die
Deutschen reagierten nicht mit chauvinistischer und militaristischer
Attitüde auf den Einsatz der Bundeswehrtornados, sondern mit bestürz-
tem Zweifel. Fünfzig Jahre Demokratie und Friede zeigten ihre Wirkung. Fast vergessen war in diesen Kriegsmonaten allerdings, daß 1991
mit der – gegen den Rat der westlichen Verbündeten erfolgten – Anerkennung Sloweniens und Kroatiens durch die Regierung Kohl/Gen-
scher die Lunte an das Pulverfaß im auseinanderstrebenden Jugoslawien

gelegt wurde. Ein fataler Fehler, dem die voraussehbaren Greueltaten in Bosnien folgten.

Geblieben ist die Arbeitslosigkeit. Sie hat sich seit Jahren im Bereich der Viermillionenmarke eingependelt, und die politischen Akteure sind ratlos. Besonders hart trifft die Arbeitsplatzvernichtung die Bevölkerung in den neuen Bundesländern. Regionen mit 20 bis 25 Prozent Arbeitslosen sind hier keineswegs die Ausnahme. Die erste Begegnung mit der Demokratie besitzt so für viele Bürger der ehemaligen DDR einen bitteren Beigeschmack. Aber auch im Westen müssen die Menschen nicht nur mit hoher Arbeitslosigkeit, sondern auch mit sinkenden Realeinkommen leben. Ganze Berufszweige gehen unter, die postindustrielle Revolution frißt ihre eigenen Kinder. Immer mehr Arbeitnehmer gehen vorzeitig in den Ruhestand, die Zahl der Rentner wächst, und die Kassen leeren sich. Die Staatsverschuldung hat schwindelerregende Dimensionen erreicht.

Gigantische Unternehmensfusionen werden vollzogen, und niemand weiß, wann im lukrativen, globalen Monopoly Größe in Untergang umschlägt. Riesige, nach Zinsgewinn suchende Geldströme wandern durch die internationale Börsen- und Bankenwelt, und keine Regierung kann sie mehr kontrollieren. In Asien hinterlassen sie bereits eine breite Spur der Zerstörung.

Am Ende des Jahrhunderts individualisiert sich die deutsche Gesellschaft. In den Großstädten leben inzwischen bis zu 50 Prozent der Einwohner als Singles. Immer mehr Paare verzichten auf den bindenden Trauschein, und die Zahl der Geburten geht zurück. Gewerkschaften und Kirchen konstatieren seit Jahren einen starken Mitgliederschwund. Eine entsolidarisierte Gesellschaft, in der das Internet zur einsamen, aber auch faszinierenden Begegnung mit der Welt wird. Die Republik ist im einundzwanzigsten Jahrhundert angekommen. Alles ist offen.

NACHWORT

Es war nicht meine Absicht, ein »wissenschaftliches« Buch zu schreiben. Aber ohne die Arbeiten der Zeitgeschichtler, Soziologen, Germanisten oder Kulturforscher, die sich mit der deutschen Geschichte des neunzehnten und zwanzigsten Jahrhunderts auseinandergesetzt haben, wäre es mir nicht möglich gewesen, dieses Land und seine Entwicklungen darzustellen.

Dieses Buch hat ein »Wessie« geschrieben. Ich bin in der Bundesrepublik aufgewachsen, habe hier gelebt und gearbeitet. Als journalistischer Kommentator oder Berichterstatter begleite ich die politischen Entwicklungen in meinem Land seit drei Jahrzehnten – nicht nur als mehr oder weniger engagierter Bürger, sondern auch aus beruflichen Gründen. Beim Schreiben dieses Buches wurde mir nicht ohne Staunen bewußt, wie kritisch ich viele aktuelle Ereignisse in den vergangenen Jahren gesehen und beschrieben habe und wie im großen und ganzen gelungen sich am Ende des Jahrhunderts die Geschichte des deutschen Weststaates im Rückblick präsentiert. Der wenig Wohlgesinnte mag darin die hohe Irrtumsquote der Tagesschreiber erkennen. Aber vielleicht ist es auch ein Hinweis darauf, daß nicht jede politische Fehlleistung automatisch die Folgen haben muß, die wir journalistischen Kassandras beschwören.

Die DDR habe ich zum ersten Mal 1960 besucht. Bis zur Öffnung der Mauer folgten noch viele berufliche und später auch private Reisen in das andere Deutschland. Kontakte ergaben sich, einige Male sogar Lesungen, aber die DDR blieb mir ein fremdes Land, denn ich habe dort nicht gelebt. Einige Bewertungen, die in dieses Buch eingeflossen sind, beruhen jedoch auf persönlichen Einblicken und Gesprächen und einer über all die Jahre hinweg anhaltenden Beschäftigung mit historischen und literarischen Werken, die von DDR-Autoren stammen. Auch ich gehörte zu denen, die nicht geahnt haben, daß sie die Wiedervereinigung noch miterleben würden. Aber ich sah im Gegensatz zu vielen Politikern oder Kollegen, denen ich begegnet bin, in der Einheit Deutschlands nie eine nationale Schlüsselfrage. Wie jedem Demokraten war mir die SED-Diktatur verhaßt, aber ich habe meine Skepsis gegenüber dem Nationalstaatdenken auch nicht verlieren können, als die Mauer sich öffnete.

Zu danken habe ich dem zuverlässigen und wissenden Lektor des Manuskripts, Marcus Reckewitz, sowie Klaus Eck und Johannes Jacob vom Bertelsmann Verlag, die dieses Buch wollten und mit viel Geduld begleitet haben. Mein Dank gilt aber vor allem meiner Tochter Judith von Sternburg, deren Ratschläge und Einwände nicht weniger wichtig waren als die immer freundliche und nie verzagende Ermunterung in dunklen Stunden der Überlastung und Zweifel.

Wiesbaden, im Juli 1999   Wilhelm von Sternburg

AUSWAHLLITERATUR

Aus der kaum noch überschaubaren Fülle von Literatur über die deutsche Geschichte im ausgehenden neunzehnten und zwanzigsten Jahrhundert ist hier für den interessierten Leser nur eine kleine Auswahl in der Regel neuerer Veröffentlichungen aufgeführt. Einige wichtige Memoiren und Tagebücher von Zeitgenossen sind ebenfalls genannt. Es handelt sich um Arbeiten, die in besonderem Maße für dieses Buch benutzt wurden.

1. Das Kaiserreich

Prinz Max von Baden: Erinnerungen und Dokumente, Stuttgart-Berlin-Leipzig 1927

Theobald von Bethmann Hollweg: Betrachtungen zum Weltkriege, Essen 1989

Bernhard Fürst von Bülow: Denkwürdigkeiten. 4 Bde., Berlin 1930/31

Gert Fesser: Reichskanzler Bernhard Fürst von Bülow. Eine Biographie, Berlin 1991

Fritz Fischer: Griff nach der Weltmacht, Düsseldorf 1961

Fritz Fischer: Krieg der Illusionen, Düsseldorf 1969

Lothar Gall: Bismarck. Der weiße Revolutionär, Frankfurt 1980

Lothar Gall: Europa auf dem Weg in die Moderne, München 1984

Willibald Gutsche: Aufstieg und Fall eines kaiserlichen Reichskanzlers. Theobald von Bethmann Hollweg 1856–1921. Ein politisches Lebensbild, Berlin 1973

Immanuel Geiss: Der lange Weg in die Katastrophe, München 1990

Helga Grebing: Arbeiterbewegung, München 1985

Dieter Groh/Peter Brandt: »Vaterlandslose Gesellen«, München 1992

Klaus Hildebrandt: Das vergangene Reich. Deutsche Außenpolitik von Bismarck bis Hitler 1871–1945, Stuttgart 1995

Eric J. Hobsbawm: Das imperiale Zeitalter 1875–1914, Frankfurt 1989

Robert K. Massie: Die Schalen des Zorns. Großbritannien, Deutschland und das Heraufziehen des Ersten Weltkrieges, Frankfurt 1993

Wolfgang Michalka (Hrsg.): Der Erste Weltkrieg, München 1994

Wolfgang J. Mommsen: Der autoritäre Nationalsstaat, Frankfurt 1990

Wolfgang J. Mommsen: Das Ringen um den nationalen Staat, Frankfurt 1993

Thomas Nipperdey: Deutsche Geschichte 1866–1918. 2 Bde., München 1990/92

Otto Pflanze: Bismarck. 2 Bde.: Bd. 1: Der Reichsgründer, Bd. 2: Der Reichskanzler, München 1997/98

John C.G. Röhl: Wilhelm II. Bd. 1: Die Jugend des Kaisers 1859–1888, München 1993

John C.G. Röhl: Kaiser, Hof und Staat. Wilhelm II. und die deutsche Politik, München 1987

John C.G. Röhl (Hrsg.): Philipp Eulenburgs politische Korrespondenz. 3 Bde., Boppard am Rhein 1976/83

Wilhelm von Sternburg (Hrsg.): Die deutschen Kanzler. Von Bismarck bis Kohl, Berlin 1999

Hans-Ulrich Wehler: Bismarck und der Imperialismus, Köln 1969

Hans-Ulrich Wehler: Das Deutsche Kaiserreich 1917–1918, Göttingen 1973

Hans-Ulrich Wehler: Deutsche Gesellschaftsgeschichte. Bd. 3: Von der »Deutschen Doppelrevolution« bis zum Beginn des Ersten Weltkrieges 1849–1914, München 1995

Hans-Peter Ullmann: Das Deutsche Kaiserreich 1871–1918, Frankfurt 1995

Volker Ullrich: Die nervöse Großmacht. Aufstieg und Untergang des Deutschen Kaiserreichs 1871–1918, Frankfurt 1997

Theodor Wolff: Tagebücher 1914–1919. 2 Bde., Boppard am Rhein 1984

2. Die Weimarer Republik

Wolfgang Benz/Hermann Graml (Hrsg.): Biographisches Lexikon zur Weimarer Republik, München 1988

Peter Berglar: Walther Rathenau. Ein Leben zwischen Philosophie und Politik, Graz-Wien-Köln 1987

Eduard Bernstein: Die deutsche Revolution von 1918/19. Geschichte der Entstehung und ersten Arbeitsperiode der deutschen Republik, Bonn 1998

Karl Dietrich Bracher: Die Auflösung der Weimarer Republik, Königstein 1978

Karl Dietrich Bracher/Manfred Funke/Hans-Adolf Jacobsen (Hrsg.): Die Weimarer Republik 1918–1933. Politik, Wirtschaft, Gesellschaft, Düsseldorf 1987

Martin Broszat: Die Machtergreifung. Der Aufstieg der NSDAP und die Zerstörung der Weimarer Republik, München 1984

Heinrich Brüning: Memoiren 1918–1934, Stuttgart 1970

Karl Dietrich Erdmann/Hagen Schulze (Hrsg.): Weimar. Selbstpreisgabe einer Republik, Düsseldorf 1984

Theodor Eschenburg: Die Republik von Weimar. Beiträge zur Geschichte einer improvisierten Demokratie, München 1984

Klaus Gietinger: Eine Leiche im Landwehrkanal. Die Ermordung der Rosa L., Berlin 1995

Jost Hermand/Frank Trommler: Die Kultur der Weimarer Republik, München 1978

Inge Jens: Dichter zwischen rechts und links. Die Geschichte der Sektion für Dichtkunst an der Preußischen Akademie der Künste, Leipzig 1994

Harry Graf Kessler: Tagebücher 1918–1937, Frankfurt 1961

Ullrich Kluge: Die Revolution von 1918/19. Staat, Politik und Gesellschaft zwischen Weltkrieg und Kapp-Putsch, Frankfurt 1985

Peter Krüger: Die Außenpolitik von Weimar, Darmstadt 1985

Wolfgang Michalka und Gottfried Niedhart (Hrsg.): Deutsche Geschichte 1918–1933. Dokumente zur Innen- und Außenpolitik, Frankfurt 1992

Hans Möller: Weimar. Die unvollendete Demokratie, München 1985

Hans Mommsen: Die verspielte Freiheit. Der Weg der Republik von Weimar in den Untergang 1918 bis 1933, Berlin 1989

Detlev J.K. Peukert: Die Weimarer Republik. Krisenjahre der klassischen Moderne, Frankfurt 1987

Arthur Rosenberg: Entstehung und Geschichte der Weimarer Republik, Frankfurt 1961

Wolfgang Ruge: Weimar. Republik auf Zeit, Köln 1983

Hagen Schulze: Weimar. Deutschland 1917–1933, Berlin 1982

Hagen Schulze: Otto Braun oder Preußens demokratische Sendung. Eine Biographie, Frankfurt-Berlin-Wien 1977

Wilhelm von Sternburg: »Es ist eine unheimliche Stimmung in Deutschland.« Carl von Ossietzky und seine Zeit, Berlin 1996

Gustav Stresemann: Vermächtnis. Der Nachlaß in drei Bänden, Berlin 1932/33

Michael Stürmer (Hrsg.): Die Weimarer Republik. Belagerte Civitas, Königstein 1980

Heinrich August Winkler: Arbeiter und Arbeiterbewegung in der Weimarer Republik, 3 Bde.: Bd. 1: Von der Revolution zur Stabilisierung 1918 bis 1924, Bd. 2: Der Schein der Normalität 1924 bis 1930, Band 3: Der Weg in die Katastrophe 1930 bis 1933, Berlin-Bonn 1984/1987

Heinrich August Winkler: Weimar 1918–1933, München 1995

Peter-Christian Witt: Friedrich Ebert. Parteiführer, Reichskanzler, Volksbeauftragter, Reichspräsident, Bonn 1987

3. Das Dritte Reich

Götz Aly: »Endlösung«. Völkerverschiebung und der Mord an den europäischen Juden, Frankfurt 1995

Horst Bog u.a. (Hrsg.): Die Welt im Krieg. 1941–1943. 2 Bde., Frankfurt 1992

Joachim C. Fest: Hitler. Eine Biographie, Frankfurt-Berlin-Wien 1973

Joachim C. Fest: Staatsstreich. Der lange Weg zum 20. Juli, Berlin 1994

Hermann Graml: Europas Weg in den Krieg. Hitler und die Mächte 1939, München 1990

Ludolf Herbst: Das nationalsozialistische Deutschland 1933–1945. Die Entfesselung der Gewalt: Rassismus und Krieg, Frankfurt 1996

Raul Hilberg: Die Vernichtung der europäischen Juden. 3 Bde., Frankfurt 1990

Klaus Hildebrandt: Das Dritte Reich, München 1991

Eberhard Jäckel: Hitlers Herrschaft. Vollzug einer Weltanschauung, Stuttgart 1986

Ulrich Herbert: Best. Biographische Studien über Radikalismus, Weltanschauung und Vernunft. 1903–1989, Bonn 1996

Ian Kershaw: Hitler 1889–1936, Stuttgart 1998

Victor Klemperer: Ich will Zeugnis ablegen bis zum Letzten. Tagebücher 1933–1945. 2 Bde., Berlin 1995

Wolfgang Sofsky: Die Ordnung der Terrors: Das Konzentrationslager, Frankfurt 1993

Wilhelm von Sternburg: Warum wir? Die Deutschen und der Holocaust, Berlin 1996

Hans-Ulrich Thamer: Verführung und Gewalt. Deutschland 1933–1945, Berlin 1986

4. Die DDR

Timothy Garton Ash: Im Namen Europas. Deutschland und der geteilte Kontinent, München 1993

Bernd-Rainer Barth u.a. (Hrsg.): Wer war Wer in der DDR. Ein biographisches Handbuch, Frankfurt 1995

Peter Bender: Unsere Erbschaft. Was war die DDR – was bleibt von ihr? Hamburg 1992

Günter de Bruyn: Vierzig Jahre. Ein Lebensbericht, Frankfurt 1996

Ernst Elitz: Sie waren dabei. Ost-deutsche Profile von Bärbel Bohley zu Lothar de Maizière, Stuttgart 1991

Wolfgang Engler: Die Ostdeutschen. Kunde von einem verlorenen Land, Berlin 1999

Jan von Flocke/Michael F. Scholz: Ernst Wollweber. Saboteur. Minister. Unperson, Berlin 1994

Günter Grass: Deutscher Lastenausgleich. Wider das dumpfe Einheitsgebot. Reden und Gespräche, Berlin 1990

Joachim-Rüdiger Groth: Widersprüche. Literatur und Politik in der DDR 1949–1989. Zusammenhänge. Werke. Dokumente, Frankfurt 1994

Peter Guth: Wände der Verheißung. Zur Geschichte der architekturbezogenen Kunst in der DDR, Leipzig 1995

Christoph Hein: Die Mauern von Jerichow. Essays und Reden, Berlin 1996

Andreas Herbst/Winfried Ranke/Jürgen Winkler: So funktionierte die DDR. 3 Bde., Reinbek 1994

Stefan Heym: Nachruf, München 1988

Manfred Jäger: Kultur und Politik in der DDR 1945–1990, Köln 1994

Markus Jodl: Amboß oder Hammer? Otto Grotewohl. Eine politische Biographie, Berlin 1997

Matthias Judt (Hrsg.): DDR-Geschichte in Dokumenten. Beschlüsse, Berichte, interne Materialien und Alltagszeugnisse, Bonn 1998

Hartmut Kaelble/Jürgen Kocka/Hartmut Zwahr (Hrsg.): Sozialgeschichte der DDR, Stuttgart 1994

Victor Klemperer: So sitze ich denn zwischen allen Stühlen. Tagebücher 1945–1959. 2 Bde., Berlin 1999

Manfred Krug: Abgehauen. Ein Mitschnitt und Ein Tagebuch, Düsseldorf 1996

Wolfgang Leonhard: Das kurze Leben der DDR. Berichte und Kommentare aus vier Jahrzehnten, Stuttgart 1990

Christa Luft: Abbruch oder Aufbruch? Warum der Osten unsere Chance ist, Berlin 1998

H. Maaz: Das gestürzte Volk oder die verunglückte Einheit, Berlin 1991

Lothar de Maizière: Die deutsche Einheit – eine kritische Betrachtung, Fürstenfeldbruck 1994

Ulrich Mählert: Kleine Geschichte der DDR, München 1998

Peter Merseburger: Grenzgänger. Innenansichten der anderen deutschen Republik, München 1988

Torsten Oppelland (Hrsg.): Deutsche Politiker 1949–1969. 2 Bde., Darmstadt 1999

Peter Przybylski: Tatort Politbüro. Die Akte Honecker, Berlin 1991

Brigitte Reimann: Ich bedaure nichts. Tagebücher 1955–1963, Berlin 1997

Brigitte Reimann: Alles schmeckt nach Abschied. Tagebücher 1964–1970, Berlin 1998

Karl Schirdewan: Aufstand gegen Ulbricht. Im Kampf um politische Kurskorrektur, gegen stalinistische, dogmatische Politik, Berlin 1994

Michael Schneider: Die abgetriebene Revolution. Von der Staatsfirma in die DM-Kolonie, Berlin 1990

Rolf Schneider: Volk ohne Trauer. Notizen nach dem Untergang der DDR, Göttingen 1992

Klaus Schroeder: Der SED-Staat. Partei, Staat und Gesellschaft 1949–1990, München 1998

Wilhelm von Sternburg (Hrsg.): Geteilte Ansichten über eine vereinigte Nation. Ein Buch über Deutschland, Frankfurt 1990

Dietrich Staritz: Geschichte der DDR 1949–1990, Frankfurt 1996

Hermann Weber: DDR. Grundriß der Geschichte 1945–1990, Hannover 1991

5. Die Bundesrepublik

Konrad Adenauer: Erinnerungen. 4 Bde., Stuttgart 1965/68

Stefan Aust: Der Baader Meinhof Komplex, Hamburg 1986

Egon Bahr: Zu meiner Zeit, München 1996

Arnulf Baring: Außenpolitik in Adenauers Kanzlerdemokratie. Bonns Beitrag zur Europäischen Verteidigungsgemeinschaft, München-Wien 1969

Arnulf Baring (in Zusammenarbeit mit Manfred Görtemaker): Machtwechsel. Die Ära Brandt-Scheel, Stuttgart 1982

Wolfgang Benz: Die Gründung der Bundesrepublik. Von der Bizone zum souveränen Staat, München 1999

Wolfgang Benz (Hrsg.): Die Geschichte der Bundesrepublik Deutschland. 4 Bde., Frankfurt 1989

Adolf M. Birke: Nation ohne Haus. Deutschland 1945–1961, Berlin 1989

Klaus Bölling: Die letzten 30 Tage des Kanzlers Helmut Schmidt. Ein Tagebuch, Reinbek 1982

Karl Dietrich Bracher/Wolfgang Jäger/Werner Link: Republik im Wandel 1969–1974. Die Ära Brandt, Stuttgart-Mannheim 1986

Willy Brandt: Über den Tag hinaus. Eine Zwischenbilanz, Hamburg 1974

Willy Brandt: Begegnungen und Einsichten. Die Jahre 1960–1975, München-Zürich 1975

Willy Brandt: Erinnerungen, Berlin–Frankfurt 1990

Jonathan Carr: Helmut Schmidt, Düsseldorf–Wien 1985

Eckart Conze/Gabriele Metzler (Hrsg.): 50 Jahre Bundesrepublik Deutschland. Daten und Diskussionen, Stuttgart 1999

Anselm Doering-Manteuffel: Die Bundesrepublik Deutschland in der Ära Adenauer. Außenpolitik und innere Entwicklung, Darmstadt 1983

Klaus Dreher: Helmut Kohl. Leben und Macht, Stuttgart 1998

Ludwig Erhard: Wohlstand für alle, Düsseldorf 1957

Theodor Eschenburg: Jahre der Besatzung 1945–1949, Stuttgart-Wiesbaden 1983

Norbert Frei: Vergangenheitspolitik. Die Anfänge der Bundesrepublik und die NS-Vergangenheit, München 1996

Hans-Dietrich Genscher: Erinnerungen, Berlin 1995

Hermann Glaser: Kulturgeschichte der Bundesrepublik Deutschland. 3 Bde., München 1985/89

Manfred Görtemaker: Geschichte der Bundesrepublik Deutschland. Von der Gründung bis zur Gegenwart, München 1999

Hermann Graml: Die Alliierten und die Teilung Deutschlands. Konflikte und Entscheidungen 1941–1948, Frankfurt 1985

Martin Greiffenhagen/Sylvia Greiffenhagen: Eine schwieriges Vaterland. Zur politischen Kultur im vereinigten Deutschland, München 1993

Wilhelm G. Grewe: Rückblenden 1976–1951. Aufzeichnungen eines Augenzeugen deutscher Außenpolitik von Adenauer bis Schmidt, Frankfurt 1979

Alfred Grosser: Das Deutschland im Westen. Eine Bilanz nach vierzig Jahren, München-Wien 1985

Christian Hacke: Weltmacht wider Willen. Die Außenpolitik der Bundesrepublik Deutschland, Frankfurt 1993

Ludolf Herbst: Option für den Westen. Vom Marshall-Plan bis zum deutschfranzösischen Vertrag, München 1989

Helmut Herles: Machtverlust oder Das Ende der Ära Brandt, Stuttgart 1983

Klaus Hildebrand: Von Erhard zur Großen Koalition 1963–1969, Stuttgart-Wiesbaden 1984

Gunter Hofmann: Willy Brandt – Porträt eines Aufklärers aus Deutschland, Reinbek 1988

Wolfgang Jäger/Werner Link: Republik im Wandel 1974–1982. Die Ära Schmidt, Stuttgart-Mannheim 1987

Kurt Georg Kiesinger: Dunkle und helle Jahre. Erinnerungen 1904–1958, Stuttgart 1989

Daniel Koerfer: Kampf ums Kanzleramt. Erhard und Adenauer, Stuttgart 1987

Helmut Kohl (dargestellt von Kai Diekmann/Ralf Georg Reuth): Ich wollte Deutschlands Einheit, Berlin 1998

Henning Köhler: Adenauer. Eine politische Biographie, Frankfurt-Berlin 1994

Volkhard Laitenberger: Ludwig Erhard. Der Nationalökonom als Politiker, Göttingen-Zürich 1986

Peter Merseburger: Der schwierige Deutsche. Kurt Schumacher. Eine Biographie, Stuttgart 1995

Friedberg Pflüger: Richard von Weizsäcker. Ein Porträt aus der Nähe, Stuttgart 1990

Heinrich Potthof: Bonn und Ost-Berlin 1969–1982. Dialog auf höchster Ebene und vertrauliche Kanäle. Darstellung und Dokumente, Bonn 1997

Gerhard A. Ritter: Über Deutschland. Die Bundesrepublik in der deutschen Geschichte, München 1998

Carlo Schmid: Erinnerungen, Bern 1979

Helmut Schmidt: Menschen und Mächte, Berlin 1987
Helmut Schmidt: Die Deutschen und ihre Nachbarn. Menschen und Mächte II, Berlin 1990
Helmut Schmidt: Weggefährten. Erinnerungen und Reflexionen, Berlin 1996
Gregor Schöllgen: Die Außenpolitik der Bundesrepublik Deutschland. Von den Anfängen bis zur Gegenwart, München 1999
Hans-Peter Schwarz: Vom Reich zur Bundesrepublik. Deutschland im Widerstreit der außenpolitischen Konzeptionen in den Jahren der Besatzungsherrschaft 1945–1949, Stuttgart 1980
Hans-Peter Schwarz: Die Ära Adenauer. Gründerjahre der Republik 1949–1957, Stuttgart–Wiesbaden 1981
Hans-Peter Schwarz: Die Ära Adenauer. Epochenwechsel 1957–1963, Stuttgart–Wiesbaden 1983
Hans-Peter Schwarz: Adenauer. Bd. 1: Der Aufstieg 1876–1952, Bd. 2: Der Staatsmann 1952–1967, Stuttgart 1986/91
Brigitte Seebacher-Brandt: Ollenhauer. Biedermann und Patriot, Berlin 1984
Kurt Sontheimer: Deutschlands politische Kultur, München 1990
Harald Steffahn: Helmut Schmidt, Reinbek 1990
Rolf Steininger: Deutsche Geschichte seit 1945. Darstellung und Dokumente in vier Bänden, Frankfurt 1996
Rolf Steininger: Eine vertane Chance. Die Stalin-Note vom 10. März 1952 und die Wiedervereinigung, Berlin-Bonn 1986
Carola Stern: Willy Brandt, Reinbek 1975
Wilhelm von Sternburg: Adenauer. Eine deutsche Legende, Frankfurt 1990
Franz Josef Strauß: Die Erinnerungen, Berlin 1989
Horst Teltschik: 329 Tage. Innenansichten der Einigung, Berlin 1991
Richard von Weizsäcker: Vier Zeiten. Erinnerungen, Berlin 1997

NAMENSREGISTER

SACHREGISTER

536

BILDNACHWEIS

ADN: 384
AP: 217 (Sanders), 502 (Pfeil)
Architektur Bilderservice Kandula: 371
Archiv für Kunst und Geschichte, Berlin: 172, 173
Bauhaus-Archiv Berlin/Lucia Moholy: 133
Bayerische Staatsbibliothek: 166
Bildarchiv Preußischer Kulturbesitz: 14, 79, 82, 125 rechts, 148
Bundesarchiv Koblenz: 26 (183/ R 6898), 94 (146/71/37/34), 160 (ABC/ 14599), 199 (Plak 100/13/11)
J.H. Darchinger: 343
Deutsches Historisches Museum, Berlin: 44, 49, 51, 412
dpa: 185, 387, 392, 397, 451, 462
Friedrich Ebert Stiftung: 110, 111
Institut für Stadtgeschichte der Stadt Frankfurt am Main: 11
Jürgens Photo: 158, 350, 354
Keystone: 300, 318, 362

Presse- und Informationsamt der Bundesregierung: 194, 195, 225, 227, 232, 391, 407, 410, 425, 435, 453, 456, 485
RWE Energie: 59
Siemens Forum: 16
Staats- und Universitätsbibliothek Hamburg/Wolfgang-Borchert-Archiv: 213
Stiftung Archiv der Akademie der Künste: 135 (Roman März), 152, 211 (Arnold-Zweig-Archiv)
Stiftung Gedenkstätten Buchenwald und Mittelbau-Dora: 192
Süddeutscher Verlag: 37 unten, 40, 45, 47, 53, 107, 162, 163, 187, 189, 201, 203, 209, 216, 220, 237, 275 oben, 275 unten, 298, 303, 379, 389, 427, 444
Ullstein Bilderdienst: 21, 37 oben, 66, 74, 96, 125 links, 127, 130, 143, 154, 244, 263, 313, 324, 331, 336, 403, 419, 430
ZDF-Archiv: 178